集美年鉴

JIMEI NIANJIAN

2021

中共厦门市集美区委　厦门市集美区人民政府　主办

中共厦门市集美区委党史和地方志研究室　编纂

方志出版社

Publishing House of Local Records

《集美年鉴（2021）》编纂委员会名单

《集美年鉴（2021）》编纂人员名单

编辑说明

一、《集美年鉴》是由中国共产党厦门市集美区委员会、厦门市集美区人民政府主办，中国共产党厦门市集美区委员会党史和地方志研究室承编的年度资料性文献。自2012年起逐年出版，2021卷为第10卷。

二、《集美年鉴》坚持以马克思列宁主义、毛泽东思想、邓小平理论、“三个代表”重要思想、科学发展观、习近平新时代中国特色社会主义思想为指导，坚持辩证唯物主义和历史唯物主义的立场、观点和方法，汇集全区自然、经济、政治、文化、社会和生态建设等领域的发展状况，为资政存史提供翔实的资料。

三、《集美年鉴》的框架由类目、分目、条目组成，部分分目增设次分目层次。全书条目标题统一用黑体加【 】标示，下一层次标题用楷体区别。

四、《集美年鉴（2021）》着重反映2020年集美区的基本情况。全书设年度关注、专记、大事记、区情概览、中共厦门市集美区委员会、厦门市集美区人民代表大会、厦门市集美区人民政府、中国人民政治协商会议厦门市集美区委员会、纪检监察、民主党派与工商联、群众团体、法治、军事、外事·侨务·台港澳事务、应急管理、经济管理、财政·税务、城乡规划建设与管理、生态环境建设、农业·农村、工业、交通·物流·邮政、旅游业、信息业、商贸服务业、教育、科学技术、文化、体育、卫生、社会生活、镇（街）概貌、人物·名录、附录等类目35个，分目200个，次分目11个，条目1077条。

六、《集美年鉴（2021）》在保持基本框架结构稳定的前提下，对部分内容进行调整、充实，突出集美特色，增加信息量，增强可读性，增进实用性。其中：“专记”类目内容全部更新。新设“年度关注”类目，重点记述集美区2020年发生的大事、要事，突出年鉴的年度特色。将原来放在区政府中的“退役军人事务”移至军事类目，将原来放在“经济管理与监督”类目的“安全生产监督管理”分目移入“应急管理”类目。“经济管理与监督”易名为“经济管理”。“生态环境建设”类目增设“节能减排”分目。“农业·农村”类目增设“乡村振兴”分目。在全书最后设立缩略语注释，按照汉语拼音字母排序，方便读者查找使用。

七、《集美年鉴（2021）》的稿件由各单位提供，并经单位负责人审核。引用的统计数字采用法定计量单位和国家规定的出版物数字用法，主要统计数据均经撰稿单位与统计部门核对。

八、为便于读者查阅，在卷首设目录，英文目录编至分目一级；卷末设索引，采用内容分析法，内容按汉语拼音字母顺序排列。

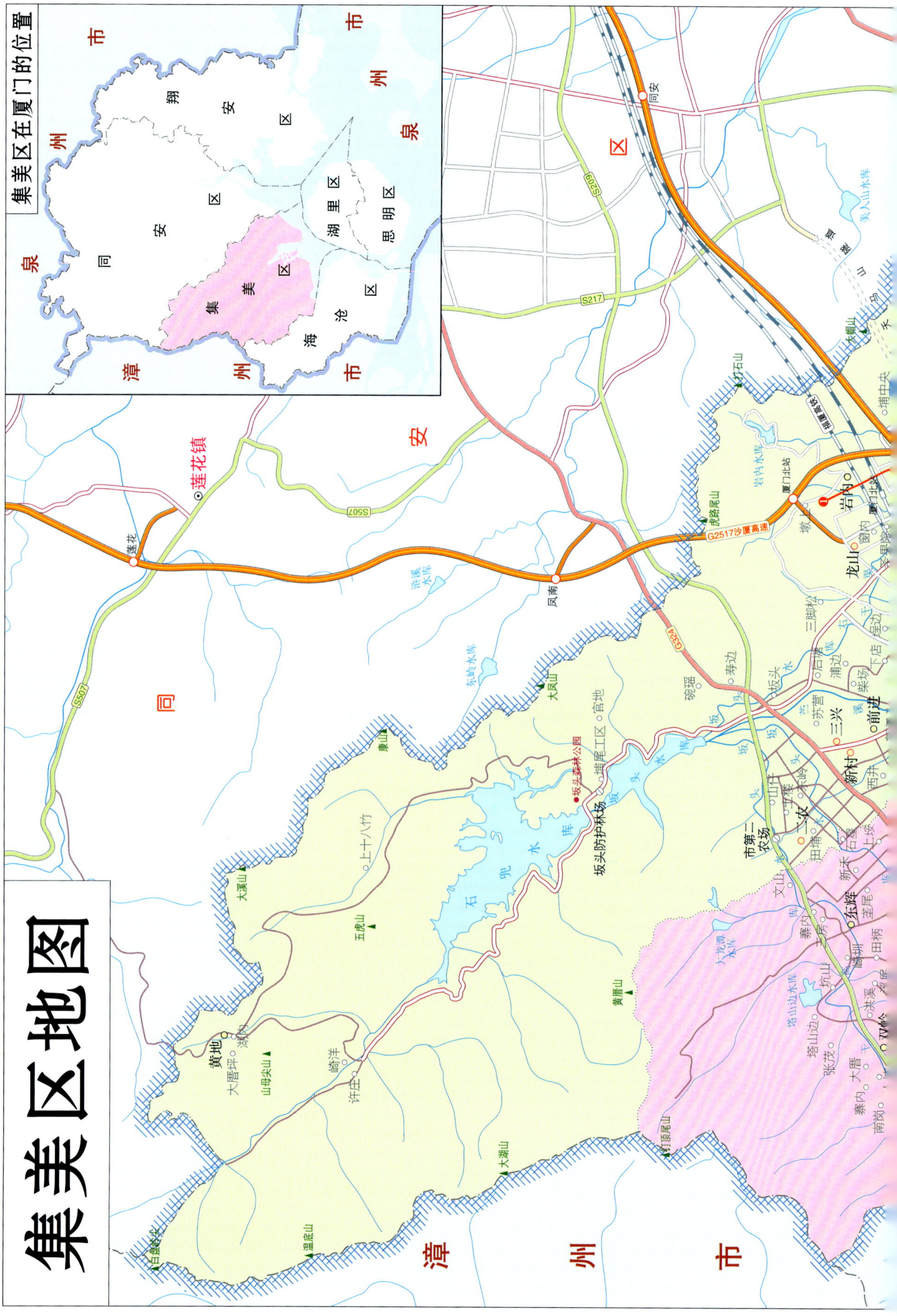
集美区地图
集美区在厦门的位置
泉州市
同安区
翔安区
湖里区
思明区
海沧区
集美区
漳州市
同安区
莲花镇
漳州市
石兜水库
坂头水库
坂头防护林场
市第二农场
灌口
后溪
杏林
岩内
东孚
G2517沙厦高速
G324
S209
S217
S507

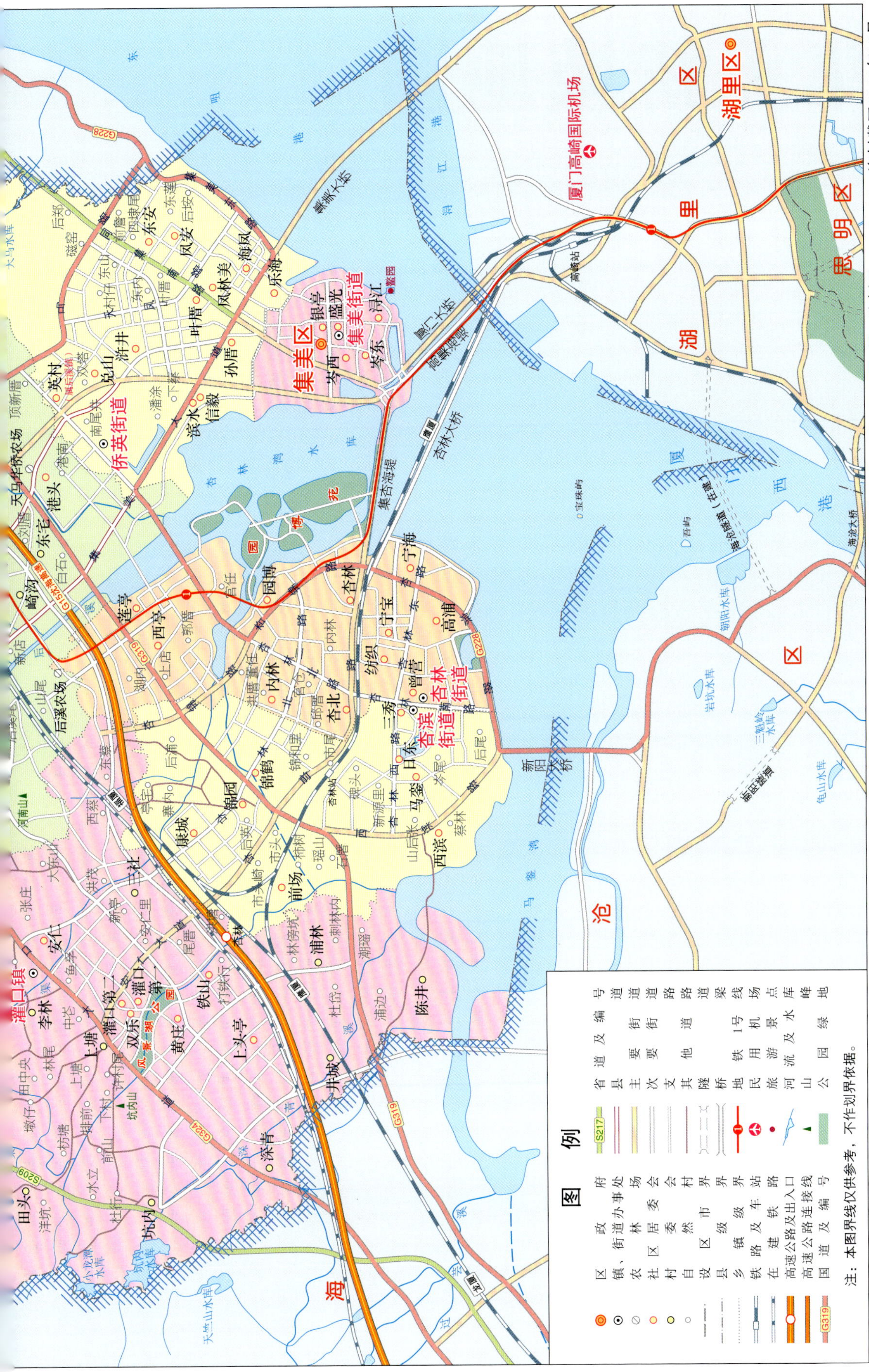

审图号：厦S[2021]09号　比例尺 1：85 000　资料截至2020年12月

注：本图界线仅供参考，不作划界依据。

精位大辰数字科技（厦门）有限公司　编制

集美新城地图

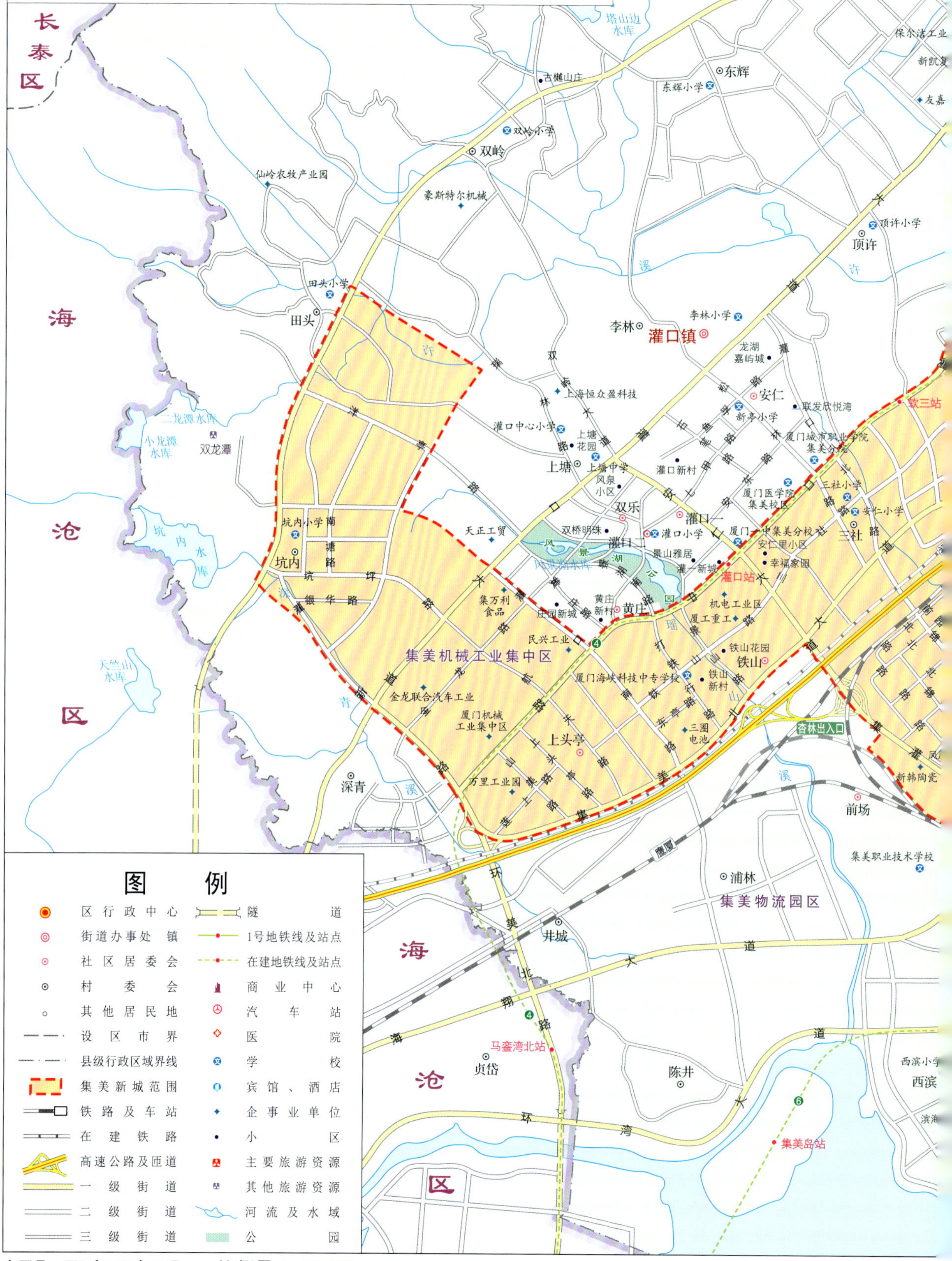

审图号：厦S〔2021〕09号　比例尺 1:45 000

同安区
集美区
湖里区
厦门北站
厦门北站出入口
岩内站
厦门北站
岩内水库
福厦高铁
G15沈海
G2517沙厦
天马山隧道
后溪镇
后溪生活区
后溪站
后溪
溪西
仑上
前进
三兴
岩内
龙山
后垵
东宅
崎沟
集美大道站
软三东站
集美软件园站
厦门工学院
厦门软件职业技术学院
厦门理工学院
华厦学院
厦门工商旅游学校
福州大学厦门工艺美术学院
旺角商业街
天水路站
厦门老院子
港头
英村
兑山
侨英街道
华侨大学厦门校区
华侨大学站
集美创业园站
世茂广场
IOI MALL
诚毅广场站
市民公园
官任站
诚毅科技探索中心
杏林湾商务营运中心
厦门灵玲国际马戏城
集美北部工业区
孙厝
叶厝
凤林美
信毅
滨水
集美大学
万达广场
水上运动中心
集美汽车站
集美街道
岑西
岑东
浔江
龙舟池
集美学村站
嘉庚公园
鳌园
杏林湾
杏林
杏林大桥
厦门大桥
杏林村站
董任站
内茂站
园博苑站
杏滨站
杏林西路站
杏滨街道
杏林街道
杏南生活区
杏北新城
园博大道
集杏海堤
宁宝公园
月美池公园
日东公园

辉煌“十三五”
——集美区经济社会发展成就回眸

“十三五”期间，集美区综合经济实力跃上新台阶。2020年，地区生产总值822.41亿元；规上工业总产值1019.61亿元；累计固定资产投资1816亿元；社会消费品零售总额192.82亿元；财政总收入144.99亿元，其中区级财政收入40.16亿元；常住人口104万人，规模位居岛外各区第一。第一、第二、第三产业增加值分别为3.08亿元、400.1亿元、419.23亿元，三次产业结构调整为0.37∶48.65∶50.97；城镇居民可支配收入54960元，农村居民可支配收入32056元。获评全国综合实力百强区、省级首批“教育强县（区）”。

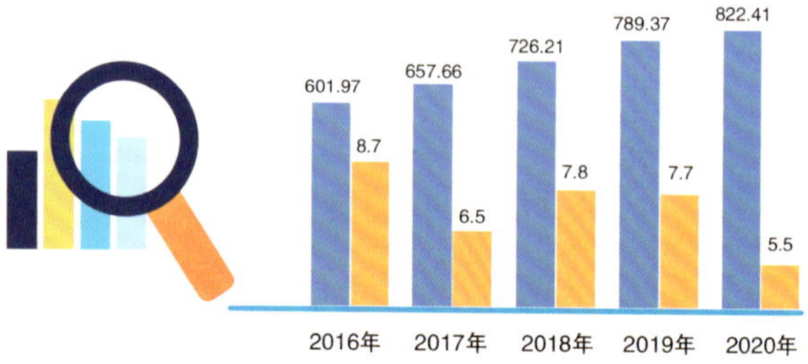

地区生产总值（GDP）

计量单位：亿元　实绩　增长（%）

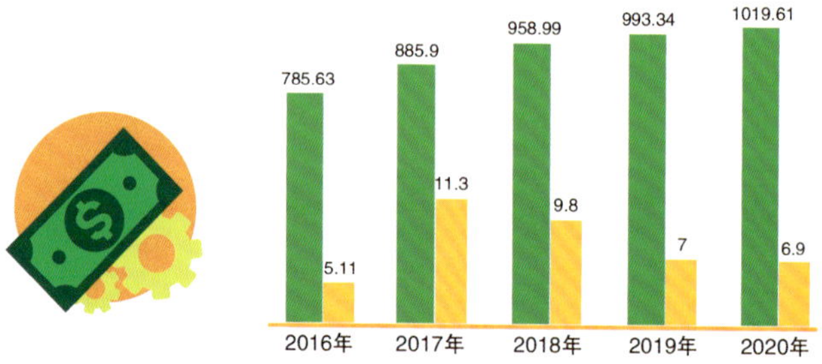

规模以上工业总产值（亿元）

实绩　增长（%）

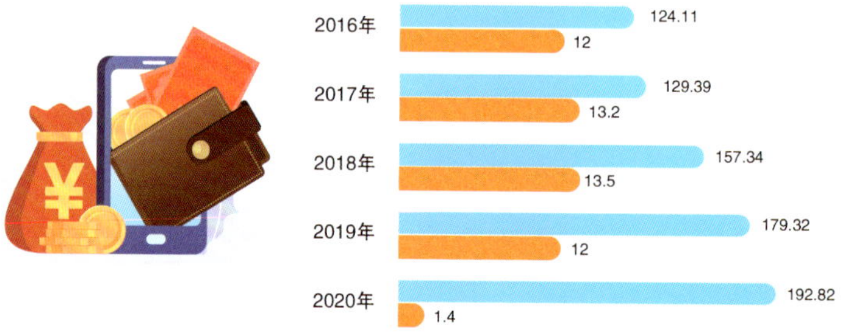

社会消费品零售总额（亿元）

实绩　增长（%）

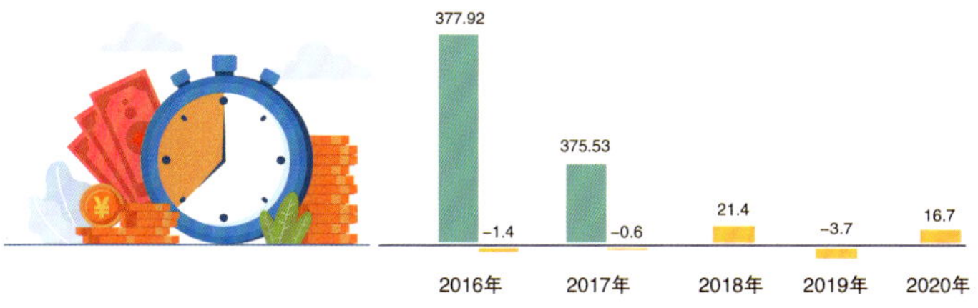

固定资产投资额（不含农户）

计量单位：亿元 实绩 增长（%）

区财政总收入（亿元）

实绩 增长（%）

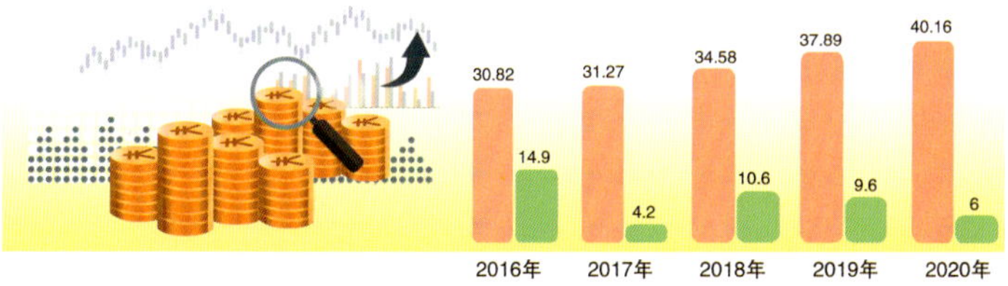

区级财政收入（亿元）

实绩 增长（%）

城镇居民人均可支配收入（元）

实绩 增长（%）

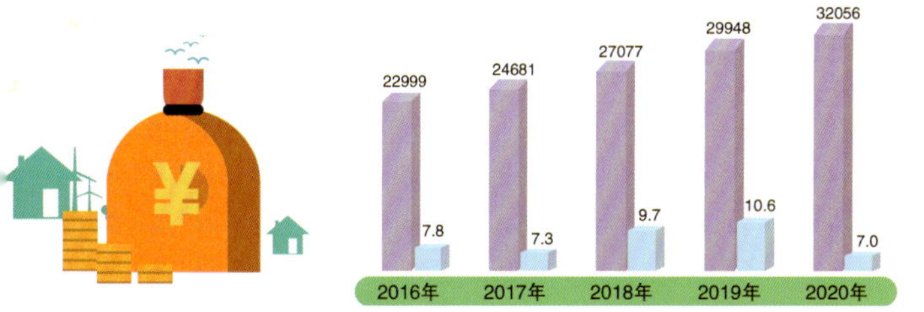

农村居民人均可支配收入（元）

实绩 增长（%）

常住人口年末数（万人）

集美新城建设十周年

2002年6月，时任福建省委副书记、省长习近平在厦门调研时提出“提升本岛、跨岛发展”的重大战略。2009年8月，厦门市委十届十次全会作出把握海西建设机遇，提升岛内，拓展岛外，推进岛内外一体化发展，沿海湾组团式推进五个新城区开发建设的决定。2010年2月25日，厦门市统筹城乡发展加快岛内外一体化建设动员大会暨集美新城奠基仪式在杏林湾商务营运中心举行，集美新城建设序幕拉开。十年来，集美新城建设始终坚持“高起点、高标准、高层次、高水平”要求，以产兴城、以城兴产，构建“产、城、学、人”深度融合的城市发展新模式，实现“一年全面启动、三年初具规模、五年基本建成、十年集聚成城”既定目标。至2020年底，累计完成固定资产投资超2000亿元，征地2980公顷、拆迁349.68万平方米，新增城市建成区30平方千米，常住人口60多万人，初步建成集商务营运、信息服务、文化创意、教育科研、交通枢纽、生态旅游和生活居住于一体的环湾生态型人文新城。

城区面貌

1
2

1. 建设前的集美新城核心区（雷雨亭 2007 年 9 月摄）
2. 集美新城核心区与园博苑（李鸾汉 2019 年 12 月摄）

市政设施建设

至2020年，集美新城“四纵四横”主干路网形成。四纵，自西至东依次为杏锦路、集美大道、田集连接线、天马路；四横，自南至北依次为杏林湾路、海翔大道、集美北大道、软三横路。市政道路连片成网，建成24米以上主干路17条47.9千米，次干路、支路60.2千米，公交首末站3个。新城核心区综合管廊规划29.08千米，建成投入使用的综合管廊及管沟项目9个，管廊（沟）长13.66千米。入廊管线11种，开创国内综合管廊重力流管线入廊的先例。建成由环湾、产业、书香、枢纽等4条城市绿道和主干道沿线自行车道组成的慢行系统64.5千米，逐步形成地铁、公交、公共自行车等多层次、立体型、综合性的一体化公共交通系统。

集美新城杏锦路　　（林志杰 2017年7月摄）

集美新城杏林湾路建设前原貌
（王进法 2011 年 11 摄）

集美新城杏林湾路　　（林志杰 2015 年 1 月摄）

集美北大道旧貌（林志杰 2010 年 7 月摄）

集美北大道新貌（林志杰 2017 年 7 月摄）

集美新城诚毅大街旧貌
（沈伟泉 2012 年 11 月 5 日摄）

集美新城诚毅大街新貌
（沈伟泉 2018 年 7 月 29 日摄）

集美新城田集路连接线与集美大道互通立交俯瞰　（沈伟泉 2018 年 12 月摄）

集美新城田集路连接线与海翔大道立交互通俯瞰　（林志杰 2020 年 6 月摄）

集美新城集美大道段综合管廊 2015 年 12 月施工建设　（沈伟泉 摄）

集美新城市民中心段综合管廊 2012 年 3 月建成　（王进法 摄）

集美新城核心区综合管廊建成后，集美大道220千伏春围段架空高压线全部实施缆化。图为电力部门正在拆除旧的高压铁塔（王坚峰 2017年5月22日 摄）

集美大道220千伏春围段高压线架空铁塔被拆除，高压电线纳入综合管廊（王坚峰 2020年6月8日摄）

集美新城杏林湾海上自行车道俯瞰（陈美现 2018 年 8 月摄）

集美新城环杏林湾慢行系统水上运动中心段（沈伟泉 2017 年 12 月摄）

集美新城慢行系统软件园三期段自行车驿站（林志杰 2020 年 8 月摄）

公共建筑建设

集美新城规划公共建筑项目210个，其中教育类67个、体育类33个、文化类37个、卫生类35个、街道社区类29个、安防设施类9个。至2020年底，嘉庚艺术中心、诚毅科技探索中心、集美市民中心、诚毅图书馆、水上运动中心、市民广场、集美塔等大型公共建筑竣工投用。

集美新城核心区市民中心建设工地
（林志杰 2011 年 3 月摄）

集美新城核心区市民中心 （林志杰 2018 年 7 月摄）

集美新城水上运动中心　（何文鸿 2019 年 12 月摄）

嘉庚艺术中心　（颜志伟 2016 年 11 月摄）

诚毅图书馆　（林志杰 2018 年 9 月摄）

诚毅科技探索中心　（颜志伟 2016 年 11 月摄）

产业设施建设

集美新城注重产业引领，重点发展软件信息业、机械装备制造业、商务商贸业、文化演艺与旅游业等战略性新兴产业和现代服务业。设有软件园三期园区、厦门机械工业集中区、集美新城商务营运中心、厦门汽车物流中心、厦门北站营运中心。

集美新城核心区软件园三期原址　（王坚峰　2008年10月摄）

集美新城核心区软件园三期新貌　（李鸾汉　2019年9月摄）

中科院城市环境研究所　　（颜志伟 2011 年 6 月摄）

中科院厦门稀土研究所研发区　　（陈祺 2018 年 12 月摄）

中国移动咪咕动漫基地　　（林志杰 2019 年 9 月摄）

厦门北站商务营运中心　　（颜志伟 2016 年 7 月摄）

海峡两岸创新创业大厦 （林志杰 2016 年 5 月摄）

灌口机械工业园厦工机械园区俯瞰 （颜志伟 2018 年 9 月 9 日摄）

灵玲国际马戏城　　（颜志伟 2016 年 7 月摄）

后溪工业组团远眺　　（颜志伟 2020 年 11 月 15 日摄）

厦门老院子景区　　（颜志伟 2016 年 7 月摄）

厦门集美对台研学总部大楼　　（2020 年 11 月摄 区文化和旅游局供图）

绿化环保建设

集美新城依托杏林湾水域和园博苑，兴建国家级城市湿地公园和环湾绿道，打造城市“绿肺”。实施“一湾一园五干道”彩化工程、夜景工程，形成110万平方米绿化带，核心城区街道绿化总面积达37万平方米，栽植黄花风铃木、香樟、木棉等树种30余种。

治理前的集美新城九天湖流域原貌

（王进法 2011 年 11 月摄）

治理后的集美新城九天湖流域全景　（杨劲坚 2018 年 8 月摄）

集美新城杏林湾滨水西岸污水处理站　（刘平 2016 年 6 月摄）

集杏海堤开口改造工程　（林志杰 2020 年 6 月摄）

集美新城杏林湾湿地公园一隅（林志杰 2019 年 7 月摄）

集美新城集美塔公园（沈伟泉 2018 年 5 月摄）

商住区建设

至2020年底，集美新城有商住房项目32个，总用地面积243万平方米，建筑面积671万平方米。主要布局在环杏林湾及环厦门北站枢纽周边，以大中型项目为主，央企国企投资居多。已建成项目11个，在建项目20个，待建项目1个，项目总投资600亿元，计划建设总套数约5万套，累计出售4.7万套。

建设前的集美新城莲花新城商住区

（王进法 2011 年 11 月摄）

集美新城莲花新城商住区新貌

（林志杰 2020 年 11 月摄）

集美新城中航城A区与园博1号商住区 （林志杰 2020年12月摄）

集美新城核心区商住区全景 （雷雨亭 2018年9月摄）

▶ 集美新城滨水社区商住区原貌
（林志杰 2010 年 7 月摄）

▼ 集美新城滨水社区商住区新貌
（林志杰 2018 年 9 月摄）

集美区推进两岸融合县域集成改革试点工作

2020年，集美区深化两岸经贸合作，推动两岸现代服务业融合发展。8月29日，全国首个“海峡两岸（厦门）直播电商产业合作园”落户集美新城诚毅国际商务中心。图为揭牌仪式
（林志杰 摄）

2020年，集美区做强两岸研学品牌，推动两岸文化融合发展。图为第二届海峡两岸马戏亲子文化节结营仪式
（林海 摄）

2020年10月，集美区在区行政服务中心设立台胞服务驿站。图为聘请的台籍工作人员为台胞办理业务
（冯立东 摄）

集美区新型冠状病毒肺炎疫情防控工作

2020年，集美区严把厦门北站、高速公路出口等重要关口的新型冠状病毒肺炎疫情防控工作。图为工作人员为入厦人员进行体温测试　（林志杰 摄）

2020年，集美区加强商超、农贸市场等人员密集场所的新型冠状病毒肺炎疫情防控管理。图为区疾控中心工作人员对集美菜市场的食品和环境进行采样检测

（区卫健局 供图）

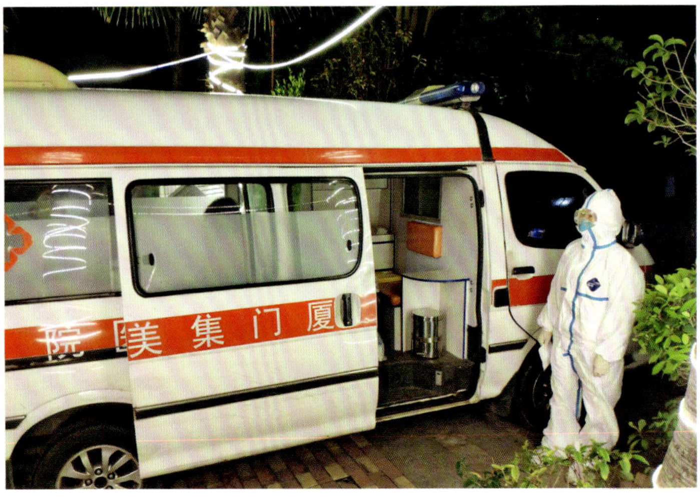

2020年，集美区新型冠状病毒肺炎确诊病例30例（境外输入22例）图为医务人员开展病例转运工作

（区卫健局 供图）

目 录

中国共产党厦门市集美区委员会

厦门市集美区人民代表大会

厦门市集美区人民政府

中国人民政治协商会议厦门市集美区委员会

群众团体

法 治

军　事

外事·侨务·台港澳事务

应急管理

经济管理

财政·税务

城乡规划建设与管理

生态环境建设

农业·农村

工　业

交通・物流・邮政

旅 游 业

信 息 业

商贸服务业

教　育

科学技术

文 化

体　育

卫 生

社会生活

镇（街）概貌

人物·名录

附　录

索　引

缩略语注释

Contents

CPPCC Of Jimei District, Xiamen

Discipline Inspection and Supervision

Non-Communist Parties and Federation of Industry and Commerce

Social Organizations

Rule of Law

Military Affairs

Foreign Affairs / Overseas Chinese Affairs / Taiwan, Hong Kong and Macao Affairs

Emergency Management

Economic Management

Finance · Taxation

Urban-Rural Construction and Management

Ecological Environment Improvement

Agriculture and Rural Areas

Industry

Transportation · Logistics · Postal Industry

Tourism Industry

Information Industry

Commercial and Trade Service Industry

Education

Science and Technology

Culture

Sports

Public Health

Social Life

Towns and Sub-Districts Overview

Figures· Directory

Appendix

Index

Abbreviation Notes

年度关注

集美区推进县域集成改革试点

2019 年 12 月 31 日，中共福建省委办公厅、省政府办公厅批复集美区县域集成改革试点工作总体方案，明确用三年时间完成集成改革试点任务。2020 年，集美区深入学习贯彻习近平总书记关于全面深化改革的重要论述，按照中央和省委、市委有关部署要求，围绕“在推动两岸融合发展上作出示范”“建成台胞台企登陆的第一家园”目标主线，开展县域集成改革试点任务，在推进两岸融合发展上取得阶段性成效。

一、基本情况

（一）加强组织领导。成立县域集成改革试点工作领导小组，区委主要领导任组长，先后 19 次召开领导小组会议，研究部署集成改革工作，凝聚全区集成改革共识。

（二）制定实施方案。坚持把集成改革试点与全方位高质量发展超越有机结合，主动学习借鉴江苏江阴、昆山经验做法，走访调研台资企业 100 多家，组织专家学者召开座谈会，研究制定“1+7+2”改革方案（1 个总体方案、7 个专项方案和 2 个保障方案），谋划好集成改革“路线图”。

（三）有序推进落实。强化全区“一盘棋”思想，及时召开动员部署会，发挥各部门合力作用，加强两岸融合发展课题研究，建立改革督察机制，落细落实中央和省、市相关惠台政策举措。

（四）做好总结宣传。集成改革情况在《福建日报》《厦门日报》《海峡导报》等媒体进行宣传报道，在东南网、台港澳 e 鹭通等融媒体上开辟专栏，《福建改革财经情况》《厦门改革（财经）简报》进行刊登，被福建省作为十八届三中全会以来改革创新典型案例报送中央改革办，初步形成一批可复制、可推广的经验做法。

二、主要工作及成效

（一）深化两岸经贸合作。一是加强两岸高新产业融合，发挥集美区“高校产业技术联盟”作用，推动台企转型升级；深化与台湾中国生产力促进中心合作，先后为 70 余家企业“把脉问诊”“开方抓药”，举办专题培训班 26 期，858 人次参训，组织辅导成果交流会 4 场。二是采取“以台引台”方式吸引更多优秀台企到集美投资兴业，推动厦晖、建霖、春保钨钢等台企厂房改扩建，激发存量台企增资扩产。落实台企同等扶持政策，新冠肺炎疫情期间先后兑现补助 1479.8 万元。三是推动两岸现代服务业发展，与阿里巴巴集团签约共建“海峡两岸（厦门）直播电商产业园”，同时举办首届大陆台商台企电商转型升级推介活动，现代农业项目益庄樱花园投入 700 万元，种植“红粉佳人”1200 棵。

（二）加强对台金融合作。一是以政策引台资金融机构，强化政银企合作，与市台商协会、台资基金和厦门银行等协作，举办对接会 6 场，为台胞台企提供便捷高效的金融服务。在“集美 i 企宝”APP 上创设融资需求申报功能，累计为 11 家台企提供信用贷款等服务。二是以优服务培育台企上市，建霖健康家居 7 月 30 日在上交所上市，募资 6.99 亿元，成为集美第二家上市台企；宸展光电 12 月 2 日在深交所中小板上市；万久科技挂牌“新三板”。三是以基金促两岸融合发展，成立以吸引台资产业落户为主要方向的华犇路达创投基金，规模达 3 亿元，拟引进台湾地区上市某机械公司落户集美，预计未来三年可贡献产值约 10 亿元。

（三）扩大两岸人文交流。一是实施乡情亲情延续工程，举办闽台宗亲联谊活动、两岸书法家作品展、“两岸同根百联迎春”送爱心等活动，支持台籍文艺工作者加入集美区文艺家协会，在《台海》杂志开辟《集美侨乡最闽南》专栏，创新两岸主题文化线上交流，开展云上龙舟文化节、“线上龙舟讲堂”等活动。二是推动两岸影视文创产业合作和“海峡两岸青少年新媒体文创交流基地”转型升级，6 家台企入驻集美集影视文创园。三是支持台湾“中国书法学会”、在集台籍文艺工作者讲好“抗疫故事”，创作抗疫作品 400 余件。

（四）维护台胞台企权益。一是建设台胞服务驿站，聘请 3 名台籍人员“以台胞服务台胞”，于 10 月对外服务；全区 31 个城市社区增设台胞服务窗口，为 1896 名台胞办理居住证，提供劳动保障、政策咨询等服务 2000 余次。二是梳理涉台政策事项 131 条，印制“惠台小册子”，编制《惠企政策 e 码通》，并统一纳入惠企窗口收件，完成 7×24 小时全天候政务服务工作。三是推动惠台税收政策落地，全年为 7 家高新台资企业减免税收 6442 万元，为 21 家台企减免研发费用加计扣除税收 7636 万元。支持台胞在集从事个体工商户经营，推动台胞台企在用地、用水、用电等方面享受同等待遇。

（五）扶持台胞创业就业。一是全市率先出台应对疫情支持台湾青年就业创业四条措施，新冠肺炎疫情期间兑现台湾青年补助31.4万元。开展两岸证书互认，完成11名台胞技术士等级证书认定。二是组建“集美台湾青年就业创业基地联盟”，在省、市奖励基础上出台配套叠加扶持政策，打造1个国家级海峡两岸青年就业创业基地、3个省级台湾青年就业创业基地（3家获评国家级备案众创空间），吸引台湾青年就业创业团队256支1000余人，为台湾青年就业创业基地申请省市奖励1260万元、区级奖励1732万元，兑现台湾人才补贴9人次34万元。厦门北站台湾青年双创基地、集美区海蛎文创基地被评为国家级备案众创空间。三是全市率先建立涉台检察联络室、人民调解委员会、法律服务工作站，聘请2名台胞担任涉台检察联络员。

（六）增强台胞社会福祉。一是落实台胞同等享受社保待遇，将台胞纳入临时救助、丧葬费减免范畴。梳理台胞参与各类执业考试相关政策，修订老年人入住养老机构补助办法，将符合条件台胞纳入享受范畴。二是解决台胞子女教育问题。设置台胞子女入学咨询接听专线，2020年秋季招收台湾学生40人。至2020年底，全区有台湾学生429人（其中华侨大学129人、集美大学93人、中小学207人）。推进台籍教师招聘工作，安排518名台胞入住人才公寓，兑现住房补贴42万余元。三是维护台企员工权益，开办“两岸职工学堂”21场，服务台籍职工840人次；选举5名台籍员工担任区总工会代表，增补2名台胞为区政协委员、2名女台商为区妇女代表，建立台胞列席政企通气会议机制。支持台胞参与基层社区服务，修订社会组织评估办法。

（七）做强两岸研学品牌。一是深化研学中心建设，创新“1+1+N”泛营地研学新模式：设立1个研学总部，建立1个中小学生社会实践基地，设置N个研学单元，整合区内高校、景区、企业、台湾青年就业创业基地等29个研学旅行资源，精选适合台湾青少年的课程122个。闽台研学旅行基地获评国家级“海峡两岸交流基地”，基地运行以来吸引两岸研学青少年15.8万人。二是出台大陆首个区级对台研学奖励办法，优化“政府主导＋市场运营”机制，完善“i研学”数据平台功能，研发“两岸纸玩文化体验”“沙画艺术表演”等新课程，实现从课程线路选择到政策兑现全流程网上通办。

（王小杰）

资料链接：

厦门（集美）闽台研学旅行基地 29个研学单元名单

13个高校、科研院所研学单元：中国科学院城市环境研究所、中国科学院海西研究院厦门稀土材料研究所、华侨大学、集美大学、厦门理工学院、福州大学厦门工艺美院、厦门医学院、厦门工学院、厦门华厦学院、厦门软件职业技术学院、厦门兴才职业技术学院、厦门工商旅游学校、集美工业学校；

16个景区景点研学单元：集美鳌园景区、厦门园博苑、厦门老院子景区、诚毅科技探索中心、灵玲国际马戏城、天沐温泉度假村、集美大社、三影堂摄影艺术中心、三圈模型科技体验基地、双龙潭生态运动景区、正新汽车国际文化中心、苋山艺术区、悠度城市营地、鹰坑谷民俗文化园、塔斯曼千草园、龙谷山庄。

新型冠状病毒肺炎疫情防控

2020年，集美区严格按照“外防输入、内防扩散”的总要求，开展新型冠状病毒感染的肺炎（简称新冠肺炎）疫情防控工作。辖区累计报告确诊病例30例（境外22例），无症状感染者28例（境外27例）；密接接触者1251人（境外619人），无死亡病例。累计境外入集人员2.1万人，日集中留观1200～1400人，累计开展境外入集人员核酸检测4.37万人份，累计核酸检测18.58万人次。辖区4家定点隔离酒店集中留观1313人（灵玲酒店576人、明珠大酒店329人、日东酒店174人、晶邦酒店234人），居家管理34人。规上工业企业466家，复工率100%；限上服务业企业473家，复工率98.45%；建筑工程项目91个，复工率100%。

一、加强组织领导

2020年，集美区应对新冠肺炎疫情防控指挥中心及各工作小组常态化高效运转，工作例会、信息通报发布、督办检查、常态化督导等工作机制有效运行；在全市率先制订完善区级《突发公共卫生事件应急预案》《应对新型冠状病毒感染肺炎疫情应急预案》和《联防联控工作机制工作方案》，明确指挥部的组织机构及职责分工。由区委书记、区长任总指挥长，区委和区政府领导班子成员任副总指挥长，下设综合协调组、疫情防控组、医疗救治组、交通防控组、市场供应监管组、医疗物资保障组、宣传与舆论引导组、社会稳控组、社会捐赠组、外事组等11个工作组。指挥部建立每日工作例会、信息通报发布、督办检查制度等工作机制，明确内部工作流程，完善工作规范，确保高效运转。构建“镇街党（工）委—社区党组织—小区党支部—楼栋（单元）党小组长—小区党员”五级疫情防控组织架构，落实区领导“六必访”和“一对一”挂钩帮扶制度，安排机关党员干部到居住地社区“双报到”，面对面帮助企业解决实际困难。先后抽调7批357名干部深入机场、车站、定点酒店等疫情防控一线工作岗位。根据常态化疫情防控工作需要，成立应急工作专班，全天24小时值班值守；成立疫情防控专项检查指导小组，完善常态化疫情防控督导机制，定期对全区疫情防控重点场所、重点环节落实情况进行检查督查，及时查隐患、堵漏洞、补短板。

二、做好常态化疫情防控

2020年，集美区严格做好疫情“外防输入、内防扩散”工作，严把厦门北站、高速公路出口等重要关口，启动集美长途汽车站检疫点，加强冷链运输企业疫情防控督查，守好入厦重要门户；做好第一医院杏林分院后勤保障工作，扛起嘉庚体育馆湖北入厦人员服务中心防控责任，做到分区分级精准防控；加强商超、集市、农贸市场、车站等人员密集场所的疫情防控管理；落实重点人群闭环管理，加强集中医学观察酒店工作专班规范化管理，固化专班模式、强化应急处置和点对点转运等；全面压实镇街、社区兜底责任，实时跟进国内重点地区变化情况，加强辖区重点人群健康管理，杜绝外省输入风险。

三、提升核酸检测能力

2020年，集美区升级改造区疾控中心PCR实验室，检测数量居全市各疾控中心首位；培训核酸采样员582人，标本转运员66人，实现最大日检测能力7200份（单人单管），组建核酸采样应急队20支412人，按“2+3+1”标准配置临时核酸采样点146个，开展全区、社区、高校（院所）全员核酸检测演练18场，实现应急状态下全民核酸检测“全响应”。加强厦门站、厦门北站、杏林站等三个高速路出口车辆人员检查，累计检查车辆22.21万辆，其中厦门出口12.46万辆、杏林出口8.04万辆、厦门北站出口1.72万辆，每天平均检查1.31万辆。2月，厦门北站每日平均发送旅客3931人、到站旅客9092人，实施24小时工作制和机关干部轮岗轮班制，对湖北等疫情重点地区入厦的人员和车辆逐人逐车登记

2020年3月22日，集美区医护人员在灵玲马戏城大酒店为定点隔离人员进行核酸采样 （黄霖 摄）

造册，对省外其他地区入厦人员和体温正常的旅客建立个人登记信息。厦门北站开设湖北籍人员专用出站口，对体温正常人员及其车辆由公安部门负责引导劝返；确实无法劝返的，由现场执勤人员安排引导到定点酒店留观，坚决做到外防输入无死角。

四、做好突发疫情应急处置

2020年，集美辖区基层医疗卫生机构、公共卫生机构均按照防控方案要求，防疫物资及洗消物品按照常规使用量2个月库存备货，紧急极限情况下可满足机构运转10天以上。区疫情防控指挥部视疫情变化研究制订各阶段应对新冠肺炎疫情防控工作方案、应急预案、演练方案，通过线上线下方式，累计培训区属医疗卫生机构742人次，组织社区、高校（院所）疫情防控应急演练，确保遇到情况处置及时高效。

五、加强疫苗接种和常态化督导

2020年，集美区启动疫苗接种工作，做到“应种尽种”，完成重点人群疫苗接种3230针次；强化疫情防控常态化督导，堵住防控“漏洞”，打好制度“补丁”，发布督导专报4期，确保各项疫情防控工作落实落细、推动有力有序。

（蔡爱梅）

专　记

集美新城建设十周年

集美新城，是厦门市贯彻跨岛发展战略，实施岛内外一体化建设的一颗璀璨的明珠。

2002 年 6 月，时任福建省委副书记、省长习近平在厦门调研时提出“跨岛发展”战略和“提升本岛与拓展海湾、城市转型与经济转型、农村工业化与城市化、突显城市特色与保护海湾生态”四个结合的指导原则，为厦门新世纪发展指明方向。

嗣后，2003 年集美、杏林两区合并，2004 年集美文教区建设，2005 年厦门（集美）机械工业集中区扩建，2006 年集美、杏林两座跨海大桥建设启动，2007 年园博苑建成开放，2008 年厦门北站开工建设，这一系列举措为集美新城建设奠定空间基础，提供人才支撑和必要条件。

2009 年 8 月 18 日，厦门市委十届十次全会作出把握海西建设机遇，提升岛内，拓展岛外，推进岛内外一体化发展，沿海湾组团式推进五个新城区开发建设的决定。会后，市政府遵循“新城建设，规划先行”的理念，邀请美国 RTKL、德国欧博迈亚、日本日建设计等六家国际知名的设计单位进行新城初步方案设计。厦门市城市规划设计研究院综合六家方案的优点，结合集美区实际情况，制订出集美新城建设总体规划，集美新城建设启动。

按照规划，集美新城地处厦门市域几何中心，与厦门岛隔海相望，由“一心、一片、两园区”组成。规划总用地面积 77.7 平方千米，规划总人口近 100 万人。构筑“四纵四横”城市主干路网和市政道路网，总长 127 千米；构建集电力、电信、给水管线等于一体的地下综合管廊，总长 18.57 千米；建设嘉庚艺术中心、诚毅科技中心、市民中心、诚毅图书馆、诚毅书城、集美新城商务中心等大型公共建筑项目 6 个；配套建设文教体卫设施和城市现代产业体系、绿化环保体系。规划认为，要坚持“规划一体化、基础设施一体化、基本公共服务一体化”和“高起点、高标准、高层次、高水平”的要求，计划“一年全面启动，三年初具规模，五年基本建成，十年集聚成城”。

2010 年 2 月 25 日，厦门市统筹城乡发展加快岛内外一体化建设动员大会暨集美新城奠基仪式在杏林湾商务营运中心举行。同日，集美新城开发建设指挥部成立，抽调市发改委、信息产业局、科技局、审计局、监察局等部门及集美区政府人员，组成集指挥协调、规划设计、组织施工、招商推介、监察督办于一体，科学合理、运转高效的组织机构。指挥部实行项目带动、挂图作战，一场轰轰烈烈的集美新城建设战役全面展开。

至 2020 年底，集美新城建设共完成固定资产投资超过 2000 亿元，累计征地 2980 公顷、拆迁 349.68 万平方米，“一心、一片、两园区”格局形成，完成“一年全面启动，三年初具规模，五年基本建成，十年集聚成城”的既定目标，初步建成集商务营运、信息服务、文化创意、教育科研、交通枢纽、生态旅游和生活居住为一体的环湾生态型人文新城。

一、市政设施建设

至 2020 年，集美新城“四纵四横”主干路网形成。四纵，自西至东依次为杏锦路、集美大道、田集连接线、天马路；四横，自南至北依次为杏林湾路、海翔大道、集美北大道、软三横路，总长 18.9 千米。市政道路连片成网，建成 24 米以上主干路 17 条 47.9 千米，次干路、支路 60.2 千米，公交首末站 3 个。

新城核心区综合管廊规划 29.08 千米，建成投入使用的综合管廊及管沟项目 9 个，管廊（沟）长 13.66 千米。入廊管线有 10 千伏电力、110 千伏高压电力、通信、给水、重力流污水及雨水等市政管线 11 种，开创国内综合管廊重力流管线入廊的先例，成为名副其实的“管线综合体”。

二、公共建筑建设

集美新城规划公共建筑项目 210 个，其中教育类 67 个、体育类 33 个、文化类 37 个、卫生类 35 个、街道社区类 29 个、安防设施类 9 个。嘉庚艺术中心、诚毅科技探索中心、集美市民中心、诚毅图书馆、水上运动中心、市民广场、集美塔等大型公共建筑竣工投用。

嘉庚艺术中心，地上 6 层，地下 2 层，高 35.4 米，用地面积 2.95 万平方米，建筑面积 6.01 万平方米，投资 6.43 亿元。设大型剧场（座位 1453 个）、多功能厅（座位 507 个）、小型电影院及会议室等（座位 973 个）。2015 年 5 月交付使用。

诚毅科技探索中心，用地面积2.05万平方米，建筑面积5.24万平方米，地上4层，地下1层，高39.2米。一层为儿童展厅、报告厅、“时光之旅”等，二层为服务接待大厅、轨道车馆，三层、四层为航空航天展厅、航海展厅。总投资5.03亿元，2015年3月交付使用。

集美市民中心，包括集美文教区服务中心、集美台商投资区服务中心和集美区人力资源大厦。文教区服务中心地上5层，地下1层，用地面积2.10万平方米，建筑面积2.68万平方米，高23.8米，投资1.50亿元；台商投资区服务中心地上12层，地下1层，用地面积2.76万平方米，建筑面积7.38万平方米，高58.9米，投资4.09亿元；集美区人力资源大厦地上5层，地下1层，用地面积1.64万平方米，建筑面积2.66万平方米，高23.8米，投资1.50亿元，2014年8月19日竣工。

诚毅图书馆（即厦门市图书馆集美新馆），用地面积2.43万平方米，建筑面积约11万平方米，地上6层，地下2层，高度31.3米，投资2.8亿元，2017年12月精装修竣工验收，2018年10月正式投用。

水上运动中心，一期用地面积1.24万平方米，建筑面积0.71万平方米。建设内容包括教舍、业务及训练用房、食堂、宿舍、室外篮球场及市政配套设施等。投资2750万元，2011年8月竣工。二期用地面积2.59万平方米，建筑面积0.79万平方米。建设内容包括比赛航道、阿尔巴若赛道系统、浮式消浪堤等。投资9755万元，2015年4月竣工。

市民广场，建筑面积3.49万平方米，由展厅一层、车库二层和局部地下一层组成，建设内容包括展厅、车库（停车位380个）、设备用房等。投资2.05亿元，2013年11月竣工。

中央公园，用地面积10.48万平方米。建设内容包括山体绿化12.11万平方米，增植乔木2755株、灌木16816株、地被4037平方米，修复草坪4万平方米；建休息亭4个，公厕2座，观景平台、牌坊、廊道、入口门廊各1座，以及室外停车场、配套景观和景观照明等，2013年7月建成。

集美塔，占地面积1.29万平方米，建筑面积1.41万平方米，高79.5米，由两层半基座、七层塔身和塔刹三部分组成，其中塔刹高13.3米，由30吨纯铜铸造。2013年8月验收。

三、产业设施建设

集美新城注重产业引领，着重发展软件信息业、商务商贸业、机械装备制造业、文化演艺与旅游业等四大主导产业，构建以高端制造业和现代服务业为主体的现代产业体系。设有厦门机械工业集中区、软件园三期、杏林湾商务营运中心、厦门汽车物流中心、厦门北站营运中心。

厦门软件园三期，园区规划总用地面积10平方千米，包括7.9平方千米的软件研发产业基地和2.1平方千米的动漫教育产业基地，总投资460亿元，引进中国移动、咪咕动漫、数码港、电子城、中国电信、雅马哈信息、中交信息、富春通信、路桥信息、网宿科技、吉比特科技等知名企业。截至2020年底，累计注册企业4073家，入驻企业2629家，入住企业员工3.9万人。雅马哈信息研发大楼，占地2万平方米，建筑面积5万平方米，2017年6月16日落成。由雅马哈发动机（厦门）信息系统有限公司出资建设，是雅马哈发动机集团全球唯一的信息系统离岸研发基地，将成为雅马哈集团在全球的“智慧中心”。杏林湾商务营运中心，用地面积12万平方米，建筑面积80万平方米，总投资50亿元，由12栋商业楼构成，包括262米高的诚毅国际商务中心（厦门岛外第一高楼）和150米超高层写字楼各1栋。另有购物广场、酒店式公寓等商业配套设施，拥有写字楼群、商业中心、酒店式公寓三大业态，成为集总部办公、商务商贸、研发结算中心、销售展示中心于一体的多功能综合性商务营运中心。2017年12月全部落成。

厦门北站商务营运中心，总投资18.5亿元，用地面积13.67万平方米，建筑面积23万平方米，由147栋总部办公楼组成，2009年12月建成并交付使用。

创新创业大厦，创新大厦用地面积1.5万平方米，建筑面积4万平方米，规划为研发支撑区、交流合作区、创新服务区、产研院总部，总投资1.5亿元，2012年9月投用；创业大厦用地面积1.5万平方米，建筑面积5.57万平方米，总投资2.3亿元，功能定位为重点培植与发展战略性新兴产业的高科技功能性科学园区。2015年6月投用。

机械工业集中区，规划用地面积8.9平方千米，工业用地5.19平方千米，总投资145亿元。至2020年底，机械工业集中区规模以上企业73家，主要有厦工机械、金龙联合、金龙礼宾车、金龙汽车车身、建霖工业、理研工业、民兴工业、金龙江申车架、金龙汽车物流等。配套有国家场（厂）内机动车辆质量监督检验中心、国家级机动车污染控制技术中心、物流配送中心、生活配套中心等。三期规划工业用地面积0.76平方千米，以发展机械工业为主，正在建设中。

四、绿化环保建设

集美新城在开发建设中尊重自然生态，本着“在开发中保护，在保护中开发”的理念，在构筑现代城市空间的同时回归生态和自然。利用原有山体进行公园建设，依托杏林湾水域和园博苑，兴建国家级城市湿地公园和环湾绿道，打造城市“绿肺”。山体公园、环湾绿道、湿地公园与市民广场、市民公园连接，形成环湾110万平方米绿化带。同时，实施“一湾一园五干道”彩化工程、夜景工程，成为新城一道亮丽的风景线。核心城区街道绿化总面积37万平方米，栽植品种有黄花风铃木、香樟、木棉等30余种。

环湾绿道，全长20千米，总面积101.73公顷，建设内容包括步道、自行车道、滨水广场、滨水栈道、景观桥、驿站、雕塑及夜景照明等，总投资8亿元。2017年竣工交付使用。

杏林湾湿地，占地面积 19.7 公顷。一期工程建设内容包括湿地清淤（7.06 万立方米）、湿地绿化（10.79 万平方米）和湿地景观建设、基础设施建设，总投资 9904 万元。2019 年底建成。

杏林湾清淤护岸及九天湖段景观，总用地面积 9.08 万平方米，建筑面积 11.16 万平方米，其中地上 5.33 万平方米，地下 5.83 万平方米，建筑 44 栋，高度 8 ~ 14.35 米，车位 819 个，建筑密度 29.74%，容积率 0.61，绿地率 17%，总投资 6.03 亿元。建设内容包括游客服务中心、观景楼台、入口建筑、室外道路、广场、停车场、绿化、室外综合管线、路灯、岸线整治等。2018 年底竣工。

集美新城夜景建设有市民中心、中央公园集美塔、市民公园、市民广场、诚毅图书馆、诚毅科技馆、嘉庚艺术中心、诚毅书城八大夜景工程。采用钠光灯、LED 灯、高效投光灯、高效泛光灯、洗墙灯、壁灯等光源，对建筑物进行夜景装饰，总投资 1150.6 万元，2014 年和 2015 年先后竣工投用。

五、商住房建设

集美新城片区内有商住房项目 32 个，总用地面积 243 万平方米，建筑面积 671 万平方米。主要布局在环杏林湾及环厦门北站枢纽周边，以大中型项目为主，央企国企投资居多。建成项目 11 个，在建项目 20 个，待建项目 1 个，项目总投资 600 亿元，计划建设总套数约 5 万套，累计出售 4.7 万套。

十年前，集美新城所在地仍是一片农田和山地；十年后，一座现代化的海滨新城拔地而起。至 2020 年底，新增城市建成区面积 30 平方公里，常住人口达 60 万人，嘉庚艺术中心、诚毅科技探索中心、水上运动中心等文体设施陆续投用，文化演艺中心成型；银行、超市、餐饮、通信、公交、快递、诊所等生活服务设施配套逐步完善，先后举办荧光夜跑、草莓音乐节、气球艺术节、阿尔勒国际摄影季、集美半程马拉松赛、“中国杯”赛艇公开赛、尼斯嘉年华等大型品牌活动。新城人气商气开始集聚，活力显现，基本实现“十年集聚成城”的目标。（集美新城建设指挥部）

“十三五”时期集美区经济社会发展成就

“十三五”时期是集美区发展不平凡的五年。面对新型冠状肺炎疫情全球大流行、国际市场环境复杂多变、自身转型发展压力加大等风险挑战，集美区以习近平新时代中国特色社会主义思想和党的十九大精神为指导，贯彻落实习近平总书记对福建、厦门工作的重要指示批示精神，坚持“五位一体”总体布局和“四个全面”战略布局，坚持新发展理念，以建设“五大发展”示范区为主题，以供给侧结构性改革为主线，以改革开放为动力，以推动“6+7”工作为抓手，聚焦效率提升、项目推动、帮扶企业复工达产等重中之重，着力做好“六稳”工作、落实“六保”任务，推动经济社会发展稳中有进、稳中向好，基本完成“十三五”规划的目标任务，为“十四五”发展奠定坚实基础。

一、综合经济实力跃上新台阶

2020 年，集美区实现地区生产总值 822.41 亿元，“十三五”期间年均增长 7.2%，规上工业总产值突破千亿大关，财政总收入、区级财政收入在实施大规模减税降费的情况下，年均分别增长 6.8%、9.1%，累计固定资产投资 1816 亿元，成为跨岛发展的排头兵，获评全国综合实力百强区、省级首批“教育强县（区）”。

二、创新驱动发展释出新动能

“十三五”期间，集美区创新创业活力迸发。中科院计算技术研究所厦门分所落地运营，厦门地质科研实验基地建设快速推进。全区“双创”迈向升级版，有百度创新中心等 8 家国家级众创空间，孵化立马耀等优质企业。全省“人才强区”试点获批，“聚贤集美”人才计划升级，“金蓝领”人才培养工程实施，基本实现多层次人才政策扶持全覆盖。

三、产业升级蹄急步稳

“十三五”期间，集美区工业发展质量稳步提升，“中国工业百强区”榜上有名，金龙、正新等 4 家企业入选全省制造业百强。机械装备迈向高端智能，国内首款无人驾驶巴士“阿波龙”小规模量产，宏发电声获评为工信部制造业单项冠军企业，厦门势拓稀土永磁电机产业园开工。服务业发展加力提速，三产比重首次超过二产，2020 年三产占 GDP 比重 51%，比 2015 年提高 3.1 个百分点。软件园三期东片区 242 万平方米研发楼全面建成投用，入驻企业 2629 家，员工超 3.9 万人。成为全市首个国家全域旅游示范区，接待游客增速保持全市第一，国内首个音乐产业艺术综合体星巢·越中心对外运营，研学游等新亮点频现。杏林湾商务营运中心入驻率提升，全市首个区级基金聚集区投入运营，基金管理规模突破 600 亿元。同集路商业带、集美新城核心商圈、北站商圈三大商圈初具雏形，好慷在家、宜车时代、永兴东润等“互联网 +”新业态蓬勃发展，新零售巨头银泰百货、尚柏奥特莱斯开业，橙联跨境电商产业园即将完工。

四、城市功能品质实现新提升

2020 年，集美新城实现“十年集聚成城”，十年累计完成投资近 2000 亿元，企业入驻率、商品房入住率强势上扬。马銮湾新城集美片区全面拉开框架，骨干路网基本成形。

与全市“两环八射”快速交通网络全面对接，地铁1号线建成运营，福厦高铁客运专线、地铁4号线和6号线加快建设。“两纵三横”对外联系主骨架路网基本成形，厦沙高速、国道新324线建成通车，同集路、集灌路等城市快速路完成改造。“两环六纵六横”城区骨干路网基本建成，海翔大道与田集连接线等项目完工。长泰枋洋水利枢纽一期工程通水，集美大道地下综合管廊启用并列入国家试点项目。空气质量优良率排名全市第一。河（湖）长制高分通过水利部考核评估，率先完成2个省控断面劣V类水质销号任务，完成环杏林湾截污工程和集美湖整治。通过两轮中央生态环保督察，西海域养殖清退整治工作基本完成。垃圾分类覆盖率100%。乡村振兴战略稳步实施，农村人居环境综合整治全面推进，农村污水治理管网实现全覆盖，田头村入围全国乡村治理示范村。

五、人文集美特色日益彰显

“十三五”期间，集美区举办两届嘉庚论坛，在海内外侨胞中引起强烈反响。集美学村入选首批中国20世纪建筑遗产名录，嘉庚精神宣传月、嘉庚文化周系列活动更具时代特色，集美街道获评为福建省侨乡文化名镇。创立“集美节”国际旅游品牌，举办阿尔勒国际摄影季等品牌活动。精神文明建设成效显著，蝉联省级文明城区创建“六连冠”。后溪镇连续三年获“全国文明村镇”称号，涌现出“时代楷模”陈清洲等道德模范。

六、民生幸福指数达到新水平

“十三五”期间，集美区民生保障持续改善。民生支出占财政一般公共预算支出78%，居民收入增速保持高于经济增速。获评全省首批“教育强区”。建成美山中学、蔡林学校、诚毅幼儿园等一批中小学、幼儿园，累计新增中小学学位25400个，幼儿园学位8370个。引进优质民办华锐双语学校并建成投入使用。四川大学华西厦门医院落地新城，在全市率先开通家庭医生服务热线，家庭医生签约突破10万人。全区人均预期寿命（81.4岁）达到发达国家水平。软件园三期体育馆开馆，闽南戏曲艺术中心开工建设。逐步形成“基本有保障、中端有市场、高端有选择”养老服务格局，太保家园厦门国际颐养社区等高能级民生项目落地，引进中交集团参与养老社会化运营，居家社区养老服务照料中心和农村幸福院建设实现全覆盖。累计实现失业人员再就业65439人次，农村富余劳动力转移就业7973人。45周岁以上城乡居民养老保险目标人群参保率100%。助力脱贫攻坚事业，深化和政县、清流县对口帮扶，开展捐资助学、培训指导、消费扶贫等，推进集美（清流）共建产业园建设发展。在全省率先建成食品药品网格化智慧监管体系。

七、社会治理体系更加健全

“十三五”期间，集美区持续深化扫黑除恶专项斗争，刑事警情下降幅度连续四年保持全市第一。全力开展主动创稳工作，构建“5+1”的社区矛盾纠纷多元调处模式。推进“五安”工程建设，围绕创建国家食品安全示范城市中心工作，推进食品安全专项整治，以点带面治理“餐桌污染”，基层力量不断增强，检测能力稳步提升，执法力度持续加大，辖区食品安全状况良好，安全生产形势总体平稳。村居党群活动中心全部完成优化提升。

八、改革开放事业开创新局面

“十三五”期间，集美区同胞融合全面推进。获批省级两岸融合发展集成改革试点，探索两岸深度融合新模式。引进台湾最具专业能力和规模最大的专业顾问机构——台湾“中国生产力中心”，合作建立“卓越创新中心”。厦门北站台湾青年双创基地等3家台青创基地获评为全省台湾青年就业创业基地，连横文化研究院获批为全省对台交流基地，全区6个台青创基地和15个众创空间累计引进台湾团队256个。厦门（集美）闽台研学旅行基地成为全国首个对台研学基地、全省首批对台交流基地，获国家级“海峡两岸交流基地”称号，累计吸引2430名台湾青年前往研学交流。举办海峡两岸龙舟赛、两岸特色庙会、研学体验营等活动，寻根祭祖、宗亲联谊等民间基层交流更加频密。设立台胞台企服务窗口，开通“集美两岸e家”微信公众号，建立“两岸e家驿站”，成立“苔·芯志愿服务队”。

九、营商环境不断优化

“十三五”期间，集美区打造政策洼地，兑现扶持企业资金34.8亿元。全市首创开设“一站式”惠企窗口，在全市率先实现镇街、村居自助终端一体机全覆盖。打造全职能智慧办税服务厅，实现所有窗口涉税业务“一站式办理”。“一趟不用跑”“最多跑一趟”事项达97.1%，“一号通办”创新模式被省效能办作为典型推广。商事主体增至8.9万户，居岛外四区之首。工程建设项目审批制度改革成效初显，实现审批时限减至“975”目标。成立全市首家“分调裁中心”，快速化解近50%民商事纠纷。

（发改局）

集美区海域养殖全面清退任务完成

2019年2月12日，集美区召开全面彻底清退海域养殖工作动员部署会，全区海域全面清退整治战打响。至2019年12月底，基本完成西海域石蚵区养殖设施的清退整治；2020年5月初，基本完成西海域非石蚵区养殖设施的清退整治；2020年5月底，基本完成东海域“打回潮”清退整治。至此，集美区全面彻底清退海域养殖工作全部完成。区整治办按照《厦门市海域养殖整治指挥部办公室关于印发海域养殖清退核查工作方案的通知》要求，于2020年5月19—20日对西海域养殖清退整治情况、7月2—3日对东海域“打回潮”清退整治情况进行自验收。

一、全面清退基本情况

集美区全面彻底清退海域养殖工作涉及东、西两个海域，清退工作涉及4个街道、8个社区，总面积1336.04公顷（原上报整治面积1359.37公顷），实际整治面积与原上报面积少23.33公顷，主要是集美街道、侨英街道扣除红树林（21.65公顷）、大桥桥墩及海堤路（1.70公顷）等无须整治的范围；总整治经费15745.51万元，其中石蚵补偿补助款6381.82万元、非石蚵补偿补助款1221.69万元，海蚵石清运项目3249.27万元，西海域非石蚵区清表费1140.03万元，东海域清表费259.95万元，杏林、高浦、曾营、马銮4个社区转产转业专项发展资金2400万元，测绘、征拆、监理等费用1092.75万元。

（一）西海域：西海域杏林街道、杏滨街道养殖清退整治涉及面积1162.75公顷，其中，杏林街道1048.84公顷（石蚵311.18公顷，非石蚵区的石蚵34.54公顷，非石蚵703.12公顷），杏滨街道113.91公顷（石蚵57.01公顷，非石蚵区的石蚵0.19公顷，非石蚵56.71公顷），签订退养协议3861户，发放补偿补助款7603.51万元（其中，石蚵补偿补助款6381.82万元，非石蚵补偿补助款1221.69万元）；石蚵区海蚵石清运费用3249.27万元（其中，杏林街道杏林社区项目1532.29万元，杏林街道曾营、高浦社区项目1004.22万元，杏滨街道马銮社区项目712.76万元）；非石蚵区清表费1140.03万元。

2019年2月，集美区启动全面清退海域养殖工作。图为杏滨街道马銮社区后尾社石蚵养殖退养前现状　　（区农业农村局 供图）

（二）东海域：东海域集美街道、侨英街道“打回潮”清退整治涉及面积173.30公顷（其中，集美街道114.28公顷、侨英街道59.02公顷，原上报面积196.44公顷，实际整治面积比原上报面积少23.14公顷），因为没有涉及清退补偿，所以没有区分石蚵和非石蚵等养殖类型，按照每公顷1.5万元的清退费用进行包干整治，整治经费259.949万元，另加测绘等其他费用58.90万元。

二、工作机构设立

一是加强组织领导。成立集美区海域禁止水产养殖综合整治指挥部，由区委书记任总指挥，区长任第一副总指挥，区委常委、统战部部长任常务副总指挥，分管副区长任副总指挥，各相关部门领导为成员，下设办公室和项目、资金、民生、维稳、信访、宣传组六个工作组。办公室设在区农业农村局，由该局局长任办公室主任，抽调部分参加过2002年原杏林区西海域整治工作人员任成员，统一集中办公。项目组、资金组、民生组、维稳组、信访组、宣传组等六个工作组由各相关局的主要领导牵头，负责处理综合整治的相关工作。杏林街道、集美街道、侨英街道和杏滨街道及时对应成立组织领导机构并结合实际成立驻社区工作组。

二是完善相关政策。依照突出重点、分类推进的原则，在2002年整治通告基础上，以区政府名义配套印发《继续推进并全面彻底完成杏林、杏滨街道海域禁止水产养殖综合整治工作的通知》，同时，以区政府办名义分别印发《继续推进并全面彻底完成杏林、杏滨街道海域禁止水产养殖综合整治工作方案》《集美、侨英街道“打回潮、促清淤”海域综合整治工作方案》，明确政策标准、工作重点、完成时限等事宜，为全区整治清退工作提供指导和遵循。

三是强化督查督办。区级整治工作方案印发后，随即开展挂图作战，坚持周督查、半月报，加大晒的力度，加快赶的进度，推进海域整治工作，确保整治工作按时保质完成。

三、宣传工作落实

为解决渔民对退养政策不了解，对退出养殖后生活问题存在担忧的情况，借助传统媒体、新媒体等各类宣传渠道，深入渔民中间宣传中央、省委、市委的部署要求和指示精神，向渔民发放宣传资料，增进渔民对海域退养工作的了解，让他们真正从思想上认可政策方案，自觉配合整治工作。

一是通过电视、报纸等媒体进行宣传。为落实中央环保督查整改要求和市委、市政府全面彻底清退海域养殖决定，营造海域整治的攻坚氛围，整治前的动员誓师大会、整治过程、整治效果，均通过《厦门日报》、厦门电视台、自媒体等进行宣传报道，让群众实时了解进展情况，同时接受社会监督。

二是编制印发宣传资料宣传手册。制作印发《致渔民朋友的一封信》14500份、《厦门市集美区海域禁止水产养殖综合整治政策宣传手册》9000份，指导各街道在辖区主要路口、下海通道悬挂宣传标语43条，张挂宣传板15版。

三是进村入户与渔民面对面进行讲解、宣传。街道驻社区工作组及社区工作人员“5+2”“白加黑”入户宣传动员。加大宣传力度，杏林街道结合扫黑除恶专项斗争，举办海域退养政策宣传进社区文艺会演活动3场，营造强大整治声势和良好工作氛围。

四、测量报告及面积核实表填报

（一）测量测绘：1. 整治前准备阶段的航拍测绘，做好全面清退整治前的准备工作。2018年3月开始，集美区委托厦门理工学院对全区海域养殖现状进行航拍测绘，掌握养殖现状，防止养殖户抢养抢围；按照中央环保督察要求以“一图一表”核实现有养殖设施，并将电子坐标点报市海洋局监测中心进行落图，实时监控退养进展情况。2. 开展整治清退前的详细测绘。根据2019年3月13日厦门市海域整治专题会议精神，集美区委托区地理信息测绘中心进行数据整理及界限划分，通过调取2002年、2006年的整治底册和2018年全区海域航拍数据以及部分海域补拍补测数据，形成各个街道养殖面积细化的最终数据并上报市整治办。3. 在整治过程中，各个街道均聘请中连建测绘公司进行航拍测绘，划分确定街道之间的界限、社区与社区之间的界限、并细化到各养殖户具体的养殖面积、整治前后影像资料的拍摄整理和海域养殖面积分布图的绘制等。4. 整治后验收前的航拍测绘。验收时，区整治办委托区地理信息测绘中心对各街道的整治情况进行航拍测绘，记录整治成果，对存在问题或没整治到位的部位责令街道及时进行整改，以达到市整治办的整治标准。每次航拍测绘，测绘公司都提供相应的测量测绘报告。

（二）面积核实表填报：验收后，如实填写海域养殖清退面积核实表，严格填报姓名、身份证、联系电话、养殖品种、养殖面积、养殖地点、养殖情况（历史上是否退养）等要素，每张核实表均有4名证明人证实填报的真实性。西海域杏林街道、杏滨街道石蛎退养补偿以社区村民平均分配的方式进行补偿；非石蛎清退涉及养殖户配合拆除奖励，以个人实际养殖面积进行核实填报。

五、公示制度落实

该次海域养殖清退整治工作，区、街道均聘请相应法律顾问就退养工作中的所有涉法事宜提供专项法律服务，专业律师全程参与退养整治工作，确保退养整治工作的合法性，并做到公开、公平、公正。严格落实公示制度，海域禁止水产养殖综合整治补偿补助协议书、石蛎区补偿补助方案居民户代表会议投票情况、养殖户养殖范围和养殖面积、养殖区域争议地分配确认书、补偿补助款发放名单等5份涉及居民利益材料均进行公示。

六、长效监管机制建立

海域养殖清退通过验收后，区、街道承担和落实防止海域养殖回潮的责任。一是及时将已清退海域交予集美新城指挥部进行清淤；二是区、街道配合，加强日常巡查，严禁新增养殖，防止边退边养。至2020年，有两个长效监管机制在协商与论证中。一是参考市对区的考核模式，制订区对街道的管理考核细则和规定，由属地街道履行管理主体责任，区级负责总体的检查指导；二是参照区沙滩环卫保洁承包模式，将全区海域的日常巡查、拆违等管理工作打包给第三方公司进行管理。

（郭圻奋）

集美区农村人居环境整治三年行动计划全面完成

2018年，集美区为实施乡村振兴战略，改善农村人居环境，建设美丽宜居乡村，以“一革命四行动”为主攻方向，围绕《福建省农村人居环境整治三年行动方案》和《厦门市农村人居环境整治三年行动实施方案》文件要求，推进全区农村人居环境整治工作，取得较好成效。灌口镇田头村获“全国乡村治理示范村”称号。灌口镇镇长黄金喜获首届福建省“最美基层河长”“最美民间河长”称号。集美区报送的《生态河湖.水秀集美》《生态杏林湾》微视频获水利部颁发的优秀奖。后溪镇获“全国文明村镇”称号。灌口镇、后溪镇后溪村获“省级文明村镇”称号。

一、基本情况

2018年，集美区农村人居环境整治范围为灌口、后溪2镇，杏林、侨英、杏滨3个街道的21个行政村和21个村改居社区。农村（含村改居）常住人口总数14.78万人（农村常住人口6.62万人，村改居8.16万人）。集美区以灌口镇田头村、后溪镇二农埭溪桥为示范村试点，以点带面逐步推进，通过三年的建设，实现农村卫生厕所无害化改造、农村生活污水治理、农村垃圾治理全覆盖，推进农房整治，村容村貌显著提升。

二、主要成效

1. 加强组织领导。集美区成立以区委书记为组长、区长为第一副组长，区委副书记、区政府分管副区长为副组长，各有关部门为成员单位的区农村人居环境整治工作领导小组，抽调专业人员组成整治工作办公室，制订下发《集美区农村人居环境整治三年行动方案》，将农村人居环境整治工作纳入政府年度目标考核范围，常态化落实工作会议、调度督查等机制。至2020年9月底，召开专题会议9次，现场推进会6次，整治督查18次，整治培训1次。

2. *农村厕所改造*。2018—2020年，集美区新建改造农村公厕19座，21个行政村累计建造农村公厕39座，每个行政村均有一座水冲式公厕，均按照三级化粪池进行粪污处理后接入市政污水管网，个别无法接入污水管网公厕，采取人工抽取并进行浇灌利用。农村公厕全部由区属国企集美城发公司进行专业管养。全区21个行政村的户厕总户数17546户，常住（含村改居）总户数19412户，无害化户厕总数19412户，其中纳入管理2230户、集中处理14931户、三格化粪池2251户。农村户用厕所无害化改造覆盖率100%，行政村户用厕所无害化改造普及率100%。至2020年底，完成户厕改造279户，发放改造补助经费4.38万元（每户600元，其中灌口14户、后溪59户）。

3. *农村垃圾治理*。至2020年底，全区建成农村清洁楼31座，全部交付区属国企集美城发公司管养，由区市政园林局成立的环卫行业考评小组进行考评、检查和督促。截至2020年9月底，全区畜牧业规模化养殖全部清退，畜禽粪污回归农作物的资源化利用率95.22%。加快秸秆还田综合利用，从源头上减少农膜用量，建立灌口、后溪残膜回收站点，提高残膜的再利用价值。

4. *农村污水治理*。至2020年底，集美区实现农村生活污水治理全覆盖。有条件的城镇周边村庄生活污水通过管网纳入城镇污水处理厂统一处理，对农村人居环境产生影响的小湖泊、小山塘、景观湖等坑塘水体，纳入河（湖）长制工作调度范围，科学制定小微水体整治清单，全区安全生态水系12个建设项目全部启动，治理全长37.25千米，项目总投资9663万元，完成市下达任务。2019年，开展农村受污染水体摸底调查，全区有6个农村受污染水体，其中灌口镇4个、杏林街道2个。至2020年9月底，灌口镇全部完成整治，杏林街道2个纳入整村拆迁范围。开展农业面源污染防治，率先实现“一控两减三基本”目标（即控制农业用水总量，减少化肥、农药使用量，实现畜禽粪便、农膜、秸秆基本资源化利用）。

5. *农房整治*。集美区把农房整治作为全面改善人居环境的重点工作来抓，抓好乡村振兴“连点成线”。全区17个需开展乡村振兴村庄建设规划编制的村庄全部完成规划编制和评审。至2020年9月底，农房整治累计投入资金3.2691亿元，平改坡项目开工2042栋，完工1676栋；裸房立面整治项目开工1341栋，完工1132栋；推广市建设局编制印刷的农村住宅通用图集和《厦门市农房建设质量安全管控手册》，由区建设部门指导镇街执行《集美区私人住宅危房翻建及安置管理规程》，确保私人住宅危房翻建符合村庄规划和质量管控。2018—2020年，全区私人住宅危房翻建47户，其中发证46户，未发证1户；全区农村宅基地和集体建设用地登记发证率98.8%。

6. *村容村貌提升*。集美区实施农村房前屋后卫生整治和杆线规整，落实门前“三包”，打造美丽庭院。由国网厦门分公司牵头开展“三线交越、搭挂”安全隐患专项整治行动，整治主杆塔194个、铁塔108个，改造主缆线19.6千米，拆除乱搭乱挂15处，整改寄挂线路10处；完成村道C123、三后线、锦东线路面改造11.41千米；全区农村集中供水率和自来水普及率99%；建成灌口镇凤泉中路、后溪镇孙坂北路（永祥—碧溪段）“示范街”2条；辖区2镇全部达到省级卫生乡镇标准，比2018年增加100个百分点；铁路沿线农房整治计划228栋，至2020年9月底，开工730栋，完成639栋，完成比例280%。铁路沿线高速公路沿线绿化整治工程5个，整治面积约10万平方米，绿化覆盖率100%。清理沿线垃圾堆放点31处，建立常态保洁机制。

7. *资金投入有保障*。2018—2020年，市、区投入建设资金41534.24万元。印发《集美区乡村振兴战略专项资金管理办法》《集美区乡村振兴战略专项资金管理的补充通知》《集美区乡村振兴试点示范专项资金管理使用实施办法》，发挥资金使用效益，确保资金使用安全。

8. *建设管护机制进一步完善*。集美区基本建立农村人居环境管护长效机制。全区42个村改居建立“管干分离、市场运作”的环卫保洁运行机制，委托专业公司负责实施，建立农村生活垃圾收集转运城乡环卫一体化体系，实现农村生活垃圾日产日清和常态化保洁；农村人居环境整治内容纳入42个村居的村规民约，并在公示栏张贴；发挥农民主体作用。村庄清洁行动、爱国卫生运动及日常发现问题时，动员村民投工投劳，整治村内公共空间。

三、典型经验做法

1. *抓好村庄规划*。对不涉及拆迁的村庄，组织开展村庄建设规划的编制工作，指导后续农村人居环境整治工作。至年底，全区需开展乡村振兴村庄建设规划编制的17个村庄，全部完成规划编制并通过评审。

2. *公布负面案例*。定期或不定期由建设与交通局等部门联合第三方技术服务单位到农房整治现场进行技术指导，解决整治过程中的问题。截至2020年9月底，印发负面清单和问题清单13批次，提升农房整治的总体质量。

3. *开展技术培训*。聘请厦门理工学院建筑设计与理论研究所工程师对相关工作人员进行技术培训，提升全区农房整治工作水平。

4. *创新垃圾处理管理模式*。推进城乡环卫一体化。全区农村生活垃圾治理工作采取购买服务的方式，由各镇街环卫站委托专业公司负责实施，实现农村生活垃圾常态化治理；推进农村公厕市场化、专业化管理。全区农村公厕实施服务外包，明确专人保洁管养机制，做好农村公厕日常保洁及设施设备运维管理工作；垃圾分类督导服务外包。灌口镇、后溪镇、侨英街道的垃圾分类督导实行服务外包，为生活垃圾分类提供多样化、专业化、标准化的管理。（林春海）

大事记

1月

1日 “奋斗新时代 圆梦在厦门”第十三届厦门新市民节在集美新城市民广场开幕。该活动以“为新市民圆梦”为主题，包括新市民健步行、放飞心愿风筝、五彩风车嘉年华、手机摄影大比拼、网红美食集结等系列活动。

2日 集美区集成改革试点总体方案获福建省委办公厅、省政府办公厅批复实施，为全省首批4个县区集成改革试点单位之一。该项目是全省贯彻落实党中央全面深化改革系统集成、协同高效决策部署的实际行动。实施时间为2020年至2022年。集美县域集成改革以建成台胞台企登陆的第一家园为目标，围绕深化海峡两岸经贸合作、扩大海峡两岸人文交流、维护台资企业权益、扶持台胞创业就业、增强台胞社会福祉、做强海峡两岸研学品牌等方面，落细落实党和国家对台方针政策。

2日 “十年新城·时代新声”住宅集团2020跨年音乐会在集美举办。此次跨年音乐会从2019年12月31日20时持续到2020年1月1日凌晨，歌手方大同、王诗安，以及声音碎片乐队、MINSTA、WAYLIFE等原创乐队参加演出，与现场观众一起用音乐致敬中华人民共和国成立70周年。

22日 厦门市公安局集美分局举行执法办案管理中心揭牌启用仪式。该中心建筑总面积约1200平方米，共设置执法办案区、案件管理区、涉案财物管理区、服务保障区、合成作战区、接警中心等区域，是厦门市公安系统率先建成的集“执法办案、监督管理、服务保障”于一体的执法办案管理中心。

26日 厦门医学院附属第二医院呼吸内科主任医师薛克营、江贵源和重症医学科主治医师叶长青组成该院首批援鄂医疗小组驰援武汉。此后，该院又先后两次派出23名医务人员支援湖北抗疫。

28日 “集美防疫抗疫在线心理”QQ群和“心理热线：0592-6102345”上线，这是一支由来自集美大中小学、心理辅导站、医院的20多名心理专家学者、心理咨询师自发组建的专业队伍。目的在于及时发布防疫抗疫心理科普知识，对因疫情产生心理恐慌的群众及时进行心理疏导。

30日 为应对春节返程高峰，把好交通卫生检疫关口，集美区抽调首批16名党员干部奔赴辖区各交通卫生防疫站点上岗执勤。

2月

12日 集美区作协主席、集美大学文学院党委副书记华晓春创作的抗击疫情诗歌《我在武汉》，由央视、央广主持人马洪涛、李修平、郎永淳、季小军、王娟、彭坤、陈亮、陈捷等集体朗诵，并在“让爱的分贝响亮”微信公众号上推出。

12日 集美区首个“电子通行证”平台在宁宝世家小区上线，便捷、安全的线上操作方式受到居民的欢迎。该“电子通行证”功能是“家住厦门”平台技术团队针对小区新冠肺炎疫情防控需要而紧急研发上线的。

22日 规模超5亿元的瀚尔清芽基金落户集美区杏林湾基金聚集区，该基金的投资方为北京天壹资本。

26日 集美区挑选3个有代表性的项目——银麦国科高端医疗项目、世禄实业增资项目和仁联人力资源项目进行视频签约。签约项目合同总投资额4.3亿元，涉及医疗检测、人力资源、增资扩产类等热门项目。

27日 集美区法院宣判一起防疫物资诈骗案。该案是集美区法院首例涉疫情的刑事案件，以远程视频庭审方式开庭审理，案件同步进行庭审直播。

28日 “集美i企宝”上线。该平台是集美区创新防疫管理模式，整合各方资源，为辖区企业量身定制的“一平台监管”“一站式线上服务”平台。

3月

9日 集美区侨乡经济促进会获区民政局颁发的“5A级社会组织”牌匾和证书，成为全区首家“5A级社会组织”。该会在三年多时间里，共引进49家有经济实力的企业落户杏林湾商务运营中心，实际注册资金4亿多元，为繁荣集美经济做出重要贡献。

10日 集美区修订并发布《集美区关于鼓励台湾青少年到集研学旅行奖励办法》。该《办法》在原政策基础上扩大奖励范围，增加台湾亲子家庭和青少年个人到集美研学的奖励。符合条件的可享受到50元/人·天、每人最高不超过500元的奖励，并享受所有研学课程免费的优惠。

15日 厦门理工学院团队凭借一款极简茶盘，获得2020德国红点设计奖。该获奖作品是一款储水式茶盘，由天然石材（乌拉圭黑金石）盘面和铝质储水底盘组成。德国红点设计大奖与德国的 IF 奖、美国的 IDEA 奖并称为世界三大设计奖，俗称设计界的“奥斯卡”。

18 日 集美区第一季度 5 个项目集中开工活动在达达物流园举行，总投资 7.84 亿元，年度计划投资 2.6 亿元。

20 日 厦门鲲鹏超算中心落户集美新城中国电信海峡通信枢纽中心。作为厦门市加强 5G、数据中心等新型基础设施建设的重要举措，该中心一期可容纳近 200 个机柜，采用以鲲鹏 920 芯片为核心的高性能数据中心服务器，提供多核高密度高内存通量的高性能算力，同时运用领先的云化高性能计算解决方案，构建起鲲鹏架构的超算平台。

23 日 农鑫农产品收储运销及初加工产业中心总部项目和鲸探海洋科技文化产业股份有限公司增资扩产项目两个现代农业项目签约落地集美区。

24 日 集美区公布 2020 年为民办实事工作计划，提出九大项 36 项具体内容。

30 日 集美区首批援赠海外社团的防疫物资发货。防疫物资有 18 个包裹、共计 4 万个一次性防护口罩，发往新加坡、菲律宾、马来西亚、泰国、新西兰、日本、美国、英国等国。

4 月

7 日 集美区法院刑事法庭通过远程视频，开庭审理一起贩卖、运输毒品案件。疫情发生以来，集美法院刑事法庭优化案件流转、庭审记录以及文书送达等方式，开通刑事案件电子换押平台、远程视频审判、庭审录音录像，在避免人员聚集、减少频繁接触的同时，保障刑事案件审理依法有序开展，让群众的诉求不落空。

8 日 集美区新修订的《企业人才房租补贴办法》出台。补贴对象范围放宽至基础性人才，全日制普通教育本科毕业生或高级工均可享受房租补贴。

9 日 集美区召开全区领导干部大会。何东宁任中共集美区委员会书记，胡旭彬任中共集美区委员会委员、常委、副书记，提名为集美区人民政府区长候选人。区委、区人大常委会、区政府、区政协领导班子成员，区法院院长、检察院检察长，各镇街党政主要负责人以及区直部门、区属国有企业主要负责人参加大会。

11 日 厦门市公共交通迎来首个免费开放日，也是 A 级景区免费开放的首个休息日，集美区 4 个国有 A 级景区当日游客数量明显增加。园博苑入园人数首次突破 2 万人次，集美鳌园入园人数为 1000 余人，诚毅科探中心和双龙潭生态运动景区游客数量也明显比平常周末增多。

12 日 第 35 届福建省青少年科技创新大赛复赛在福州落下帷幕。集美乐安中学分别获得青少年优秀实践活动一等奖 1 项，青少年科技创新项目一等奖 3 项、二等奖 2 项，卢嘉锡专项奖 4 项，在获奖项目和数量上均名列全省前列。其中，该校初二年级学生作品《寻找身边植物对蚊子止痒的探究》被推荐参加全国总决赛。

15 日 集美区十二届人大常委会第三十九次会议举行。任命胡旭彬为集美区人民政府副区长、代理区长。

15 日 集美区重点工程——杏东公园提升改造项目动工。

20—21 日 数字中国创新大赛·鲲鹏计算赛道厦门赛区（初赛）在线上“云开赛”。该赛道是数字中国创新大赛首次设立的赛道，以国产化数字生态为主要方向，参赛作品的运营环境原则上必须基于鲲鹏处理器，以国产化服务器、操作系统、数据库、中间件等基础软硬件产品为支撑，以各类、各领域应用软件国产化、开发、迁移、适配、调优为重点课题，对促进企业和开发者了解国产信息产业生态具有积极作用。

23 日 “嘉庚书房”项目“云启动”，区委常委、宣传部部长赖朝晖参加启动仪式。建成后的“嘉庚书房”约 1700 平方米，包括一个中心广场庭院。

24 日 集美区城市管理局、集美街道办事处发布通告，启动对集岑路小商品街的历史违章搭盖拆除和沿街店面整治提升工作。

29 日 厦门蓝海天院士专家工作站在集美湖畔的厦门蓝海天信息技术有限公司揭牌。该工作站是厦门市成立的首家涉海企业院士专家工作站。

29 日 改造后的集美农贸市场正式营业。农贸市场共有三层，一层为水产区域，二层为干果、水果、猪肉、熟食等区域，三层为蔬菜、粮油、服装店铺等区域。市场建筑总面积 5993 平方米，摊位 200 个，店面 80 个。农贸市场还设置专门的食品安全检测室，可实时对市场的产品开展农药残留、甲醛、硼砂等多个项目检测。

30 日 在厦门市举行的庆祝“五一”国际劳动节暨表彰市劳动模范和劳动工作先进集体大会上，集美区 7 人获“厦门市劳动模范”称号，2 个集体获“厦门市劳动工作先进集体”称号。

5 月

1 日 杏西广场地下一层的夏商杏西农贸市场开张。该农贸市场位于集美区新源路，面积约 2000 平方米，内设摊位 80 个，店面 16 间。

4 日 《人民日报》刊登本专科生和中等职业教育国家奖学金获奖学生代表名录，厦门华厦学院包晗琳获本专科生国家奖学金；厦门工商旅游学校解明哲获中等职业教育国家奖学金。国家奖学金是中国重要的国家资助政策之一。其中，本专科生国家奖学金奖励标准是每生每年 8000 元；中等职业教育国家奖学金是每生每年6000元。

4日 集美区和欣社工服务中心团支部获得"全国五四红旗团支部(团总支)"称号。该社工服务中心团支部是一支年轻的创业团队,平均年龄只有27岁;成立三年来,连续三年被评为"福建省五星团支部"。

9日 由省人社厅、省广电局评选的2016—2019年度全省广播电视系统先进集体和先进工作者名单揭晓,集美区广播电视台榜上有名。集美区广播电视台的前身是集美区有线电视台,成立于1994年7月。2010年11月,经国家广电总局批准,设立集美区广播电视台。

11日 集岑路小商品街全线环境整治提升工作启动,历时16天完成53间违建店面拆除任务。

13日 地铁6号线(马銮湾片区段)集美岛站至西滨路口站跨海盾构区间实现双线贯通。该地铁线连接厦门海沧、集美、同安的重要骨干线路,共设车站33座,全长46.2千米,线路起于海沧东孚镇林埭西站,终于同安北部的新店仔站,连接起马銮湾新城、杏林老城、集美新城、同集路带、同安新城、同安老城等重要区域,是厦门地铁普线网中的环湾骨架线。

15日 集美区政府公布第三批区级文物保护单位名单,文确楼、宝珠塔、集美国姓井、集美学村钟楼、鹤浦西安宫5处列入新增名单。

15日 神州鲲泰厦门生产基地在集美区国投安仁产业园落成投产。该生产基地是厦门市与神州数码集团战略合作的重要落地成果之一,主要生产搭载鲲鹏处理器的神州鲲泰服务器及PC系列产品。

20日 集美区杏林街道完成海域养殖清退1.57万亩(104.67公顷)。其中石蛎养殖4700亩(313.3公顷),非石蛎养殖1.1万亩(733.3公顷)。

20日 杏林湾水舞光影秀项目在杏林湾(市民广场下广场)首秀。项目采用尖端全息投影技术,以杏林湾水域为背景,辅助电、火、光、声等元素,融入集美新城十周年、嘉庚精神等特色设计,在长128米、高24.6米的水幕上,通过1584台灯光及60米高喷设备,为参观者展现一幅幅立体多彩的3D集美特色作品。

27日 集美辖区两家高科技企业——厦门大白科技有限公司与云知声智能科技股份有限公司签署战略合作协议,共同搭建全场景智能化厨卫空间。区委副书记、代区长胡旭彬见证签约。

27日 2020"听见集美"厦门集美学村周末音乐会发起"致敬最美逆行者"专场特别直播。该年度周末音乐会以"新时代·新青年·新风采"为主题。

29日 集美区首批"爱心屋"揭牌投用。分别位于集美、侨英、杏林和杏滨4个街道。"爱心屋"由爱心企业厦门市集美城市发展有限公司投资运营管理,主要安置辖区内残疾人或残疾人家属就业,立足服务群众,配备自助销售系统,售卖日常用品、特色食品、集美旅游纪念品和嘉庚精神主题文创品。

6月

1日 全球顶尖的科考船"嘉庚"号KK2002航次从厦门再次起航,探索南海深处的奥秘。此次航程25天,由首席科学家王彦林、集美中学地理名师陈庆军带领。

1日 集美新增宁宝公园和环湾九天湖两处新能源汽车充电站。

2日 集美街道"医养结合"协作协议签约仪式举行。"医养结合"是指医疗资源与养老资源相结合,实现社会资源利用的最大化,利用"医养一体化"发展模式,集医疗、养老等于一体,把老年人健康医疗服务放在首要位置,养老机构和医院功能相结合,把生活照料和康复关怀融为一体的新型模式。

4日 集美区人民法院举行"诉非联动中心"启动仪式,在全市率先成立"诉非联动中心"。该中心设于集美法院立案庭,并分别在杏林法庭、灌口法庭、后溪法庭设立三个分中心。院部"诉非联动中心"负责辖区和全院诉非联动工作的整体统筹;各分中心负责对接法庭辖区的诉非联动工作,并配合院部"诉非联动中心"。

5日 集美区第十二届人民代表大会第五次会议举行第一次全体会议、第二次全体会议,选举胡旭彬为集美区人民政府区长。

9日 厦门华锐莱普顿学校落成典礼在集美举行。华锐莱普顿学校位于马銮湾新城片区,由中锐教育集团携手弘信创业工场、安踏集团及特步集团共同投资创办,并与具有近500年历史的英国莱普顿公学合作,是一所包括幼儿园、小学、初中、高中四个学段的15年制民办寄宿制学校。

10日 集美区与和政县扶贫协作产业合作项目——临夏州集和兴东西协作产业园一期投产暨首批入园企业揭牌仪式举行。该产业园位于甘肃省临夏回族自治州和政县,总投资2.1亿元。一期全部投产后可新增就业岗位近千个。

15日 集美大学—美国库克大学合作办学项目2020届学生毕业典礼举行。受疫情影响,除现场的34名毕业生,还有3名在美国的学生、224名在全国各地的学生通过现场连线方式参加这场"云毕业"典礼。

17日 网约车"帮邦行"合作项目签约暨首批定制车辆集中交付仪式在集美区举行。活动上亮相的纯电动高端商旅MPV——科尚EV2020商务车,通过对客运车辆"大改小",完善车辆性能,升级相关配套,打造"新客运"模式。

22日 微信小程序"我们的节日·端午——集美云上龙舟文化节"上线。以"传承传统文化 展现人文集美”为主题，集合短视频、云博物馆、线上小游戏、诗歌云展播等丰富内容，在线上展现集美独具特色的文化魅力。

24日 厦门首个现代化专业模具产业园区——集美模具产业园（一期）顺利封顶。该产业园一期位于后溪工业组团，总用地面积2.9万平方米，总建筑面积9.7万平方米，工程项目总投资3.2亿元。

24日 厦门势拓稀土永磁电机产业园揭牌。该产业园位于集美后溪工业组团，规划占地面积约1000亩（66.67公顷）。

7月

6日 “华为厦门DevCloud创新中心”在软件园三期揭牌，1400平方米展厅同步亮相开放，全面展示厦门软件产业、智能制造产业在“上云用数赋智”领域取得的成效。该创新中心的建设为厦门数字产业，鲲鹏生态及新基建产业发展赋能、储能，是厦门市打造的一张数字新名片。

6日 集美汽车小镇入选“全国特色小镇典型经验”，是福建省入选的两个小镇之一。集美汽车小镇位于厦门灌口机械工业集中区三期，以大中型客车制造为主导产业，建设国家级检测中心和产学研联合攻关平台，与吉林大学等高校深化技术人才合作，支持厦门金龙联合汽车工业公司、海翼汽车零部件等汽车企业发展壮大。

8日 厦门星数科技有限公司在软件园三期揭牌。厦门星数科技有限公司具有5年的数据库系统开发经验，企业自主研发的原生分布式Kingwow数据库系统，是满足金融行业复杂交易压力大、高可靠性等特点的数据库产品，在交通银行、招商银行、常熟农商银行、柳州银行、台州银行等金融行业中的核心交易系统应用，安能物流、厦门信息集团、国家信息中心等也应用该数据库，能替换国外数据库系统，实现关键行业基础技术产品的重大突破。

18日 集美区青年企业家商会成立。赖鹭挺当选青商会会长，陈小龙当选监事会监事长。

27日 集美大学副校长曹敏杰研究团队首创的“蚝壳护土”项目，经过7年研究，实现变废为宝、扶贫助农、保护土壤的目标。该项技术申请3项国家发明专利，合作企业生产的产品推广至全国21个省市。

30日 厦门建霖健康家居股份有限公司A股股票（代码603408）在上海证券交易所上市。该公司成立于1990年，总部位于集美区，主要从事厨卫产品、净水产品和其他产品的研发、设计、生产和销售。

31日 集美区高校产业技术联盟集美大学机械制造专场校企对接会举行，“高校专家问诊团”同时揭牌成立。此次成立的集美区高校产业技术联盟“高校专家问诊团”由中国工程院院士赵振业领衔。

8月

7日 厦门美柚股份有限公司在软件园三期举行研发大楼奠基仪式。美柚研发大楼选址于软件园三期A19a地块，占地面积超过9500平方米，由一座13层的主楼和一座圆形副楼组成。

8日 “集美新城·美好生活”集美欢乐购展销会在集美新城市民广场启动。该次展销会现场面积1.4万平方米，由工业产品区、文旅产品区、房地产展销、汽车展、台资企业区五大区域组成，集中展示当地产业吃、住、行、游、娱、购的新成果、新技术、新产品以及直播业态、技术服务等产业链。活动聚焦集美新城建设成果，展示宜居宜业的新城魅力，增强集美新城核心区的人气、商气。活动持续至8月30日。

11日 集美区融媒体指挥中心启用。该指挥中心分为核心指挥区、信息汇集区、编辑工作区、多功能区等空间工作平台，是集美区新闻宣传和信息工作的“大脑中枢”，也是“学习强国”厦门学习平台各区融媒体中心首个启用的供稿中心。

15日 厦门市齐悟智能科技有限公司在软件园三期开业。齐悟将与厦门云知芯智能科技有限公司携手，以集美学村为核心基地，立足厦门文旅产业，开发智慧文旅的场景应用。

19日 集美区“青少年生态教育基地”授牌暨“嘉庚亲子义工社”启动仪式在莲亭社区举行。该教育基地是集美首家挂牌的教育基地，将与华侨大学化工学院“秋茄伴成长，红树终成林”志愿服务队长期共建合作，以志愿服务力量助推辖区生态环境保护。

20日 中国航空工业集团公司沈阳飞机设计研究所＆云知声“人机语言理解联合实验室”项目落户软件园三期。该项目计划基于人机语言理解、人机混合智能、智能辅助决策等智能化应用开展研发创新；通过“人工智能＋航空”深度融合，为航空系统小型化、轻量化、智能化及智能自主可控提供支撑。

20—24日 2020年全国健身模特锦标赛暨世界健身模特锦标赛选拔赛、2020年全国健身锦标赛暨世界健身锦标赛选拔赛、CBBA PRO中国健美健身精英职业联赛（厦门站）3项顶级赛事在嘉庚艺术中心开赛。作为首次落地集美的国家A类赛事，该次大赛共设10个大项、37个小项，旨在通过赛事为集美新城发展注入新的生机和活力，集聚人气商气。

21日 厦门市文联成立70周年暨第六届厦门文学艺术奖作品展示活动举行。集美区文联被授予优秀组织奖。

21日 厦门大桥改造加固项目（“四改六”项目）举行开工仪式。项目道路总长3.58千米，由高崎引道、跨海主桥和集美立交三部分组成，按城市主干路标准进行改造加固，在桥面宽度不变的前提下，通过缩减人行道、绿化带，由双向 4 车道改造成双向 6 车道。厦门大桥在 1991 年建成，此次启动的改造加固项目，是截至 2020 年 7 月国内最大的跨海大桥加固设计、施工和 EPC 项目（设计采购施工项目）。

24 日 国家民族事务委员会办公厅公布第三批国家民委“一带一路”国别和区域研究中心名单，华侨大学马来西亚研究中心入选。

29 日 中国大陆首个“海峡两岸（厦门）直播电商产业合作园”签约，落地厦门岛外第一高楼——诚毅国际商务中心。该产业合作园项目面积近 8000 平方米，建立“四基地一中心”，即闲鱼奢品电商产业带（厦门）基地、考拉海购跨境电商内容生态（厦门）基地、淘宝直播官方授权产业带（集美）基地、天猫产业带（厦门）服务中心、厦门两岸青年直播电商就业创业基地。

31 日 神州数码集团与厦门市政府签署合作协议，宣布神州数码首个信创研究院在厦成立。该研究院将落户软件园三期，重点聚焦服务器、PC 及私有云数据中心相关软件平台、网络、存储、云桌面、智能边缘计算等领域，面向全国各行业市场，推进技术落地和产品方案研发，输出满足客户需求的相应产品及方案。

9 月

1 日 集美区实验小学揭牌启用，并迎来首批 326 名学生。该校位于集美新城核心区、靠近软件园三期，毗邻建设中的厦门外国语学校集美校区、诚毅幼儿园亭北分园。学校于 2018 年 5 月动工，总用地面积 3.3 万平方米，总建筑面积 3.8 万平方米，规划办学规模为 60 个教学班，最多可容纳 3000 名学生。

1 日 海新路主线通车。该路段往北与灌新路连接，纵贯马銮湾，是厦门市“两环八射”快速路网体系的组成部分，是连接海沧生活区与东孚街道、新阳街道以及集美灌口的一条重要通道。

1 日 蔡林学校建成投用。该校位于西滨路 300 号，总用地面积 23948 平方米，总建筑面积 26329 平方米，规划办学规模 36 个班，可提供学位 1800 个。

3 日 国务院公布第三批 80 处国家级抗战纪念设施、遗址名录，位于三明市大田县均溪镇玉田村的大田“第二集美学村”榜上有名，是福建省唯一入选项目。抗日战争期间，集美学校曾内迁玉田村坚持办学。

8 日 全国抗击新冠肺炎疫情表彰大会在京举行，厦门市新冠肺炎定点救治医院（厦大附属第一医院杏林分院）临时党委被评为“全国抗击新冠肺炎疫情先进集体”。

9 日 首届“集美人才节”亮相厦洽会。“人才节”是集美区创新人才工作打造的全新品牌，活动包含“集智汇美”招才引智计划、“两岸青创人才成长计划”，以及校企对接、人才交流、政策推介等十大类共 43 场活动，活动持续至 11 月。

13 日 软件园三期西片区 F18 地块研发楼项目封顶。该项目是软件园三期西片区首个全面封顶的项目。该片区总建筑面积 230 万平方米，其中，F11、F17、F18 地块于 2019 年 9 月 5 日开工建设，建筑面积共 50 万平方米，主要功能为研发办公及技术服务的研发楼。

19—20 日 “两岸一家亲 从小心连心”研学营线上交流系列活动启动，打开海峡两岸青少年互动交流的“新入口”。

26 日 中央文明委公布首批 15 个重点工作项目基层联系点，陈嘉庚纪念馆名列其中。该馆是中央文明委在全国侨联系统、福建省设立的首个重点工作项目基层联系点。

26 日 位于北站片区的厦门市妇幼保健院集美院区奠基开工。项目总用地面积 5.35 万平方米，总建筑面积 13.89 万平方米，定位为 800 张床位的小综合大专科、注重临床专科发展的三级甲等妇幼保健院，以妇产科、产前诊断、儿童神经康复、新生儿科、儿内科及其配套专业为主要专科，并配套相应保健门诊。

27 日 厦门市 2020 年中国农民丰收节主会场活动在集美区灌口镇风景湖公园举行。该届丰收节以“薪火相传 奔向小康”为主题，打造 1 个主会场＋N 个分会场，通过举办农民歌舞、趣味运动、农耕文化传承、民族风俗体验、农产品展示展销、农民体育赛事、美食品鉴等系列活动，把庆丰收、乡村振兴、礼赞中华人民共和国成立 71 周年、全面奔小康等主题有机结合起来，展示农村改革新面貌、农业发展新成就、农民进步新风采。

28 日 全市首个“爱心屋”线上商城——“美JI在一起”集美区“爱心屋”线上销售平台上线，同步启动的还有“庆国庆迎中秋 9·28—10·8 红包惠民助残”活动。集美区实现六个镇街“爱心屋”全覆盖，累计营业额 130 万元，并支持残疾人就业约 20 人。

30 日 全省最大特斯拉中心开业。该中心位于集美区岩隆路、厦门北站西侧的厦门汽车城，面积 2900 余平方米，是福建省重点示范工程、厦门市政府批准的永久性汽车行业专业市场。

10 月

3—7 日 福建省青少年乒乓球巡回赛暨中国乒协国青、国少集训队“德金杯”福建省选拔赛在集美区杏林文体活动中心综合体育馆举行，来自全省的 591 名青少年选手展开激烈角逐。

9 日 国安达股份有限公司与厦门理工学院机械与汽车工程学院共建的学生实践（实习）基地揭牌。该公司位于灌口，长期致力于火灾早期探测预警、自动灭火技术的研究与应用开发，形成具有自主知识产权的火灾早期预警与自动灭火技术，是国内交通运输、电力电网行业自动灭火系统的主要供应商之一。

11 日 由厦门晚报社记者、市政协特约文史研究员、集美区作协副主席陈满意编著的新书《名人笔下的陈嘉庚》在嘉庚剧院举行新书分享会。此次新书分享会作为“嘉庚精神宣传月”系列活动之一，同时也是集美文艺讲堂的第 93 讲。

17 日 厦门市青少年嘉庚建筑纸模型比赛在集美中学举行。赛事通过比拼建筑纸模型制作技艺、设计创意，让青少年感受嘉庚文化，感悟陈嘉庚爱国情怀，增进对嘉庚精神的理解。

17—18 日 集美大学举办纪念陈嘉庚创办航海教育、财经教育 100 周年纪念活动。同时，集大还举办“2020 年智慧海洋技术与产业发展”高峰论坛、陈嘉庚与航海教育展、《百年航海》书籍首发仪式、航海类专业学生军事会操、联谊晚会等一系列活动。

18 日 由陈嘉庚创办、孙炳炎接办的集美区乐安小学迎来 100 周年校庆。乐安小学的前身是陈嘉庚于 1920 年出资在孙厝村筹办的乐安学校。创办之初，学校仅有两个班、3 名教师、60 名学生，孙炳炎、孙水胜等是该校的第一届学生。

21 日 集美工业学校举行陈嘉庚创办职业教育 100 周年暨集美工业学校建校 100 周年纪念大会。该校前身是陈嘉庚于 1920 年创办的集美学校商科。在 100 年发展史中，学校历经内迁、更名、停办、合并等曲折仍不断发展壮大。2016 年，集美轻工业学校和福建化工学校合并，校名定为“集美工业学校”。

25 日 集美国潮文化节暨“手创青村”两岸青年乡创研学创作工作营开营仪式在集美大社戏台广场举办。这是集美区第五期两岸青年创作工作营。活动以实际标的物为创作标题，以导师带团队的方式集中式产出，让青年的梦想从纸上走进现实，走进社区老百姓的身边，促进两岸青年的融合发展。

25 日 2020 年“看见集美”青春电影展在嘉庚文化艺术中心前广场开幕。该电影展以电影教育为核心，聚焦青年影人培育与成长，将集美影视与研学产业、电影教育培训产业融合，推出“经典影像 青春记忆”老剧照老电影展、青春电影展映（院线特别展映）、青春电影展映（高校露天放映）、映后专家课、“星影力”电影公益讲堂进校园等五大主题活动，助力电影节营造“全民金鸡”“全城金鸡”影视氛围，推动集美影视产业发展。

27 日 厦门市陈嘉庚教育基金会颁奖仪式在集美福南堂举行。来自泰国、缅甸、印度尼西亚等 8 个国家的 145 名海外华侨华人学生获陈嘉庚奖学金，来自集美学村各校的 4 名教师获得集美学村奖教突出贡献奖，65 名优秀教师及 458 名优秀学生获集美学村奖教金、奖学金。

29 日 集美区行政服务中心“台胞服务驿站”揭牌设立。该驿站是全市首个设在行政服务中心的“台胞服务驿站”，并且以“台胞服务台胞”为特色，邀请在集美工作、生活的台胞台青当“服务专员”，为辖区台胞、台企提供一站式便民、高效的代理代办服务。

29 日 国安达股份（代码 300902）在深交所创业板挂牌上市。国安达股份有限公司于 2008 年在集美成立，是国内交通运输、电力电网行业自动灭火系统的主要供应商之一。

29 日 集美区高校产业技术联盟环保专场对接会暨“环保专家问诊团”揭牌仪式在中科院城市环境研究所举行。

31 日 陈江和基金会向华侨大学捐资 2000 万元，设立陈江和“一带一路”人才发展基金。该基金将用于支持“一带一路”沿线国家留学生、政府官员、知名学者、企业管理人员等优秀人才赴华侨大学培训、交流和学习。

11 月

1 日 第三届“嘉庚杯”高校系列羽毛球赛暨第一届高校校友羽毛球团体赛在集美嘉庚体育馆举行。该羽毛球赛于 2018 年由集美区集美街道创设，由教职工赛、学生赛、校友赛 3 个子赛事组成。其中，校友赛为 2020 年新增项目，邀请全国各高校校友参加，增进校际交流。

6 日 位于集美大道的电子城·（厦门）国际创新中心开园。该创新中心位于集美大道，占地面积约 10 万平方米，总建设规模约 57 万平方米，分三期施工建设，定位科创新产业花园总部，将重点引进人工智能、集成电路、大数据及云服务等优质龙头及成长型企业。

7 日 集美区文学艺术界联合会第四次代表大会召开，总结集美区文联第三次代表大会以来的工作成果和经验，大会还选举产生集美区文联新一届委员会和领导班子。

8 日 由厦门市委政法委指导、集美区扫黑办出品的微电影《未接来电》获“第八届亚洲微电影艺术节”平安中国单元最佳作品。这部根据真实事迹改编而成的微电影，讲述一线民警罹患白血病，被他抓捕的犯罪分子愿为其捐献骨髓的感人故事。

11—14 日 由厦门市人民政府主办的 2020 年第十三届厦门国际动漫节在集美湖豪生酒店举行，主要活动包括“金海豚奖”作品大赛颁奖仪式、动漫产业企业项目落地签约、“金海豚之夜”交流会、聚焦厦门·动画赏片会、动画电影论坛、“金海豚”游戏开发大赛作品赏析对接会暨颁奖仪式、游戏产业研讨论坛等。中国音像与数字出版协会及厦门市人民政府联合主办的“融合与发展·中国动漫产业年会 2020”同期举办。

13 日 工信部公示第二批专精特新“小巨人”企业名单，集美 10 家企业榜上有名。

16 日 中国胸痛中心总部发布《关于 2020 年度第二批次中国胸痛中心及中国基层胸痛中心通过认证单位公告》，厦门医学院附属第二医院经过中国胸痛中心总部严格审核，通过认证，成为国家级胸痛中心。

17 日 宸展光电（厦门）股份有限公司的 A 股股票在深交所中小企业板上市（股票代码 003019），成为集美区第 9 家上市公司，第 3 家台资上市公司。该公司成立于 2015 年 4 月 14 日，总部位于集美，主要从事定制化商用智能交互显示设备的研发、设计、生产和销售服务。该次募集资金将投资于智能交互显示设备自动化生产基地建设项目、研发中心及信息化系统升级建设项目和补充流动资金。

20 日 位于集美区杏西路 18 号的厦门影视拍摄基地举行落成仪式。该影视拍摄基地总建筑面积 2.1 万平方米，拥有福建省首个高标准组合摄影棚群（2 个 2000 平方米基础摄影棚和 4 个 1100 平方米实景棚及附属群楼）。

20 日 后溪镇和后溪村获评为全国文明村镇，集美区先进典型陈清洲家庭被评为全国文明家庭。

22 日 集美区闽南文化研究会成立并举办首届会员大会。研究会旨在研究闽南文化和集美历史人文，弘扬嘉庚精神，促进华侨文化、闽南文化、学村文化等优秀传统文化创造性转化和创新性发展。

23 日 第六届中国国际“互联网+”大学生创新创业大赛总决赛萌芽赛道获奖名单公示，集美区乐安中学榜上有名，是福建省两所获此奖项的学校之一。

26 日 “美在和政”甘肃省临夏州和政县书画摄影作品展在集美区杏林文体中心开幕。

28 日 2020 集美·阿尔勒国际摄影季开幕。此次活动有 26 场精彩展览，呈现来自法国、比利时、新加坡、立陶宛、美国、日本以及中国等国家 87 位艺术家的作品，展出约 2000 件摄影、影像装置、影像出版物等各类作品。

29 日 集美区第三届寻找“零交通违法”好司机系列宣传活动在杏林文体中心举行颁奖典礼。首次评选出杏林街道园博社区、杏滨街道日东社区、灌口镇铁山社区、后溪镇三兴社区和侨英街道乐海社区 5 个“零酒驾”示范村（居）。

12 月

3 日 由厦门大学附属第一医院房颤中心与杏林街道社区卫生服务中心联合成立的房颤专病联合门诊启用。该门诊是厦门岛外首家“房颤门诊”，也是厦门市首家由中国房颤中心联盟认证的房颤中心与基层卫生机构联合开设的专病诊治门诊。

8 日 《集美区老年人入住养老机构补助实施办法》实施。集美区六类符合条件的老人入住养老机构，可申请享受政府补助，以缓解老龄化对家庭特别是困难家庭带来的压力。

9 日 《厦门晚报》联合阿里巴巴天天正能量共同发起的 2020 年“最美家乡人”全国评选结果揭晓。集美区后溪镇纪惠娇上榜全国十佳“最美家乡人”。纪惠娇十年如一日，悉心照顾前夫的母亲和爷爷，善心孝行为人称道。

10 日 全国首家校内“留学生管理服务站”在华侨大学华文学院揭牌。该服务站通过打造留学生签证联络员队伍、建立留学生大数据档案中心、警校联席室、“学长普法”多功能大厅，落实管理育人和服务育人。

17 日 集美被评为第二批“国家全域旅游示范区”，成为厦门市首个“国家全域旅游示范区”。

18 日 以“礼赞新时代 文明润人心——传承在集美”为主题的新时代文明实践主题实地宣讲系列活动首场落地活动在集美区杏林文体广场举行。该次活动由厦门市委宣传部、市委文明办主办，集美区委宣传部、集美区委文明办等承办。

18 日 集美区高校产业技术联盟中国科学院海西研究院“创新赋能 产才融合”对接会暨“中科院协同创新进镇街”校企对接活动，在中科院海西研究院厦门稀土材料研究所举行。

21—22 日 英国新任驻华大使吴若兰首次访问福州及厦门期间，专程前往参观位于集美的厦门华锐莱普顿学校。

24 日 福建教育学院与集美区合作办学签约仪式在区教师进修学校举行。根据协议，双方将在集美区合作共建九年一贯制学校，将集美区美山中学、集美区美山小学和在建的集美区曾厝小学办成福建教育学院附属集美区实验学校，依托福建教育学院附属集美实验学校，合作共建福建教育学院集美培训基地，实行福建教育学院集美培训基地和福建教育学院附属集美实验学校资源共享。

25 日 集美区文联报送的原创作品荷叶说唱《嘉庚精神永流传》在“福建省文艺界践行‘四力’讲好福建故事——百名曲艺家讲百个福建故事”主题创演活动中获二等奖，并作为遴选出的七个节目之一，赴福州进行汇报演出。

26 日 “华东师范大学厦门教师培训基地”签约暨揭牌仪式在集美大学举行。该基地落户集美大学，是厦门市人民政府和华东师范大学战略合作框架协议的重要内容之一，也是华东师范大学在外设立的首个师训基地。

28 日 位于集美新城的厦门二中集美校区项目举行奠基仪式。该项目总用地面积 6.26 万平方米，总建筑面积 7.38 万平方米，将建成一所 60 个班级规模的高中校，可提供 3000 个学位。

（梁琳珊）

区情概览

自然地理

【地理位置】 集美区位于福建省厦门市西北部，北纬 24° 25′ ～ 24° 46′，东经 117° 57′ ～ 118° 04′，西北与漳州市长泰县交界，东北与厦门市同安区接壤，西南与海沧区毗邻，南与厦门岛隔海相望。区行政服务中心驻集美街道岑东路 168 号。集美原名“浔尾”，以地处浔江之尾而得名，至明代雅化为“集美”。境域东起侨英街道东安村前占社，西至灌口镇深青村，长 24.4 千米；北起后溪镇黄地村的尖母崙山，南至马銮，宽 19 千米，总面积 275.79 平方千米。

【地貌】 集美区有滨海低山、丘陵、台地、平原、滩涂等多种地貌类型，地势西北高、东南低。山地分布于西、北、东部与长泰、同安交界处，为海拔 500 ～ 1000 米的低山和中山。高丘陵多分布在西部，海拔 300 ～ 500 米，坡度 20 ～ 30 度，主要为花岗岩和火山岩。花岗岩丘陵多呈孤立状，无植被，山体裸露，山坡石蛋发育，山顶常见蘑菇石、风动石。火山岩丘陵山顶浑圆，山坡和缓，似覆锅状，土层较厚，植被生长良好。低丘陵多分布于东、西界山附近，海拔 200 ～ 300 米，坡度 15 ～ 25 度，丘顶呈浑圆状。台地海拔 50 ～ 200 米，地表起伏，坡度平缓，零星分布于苎溪、许溪中游地带。平原主要分布于南部海岸沿线，海拔皆在 50 米以下，可分为海蚀平原和海积平原。平原外侧为海滩、沙洲和沙嘴。

【山脉】 集美区境山脉属戴云山脉与博平岭的延伸部分，主要山脉相对集中在西北与长泰县、东北与同安区交界处。主要山峰有 62 座，其中海拔 800 米以上山峰 5 座，500 ～ 800 米山峰 17 座，300 ～ 500 米山峰 22 座，100 ～ 300 米的低丘 18 座，最高峰为海拔 963 米的钉顶尾山。

【河流】 集美区境的河流多发源于西部丘陵山地，具有河面狭、河床浅、支流少、流程短的特点。境内较长的河流有后溪（苎溪）、深青溪和瑶山溪。此外还有北溪引水工程集美段和坂头水库的左干渠、右干渠和高干渠 4 条人工河流。后溪是境内最长的河流，发源于戴云山脉与博平岭山脉交界处的后寮仑山白帆岭，从源头至后溪镇段称苎溪，与支流许溪汇合后称作后溪，注入杏林湾水库，全长 23 千米，流域面积 209.3 平方千米，河道平均坡降 8.11‰。上游建有石兜水库（库容 8500 万立方米）和坂头水库（库容 558 万立方米）。许溪发源于漳州市与厦门市海沧区交界的大岭，至后溪镇与苎溪交汇，全长 12.1 千米，流域面积 56.7 平方千米。深青溪发源于仙棋山南麓，于西滨汇入马銮湾，全长 11.84 千米，流域面积 15.64 平方千米，平均坡降 10.4‰。瑶山溪发源于小龙潭北侧山地，上源有两支，西支源于前山南侧，东支源于上塘，两支汇合后流入风景湖，于西滨汇入马銮湾，全长 10.35 千米，流域面积 15.78 平方千米，平均坡降 8.31‰，河道宽 3 ～ 10 米。

【海域】 集美区海域为厦门西部海域和同安湾海域的一部分，面积约 40 平方千米。海岸线起自东安村的后垵，经凤林美、集美、杏林、高浦、马銮至陈井，全长 21 千米。集美半岛和杏林半岛东南岸（新阳大桥以东）为侵蚀海岸，马銮湾和杏林半岛西南岸则为堆积型海岸。全区 21 个村有临海滩涂，总面积 3841 公顷。2005 年，利用养殖面积 1522 公顷。2006 年起，依据市政府规划，集美区域滩涂实行禁养，滩涂养殖日渐萎缩。海域内有岛屿 2 个：宝珠屿，位于集美半岛西南海域，面积 5200 平方米；乌贼屿，东距高集海堤南端 3.6 千米，面积 2000 平方米，涨潮时浪可没顶。域内礁石主要有两处。一处为鳌园，原为岩礁，其上建有天妃宫（又称鳌头宫）。20 世纪 50 年代，陈嘉庚捐资填海筑堤，扩建成鳌园，与陆地连成一片。另一处在高浦村东南海域，有 3 块礁石呈一字排列，分别称大菰礁、二菰礁、三菰礁，均为干出礁。其中大菰礁上设有航标灯。

【土壤】 集美区土壤母质以第四纪红色黏土为主，兼有洪积物、冲积物和海积物。土壤类型可分为砖红壤性红壤、红壤、黄壤、水稻土、盐土、风沙土 6 个土类，以下分为 15 个亚类、30 个土属、35 个土种。按垂直分布，可分为山地土壤、耕地土壤和水域滩涂。山地土壤以红壤面积最大，砖红壤性红壤次之，黄壤最少。耕地土壤分成旱作土壤和水田土壤。旱作土壤主要为砖红壤性红壤，兼少量盐土和风沙土。水田土壤可分为渗育型水稻土、潴育型水稻土、潜育型水稻土和盐渍型水稻土。渗育型水稻土多为梯田，地下水位低，属地表水型，耕作层较浅，质地以中壤为主，肥力中下，适于水旱轮作，主要用于水田及部分园地，“旱、瘠、薄”为此类水田的主要生产阻碍因素。潴育型水稻土主要分布于溪流、冲积平原和部分山垄田，分布较广，以灌口、后溪、侨英、杏林为多，质地以轻壤和中壤为主，肥力中上，是境内稳产高产的水稻土类型。潜育型水稻土分布于山垄谷地或冲积平原的低洼地，地下水位高，排水条件差，土壤长期渍水，土温较低，亚铁等有毒物质积累多，“冷、酸、锈”系此类土壤的主要特点。盐渍型水稻土主要分布在沿海一带的海积平原，由滨海盐土经洗盐种稻后形成，地形平坦，土层深厚，有机质丰富，但土质黏重，耕作困难，且易受海潮或地下盐分的威胁，主要生产障碍因素为“盐、碱、黏”。

【植被】 集美区属中国—日本植物亚区的华南地区，具有从热带向亚热带过渡的特点。植物以热带、亚热带的成分为主，地带型植被为南亚热带雨林。由于早期植被遭受破坏，原始森林早已绝迹，现为人工林、次生林、灌木丛、草丛、农田、果园和观赏性植被类型。林地植被，人工林、次生林林相参差不齐，结构简单，树种单一，以马尾松为主，有少量杉木，其余为相思树、桉树、木麻黄、木荷、枫香、乌桕等。灌木种类有桃金娘、黄瑞木、杜鹃、金樱子、小叶赤楠、鹅掌柴、枸骨柴等。草本种类有芒萁骨、五节芒、扇形铁线蕨、海金沙、地捻等。林地植被主要分布在山地和沿海地区，常以 2 ～ 3 种组成混合林，有灌木丛和草丛在其间共生。依林相可分为阔叶林、针叶林、混交林、经济林（木本栽培植被）和灌木丛、草丛。长绿阔叶林，分布于海拔 200 米以下的沿海丘陵、台地，面积不大，且零星分布。长绿针叶林，区内分布面积最大，多数为人工林，少数为天然更新，分布于海拔 500 ～ 900 米的山地。混交林，境内呈块状分布于海拔 500 米以下的部分丘陵、山地。主要建群种有马尾松、杉木与木荷、杉木与柳杉、木麻黄与相思树混交。灌木丛和草丛，分布在低谷、台地、平原。盐生植被，分布于海滨滩涂，境内有盐地鼠尾栗、互花米草和南方碱蓬 3 个群落。水生植被，淡水生植物多分布水库、溪河、池塘等处，主要群落有凤眼莲和浮萍群落、空心莲子草群落、狭叶香蒲群落和水蓼群落。栽培植被，分为木本栽培植被和草本栽培植被。木本栽培植被有人工栽培的油茶、油桐和橡胶林群落，多分布在海拔 200 米以下，地势开阔的缓坡地带；果树林、茶园、桑园及庭院观赏树群落则分布在海拔 100 米以下低丘山脚、台地、水库、村庄周围、公园和庭院。龙眼、荔枝、柑橘、杧果成片分布，其他呈散生或零星分布。草本栽培植被有粮食作物、油料作物、蔬菜作物、糖原料作物、纤维作物、饲料作物和绿化作物 7 个群落。

【资源】 集美区背山面海，各种土地类型自西北向东南呈阶梯状分布。西北至东北部属低山地和高丘陵地，为林区和旅游区；中部和南部地势平缓起伏，地貌以低丘陵地和台地为主，间有盆谷地和风沙地，是工业区和果、粮、油等经济作物区；滨海有小平原及滩涂，为工业区与旅游区。中部与南部分布有溪流、坑塘、水库等水域，土地资源类型齐全，组合状况较佳。除沿海滩涂软土地段工程条件较差外，一般丘陵地抗压强度每平方厘米 970 ～ 2190 千克，工程地质条件较好；平原台地为第四纪残积物和冲积、冲洪积物组成的黏土或非黏土地段，承载力为每平方米 14 ～ 45 吨，土层厚，工程地质条件较好。截至 2020 年底，全区土地面积 275.79 平方千米，人口密度（按户籍人口计算）每平方千米 959.70 人，人均占有土地面积 1041.98 平方米，属土地资源极端超载区。境内多年平均水资源总量 2.17 亿立方米，其中地表水 1.82 亿立方米，地下水 0.35 亿立方米。全区水能资源理论蕴藏量 1926 千瓦，可开发总装机容量 1605 千瓦。林业用地面积 10429.73 公顷（含国营坂头林场），约占土地面积的 37.82%。林业用地中，有林地面积 9747.01 公顷，占林业用地的 86.7%（其中经济林面积 3266.13 公顷）；疏林地面积 8.27 公顷，占 0.1%；灌木林地面积 609.73 公顷，占 5.8%；未成林造林地面积 111.47 公顷，占 1.1%；苗圃地面积 22 公顷，占 0.2%；无林地面积 631 公顷，占 6.1%；生态公益林面积 1731.13 公顷。森林覆盖率 40.7%。境内有被列入国家 I 级保护的陆生野生动物为蟒蛇和白颈长尾雉，国家 II 级保护的动物有猕猴、穿山甲、小灵猫、鬣羚（别名苏门羚）、红隼、仓鸮、草鸮、猫头鹰；被列入 CITES 公约附录 II 级保护的动物有眼镜蛇。其他森林野生动物尚有松鼠、白鹭、燕子、喜鹊、山猪、豪猪、獐、狐狸、野兔、白环蛇等。全区挂牌保护的古树名木 294 株，其中榕树 249 株，杧果、枫香、黄连木各 11 株，樟树 5 株，榆树 2 株，龙眼、伊兰、蔷薇、红豆、薄姜木各 1 株，树龄最长的为 540 余岁。

（区委党史方志办）

【气候】 2020 年，集美区年平均气温 23.3℃，较常年偏高 1.9℃。除春雨季和夏季气温偏高外，冬季和秋季气温显著偏高至异常偏高。据各监测站数据，年极端最高气温为 40.5℃，出现在 7 月 24 日（集美水土保持站）；35℃以上高温日数 22 天（集美湖站）；平均气温 20.9℃（黄地村）至 23.8℃（东安 BRT），大体呈由南往北递减，气温跨度小。全年平均降水量 949.1 毫米，接近常年。降水的时空分布不均，降水量在 493.5 毫米（宝珠屿）至 1378 毫米（黄地村）之间，降水空间分布呈由东南向西北递增趋势，基本符合常年分布规律；冬季降水量正常，春雨季、雨季、夏季及秋季降水量偏少

表 1

2020 年集美区各季降水量和气温表

季节		冬 季	春 雨 季	雨 季	夏 季	秋 季
降水量（毫米）	量 值	177.5	131.9	299.8	433.4	9.6
	与平常年份相比	15.7%	−45.2%	−33.9%	−33%	−79.1%
		正常	偏少	偏少	偏少	显著偏少
气温（℃）	量 值	16.3	19.2	28	29.6	24.1
	与平常年份相比	−1.5	0.7	2	0.6	1.1
		显著偏高	正常	异常偏高	偏高	显著偏高

到显著偏少。全年日照时数 2113.2 小时，较常年偏多 199.8 小时。全年影响当地的台风 1 个，少于常年，强度弱，损失轻。

【自然灾害】 2020 年，集美区自然灾害主要有台风、暴雨、干旱、强降水、冰雹、高温。

台风：全年仅有 06 号台风“米克拉”影响当地，其中极大风速 10 级，出现在宝珠屿（28.1 米 / 秒）；最大雨量 70.8 毫米，出现在黄地村。此次台风造成的损失轻，仅出现行道树倒伏、广告牌掉落、电线刮断等灾情。

暴雨：全年出现 6 次暴雨过程，数量少、局地性强、灾害轻。其中，观测到较大的暴雨为 9 月 4 日的 131.8 毫米（塔斯曼生物基地），9 月 12 日的 112.3 毫米（许庄村）、106 毫米（坂头林场和塔斯曼生物基地）。

气象干旱：10—12 月，全区降水持续偏少，10 月下旬出现气象中旱；11 月气象中旱得到有效缓解，转为气象轻旱；12 月 23 日全区出现中到大雨过程，解除此次旱情。

短时强降水：全年出现 22 次短时强降雨过程，其中以 9 月 4 日的 1 小时 104 毫米最大（塔斯曼生物基地）。

冰雹：全年有 2 次冰雹过程，分别是在 5 月 6 日和 11 日，无明显灾情。

高温：全年高温日数 22 天，比常年多 12 天。高温主要集中在 7 月，年最高气温为 40.5℃，出现在 7 月 24 日（集美水土保持站）。 （林嘉毅）

人文地理

【建置沿革】集美区境，商代属扬州地，周代为七闽地，春秋战国时属越地，秦属闽中郡。西汉初属闽越国，元封元年（前 110 年）属会稽郡。东汉属闽侯官县地，三国时属建安郡东安县。晋太康三年（282 年），析东安县置同安县，区境属之。当年，同安县即废，区境属晋安县。隋开皇九年（589 年）属南安县。后唐长兴四年（933 年），闽王王审知次子延钧在福州称帝，升大同场为同安县，区境隶属同安县。此后，历宋、元、明、清、民国，直至中华人民共和国成立，区境隶属同安县不变。1953 年 11 月，区境改隶厦门市，设集美镇。1957 年 7 月，以集美镇和灌口区的 11 乡及厦门岛内的禾山乡为郊区，设厦门市人民委员会郊区行政办事处。1987 年 7 月，禾山乡从郊区划出，郊区易名集美区。新成立的集美区辖集美、灌口、海沧 3 镇和东孚、后溪 2 乡。2003 年，厦门市调整部分行政区划，集美区辖集美街道、侨英街道、杏林街道和灌口镇、后溪镇、杏林镇（2004 年杏林镇改为杏滨街道）。 （区委党史方志办）

【行政区划】 2020 年，集美区侨英街道增设信毅社区。至年底，集美区设灌口、后溪 2 镇，杏林、集美、侨英、杏滨 4 个街道，48 个社区，21 个建制村，另有厦门坂头防护林场、福建省天马华侨农场、福建省天马种猪场。 （陈文艺）

【人口】 2020 年末，集美区有 122051 户，户籍人口 405512 人，其中当年出生 6753 人，出生率 16.65‰；死亡 1041 人，死亡率 2.57‰；自然净增人口 5712 人。户籍人口中，男性 196619 人，女性 208893 人，性别比为 94（女性为 100）；18 岁以下 126641 人，占 31.23%；18 ～ 34 岁 96394 人，占 23.77%；35 ～ 59 岁 140638 人，占 34.68%；60 岁及以上 41839 人，占 10.32%。另有暂住人口 647870 人。

【民族】 2020 年，集美区户籍人口由 40 个民族组成，其中汉族 398282 人，占 98.22%；少数民族 39 个，共 6832 人，占 1.68%。少数民族中，畲族最多，2562 人；回族次之，868 人；土家族 699 人；其他依次为满族 627 人，苗族 417 人，壮族 408 人，蒙古族 248 人，朝鲜族 183 人，维吾尔族 126 人，侗族 120 人，彝族 91 人，瑶族 91 人，布依族 65 人，哈萨克族 40 人，藏族 35 人，高山族 30 人，白族 28 人，锡伯族 25 人，黎族 22 人，仫佬族 21 人，仡佬族 21 人，土族 11 人，俄罗斯族 10 人，羌族 10 人，达斡尔族 9 人，哈尼族 9 人，毛南族 9 人，傣族 8 人，水族 6 人，纳西族 5 人，

表 2

2020 年集美区行政区划表

镇、街	居（村）委会	
	个数	
灌口镇	19	第一社区 第二社区 上头亭社区 黄庄社区 铁山社区 双乐社区 安仁社区 李林村 上塘村 田头村 陈井村 井城村 东辉村 顶许村 坑内村 双岭村 三社村 浦林村 深青村
后溪镇	15	龙山社区 新村社区 三兴社区 英村社区 二农社区 港头社区 后溪村 前进村 仑上村 东宅村 溪西村 黄地村 崎沟村 后垵村 岩内村
杏林街道	11	宁宝社区 纺织社区 曾营社区 内林社区 杏北社区 宁海社区 园博社区 莲亭社区 杏林社区 高浦社区 西亭社区
集美街道	5	岑东社区 岑西社区 盛光社区 银亭社区 浔江社区
侨英街道	11	乐海社区 滨水社区 叶厝社区 海凤社区 浒井社区 凤安社区 东安社区 凤林社区 兑山社区 孙厝社区 信毅社区
杏滨街道	8	三秀社区 日东社区 锦鹤社区 康城社区 西滨社区 前场社区 锦园社区 马銮社区

（陈文艺）

拉祜族 5 人，京族 4 人，佤族 4 人，鄂温克族 4 人，傈僳族 3 人，乌孜别克族 2 人，布朗族 1 人，裕固族 1 人，其他族 4 人。（区公安分局）

【语言】 集美区通行普通话和闽南话，党政机关、企事业单位、群众团体公务活动使用普通话，人际交流视对象而定，当地人之间说闽南话，与外地人交流则说普通话。民间交流基本用闽南话，灌口实验小学开设有闽南话课程。闽南话可分作厦、漳、泉 3 个方言片区。集美原属同安，同安古属泉州，集美话属泉属同安话系统；集美地介泉、漳之间，故集美话为介乎泉漳之间的一种土语。集美话有 17 个声母，89 个韵母，7 个声调。集美话语音有以下特点：无声母“f”，“肥”读“bui”，“飞”读“be”；无卷舌音字，“zh、ch、sh”读同“z、c、s”，另一部分“zh、ch”读为“d、t”，“猪”读“di”，“虫”读“tang”；普通话部分读“j、q、x”的字，集美话读“g、k、h”，“见”读“gian”，“俭”读“kian”，“喜”读“hi”；集美话无撮口呼，普通话的撮口呼字，集美话基本上读作“u”或“i”，“军”读“gun”，“鱼”读“hi”，“讯”读“sin”；集美话保留合口鼻音韵尾“m”，故全套的 3 个鼻音韵尾“m、n、ng”齐全，“心”读“sim”，“盐”读“iam”等；集美话保留古代入声字韵尾的读音“p、t、k”及其弱化形式喉塞尾韵“h”，“十”读“tsap”，“七”读“tshit”，“六”读“lak”，“鸭”读“ah”等。另外集美话有 7 个声调，比普通话多 3 个声调。集美话文白异读现象突出，读书音和说话音自成体系。集美话内部亦稍有区别，后溪接近同安话，灌口接近海沧（龙海）音，杏林则受厦门老市区影响较大。

【民俗】 集美人主粮为大米，甘薯（地瓜）、小麦次之，芋头为辅。一日三餐，“两干一稀”或“两稀一干”。稀以甘薯粥为主，或以大米杂以瓜、芋、菜煮粥。粥、饭有淡、咸、甜之分。淡粥有白粥、番薯粥；咸粥有芋粥、蚝仔（牡蛎）粥、鲛鱼粥和鸭肉粥；甜粥主料为糯米和糖，以辅料不同有绿豆粥、龙眼干粥等。咸饭有菜饭和油饭之别，芋饭、菜豆饭、高丽菜（甘蓝）饭、菜头（萝卜）饭、芥菜饭，以菜为主，俗称菜饭；油饭多为肉丁、香菇糯米饭，若掺以虾仁、蚝干、莲子等则称“八宝饭”；甜饭一般为甜糯米饭，俗称秫米糕，简称米糕。菜肴有肉食、海鲜、豆制品与新鲜蔬菜，以清淡为主。灌口一带风味小吃品种颇多，有韭菜盒、油葱粿、芋包、炸五香、蚝仔煎、土笋冻、石花冻、灌口卤鸭、顶许狗肉、鱼孚肉粽、阿大水饺、三德利盐鸡盐鸭等。年节食俗，春节吃年糕，年初九吃红寿龟，农历二月二吃蚝仔饭，三月三和清明吃薄饼，立夏吃苋面，端午吃粽子，中秋吃月饼，重阳吃栗子糕，立冬吃“四物汤”，冬至吃汤圆，十二月十六吃“尾牙”，除夕吃火锅。集美人习惯喝茶，称茶叶为“茶芯”，称饮茶为“吃茶”，讲究茶礼。家里、店里、单位里均设有茶几、沙发，备有茶具，茶杯小巧如同酒杯。一泡茶，首冲不喝，作为洗杯之用，冲喝四五次，即将茶渣倒出，重新烫壶、烫杯。主人斟好茶，以手示意，说声“请”，请客人认杯。因杯小茶满温度高，很少端杯敬茶。客人认茶时，以手示意，说声“多谢”，或以手指轻叩茶杯放置处作为答礼。春节、婚庆以甜茶待客，祭祀亦敬清茶三杯。集美民居多为闽南式风格，歇山顶、燕尾脊，以“两落六间张”为普遍，前落两房一厅，中为两厢房夹天井，后落为两大房一祖厅，前有谷埕，旁有护厝。一般为土木结构，夯土为墙，或土坯砌墙，屋架以杉木为柱，厅房铺方砖，天井以砖或石条铺地。行业习俗，古时有祭“田公田婆”之俗，一年4次。下种前、插秧前、夏至日、开镰收割前，均需备祭品祭祀。集美渔民崇尚红色，渔船甲板刷红漆，新船下水挂红布条；旧时，渔民地位低贱，禁止海陆通婚，渔民只能自相婚嫁。渔港建有龙王宫、金王爷宫、福海宫等，供渔民出海占卜抽签朝拜之用。捕捞收网时，如遇漂尸或网里、鱼腹中存有尸体残骸，须带回渔港处理，并祭祀“田头妈”。

【宗教信仰】 集美区有佛教、道教、基督教、天主教。佛教传入始于唐末五代时期，境内佛教信徒除出家的比丘（俗称和尚）、比丘尼（俗称尼姑）和在家修行的男女居士外，尚有在寺院带发修行的出家女，通称“菜姑”。境内信佛者多而出家者少，住僧大多来自惠安、南安等地，信徒6000余人。当地历代较有名望的僧人有宋代的孙应祖师（孙厝人）、清代的释佛化（灌口人，俗姓林），居士有集美社陈敬贤、后溪兑山李博用等；较有名望的寺院有圣果院、白虎岩、寿石岩、西竺寺等。境内的基督教、天主教于晚清时传入。截至2020年，集美区有基督教堂5所、活动点2处、天主教堂1所，牧师、传道等神职人员和教徒、慕道友1000余人。集美民间信仰有神祇信仰、物灵信仰、巫术信仰和祖先崇拜等。寺庵宫庙或大或小，大者如宫殿，小者仅容一人祭拜，村中路旁、山脚田边，随处可见。供奉的神灵有保生大帝、土地公、关帝爷、真异大师、屿仔尾公、王姬娘娘等60种之多。以主祀保生大帝的庙宇为多，境内产生的神为真异大师、屿仔尾公，境内特有神为王姬娘娘、南岳圣侯、陈姓王公等。土地公在集美民间颇受尊崇，几乎村村社社均有土地庙，商店店面虽然窄小，也在墙上开一小龛，供奉“福德正神神位”，点燃电光长明烛。关帝在集美被视为财神，犹受商家崇祀。物灵信仰有龟、虎、石、犬、榕树、水等。龟在集美极受崇拜，民间敬龟、爱龟，但不食龟。每年正月十五日或重要祭神日，多用糯米或面粉做成“龟粿”，向神上香、礼拜后，默述心愿，祈神赐龟。墓冢亦做成龟背状。榕树枝繁叶茂，生长快、寿命长，在集美受到普遍崇拜。端午节，乡人向树祷告后，折其枝叶插于门框，以避邪、驱鬼、防疫。有将土地公神位安放在榕树下或树洞中，同受乡人祭拜。

每年元宵节，集美大社居民都会举行开闽王刘香巡游活动。图为活动现场

（黄朝福 2012年2月 摄）

【名胜古迹】 集美区地面遗存丰富，有包括新石器时期在内的各个历史阶段集美先人的生产、生活、征战遗址，有古代、近代和当代名人墓葬，有佛、道寺观和基督教堂、天主教堂，有各姓宗族祠堂和具有闽南特色的古民居，有内容丰富的各类石刻和碑刻，有留存至今的井、塘、坊、塔和铳楼，有供人瞻仰、凭吊的革命烈士陵园和名人墓地，有名闻遐迩的中国教育第一村——集美学村。

据集美区文物部门普查资料，全区有文物点221处。其中，近现代重要史迹及代表性建筑57处、古遗址61处、古墓葬12处、古建筑85处、石窟寺及石刻6处。嘉庚故居和陈嘉庚纪念馆保存有大量陈嘉庚工作和生活的用具、用品和照片。鳌园有毛泽东等名人题刻和精美石雕，集美学村具有嘉庚建筑风貌的规模庞大的早期校舍建筑群，堪称集美文物之双绝。

【旅游景点】 集美是福建省著名的旅游风景区，厦门四大游览区之一。旅游资源十分丰富，既有西北部山地生态旅游景点，又有东南部的滨海生态旅游环线；既有风光优美的自然景观旅游圈，又有底蕴深厚的人文景观旅游集群，集山、岩、谷、海、岛、潭、池、桥、瀑、动物、植物、园林、名胜古迹、特色建筑等各种景观之大成。西北部山地生态旅游景点有万宝山、越尾山、双龙潭、白虎岩、东辉大峡谷等。

东南部的滨海生态旅游环线，包括陈嘉庚纪念胜地、集美学村、园博苑、龙舟池和散落其间的集美寨遗址、延平故垒、李林园、水族馆等景点。陈嘉庚纪念胜地由嘉庚公园、嘉庚故居、陈嘉庚纪念馆、归来堂、归来园、鳌园组成，总面积16万平方米，系全国中小学爱国主义教育基地、全国爱国主义教育及廉政教育基地。鳌园为国家AAAA级旅游风景区，园中的陈嘉庚陵墓属全国重点文物保护单位。蜚声海内外的集美学村，乃陈嘉庚创办的十多所学校所在地的统称，数十栋独具嘉庚建筑风格的校舍掩映于绿树花丛之中，亭台水榭矗立在凝碧晶莹的龙舟池畔，构成独一无二的校园风光。龙舟池分外、中、内三池，总面积24万平方米。池畔建有7座亭子，龙脊凤檐，雕梁画栋。每年端午，皆在此举行龙舟竞赛活动。园博苑占地面积6.76平方千米（包括水面），拥有9个岛屿和2个半岛，荟萃中外园林各流派于一园，集园林展示、休闲度假、文化娱乐于一体，堪称海上花园。

中部腹地人文景观，有凤山庙、山口庙、深青古桥、黄庄古桥、贞寿牌坊、深青驿遗址、笔架寨遗址、皇渡庵、皇帝井、圣果院、苎溪桥、观音院、白虎岩、寿石岩、城内城遗址等，新建景点有双龙潭生态运动景区、灵玲国际马戏城、嘉庚剧院、诚毅科技探索中心、厦门老院子民俗文化风情园等。

【历代名人】 集美区依山临海，人杰地灵。早在五代后唐天成三年（928年），高浦的石琚即考中进士，成为境内的第一位进士。宋代，世居同安县城之西的高浦石氏，科甲簪缨，荣极一时，中进士者12人，其中石遵、石赓、石仲攸3人于皇祐元年（1049年）同登冯京榜，有“一门同榜三进士”之誉；石起宗位列榜眼，石选位列探花，先后出任吏部尚书，石亘出任户部尚书。当时高浦石氏与世居同安县城之东的黄氏并称望族，时人有“东黄西石”之誉。明清两代，同安县的安仁里和仁德里（今为集美区辖境）考取的文、武两科举人121人、进士20人。明清以降，倭寇屡次侵犯东南沿海，朝廷实行海禁政策，集美人被迫远赴东南亚谋生。他们凭着刻苦耐劳的精神，努力打拼，终于成就一番事业。有的成为工商业巨子，有的成为科技精英，有的成为政界要人，涌现一批出类拔萃的人物。其中最具代表性的，是被毛泽东誉为“华侨旗帜、民族光辉”的陈嘉庚，他倾资兴学，捐资1亿多美元，创办集美学校和厦门大学，资助和支持发展的学校达118所；中华人民共和国成立后，陈嘉庚当选全国政协副主席、中华全国归国华侨联合会主席等职。陈嘉庚胞弟陈敬贤，襄助兄长经营实业，筹办集美学校，被师生尊称为“二校主”。陈嘉庚女婿、有星马“橡胶大王”和“黄梨大王”之称的李光前，先后为集美学校捐资近千万元。李光前逝世后，其所创立的李氏基金又向集美大学捐资2918万元，建设体育馆、图书馆、竞武馆等项目9个。新加坡南洋大学创办人陈六使暨其兄陈文确，新加坡森林集团有限公司创办人孙炳炎，以及陈水成、陈永和、陈永进等集美侨胞，追随陈嘉庚，服务桑梓，热心公益，捐款捐物，不遗余力。此外，集美这片土地还涌现过“金刚手、菩提心”的吴县知县陈文瑞，台湾拓荒人之一陈永华，开华侨回乡办学之先河的曾广庇，民主革命先驱庄尊贤、陈飚臣、郑螺生，“爪哇糖王”黄仲涵，女中英杰李林，抗日名将李良荣、李友邦，孤胆英雄叶中央，新加坡首任民选总统王鼎昌，中国海藻学研究的奠基人、中国科学院院士曾呈奎，现代朦胧诗人汪国真等一大批优秀人物。

（区委党史方志办）

经济发展

【经济运行质量】 2020年，集美区经济社会保持平稳健康发展。全年地区生产总值（GDP）822.41亿元，比上年增长5.5%，经济总量位居厦门岛外第一。其中，第一、第二、第三产业分别为3.08亿元、400.1亿元、419.23亿元，分别增长2.4%、9.2%和1.5%。三次产业结构从上年的0.38 ∶ 48.94 ∶ 50.68调整为0.37 ∶ 48.65 ∶ 50.98。三产比例更趋合理，产业结构进一步优化。全年区财政总收入144.99亿元，比上年增长8.5%，其中区级财政收入40.16亿元，增长6%。全区居民人均可支配收入52540元，比上年增长3.9%，其中城镇居民人均可支配收入54960元、农村居民人均可支配收入32056元，城镇居民人均可支配收入和农民人均可支配收入分别增长3.7%和7%。

【规模以上工业】 2020年，集美区上榜“中国工业百强区”，规模以上工业实现增加值303.14亿元，比上年增长6.9%。存量工业526家，实现产值1019.61亿元，比上年增长6.8%。产值上亿元企业165家，完成产值1027.64亿元，比上年增长9.6%；年产值10亿元以上企业19家，完成产值608.04亿元，比上年增长8.3%。康柏机械、扬森数控等10家企业上榜工信部第二批“专精特新”小巨人榜单。奥佳华、厦晖气门嘴等行业龙头项目竣工。宏发、路达等4家企业跻身福建制造业百强，奥佳华、日上集团等获评为福建省单项冠军。

【科技创新发展】 2020年，集美区增加全社会科技投入，完善科技和创新体系建设，发展高新技术产业，提升自主创新能力。至年底，全区有市级企业技术中心38家、市级重点实验室25家、市级工程技术研究中心32家、市级科技企业孵化器8家；省级重点实验室10家、省级工程研究中心14家；国家级企业技术中心7家；国家级高新技术企业493家。获厦门市科技进步奖19项，其中一等奖1项、二等奖5项、三等奖13项。修订出台“三高”企业、软件信息企业发展奖励政策，兑现奖补资金超1.4亿元。新增“三高”企业103家，累计入库488家。

【现代服务业】 2020年，集美区第三产业增加值419.23亿元，比上年增长1.5%，占经济总量比重为50.98%。社会消费品零售总额192.82亿元，比上年增长 1.4%。推进商贸物流业发展。闽南首家特斯拉中心开业，云城万科里开街。“云逛街”直播带货、“集美欢乐购”等活动撬动消费超 7 亿元。橙联跨境电商产业园、达达物流园等项目加快建设，德邦智慧物流产业园项目落地。文创旅游业稳步回升。成功举办首届电视制片大会，厦门影视拍摄基地建成投用，凤凰卫视等一批影视企业落地，注册影视企业近 700 家，集美成为影视拍摄热门取景地和产业投资聚集区。杏林湾水舞光影秀、科探奇妙夜成为夜游网红打卡点。

【软件信息业】 2020 年，集美区软件园三期实现营业收入 284 亿元，比上年增长 15.1%，建成交付面积 340 万平方米，净增注册企业 1234 家，累计注册企业 3310 家，入驻企业 2629 家，员工 3.9 万人。罗普特（厦门）科技园项目和百度国家级创新中心完成建设。重点布局人工智能、云计算、大数据等前沿产业，优化产业布局，新签约落地中国金茂、云茂互联、准独角兽企业齐悟科技，上市企业南兴股份和安妮股份等项目 8 个。推动优质存量和潜力企业快速成长。（苏凌昀）

招商引资

【概况】 2020 年，在厦门市招商引资实绩竞赛中，集美区新增洽谈项目 2094 个、落地项目 1136 个，落地项目投资总额 2119.04 亿元。招引中粮·大悦城、海峡两岸（厦门）直播电商产业合作园、中建五局海西投资等高能级落地项目 99 个，高能级招商项目落地数、开业投产情况居全市前列。加强招商引资机制的建设与完善，印发《2020 年全区招商引资工作要点》《2020 年集美区重点促落地、促到资招商引资项目》《进一步落实招商引资比学赶超若干措施》等文件，落实“项目建设与招商引资攻坚年”部署，建立健全“工作任务化、任务项目化、项目清单化、清单责任化、责任具体化”的高效工作机制，在原有“369”招商工作机制基础上，提出“1+N+1”闭环机制（即“1 个领导小组 +N 个工作机制 +1 周 1 调度”），紧盯重点、难点问题，及时协调解决相关问题，确保疑难杂症“对账销号”、实现闭环。

【“云招商”“云签约”】 2020 年，在新冠肺炎疫情期间，集美全区上下招商工作通过电话、微信、邮件等“不见面”方式为企业提供招商在线服务，实现招商服务“不断档”、招商项目“不停滞”。2 月 26 日，集美区举行招商项目“视频签约”仪式，签约银麦国科高端医疗、仁联人力资源、世禄实业增资等项目。4 月 29 日，在厦门市招商大会一周年之际，集美区布局疫情带来的产业升级和投资热点变化，包括“云签约”爱逸（厦门）食品科技有限公司增资项目、稻兴科技电子项目、联宇宝姿新设项目、优凯网上直播、云茂互联 AI 总部等招商项目 23 个，涉及大健康、人工智能、云计算等新经济领域，总投资近 88 亿元。

【集美招商大会】 2020 厦门国际投资贸易洽谈会暨丝路投资大会期间，集美区举行集美区招商大会。活动现场签约全程德邦物流、维爱吉真空玻璃项目、祥峰厦门基金项目、人民弘毅产业基金、金龙自动驾驶物流车等项目 35 个（含市主会场签约项目 7 个），总投资额 584 亿元，其中高能级项目数占比 1/3。大会现场举行集美区首批招商投资顾问聘用仪式，12 位来自软件信息、现代物流、先进制造等不同产业领域的企业家受聘成为集美区首批投资顾问，构建起集美招商“朋友圈”，为集美发展出谋划策。

【要素保障】 2020 年，集美区全要素保障组对标对表、靠前服务，落实“互联网 + 政务服务”“五级十五同”要求，规范审批事项工作流程，压缩审批时限，为企业在集美投资兴业提供优质高效服务。出台《鼓励软件和信息服务业发展奖励暂行办法》《扶持高技术高成长高附加值企业发展的若干措施》等政策，助力企业做大做强。全省率先成立“高校产业技术联盟”，推动校企优势互补、资源共享，组建“高校专家问诊团”，提升产学研平台建设，为产业发展提供智力保障。推动软件园三期、杏林湾商务营运中心等重点产业园加快人才公寓配套建设，强化人才安居保障。

2020 年 10 月 20 日，首届电视制片大会暨第三届影视基地峰会在集美湖豪生大酒店举行（冯立东 摄）

【产业招商】 2020年，集美区现代农业招商组促成嘉康集团总部项目、甜蜜蜜农业种植项目、文源山都市现代农业项目、鲸探海洋科技文化项目等招商项目落实。现代制造业和信息产业招商组实现挂牌出让工业用地6宗，出让用地面积11.47公顷，重点支持区内科力电子、耐德电气、扬森数控、美科安防等优质项目增资扩产。在招商同时探索“先租后建”模式，在全区项目用地紧张情况下，鼓励投资企业先通过已有厂房完成“筑巢引凤”，加速项目落地，再依据项目投产后的有效评估来决策是否供地，提供项目效用。现代服务业招商组落地项目501个、投资额691.79亿元，落地中粮大悦城、海峡两岸（厦门）直播电视产业合作园、德邦智慧物流产业园等项目。央企、总部和金融招商组落地项目185个，总投资738.86亿元，在市对区央企招商绩效考评中，考核绩效位列全市六区第一。

【基金招商】 2020年，集美区借助杏林湾基金聚集区平台，发挥基金引导作用，完善基金超300家，注册资金600余亿元。全年，通过基金招商新增落地项目160余个，总投资额500余亿元，到资金额突破70亿元。

【影视招商】 2020年，集美区注重发挥区域特色优势，研究制订《集美区影视业招商协调推进机制》，加强对全区影视产业招商统筹指导。发挥集美集影视文创园、厦门影视拍摄基地、软件园三期、诚毅国际商务中心等园区的载体作用，合力开展招商。成功举办首届电视制片大会暨第三届影视基地峰会、短视频大会，推动厦门影视拍摄基地建设落成。 （戴燕婷）

体制机制改革

【概况】 2020年，集美区以招商引资与项目建设攻坚年为牵引，以推进两岸融合发展集成改革试点为重点，以做好常态化疫情防控为依托，推进全面深化改革，解决重点领域体制性机制性障碍，着力提高应对突发重大公共卫生事件能力，加快建设高素质高颜值跨岛发展最美新市区。

【金融体制改革】 2020年，集美区深化民营和小微企业金融服务综合改革试点区改革，以化解集美区民营和小微企业融资难、融资贵、融资慢为抓手，出台银行支持地方经济发展奖励考评方案、集美区应急还贷服务管理办法。完善企业贴息补助政策，全面提升金融服务民营和小微企业工作水平。发挥财政资金引导撬动作用，参与设立厦门市中小微企业融资增信基金，健全政策性融资担保体系和风险补偿机制。制订《集美区加强对台金融合作机制工作方案》，鼓励设立台资股权投资类企业、台资金融机构、台资新型金融组织，在台资金融类企业注册设立、办公用房、人才引进、个税优惠等方面予以补助奖励。

【审批体制改革】 2020年，集美区开展“不见面审批”，利用快递服务，推行邮寄办理，对尚无法通过“网上办”“掌上办”“自助办”等方式办理的工程建设审批服务事项，企业在申报时可以选择快递送达方式提交申请。创新推出“小能”在线座席服务，让群众网上办事像网购一样方便。开通至年底“小能”在线座席服务4.3万人次。推进政务服务新模式，有120个事项可在“e政务”自助机上办理，方便群众办事。发挥“重点建设项目前期手续帮办窗口”作用，做好重大财政投融资项目、重点或重要项目（含招商引资项目落地）等基本建设项目前期手续帮办服务工作，全年提供帮办服务58次，组织项目协调会4场。

【司法体制改革】 2020年，集美区践行“捕诉合一”新模式，开展司法体制改革综合配套工作；创新“公证执行”“分期执行”等机制，破解腾退难题。建立“1+1+N”（法官助理、教师、学生）模式的七个诉非联动团队，设立“在线律师调解室”，聘任律师特邀调解员8名；成立诉非联动中心，构建“一体三翼”诉非联动多元平台，全国首创“诉前终结”，实质推进诉讼减量。是年，诉前终结纠纷232件，占同期调解成功数的20.7%。创新司法救助形式，建立未成年人司法救助的线索排查、受理、救助、帮扶、回访一站式内部协作机制。

【社会事业体制改革】 2020年，集美区建立突发公共卫生应急处置机制，推进专病医联体建设试点，实施“药价保”联动改革，推动“互联网+”健康服务。“家庭医生签约与健康管理平台助力疫情防控”案例获全国医疗信息化防疫抗疫优秀案例评选三等奖。健全骨干教师“三级递进式”培养机制，优化教师队伍建设；创新区域教师培养模式，提升教师发展水平。在全市创新性实施社会救助一揽子计划——“绿洲计划”，建立“市、区、镇（街）”三级联合的社会救助疑难案例研判制度；优化养老服务结构，实现区、镇（街）、村（居）三级公共养老服务体系硬件建设全覆盖。创新“线上+线下”引才模式，探索就业平台“云服务”，开展“集美人才节”招才引智进校园活动；完善纠纷内部协商化解机制，率先实现劳动保障监察“网格化”管理全面覆盖。

【县域集成改革】 2020年，集美区推进集成改革试点经验被省委“改革频道”、市委《厦门改革简报》刊登，被《福建日报》《厦门日报》《海峡导报》等多家媒体宣传报道，被福建省作为十八届三中全会以来改革创新典型案例。培育台企上市，是年台企建霖健康家居、宸展光电上市；万久科技挂

四川大学华西厦门医院建设工地（林志杰 2020年 摄）

牌“新三板”。维护台胞权益。设立“台胞服务驿站”，采取购买服务的方式，聘用台籍专员3名，实行“以台胞服务台胞”；在全区31个社区工作站增设“台胞服务窗口”。扶持创业就业。组建“集美台青创基地联盟”，出台台青创业就业扶持政策，打造国家级海峡两岸青创基地1个、省级台青创基地3个，吸引台青创团队425支1000余人。做强闽台研学品牌。创新“1+1+N”泛营地研学新模式，整合区内高校、景区、企业、台青创基地等研学旅行资源29个，吸引两岸研学生16.76万人次，集美区逐渐成为台湾青少年首次登陆的“第一家园”。（郑炯福）

重点项目建设

【概况】2020年，集美区把握住“岛外大发展”机遇，快速推进重点项目建设，在省、市全方位推动高质量发展超越的大局中展现“集美担当”，在市建设局（市重点办）晒出的2020年各区、各指挥部、各责任单位及市属国企单位推进省、市重点项目“成绩单”中综合排名第一位。全年安排重点项目165个，年度计划投资208.82亿元。至年底，实际完成305.58亿元，完成年度计划的146.33%，超额完成96.76亿元。其中：省重点项目24个，年度计划投资73.28亿元，累计完成102.51亿元，完成年度计划的139.9%；市重点项目43个，年度计划投资57.4亿元，累计完成95.52亿元，完成年度计划的166.39%；区重点项目98个，年度计划投资78.14亿元，累计完成107.55亿元，完成年度计划的137.63%。重点项目投资完成序时或超序时进度项目有轨道交通4/6号线（集美段）、璀璨天城商业综合体、厦晖气门嘴、软件园三期等，集美区政府作为责任单位的省、市级重点项目共计23个，年度计划投资28.9亿元，完成投资63.23亿元，完成年度计划的218.78%。

【IOI棕榈城商业综合体】IOI棕榈城商业综合体位于集美区杏林湾路与集美大道交叉口南侧，总建筑面积约19万平方米。共有4栋商业楼，地下室车位1063个，主体结构为框架结构，部分采用钢结构，地上部分为商业，地下一层为商业、设备用房及自行车库，地下二层、三层为机动车库、设备用房及人防工程。该项目是集美区最大商业综合体，地理位置优越，交通便利，满足广大市民购物、休闲、运动、娱乐需求。项目于2020年12月完成工程竣工验收。

【集美世茂广场】集美世茂广场位于集美大道与杏林湾路交会处，尽享集美大道与杏林湾路两大主干道交通优势，交通路网四通八达，拥有双地铁、BRT、空港、公交、高速五位一体的交通体系。项目坐落于世茂璀璨新城楼盘的F1地块，定位为“轻质生活方式中心”，围绕“首发、精品、国潮、文化、智慧、科技”六星理论，打造厦门首个智慧MALL，为厦门商业发展注入全新活力。项目于2019年开建，2020年主体工程基本竣工。

【四川大学华西厦门医院】四川大学华西厦门医院位于集美新城西侧，中亚城东北部，南临锦园西路，北至锦亭北路，东接杏锦路，西临九天湖路。项目总用地面积10.51万平方米，总建筑面积26.35万平方米，总设置床位1000张。项目引进四川大学华西医院优质资源，可极大提升厦门市医疗卫生水平，直接惠及厦门及周边地区人民群众，对于加快厦门市医学学科发展、提高医疗技术能力、加快“健康厦门”建设具有重要的里程碑意义。

【集美区中小学生社会实践基地】集美区中小学生社会实践基地位于灌口镇田头村，总用地面积36335平方米，总建筑面积40909平方米，提供地下停车位99个。项目包含学生宿舍楼、食堂、科技馆、文化馆、综合运动馆、教学实践楼等。建成后可为1200人提供集体食宿，成为全市最大的区级中小学生社会实践基地。项目于2020年2月开工。（骆燕玲）

文化和社会建设

【教育事业】2020年，集美区在财政拨款、基本建设、教师配备等方面推动实现城乡一体化发展。建立城乡义务教育学校教职工编制统筹配置机制，实行教职工编制城乡、区域统筹和动态管理。编外聘用教师实行人员总额管理，所需经费纳入同级财政预算，配足配齐师资。

完善小片区管理工作，促进城乡义务教育均衡发展。优化小片区学校组合模式，细化完善中学3个片区、小学9个片区管理工作机制，以学科为单位，制订线上教学计划，共享优质的线上教学资源、带动薄弱校线上学科教研活动，分享片区线上教学经验，促进集美区义务教育学校教育教学质量快速提升。是年，后溪中学、田头小学、东辉小学、顶许小学、英村小学、后溪小学、碧溪小学、东边小学、新村小学、军民小学10所农村校通过福建省义务教育管理标准化学校评估验收。

【卫生事业】 2020年，集美区筑牢公共卫生体系，统筹推进一村一所建设。每个街道（镇）配置标准化的社区卫生服务中心（镇卫生院）1所。筑牢基层医疗服务网底，围绕“强基提质、规范管理”工作思路，坚持以促进基本公共卫生服务均等化为重点，以加强基层医疗卫生机构能力和规范化建设为依托，以增强群众获得感为落脚点，落实工作举措，强化督导考核，推进国家基本公共卫生服务工作。逐步提高人均基本公共卫生服务经费标准。建立以区级疾控机构为主体，以镇卫生院和社区卫生服务中心为基础，各级医疗机构为依托的疾病控制体系。加大农村优质医疗资源供给，深化基层医疗卫生机构运行机制改革。推广以慢性病为切入点的分级诊疗工作。深化医联体建设，推动优质医疗资源向基层流动。统筹医疗资源，建立区域非紧密型医联体，结合基层医疗机构的短板，对接全市三级医院的优势科室，提升基层服务。完善第二医院、杏林分院医联体协作机制，推进高血压、糖尿病、消化系统疾病、慢性肺病分级诊疗。牵头举办胸痛中心、卒中中心联合例会，签署临床合作协议，完善卒中急救网络。联合第二医院构建集美区脑卒中急救网络，布局全区镇街及村落哨点，开通绿色通道转诊服务，布局第二医院卒中中心—6家社区卫生服务中心（卫生院）—各镇街、村居监测哨点三级脑卒中急救网络的软硬件建设。推进开展适宜人群大肠癌筛查。由厦门市消化疾病诊治中心牵头，联合中山医院、第二医院、6家基层医疗机构，共同开展社区人群免费大肠癌筛查工作。构建协同平台，畅通基层医疗机构和大医院的心电、DR通道。增强农村社区居家养老服务品质。开展家庭医生签约服务，为65岁以上老人提供日常随访、定期检查及全程健康管理等服务，为80岁以上老年人及失能半失能老人免费提供每年不少于1次上门出诊服务。基本公共卫生服务项目中老年人健康管理服务覆盖65岁及以上常住居民，要求每年为老年人提供1次健康管理服务，包括生活方式和健康状况评估、体格检查、辅助检查和健康指导。将60～64周岁老年人免费健康体检纳入集美区为民办实事项目，扩大老年人口服务覆盖面，促进老年人养成定期体检的习惯，提高老年人科学就医知识。打造“互联网+家庭医生”签约服务平台。全市首创建立全科医生、签约人员、呼叫服务三方联合互助平台。集美区选送的“家庭医生签约与健康管理平台助力疫情防控”案例获“全国医疗信息化防疫抗疫优秀案例评选”三等奖。强化“互联网+医疗健康服务”。开通电子医保卡诊间结算功能，开放居民健康档案及就诊记录可自助查阅功能。利用可穿戴（血压计、血糖仪）智能健康监测设备，提供个性化健康管理。开展稳定期慢性病签约患者线上长处方续方、配送服务，通过物流在家门口取药。

【民生事业】 2020年，集美区提升兜底保障水平，保障困难群众利益。聚焦顶层设计，完善救助机制。在全市率先建立“市、区、镇（街）”三级联合的社会救助疑难案例研判制度，推进低保扩面，提前超额完成市对区绩效考核指标。简化临时救助流程，社会救助审批时限压缩33%（30天压缩至20天），临时救助审批时限压缩60%（10天压缩至4天）。聚焦特殊群体，加大救助力度。对靠家庭供养、无法单独立户的178名重度残疾人、重病患者，参照单人户纳入低保对象，做到“应保尽保、应救尽救”。建立健全以居家为基础、社区为依托、机构为补充的多层次养老体系，同步制订集美区养老服务设施布局专项规划，建成区社会福利中心1家、区级老年人养护中心1个、镇（街）级居家养老服务照料中心6个、农村幸福院35家、居家养老服务站67家，实现养老服务

西亭社区老人幸福院　　（林志杰 2020年 摄）

设施全覆盖，同时引导社会资本举办中高端养老康养项目，逐步形成“基本有保障、中端有市场、高端有选择”养老服务格局。建设区级平台，实现养老信息化监管。建设区级养老服务信息管理平台、养老服务设施可视化信息工程、养老紧急救援服务平台、区级养老服务信息数据库、养老服务展示平台等，实现养老服务设施运营监管、服务设施可视化监控、运营补贴网上申报审核、综合紧急救援服务、养老规划及建设成果展示等多项功能。将符合条件的老人全部纳入特困人员范围，并实行分散供养和集中供养，至年底，集美区有特困人员62名，其中35名根据自愿原则统一集中供养。推动医养融合发展，鼓励养老服务机构提升医疗服务能力，兴办护理型养老服务机构，灌口爱欣老年公寓附设爱欣护理院、集美爱欣老年公寓开办护理站，京闽悦府·园博湾温泉康养中心配建一级中医院，已备案的厦门顾恩养老服务有限公司内设护理院。鼓励医疗机构内设养老服务床位，锦园中医院举办兴锦园老年公寓、凯德医院举办天梭凯德养老服务中心。推动集美街道日间照料中心与卫生服务中心共建，开展居家社区养老医养结合试点。推动各镇街养老服务设施与基层卫生服务机构进行医养结合签约，促进慢性病全程防治管理服务同居家、社区、机构养老服务紧密结合。至年底，全区6家养老服设施运营商与项目所在地基层卫生服务机构签订医养结合共建协议书，签约覆盖率达100%。

（许坤鹏）

精神文明建设

【概况】 2020年，集美区文明创建上线“互联网+文明创建指挥平台”，用科技手段落实常态长效。加强志愿服务机制优化、阵地建设和品牌培育，开展系列主题教育活动，拓宽未成年人校外活动场所，开展净化社会环境专项督查，保障未成年人健康成长。在2020年省级文明城区测评中，集美位列省级文明城区岛外第一名。

【文明创建】 2020年，集美区以创建工作总评年为契机，提升文明创建工作水平。突出机制建设，完善“明确责任—重点巡查—即时督办—舆论监督”创建工作流程，严格巡查、严格督办；突出科技创新，采用网络数字化城市管理手段，打造“互联网+文明创建指挥平台”，上线“i拍拍、j美美”随手拍系统和“i拍拍、商旺旺”随手拍系统，实现文明创建全方位、全过程、全覆盖管理和群众广泛参与的创建格局；突出动态管理，落实文明单位（校园）创建活动“三项清单”制度，修订《集美区精神文明创建活动管理办法》，集美区后溪镇、银亭社区、鳌园景区继续保留“全国文明村镇”“全国文明单位”称号，新增后溪村为全国文明村。

【群众性精神文明创建】 2020年，集美区以氛围培育为抓手，营造崇德向善的集美人文气质。开展道德模范、最美家乡人等系列典型人物推选活动，涌现出以福建省“孝老爱亲”好人纪惠娇、“厦门最美家乡人”秦相忠等为代表的一批典型人物。开展宣传平台建设，打造集美区文明创建示范园特色项目——敬贤公园示范园等，上线“文明集美”微信公众号，在户外楼宇、灯箱、灯杆、路名牌等广告载体新增公益广告5959处；推进乡风文明建设，开展移风易俗活动，结合疫情防控工作和民俗节日等时间节点，走村入户开展劝导工作，下发告知书20万份、悬挂横幅2000条、给居民的一封信近40万份。疫情防控期间，全区209个宗教活动场所和民间信仰点全部关停，新春祈福进香活动全部停止，“神事不办、红事延期或停办，白事简办”倡导得到落实。

【志愿服务活动】 2020年，集美区优化志愿服务机制，“志愿厦门”志愿服务网站广泛使用，全区实名注册志愿者增至84149人，志愿团体增至921个；加强阵地建设，引入硬件资源，提升驿站服务功能，增设急救药箱、冰箱、空调、Wi-Fi、母婴室等暖心服务，为环卫工、保安等户外工作者解决饮水、休息问题，推动志愿服务阵地有形化；汇聚志愿力量，结合五一、端午、六一等节日，聚焦特殊岗位工人、老年人、特殊儿童、残疾人等群体，开展系列主题活动；培育服务品牌，完善落实品牌支持机制。2020年“集美·诚毅志愿者联盟”和“卢妈妈爱心队发起人”卢秀毅入选2020年度全国学雷锋志愿服务“四个100”先进典型，被评为“最佳志愿服务组织”和“最美志愿者”。

【未成年人思想道德建设】 2020年，集美区未成年人思想道德建设工作围绕“立德树人”主题，开展系列主题活动。在全区各中小学校开展做一个有道德的人“崇德修身好少年”主题教育系列活动，组织清明祭英烈等四项集中活动；组织开展评选集美区十佳新时代好少年活动，评选厦门十中黄鸿宇等好少年10名。杏南中学学生陈昕、后溪中学学生黄健江获得厦门市新时代好少年称号；推进校外阵地建设，加强鳌园景区等7个爱国主义教育基地及中国厦门集美研学等6个中小学生综合实践基地建设，完善全区17所城市少年宫、2所乡村学校少年宫的运作管理机制，为未成年人提供优质高效的活动场所和教育资源；净化社会环境，开展净化社会文化环境专项整治行动；推进心灵绿洲建设，形成“有专业机构指导、有专家学者协助、有具体人员落实”的运行机制及科学化、专业化、分众化的心理健康工作服务体系，开通24小时心理热线和在线QQ群20余个以及集美 FM89.2 心灵绿洲广播，开展面对面心理辅导，累计服务 189 人。

【“爱心厦门”建设】 2020 年，集美区“爱心厦门”建设工作深化实施“五大行动”“四项机制”，聚焦重点、精准发力。开展党员干部爱心结对，建立健全联络员机制、调整考核激励机制；打造爱心驿站、爱心公益广告等一批有形载体；健全完善“爱心屋”长效运营机制，突出“市场化”“公益化”“特色化”功能，选址人气地点，建设“爱心屋”6 家，实现辖区全覆盖。支持残疾人就业 28 人，同时，盘活社会资源、合作爱心企业，上线全市首个线上“爱心屋”平台，使“爱心屋”突破时间、空间限制，实现全时段、广覆盖运营。（张倩莹）

2020 年 5 月 20 日，凤安社区新时代文明实践站开展亲子活动　（冯立东 摄）

【新时代文明实践中心】 2020 年，集美区新时代文明实践中心发挥理论宣讲、社会宣传、教育服务、文化服务、科技与科普服务、健身体育服务、乡风文明建设七大平台作用，引导 57 家文明实践站，开展疫情防控工作、党的政策宣讲、培育践行主流价值、学习实践科学理论、弘扬嘉庚精神、丰富活跃文化生活、持续深入移风易俗等爱心文明实践活动。全年全区新建新时代文明实践站 6 家，形成 1 中心、6 所、57 站的全覆盖服务阵地网络，同时统筹爱国主义教育基地、心理辅导站、青少年宫、科普教育基地、文体活动场所、党群服务活动中心、志愿服务驿站等各类场所，强化阵地力量；发挥区新时代文明实践中心和集美·诚毅志愿者联盟“志愿服务 110”作用，带动各实践站培育孵化志愿服务队伍近 50 支，形成志愿队伍 323 支，组织开展服务培训活动，提升实践站管理员服务能力；联合区科协、妇联、关工委、红十字会等部门单位，汇聚师资、物资、课程活动各类资源，形成丰富“服务菜系”，供各实践站按需“点单”，全年整合师资建档 120 人。

全年组建志愿者队伍 146 支，参与防疫工作志愿服务队伍 193 支，参与志愿服务人员 12955 人，累计参与志愿服务时长 150 余万小时，服务 63 个村居，开展居民防疫心理疏导、辟谣宣传、复工调查、心理健康讲座等各类活动；提高线上云实践能力，根据抗疫工作的需求与社区居民需求，拓宽线上直播、录播等授课方式，综合运用各类新媒体、小程序、直播平台、微信群等，指导居民线下实践服务，累计开展线上课程 390 余节次，参与人数 3000 余人；整合多方资源力量，围绕“爱心敬老、爱心济困、爱心助残、爱心扶幼、关爱特殊岗位工人”等开展系列服务活动 860 余场次，为辖区内特殊人群提供贴心关怀服务；围绕春节、清明、端午等中华传统节日开展“我们的节日”系列主题活动 300 余场次。

（张倩莹）

中国共产党厦门市集美区委员会

综　述

【概况】 2020年，中共集美区委员会（简称集美区委）履行把方向、管大局、做决策、保落实的政治责任，坚持谋大事、抓党建、保平安，发挥总揽全局、协调各方的领导核心作用。坚持以习近平新时代中国特色社会主义思想和习近平总书记对福建、厦门工作的重要讲话重要指示批示精神为指导，坚决落实中央、省市决策部署，坚持稳中求进工作总基调，应时应势调整疫情防控措施，融入"双循环"新发展格局，做好"六稳"工作、落实"六保"任务，推动经济社会向稳向好态势持续发展。全年召开区委全会5次、区委常委会40次、书记专题会5次、全区领导干部会议5次，形成重点课题调研报告13份。

【政治建设】 2020年，集美区委坚持把学习贯彻习近平新时代中国特色社会主义思想和党的十九大精神作为重大政治任务，组织区委理论学习中心组集中学习10次，围绕学习《习近平在厦门》《习近平在宁德》《习近平在福州》《习近平在福建》等采访实录开展交流研讨，努力把学习成果转化为全方位推动高质量发展超越的强大动力。深入开展"深化大学习、提振精气神"活动，区级领导干部带头为所在党支部党员讲党课，全区处级以上领导干部为基层讲党课215场，各级党组织开展集中研讨988场，召开专题组织生活会236场。坚持总揽全局、协调各方，加强党对人大常委会工作的领导，支持区政府依法行政，加强和改进新时代人民政协工作，巩固和发展最广泛的爱国统一战线，推动群团组织更好发挥桥梁纽带作用，统筹推进工商联、民族宗教、老干部、国防动员、军民共建等工作，汇聚全区上下同心同向、锐意进取的强大力量。

【党的建设】 2020年，中共集美区委贯彻新时代党的建设总要求，带头担当全面从严治党主体责任，坚持纵深推进全面从严治党，营造风清气正的政治生态。坚持党管意识形态，落实《集美区报告会、研讨会、讲座、论坛等意识形态阵地管理办法》，确保阵地可管可控；健全突发网络舆情监控、研判和预警机制，对重大舆情和热点问题进行深入研判，做好引导和处置；依法管理宗教事务，加强文化市场管理。贯彻落实新时代党的组织路线，推进支部标准化建设，推动模范机关创建；抓好农村基层组织建设，为2020年村级组织换届选举工作打牢基础；推动城市党建共建共治共享，增强社区治理能力。坚持正确选人用人导向，在一线考核、培养、使用干部，锻造忠诚、干净、敢于担当的高素质专业化干部队伍。强化政治监督，推进基层减负，深化政治巡察，保持惩治腐败高压态势，营造风清气正的政治生态。（林骏斌）

重要会议

【区委八届全体会议】 2020年，集美区八届委员会召开全体会议6次。即区委八届二十三次至二十八次全体会议，研究议题8项。

【全区领导干部会议】 2020年，集美区委召开全区领导干部会议5次。4月1日，区委召开全区领导干部会议，推荐考核二级巡视员1名。区委委员、候补委员，区政府班子成员参加会议。4月9日，区委召开全区领导干部会议，宣布区委、区政府主要领导任职决定。区各套班子领导，区法院院长、检察院检察长，各镇（街）党政主要负责人，区直各部、委、办、局，管委会、各人民团体主要负责人参加会议。6月3日，区委召开全区领导干部会议，民主推荐市管干部3名、考核市管干部5名。区委委员、候补委员，区人大常委会、区政府、区政协班子成员，区法院院长、检察院检察长，各镇（街）党政主要负责人参加会议。9月17日，区委召开全区领导干部会议，民主推荐镇（街）政府（办事处）主要负责人2名。区委委员、候补委员，区人大常委会、区政府、区政协班子成员，区法院院长、检察院检察长，各镇（街）党政主要负责人参加会议。11月3日，区委召开全区领导干部会议，民主推荐市管干部1名。区委委员、候补委员，区人大常委会、区政府、区政协班子成员，区法院院长、检察院检察长，各镇（街）党政主要负责人参加会议。（李婧）

决策部署

【"岛外大发展"战略融入】 2020年，集美区委贯彻习近平总书记关于"十四五"规划编制的重要指示精神，提出"在率先实现全方位高质量发展超越中争当排头兵"新定位，编制《区

表 3

2020 年集美区八届委员会全体会议一览表

序号	日期	会次	议　题
1	4 月 24 日	第 23 次	对 1 名处级领导干部进行票决
2	7 月 1 日	第 24 次	对 2 名处级领导干部进行票决
3	7 月 28 日	第 25 次	对 1 名处级领导干部进行票决
4	8 月 28 日	第 26 次	书面传达省委十届十次全会、市委十二届十一次全会精神，听取和讨论区委书记何东宁向全会所作的报告，审议通过《中共集美区委关于深入学习贯彻习近平总书记重要讲话重要指示批示精神，在率先实现全方位高质量发展超越中争当排头兵的决定》《中国共产党集美区第八届委员会第二十六次全体会议决议》
5	9 月 22 日	第 27 次	对 7 名处级领导干部进行票决
6	12 月 26 日	第 28 次	传达省委十届十一次全会、市委十二届十二次全会精神，听取并审议区委书记何东宁代表区委常委会向全会所作的报告，审议通过《中共集美区委关于制定集美区国民经济和社会发展第十四个五年规划和二〇三五年远景目标的建议》《中国共产党集美区第八届委员会第二十八次全体会议决议》

委“十四五”规划和二〇三五年远景目标建议》。借势全市“岛内大提升、岛外大发展”，推进新城建设和城市有机更新，打造“一心两翼四片”城市发展新格局。全年实现地区生产总值（GDP）822.41 亿元，比上年增长 5.5%，总量位居岛外各区第一。省市重点项目总体考评、营商环境考核、社会信用建设考核均排名全市第一名，基金数量及规模保持全市第一名，连续六年新增市“双百计划”人才落户数居全市第一名，商事主体新增数及规模均为岛外各区第一名，上榜“中国工业百强区”，第六次蝉联“省级文明城区”称号，成为全市首个国家“全域旅游示范区”，两岸融合发展工作被确定为省级县域集成改革试点。推进两大新城建设，集美新城全年实现固定资产投资 258.7 亿元，马銮湾新城集美片区完成固定资产投资 36 亿元。完善公共基础设施，制定出台《落实〈加快建设高颜值厦门行动方案（2020—2025 年）〉实施方案》；辖区垃圾分类覆盖率 100%。实施乡村振兴战略，

2020 年，马銮湾新城集美片区完成固定资产投资 36 亿元。图为马銮湾新城集美杏滨路商住区　（陈兆卫 摄）

田头村获评全国乡村治理示范单位。常态化开展文明创建，创新“华为云”“i 拍拍 j 美美”等科技手段。保障民生福祉，主办的 53 件信访件全部通过验收销号；实现失业人员再就业 15713 人；新改扩建小学 3 所、幼儿园 11 所，新增小学、幼儿园学位 10620 个；四川大学华西厦门医院进入主体结构施工，市妇幼保健院集美院区开建。推进退役军人工作，出台并实施《集美区“爱心厦门”建设工作方案》。纵深推进平安集美建设，全区刑事警情比上年下降 31.9%，刑事警情降幅连续四年保持全市第一名；电信网络诈骗警情下降 14%；打掉恶势力团伙 6 个 31 人，新增“打财” 4.9 亿元。落实食品安全“党政同责”，开展“七五”普法总结验收工作。

【县域集成改革试点工作】 2020 年，集美区委围绕“在推动两岸融合发展上作出示范”“建成台胞台企登陆的第一家园”目标主线，成立县域集成改革试点工作领导小组，区委主要领导任组长，召开领导小组会议 20 次。学习借鉴江苏江阴、昆山经验，走访调研台资企业 100 多家，组织专家学者召开座谈会，研究制订“1+7+2”改革方案，谋划集成改革“路线图”。

加强两岸融合发展课题研究，建立改革督察机制，落细落实中央和省、市惠台政策。深化与台湾“中国生产力促进中心”合作，先后与70余家企业进行深度交流，举办成果交流会4场、专题培训班26期858人次参加。采取“以台引台”方式吸引更多优秀台企到集美投资兴业，全年新设台资企业51家，增资7家，合同利用台资9800万元，实际利用台资1005万元。

【招商引资】 2020年，集美区落实创新“369”招商工作机制，印发《2020年全区招商引资工作要点》《2020年集美区重点促落地、促到资招商引资项目》，创新“1+N+1”闭环管理机制，建立健全招商引资学赶超机制。全年，集美区党政主要领导带队外出招商19次，新增落地项目1136个，落地总投资额2119亿元，太保家园、中粮大悦城、德邦物流等99个高能级项目落地。新增“五个一批”项目155个，总投资1270亿元，投产项目数、总投资数均居全市第一名。（林骏斌）

【全面从严治党主体责任专项检查】 2020年6月，集美区委下发《关于开展2019年度区委全面从严治党主体责任落实情况重点检查的通知》，明确主体责任检查重点内容。由区委领导班子成员带队，抽调相关部门人员，组成8个检查组，对8个区委直属党组织2019年度全面从严治党主体责任落实情况进行重点检查，汇总“问题清单”，集体约谈被检查单位班子成员。检查工作从6月上旬开始，8月底结束。检查后，形成“问题清单”123项，被检查单位制订整改措施207条。至11月，完成问题整改107个，在落实16个；建立健全制度22项，提出问责建议12条，追责问责党组织1个、党员领导干部17名，其中责令检查2人、批评教育5人、谈话提醒10人，以问责倒逼责任落实。至年底，全面从严治党主体责任检查“问题清单”整改基本完成。

【新时代建设发展】 2020年，中共集美区委召开区委八届二十六次全会，审议通过《中共集美区委关于深入学习贯彻习近平总书记重要讲话重要指示批示精神，在率先实现全方位高质量发展超越中争当排头兵的决定》等文件，动员全区党员干部群众凝心聚力，敢担当有作为，在经济特区成立40周年、集美新城建设10周年的新起点上，乘势而上、砥砺前行，为在更高起点上建设“两高两化”厦门、建设新时代新福建、促进祖国统一大业做出集美应有的贡献。是年，全区实现地区生产总值822.4亿元，比上年增长5.5%；固定资产投资增长16.7%；规上工业增加值增长6.9%；财政总收入145亿元，增长8.5%；城乡居民人均可支配收入增幅高于经济增速。中粮大悦城、神州鲲泰、德邦物流等99个高能级项目落地，新增“五个一批”投产项目和总投资数位居全市第一。省市重点项目总体考评、营商环境考核、社会信用建设考核均排名全市第一。集美新城“十年集聚成城”目标实现，马銮湾新城集美片区建设全面提速。“高校产业技术联盟”启动，助推产学研深度融合，连续六年新增市“双百计划”人才落户数位居全市第一名。对口帮扶甘肃和政县、三明清流县脱贫摘帽，市对区考核8项指标居全市第一名。上榜“中国工业百强区”，成为全市首个“国家全域旅游示范区”，全市唯一入选省级县域集成改革试点，第六次蝉联“省级文明城区”。

【制订集美区“十四五”规划和远景目标的建议】 2020年，集美区委召开区委八届二十八次全会，审议通过《关于制定集美区国民经济和社会发展第十四个五年规划和二〇三五年远景目标的建议》。提出集美“十四五”时期发展的指导思想、遵循原则、主要目标和重大任务举措，提出到2035年基本建成社会主义现代化大都市的远景目标和重点任务，明确今后的用力方向。

【疫情防控和经济社会发展统筹】 2020年，集美区委学习贯彻习近平总书记关于疫情防控工作的重要讲话和指示精神，坚持人民至上生命至上，坚决扛起统筹疫情防控和经济社会发展的政治责任。成立由区委书记、区长担任总指挥长的区疫情防控指挥部，构建“镇（街）党（工）委、社区党组织、小区党支部、楼栋（单元）党小组长、小区党员”五级疫情防控架构，示范带动群众做好疫情防控、复工复产、捐款捐物、宣传引导等工作。扛起全市唯一定点救治医院、3个高速出口、厦门北站交通枢纽、嘉庚体育馆湖北入厦人员分流服务中心、4家境外入境人员定点酒店的重要任务，守住入厦、入集关口。因时因势调整防控措施，严格冷链食品检验检疫及冷冻经营场所外环境监测，开展各类重点人群核酸检测18.7万人次；加强爱国卫生运动，构筑起严防严控、联防联控、群防群控的严密防线。推动复工复产，成立复工复产专项工作领导小组3个，出台援企稳岗措施20条，创新“集美i企宝”线上平台、省外务工人员“返厦直通车”等举措，解决企业防疫物资、用工保障、资金需求等问题，全年安排区级疫情防控资金1.48亿元，兑现企业扶持资金1.18亿元；组织辖区59所中小学校、15所高校科研院所开学复课，抓实抓细旅游景区、文体场所、农贸市场、企业车间、车站等重点部位的防控。（林起滔）

组织工作

【概况】 2020年，集美区有基层党组织1177个，其中党委59个、党总支42个、党支部1076个。在基层党委中，机关党委11个、事业单位党委3个、镇党委2个、村党委16个、社区党委20个、国有企业党委2个、非公企业党委5个；区委派出的党工委8个，其中机关工委3个、街道工委4个、非公有制经济企业和社会组织工委1个。全区有党员17412人，其中预备党员243人；女党员7491人；少数民族党员188人；35岁及以下6426人，36～45岁4383人，46～60岁3700人，61岁及以上2903人；研究生722人，大学本科8405人，大学专科3199人，中专1070人，高中、中技1501人，初中及以下2515人。

2020年，面对新冠肺炎疫情防控的严峻形势，集美区委发出《关于组织引导基层党组织、党员干部在防控新型冠状病毒感染的肺炎疫情中发挥战斗堡垒和先锋模范作用的通知》《关于进一步发挥各级党组织和广大党员干部先进模范作用，确保疫情防控措施落细落实的通知》等6份通知，动员全区700多个基层党组织、1万多名党员直接参与到疫情防控一线，成立临时党组织80个，组建党员突击队、党员先锋队、党员志愿服务队500支（医护人员9支），设立党员责任区274个（医护人员责任区2个）。区委组织部下发《关于结合“双报到”参加基层防控工作的通知》，组织全区2500多名机关企事业在职党员到居住社区、小区党组织报到，53家区直机关事业单位党组织对接67个村（居），主动为村（居）捐赠物资，协助村（居）规范工作流程，做好路口把控、体温测量、宣传引导等工作。加强干部的统筹安排和科学调度，先后抽调6批306名干部直接参与交通防疫点和各镇（街）、村（居）企业复产复工工作，并根据形势变化，建立常态化防疫轮值机制，每2个月轮换一批。制订一线挂钩联系督导方案，组建督导组4个、一线考察小组3个，深入一线考察了解党员干部防控疫情工作情况。对疫情防控中表现突出的3名干部予以火线提拔、晋升职级，推荐通报表彰省、市、区三级疫情防控先进个人21名，其中3名干部受省级表彰。划拨100余万元专项经费，专门用于慰问防疫一线干部；开通心理健康热线、落实一线防疫人员餐补、体检等相关规定，解决一线防疫干部后顾之忧。走访慰问防控一线医务人员、执勤人员、镇（街）村（居）工作人员、防控物资生产企业等，划拨专项党费100余万元，用于慰问一线医务工作者和基层党员干部，支持购买防控物资和补助困难党员。在《中国组织人事报》《厦门组工信息》等刊物发表党组织、党员、干部、人才抗“疫”的经验做法6篇，在各类媒体宣传报道疫情防控斗争中涌现出的先进典型和感人事迹229个。其中，《人民日报》APP、“学习强国”福建平台、厦视新闻、“厦门党建e家”等市级以上媒体报道集美区基层党建助力疫情防控情况31次。

2020年2月10日，杏滨街道党员志愿者帮助居家隔离居民购买生活物资（杏滨街道 供图）

【“深化大学习、提振精气神”专项活动】 2020年，集美区巩固深化“不忘初心 牢记使命”主题教育成果，将习近平新时代中国特色社会主义思想列入全区公务员培训必修课程，每人每年不少于8学时。纳入党校培训必修课程，党的理论系列专题课占总课程比例达70%以上。开展处级以上干部学习贯彻党的十九届四中全会精神集中专题轮训，全区300余名处级以上干部均按要求参加集中轮训。组织学习《习近平谈治国理政》第三卷，发放《习近平在厦门》《习近平在宁德》16000余套，编印习近平总书记关于疫情防控和经济社会发展重要讲话重要指示批示精神等学习材料6000余套，依托理论中心组、“三会一课”等开展学习集中研讨1100余场。组织参加“深学笃行、奋楫争先”系列直播云课堂2期共12讲。开展“百堂党课送基层”活动，党员领导干部结合专项活动到所在机关党支部或挂钩村（居）讲专题党课10余场。抓实“深化双报到、为民解难题”活动，全区机关国有企事业5000多名在职党员和236个党支部到村（居）党组织报到，解决群众身边难题400多个。

【基层党组织建设】 *农村党建* 2020年，集美区委组织部出台《关于村级重大事项决策执行流程和决策监督流程的实施办法（试行）》等村（居）制度文件4份，建立村（居）工作台账67份。推动灌口镇双岭村打造“乡村组织振兴精品村”工作。坚持“一村一策”，推进灌口镇第一社区、后溪镇港头社区2个软弱涣散党组织整顿提升。加强村（居）队伍建设，组织67名村（居）党组织书记做述职报告，开展党员民主评议，开展村（居）党组织书记、后备力量集中轮训4场次，招聘村（居）党群工作者34名。联合民政局，开发村（居）主干线上考核系统，从“群众满意度、工作落实度、班子建设度、镇（街）认可度”4个维度考核村（居）主干工作绩效。拿出不超过专职工作者编制数2%的名额，招考年龄超过35岁的其他工作者13名。

城市基层党建 2020年，中共集美区委健全“区、街道、社区、小区”四级组织架构，形成区委联席会议1个、街道大党工委4个、社区大党委32个、小区党支部106个，将480家驻区（共建）单位纳入党建范围，推动优势互补、资源共享。以“近邻”党建为抓手，打造“支部来联电，厂友变亲邻”和“五彩之锦，城中有邻”等小区党建品牌。建立“双向”挂职学习机制，首批组织5个优秀社区和5个后进社区互派干部10名交流学习。结合“当先锋，做示范，争创‘六连冠’”主题实践活动，开展“5+X”主题实践活动，落实“周三净走”，全区153个机关国有企事业党组织挂钩100个小区党支部，4710名在职党员走进共建村（居）或居住小区志愿服务。开启“智慧党建”，全区71个党群活动服务中心、275个功能室在“集美党群云图”“线上”预约，实现阵地共享、活动共办、项目共创。

机关党建 2020年，集美区在区政府办、发改局、教育局、财政局、建设与交通局、应急管理局、卫生健康局、司法局、城管局、农业农村局10个单位设立区级党组，将卫生健康局、农业农村局、建设与交通局和城市管理局党委变更为直属党委，区委财政国资工委变更为区委财政国资直属党委。开展“爱心结对”，全区319名处级以上领导及236个党支部深入帮扶家庭，开展慰问1600余人次，深入辖区各“爱心屋”、爱心驿站开展活动1400余人次，累计爱心消费140余万元。

【支部标准化建设】 2020年，集美区开展“厦门党建e家”平台月巡查，推动支部整改问题近900余个。全区微信绑定率、信息完整度、党员积分合格率等提高。建立党委（党组、党工委）书记和班子成员党支部工作联系点基础数据库，建立党支部联系点325个，开展联系活动105人次。加强党员教育管理，全年发展党员144名，设立流动党员服务站75个。开展党组织书记轮训15场、各类党员培训150余场次，培训党员1.2万人次。

【干部教育培训】 2020年，集美区围绕区委、区政府中心工作，强化干部理论武装，推动党性教育常态化，先后抽调处级、科级干部和普通干部各85名，分别参加区委党校（区行政学院）春、秋季处级、科级干部进修班和中青年干部培训班，首次将区属国企干部纳入党校主体班调训范围。强化专业训练，聚焦提升能力，选派43批387人次干部参加省、市调训和各类培训。力促教学改革创新，结合新形势、新问题、新要求，新增疫情防控、社会治理等课程，在全市首创“异地培训本地化教学”新模式、“干部培训量化考评管理”新机制。

（刘毅斌）

【干部选拔任用】 2020年，集美区坚持事业为上、人事相宜，选拔敢于负责、勇于担当、善于作为、实绩突出的干部。突出一线导向，在领导干部提拔和职级晋升上持续向基层一线倾斜，提拔一线及任务繁重部门干部占比89%；统筹职级职数，优先用于解决长期服务一线的优秀干部职级待遇，占同期职级职数使用数的75.58%。统筹安排88名处级、科级干部交流轮岗，其中机关内部轮岗44人，机关与镇（街）干部交流37人，镇（街）之间干部交流7人。结合镇（街）事业单位机构改革，调整2名机关事业干部到乡镇综合服务中心交流任职。

【人事制度改革】 2020年，集美区改进干部考核方式方法，完善知事识人体系，把日常走访和近距离考察相结合。开展一线专题考察，从一线挖掘典型，先后组建6个考察小组，分别挂钩镇（街）、征地拆迁指挥部、疫情防控一线和重点工作专项办公室，近距离、多角度考察识别一线干部在急难险重任务中的表现情况，从中发现工作实绩突出的先进典型16人，在“集美先锋视界”微信公众号开设《攻坚一线排头兵》专栏，进行宣传报道。加大“三支队伍”交流，选派事业干部到国企交流任职2名，调任专业突出、有担当作为的事业干部到机关任职1名。

【年轻干部培养】 2020年，集美区提拔实绩突出、有发展潜力的年轻干部5名，担任镇（街）重要岗位。围绕区委中心工作和重点任务，梳理挂职岗位27个，选派37名基层工作经验不足、经历相对单一的年轻干部到征地拆迁、招商引资等一线岗位挂职锻炼，推动干部在一线成长成才。选派12名优秀年轻干部赴新疆、省委组织部、市委组织部挂职和跟班学习。定向选派29名选调生到灌口、后溪20个行政村驻村任职，直接与群众面对面开展工作，培养独当一面的能力。率先开展驻村选调生国情调研课题比选，形成农村集体经济发展、人居环境提升等6个课题成果，引导选调生增进协作、提升调查研究能力。

（梁荣昌）

【“聚贤集美”政策实施】 2020年，集美区修订“聚贤集美”办事指南，平均缩短办事流程10个工作日以上。

建立“双百”人才扶持资金即来即审制度，实现人才政策申报常态化。在实现高层次人才政策线上申报的基础上，公开承诺收件后15个工作日内完成资料申请、材料审核、实地走访等工作，实现人才政策资金申报兑现提速增效40%。全年，“聚贤集美”人才政策体系兑现4107人次补贴约8540万元，引育市级以上高层次人才172人，柔性人才1800名，落户毕业生8269人，超额完成“三个六”引才指标。

【高校产业技术联盟成立】 2020年，集美区在全省率先成立高校产业技术联盟，围绕高校重点学科、辖区重点产业，定期举办对接会，为校企合作搭建人才技术交流、成果对接转化、产业创新提升的新平台，推动校企优势互补、资源共享，将高校“智能”转化为经济“产能”。先后推动250余名高校人才与138家企业达成合作，促成产学研项目签约42个，合作金额2.65亿元。相关做法被新华社、人民网、福建新闻联播、《福建日报》等媒体刊载播放。

【高校专家问诊团组建】 2020年，集美区聚焦产业发展需要，瞄准关键核心技术，组织高校人力智力，深入企业开展技术攻关。组建集美区高校专家问诊团，帮助辖区重点企业、规上企业、“三高”企业解决生产过程中遇到的重大技术难题。先后组织以中国工程院院士赵振业、中国科学院院士朱永官等两院院士为核心的21个团队近150名科研专家深入日上、立林、正新、力巨等43家企业，以“金属抗疲劳”“水污染治理”等先进技术为依托，促成校企合作18项，涉及金额近5000万元，实现顶尖专家的“智库支持”，助力企业攻克关键技术“瓶颈”。

【政校联合课题组建立】 2020年，集美区贯彻习近平总书记“提升教育服务经济社会发展能力”的要求，整合辖区高校在生态环保、软件信息等领域的学科智库优势，围绕中共中央办公厅、中组部、省委市委区委课题调研以及“高颜值厦门”建设等中心工作，开展课题合作18项，形成调研文章31篇，推动高校人才、学科优势向服务政府决策、服务经济社会发展的智力优势转化。区委组织部与中科院城环所联合完成的2篇调研文章分别被中共中央办公厅和厦门市委办公厅专报刊载，其中《生态资产融入干部考核，推进“高颜值厦门”建设》一文，得到市委常委、组织部部长陈沈阳批示肯定。

【金融资本效力提升】 2020年，集美区举办“双百人才政银企对接会”，定制出台最高1000万元额度的“双百”人才“科信E贷”，帮助15家企业申请银行贷款3000万元。开展“杏林湾创投圈”“创客·集美”资本项目对接会等投融资活动12场，以金融资本优势助力人才项目孵化，帮助人才企业获得融资超过6500万元。

【人才服务】 2020年，集美区打造人才专属节日——集美人才节，组织项目路演、人才交流、体育竞赛等十大类共61场活动，增强人才的归属感、荣誉感。策划“两岸青年创业人才成长计划”，举办两岸青创成长营、青创人才高校行等三大类9场活动，通过主题沙龙、研习课堂等形式助力青创人才成长，吸引2000人次两岸创业青年参加，活动得到国台办交流局肯定。推出“集智汇美”招才引智计划，开展福厦高校大型线下招聘、“一日一校”巡回宣讲、线上直播带岗等四大类共23场活动，线上线下活动参与企业419家，提供岗位近8000个，各平台点击量1138万次。东南卫视、海峡卫视以及《福建新闻联播》等主流媒体均对人才节系列活动进行专题报道。

2020年，集美区强化人才安居保障，推动软件园三期、杏林湾商务营运中心等重点产业园加快人才公寓配套建设，全年新建成珩琦公寓、园博公寓等片区人才房4742套，入住2772套6315人次。针对产业人才、基础人才等出台多层次住房政策，累计兑现人才住房补贴3689人5537万元。将21名首批区级拔尖人才列入健康体检范畴，为33名高层次人才提供健康体检。协调解决335名人才子女入学问题。

2020年9月29日，集美区高校产业技术联盟暨华侨大学——高校专家问诊团揭牌

（林志杰 摄）

2020年，集美区克服疫情影响，运用网络对接、视频洽谈、云端签约等方式，与德国、新加坡等国的海外人才签订落户协议，引进懿力创新、中硅艾德新材料等一批国际领先技术企业。组建新引进人才发展群，面向第十三批“双百”申报人才开展“一对一”24小时在线政策答疑，通过开展专题走访、开设“双百休息室”等方式，为人才提供暖心服务，推动跳羚科技、宜车时代、乐道互娱等10家优质项目入选第十三批“双百”计划名单，数量位居厦门市六区第一。

（罗蕾）

【党员电化教育平台】2020年，集美区电教中心发挥新媒体平台推送快、覆盖广、零接触的宣传优势，打造“远程教育+网站+微博+微信+抖音”五位一体的融媒体矩阵。“集美先锋视界”微信公众号围绕疫情防控、文明创建、“近邻”党建等区委中心工作和组织工作重点，策划《当先锋、做示范、争创“六连冠”》《集贤聚亲，美好宜邻——“近邻”专栏》《攻坚一线排头兵》等5个宣传专栏，总点击量逾6万人次；累计策划专题专栏报道15个，总计280篇，专题点击量13万人次，全年发布信息1027条，粉丝2.96万人，点击量83.6万人次，微信粉丝关注度、信息发布数全市组工微信号排名第一。抖音发布视频51条，点击量220万人次，其中集美区高校产业技术联盟启动仪式播放量50.2万人次，点赞量最高作品《厦门英雄欢迎回家》获得2156个赞。依托集美电视台《集美先锋视界》系列广播栏目（FM89.2）及党建电视节目，采访各行业表现突出的党员24人，拍摄并制作播放区级以上先进人物事迹12人。应用“互联网+”，推进户外远教广场LED屏建设。新增集党员教育、文体活动、便民服务等于一体的远教站点3处。至年底，全区共建26个站点，形成覆盖全区的远教视频网络播放系统。参与全市第二届党员教育微视频大赛，围绕“学习榜样，争做榜样”的大赛主旨，召开专题部署会，邀请大学专家指导，严格把关参赛作品质量，组织拍摄各类微视频47个，推荐参加市评比26个，有11个在全市展播，其中6个被推荐参加第16届全省党员教育电视片观摩交流活动。同时参与市委组织部举办的“党课开讲啦”活动，全区拍摄党课9节，其中2节在全市展播。

（牛海健）

【非公有制经济领域党建】2020年，集美区发挥“两新”（新经济组织和新社会组织）组织、党组织和党员作用，加强园区、楼宇党建工作规范化建设，提升非公有制经济党建工作质量。推进“两个覆盖”，新建非公有制经济领域党组织50个，用工50人以上企业党的组织覆盖率94%，发展非公有制经济党员32名，占全区发展党员总数22%。截至年底，全区有非公有制经济企业及社会组织党支部共577个，覆盖率85.7%。联合火炬高新区非公有制经济党委，成立软件园三期党建联盟，覆盖企业816家，打造软件园三期党群活动服务中心。构建联动服务机制，开通党建咨询服务窗口，建立“企业服务站”等，做实企业服务。组织非公有制经济党员参与文明创建、疫情防控等志愿活动542场2000余人次。举办“党组织党员风采征集活动”“党企同心共克时艰”优秀主题党日活动评选，评选出第十批非公有制经济领域“党员之星”9人，营造创先争优的氛围，激发内生动力。

（傅书基）

宣传工作

【概况】2020年，集美区宣传思想文化战线学习宣传贯彻习近平新时代中国特色社会主义思想以及中共十九大和十九届二中、三中、四中、五中全会精神，学习贯彻全国、全省、全市宣传部部长会议精神，落实省委、市委、区委的决策部署，增强“四个意识”、坚定“四个自信”、做到“两个维护”，自觉承担起举旗帜、聚民心、育新人、兴文化、展形象的使命任务。围绕中心，服务大局，突出重点，守正创新，为夺取疫情防控工作和经济社会发展双胜利，在率先实现全方位高质量发展超越中争当排头兵提供坚强思想保证和强大精神力量。

【理论武装】2020年，集美区宣传思想文化战线贯彻落实《中国共产党党委（党组）理论学习中心组学习规则》，结合集美区实际，制定下发《2020年全区各级党委（党组）理论学习中心组学习意见》《关于认真学习〈习近平在福州〉采访实录的通知》。全年组织区委理论学习中心组围绕十九届五中全会精神及《习近平在厦门》《习近平在宁德》《习近平在福州》《中华人民共和国民法典》等重点内容开展专题讲座和学习讨论14次。推动用好“学习强国”学习平台，完善全区学习组织架构，引导党员干部和人民群众随时随地学习，培育学习新风尚。举办高端理论“集美讲堂”十九届五中全会精神专场，邀请中国社会科学院经济研究所所长黄群慧作《于变局开新局——“十四五”时期的中国经济发展新格局》专题报告。制订下发《关于进一步加强和深化理论宣讲工作的通知》，探索创新理论宣讲新形式。开展十九届五中全会的宣讲工作，从媒体宣传、基层宣讲、文艺宣讲等多种渠道，成立区委十九届五中全会宣讲团，发挥区委讲师团、百姓宣讲团和戏曲宣传队三支理论宣传宣讲队伍的特色和优势，创新话语表达方式，运用通俗易懂、鲜活生动的语言和群众喜闻乐见的文艺形式，全年开展各级各类宣讲宣传150余场，推动理论宣传通俗化、大众化。开展“集美百姓宣讲团·爱心故事”宣讲活动，通过“讲故事+讲经验+讲体会”的介入式、嵌入式宣讲模式，结合身边接地气、有温度的典型形象和爱心故事，受到基层群众的欢迎和好评。修订完善《集美区社会科学调研课题项目及经费管理办法》，规范出台课题研究及经费管理办法。发挥集美文教区的人才资源优势和社科专家作用，强化“思想库”“智囊团”功能，围绕区委、区政府中心工作和重大决策部署，特别是疫情后集美经济社会发展、对台、文化传承等重点项目开展课题调研，立项社会科学调研课题14个，为集美经济社会发展提供智力支撑。新增命名授牌社会科学普及基地2家（集美人文塔、华侨大学四端文物馆），成立闽南文化研究会、汉服汉礼文化交流协会。结合全市第16届社科普及周活动，举办省百场社科报告会区直机关专场，走进社区书院开展“鹭江讲坛”活动。

【宣传系统防疫抗疫】 2020年，集美区宣传思想战线在新闻宣传、社会宣传、文艺宣传、文明创建、网络舆情监管、关爱保障医务人员、文化产业政策扶持等方面积极作为。区融媒体中心从除夕夜便投入到防疫抗疫宣传一线，全年在“天下集美”微信公众号发布相关文章1725篇，累计阅读量750万人次；“看见集美”抖音号发布“抗疫故事”短视频142条，总播放量突破6.9亿次；利用电视开机首页、FM892、户外大屏、“村村响”等宣传渠道，普及健康教育与防控知识；在人民网、新华网、“学习强国”平台、《福建日报》、福建电视台、东南网、《厦门日报》、厦门电视台等市级以上媒体和平台刊播相关报道近600篇（条）；3月5日，《人民日报》要闻版报道并点赞杏滨街道日东社区疫情防控工作。开展文艺战“疫”行动，动员全区文艺工作者围绕防控疫情、劝导卫生、复工复产等主题，组织创作文学、美术、音乐、戏曲、朗诵、摄影、短视频、广播剧等作品400余件，举办2020“听见集美”厦门集美学村周末音乐会“致敬最美逆行者”专场云展播。开展“文明同行战疫情，守护家园在行动”主题志愿服务活动近2万场，走访慰问辖区一线医务人员家庭165户，为抗击疫情筑牢坚强后盾。

【新闻宣传】 2020年，集美区宣传思想文化战线围绕区委、区政府工作大局，策划组织开展国庆黄金周复商复市复工特别报道、区领导带货直播专题、企业上市追踪、招商引资专栏、总部经济发力、招商引资重大成果展现、重大片区征拆推进、高校复课、旅游景区复市等主题报道，并以专栏、专题、专刊形式，展现集美全方位高质量发展超越的生动实践，为集美经济社会发展营造良好氛围。抓住冲刺全国文明城市“六连冠”、全区创建省级文明城区“六连冠”、全国全域旅游城区考评、第七次全国人口普查、“扫黑除恶”三年行动计划等中心工作，结合乡村振兴、“爱心厦门”、生态文明、道路交通安全整治等主题进行多角度宣传报道。坚持“内容为王”，注重原创与深度，“天下集美”微信公众号累计发布推文9721篇，其中原创7500篇；24件作品获2020年市新闻奖；集美新城建设经验纪实文章《打造新时代城市化建设标杆》在中宣部主办刊物《思想政治工作研究》上发表。增强在各级主流媒体的报道力度和深度，全年在中央、省、市新闻媒体共刊登稿件2000余篇，其中在《厦门日报》用稿600多篇（幅），形成强大宣传声势，助力集美城市形象营销。推进媒体融合发展，区融媒体指挥中心建成并投入使用。建立健全区融媒体中心编委会工作制度，构建“统一策划、一次采集、多种生成、全媒传播”的现代传播格局，每周召开新闻宣传党政联席会议，在“天下集美”微信公众号创新实行“四级”联审制度，加强新闻工作联动，确保新闻阵地管理高效、严格、有序。区属新媒体矩阵日臻完善，各大新媒体平台粉丝总量突破250万人次，阅读量超39亿人次，“看见集美”抖音粉丝数突破193万人，常居全国时事类抖音号前100名，是截至2020年厦门市排名第一的区级媒体抖音号。“天下集美”微信公众号位列全省区级政务类微信公众号前五名，截至年底发布2800篇，总阅读量突破710万人次，转载评论超过100万次。“看见集美”抖音号自1月底上线，以“正能量、暖新闻”为总基调，在主流媒体的战“疫”舆论场上传播正能量，一年“吸粉”193

2020年，集美区运用华为文明云指挥平台，实现文明创建网络数字化管理。图为工作人员介绍平台操作 （冯立东 摄）

万人次，总点赞量6208万次，单个作品最高点赞量超560万次，影响力位居全市六个区第一。“集美融媒”微博开通以来，作为集美区融媒体中心新媒体矩阵的一部分，依靠集美区融媒体中心采集能力和快速响应能力，结合网友GUC报料获取新闻线索，通过微博的传播渠道，在宣传爱心集美、各类民生政策转载、集美实时新闻发布等方面发挥出重要作用。适应新技术、新形势，推出音乐视频作品《哩厚集美》、H5“点亮新城”等多种形态的融媒体新闻产品，增强宣传效果。

【思想道德建设】 2020年，集美区宣传思想文化战线坚持将嘉庚精神作为培育和践行社会主义核心价值观的切入点和特色载体，挖掘嘉庚精神的时代价值，推动弘扬嘉庚精神成为学习新思想、传播新思想、践行新思想的具体表现。推广运用“陈嘉庚纪念馆数字展厅”，与人民日报出版社共建“嘉庚书房”，发挥陈嘉庚纪念馆、鳌园、嘉庚故居的教育功能，开展弘扬嘉庚精神主题教育实践活动，发挥嘉庚精神塑造城市精神、引领社会风尚的作用。举办“嘉庚精神宣传月”系列活动，“阿庚伯FAMILY”IP项目启动，第二届集美·全国摄影大展作品展示、广播连续剧《没有共产党就没有新中国》创作启动仪式、《名人笔下的陈嘉庚》新书分享会、《一座城一个人》新书首发、集美学村周末音乐会及《嘉庚组歌》进校园巡演等活动受到关注和好评。完善公共文化服务场所建设，结合“嘉庚文化”“社会主义核心价值观”“爱心厦门”三大主题，将敬贤公园打造成2020年集美区文明创建示范园。加大公益广告布置力度，在户外楼宇、灯箱、灯杆、路名牌广告载体新增公益广告5959处，形成浓厚氛围。发挥先进典型的示范带动作用，在深挖陈嘉庚、时代楷模陈清洲等先进事迹的基础上，开展道德模范、身边好人系列典型人物推选活动，累计推选各类先进23名，涌现出一批典型示范人物，其中纪惠娇入选福建省“孝老爱亲”好人榜单、庄林入选福建省“助人为乐”好人榜单，秦相忠等3人获评“2020年厦门最美家乡人”，形成德者有得、好人好报的社会氛围。在全区各中小学校开展“做一个有道德的人——崇德修身好少年”主题教育系列活动，结合重要节点，重点组织清明祭英烈、六一学习雷锋争当美德少年、七一“童心向党”歌咏活动和十一“向国旗敬礼”网上签名寄语四项集中活动。组织评选厦门十中黄鸿宇等10位2020年集美区十佳新时代好少年，杏南中学学生陈昕、后溪中学学生黄健江获2020年厦门市新时代好少年称号。开展针对未成年人的心理健康宣传教育辅导，24小时心理热线接听青少年及其家长来电360次，累计通话近7200分钟；每周定期开展亲子沟通障碍面对面心理辅导，至年底服务189人，帮助解决疫情期间个别家长及孩子的困扰。

【文明城市（区）创建】 2020年，集美区以创建总评年为契机，提升文明城市（区）创建水平。完善文明创建工作机制，立足“明确责任—重点巡查—即时督办—舆论监督”的创建工作流程，严格巡查、严格督办。文明创建暗访团全天候、全时段对辖区内环境卫生、占道经营、市容市貌等创建工作“老大难”问题进行重点巡查。以上率下示范带动，27名区领导主动挂钩社区、学校、主次干道等考评点位，建立专项小组12个，通过区级领导干部常态督查、现场协调、一线督办，推动重难点问题高效解决。依托科技手段助力创建，打造华为文明云指挥平台，采用网络数字化城市管理手段实现文明创建全方位、全过程全覆盖管理；上线“i拍拍、j美美”随手拍系统和“i拍拍、商旺旺”随手拍系统，号召机关企事业单位工作人员和居民群众参与。深化文明单位、文明校园、文明社区、文明村镇创建，建立文明单位（校园）创建活动“三项清单”制度，强化各级文明单位动态管理，修订《集美区精神文明创建活动管理办法》，推动精神文明创建工作常态化、制度化、规范化。后溪镇、银亭社区、鳌园景区继续保留“全国文明村镇”“全国文明单位”称号，新增后溪村为全国文明村。挖掘陈嘉庚、陈清洲等大爱事迹，加强爱心精神培育。健全“爱心结对”“爱心捐献”“爱心志愿服务”“爱心文化”四项机制，围绕“爱心敬老、爱心济困、爱心助残、爱心扶幼、关爱特殊岗位工人”等开展系列服务活动870场次，形成部门协同、社会参与、全民共建的良好态势。联合爱心商家，整合高校志愿资源，为青少年开展书法课等主题课程。推进“爱心屋”建设，首创“公益化＋市场化”“爱心屋”运营新模式，举办“美JI在一起爱心厦门”集美区“爱心屋”线上销售平台启动仪式，与厦门建发国旅集团合作，依托“旅爽生活家”打造集美区“爱心屋”线上销售平台，扩大爱心助残覆盖面，让特色“爱心屋”切实为“爱心厦门”建设凝聚更广泛的力量。制作拍摄《爱的火焰》志愿服务之歌，弘扬抗疫爱心志愿服务精神，营造“爱心厦门”浓厚氛围。推进“志愿厦门”志愿服务网站广泛使用，截至年底，全区实名注册志愿者从2016年9604人增加至84149人，全区志愿团体从2016年187个增加至921个。推动志愿服务品牌建设，2020年“集美·诚毅志愿者联盟支持项目”获第三届“善行八闽海峡公益慈善项目大赛”优秀项目奖，集美区卢妈妈爱心队发起人卢秀毅、集美区杏滨街道三秀社区上榜福建省学雷锋志愿服务“四个最美”先进典型候选对象名单，519救援队荣获厦门市公安局“守护生命”海上安全宣传志愿服务活动“最美志愿服务队”称号。宣传推广“志愿险”“疫情险”，为志愿者在参与疫情防控和日常志愿服务中提供保障。以集源路、银江路驿站为平台，开展各类爱心志愿活动108场，参与志愿者952人次，受益13325人次。引入硬件资源，提升驿站服务功能，为环卫工、保安等户外工作者解决饮水、休息问题，增设药箱急救、冰箱、空调、WiFi、母婴室等暖心服务，推动志愿服务阵地有形化。强化阵地建设，全年新增杏滨街道康城社区等4家为区级试点实践站，统筹爱国主义教育基地、心理辅导站、青少年宫、科普教育基地、文体活动场所等各类场所，纳入新时代文明实践阵地，开展各类新时代文明实践活动。创新服务方式，区新时代文明实践中心发挥“资源中心”作用，联合区科协、区妇联、区关工委、红十字会等部门单位共建共享，汇聚师资、物资、课程活动各类资源，形成丰富的“服务菜系”，供各实践站按需“点单”。年内，整合师资建档120人，为各实践站推送科普类、家庭教育类、心理健康类、普法类、嘉庚精神宣讲类等师资30余人次，推送科普健康类公益课程40余场，受益群众3000余人次。全年文明实践站主题宣传登上中国文明网19次，登上“学习强国”6次，人民网宣传报道1篇次，同时得到《厦门日报》《海西晨报》、东南网、《集美报》等主流媒体的宣传报道近60次。

【文化事业】 2020年，集美区围绕决战全面小康、决胜脱贫攻坚、疫情防控及复工复产、“爱心厦门”建设、集美区“一精神三文化”人文特质等内容，开展主题文艺创作。广播剧《青山青史》获福建省第九届百花文艺奖二等奖；在第六届厦门文学艺术奖评选表彰中，广播剧《再会吧，南洋——陈嘉庚与南侨机工》获荣誉奖；《第三交响曲》、交响合唱《航天颂》、组照《海上之城》获一等奖；长篇小说《陪楼》获二等奖，歌曲《厦门人》、交响合唱《嘉庚组歌》、纪实文学《用爱等一生》、漆画《蜕》、中国画《凤鸣丹霞》、摄影《野柳印象》获三等奖。集美区文联被授予优秀组织奖；广播剧《在新中国旗帜下——陈嘉庚1949》获2019年度福建省广播电视艺术奖广播文艺节目一等奖，电视歌仔戏《顾靖尧与林湘君》获电视戏曲三等奖；集美区影视企业创作生产的《绝境铸剑》获电视剧一等奖。由集美区艺术家创作的歌曲《让爱点燃希望》被列为市委宣传部“爱心厦门”主题歌曲重点打造。落实《集美区文艺发展专项资金扶持奖励办法》，全年扶持优秀文艺创作生产项目19个。落实《集美区民间文艺扶持暂行办法》，对民间文艺团队演出活动、作品创作、师徒培育进行补助，支出扶持资金46万元。实施文化惠民工程，推动“深入生活、扎根人民”主题创作实践活动制度化、长效化，组织文艺家贴近群众、体验生活、创作采风。参与组织2020年文化科技卫生“三下乡”“我们的中国梦 文化进万家”活动。克服疫情影响和困难，探索“互联网+文艺”的新模式，举办2020“听见集美”厦门集美学村周末音乐会“致敬最美逆行者”专场直播，累计观看量200多万人次。以“传承传统文化 展现人文集美”为主题，举办“我们的节日·端午”集美云上龙舟文化节，突破原有办节模式，整合数字展厅、短视频、小游戏、文化科普、龙舟资讯等内容，推出线上微信小程序，让广大市民在疫情防控期间仍能线上感受龙舟文化和嘉庚精神。举办“我们的节日·端午”第15届集美诗歌节，面向全国征集原创诗歌221首，精选优秀作品制作“云上诗歌墙”进行云展播，在“学习强国”、福建作协、东南网、《厦门日报》等媒体平台宣传报道。推进集美区闽南曲艺创作基地建设，重视对民间文艺人才的培养，鼓励集美区民间文艺骨干和非遗传承人参加省、市、区各级各类比赛，荷叶说唱《嘉庚精神永流传》获2020年厦门市戏剧曲艺展演创作和表演第一名。落实《集美区红色文化保护、传承和弘扬工程实施方案》，加强红色文化挖掘保护，结合文化旅游，开展研学、游学、传统文化展示、遗产保护与文艺创作文艺表演的深度融合。创新闽南文化传承发展形式，加强对优秀传统项目的挖掘、保护和传承，推动集美区第一批8所中小学“闽南戏曲示范点”建设，聘请相关专业教师授课、组织学生参加活动及学习成果汇报演出等，定期邀请市、区相关艺术专家到校辅导，

2020年5月29日，集美区首批“爱心屋”揭牌投用，图为市民在集美街道龙舟池“爱心屋”购买食品”
（冯立东 摄）

培养闽南文化接班人。发挥集美区戏曲宣传队作用，开展闽南戏曲进基层巡演，启动“戏曲迎小康 文化进万家”集美区戏曲进基层巡演活动，把南音、歌仔戏、木偶戏、答嘴鼓、芗剧、荷叶说唱等传统曲艺带到百姓“家门口”，推动闽南文化的传承。

【文化产业】2020 年，集美区成立区文化产业招商工作领导小组，研究制订《集美区文化产业招商引资工作方案》，明确各行业牵头单位、项目载体单位、综合保障单位职责，形成招商引资工作合力。制定出台《集美区影视业招商协调推进机制》，定期召开文化产业招商引资工作领导小组会议，及时研究、协调解决招商引资工作中遇到的困难和问题，联动协调，主动出击，拓宽招商路子，通过网上招商、园区招商、问题导向招商等创新举措，合力破除制约项目招商的重点难点，提升招商实效，推动凤凰卫视、e 基金、岑西直播产业园等一批项目落地，全国视听产业基地挂牌。全年全区新增影视企业 131 家，累计影视企业 645 家。诚毅国际商务中心入驻影视企业 3 家，集美集影视文创园新增产值 15.7 亿元，累计产值 38.57 亿元。全年影视项目落地 164 个，位居全市第一。2020 年 4 月，在厦门市招商总结表彰大会暨优化营商环境推进会上，区委宣传部被授予“厦门市招商引资工作先进集体”称号。制定出台《集美区关于贯彻落实省市应对新型冠状病毒感染肺炎疫情支持企业共渡难关若干措施的实施意见》，支持文化企业抗疫情、促发展。加大对辖区文化企业复工情况的跟踪指导力度，加强实地走访调研，确保防控部署到位，多次召开工作协调会，为企业纾困解难，助力企业高效、快速、安全复工复产。关注“后疫情时代”文化产业发展变化，把握紧跟“文化 + 互联网”等优势产业的发展势头，帮助文化企业链接资源，将部分营销和活动内容转移至线上，促进新型文化业态健康发展。落实《集美区促进影视产业发展实施办法》，配套一站式服务窗口，为在集发展的影视企业和项目提供企业注册、项目备案、政策申报等服务。完善政策兑现流程，实现网上申报、网上审核，并将年兑现改为季兑现再到月度兑现，流程压缩至 7 天内，提升政策兑现速度，全年全区兑现影视扶持奖励资金 842.31 万元。加大营商环境宣传力度，通过发布营商环境短片、举办政策解读直播等，吸引更多优质文化企业和人才在集投资发展。举办首届电视制片大会暨第三届影视基地峰会，国家广电总局，23 个省（区、市）广电局、广播电视台、国内知名电视人，全国 50 家影视基地等近 400 位嘉宾参加相关活动。“看见集美”青春电影展被纳入 2020 年金鸡电影节的配套活动。推进文化产业硬件设施建设，基本完成厦门影视拍摄基地建设，累计完成投资 2.01 亿元。

（陈怡婷）

统一战线工作

【概况】2020 年，集美区委统战部通过组织引导全区统战干部和统一战线成员学习习近平新时代中国特色社会主义思想、习近平总书记关于加强和改进统一战线的重要思想、习近平总书记关于疫情防控工作的重要部署等内容，树牢“四个意识”，坚定“四个自信”，做到“两个维护”。全年召开统一战线工作领导小组会议 5 次，发挥区委统战工作领导小组作用，推动上级关于统一战线工作的重大决策部署贯彻落实。围绕“不忘合作初心、继续携手前进”的主题，举办统战理论培训班 2 期，举办“不忘初心、牢记使命——画出最大同心圆”集美区统战系统中共十九届五中全会精神及统一战线知识线上有奖问答，引导统一战线成员把思想和行动统一到以习近平同志为核心的党中央决策部署上来。组织党外人士参观陈嘉庚纪念馆、向兑山烈士陵园敬献花篮，传承红色基因，继承爱国传统。

2020 年，集美区成立区委统战部疫情防控工作领导小组，统筹推进统战领域疫情防控。区委统战部引导统一战线成员特别是海外华侨华人捐款捐物。据不完全统计，海内外侨胞以及港澳台人士捐款 277.97 万元，捐赠口罩 3.9 万个、防护服 2074 套、消毒水 405.03 吨等防疫物资，为打赢防控疫情阻击战作出重要贡献。配合“外防输入”工作，落实“双稳”要求，建立海外华侨华人社团联络员制度，关心关爱海外华侨华人受疫情影响情况，累计对外捐赠口罩 60100 个。发挥统一战线成员人才荟萃、智力密集优势，全年围绕优化营商环境、促进产业发展、加强城市管理等方面提出意见建议 68 条。各民主党派落实“区委出题、党派选题”，开展调查研究，完成课题调研 15 个，提交各类社情民意、意见建议 174 条。针对疫情防控，围绕建立健全应急预案、密切监测重点人群提出意见建议 42 条。

【多党合作】2020 年，中共集美区委统战部协助区委做好协商议政工作，为党外人士知情明政营造良好环境，开好区委与各民主党派协商议政座谈会。落实区委领导与党外人士联谊交友制度，元旦、春节期间区委领导走访慰问民主党派、工商联负责人、无党派代表人士和党外知名人士等 15 人次。组织党外人士参加“十四五”规划意见征求会、区委八届二十八次全会等重要会议，就集美区经济社会发展重大问题听取党外人士意见建议。支持各民主党派加强自身建设，下拨党派活动经费 42.84 万元。协助各民主党派配优领导班子，协助民革集美总支、致公党集美总支、九三学社集美基层委员会完成换届选举。拓宽党外人士眼界，做好考察调研工作，组织党外人士参观调研软件园三期华为厦门创新中心、翔安国际机场。举办第六届“人文集美·同心同行”户外拓展、趣味运动会，200余人次参加。

【党外代表人士队伍建设】2020年，中共集美区委统战部做好党外政协委员推荐提名工作，调整、增补党外政协委员4名。完善加强党外代表人士队伍建设工作机制，做好党外代表人士的发现、储备、培养、使用工作，至年底全区有正处副局级党外干部2名、正处级党外干部3名、副处级党外干部5名。牵头完成辖区内19名非公有制经济人士综合评价工作，真正把思想政治强、行业代表性强、参政议政能力强、社会信誉好的非公有制经济代表人士推荐出来。

【新的社会阶层人士统战】2020年，中共集美区委统战部推进新的社会阶层人士统战工作制度化、规范化，召开集美区新的社会阶层人士统战工作实践创新基地中期推进会。加强网络人士队伍建设，推荐4名网络代表人士加入厦门市新阶联网络人士分会。开展新阶联会员分享日活动，围绕疫情税收优惠政策、收受风险防范等方面举办3场讲座。结合各镇（街）特色，开展闽南文化主题游园、“行走灌口”、国庆快闪等活动。发挥新的社会阶层代表人士引领作用，编辑出版《扬嘉庚风、连两岸心——集美新阶风采》一书。开展新阶联会员企业走访活动，走访调研新阶联会员企业12家。强化新阶联交流互鉴，与龙岩市新罗区新阶联开展参访活动。

【台港澳联络联谊】2020年，集美区委统战部加强与香港集美校友总会等港澳地区爱国社团联谊交友，拓展与港澳基层联系。创新“线上+线下”研学新模式，举办第十二届海峡论坛配套活动，“两岸一家亲·从小心连心”线上亲子研学活动，配套举办“城市代言人”“她说”等四个线上主题活动；举办“海峡两岸中学生闽南文化夏令营”和“同沐闽南风、共系两岸情”2020年海峡两岸闽南文化研学体验营。加强对台文化交流，举办国台办对台重点交流项目——“诗书诵百年——纪念《台湾通史》出版100周年两岸青少年研学活动”；围绕“万众一心抗击新型冠状病毒肺炎疫灾”主题，与台湾“中国书法学会”联合主办2期“医者仁心、书家有爱”网络书画作品展；举办“纪念《台湾通史》出版100周年——连雅堂诗词篆刻展”；举办2020年集美国潮文化节。

（陈小玲）

政策研究

【课题调研】2020年，集美区重点课题各牵头单位与参与单位密切配合，统筹制订调研计划，运用调研方式，开展调研论证，形成具有较高质量的调研报告13篇。3篇调研报告被评为优秀等次，5篇调研报告被评为良好等次，5篇调研报告被评为合格等次。其中，《后新冠时代集美区经济高质量发展面临的机遇、挑战及对策研究》课题调研对集美区新形势下如何推进高质量发展进行系统性探索与研究；《进一步深化两岸文化产业合作发展的可行性研究》《加快完善公共卫生服务体系，努力提升应对突发事件服务能力》等课题调研对集美区探索两岸融合发展新路、如何健全公共卫生服务体系等相关领域工作进行理论探

表4　2020年集美区重点课题成果评审情况表

等次	课题名称	牵头单位
优秀	后新冠时代集美区经济高质量发展面临的机遇、挑战及对策研究	区委办
	进一步深化两岸文化产业合作发展的可行性研究	宣传部
	加快完善公共卫生服务体系 努力提升应对突发事件服务能力	政协办
良好	创新体制机制，借脑借力打造发展引擎，推进校企产学研深度融合的路径研究	组织部
	新形势下集美区推动两岸融合发展集成改革的对策研究	区委办
	集美区基层社会治理现代化的对策研究	政法委
	厦门市集美区特色创新创业教育改革研究	区委办
合格	集美区应急管理工作面临的严峻挑战及对策调研——基于SWOT分析视角分析视角	应急局
	以高质量监督持续优化营商环境的实践与思考	纪委监委
	集美区高校助力乡村振兴的对策研究	文教区管委会
	关于丰富我区研学产业内涵与品质的建议	人大办
	打造大陆最大对台研学旅行基地的对策研究	统战部、台港澳办

索。《集美区 2019 重点课题调研报告集》于 2020 年 7 月出版。

【文稿撰写】2020 年，集美区经济社会发展研究中心参与区委重要材料的起草工作，参与完成全区重大会议领导讲话以及各类文稿撰写工作，在推动全区工作上发挥应有作用。向外界推介集美发展经验和取得的成就，《厦门通讯》全年多次刊发反映集美发展成效图文。

【深改和财经工作】2020 年，集美区经研中心参与区委改革办、财经办具体工作。牵头协调区委改革办的日常事务，聚焦改革重点，狠抓工作落实，推进全面深化改革各项工作。5 次完成区委深改委会议相关工作，部署推动县域集成改革试点。改革创新成果有 22 项被《工人日报》、央广网、人民网等央媒宣传报道、47 项被《福建日报》、《八闽快讯》、东南网等省级媒体或简报采用。其中，“创新‘公证 +’工作机制，助推社会治理现代化”“围绕两岸融合发展，扎实推动县域集成改革试点”做法被作为省、市改革典型宣传报道。牵头协调区委财经办的日常事务，收集分析各职能部门和各镇（街）经济运行情况及存在的主要困难和问题，进而对全区经济运行有更为准确的把握，定期向市委财经办报送经济运行情况。（麻琳琳）

机关党建

【概况】2020 年，集美区在区政府办、发改局、教育局、财政局、建设与交通局、应急管理局、卫生健康局、司法局、城管局、农业农村局 10 个单位设立区级党组，将卫生健康局、农业农村局、建设与交通局和城市管理局党委变更为直属党委，区委财政国资工委变更为区委财政国资直属党委。至年底，区直机关党工委有 40 个直属党组织，其中直属机关党委 4 个、党总支 7 个；有党员 1574 人，其中新发展党员 14 人。30 个基层党组织进行换届选举。

【思想建设】2020 年，集美区直机关党工委以开展“深化大学习、提振精气神”专项活动为新起点，通过思想“再充电”、精神“再补钙”，推动“不忘初心、牢记使命”主题教育成果根植于心、落实于行。组织开展“学习面对面 奋斗你我他”理论宣讲和“党课开讲啦”活动，向区委组织部报送优秀课件 2 篇。下发专项活动学习材料 6000 余册，依托“厦门党建 e 家”“学习强国”和直播云课堂等新媒体平台，采取“三会一课”、主题党日等形式，拓宽“线上＋线下”学习渠道，引导广大机关党员保持学习动力，激发学习热情，提振争先进位、跳起摸高的昂扬锐气。全年所辖党组织开展专题学习 252 场次，专题研讨 94 场次，召开专题组织生活会 71 场，查摆问题 693 个，提出措施 704 条。

【组织建设】2020 年，集美区直机关党工委督促指导基层党组织依托“厦门党建 e 家”平台落实“三会一课”、主题党日、组织生活会等制度，所辖党组织召开党员大会 1462 次、支委会 924 次，党小组会 1319 次，党员领导干部上党课 353 次。同时在区委巡察组和党校干部培训班建立临时党支部 8 个，确保“工作推进到哪里，组织就跟进到哪里”。开展《中国共产党党和国家机关基层组织工作条例》《中国共产党支部工作条例（试行）》等条例学习，指导升格 2 个机关党委、1 个党总支，新成立 5 个党支部。举办 2 期党务干部培训，组织 114 名党务干部参加市、区党建工作业务培训，打造一支高素质专业化的党务干部队伍。深化争先创优，培育党建品牌，引导激励基层党组织立足实际打造各具特色的党建品牌，向区委组织部推荐“金牌党建 诚毅兴税”（税务局）等 7 个党建品牌，形成可学可看、可复制可推广的先进典型。注重党内关怀。实施关爱病困党员活动，对机关党员因病或家庭重大变故进行慰问，及时送去组织的关怀与温暖，全年慰问党员 118 人，慰问金额 75700 元。

【作风建设】2020 年，集美区直机关党工委在所属党组织深入开展创建模范机关活动，发挥机关党组织“走在前、做表率”作用。开展党建工作“流动红旗”评比活动，全年评选出 61 个“红旗支部”，推动支部之间比学赶超蔚然成风。深化文明创建，打造“党建 + 文创”新格局，引导各直属党组织主动融入文创工作，做到“干在实处、走在前列”，形成全面动员、全面参与的态势，在“当先锋、做示范、争创‘六连冠’”主题实践活动中展现机关风采。宣传所辖党组织和广大党员在推进中心工作、服务建设发展中的典型事迹，向“集美先锋视界”投稿，宣传所辖党组织的好经验、好做法，在全区“当先锋、做示范，争创六连冠”宣传报道工作中获得积分第一。

【党风廉政建设】2020 年，集美区直机关党工委注重做好重大节假日和日常的提醒监督，在重大节假日前夕向各直属党组织发送廉政过节提醒通知，在机关党务干部中开展纪律作风教育课和组织观看典型警示案例教育片《叩问初心》，把日常监督、作风建设做实做细做到位。查找党员干部中形式主义、官僚主义的突出问题，邀请市纪委党风政风监督室主任为区直机关党务干部进行《整治形式主义官僚主义》的授课。根据区委派驻第五纪检组移交的问题线索，对违规党员开展谈话提醒 5 人次。研究制定单位谈心谈话制度，推进谈心谈话常态化、制度化。配合、协助区纪委监委处理党员违纪案件，针对所辖党组织范围内的科级以下党员干部违纪违法案件进行讨论审核，对违纪违法的事实作出书面的党纪处分决定，全年给予3名党员党内警告处分。开展党员干部违纪处分的思想政治教育，并受理受处分党员的申诉，关心受处分党员的思想动态。监督受处分党员所在党支部对处分后续的跟踪落实工作。

【党员志愿服务】2020年，集美区直机关党工委紧扣疫情防控，发挥先锋作用，发动1000多名机关在职党员下沉到疫情防控的最基层、复工复产的最前沿，成为社区防控的主力军，组织党员自愿捐款党费共计15万余元支持疫情防控工作，从自管党费中拨付专款3万余元慰问值守定点酒店党员干部。依托“爱心结对”工作机制，开展扶贫助困工作，全年区直机关领导干部走访慰问爱心结对对象400余人次，各党支部走访慰问爱心结对对象150余次，进行线上爱心消费6210.5元，线下助残消费16573.2元，推动形成建设“爱心厦门”强大合力。运用“双报到”常态化机制，开展近邻党建工作，推动党支部和在职党员到所在社区、小区党组织报到，利用单位职能、自身特长和岗位优势，在基层治理中主动作为、志愿服务、发挥作用，全年机关党员参加社区活动5654人次。

（高双双）

机构编制管理

【概况】2020年，中共厦门市集美区委机构编制委员会办公室推进镇（街）机构改革，做好机构改革相关配套工作，开展机构编制管理和事业单位登记等工作。年内，完成镇（街道）机构改革，调整行政机关机构编制和事业单位机构编制；编制公布集美区行政协助事项清单，并配套印发相关考评文件；印发镇（街）权责清单；完成事业单位登记管理。

【镇（街）机构改革】2020年5月，集美区印发灌口镇、后溪镇、集美街道、侨英街道、杏林街道、杏滨街道等镇（街）机关和所属事业单位综合服务中心“三定”（定职能配置、定内设机构、定人员编制）规定，重新明确其职能配置、内设机构和人员编制情况。改革后，全区4个街道行政编制均为20名，镇（街）综合服务中心事业编制均超过35名，镇（街）党政内设机构实行限额管理。其中，镇机关内设机构6个，名称统一为：党政办公室、经济服务办公室、社会事务办公室、村（居）建设办公室、综合治理办公室、综合执法办公室（城市管理办公室）；街道机关内设机构为5个，名称统一为：党政办公室、社区建设办公室、经济服务办公室、综合治理办公室、综合执法办公室（城市管理办公室）。各镇（街）均设置镇（街道）综合服务中心，加挂镇（街道）党建服务中心、社会治安综合治理中心、退役军人服务站的牌子，机构规格为副处级，均设置5个内设机构，名称统一为：党建服务科、民生事务科、经济服务科、综治事务科、农业农村科。

【行政机关机构编制调整】2020年，集美区建设局（集美区交通局）更名为集美区建设与交通局，不再加挂集美区交通局牌子。核增区直机关党工委、区委老干部局、区行政审批管理局、区农业农村局行政编制各1名。根据《中共福建省委机构编制委员会办公室、福建省司法厅关于调整社区矫正机构设置问题的通知》要求，区司法局社区矫正与安置帮教科加挂“厦门市集美区社区矫正管理局”牌子。将区民政局承担的区级生活类救灾物资的采购、收储、轮换和日常管理工作职责划入区发展和改革局。市自然资源和规划局承担的农村宅基地改革和管理相关工作职责调整到区农业农村局。

【事业单位机构编制调整】2020年，集美区成立集美区巡察事务中心，为公益一类事业单位，机构规格为正科级，隶属中共集美区委巡察工作领导小组办公室管理，经费渠道为区财政核拨，核定事业编制6名，主要职责为协助区委巡察办和巡察组开展巡察工作相关的辅助性、技术性和事务性工作。根据规划及实际需要，同意成立集美区蔡林学校、集美区实验小学、集美区园博幼儿园、集美区幸福幼儿园等4所学校，以优质园辐射管理的形式开办诚毅幼儿园亭北分园、灌口中心幼儿园凤山分园、英村（兑山）幼儿园白石分园和新亭幼儿园鱼孚分园，补齐学位短板。其中，集美区蔡林学校、集美区实验小学为公益一类事业单位，集美区园博幼儿园、集美区幸福幼儿园为公益二类事业单位，隶属集美区教育局管理，经费渠道为区财政核拨。因杏苑小学整体搬迁至原诚毅小学地址，撤销集美区诚毅小学。根据《中共厦门市委机构编制委员会关于调整厦门市中小学、幼儿园领导职数配备和党政后勤管理机构设置试行标准》，调整区属74所中小学、幼儿园领导职数配置和党政后勤管理机构设置，采取总额核定模式，明确各校党政后勤管理机构限额，学校可结合实际需求，自主设置党政后勤管理机构名称、统筹使用领导职数。集美区建设工程质量安全站更名为“集美区建设与交通工程质量安全站”，核增事业编制3名，增设内设机构“交通科”，核增副科级内设机构正职领导职数1名，专门用于加强交通工程质量安全工作。根据2020—2021学年各校学生的增减情况，重新核定区属各学校2020—2021学年人员控制数，其中，小学3129个、初中1603个、高中506个、职业技术学校310个、幼儿园1802个（岗位设置控制数898个），各校分配数由区教育局统一安排。根据《福建省教育厅、中共福建省委机构编制委员会办公室、福建省财政厅、福建省人力资源和社会保障局关于加强教师进修院校建设的意见》，将集美区教师进修学校专职教师纳入“县管校聘”管理体制，从区属小学2012年底事业编制总量中调剂专职教师人员编制13名到集美区教师进修学校，用于配备专职教师。将区农业农村局所属事业单位区防汛抗旱事务中心整建制划转到区应急管理局，将区防汛抗旱事务中心承担的水旱灾害防御相关职责及8名事业编制划转至区农业农村局所属的区水土保持事务中心，相关事业单位职责同步予以调整。将集美区美山中学更名为集美实验学校，对外加挂“福建教育学院附属集美实验学校”牌子；集美区美山小学更名为集美实验学校美山分校，对外加挂“福建教育学院附属集美实验学校美山分校”牌子。成立集美区社会治安综合治理中心，为公益一类事业单位，隶属区委政法委管理，经费渠道为区财政核拨。核定事业编制3名，单位主要职责为协助主管部门承担社会治安综合治理方面的技术性、辅助性和事务性工作。将区应急管理局所属集美区安全生产宣传教育中心整建制划入集美区突发公共事件应急中心，加挂集美区安全生产宣传教育中心牌子。从集美区妇幼保健院划转2名事业编制至集美区疾病预防控制中心使用。集美区事业单位登记管理局更名为“集美区事业单位登记中心”，类别调整为公益一类，其承担的行政职能划入区委编办，区委编办可使用区事业单位登记管理局名称。行政职能剥离后，区事业单位登记中心主要职责调整为：配合主管部门承担事业单位登记管理、机关群团统一社会信用代码的赋码、党政机关事业单位政务和公益专用中文域名注册管理等方面的事务性工作。将集美区运输事业发展中心、集美区移民服务站的事业单位类别调整为公益类。将区文化和旅游局所属事业单位集美区少年儿童体育学校（集美区青少年校外体育活动中心）整建制划转区教育局管理。

【行政协助事项清单】 2020年，集美区为规范和加强行政协助行为，健全部门间协助配合机制，提高行政效能，增强政府公信力和执行力，组织区政府工作部门和文教区管委会全面梳理行政协助事项73项，编制公布集美区行政协助事项清单，并配套印发相关考评文件。

【镇（街）权责清单】 2020年，集美区结合镇（街）机构改革，组织各镇（街）完整梳理镇（街）承担的职责任务，重新印发镇（街）权责清单，公布灌口镇权责事项245项，后溪镇权责事项242项，集美街道权责事项157项，杏林、杏滨和侨英街道权责事项各160项，实现权责清单精简整合。

【事业单位登记管理】 2020年，集美区采取网上预审、平台纠错、现场确认、网站公示等措施，办理区属事业单位各类登记和机关群团统一社会信用代码工作。全年办理事业单位设立登记6家、变更登记46家、注销登记4家，发（缴）事业单位法人证书55份，下发文书112份；办理机关（群团）统一社会信用代码变更10家，撤销机关（群团）统一社会信用代码1家；完成2019年度事业单位法人年度报告171家，事业单位年度报告公示工作完成率100%。（林洁）

党校工作

【概况】 2020年，集美区委党校聚焦区委、区政府中心工作及社会关注的热点难点问题开展研究，探索破解矛盾和问题的新思路、新途径，增强做好新时代党校（行政学校）工作的使命感、责任感、紧迫感，努力开创新时代党校（行政学校）工作新局面。全年举办各类培训班14期，其中主体班4期、其他各类培训班10期，培训956人次。8月，获“全省党校（行政学院）系统先进集体”称号。坚持“围绕中心抓党建”，利用“学习强国”“党建e家”等学习平台，采取个人自学、集中学习、“三会一课”、主题党日等形式，推进学习型、服务型、创新型党组织建设。支持干部职工参与其他党政机关的交流锻炼，激发干部队伍活力。全年有4名干部到杏林街道和杏滨街道征拆一线挂职。疫情防控期间，组织2名工作人员参与区委组织部社区督导工作，组织全体党员干部参与挂钩社区党总支“疫情防控·党员在行动”志愿服务活动及党员所在社区志愿服务活动，开展“双报到”活动，增强教职工服务社会、服务群众的社会责任感。推进综合楼的功能改造提升，促进后勤管理制度化、规范化、现代化，提高后勤保障质量。全年完成学员宿舍设施改造和设备购置、学员食堂改造及相关设备采购，落实第三方服务相关事宜，加装综合楼电梯工程并交付使用，购置新的LED屏、投影仪、讲解器等教学设备，打造环境设施齐全、功能完备、服务高效的干部教育培训基地。

【干部培训模式创新】 2020年，集美区委党校打造教学管理培训新模式。深化教学改革，搭建学员展示平台。主体班次培训在抓好专题教学的同时，增设户外拓展、专题竞赛、演讲比赛、学习成果汇报、专题研讨、调查研究、学员论坛等10多种教学形式，调动学员的积极性、主动性和参与性，变“要我学”为“我要学”，增强教学效果。主体班的专题知识竞赛、专题演讲比赛和辩论赛等教学活动邀请区委组织部领导和干部科负责人参加。创新管理模式，量化学员考核方法。在厦门市党校系统率先对学员的表现进行量化考核，制订《中共集美区委党校（区行政学校）学员培训管理规定》，采取正向激励加分与负向表现扣分相结合的方式，对学员培训期间的表现进行全方位量化考核，并将量化考核结果全区通报。根据量化考核总分，评定10%的学员为优秀学员；对于量化考核不及格学员，不颁发结业证书，不予结业。每名学员的考核鉴定结果入个人干部档案，作为干部考核的重要内容和任职、晋升的重要依据。量化考核实施以来，各班级整体到课率在96%以上，比上年同期增长36%；各班级满勤率在70%左右，增长40%。通过开设案例、情景模拟互动式等教学模式，让学员在案例、情景模拟教学中模拟担任相应的角色，仿真式处置和解决各种矛盾和问题，学习和体验应对突发事件的程序、方法和解决问题的对策，以此增强教学效果，提升基层治理能力和治理水平。

【干部教育名师建设】 2020年，集美区委党校广纳名师，打造干部教育名师“聚集地”。邀请全国党校（行政学院）系统“精品课”获奖者和中组部全国干部教育培训“好课程”的获奖教师2人为客座教授，为学员讲精品课；聘请7名厦门大学名师，10多名市委党校、华侨大学等院校的名师为学员授课，营造“用学术讲政治”的氛围，增强培训的吸引力，名师占比达到40%；办好“领导讲坛”，邀请全区党政领导讲授集美区改革发展的重点任务、热点等专题，区党政领导党校授课率100%。通过多渠道引进名师，为全校推行“用学术讲政治”打下基础。探索疫情防控形势下异地培训新模式，实现异地培训本地化教学。组织名师团队开展系列化专题教学培训，先后聘请浙江大学、中国浦东干部学院、中山大学、广州、深圳等地的专家教授到校讲学，开创异地培训本地化教学的新模式。开展委托培训，推进“山海协作”。清流两个班80余人次在集美区委党校进行培训。与清流县委党校开展互访、委托培训、课题研究、学术交流，促进两校在教学、科研、资政、人才培养等领域的合作，共同探索党校办学发展新模式，提升服务地方发展能力。注重理论研究，创办学员科研平台。创办《学员新思考》季刊，要求每名学员在培训结束前，撰写一篇调研报告或论文。聘请市委党校及相关科研院所的专家教授组成评审团，对学员撰写的调研报告或论文进行评审打分。选取优秀报告或论文编入《学员新思考》。对解决实际问题有较大应用价值、可操作性强的调研报告或论文，整理成呈阅件，呈报给区委、区政府主要党政领导，为领导决策咨询提供参考。至年底，《学员新思考》发行6期，刊登学员优秀调研文章300余篇，分发至全区80多单位和部门。坚持联系实际，开发区级特色课程。根据区委对党校提出的“立足自身，打造精品课，丰富教学形式”的指示，发挥自身特点和优势，聚焦集美跨岛发展大局，结合集美区情，开发打造有集美特色的《弘扬嘉庚精神，传承其时代价值》《习近平对集美的重要指示以及与集美之渊源》专题课程；运用陈嘉庚当年倾资兴学的历史故事、嘉庚经典语录解读、办学历史人物素描、嘉庚建筑风格等材料元素，设计出“弘扬嘉庚精神”“集美新城环湾道”两门现场教学精品线路和现场教学方案。补齐短板弱项，加强办学经验总结。围绕办学治校全过程，紧盯教学、培训、科研、党建等工作，组织撰写各类信息，报道办学治校中的重要视点、新闻和信息，做到每周至少有1～2篇信息在不同平台媒体刊发，全年发表各类信息近100篇，微信平台阅读点击量10多万次。

（侯君）

2020年，区委党校的干部培训班增设户外拓展、专题竞赛、演讲比赛等教学形式。图为学员参加户外拓展培训活动（卢佳颖 摄）

信访工作

【概况】 2020年，集美区信访工作呈现“四下降，一上升”良好态势。网上信访占比75.6%，比上年上升29.7%。区信访局受理各级转交办件2430件，比上年上升44.64%。其中，市信访局转办件897件，省信访局转办件110件，国家信访局转交办件535件，各级巡视（察）组转交办件115件。全年信访工作考评位居全市第二名。“12345”政务热线受理39254件，比上年上升91.82%，总量排全市第二名，群众满意率100%。

【疫情防控期间信访工作】 2020年，集美区信访局成立应对疫情信访工作小组，统筹协调，通力协作，实施一系列“抗疫”举措。畅通信访渠道，推动责任单位提速办理涉疫信访事项。疫情防控攻坚期间，办理群众疫情信访、投诉件3975件，受理疫情热线电话486件，办结率100%。启动“零报告”，加强对涉疫情信访信息的收集、研判和预警，对涉及防疫防控、企业复工复产、退费欠薪纠纷、减租退租难、村（居）（小区）进出难等重点、热点问题及时汇总分析，以工作简报、信访专报等形式及时上报区委、区政府和疫情防控领导小组进行协调处理，共报送转报14篇。在全市率先通过微信视频开展网上评理工作，推动疫情期间信访事项化解，得到省、市的宣传和推广。

【重要时期信访保障】2020年，集美区委、区政府重视重要活动期间信访工作，主要领导作出指示批示，带头挂钩包案疑难信访事项，带案下访、主动约访信访人。区分管领导多次召开信访联席会议，研究部署信访保障工作。区其他党政领导主动挂钩包案化解重要信访积案，通过召开专题会议、到区信访接待中心接访、深入镇（街）和社区约访、下访重点人员和重点问题等方式，推动具体信访事项的处置化解。

【信访治重化积】2020年9月起，集美区启动集中治理重复信访、化解信访积案专项工作，通过建立机制，落实区领导包案，逐案成立工作专班，逐案建立清单台账，厘清主要诉求，找准问题症结，研究制订解决措施，在3年内完成重复信访、疑难积案的最终化解。年内，中央信访联席办交办集美区第一批重访积案109件（含5件挂名件），至年底化解75件，化解率68.8%。

【信访工作机制健全】2020年，集美区各镇（街）建立信访工作联席会议制度。统筹信访、综治、司法和其他基层站（所、队）等部门，构建镇（街）信访联治、矛盾联调、工作联动工作格局。实行“最多投一次”阳光信访机制。将群众初次实名反映、非涉法涉诉、求决申诉类的信访事项，全部纳入“最多投一次”办理，逐一落实首办责任和“一事一分析”，第一时间对接联系信访人，推进信访事项一次性化解。全年全区初访办结率98.07%。完成区、镇（街）、村（居）三级评理室建设，聘请评理员880人，开展评理127次，化解信访矛盾纠纷125件，化解率98.43%。制订《集美区突发性非正常上访事件风险预警响应机制》、修订《集美区处置群众非正常上访及群体性上访应急预案》，从突发性信访事件的信息摸排、分析研判、预警响应、综合化解和应急处置等环节均作出明确规范，化被动维稳为主动创稳，把矛盾纠纷解决在基层，化解在萌芽状态，维护社会和谐稳定。

（叶秋芽）

档案工作

【概况】2020年，集美区档案馆馆藏档案全宗76个，接收到期档案实体和全文数据进馆分别为288卷和6496件；接收区委原书记郑德发个人捐赠“中央领导同志接见全国离退休干部先进集体和先进个人表彰大会代表合影”1幅；区档案馆在区政府行政大楼专设政府信息公开查阅点；全年接待查档利用337人次、2776卷（件）次。全年，区档案馆在不同时段分别安排2人参与厦门北站疫情防控值班，1人参与嘉庚体育馆核酸检测轮值，4人下镇街社区协助企业复工复产，4人参与入境人员定点酒店专班。协助守好社区关卡，就地了解人员管控和物资保障等情况。

【区档案综合大楼项目建设】2020年，集美区档案综合大楼建设进度按计划实施，完成多规平台空间协调，区发改局下达前期工作计划，代建单位完成工程可行性编制并完成设计单位招标，中标单位继续进行设计方案修改上会，设计方案进入第七轮调整。

【档案宣传教育】2020年，集美区档案馆利用“6·9”国际档案日组织镇（街道）开展档案宣传活动。12月，根据《国家档案局档案干部教育中心关于举办“新修订档案法公益大讲堂”的通知》，组织全区档案员统一集中收看在线直播。

【档案利用模式创新】2020年，集美区档案馆启动档案利用微信节假日预约服务、工作日延时服务、登记查实的档案利用情况合计337人次、2776卷（件）次，单位用于工作查考2072卷（件）次、其他61卷（件）次；个人用于学术研究17卷（件）次、权益维护515卷（件）次、其他111卷（件）次。6月与海沧区档案馆签订跨馆利用服务协议，全年跨馆利用13份。

（区档案馆）

老干部工作

【概况】2020年，集美区委老干部局宏观管理的离退休干部45人、离休干部遗属19人。其中：区离休干部10人，异地安置离休干部4人，“5·12”干部4人，原区五套班子退休干部27人。老干部局管理的离退休干部平均年龄79.6岁，其中离休干部、“5·12”退休干部平均年龄91岁。

【离退休干部党的建设】2020年，集美区委老干局通过举办老干部读书班、知识竞赛、送学上门等方式组织老干部学理论、看变化、谈感受、悟初心，多层次加强老党员老干部思想政治建设，提高政治站位。先后组织老党员老干部参观集美人文馆、杏林湾党群活动中心、滨海西大道、尚柏奥特莱斯等建设项目，实地感受厦门改革发展的最新变化，为厦门发展助力点赞。按“六有”要求，开展全区离退休党支部规范化建设，区机关离退休干部党支部和银亭社区离退休干部党支部被评为“省级离退休干部示范党支部”。结合社区服务老干部工作，新建园博和乐海两个社区离退休干部党支部。与集美街道联合打造区级“老党员之家”升级版，占地面积700余平方米；装修改造老干部党校杏林点，建筑面积1400平方米，多方位解决集美、杏林片区老党员活动难的问题。区离退休干部工委在疫情防控期间慰问表现突出的老党员20名和离退休党组织4个。

【离退休干部精准服务】2020年，集美区委老干部局坚持一人一策，建立离休干部和“5·12”退休干部服务需求信息库，委托专业养老服务机构，为全区16名老干部提供居家养老服务，累计提供照护服务353次，支出服务费用7.76万元，老干部及其家属满意度100%。坚持老干部挂钩联系制度，坚持每月一次电话访问、每季一次入户走访，采取“户户到家，人人见面”的方式，全年累计入户走访老干部176人次。在“五必访”的基础上，集中时间对区委老干部局宏观管理的离退休干部进行入户家访。通过邮政礼仪服务，在老干部生日当天代送生日慰问品。在敬老节期间，开展集体祝寿活动，让老干部老党员感受到组织的关怀和温暖。全年帮扶补助离休干部和遗偶25人（次），发放帮扶资金和慰问品2.5万元。在疫情防控期间，建立老干部及家属微信群，了解老干部健康及心理状况，推送官方权威信息，让老干部掌握疫情防控知识和防疫资讯；为全区离休干部和“5·12”干部赠送口罩。新建岑东、乐海两个社区老干部“四就近”工作站，巩固9个省、市级社区老干部“四就近”示范点，推动老干部工作与构建和谐社区融合发展。

【离退休干部正能量发挥】2020年，集美区委老干部局开展“我为发展建言献策”“我看脱贫攻坚新成就座谈会”“向郑德发同志学习”“我看厦门新变化”等系列活动，引导老干部为党的事业增添正能量。拍摄由全国离退休干部先进个人、区委原书记郑德发原型改编的微视频《老书记》，获全市第二届党员教育微视频大赛微剧情类第二名。疫情防控期间，印发《关于发挥离退休干部党组织和党员联防联控群防群治示范带动作用的通知》和倡议书，组织动员全区32个离退休干部党支部近300名老党员开展疫情防控志愿服务，发动全区867名离退休党员共捐款13.5万元、物资价值约100万元。组建由82名老党员老干部组成的志愿服务队5支，在理论宣讲、文明督导、垃圾分类、社区关爱、医疗导诊、文化义演等活动中发挥作用。组织老党员、老干部深入村（居）开展写春联、送祝福、文艺演出活动。组织老党员老干部宣讲团围绕十九大精神、爱国主义、中华优秀文化、嘉庚精神和脱贫攻坚新成就等主题开展宣讲活动，累计举办讲座50场，受教育4000人（次）。

2020年，集美区委老干局组织离退休党员开展疫情防控志愿服务。图为离退休党员为岑东社区居民测量体温

（区委老干局 供图）

【离退休干部阵地建设】2020年，集美区委老干部局压缩所属单位办公和服务场所，用于区老年大学教学。利用疫情防控休课期，改造、维修教学场地，组织教师运用腾讯视频、微信、抖音等新媒体开展线上课程，先后开设肚皮舞、瑜伽、摄影、形体舞、葫芦丝、模特等网络教学课程14个，在减少线下授课人员聚集的同时，满足老干部的学习需求。区老年活动中心在做足场地消毒、防控预案、人员培训、物资储备的前提下，对乒乓球、气排球、门球等非密集接触类的活动场馆限流开放，9月起逐步放开限流人数，满足老干部体育活动需求。（陈晨）

关心下一代工作

【概况】2020年，集美区关心下一代工作委员会（简称集美区关工委）发挥教育、联系青少年的参谋和桥梁作用，开展青少年思想道德教育，引导青少年听党话、跟党走，全区关心下

一代工作取得新成绩。11月，区关工委主任周冬月被中国关工委表彰为“全国关心下一代工作先进个人”。全区成立各级各类关工委组织227个，有“五老”志愿者1986名。

【主题教育活动】2020年5月中旬，集美区关工委调整补充报告团成员5名，形成老中青结合的宣讲队伍。结合时政主题，组织报告团进学校、社区，开展爱国主义、嘉庚精神和脱贫攻坚新成就等主题宣讲，引导青少年践行社会主义核心价值观，助力青少年健康成长。全年开展宣讲42场，受教育青少年2600多人，整理出版《集美区关心下一代工作委员会报告团成立25周年讲稿选编》和《鳌园楹联赏析》。联合区文明办、区教育局、团区委、区妇联4个部门，组织中小学生参加教育部关工委开展的“美好生活，劳动创造”读书征文比赛，有326篇文章获奖，其中一等奖54篇、二等奖109篇，区教育系统关工委、集美区职业技术学校、杏东小学等单位获评为先进集体。各级关工委举办冬（夏）令营482场，吸引60480名中小学生参加。

【关工委基层组织建设】2020年5月下旬，集美区关工委负责人带队走访镇（街）和教育局，与党政主要领导就关工委班子配备、在职人员辅助老干部做好关心下一代工作等问题进行沟通协调，推动党建带关建制度的落实。全年调整充实各级关工委主任11人，保证各级关工委主任在岗在位发挥作用。6月上旬，组织区关工委领导班子、基层关工委工作人员集中培训，参训130人。12月上旬，组织第八轮创建“五好”基层关工委考核，深青村、银亭社区、宁海社区、杏南中学、后溪中心小学关工委被确定为区级“五好”关工委示范单位。杏林街道宁宝社区关工委、灌口镇双乐社区关工委被评为社区关工委融入网格化服务管理工作市级示范点。

【青少年法治教育】2020年，集美区政法系统关工委与区教育局等单位联合举办第五届“独角兽杯”中小学生法治故事作品大赛活动，评选出各类获奖作品200余件，提高青少年学法、守法、用法意识。区政法系统关工委联合区司法局、区教育局、灌口镇与厦门实验小学集美分校共同举办2020年交通法治夏令营活动。

【青少年关爱联盟活动】2020年1月中旬，区关工委联合区商会和区慈善会为81名单亲家庭学生发放助学金8.1万元。4月下旬，厦门金日集团向集美区教育系统关工委捐赠慰问品，价值50万元。9月下旬，联合厦门建霖工业有限公司为应聘到爱欣老年公寓工作的厦门医学院学生发放奖学金12万元。11月底，为集美大学和厦门理工学院62名品学兼优的贫困生发放“芳德助学金”人均4000元。全年资助和奖励青少年1.8万人次，总额258万元。

【“爱心厦门”活动】2020年新冠肺炎疫情暴发后，集美区关工委有200多名“五老”志愿者深入社区一线，冒着寒风坚守各疫情检查点，为疫情防抗工作做出贡献。许多老干部捐款捐物，区关工委常务副主任陈水令，发动小区的关工委老干部和老党员，为奋战在一线的工作人员捐助爱心款7000元；区教育关工委“五老”志愿者杨秀岔带着女儿给30多家单位捐赠防疫口罩，价值近百万元全区“五老”交纳特殊党费、爱心款11万余元。

（陈锡萍）

2020年12月9日，区关工委为集美大学和厦门理工学院品学兼优的62名贫困生发放“芳德助学金”

（区关工委 供图）

机关效能建设

【概况】2020年，集美区效能督查办围绕上级及区委、区政府决策部署，服务招商引资和项目攻坚等中心工作，推动项目建设进程，优化营商环境，提高行政效能和服务效能，机关效能建设工作水平稳步提升。全年发出工作提示14次，效能约谈7人次，责令说明1人次，问责1人次。

【效能督查问责】2020年，集美区效能督查办坚持服务大局，把全区招商引资、征地拆迁和项目建设作为督办重点，建立健全相关工作机制，出台《关于进一步明确“招商引资与项目建设攻坚年”督查工作机制的通知》，明确督办内容、程序和结果运用，促进各级各部门认真履职，提升工作质效。坚持问题导向，通过工作提醒、问责督促、专题通报等方式，把工作做细做实。全年发出工作提示14次，效能约谈7人次，责令说明1人次，问责1人次。按月通报晾晒督办情况，通报效能问题事件2起，对相关责任人予以点名道姓曝光，形成震慑效用。

【第三方测评机构引进】 2020年，集美区效能督查办与区行政审批局联合委托集美大学对区行政服务中心的软硬件环境、工作人员服务形象、服务素养和服务满意度进行测评。发出问卷750份，收回有效问卷722份，对区政务服务水平进行测评，督促被测评单位提升政务服务水平。

【绩效考评工作规范化】 2020年，集美区效能督查办建设绩效管理平台，牵头做细市对区绩效考评工作。将市对区考核任务纳入平台管理，把市对区考核内容细化为“经济工作”和“其他专项工作”两大类，做好分类跟踪工作。运用“问题抄告单”“工作提示”等形式，做好提醒与督办工作。对经协调督促未能取得实效的，形成“专报件”报分管区领导协调，全年形成呈报件2份，工作提示3份。

（区效能督查办）

党史研究

【概况】 2020年，集美区委党史研究室开展全区革命遗址、文保单位等红色资源的普查，做好资料搜集、图片拍摄等工作，以区委区政府名义对18处红色文化遗存和革命遗址挂牌立碑。利用区委党校干部培训平台，举办各类培训班14期，培训人次近1000人次。出版《集美红色记忆：1921—1949》一书。

【红色文化资源保护与传承】 2020年，集美区开展红色文化资源的普查调查和科学梳理，对重点红色文化资源进行编辑整理、统计造册和分类归档。至年底，全区挂牌革命遗址18处，其中国家级文物保护单位2处、市级文物保护单位4处、拆除2处。加强红色文化资源价值评估和鉴定，推动一批重要红色文化遗存遗迹申报区级文物保护单位。以区委、区政府名义对首批条件比较成熟的18处红色文化遗存和革命遗址挂牌立碑。

【红色文化弘扬与传播】 2020年，集美区丰富红色文化的宣传手段。开发陈嘉庚纪念馆网上数字展厅，运用声、光、电等现代科技手段，结合陈嘉庚纪念馆展陈内容，推进红色文化资源数字化升级。结合每年10月的嘉庚精神宣传月活动，策划主题教育实践活动。组织全区新闻工作者深入基层采编红色文化主题新闻，在《集美报》开辟专栏，推出“走近南侨机工”“红色记忆永流传”“不能忘却的红色记忆”等宣传报道；在集美广播电视台播出“走进陈嘉庚”“嘉风正浓”系列纪录片；在《集美风》杂志开设《鳌园丰碑》专栏；通过“天下集美”公众微信号、“人文集美”手机App等新媒体，结合重大革命历史事件纪念日、重要革命历史人物诞辰日，以文字、图像、动画、音频和视频等传播方式，开展红色文化主题宣传报道。创新红色文化教育方式。将红色文化阅读作为“人文集美·悦读季”品牌活动的重要内容，定期组织青少年读者重走集美18处红色文化遗址和革命遗址，通过征文比赛、微电影、小视频、红色文化之旅等系列活动，引导青少年了解集美红色文化故事，传承红色文化基因；指导辖区院校将集美红色文化纳入教育教学体系，开设地方红色文化专题课程；在全区各校开展“嘉庚精神进校园百日行动”，定期举办“网上祭奠英烈”活动；打造“庚·读者”品牌，组建嘉庚文化志愿者服务队，组织辖区中小学生在鳌园景区、文确楼等地诵读红色文化经典，传承弘扬嘉庚精神。

（区委党史和地方志研究室）

资料链接：

集美18处红色文化遗址和革命遗址

闽西南第一个共青团支部——共青团厦门支部诞生地旧址、中共集美学校小学支部旧址（延平楼）、集美试验乡村师范学校旧址、中共（闽中）地下党岑头交通站遗址、中共（闽中）集美学校工委旧址、中共（闽中）集美学校工委高中支部遗址、中共（闽中）集美学校工委女生支部遗址、中共（闽中）集美学校工委高水支部旧址、后溪仁德小学交通站遗址、中共（闽中）集美学校工委高商支部旧址（尚忠楼）、灌口团总支革命据点遗址（恒春油坊）、兑山革命烈士陵园、陈嘉庚先生出生地（颍川世泽堂）和陈嘉庚旧居（诚毅楼）、中共同安县工委6月会议传达处遗址（文确楼）、鳌园、李林园、归来园与归来堂、陈嘉庚纪念馆。

厦门市集美区人民代表大会

综　述

【概况】2020年，集美区召开人民代表大会2次、人大常委会会议10次、人大常委会主任会议17次，听取、审议区人民政府及其部门、区人民法院、区人民检察院专项工作报告23项；开展执法检查1项，组织市、区两级代表专项视察10次，进行专题询问1次，作出决定、决议11项；任免国家机关工作人员43人次；督办代表提出的建议、批评和意见89件。

【决议和决定】2020年，集美区人大常委会审议通过重大事项决议和决定4项。7月28日，区人大常委会听取并审议区人民政府《关于2019年集美区本级财政决算的报告》《关于2019年度集美区本级预算执行和其他财政收支的审计工作报告》，作出《关于批准2019年集美区本级财政决算的决议》；听取并审议区人民政府《关于2020年集美区地方政府债务转贷收入及预算调整草案的报告》，作出《关于批准2020年集美区地方政府债务转贷收入及预算调整的决议》。11月27日，区人大常委会听取和审议区人民政府《关于集美区2020年第二批地方政府债务转贷收入及预算调整草案的报告》，作出《关于批准集美区2020年第二批地方政府债务转贷收入及预算调整的决议》；听取并审议区人民政府《关于集美区2020年1月—10月财政预算执行情况和财政预算调整草案的报告》，作出《关于批准2020年区本级预算调整草案的决议》。

【常委会读书班】2020年11月18日，集美区人大常委会举办专题读书班，开展关于党的十九届五中全会精神、“十四五”规划与人大工作业务、疫情防控与健康知识、《中华人民共和国民法典》的学习研讨秋季读书班，区人大常委会组成人员参加学习。厦门医学院教授林国清作疫情防控与健康知识的辅导，市委党校教授熊必军作中共十九届五中全会精神讲解，市委党校副教授陈国飞作《中华人民共和国民法典》讲座。（黄巧瑜）

重要会议

【区十二届人民代表大会】2020年，集美区十二届人民代表大会召开两次会议。分别是：

第五次会议　2020年6月4—5日召开。会议补选胡旭彬为厦门市集美区人民政府区长；补选潘志远、黄小聪、江栋恒为集美区人民代表大会常务委员会委员。

第六次会议　2020年12月28—30日召开。会议听取和审议《政府工作报告》《厦门市集美区国民经济和社会发展第十四个五年规划和二〇三五年远景目标纲要》《关于集美区2020年财政预算执行情况和2021年财政预算草案的报告》《关于集美区人民代表大会常务委员会工作报告》《关于集美区人民法院工作报告》，《关于集美区人民检察院工作报告》，表决通过各项报告的决议。会议还表彰2016—2019年度“优秀人大代表”20人，“优秀议案、建议”20项，“议案、建议承办先进单位”10个，“先进代表联系群众活动室（站）”8个。

【区十二届人大常委会会议】2020年，集美区十二届人大常委会召开常委会会议10次。分别是：

第三十八次会议　2020年3月6日召开。会议听取并审议区人民法院关于提议王悦等任职的议案和区人民检察院关于提议陈弘任职的议案。讨论并原则通过《区人大常委会2020年工作要点》。书面听取区人大法制内司工委《2019年度规范性文件备案审查报告》。

第三十九次会议　2020年4月15日召开。会议听取审议区人民政府区长何东宁提请关于胡旭彬任职的议案、关于辞去集美区人民政府区长职务的报告、区人大常委会主任会议提请关于胡旭彬代理集美区人民政府区长职务的议案、区人民法院院长刘辉煌关于提请孙文胜免职的议案、区人大常委会主任会议提请关于王跃进免职的议案，会议表决通过相关人事任免事项。

第四十次会议　2020年5月7日召开。会议审议《集美区第十二届人民代表大会常务委员会代表资格审查委员会名单》，表决通过陈来福为代表资格审查委员会主任委员，委员：王在军、王进法、余清岩、陈凌妙。会议审议并通过《代表资格审查委员会关于区十二届人大代表变动情况的报告》《关于补选区十二届人大代表的决定》《关于集美区十二届人大代表补选工作方案》，决定补选区十二届人大代表5名。

第四十一次会议　2020年5月27日召开。会议听取并审议区人民法院院长刘辉煌关于提请潘辉文等任免职的议案、区人大常委会主任会议提请审议关于潘志远任职的议案，表决通过任免职名单。会议听取和审议《厦门市集美区人民政府关于2018—2019年集美区课后延时服务工作情况报告》《集美区人民检察院关于刑事诉讼监督工作情况的报告》。会议研究区十二届人大五次会议召开时间及有关事项。会议听取和审议代表资格审查委员会关于区十二届人大代表变动情况及补选代表的代表资格审查报告，同意该报告提交区十二届人大五次会议备案。

第四十二次会议 2020年6月18日召开。会议听取并审议区人民政府区长胡旭彬关于提请张达等人任免职的议案，表决通过任免职名单。会议听取并审议区人民法院院长刘辉煌关于提请欧阳群力等人任免职的议案，表决通过任免职名单。会议审议并表决同意接受李钦辉辞去市十五届人大代表职务。会议审议并投票补选胡旭彬、段小红为市十五届人大代表。

第四十三次会议 2020年7月14日召开。会议听取并审议区人民政府区长胡旭彬关于提请陈丽娴等人任免职的议案，表决通过任免职名单。

第四十四次会议 2020年7月28日召开。会议听取并审议区人民法院院长刘辉煌关于提请苏敏昌等任免职的议案，表决通过任免职名单；会议审议并表决同意接受林瑞明辞去集美区第十二届人民代表大会代表职务。会议听取并审议《关于2020年集美区地方政府债务转贷收入及预算调整草案的报告》《关于2019年集美区本级预算执行和其他财政收支的审计工作报告》《关于2019年集美区本级财政决算的报告》，表决通过各项报告的决议。

第四十五次会议 2020年9月30日召开。会议听取并审议区人民政府关于提请黄世明等任免职的议案、区人民法院关于提请苏敏昌等任免职的议案，表决通过任免职名单。会议听取并审议《关于集美区开展养老服务水平提升工作情况的报告》、关于《中华人民共和国食品安全法》及《福建省食品安全条例》实施情况的检查报告、《关于〈集美区人大常委会关于区人民检察院刑事诉讼监督工作情况报告的审议意见〉的落实情况报告》，并开展满意度测评，评测结果为满意。会议听取沈剑云、陈锡育等10名市十五届人大代表所作的述职报告。会议听取《关于传染病防治工作和传染病防治法实施情况的报告》，并专题询问区人民政府开展传染病防治法的实施情况。

第四十六次会议 2020年11月27日召开。会议听取并审议区人民政府关于提请肖峰任职的议案和区人民检察院关于提请郑耿渊免职的议案，表决通过任免名单。会议听取并审议《关于集美区2020年第二批地方政府债务转贷收入及预算调整草案的报告》《关于集美区2020年1—10月财政收支预算执行情况和财政预算调整草案的报告》《关于集美区2019年度行政事业性国有资产管理情况的专项报告》《关于2019年度集美区国有资产管理情况的综合报告》《关于开展“七五”普法终期评估验收工作情况的报告》《集美区人民政府关于区十二届人大四次会议代表建议办理落实情况的报告》，表决通过各项报告。会议还书面听取区人民政府关于2020年1—10月国民经济和社会发展计划执行情况的报告、关于2020年环境保护目标完成情况的报告。听取代表资格审查委员会主任委员陈来福关于补选区人大代表的报告，审议并通过《厦门市集美区人大常委会关于补选区十二届人大代表的决定》。决定补选区十二届人大代表3名。

第四十七次会议 2020年12月21日召开。会议研究区十二届人大六次会议召开时间及有关事项。会议讨论并原则通过《集美区人民代表大会常务委员会工作报告》。审议并通过《集美区人大常委会关于表彰2016—2019年度“优秀人大代表”“优秀议案、建议”“议案、建议承办先进单位”“先进代表联系群众活动室（站）”的决定》。会议审议并通过代表资格审查委员会关于区十二届人大代表变动情况及补选代表的代表资格审查报告，同意该报告提交区十二届人大六次会议备案。

【区人大常委会主任会议】 2020年，集美区第十二届人民代表大会常务委员会召开主任会议7次，研究会议议题16项。 （黄巧瑜）

监督检查

【民生监督】 2020年，集美区人大常委会关注养老事业的发展，对集美区养老服务现状开展调研，专题听取和审议区人民政府关于集美区提升养老服务水平的报告，从政策措施落实、设施建设运行、行业管理规范等方面提出审议意见，助推集美区规范养老服务行业，提升养老服务水平。持续关注教育事业的提升，对中小学落实市教育局关于开展课后延时服务工作开展调研，听取和审议区人民政府关于课后延时服务及相关工作情况的报告，提出具体审议意见，促进校园课后延时服务规范管理。关注群众就业的稳定，围绕疫情期间经济下行影响就业形势等实际情况，听取区人民政府关于精准施策稳就业工作情况的报告，推动政府有关部门进一步落实中央和省委、市委、区委关于复工复产复商复市和“六稳”、“六保”工作部署，精准施策，千方百计稳定就业和扩大就业，降低疫情影响。持续关注传染病防治工作，组织代表视察区疾病防控中心、杏滨社区服务中心，对区人民政府开展传染病防治法实施情况进行专题询问，推动集美区传染

表 5　**2020 年集美区第十二届人民代表大会常委会主任会议议题一览**

时间	会次	主要议题
2 月 27 日	第 17 次	研究 2020 年区人大代表活动经费安排有关事项
4 月 28 日	第 18 次	听取《厦门市集美区人民政府关于发展集美夜间经济工作情况的报告》
5 月 7 日	第 19 次	讨论研究补选代表经费有关事项
6 月 29 日	第 20 次	听取《集美区人民政府关于应急管理体系建设情况的报告》《厦门市集美区人民政府关于环杏林湾小型污水处理设施、农村分散式处理设施投用运转情况的报告》《集美区人民法院关于刑事案件开展认罪认罚从宽制度试点工作情况报告》
8 月 21 日	第 21 次	听取区人大代表工作室关于镇街人大代表联系群众活动室（站）工作购买服务事项的汇报，研究区人大机关资产报废事宜
8 月 25 日	第 22 次	听取《厦门市集美区人民政府关于着眼重点精准施策稳就业工作情况的报告》《厦门市集美区人民政府关于集杏海堤杏林堤头等易堵节点交通整治情况的报告》
10 月 27 日	第 23 次	听取《厦门市集美区人民政府关于集美区扶持“三高”企业发展工作情况的报告》《集美区扫黑除恶专项斗争工作情况汇报》、区人大十二届六次会议表彰事项的汇报。研究区人大常委会会议室表决器采购经费事宜和区人大机关文明创建经费事宜

（黄巧瑜）

病防治工作进一步加强和提升。

【经济监督】 2020 年，集美区人大常委会听取和审议区人民政府关于 2019 年度财政收支决算的报告和审计工作报告，督促和支持区人民政府深化预算绩效管理，提高财政资金使用效益，加强政府债务监管，健全风险防范机制。对审计发现的问题，督促政府相关部门认真落实整改，维护审计监督严肃性。听取审议区人民政府关于 2020 年 1—10 月预算执行情况和预算调整草案的报告，以及区人民政府关于 2020 年 1—10 月国民经济和社会发展计划执行情况的报告，推动政府有关部门落实积极的财政政策，做好疫情防控，优化营商环境，确保经济社会持续向好发展。听取区人民政府关于发展集美夜经济情况的报告，提出做好集美夜经济的规划，用好集美学村和环杏林湾的优势资源，多渠道吸引民间资本参与，促进集美夜经济快速发展。听取区人民政府关于扶持“三高”企业发展工作情况的报告，督促政府部门加大扶持“三高”企业力度，落实减税降费政策，帮助解决企业用地用工、人才引进、员工子女就学等问题。审议集美区 2019 年度行政事业性国有资产管理情况专项报告并听取国有资产管理情况的综合报告，推动和加强对国有资产的监管，提高资产使用效益。

【司法监督】 2020 年，集美区人大常委会听取和审议区人民法院关于刑事案件认罪认罚从宽制度试点工作报告、区人民检察院刑事诉讼监督工作报告，对区人民检察院落实区人大常委会关于刑事诉讼监督工作审议意见的办理情况进行满意度测评，促进“两院”进一步完善办案程序、改进工作方式和加强队伍建设，规范司法行为。听取集美公安分局关于扫黑除恶工作情况的报告。开展食品安全“一法一例”贯彻实施情况的执法检查，督促区人民政府落实主体责任，严格执行食品安全相关法律法规，建立多部门协同联合执法工作机制，保障食品安全。听取审议区人民政府关于开展“七五”普法终期评估验收工作情况的报告，督促政府加大普法和依法治理工作力度，打造特色法治宣传阵地，增强普法的针对性、实效性，提升全区人民的法律意识。推动规范性文件备案审查工作规范化、制度化，对区人民政府报备的规范性文件进行审查。做好人大信访工作，全年受理群众来信 16 件次、接待来访 8 批次，推动解决群众反映的实际问题。

【社会治理监督】 2020 年，集美区人大常委会开展应急管理体系建设情况调研，听取区人民政府关于集美区应急管理体系建设工作情况的报告，督促加强应急预案演练，落实应急物资储备，推动集美区应急管理体系建设，增强全区应对突发事件的综合能力。加强对道路交通综合治理的监督，重点围绕集美区进出岛三座大桥桥头片区交通易堵点开展调研，听取区人民政府关于集杏海堤杏林堤头等易堵节点交通整治情况的报告，从道路规划、交通管理等方面提出具体改进意见，推动集美区交通环境进一步改善。加强对生态环境治理的监督，组织代表视察环杏林湾、软件园三期污水处理站和上塘村分散式污水处理站运行情况，专题听取区人民政府关于环杏林湾小型污水处理设施、农村分散式处理设施投用运转情况的报告，督促政府部门理顺污水处理设施的建设、运行、管理、维护的机制，加强污水处理系统的日常运行维护管理工作，保障污水处理设施高效运转，发挥污水处理设施的效益。持续关注生态环境保护工作，听取区人民政府关于2020年环境保护目标完成情况的报告，推动集美区环境质量持续改善。

【代表建议督办】 2020年，集美区人大常委会把督办代表建议与推动人大日常工作结合起来，支持代表通过履行法定职责，传递民意，建言献策。坚持区人大常委会领导牵头督办、各委办具体跟踪督办的工作机制，通过召开代表建议交办会，邀请代表参与跟踪办理，组织代表视察办理落实情况等形式，督促承办部门办理代表建议。同时，区人大常委会专题听取区人民政府关于代表建议办理落实情况的报告，对政府承办部门加强和改进代表建议办理工作提出具体要求，努力提高代表对建议办理的满意率。全年89件代表建议全部办结，办复率100%。其中，代表提出的《关于加快解决孙坂北路内涝积水问题》《关于清理整顿辖区范围内涉及老年人保健食品、医疗等相关类型店铺》等建议得到较好的办理和落实，解决一批人民群众关心的热点难点问题。

【代表履职】 2020年，集美区人大常委会拓展代表履职渠道，组织人大代表列席区人大常委会会议和各类专项视察、执法检查、专题询问、政情通报、意见征求等活动，保障代表知情知政，为代表依法履职创造条件，全年组织代表参加各类履职活动530余人次。落实代表履职登记、履职档案等制度，加强代表履职监督管理，规范代表履职工作。加强代表述职工作，是年，区人大常委会听取10名市人大代表的述职，同时组织41名区人大代表回原选区进行述职，增强代表履职意识。落实市人大常委会跨区视察的工作部署，组织市人大代表集美活动小组到思明区视察。选树典型，开展“优秀人大代表”“优秀议案、建议”“议案、建议承办先进单位”“先进代表联系群众活动室（站）”的表彰工作，激发和提高代表履职热情。

（黄巧瑜）

重要活动

【代表视察】 2020年5月20日，集美区人大常委会组织市、区人大代表到思明区上李水库、东坪山，视察思明区生态环境保护及改造提升情况。6月17日，翔安区人大常委会组织市人大翔安代表小组到集美区开展跨区视察，到杏林湾营运中心、集美塔等地视察集美新城建设发展情况。7月27日，区人大常委会组织区人大代表视察兑山安置房管道燃气开通进展情况。8月19日，区人大常委会组织区人大代表到宁宝杏西农贸市场和杏林大桥视察，牵头解决农贸市场问题，以及了解杏林大桥杏林侧交通拥堵整治提升工作进展情况。8月20日，区人大常委会组织区人大代表到滨水小区和碧溪花园，视察占道停车乱象整治及地下车库使用管理情况。9月2日，区人大常委会组织区人大代表视察集美农贸市场，开展食品安全执法检查。9月16日，区人大常委会组织驻区市人大代表视察厦钨永磁电机产业集群建设情况和厦门市图书馆集美分馆。10月21日，区人大常委会组织区人大代表视察地铁六号线建设情况。11月25日，区人大常委会组织驻区市人大代表视察厦门影视拍摄基地建设情况及杨碧月等代表提出的关于加强完善宁宝公园配套及景观工程的建议办理情况。

【专题询问】 2020年8月14日，集美区人大常委会召开政情通报会，向各代表团印发《2020年上半年经济社会发展情况通报》。9月30日，区人大常委会第四十五次会议听取区人民政府《关于传染病防治工作和传染病防治法实施情况的报告》，并就集美区传染病防治法实施情况开展专题询问。

（黄巧瑜）

2020年9月2日，区人大常委会组织区人大代表到集美农贸市场开展食品安全检查

（吴觅亮 摄）

厦门市集美区人民政府

综　述

【概况】 2020年底，集美区有乡以上政府3个。其中：区政府1个，驻集美区岑东路168号；镇政府2个，分别是灌口镇政府、后溪镇政府。区政府工作部门21个，派出机构6个。区政府组成单位21个。面对突如其来的新冠肺炎疫情，集美区人民政府以“招商引资与项目建设攻坚年”为重要抓手，统筹推进疫情防控和经济社会发展，做好“六稳” 工作，落实“六保”任务，经济社会保持平稳健康发展。全年实现地区生产总值比上年增长5.5%；固定资产投资比上年增长16.7%；规上工业总产值1019.61亿元，比上年增长6.8%；财政总收入145亿元，比上年增长8.5%，其中区级财政收入40.2亿元，比上年增长6%；城乡居民人均可支配收入增幅高于经济增速。完成年度节能减排任务。上榜“中国工业百强区”，成为全市首个国家“全域旅游示范区”，是全市唯一入选省级县域集成改革试点的区。

【政治建设】 2020年，集美区人民政府严格执行新形势下党内政治生活若干准则，严格落实“三会一课” 制度，民主生活会、组织生活会、领导干部个人有关事项报告等制度，全面规范。全年召开区政府党组理论学习中心组会议15次，研究议题31个。

【政府自身建设】 2020年，集美区人民政府巩固提升“不忘初心、牢记使命”主题教育成果，开展“深化大学习，提振精气神”专项活动，激励广大干部主动作为、干事创业，机关效能进一步强化。坚持依法行政，完成“七五”普法，法治政府建设、依法治区工作成效显著。加强政务公开，区政府官网在区县政府网站绩效评估中排名全市第一。自觉接受人大法律监督、工作监督和政协民主监督，邀请“两代表一委员”（党代表、人大代表、政协委员）对政府工作进行评议、打分，办理区人大代表建议89件、政协委员提案115件，办复率100%。36项为民办实事项目全面完成。坚持全面从严治党，严格执行中央八项规定及其实施细则精神，推进基层减负，持续整治形式主义、官僚主义，文风会风继续改善。全面制止餐饮浪费，厉行勤俭节约。

【政务督查督办】 2020年，集美区人民政府发文将《政府工作报告》重点工作细化分解为124项，为民办实事细化分解为28项，分解交办区人大建议84件、政协提案157件，承办答复市人大代表建议39件、政协提案42件，明确责任领导、责任单位和责任人，每季度进行督查，确保按要求完成任务。针对中心工作及重点问题，立项督办56件，编发《督查与反馈》32期。

（张国骏）

重要会议

【区人民政府全体成员会议】 2020年4月27日，集美区人民政府召开全体成员会议。会议明确2020年为“招商引资与项目建设攻坚年”，重点抓好疫情防控常态化、招商引资、项目建设、城市提升等工作。会议要求区政府党员干部要坚持恪守初心，强化使命担当。围绕工作重点，聚力攻坚克难。注重统筹兼顾，夯实发展基础。改进作风建设，狠抓责任落实。会议同时开展“深化大学习、提升精气神”专项活动主题党课。

【区人民政府常务会议】 2020年，集

2020年9月30日，区政府常务会研究2020年第一批老旧小区提升改造项目投资计划有关事宜。图为银亭社区“海光花园”小区提升改造后情形　（林志杰 摄）

美区人民政府召开区政府常务会议 36 次，即十二届人民政府第八十八次至第一百二十三次常务会议，研究议题 221 项。（张国骏）

民生工程

【概况】2020 年，集美区实施民生工程 152 项，其中基础建设类 51 项、人民生活类 14 项、养老服务类 2 项、医疗卫生类 4 项、文化教育类 3 项、生态环境类 78 项。民生工程建设总支出 14.83 亿元，比上年增长 22.67%。

【交通配套设施建设】2020 年，集美区开工建设的福厦高铁客运专线、地铁 4 号线和 6 号线建设提速，新增备案停车场 46 个，投用停车场 4 个，新增停车位 8400 个（含路面停车位）。

【养老服务优化】2020 年，集美区创建全市首个全科医生、签约人员、呼叫服务三方联合互助平台。太保家园国际颐养社区开工建设，建成区老年人养护中心，新增投用养老服务照料中心 3 家，实现区、镇（街）、村（居）三级公共养老服务体系硬件设施全覆盖。

【医疗保障水平提升】2020 年，集美区推进区域医联体建设。四川大学华西厦门医院进入主体结构施工，市妇幼保健院集美院区开工建设。完善与二院、杏林分院协作机制，推进做细高血压、糖尿病、消化系统疾病、慢性肺病的分级诊疗。加快推进专病医联体试点建设，与中山医院、第一医院、心血管病医院、中医院、二院、仙岳医院等专病专科医院建立合作。深化“互联网＋家庭医生”签约服务平台，组建 96 个家庭医生签约服务团队，签约 12.04 万人，签约覆盖率 32.64%，其中高血压患者签约覆盖率 76.26%，糖尿病患者签约覆盖率 94.13%，65 岁以上老年人 72.47%。

【文体设施建设】2020 年，集美区人文馆、集美新城体验馆对外开放。集美人文馆建筑面积 14722 平方米，概算总投资 1.06 亿元。展厅包括集美人文简史展厅、“一精神三文化”展厅、5G+AR 党史、“非遗”馆等主题展馆。集美新城体验馆展馆面积 1800 平方米，运用图文说明、模型陈列、计算机演示、影视、多媒体互动等表现形式，采用“回”字形参观路线进行导览。展厅主要包括印象新城、总体规划沙盘、发展历程、西亭中心区、软件园三期、机械工业集中区、杏林老工业区、管廊展示区、园博苑展示区、新城之美展示区、交通格局展示区、招商洽谈区、文教昌明区、厦门北站片区、新城展望区 15 个展项内容。

【城乡居住环境改善】2020 年，集美区第三轮绿化提升改造 19.3 万平方米，完成铁路、高速公路沿线环境整治逾 10 万平方米。投资 9500 万元提升已建安置房和公租房，完成航海生活区等 5 个老旧小区改造。382 栋存量危房全部清人封房。“大城管”格局基本形成。垃圾分类新时尚蔚然成风，示范小区户数占比提高至 92%。全区“两违”管控持续保持高压态势，新增违建趋零。

【“入学难”问题缓解】2020 年，集美区建成集美区实验小学、鱼孚幼儿园等 14 所中小学、幼儿园，新增建设学位 10620 个。华锐莱普顿双语学校北校区建成投用，厦门二中集美校区、苎溪高中部开工。新招聘教师 717 人，柔性引进高层次教育人才 6 人。161 所民办园实现分级普惠性收费管理。52 所中小学全部通过义务教育管理标准化验收。

【乡村振兴建设】2020 年，集美区基本建成新 324 国道和许溪溪林两条乡村振兴示范动线，串联沿线 9 个省级乡村振兴试点村和 19 个乡村特色景区。推进“一革命四行动”，新改建农村公厕 19 座，完成农房整治逾 3300 栋，村容村貌发生较大转变。

【水环境治理工程】2020 年，集美区水环境质量明显提升，全区入河排水口、排水管网溯源排查工作基本完成，入海排放口完成整改。杏林湾及九天湖水质明显改善，国、省控断面水质保持稳定达标，坂头—石兜水库水质年均值达Ⅱ类标准。海域养殖清退工作完成并通过验收。厦门大桥—集美大桥海岸带修复项目取得实质性进展，推进杏林大桥—新阳大桥岸线整治项目前期工作。（张国骏）

2020 年 9 月 1 日，集美区实验小学开学。图为学生在教室上课（林志杰 摄）

人事工作

【概况】 2020年底，集美区事业单位143个，其中教育系统事业单位69个、卫生系统事业单位8个、其他事业单位66个。事业单位编内工作人员5051人，其中管理人员563人、专业技术人员4383人、工勤人员105人。专业技术人员中，受聘高级岗位525人、中级岗位1824人、初级岗位2034人。

【事业单位人事管理】 2020年，集美区组织事业单位编内人员考试2场，招聘110人。区属事业单位提供3个岗位，定向招聘甘肃省临夏州和政县建档立卡贫困高校毕业生（区两湾水利所、后溪镇卫生院、侨英街道社区卫生服务中心各1个）；落实就业援藏工作，提供1个岗位定向招聘西藏昌都籍高校毕业生。规范事业单位人员档案管理，完成全区事业单位工作人员（不含教育系统）档案专项审核728份。

【工资福利】 2020年，集美区人社局落实“1+X”专项督查机制，规范津补贴、奖金发放，全年开展专项检查3次，移交问题线索4条。为迎接经济责任暨自然资源审计工作，牵头汇总全区2016年以来津补贴奖金发放情况，并梳理各项奖金发放依据。做好事业单位人员五年一级、两年一档审批及到龄退休、死亡抚恤金、高龄补贴、遗属补助的审批工作。出台《关于调整规范机关事业单位非在编雇用人员工资待遇的通知》，调整全区非在编雇用人员工资待遇，并完成工资调整审批工作。

【人才代理】 2020年，集美区办理毕业生接收手续2510人次，办理调动手续130人次。接收毕业生报到680人，接收整理全区未就业毕业生档案1830份，与530家企业签订立户人事代理协议，新增企业签订立户人事代理协议89家。

（区人社局）

行政服务

【概况】 至2020年12月底，集美区有49个单位108个窗口567名工作人员进驻集美区行政服务中心，可办理事项1212项，其中行政审批事项953项、公共服务事项259项。全年受理事项142.1万件，日均5187件，即办率74.7%。全年受理“不见面审批”801018件，其中，“网上办”692219件、“自助办”40955件、“邮寄办”65410件、“掌上办”2434件。

【政务服务】 2020年，集美区行政服务中心推进“不见面审批”。创新推出“阿集在线”客服模式，高效提供群众审批服务业务咨询，相关做法在人民网等中央媒体刊发，全年服务群众4.3万人次；根据应进必进原则，梳理省网入驻事项1152项，“一趟不用跑”和“最多跑一趟”事项1146项，占比99.47%，其中“一趟不用跑”942项，占比81.77%，“最多跑一趟”204项，占比17.7%。截至2020年12月底，惠企窗口有6个单位42项事项入驻，其中入驻单位包括区工信局、财政局、人社局、建设与交通局、文旅局、商务局。全年收件18568件，惠及企业296521家次，奖补金额2.07亿元。在全市率先开设“一窗”通办，为新开办企业免费刻章，设计印制“集美区新开办企业大礼包”，内含惠企政策、新办企业办税指引、中国银行普惠金融产品，企业核准后，连同4枚免费印章、营业执照一次性向企业免费寄送。按照“调研一批、成型一批、实施一批、滚动推出、动态管理”的思路，重点围绕商事主体登记、工程建设、民生服务等领域进行梳理，整合124个审批服务事项，原法定办理时限合计2111个工作日，原承诺办理时限合计316个工作日，整合后承诺办理时限合计161个工作日。在原压缩85%办理时限的基础上，集成服务后平均又缩减49%的承诺办理时限；原审批环节总数203个，整合后审批环节总数83个；原需办理材料437项，整合后需办理材料数246项，平均压缩办理材料的43%。推出首批主题式、套餐式“一件事一次办”集成服务40项。“e政务”实现大突破，全区部署“e政务”自助机49台，在岛外四区排名第一。10月29日，集美区首个“台胞服务驿站”（简称“驿站”）揭牌成立。驿站采取购买服务的方式，聘用在集台胞青年做服务专员，让到集办理事项的台胞有回家的感觉。驿站从台胞台企高频的办事事项入手，提供社保、医保、税务（发票）、公司及个体工商户设立等事项高效、一站式便民的代理代办服务，以及涉台公共法律服务导办和惠台惠企政策咨询服务，协助辖区台胞更快速便捷地创业就业。驿站开设以来，受理微信咨询32件、电话咨询9件、现场办理53件、汇整55题客答问。

【“强区放权”事项承接】 2020年，根据《厦门市人民政府关于公布审批服务事项下放目录的通知》，市审批服务事项下放38项，其中涉及集美区32项，至年底全部承接到位。严格管理事项进驻工作，防止变相审批，防止以备案、登记、行政确认、征求意见等为名行审批和许可之实，消除审批和许可的“灰色地带”。

【行政审批优化】 2020年，集美区行政服务中心做好权责清单动态管理，推进全区区级部门权责清单标准化、规范化、目录化、动态化，做好各部门权责事项动态管理。根据法律法规规定的立、改、废、释和上级取消下放、部门职能调整等变动情况实时更新。全年批复11个区直部门调整清单19批次。在历年精简行政许可事项的基础上，再取消生产建设项目水土保持方案登记表备案、木材运输证核发等一批行政审批服务事项。至年底，对应上级取消行政审批事项9项。对应上级新增草原权属争议处理、侵犯植物新品种权处理等一批行政审批服务事项，新增行政审批事项32项。

【工程建设项目审批制度改革】 2020年，集美区行政服务中心“多规合一”窗口受理1492件，其中并联审批367件，办结357件；串联审批1125件，办结1100件。全区通过构建快速便捷的小型社会投资工业类项目审批机制，“办理建筑许可”指标短板得到改进，从取得用地到办理产权首次登记全流程审批时间控制在15个工作日内。跟踪省、市、区重点项目，协调解决项目审批中存在的实际问题，推动项目早审批、早落地。全年有64个重点项目前往报件，介入帮办的有华锐双语学校、厦钨永磁电机产业园、太保家园厦门国际颐养社区等27个项目，提供帮办服务58次，组织项目协调会4场。　（吴晨雪　陈仲兴）

地方志工作

【概况】 2020年，集美区地方志办公室组织编纂的《集美年鉴（2020）》由方志出版社出版。《集美年鉴（2019）》获福建省地方志优秀成果一等奖，为全省唯一获此荣誉的县区综合年鉴。对外发行、交流《集美区志》《集美年鉴》等书籍563册，收集各种图书资料122册。整理《厦门日报》《厦门晚报》《海西晨报》《福建日报》等报刊资料711篇。为《厦门年鉴（2020）》《福建年鉴（2020）》撰写“集美区概况”。

【《集美年鉴（2019）》出版】 2020年3月，《集美年鉴（2019）》出版。全书75万字，图照196张。卷首彩页特设“集美区改革开放四十周年辉煌成就”专辑，辑录照片106张，记载改革开放四十年来，集美区城市建设、经济建设、社会建设、生态文明建设的全面发展。全书设25个类目、30个分目、141个次分目、906个条目，主要记载集美区整治、经济、文化、社会等各方面的基本情况。附录部分收录区委区政府的重要文献、要文目录、重要调研报告等。

【全域年鉴精品工程实施】 2020年，集美区列入福建省全域精品年鉴工程试点单位。年鉴工作严格按照国家、省、市年鉴业务编纂规范等文件要求，提前谋划制订每一阶段的工作规划，建立健全年鉴编纂工作长效机制，突出抓好经费保障、框架设计、资料征集、编写稿试评、全书总评、验收修改和出版审读等各环节，确保试点工作按计划推进。12月，《集美年鉴（2020）》通过专家评审并公开出版。

【《集美年鉴（2020）》出版】 2020年12月，《集美年鉴（2020）》由方志出版社出版。全书83.7万字，图片196张，卷首彩页特设《杏林（集美）台商投资区成立30周年辉煌历程》，辑录照片44张，全面反映台商投资区成立30周年以来，集美区政治、经济、文化和社会的变化。特设“不忘初心、牢记使命”主题教育、扫黑除恶专项斗争、杏林（集美）台商投资区30周年建设和厦门（集美）闽台研学旅行基地4个专记。主体部分设35个类目、191个分目、1034个条目。附录部分收录区委区政府的重要文献、要文目录、重要调研报告和重要统计资料等。

（张燕红）

对口支援

【概况】 2020年，集美区深化东西部扶贫协作和省内山海协作，落实与甘肃省和政县，西藏自治区左贡县，福建省龙岩市新罗区、漳平市、三明市清流县、漳州市漳浦县的帮扶工作，坚持“四个不摘”原则巩固脱贫摘帽成效，投入帮扶资金8795万元，其中东西部协作5735万元、省级扶贫开发2860万元、山海协作帮扶资金200万元。

【东西部协作】 2020年，集美区深化对口帮扶甘肃省和政县工作。4月，在《集美区—和政县东西部扶贫协作三年行动计划（2018—2020）》的基础上，出台《2020年集美区东西部扶贫协作工作意见》，落实、落细对口帮扶各项工作；6月、9月，区委书记何东宁、区长胡旭彬分别率队赴和政县调研、对接东西部扶贫协作工作，分别召开集美—和政党政联席会议和东西部扶贫协作重点工作推进会，保障各项帮扶任务顺利完成。区财政资金4035万元和镇（街、企）800万元帮扶资金于2月全部拨付到位。引进赴和政投资企业9家，其中2020年新引进5家，实际新增到位投资额1.17亿元。推动产业园区和扶贫车间建设，截至2020年，累计援建扶贫车间28家，吸纳人员就业1472人（其中建档立卡贫困户672人）。疫情期间，辖区内各企业向和政捐赠一次性医用口罩、一次性医用手套等防疫物资价值63万余元；组织社会各界捐资捐物680.77万元，支援消费扶贫金额3860.97万元。赴和政县组织对接会3次，39家企业赴和政县组织招聘会6场次，提供岗位6183个；累计组织和政县劳务输转到厦就业1954人（含建档立卡贫困户1155人），其中稳定就业至三个月以上的建档立卡人员726人（含2020年新增就业满3个月407人）。自2017年与和政县建立对口帮扶关系至2020年，全区累计输转到集务工和政籍人员4060人次，其中建档立卡2094人。2020年，组织就地就近就业和输转第三地就业人数分别为1625人和600人，

2020 年，集美区深化对口帮扶甘肃省和政县工作。图为 9 月 24 日投产的厦琳鞋业产业园扶贫车间
（区工信局 供图）

开展和政县建档立卡劳动力培训 24 期，培训 856 人。选派一年期支教教师 2 名，一年期支医人才 1 名，一个月期的骨干校长及教师 16 名，一个月期支医人才 6 名。至 2020 年，有 18 个社区、23 家企业、6 家社会组织与和政县 47 个贫困村签订结对帮扶协议（其中 2020 年新增村居 1 个、社会组织 3 个、企业 6 家）；全区 30 所中小学、幼儿园与和政县 33 所同类型学校开展结对帮扶，各结对帮扶学校捐款捐物 156.13 万元。9 月，由集美、和政共同摄制的原创扶贫主题微电影《山下有新天》与观众见面。影片以集美、和政落实东西协作对口帮扶工作为蓝本，以两个平凡人物的故事为线索，用以小见大、以点带面的形式，展现在集美区的倾情倾力帮扶协作下和政县脱贫攻坚的生动历程。2020 年 2 月，经甘肃省人民政府批准，和政县退出贫困县，完成脱贫摘帽。集美区连续两年获评甘肃省脱贫攻坚帮扶先进集体。同时对口帮扶西藏自治区左贡县，拨付帮扶资金 900 万元，其中 100 万元用于左贡县扎玉镇的基础设施建设。

【省内帮扶】 2020 年，集美区拨付帮扶资金 2260 万元，用于三明市清流县脱贫项目建设。其中 1120 万元用于脱贫项目，880 万元用于集美（清流）共建产业园区建设。区结对帮扶镇街共安排资金 260 万元，帮扶清流县四个结对乡镇。选派 3 名四级调研员和 1 名医疗人才赴清流县挂职交流；拓展产业帮扶途径，通过农产品展示中心销售清流的特色农产品，累计上线清流农产品十二大类 79 个单品，销售金额 150 万元；开展社会帮扶，组织捐资捐物折合人民币 24.15 万元，集美区总工会还支援清流县总工会共建“职工书屋”10 万元。2020 年 9 月，省委、省政府下发《省领导挂钩帮扶省级扶贫开发工作重点县、水土流失治理重点县以及部分老苏区县方案》，确定集美区新增对口帮扶龙岩市新罗区。集美区与新罗区签订《集美区—新罗区 2020 年对口帮扶框架协议》，落实落细各项帮扶举措。11 月、12 月，区委书记何东宁、区长胡旭彬分别带队前往新罗对接推动帮扶工作。足额拨付新罗区对口帮扶资金 600 万元，用于脱贫、人居环境改善、基础设施建设、老区村建设等项目，推动教育、医疗人才交流。与新罗区 2 所学校签订结对协议，选派优秀社区卫生服务中心主任 2 名前往新罗区开展支医帮扶工作。

【山海协作】 2020 年，集美区落实与漳平市、漳浦县签订的山海协作协议，援助漳平市、漳浦县山海协作资金各 100 万元，支持两地社会事业发展项目和经贸协作项目。（万白雪）

资料链接：

临夏州集和兴东西部协作产业园

临夏州集和兴东西部协作产业园位于和政县循环经济园区中段，由厦门市集美区国有企业——杏林建发公司全资子公司临夏州集和兴贸易有限公司投资建设。园区占地面积 83.27 亩，总投资 2.1 亿元，总建筑面积约 5.8 万平方米，规划分两期建设。项目建设内容包括:2 幢钢结构厂房、2 幢标准通用厂房、3 幢单元式加工作坊和 1 幢办公综合楼。园区集研发、生产加工、仓储物流、商务配套、生活服务等功能于一体。2020 年底，已完成一期的 2 幢钢结构厂房、1 幢标准通用厂房和 2 幢单元式加工作坊建设。一期建设投资约 1.17 亿元，全面投产后将为当地群众提供近千名就业岗位。

集和兴产业园是集美区与和政县东西部协作的重要载体，是打造“产业园区 + 扶贫工厂 + 扶贫车间”产业发展模式的重要基地，为推进东西部协作产业发展，引导东部劳动密集型企业集聚和政县，带动当地群众就近就业、稳定增收发挥重要作用。2020 年，产业园已引进临夏州夏润高原农业有限公司、临夏州夏和农业有限公司、甘肃秋山医疗科技有限公司、甘肃瑞蓓丝织带饰品有限公司、甘肃闽荣体育用品有限公司、甘肃闻道中药材种植有限公司等东部企业入驻园区。

中国人民政治协商会议厦门市集美区委员会

综　述

【概况】 2020年，中国人民政治协商会议厦门市集美区委员会简称（集美区政协）召开常委会7次、主席办公会议17次；组织开展专题协商议政3次、调研视察30余次、协商活动20余次；报送常委会建议案1件、主席会议建议案1件；审查立案提案115件；形成课题调研报告27篇、视察专报10件和民主监督专报2件。发动委员倾情助推疫情防控，委员累计捐款捐物折合人民币212万元；区政协领导深入企业助推复工复产，机关党员干部踊跃请战，驰援镇街、村居、高速路口、嘉庚体育馆等疫情防控一线；畅通社情民意"直通车"渠道，收集报送各类有关统筹推进疫情防控和经济社会发展的社情民意信息69条，其中被全国、省、市采用10条。

【"委员基层行"系列活动】 2020年，集美区政协以"服务基层从我做起，履职彰显为民情怀"为主题，开展"委员基层行"系列活动。开展委员理论宣讲，组建理论宣讲队，深入村居开展有关习近平新时代中国特色社会主义思想、民族宗教、嘉庚精神、公民道德等理论宣讲；开展委员企业服务，组建委员企业服务队，面对面为企业提供财税、金融、法律、信息等领域的专业指导；深化委员社区讲堂，深入村居开展茶艺、花艺、摄影、钢琴、文学等专题讲座和技能培训；开展委员医疗服务，组织医卫界委员深入到杏滨街道、滨水社区、乐海社区提供有关疫情防控、传染病预防、阿尔茨海默病等专题讲座和义诊等医疗卫生服务。创新开设父母成长课堂，组织3名委员到基层开展有关家庭教育、小升初衔接、侨乡文史等专题讲座。开展委员公益慈善和爱心结对活动，19名委员结对帮扶19名困难群众，港澳委员持续对集美辖区5名困难儿童给予每学期2000元的助学金；开展"爱心点亮光明"委员基层行活动，委员陈建发为集美辖区60岁以上老人免费发放老花镜近5000副；开展"爱心屋"捐赠活动，委员陈惠滨为集美辖区4家"爱心屋"捐赠饮料和矿泉水，帮助残疾人就业增收。

（陈晓珍）

【"新时代人民政协新样子"主题研讨活动】 2020年，集美区政协以主题研讨和活动为载体，组织区政协全体委员、区政协机关人员开展以"新时代人民政协新样子"为主题的学习研讨活动，共征集理论研讨文章156篇，择优收录96篇，编印成《新时代新样子——八届集美区政协委员履职实践》一书。

（杨武）

【"优秀政协委员"评选活动】 2020年，集美区政协以"立足本职、建功立业，履行职责、建言献策"为衡量标准，坚持公开、公正、民主的原则，采取民主推荐与集中评选相结合的方式，开展八届区政协优秀委员评选活动，评选出优秀政协委员32名，并汇集优秀委员先进事迹编印成《榜样》一书。

（杨武）

【委员培训】 2020年，集美区政协组织各类培训4场次。8月13日，举办2020年社情民意信息培训班。各专委会主任、副主任，各镇街联络组组长，特邀信息员，特邀研究员等共50余人参加培训。通过集中学习，参会对象进一步掌握政协社情民意的选题角度、撰写格式和报送规范，为做好新时代政协社情民意信息工作奠定坚实基础。8月14日，举办以"提振精气神，担当新使命，展现新作为"为主题的委员学习班。集中学习全国政协主席汪洋在全国政协十三届三次会议开幕会上代表政协第十三届全国委员会常务委员会作的工作报告；听取2020年上半年集美区经济社会发展情况和8月以来集美区疫情防控的基本情况；聆听"统筹推进疫情防控和经济社会发展"和"读懂新中国70年历史性变革背后'四个自信'"的专题讲座。10月15—6日，举办以"沿足迹、走乡村、议振兴"为主题的暑期研习班。先后学习同安华侨竹坝农场推进农家游、生态游发展的工作经验和军营村在发展乡村旅游和特色产业中的工作经验；重走习近平总书记在军营村的"初心路"，并在高山党校聆听"不忘初心，做好新时代答卷人"专题讲座。12月9日—11日，举办以"学习贯彻十九届五中全会精神，助力'十三五'规划圆满收官"为主题的全体委员研习班。先后视察四川大学华西厦门医院工程项目进展情况、厦门势拓稀土永磁电机产业园运营建设情况。听取"疫情下的产业升级与新经济模式研究"和"台海局势与国家统一前景"的专题讲座。

（沈琦）

重要会议

【区政协八届五次会议】2020 年 12 月 27—30 日召开。会议听取区政协主席胡亚才所作的常委会工作报告和副主席纪永强所作的提案工作报告；协商讨论集美区“十四五”规划和 2035 年远景目标纲要（草案）；听取区政府、区财政、区人民法院、区人民检察院工作报告；听取区民政局、区文化和旅游局 2020 年重点提案办理情况报告和13 名委员代表个人、所在党派、专委、镇街作的大会发言；会议表彰八届集美区政协优秀委员、2020 年度优秀提案、提案承办先进单位；协商通过区政协八届五次会议提案审查情况报告；审议通过区政协八届五次会议决议。

（沈琦）

【区政协八届常委会会议】2020 年，集美区政协八届常委会召开 7 次会议。3 月 11 日，区政协主席胡亚才主持召开区政协八届二十次常委（扩大）会议。会议传达学习省、市两会精神；讨论研究《集美区政协 2020 年协商工作计划》，讨论并审议通过《集美区政协常委会 2020 年工作要点》。

5 月 6 日，区政协主席胡亚才主持召开区政协八届二十一次常委（扩大）会议。会议书面通报集美区“融入岛外发展、提升城乡融合度”工作情况；围绕“融入岛外发展 提升城乡融合度”进行专题协商议政，陈丽娴等 4 名常委代表所在党派，黄建平等 4 人代表所在镇街联络组，围绕环境提升、新城建设，社区治理、城中村整治、乡村振兴等方面建言献策；审议通过《关于“融入岛外大发展，提升城乡融合度”的建议案》。

8 月 6 日，区政协主席胡亚才主持召开区政协八届二十二次常委（扩大）会议，就“提升城乡医疗卫生水平建议案”的落实情况开展专项民主监督。会议听取区卫健局关于“提升城乡医疗卫生水平建议案”的落实情况。荀山英等 6 名委员围绕如何构建医养结合的公共卫生体系、如何突破集美区医疗卫生人员不足情况、后溪卫生院周边的配套建设等问题与各部门负责人进行互动。

12 月 18 日，区政协主席胡亚才主持召开区政协八届二十三次常委（扩大）会议。会议听取副区长林声群关于区政协八届四次会议提案办理情况通报；审议通过区政协常委会工作报告和提案工作报告；决定区政协八届五次会议于 12 月 27 日召开；协商通过区政协八届五次会议的议程、日程、提案截止时间、执行主席分组名单、秘书长、副秘书长名单、各小组召集人名单；协商通过关于授权主席会议审议区政协八届二十三次常委（扩大）会未尽事宜的决定；协调通过委员调整增补事宜。

12 月 28 日，区政协副主席陈小强主持召开区政协八届二十四次常委会议。会议听取各组有关区政协常委工作报告和提案工作报告的讨论情况汇报。

12 月 29 日，区政协副主席纪永强主持召开区政协八届二十五次常委会议。会议听取各组有关区政府工作报告、“十四五”规划纲要说明和财政工作报告讨论情况汇报。

12 月 30 日，区政协副主席李瑞盛主持召开区政协八届二十六次常委会议。会议听取各组有关讨论情况汇报，审议通过大会决议（草案）；审议提案审查情况报告（草案）。

（陈晓珍）

2020 年 12 月 27-30 日，集美区政协召开八届五次会议。图为 2020 年度优秀提案人和提案承办先进单位代表接受表彰
（冯立东 摄）

协商议政

【双月对口民主协商】2020 年，集美区政协围绕助推职能部门重要工作落实，邀请区职能部门开展双月对口民主协商活动 5 次。4 月 9 日，邀请区工信局就扩大产业优势，积极壮大发展“三高”企业开展双月对口民主协商活动，提出加大引才聚才、科技研发扶持、金融信贷支持、龙头企业培育、知识产权保护、挂钩帮扶工作力度和加强公共服务平台建设等建议。6 月 24 日，邀请区爱心办就弘扬嘉庚精神、深入推进“爱心厦门”建设开展双月对口民主协商活动，提出突出精神引领、突出典型培育、突出品牌打造、突出上下齐心等建议。7 月 9 日，邀请区台港澳办就贯彻落实惠台措施、打造台

2020年12月10日，区政协委员视察四川大学华西厦门医院工程项目进展情况 （沈琦 摄）

胞台企登陆第一家园开展双月对口民主协商活动，提出加速推进改革试点工作、做大做强集美研学品牌、持续优化对台营商环境、落实台胞在集同等待遇、设置服务台胞“绿色通道”、探索职业资格认定机制、注重惠台政策宣传导向、引导台胞融入集美生活等建议。9月22日，邀请区民政局就提升社区重大灾情应对能力建设开展双月对口民主协商活动，提出建立就近快速的应急机制、提升应急救援培训覆盖面、加强社会各方的协同参与、科学调配全区应急救援的人力物资、促进重大灾情社区应对能力提升等建议。10月22日，邀请区卫健局就加强公共卫生防疫体系建设开展双月对口民主协商活动，提出构建短期计划与中长期规划相结合的机制、构建平战结合的物资储备与基础设施建设机制、构建人才引进与自主培养相结合的队伍建设机制、构建分级分层分流的重大疫情救治机制、构建公共卫生防疫体系的信息技术全覆盖机制、构建疫情防控法治宣传和公民健康教育常态化机制等建议。（杨武）

【高校委员季谈会】 2020年6月11日，集美区政协就“加强历史文化保护传承、促进城市文化建设”开展专题协商。委员们在深入调研的基础上，围绕协商议题，从“坚持文化强区思路、打造建筑文化特色、提升内涵和品质、构建特色文旅名区”四个方面提出17条具体建议，形成《关于加强历史文化保护传承促进城市文化建设的建议》主席会议建议案，供区委、区政府决策参考。（罗春林）

提案办理

【概况】 2020年，集美区政协八届四次会议收到提案214件，经审查合并立案115件，其中委员提案93件、党派团体提案22件。按提案类别分：经济建设类20件，城市建设与管理类50件，文化建设类32件，社会建设类10件，生态文明建设类3件。确定重点提案3件，分别是《关于促进我区医养结合发展的有关建议》《关于发展集美夜经济的建议》《关于系统治理集美湖水体污染的建议》。收到提案复函件122件（含分办单位复函件），提案所提问题已经解决落实的56件，正在办理落实的62件，受客观条件限制列入计划研究解决的4件。从提案人反馈的意见看，表示满意或基本满意的120件，不满意的2件，委员满意率98.36%。

【发展集美夜经济的建议】 2020年，集美区工商联以及委员童启明、杨仁太、董振寿、田芳、蔡拥护提出的《关于发展集美夜经济的建议》由集美区文体旅游局、集美区商务局分办。提案认为，区文旅局高度重视，成立“集美新城点亮夜经济行动指挥部”。组织编制《集美新城夜间经济发展规划》，出台《集美新城点亮夜经济行动方案》。整合文旅产业规划，初步形成“景区＋酒店＋演艺”的夜游模式。全域规划，打造集美海上游湖上游的滨海度假旅游。杏林湾建设水上运动中心和海上自行车道。完善夜间交通，解决市民游客夜间出行难的问题。开发文旅产品，丰富游客夜间体验。商务局以争创国家级文旅消费聚集区为工作目标，针对不同阶层的消费需求和不同街区的业态特点，打造不同类型的特色商业街，构建集美新城核心商圈。提升改造一批现有项目、策划启动一批示范项目、招商新建一批特色项目，以点带面促进夜间经济发展。策划“集美新城·美好生活”集美欢乐购等系列活动。筹划出台促进夜间经济发展的普惠性政策措施。对带动强的重点项目，实施更加针对性的“一企一策”，加大夜间经济发展扶持力度，推动夜间经济健康有序发展。提案人对办理结果表示满意。

【医养结合发展的有关建议】 2020年，集美区政协委员陈琳提出的重点提案《关于促进我区医养结合发展的有关建议》由集美区民政局主办。提案认为，近年集美区基本健全完善以“居家为基础、社区为依托、机构为补充、医养相结合”的多层次养老服务体系。全市率先出台《集美区老年人入住养老机构补助实施办法》；落实市级财政对养老机构、入住养老机构人员的补助政策。开展分级分类养老从业人员免费培训，探索“以赛带训”机制，落实“柔性引才”政策，激励各养老机构引入优秀医疗人才、养老人才。协调集美新城指挥部，在集美新城范围内建成“1+6”个嵌入式医养结合型养老服务设施，即1个嵌入式社区养老机构及6个嵌入式社区级照料中心。引入港台、日本、欧洲等先进养老服务规范，建成具备养老服务设施运营监管、服务项目流程监管、服务设施可视化监控、相关补贴网上申报审核等多项功能的养老信息监管平台。推动卫健系统老人电子健康档案信息端口对接区级养老信息监管平台，服务于医养结合信息化工作。探索村居级养老服务设施（居家养老服务站、农村幸福院）的“院站合一”新模式，逐步实现“院”“站”共建共管共享，引入村居养老服务设施第三方运营绩效评估机制，实现常态化监管，确保运营机构活动与“六助”服务开展到位。提案人对办理结果表示基本满意。

【系统治理集美湖水体污染的建议】 2020年，集美区政协委员林剑艺提出的《关于系统治理集美湖水体污染的建议》由集美区市政园林局主办。提案认为，近年来，集美区加大对杏林湾水库的水环境整治，由市政园林局牵头开展九天湖上游截流完善工程，有效控制上游锦园溪及董任排洪沟的污水溢流问题；将杏林湾水库纳入湖长制调度范畴，进行常态化运行管理。多部门联动加大对杏林湾流域常态化的执法巡查整治工作。计划投入20亿元对全区所有雨污管网进行改造，从根本上杜绝污水排入集美湖。项目计划于2022年底完成。4月28日，市委常委、集美新城片区总指挥倪超开会研究策划《杏林湾综合治理建议方案》，针对杏林湾水体不流动、水动力不足、底泥较厚，造成杏林湾长期劣V类的情况，开展系统治理。2020年底，杏林湾水库水质达到V类标准。提案人对办理结果表示满意。

2020年，集美区探索村居级养老服务新模式。图为集美街道居家养老中心食堂
（许晓霞 摄）

2020年，集美区探索村居级养老服务设施新模式。图为灌口镇坑内村幸福院一隅
（林志杰 摄）

【提案办理“回头看”】 2020年，集美区政协分别对2018年区工信局承办的重点提案《关于加强我区企业迁移风险治理的建议》、区教育局承办的重点提案《关于补齐教育短板的建议》开展“回头看”协商评议。多次走访联系提案承办单位，协商提案办理“回头看”有关问题；组织提案人和提案委成员认真开展前期调研工作，制定工作方案。组织开展2场“回头看”评议协商会，2个承办单位分别围绕2018年重点提案复函，逐一对照《关于区政协八届二次会议重点提案办理考评及承办部门工作评议情况的通报》的要求，汇报提案后续办理情况；参会人员与承办单位进行良性而深入的互动，监督效果明显。针对承办单位反映的困难、委员前期调研提出的问题、群众的愿景向往等，提案人和提案委委员与承办单位一起客观分析问题产生的原因，提出解决问题的建议对策，帮助承办单位优化机制、改进工作，为进一步优化提升营商环境和促进教育事业发展提供有益参考。评议组认为，被评议单位区工信局、区教育局高度重视提案“回头看”后续

办理工作，加强组织领导，强化办理责任，抓住重点难点问题，做好后续办理工作。（王新苗）

视察与调研

【主席会议视察】2020年，集美区政协围绕加快推进集美海岸线景观带建设，首次以主席会议形式开展专题视察监督。11月2日，区政协组织主席会议成员、城市建设委与管理委委员在实地视察的基础上，邀请区政府分管副区长和市政园林局、自然资源和规划局、集美街道等单位领导开展座谈协商，提出加快进度、突出休闲、追求品质、完善配套等建议。

【专题视察】2020年，集美区政协围绕人文品质、城市管理、工业配套、平安创建，开展专题视察5次，其中专委视察4次、全体委员视察1次。

5月14日，组织港澳台侨委、科教文卫委委员视察集美人文馆建设与管理情况，提出进一步突显人文集美内涵、尽快完善展馆硬件设施、着力提升营运服务水平、拓展场馆配套服务等方面的建议。

6月17日，组织经济发展委委员视察深青工业组团配套管理服务情况，提出提高组团管理水平、完善组团硬件设施、优化组团配套服务等方面的建议。

9月3日，组织社会服务与保障委委员视察侨英、杏林公安派出所镇（街）驻所公调室创建情况，提出加大宣传力度、总结推广经验、加强工作考核、严格法律流程等方面的建议。

10月14日，组织科教文卫委委员视察影视产业基地建设情况，提出“高标准”规划、“好政策”先行、“大格局”推进、“全区域”共建、“市场化”运作等方面的建议。

12月10日，组织全体委员视察四川大学华西厦门医院建设项目和厦门势拓稀土永磁电机产业园建设、招商、营运情况，提出加快项目建设进度，优化营商环境、提升管理服务等方面的建议。（杨武）

【课题调研】2020年，集美区政协组织开展“加快完善公共卫生服务体系努力提升应对突发事件服务能力”重点课题调研。组织区政协各专委、各镇（街）政协工作联络组和各民主党派、工商联、人民团体开展课题调研，形成调研报告27篇。其中《关于利用大数据破解集美交通难点的建议》等11篇做为区政协八届五次会议口头或书面发言材料。

表6　2020年政协集美区委员会课题调研报告一览表

序号	课题题目	单位
1	推进集美新城夜经济发展的对策建议	经济发展委
2	大数据赋能集美交通——利用大数据破解集美交通难点、痛点	城市建设与管理委
3	集美辖区幼儿园、小学一线教师嗓音障碍情况基线调查报告	科教文卫委
4	深入贯彻四中全会精神 开拓市域社会治理的集美实践	社会服务与保障委
5	认罪认罚适用实践中如何保障判决公正的思考	社会服务与保障委
6	关于集美区幼儿园基础情况的调研和建议	港澳台侨委
7	关于进一步推动集美残疾人事业发展的建议	港澳台侨委
8	关于灌口镇道路交通的现状及其对策	灌口镇政协联络组
9	关于推动杏林“城中村”改造的建议	后溪镇政协联络组
10	关于推动改造杏林“城中村”改造的建议	杏林街道政协联络组
11	推进集美街道老旧居住区物业管理的调研与建议	集美街道政协联络组
12	推进垃圾分类向“精细化”发展 建设最美新市区	集美街道政协联络组
13	关于完善校园体育场地对外开放的对策建议	侨英街道政协联络组
14	在山后张社实施乡村振兴试点的实践与思考	杏滨街道政协联络组
15	关注中小学生放学后的学习生活状况促进教育更加完善发展	民革集美一支部
16	建立教育联合体，加强中小学与高校合作	民革集美总支

续表 6

序号	课题题目	单位
17	普职联手，加强中小学生职业启蒙教育	民盟集美工业学校支部
18	打造高颜值、高品质的“集美湖公园”提升集美风景旅游区的品牌效应	民建集美区基层委
19	关于解决集美区企业用工难的对策建议	民建集美工业区支部
20	关于促进集美中职教育高质量发展的建议	民进厦门英才学校支部
21	关于减轻中小学教师负担 进一步营造教育教学良好环境的建议	
22	引领行业发展、打造特色品牌 推动集美区研学旅行项目品牌化	
23	提升居民小区治理能力的探索	致公党集美基层委
24	关于发展集美区应急产业的建议	九三学社集美基层委
25	加强人工智能在民生领域的应用 推动人工智能产业发展	台盟集美总支
26	推动集美区制造业高质量发展的对策建议	区工商联
27	加强集美侨乡文化保护和传承的意义和建议	区侨联

【社情民意】 2020年，集美区政协收集社情民意信息261条，采用并上报92条，编印工作动态期刊11期，政协社情民意专刊24期。其中“关于完善园博苑地铁站周边交通环境的建议”等15篇获区主要领导批示，“后疫情时代推动厦门体育赛事加快发展的建议”等11篇被全国政协和省政协、市政协、市委办专报件采用。在新冠疫情暴发的特殊时期，区政协建立应急建言机制，收集报送各类有关统筹推进疫情防控和经济社会发展的社情民意信息69条，其中“建议配合疫情防控尽快出台延期纳税申报通知”等10篇被全国政协、省政协、市政协和市委办专报件采用，助推政协建言转换成为疫情防控具体举措。（沈琦）

民主监督

【常委会民主监督】 2020年，集美区政协开展常委会专题民主监督1次。6月，区政协围绕区政协八届十四次常委会审议通过的《关于提升城乡医疗卫生水平的建议案》落实情况进行“回头看”，组织各民主党派、医卫界委员、相关专家及各镇街联络组，成立3个民主监督小组和3个工作调研组，分别深入基层医院、卫生服务中心实地调研、召开专题座谈会。8月6日，召开首次专题监督性常委会议，区政府分管副区长以及区卫健局、区财政局、区建设与交通局、区人社局、区委编办等部门领导应邀参加，协商指出存在问题，提出构建城乡医疗卫生公平化格局、坚持“强服务”理念、强化特色专科建设、做好公共卫生工作等建议。

【专项民主监督】 2020年，集美区政协开展专项民主监督1次。11月，区政协围绕集美区重大招商项目落地推进情况，以经济发展委为主，抽调经济发展委、城市建设与管理委部分委员组建专项民主监督小组，进行深入了解和前期调研。11月12日，在现场察看电子城·（厦门）国际创新中心项目建设运营情况和实地调研厦门市宜车时代信息技术有限公司（宜买车）项目落地推进情况后，召开专题民主协商会，区政府分管副区长和区商务局、区工信局领导应邀参加，会议针对存在的问题和不足，提出统筹汇聚招商合力、突出重点精准招商、持续升级营商环境、盘活资源强化服务等建议。（杨武）

【部门工作评议】 2020年，集美区政协组织对《关于促进我区医养结合发展的相关建议》《关于发展集美夜经济的建议》重点提案办理情况进行协商考评，并评议承办部门区民政局、区文旅局的工作。区政府、区政协和提案承办单位的领导和提案人、政协委员代表、特邀专家代表等参加视察调研、协商评议活动。根据《集美区政协提案办理考评办法》规定，政协评议组从健全领导机制、完善协商机制、规范办复制度、落实合理建议及委员实效评议等五个方面对区财政局、区商务局重点提案办理情况进行综合考评。并分别从落实区委、区政府决策部署和完成各项工作任务的情况、部门工作中亮点和特色工作方面、部门工作中存在的薄弱环节、提案意见建议的整改落实情况等四个方面对区民政局、区文旅局的履职工作进行考评。按照《集美区政协2020年重点提案办理考评并开展评议部门工作的方案》要求，综合分数由提案办理评议结果（占60%）与部门履职工作评议结果（占40%）两部分组成。经综合评议，区民政局得分98.92分、区文旅局得96.32分。

（王新苗）

纪检监察

综　述

【概况】 2020年，集美区纪检监察机关践行“两个维护”，履行党章和宪法赋予的职责，发挥监督保障执行、促进完善发展作用，推动党风廉政建设和反腐败工作。开展审查调查工作，全年立案109件112人，给予党纪政务处分83人，移送司法机关15人。全区政治生态持续净化，信访举报比上年下降63%。

【“两个维护”践行】 2020年，集美区纪委监委围绕统筹推进疫情防控和经济社会发展，做好“六稳”工作，落实“六保”任务，一线跟进监督，纠正防控不力、“表格抗疫”等问题412个，推动完善联防联控机制，规范捐赠物资管理，督促支持企业共渡难关20条措施的落实，兑现资金9930万元，惠及企业上千家，监督工作成效获得市纪委肯定。紧盯中央生态环保督察整改、农村乱占耕地建房整治，督促拆除生态敏感区违建42处2109.31平方米，清理被占农地388处。聚焦省委加强文化遗产保护的要求，推动建立拟征拆房屋普查甄别机制，保护历史风貌建筑。围绕市委、区委“招商引资与项目建设攻坚年”中心工作开展专项监督，推动解决项目严重滞后、部门协作配合不力等“梗阻”问题32个，全区“招商引资与项目建设攻坚年”活动取得明显成效。压实全面从严治党政治责任，协助区委常态化开展全面从严治党主体责任落实情况检查，抓好省对市、市对区责任制检查反馈问题整改，推动各级党组织开展第一种形态谈话314人次，整改问题473个。严明政治纪律和政治规矩，严肃查处违反政治纪律案件4件。

【纪检监察队伍建设】 2020年，集美区纪委常委会学习中共十九届五中全会精神，深刻领会党中央一系列决策部署的精神实质和政治内涵，带动全系统学深悟透、真信真用。区纪委监委开展“深化大学习，提振精气神”教育活动，疫情期间全员参与疫情防控，强化党性锻炼。坚持学习与实践并重，轮训干部2批196人次，干部综合素质和业务能力全面提升，各项工作在全市排名靠前。制订《关于深化区纪委监委派驻机构改革意见》，规范派驻机构职责权限和履职程序，强化挂钩业务指导，提高派驻监督能力。加强基层纪检组织建设，选优配强纪检干部。严格执行监督执纪规则、监督执法工作规定，强化调查措施监管，确保依纪依法、安全文明办案。严格落实“六带头六严禁”，做到廉政家访全覆盖，强化八小时外监督。坚持打铁必须自身硬，核实反映纪检监察干部、巡察干部的问题线索，严防“灯下黑”。（区纪委办）

监督执纪

【群众身边腐败和作风问题整治】 2020年，集美区纪委监委紧盯群众反映强烈的突出问题，开展“十百千”、“找差距、抓落实、解难题、化积案”专项行动，化解重复举报和积案21件，推动解决杏林街道杏林社区158名“外嫁女”反映的无法参与集体经济组织权益分配等问题22个。整治群众身边腐败和作风问题63件63人，全区清退违规发放的补偿款289.45万元，拨付迟滞发放的补偿款562.33万元。开展全覆盖入户访查，督促解决群众实际困难19个，推动建立帮扶对象信息共享机制，杜绝错保漏保。开展房屋安全隐患排查、农村人居环境整治等专项监督，推动解决珩琦一里小区大面积违建、居民小区消防栓破损失修、安置房小区地下车库长年闲置等一批群众操心事、烦心事、揪心事。深化扫黑除恶专项斗争，立案查处涉黑涉恶腐败及充当“保护伞”的党员干部16件16人，追责问责29人，推动工程建设、金融放贷、资源环保等领域建章立制31项，持续“正本清源”。

【日常监督】 2020年，集美区纪委监委巩固落实中央八项规定精神及其实施细则成果，查处公车私用、违规发放津补贴等问题46人，推动健全“三公”经费管理使用规范23项。坚决整治形式主义、官僚主义，纠治转嫁摊派、推诿扯皮等问题19个，推动全区会议、文件、督查检查考核事项持续压缩，基层负担真减实降。狠刹享乐主义、奢靡之风，开展餐饮浪费行为专项监督，劝导取消集体餐饮活动161场，累计节约资金2000余万元。拓展“1+X”监督机制，建立健全分工协作、联席会商、移送通报等配套机制，监督合力增强。延伸监督触角，发挥村（居）廉政监督工作室作用，通过实时监督，及时纠正疫情防控、脱贫攻坚工作落实不力等问题71个，协助追回村（居）集体资产租金612.57万元，形成区镇村三级联动监督格局。全年

2020年1月7日，区纪委联合多部门开展落实中央八项规定精神专项检查。图为纪委工作人员检查永辉超市销售台账（区纪委 供图）

贯通运用“四种形态”批评教育帮助和处理707人，其中前两种形态占比93.7%，管住大多数、惩治极少数的效果显现。

【反腐败斗争】 2020年，集美区纪委监委巩固工程项目建设、国有企业经营管理、村级组织腐败等领域整治成果，推进“两违”领域整治，启动征地拆迁领域整治工作。“两违”领域查处违纪违法问题19件19人，敦促主动投案25人，分类处置102人，破除该领域权力寻租“潜规则”。征地拆迁领域，系统梳理征拆款发放混乱、土地收储失管、安置房管理缺位等问题15个，督促责任单位立行立改，出台《集美区整村征收补偿安置办法》等14项制度，规范征拆工作。针对不可预见费管理使用随意、人口安置工作制度缺位、安置房建设管理粗放等普遍性问题，向区委区政府提出专题建议3份，全部被采纳。整治工作做法成效获得市委、市纪委肯定。坚持以案促教，通报典型案例13件，深入各相关单位开展法纪宣讲6场，受众近千人。修复政治生态，对问题突出的重点领域和单位开展政治生态评价，把握“树木”与“森林”状况，推动形成风清气正的从政环境。

（区纪委办）

巡察工作

【概况】 2020年，集美区委巡察工作领导小组将“六稳”“六保”和招商引资与项目建设攻坚年活动等区委中心工作纳入巡察监督重点。全年开展常规巡察2轮3批，涉及17个单位；组织专项巡察2个，分别为征地拆迁项目和村级组织；开展“回头看”巡察1次；提前实现对60家区级单位的巡察全覆盖，发现问题786个，移送问题线索83条，立案26人，党纪政务处分18人。

【巡察整改】 2020年，集美区委巡察工作领导小组健全整改监督工作链，出台《中共集美区委巡察整改工作操作规程》，完善纪检监察机关综合审、组织部专项审、巡察组协助审工作机制，确保巡察整改实效，巡察问题整改率超过90%。推动立行立改，督促杏林街道曾营社区收回被占用集体土地4处、面积1.57万平方米，灌口镇收回正新二期安置房项目过渡费366万元，维护群众利益。着眼长治长效，向区委提交完善众创空间奖扶资金监管等专题报告8份，推动专项整治。

【巡察工作规范建设】 2020年，集美区委巡察工作领导小组制订《中共集美区委巡察整改工作操作规程》《中共集美区委巡察信访受理与交办工作规范》等制度，与区审计局联合出台工作协调机制实施意见，以提升巡察工作规范化制度化水平。设立巡察事务中心，通过中央、省委专题培训，省委巡视、市委巡察“以干代训”，提升巡察队伍专业化水平。

（区委巡察办）

民主党派与工商联

中国国民党革命委员会集美总支部

【概况】 2020 年，中国国民党革命委员会集美总支部（简称民革集美总支）下辖一支部和二支部，全年新增党员 3 名，共有党员 69 名。其中，女性 32 名，占 46.4%；高级职称 32 名，中级职称 26 名，合计占 84.06%。担任区政协委员 4 名、区人大代表 2 名，南平市人大代表 1 名；另有 1 名党员被聘为区政协特约研究员。10 月，总支完成换届工作，徐干远担任主委，杨冶、曾惠如担任副主委。

【参政议政】 2020 年，民革集美总支担任人大代表和政协委员的党员分别在市、区两会上提交提案近 30 件。其中，徐干远撰写的《建议配合疫情防控尽快出台延期纳税申报通知》被厦门市政协、全国政协采用；《建议进一步提高小微企业增值税纳税起征点标准》被民革中央采用。

【课题调研】 2020 年，民革集美总支开展课题调研，张宏杰撰写的《关于闽南文化与中小学校园文化融合的建议》和《关注中小学生放学后的学习生活状况，促进教育更加完善发展》，杨柳撰写的《推动申报厦门市为国家历史文化名城工作的相关建议》，林小芬撰写的《建立教育联合体，加强中小学与高校合作》和《关于进一步推动残疾人事业发展的建议》，林庆同撰写的《关于吸引台青来厦实习实训、就业创业的建议》等多项调研课题获得表彰。

【防疫抗疫】 2020 年，民革集美总支党员曾惠如、张文斌、张羡英、张秀梅、叶琳、林淑真等医务人员奋战抗击新冠肺炎疫情第一线，为疫情防控提供医疗保障。林小芬、邓宁等新闻工作者及时报道抗疫消息。疫情期间，陈志喜主动请缨，统筹协调全区各校园疫情防控工作，获 2020 年度厦门教育系统抗疫先进个人奖。徐干远向区红十字会捐赠 3 万元，林小芬向区慈善会捐赠 1000 元，陈艳昌撰写关于疫情防控社情民意的信息近 10 篇。

【社会服务】 2020 年，民革集美总支参与社会公益活动，老党员杨福全为集美区“福乐家园”残疾孩子义务传授绘画及手工制作技术。王碧文连续 5 年参与资助灌口中学贫困生 6 人，资助甘肃和政一中部分贫困生、集资资助甘肃和政四中外文书籍价值 5000 元，被市教育局聘任为 2020 年厦门市中学学科带头人。陈秀钦坚持厦门红十字义工服务团义工服务。林庆同参与筹办集美诚毅志愿联盟团建活动。徐干远当选厦门市中小企业服务行业协会副会长、市新社会阶层人士联谊会（简称新阶联）副会长，先后为软件园员工、集美区新阶联成员义务讲解《新冠肺炎疫情防控税收优惠政策》和《新形势下税收风险防范及税收筹划》4 次。陈忠洪在“数字之星”中国智慧教育行业年度评选（2019—2020 学年）活动中获“卓越人物奖”。黄辉樟被厦门市生态环境局聘为厦门市生态环境应急专家库专家。徐卫勇带领公司承办海峡论坛之两岸庙会、两岸研学营、两岸马戏文化节等对台交流活动，推进两岸文化交流工作，推动民革祖国统一工作深入开展。 （杨柳）

中国民主同盟集美基层委员会

【概况】 2020 年，中国民主同盟集美区基层委员会（简称民盟集美区基层委）下设支部 8 个。年底，民盟集美区基层委有盟员 221 人。其中，本科以上学历 191 人，大专学历 30 人；高级职称 75 人，中级职称 146 人；男性 119 人，女性 102 人；担任第八届集美区政协委员 9 人，担任区人大代表 3 人。刘晓斌任民盟集美区基层委主任委员，李志勇、曾令伟、郑永辉、公贤碧、石琦、黄仁美、颜君孟任副主任委员。委员公贤碧、黄莉被评为 2020 年度集美区“优秀政协委员”。

【参政议政】 2020 年，民盟集美区基层委提交课题调研报告 5 篇。其中《关于开展厦门普职融通和职业启蒙教育的若干建议》在市政协十三届五次大会作书面发言。民盟集美区基层委组织盟员全年提交区政协社情民意信息 71 篇、动态信息 5 篇，被采用 28 篇。其中《涉外工作中应区分外籍华人与华侨的概念》《建立公开统一的全国中等职业教育学历证书查询系统》被省政协采用，《建议国家教育部紧急统一调整各类学校寒暑假》《警惕各类募捐诈骗，引导人们通过正规渠道捐款捐物》被市政协采用，《关于完善园博苑地铁站周边交通环境的建议》及《关于挖掘学村名人故事，充实集美人文内涵的建议》获区领导批示。

【公益活动】2020年2月，民盟集美区基层委率先向各支部盟员发出倡议，参与“防疫抗疫”捐款捐物活动，共募得款项23900元，统一交给集美区慈善会。厦门十中支部直接捐款6000元到疫情中心的湖北黄梅县小池镇刘畈村，用于村民购买抗疫物资。教育支部陈培荣获2020年厦门市教育局“抗疫先进个人”。3月份，民盟文化支部结合抗击新冠肺炎疫情形势，开展关爱一线医务人员、关爱弱势群体的子女线上教学辅导等方面的志愿活动。

（郑永辉）

中国民主建国会集美区委员会

【概况】2020年，中国民主建国会集美区委员会（简称民建集美基层委）有支部5个，年内新增会员4人，共有会员127人。其中本科以上学历97人，大专学历19人；高级职称18人，中级职称36人；男性90人，女性37人；区人大代表2人，区政协委员10人。杨仁太任民建集美基层委主委，洪毅忠、范文炜、苏清海、林欲晓、林辉任副主委。苏清海获2020年度“民建福建省参政议政先进个人”和“民建福建省社情民意好消息获得者”，洪毅忠获评政协第八届厦门市集美区委员会优秀委员。

【参政议政】2020年，民建集美区基层委提交区政协提案11份，主委杨仁太和洪毅忠、刘德英等人及各支部在发展夜经济、停车楼建设、非机动车智能化管理、垃圾分类、光伏发电建设、集美城市提升等方面建言资政。其中，主委杨仁太《关于发展夜经济从集美大社开启的建议》、新城支部《发挥产业基金引导作用，助推我区经济发展的建议》被区政协评为优秀提案。主委杨仁太代表民建集美区基层委在区政协八届五次会议上作题为《关于解决集美区民营企业用工难的建议》大会发言。全年基层委向民建厦门市委会提供社情民意信息56件，报送调研文章与理论文章13篇，提供市政协大会发言与书面发言3篇。其中新城支部主委苏清海《以供给侧提升我国中药材质量的对策》等5篇获民建中央采用，《建议出台福建省中医药地方条例》获福建省委办采用，《优化厦门市食品安全监管模式，保障食品安全供给新格局》被市政协评为优秀提案。工业区支部完成《建议实施古建筑认养制度，推动闽南文化生态保护区建设》《运用“互联网+”推动闽南文化生态保护区建设》《关于落实减税降费措施，抓好惠企政策服务的建议》《实体制造业防控疫情与复工需要解决的问题与对策》等调研报告及社情民意信息多篇。

【主题活动】2020年，民建集美区基层委各支部在民建成立75周年之际，组织会员学习会章会史，参加会章会史在线知识竞答、开展手抄会章等学习活动，参加市委会“我与民建共成长”征文比赛；参加民建省委2020年度宣传信息员网络培训班、厦门民建企业家代表大会、第十三届民建中小企业发展论坛等研讨活动，参加厦门民建第九届“团结杯”气排球比赛；参加区委统战部组织的2020年集美区统战理论培训班、统战系统第六届户外拓展“走进清新灌口”主题活动；组织会员前往同安区丙洲村、宝象红星美凯龙商场、灌口金玲珑葡萄园开展乡村振兴、特色农业等调研活动，组织研讨后疫情时期中小企业生存与发展、如何帮助会员及会员企业积极抗疫讨论会，开展海岛旅游休闲产业发展调研等社会活动。

【公益活动】2020年，民建集美基层委会员及各支部同心携手抗击新冠肺炎疫情。杨仁太、蔡锦铎、张雅萍等会员深入一线防疫抗疫，会员林辉支援集美区口罩生产企业中科贝思达环保科技公司恢复生产，福仁安培技术咨询有限公司支持企业完成疫情培训；2月，基层委发起“武汉加油，集美民建与你同行”捐赠活动，5个支部累计捐赠财物291760元。旅居海外的会员陈少宏从国外急购KF94一次性医用口罩11047个（价值近20万元）捐赠给集美区。陈威勇、王旭明、苏清海、陈福仁、杜亿龙等会员热心捐赠消毒液、医用眼罩、防护面罩、防护手套、测温枪、消杀剂等各类抗疫用品。会员叶华阳代企业向厦门红十字会捐款3万元，陈潼被民建省委评为抗击新冠肺炎疫情先进个人。在民建中央、民建省委开展的丰宁、政和“聚光扶稳脱贫”专项行动中，会员叶华阳、陈亚贤、林辉分别捐赠24200元、12100元、24200元，助力河北省丰宁县脱贫攻坚和巩固政和县外屯乡脱贫。集美工业区支部获“民建全省先进集体”称号，林辉、叶华阳、陈亚贤获“全省社会服务工作优秀个人”称号，苏清海、林辉获“民建全省优秀会员”称号；基层委开展优秀支部、先进个人、参政议政优秀会员、优秀社会服务工作者、招商引资先进个人及优秀会务工作者表彰活动。

（张雅萍）

中国民主促进会集美基层委员会

【概况】2020年，中国民主促进会集美基层委员会（简称民进集美基层委）有支部7个，会员116人。其中本科以上学历68人，大专学历22人；高级职称69人，中级职称34人；男性68人，女性48人；区人大代表3人，区政协委员8人。潘永俊任民进集美基层委主委，叶霞、贺嘉鸿、陈永春、郭廓任副主委。民进集美基层委各个支部开展疫情防控献爱心、关心关爱老会员、推荐培养新会员、组织参观厦门民进会员之家等工作。参加区委统战部举办的理论培训班、“同心、趣味运动会”等活动。

【履职能力建设】2020年，民进集美基层委中的政协委员参加弘扬嘉庚精神、推进“爱心厦门”建设双月对口协商活动；参加“提振精气神，担当新使命，展现新作为”区政协委员学习班；参加民进厦门市委在同安区莲花镇军营村高山党校举办的履职能力建设培训班；参加政协集美区“十四五”规划学习培训。会员贺嘉鸿参加“新时代人民政协的新样子”文章撰写活动。

【建言献策】2020年，民进集美基层委会员贺嘉鸿撰写《弘扬嘉庚精神，引领履职行动》，与李敏勇合作编纂《关于嘉庚故里——集美区的嘉庚建筑风格的调研》一书，贺洪武撰写《关于开展行车期间违法使用手机专项整治活动的建议》《厦门交警开展专项整治活动》《关于福建集成电路人才培养的几点建议》《关于完善非厦门户籍老人优待政策的建议》《关于完善厦门特殊景观树木管理的建议》《关于引进高水平专业型高校到厦办学的建议》建议6篇，其中《关于完善我国集成电路产业人才引进政策的建议》被民进省委推荐到民进中央；郑梦月完成《关于建立“高校反网贷防火墙”机制的建议》《关于统一整改城市街道商铺招牌的一些思考和建议》；赵翔完成《关于高校教育师资人才管理的建议》《关于全面推进老旧小区改造工作的建议》；何耀新完成《关于厦门漆画艺术传承与保护的意见建议》《关于“异地就医”备案的若干建议》。马蔚斌撰写的《嘉庚精神的现代诠释———发挥嘉庚精神在“一带一路”中的作用》确定为民进市委课题；《减轻中小学教师负担》《研学旅游品牌建设》《中职教育高质量发展》3项建议列入区政协课题。

（贺嘉鸿）

中国农工民主党集美区基层委员会

【概况】2020年，中国农工民主党集美区基层委员会（简称农工党集美区基层委）发展党员13人，其中男性9人、女性4人，平均年龄35.3岁。至年底，共有党员180人，平均年龄50.6岁。其中，大学以上学历145人，占比80.56%；硕士研究生12人，博士1人，占比7.2%；高级职称62人，中级职称64人；医药界62人、教育界50人、机关单位18人、人口资源生态环境13人，科学技术、文化艺术各8人。党员中，担任区人大代表1人，区政协委员4人。丁加生任农工党集美基层委主委，周素敏、邹方云、吴青任副主委。邹方云获“福建省优秀教师”称号，张怡盾获厦门市委宣传部2020年度践行社会主义核心价值观基层“最美人物”提名奖，柯雪梅获“福建省三八红旗手”称号，傅清青获厦大公共卫生学院万孚生物奖教金。

【组织建设】2020年9月26-27日，农工党集美区基层委3名党员参加农工党漳州、宁德、厦门三地市委会联合举办的参政议政骨干培训班；陈粲参加农工党市委组织的基层骨干中共党史教育培训；王雪云参加农工党厦门市委组织的中共党史教育学习。

【参政议政】2020年，农工党集美区基层委鼓励每一位党员特别是中青年在职党员，每年至少交一篇社情民意信息，并及时汇总上报。年内，党员撰写有《关于滨水小区幼教资源的整合建议》《关于影视基地的人才建设建议》《充分发挥集美文教区优势，打造终生教育品牌》等文章。采取“横向组织调研，纵向联合调研”方式，多形式、多渠道开展调研活动。综合支部组织党员调研环湖景观、农产品销售产地等。农工党集美基层委共有人大代表、政协委员5名，参加区十二届人大六次会议及政协八届五次会议，为集美经济建设发展建言献策。其中，农工党集美基层委课题《关于促进集美区医养结合发展的建议》获得区政协2020年度优秀提案，农工党集美基层委党员吴青、陈琳获得集美区“优秀政协委员”称号。

（陈琳　丁加生）

中国致公党集美区基层委员会

【概况】2020年8月，中国致公党集美总支升格为中国致公党集美区基层委员会（简称致公党集美区基层委）。至年底，共有党员131人。其中男性58人，女性73人；大学以上学历126人，占比96.18%；硕士研究生15人，博士2人，占比12.98%。高级职称40人，中级职称61人；担任区人大代表3人，区政协委员7人。黄元震任致公党集美基层委主委，王茶叶、连明富、赵增旭、唐兵任副主委。

【建言献策】2020年，致公党集美区基层委各支部提交致公党中央委员会、省委会、市委会、区委统战部活动报道及信息30多篇。党员刘双印提交《加强交流合作，推动厦台海洋高科技产业创新发展》政协提案；杨永贵撰写的《发展高端体检，推进健康城市建设》作为致公党厦门市委2020年度重点课题，另提交参政议政信息2条。区政协委员陈宏东提交《关于加大公共交通投入的建议》《关于增加915路公交班次的建议》《关于将集美继续打造成亲子旅游胜地的建议》提案3个（立案2个）；主持厦门市统战课题——《关于加强香港青少年国情教育的研究》；参与政协开展的“新时代人民政协新样子”主题研讨活动，提交研讨文章《新时代基层政协委员的新样子》；参加高校委员座谈会、双月座谈会，作“充分挖掘集美优势资源，打造独具特色的夜集美名片”发言。党员陈秀琼主持市委会课题《加强基层心理健康服务体系构建》和《奖学金留学生对中华文化的认同》，并向厦门市委会和集美区委统战部提交信息和调研报告多篇。党员李瑞盛、刘育芳提出采用EPC建设新模式，尽快启动第三东通道项目的建议，被市委统战部建言专报采用。党员连明富提出各级政府引导企业切实做好返程务工人员管理措施的建议，被致公党福建省委采用；关注海外华人华侨疫情期间特别保护问题的建议，被致公党市委会采用。

【社会服务】 2020年，致公党集美区基层委党员响应市委会号召，踊跃参与爱心捐款，党员结合自身工作岗位，投入疫情防控一线。副主委王茶叶自费购买300多个口罩分给居民。党员杨永贵主动请缨到厦门医学院附属第二医院一线抗疫。党员王东梅发现防疫面屏短缺，带领骨科护理团队自费试制面屏，并申请获得实用新型专利证书，其护理团队获“疫情防控先进科室”称号。主委连明富从海外筹集护目镜1000副，动员泉港区埭中乡贤为镇政府捐赠医用口罩2万个，组织连横书画院参与书画义卖义捐，参与主办“医者仁心·书家有爱”网络书画作品展2期，以书画艺术形式致敬最美逆行者；走访爱心帮扶家庭，为视力残疾的小朋友眼睛治疗提供帮助；在自己创办的福建连横文化研究院建立致公党集美区党员之家；其担任总制作人的广播剧《青山青史》，获福建省第九届百花文艺奖二等奖，并入选国家广电总局“众志成城 共同抗疫”广播电视节目公益展播活动。集美中学支部成立集美中学线上家长学校。杏林支部致公学校常年为社区提供服务。

【学术成果】 2020年，致公党集美区基层委党员杨永贵的研究成果获中华医学会第二十八次全国医学影像技术学学术大会（CSIT2020）优秀论文一等奖、壁报二等奖。党员刘双印的航标多维综合智能监测和处置关键技术研究与应用获中国航海学会科学技术奖二等奖，海洋大数据平台获厦门市科学技术进步奖三等奖，全国海岛大数据平台建设与应用获2020年度海洋科学技术奖二等奖。党员沈琦的《关于内地加强对香港警察关怀联络的几点建议》发表在致公党省委会《情况反映》第361期。党员李小瑜在厦门市首届高中单元教学设计评选活动中获三等奖，在2020年厦门市高考学校优质试题征集比赛活动中获英语学科二等奖。党员游媛指导的学生作品《看板管理在冰箱食物存取的应用》获市青少年科技创新大赛三等奖。江艺华、杨雪芬、卓玉燕、杨毅斌参与省级课题《基于初中分层教学实施路径的实践研究》结题。杨毅斌指导的学生参加厦门市“简易机器人编程”比赛获三等奖。（唐 兵）

九三学社集美基层委员会

【概况】 2020年，九三学社集美基层委员会（简称九三学社集美基层委）下设支社5个，共有社员100人。其中，男性70人、女性30人；博士24人、硕士24人；高级职称58人，占58%；担任区人大代表2人（其中常委1人）、政协委员5人（其中常委2人）。陈丽娴任主委，蔡鹭芳、方清化、张邻川、钱浩、黄乾生、彭瑞强任副主委。社员温松涛获厦门市劳动模范称号，蒋海彬获九三学社福建省委2020年度社会服务工作先进个人、九三学社中央委员会抗击新冠肺炎疫情湖北抗疫一线优秀社员、福建省抗击新冠肺炎疫情先进个人、湖北省“最美逆行者”、厦门医学院疫情防控先进个人、昌吉回族自治州“优秀援疆干部人才”等称号。在厦门市应对新冠肺炎疫情防控阻击战中表现突出，厦门市委、市政府给予通报表扬。

【参政议政】 2020年，九三学社集美基层委组织社员参加区政协会议和区委统战部组织的各种座谈会、季谈会、年会，组织社员深入基层，开展调查研究，向区、市提出关于完善医院、加强区交通规划管理、充电桩建设以及疫情防控等方面的提案和建议6篇。其中社员林剑艺获评区政协第八届优秀政协委员，《关于系统治理集美湖水体污染的建议》获2020年度优秀提案。社员苟山英被评为区政协第八届优秀委员，其带领的杏滨社区卫生服务中心获全国医师协会颁发的抗疫最美基层单位称号。

【社会服务】 2020年，九三学社基层委组织社员参加社会服务。组织社员医学专家到清流县长校镇举办义诊活动，义诊活动涵盖心内科、内分泌科、神经外科、急诊科、儿科、心理科等多种诊治项目，近100名群众接受疾病诊疗或健康指导。（张明海）

台湾民主自治同盟集美总支

【概况】 2020年，台湾民主自治同盟集美总支（简称台盟集美总支）下设2个支部，年底有盟员30人。其中男性17人，女性13人；大学以上学历25人，占比83%；高级职称2人，中级职称12人；担任区人大代表1人，区政协委员2人。郭海峰任台盟集美总支主委，傅伟滨、郑龙、张劲夫任副主委。第二支部获评为台盟厦门市委会参政议政先进集体，2人获台盟厦门市委会“参政议政积极分子”称号。

【参政议政】 2020年，台盟集美总支盟员主笔完成的调研课题5篇，其中《进一步完善社区治理，提高厦门社区治理效能》获得台盟市委2020年优秀调研报告二等奖，《破解基层政府闲置资产利用难题》《加强人工智能在民生领域应用，推动人工智能产业发展》获台盟市委优秀调研报告三等奖。课题《充分发挥产业基金引导作用加快新兴产业发展》分别转化为省政协、市政协、区政协的提案，作为厦门市政协重点提案，分获厦门市政协、集美区政协2020年度优秀提案。参与区政协提升集美区城乡融合度专题协商，做《关于进一步完善社区治理，提高集美社区治理效能的建议》的发言；参加提升城乡医疗卫生水平专项民主监督会议，做《关于提升城乡医疗卫生水平的三点建议》的发言；参加港澳台侨委“贯彻落实回台措施，打造台胞台企登陆第一家园”对口协商会议。

【自身建设】2020年，台盟集美总支开展线上交流，通过总支微信群传达各级政府的相关政策及台盟中央、省委、市委的精神，要求各位盟员在疫情期间配合做好防疫工作。开展抗疫募捐，募集款项用于支援湖北抗疫一线的医院。组织盟员参加省台盟、市台盟、区政协、区统战部开展的各类政治理论培训，提高盟员的统一战线理论水平　（郭海峰）

集美区工商业联合会（商会）

【概况】2020年，集美区工商业联合会（商会）（简称集美区工商联）新增集美区万安县商会、集美区青年企业家商会、福建省土木工程建筑行业协会3个团体会员。至年底，所属商会有镇街基层商会6个、行业协会2个、异地商会2个、青年商会1个。11月20日，集美区工商联举办2020年宣传信息培训班，各镇街商会及会员企业近50名信息员参加培训。

【线上公益培训】2020年4月22日，集美区工商联携手区人民法院开展主题为“复工复产后企业处理劳动争议的建议”的线上云讲座，就企业用工问题、如何行使自主管理、如何处理经济补偿、处理程序合法操作及协商调解等问题进行分析解答，通过实际案例，帮助学员理解和把握重点内容。解读复工政策，帮助企业看懂、用好相关政策，将矛盾化解在萌芽状态，用远程 “法治体检”，优化集美法治营商环境，护航企业复工复产。

【工商联青委会捐资助学】2020年5月9日，集美区工商联青委会向厦门集美杏南中学捐赠“轩晋奖学金”10万元，为杏南中学“凤凰班”45名优秀学生颁发奖学金10万元。6月18日，开展“‘爱心厦门’进校园、深情‘粽’意满集美”活动，赠送集美中学即将毕业的学子爱心粽子2000份。

【东西部对口扶贫】2020年6月9日，集美区工商联党组书记吴萱萱等人赴甘肃和政县新庄乡光明村开展对口帮扶调研，与乡政府负责人、驻村帮扶工作队、村社干部、群众代表进行交流座谈，了解该村的产业发展与村民生活情况，参观新庄学区新建教学楼和党员活动室。与光明村村委会签订结对帮扶协议。

【集美区万安县商会成立】2020年6月20日，集美区第二个异地商会——厦门市集美区万安县商会首次会员大会召开，大会审议通过《集美区万安商会章程》《会费管理办法》《选举办法（草案）》及第一届商会五年发展规划。区工商联作为业务主管单位，支持万安商会的发展，加强双方会务、经贸合作，把握好推进“岛外大发展”的战略机遇，促进推动集美区招商引资，为集美区建设高素质高颜值跨岛发展最美新市区添砖加瓦。

【全省第一家县区级青商会成立】2020年7月18日，集美区青年企业家商会（简称集美区青商会）成立大会暨第一次会员大会召开，为全省第一家县区级青商会。旨在关注引导年轻一代企业家的健康成长，探索助推民营企业的基业传承、守正创新和增值发展。第一届第一次理（监）事会议选举赖鹭挺为青商会会长、陈小龙为监事会监事长，理事会班子成员39人，监事会成员5人。会上，与共青团集美区委员会签署爱心扶幼联合倡议书，并现场进行公益捐赠活动。

【党政领导与企业家恳谈会】2020年8月13日，中共集美区委与各民主党派、工商联负责人、无党派代表人士协商议政座谈会暨党政领导与企业家恳谈会在区行政中心召开，区委书记何东宁，区委副书记、区长胡旭彬，副区长林声群、陈锡彬出席，区工商联主席王瑞祥，区工商联党组书记、常务副主席吴萱萱，区工商联副主席以上人员以及各镇（街）党（工）委书记，区委办、区政府办、区委统战部、区台港澳办、区发改局、区教育局、区工信局、区建设与交通局、区商务局、区审批管理局、区工商联（民营办）、区生态环境局主要负责人，企业家代表及各民主党派、无党派代表人士49人参加，区政府副区长陈锡彬主持会议。工商联围绕招商引资、企业服务、新农村建设、减税降费、城市管理及疫情防控等方面，展开交流并提出工作建议。

【工商联2020年读书班】2020年9月5日，集美区工商联2020年读书班在厦门市委党校开班。区工商联主席王瑞祥，党组书记吴萱萱，副主席郑伟强和执委，青商会骨干会员等80余人参加。读书班邀请华侨大学国际关系学院政治学与国际关系学科教授林宏宇和厦门大学经济学院副教授丁长发就“挑战与应对：当前中美关系与百年大变局”“新常态国内大循环背景下区域经济与民营经济发展”2个主题进行为期2天的讲解。

【理想信念教育】 2020年9月15—19日，集美区工商联组织骨干会员赴延安开展理想信念教育实践活动。区工商联主席王瑞祥，党组书记吴萱萱，副主席郑伟强、毛文勤、陈亚滨、周胜利以及工商联骨干会员、青商会骨干、部分机关干部、镇街商会工作人员共29人参加。活动采用开班和现场教学，安排“党中央在延安的十三年”“毛泽东与毛岸英感天动地的父子情”“三五九旅南泥湾屯田与南泥湾精神”“延安的窑洞里有马列主义”等专题教学内容，组织学员到延安革命纪念馆、王家坪、南泥湾大生产展览馆、杨家岭、宝塔山、枣园等革命旧址接受精神洗礼，前往梁家河，感受当年习近平总书记与老百姓同甘共苦、青春燃烧的艰难岁月。安排学员前往延安三达膜环保科技有限公司，学习高新企业创业、管理、发展理念，与延安市宝塔区工商联举行座谈会，增进沟通，交流经验。

【全国工商联到集调研】 2020年9月27日，全国工商联调研组走进集美区工商联，了解政策落实情况并召开民营经济统战工作座谈会。调研组由全国工商联党组副书记、副主席樊友山带队，福建省委统战部副部长、省工商联党组书记李家荣，厦门市委统战部副部长、市工商联党组书记陈永东，集美区委书记何东宁，区委常委、统战部部长石扬陪同。调研组召开民营经济统战工作座谈会。区工商联主席王瑞祥、党组书记吴萱萱、副主席郑伟强等人参会，向调研组汇报近期集美区工商联的发展成果。全国工商联党组副书记、副主席樊友山在座谈中肯定集美区工商联的近期发展，认为集美区工商联在贯彻落实全国、省、市《关于促进工商联所属商会改革和发展的实施意见》方面，专门出台《集美区关于促进工商联所属商会改革和发展的实施方案》，工作具有开创性。樊友山一行还深入基层，了解基层商会组织建设，倾听民营企业心声，做到“认门、认人、认事”。

【民企专场招聘会】 2020年10月20日，集美区工商联联合区人社局在集美区人力资源市场开展“走进民企”专场招聘会，面向辖区内有招工需求的企业，以离校未就业高校毕业生、退役军人、辖区失业人员、农民工等劳动力为重点，针对疫情过后，企业用工难题，搭建线下招聘桥梁，对接双方需求，面向各类求职群体，提供普工、管理和技术类等多个工种岗位。70多家企业入场招聘，提供就业岗位百余个，涉及机械制造、物流、餐饮、房地产等多个领域。

2020年11月14日，首届厦门企业家日暨2020厦门商人节在东方灌口建材城举行。图为受表彰的集美区青年企业家商会成员合影　　（林志杰 摄）

【首届企业家日】 2020年11月14日，集美区工商联在东方灌口建材城举办首届“厦门企业家日”暨2020“厦门商人节”活动，区工商联所属商协会130多家会员企业组成13支队伍参加活动。开幕式上，通报表彰会员企业：厦门宏发电声股份有限公司、厦门立林科技有限公司、罗普特科技集团有限公司、厦门正黎明冶金机械有限公司、厦门加捷财税事务所集团有限公司、厦门集美惠龙小额贷款有限公司、厦门一品威克网络科技股份有限公司被评为“厦门市2020—2021年度龙头骨干民营企业”；厦门市味友闽食风味文化有限公司、厦门姚明织带饰品有限公司、厦门市晟宝良品米业发展有限公司、欧芭化妆品（厦门）有限公司、厦门市建安集团有限公司被评为2017—2020年度“脱贫攻坚工作突出贡献单位”；厦门市集美区杏林街道商会被评为“爱心厦门建设典型商会”；厦门市建安集团有限公司、厦门立林科技有限公司被评为“爱心厦门建设典型企业”；区工商联主席王瑞祥、会员蔡艺卓被评为“爱心厦门建设典型人物”。开幕式后，举办知识问答、商家“寻宝”、商家产品及小吃美食展销会等活动。

（林伟聪）

群众团体

集美区总工会

【概况】 2020年，集美区总工会完成区工会第九次代表大会的换届选举工作。推进50人以上非公企业建会及货车司机、快递员、护工护理员、家政服务员、商场信息员、网约送餐员、房产中介员、保安员等“8+N”群体入会工作，新增工会组织136家，发展会员1101人。至年底，全区成立基层工会组织2939家，覆盖基层单位8027家，会员总数18.02万人。区总工会职工书屋被评为“全国工会品牌职工书屋示范点”；区总工会微信公众号（服务号）获全省“十佳”最有影响力工会新媒体称号，“集工学法·云课堂”系列获全省“十佳”工会工作宣传新媒体系列作品称号。

【职工思想政治引领】 2020年，集美区总工会开展“深化大学习、提振精气神”专项活动。利用微信公众号等媒体，发动基层工会职工投身全国文明城市“六连冠”创建；举办“逆行勇士·仁心天使”线上投票互动活动，职工群众投票10万人次以上，用行动为社会传递正能量。7月31日，开展职工“大学习”讲堂暨劳模宣讲，激发广大职工建功新时代的主动性、创造性。8月21日，全市“职工书屋·工悦领读”集美专场读书会在杏林湾商务营运中心创享（共享）职工之家职工书屋举行，省总工会、市总工会及漳州、泉州、三明、龙岩闽西南五地市工会领导参加。新建区级职工书屋5家、市级职工书屋3家。为7家区级职工书屋示范点和职工服务站（中心）配送推介“习近平总书记在福建省工作期间的采访实录”书籍。在2020年全国工会职工书屋建设成果展示交流活动中，集美区总工会职工书屋被评为“全国工会品牌职工书屋示范点”，杏林湾商务营运中心创享（共享）职工之家职工书屋被评为“职工书屋·工悦领读”读书活动示范职工书屋。推荐省五一劳动奖状1个、奖章2名；市劳动工作先进集体2个、市劳动模范7名。制作劳模宣传视频、PPT投放于微信公众号、杏林湾商务营运中心创享（共享）职工之家等阵地，通过工会网站、《海峡导报》《集美报》等媒介宣传劳模在抗疫及复工复产中的先进事迹。开展以“劳动展风采·集美建新功”为主题的第二届职工风采节，于5月20日在“云端”由11357人共同参与开启“云启动”，为100名职工“点亮微心愿”、寻找10名“风采人物”；发动2000余人参与法律知识线上线下趣味赛；举办青年职工联谊，5对青年现场表白成功。风采节还开展职工家庭涂鸦活动、职工趣味运动会、电影配音大赛、才艺展示晚会等活动。参与职工10万余人。

【职工主力军作用发挥】 2020年，集美区总工会发挥职工主力军作用，服务全区经济社会发展。新冠肺炎疫情发生后，区总工会以线上方式提供“无接触式”法律服务，担当普法宣传的“维权咨询员”；发挥“心灵港湾”项目作用，组织心理咨询师通过热线电话、网络平台开展心理辅导、讲座，担任职工心理的“减压辅导员”；采取多种形式联系3637家企业，组织645名外地职工集中乘坐包车、包列、包机返回集美，发布《职等你来》4期，提供1289个招聘岗位信息；组织党员

2020年8月21日，区总工会主办的“职工书屋·工悦领读”集美专场活动邀请集美校友总会永远名誉会长任镜波作做现场交流 （赖玉银 摄）

干部支援社区、高速路口防疫值班，筹集54万元购买物资慰问辖区5家重点物资生产企业、6家安保环卫防疫一线单位、15家辖区一线医疗机构以及高速路口等11个防疫点一线防疫人员12597名。区总工会投入100万元主动融入集美区提升商气人气，构建“集美·美好生活圈”活动，带动消费460余万元。发挥“工人先锋号”“劳模创新工作室”“职工创新工作室”以及先进班组引领示范作用，指导创建思尔特谢传禄、美科安防吴院生“劳模创新工作室”2个、省级“工人先锋号”2个、市级“工人先锋号”50个。申报福建省百万职工“五小”创新大赛项目31个、职代会优秀提案20件，助推企业创新发展。发挥工会“大学校”作用，实施职工素质提升工程。组织开展厦门市第二十六届B类职工劳动技能竞赛及行政审批窗口服务岗位、环卫工人劳动技能两项比赛活动。履行安委会成员单位职责，开展安全生产群众监督和职业病防治工作，进行职业病宣传周宣传，宣传受众1万多人。发动493家单位6.4万人参加安康杯竞赛活动，申报省级安康杯竞赛先进单位3家、班子2个。开展高温作业检查督导，并投入资金近116万元购买饮品，慰问征拆工地、企业等高温作业一线职工2.5万名。

【职工普惠服务】 2020年，集美区总工会推进职工普惠服务提质增效。做好精准帮扶。为1.37万名员工发放“平安返厦”交通补助款362.38万元；医疗互助保障惠及全区355家单位4.27万人（台籍47人），2512人获得补助金及抚慰金477.8万元；推进东西部扶贫协作，发动采购和政县农特产品465万元，筹集帮扶资金30万元用于困难帮扶和岗位培训；推进山海协作，援建清流县总工会共享职工之家10万元；“两节”慰问因病、因灾致困的困难职工以及和政县在集建档立卡务工人员、苦脏险一线职工和优秀职工525人，慰问金额23万元；为184名到集务工子女发放奖学金9.2万元。常态化开展劳模节日慰问工作，发放慰问品价值8.1万元；为3名生病住院劳模发放慰问金0.15万元。安排45名职工参加一线职工疗休养。发起“万人点赞·爱心集美”助力活动，将水、扇子和压缩毛巾等爱心物资送至17个工会爱心驿站。拨出30万元补贴推动“爱心屋”运作，助力消费扶贫和乡村振兴。做实工会服务品牌。在新冠肺炎疫情期间，区总工会的“心灵港湾”开展“万众‘疫’心，共济前行”主题心理活动。组织接听热线咨询、线上心理咨询、面对面咨询1000多人次；录制一线心理咨询师课程3期，普及心理健康知识；宣传防疫抗疫科普知识670余次，惠及6.7万人次；开展线上心理论坛、心理沙龙29期，惠及2万余人次；开展线下心理体检活动5期、“家庭·心阅读”24期，“心观影”27场。升级法律维权服务，开通“6199909”法律服务专线，聘请专业律师团队参与法律咨询与维权，通过线上+线下相结合为企业与职工提供免费法律服务，通过创新的云课堂普法及企业一对一的法治体检，更好的帮助广大职工及企业知法懂法用法。年内，工会主席接访和法律咨询室受理企业、职工来电、来访约170件（次），调处劳动纠纷12起。开展集体协商“特别要约”行动，发出协商要约212份，涉及企业1237家、涉及职工5.85万人。签订集体协商合同134份，涉及1159家，员工4.16万人。指导智欣建材集团有限公司、厦门宏发汽车电子有限公司等企业在新冠肺炎疫情期间开展网上集体协商活动。以服务职工为中心，创新服务载体，拓展服务领域，打造“十分钟职工服务圈”。拓宽集美区职工服务中心、杏林湾商务营运中心、厦门北站台湾青年双创基地、创业大厦4家共享职工之家的服务项目，新建共享职工之家11家。杏林湾商务营运中心创享（共享）职工之家获得全总领导点赞；厦门北站台湾青年双创基地被省总授予闽台职工交流基地；集美区职工服务中心被市总工会授予共享职工之家示范点；美科安防工会主席介绍共享职工之家创建经验。依托共享职工之家的职工学堂开展培训、读书会、亲子互动等活动122场次，服务职工5697人次。推动灌口中心卫生院建立医生休息室。

【工会组织建设】 2020年，集美区总工会创新构建“工会—社工—职工”的“三工联动”机制，坚持共商、共建、共治、共享的管理服务理念，各类服务简报、活动通告、项目报表、调研报告形成项目档案664份，提升“家”的温度，探索出“1+2+3+4+N”服务职工新模式，相关做法在《工人日报》和全国总工会微信公众号等多家媒体刊发。推进50人以上非公企业建会及“8+N”群体入会，为2053名“八大群体”员工发放入会礼包，共计15.3万元。举办工会经费收支管理与监督培训。申报三星职工之家21家、四星职工之家26家，五星职工之家16家。推荐申报全国模范职工之家1家、全国优秀工会工作者1名、省模范职工之家2家、省职工小家2家、省优秀工会工作者3名。加强“网上工会”建设，在区总微信公众号开设《集工学法》《集美工会说》《心灵港湾》系列特色栏目，发布推文75篇；创新开展“集工学法——云课堂”，以视频直播、小视频形式进行普法宣传、职工维权等，逐步形成网上网下深度融合、相互联动的工会工作新格局。7月起将医疗互助补助金的发放期限由原来一月发放一次缩短为半月发放一次，加快职工受保障的效率；加强工会经费使用、工作纪律、采购工作等方面的制度建设；修订主席办公会、工作例会、三会一课制度，落实中央八项规定精神，梳理廉政风险点加以防范；加强工会经费1+X专项督查。创建市级精神文明单位，强化组织领导、目标措施、活动载体、宣传及资料归档五个落实，将文明单位创建纳入年度工作考核目标。（刘小萍）

共青团集美区委员会

【概况】 2020年，共青团集美区委下设基层团组织295个，其中团（工）委17个、团总支21个，团支部257个，有团员5993名。各级团组织围绕“凝聚青年，服务大局，当好桥梁，从严治团”的总体工作思路，着力提升团的组织力、引领力、服务力，团结带领团员和青年在建设高素质高颜值跨岛发展最美新市区中发挥生力军作用。

【青年思想政治引领】 2020年，共青团集美区委推进“青年大学习”行动，团员累计参与学习4万余人次。五四青年节期间，推出“青春不打烊·再续新百年”系列活动，激发广大团员青年的责任感和使命感。以弘扬社会核心价值观和嘉庚精神为导向，链接文确楼青年之家开展“庚·读者”品牌活动，累计开展活动150期，志愿者参与3000余人次，吸引全国3万余人参与。开展区属学校共青团、少先队辅导员骨干培训班，共计120名区属中小学共青团干部、少先队辅导员和德育工作者参加培训。开展“迎接少代会，争做好队员”主题活动，教育引导广大少先队员牢记习近平总书记的教导，增进对党、对习近平总书记的真挚情感。发挥团属新媒体平台作用，采取“工作动态+时政热点+实用休闲”的形式发布文章252篇，其中思想引领性文章57篇，受众20余万人次，微信公众号影响力排名居全省前七名。

【青年服务中心工作】 2020年，共青团集美区委引导辖区广大青年主动投身疫情防控、招商引资、征地拆迁、重点项目建设等工作一线，在全区各重点工程和重大项目中新建青年突击队9支。依托“志愿中国”信息系统建立志愿服务队340支、注册志愿者18829人，为乡村振兴、文明创建等中心工作提供志愿服务。疫情期间，成立“团团防疫联盟”，动员广大团员青年协助做好政策宣传、科学普及、排查摸底、体温测量等基础性工作。联动辖区高校团委，成立嘉庚青年志愿服务管委会，整合华侨大学“海岸卫士”红树林保护志愿服务队、理工学院“河小禹”志愿队、医学院“健康小天使”志愿队等专业化志愿服务队伍20支，全年开展主题志愿活动88场次，累计服务上万人次。

2020年5月4日，团区委开展“青春不打烊·再续新百年”系列活动。图为启动仪式
（团区委 供图）

【青年发展成才】 2020年，共青团集美区委实施“两岸青年创业人才成长计划”，通过举办两岸青创人才成长营、青创人才高校行、对口帮扶助力青创梦等主题活动，搭建青创企业与高校、“三高”企业之间的资源联动平台，形成青创朋友圈，引导青创人才参与公益活动反哺社会，助力青创企业做大做强。推进青年创业贴息贷款，为51名青年申请创业贷款1370万元，贴息7.9万元，对受疫情影响的青年创业项目提供最长6个月的展期，展期金额640万元。

【青年关爱帮扶】 2020年，共青团集美区委成立区级青少年权益中心，探索建立1+N工作模式，为辖区青少年提供常态化专业服务。新冠肺炎疫情期间，成立青少年权益中心疫情心理危机干预志愿服务队，推出24小时心理守护热线，跟进湖北籍重点关注青少年45名，为690户家庭（1522人次）提供心理服务，线上接受咨询、教育服务3万人次。在西滨小学、杏北小学、侨英小学实施“暖心·逐梦”重点青少年群体关爱帮扶项目，开展活动141场次，服务6687人次。

【两岸青年交流】 2020年，共青团集美区委助力两岸融合发展集成改革试点工作，在厦门北站台青创基地、黑猫树屋设立“青年之家”，开展就业创业交流分享会、共创社区服务居民等活动。发起“童心抗疫·天使对天使有画说”活动，分别征集到厦门和台湾小朋友绘制的画作225幅、316幅，由两岸青年共同设计制作成爱心礼包赠送给奋战在疫情一线的医护人员。

举办集美区涉台法律宣讲会暨“听风的歌”小剧场台青联谊活动，为台湾青年、台湾学生普及法治知识。元旦举办“青青之约·村村出道”暨新春音乐会，成立两岸大学生志愿服务队、两岸青年艺术团，走进后溪村体验民俗文化、与村民进行文艺会演。开办两岸直播流动学堂，两岸大学生志愿者带领村民进行直播实操，为集美农产品带货。走入4个村居开展“手创青村”两岸青年乡创研学工作营，通过集中创作形式，引导两岸青年共创社区、两岸创业能人共建美丽乡村。六一期间，深入辖区12个村居，举办美好社区营造计划暨亲子花艺快闪活动，两岸青少年300余人参与。

【青年文体生活】 2020年，共青团集美区委举办第三届“嘉庚杯”高校系列羽毛球赛暨第一届高校校友羽毛球团体赛，来自全国23所高校的326名校友参赛。举办“青爱的·是心动丫”主题活动，帮助青年人才拓宽朋友圈，吸引其扎根集美。聚焦新兴青年群体，在杏林湾营运中心成立湾上青年之家，成立杏林湾联合团支部，依托湾上青年之家、创业大厦青年之家等团属阵地，定期开展技能培训、志愿服务、健身课程、读书沙龙等活动，打造“青年学习社”服务名片和“读，上高楼”读书品牌。（江津津）

集美区妇女联合会

【概况】 2020年，集美区有镇、街、场妇联组织7个，村、居妇联69个。妇女干部86人，其中区妇联5人，镇、街、场妇联12人，村、居妇联69人。

【妇联助力疫情防控】 2020年，集美区妇联加强新冠肺炎疫情防控知识宣传，发布微信推文80余篇，多篇原创文章被《厦门日报》、《海峡导报》、“闽姐姐”、厦门市妇联微信公众号转载。动员巾帼力量参与疫情防控，发挥广大妇女特别是基层妇女干部、妇联执委、巾帼志愿者、最美家庭的作用，投身于防控疫情的持久战中。鼓励妇联执委发挥资源优势，捐赠现金3.5万元和口罩、防护面罩、护目镜等物资（价值6.69万元），并提供公益亲子课程、免费心理疏导等服务。开展线上巾帼助农行动，以线上线下爱心帮帮团、微信公众号等形式，为辖区巾帼农业经营项目推广。

【巾帼众创品牌建设】 2020年，集美区妇联实施巾帼众创服务项目，强化妇女创新创业品牌。线下组织各级妇联干部、巾帼创业代表前往田头村、金玲珑果园等地调研参访。线上打造农企优秀平台，有田景果林、金玲珑果林等20家优秀农业项目入驻；至年底，发布助农微信推文15篇、投放抖音短视频72条。对接厦门市妇女创业发展专项资金，全年为20名创业妇女发放创业贴息贷款399万元。协办海峡两岸女大学生创新创业大赛，为两岸创业女性提供交流平台。

【“爱心厦门”营造】 2020年，集美区妇联将抗击新冠肺炎疫情中表现突出的家庭纳入“最美家庭”范围，弘扬传播家庭正能量。灌口镇铁山社区林惠娟家庭等3户获福建省抗疫“最美家庭”称号；侨英街道乐海社区陈良辉家庭等7户获厦门市“最美家庭”称号；推荐燕永汉家庭、刘巧平家庭参评福建省“最美家庭”，苏伟明家庭参评福建省“五好家庭”。推进家庭教育讲座进基层。构建家庭教育讲师团、律师事务所、早教机构志愿者组成的多元化家庭教育体系。全年开展家庭家教家风系列讲座、普法宣讲等讲座25场。成立“嘉庚亲子义工社”。开展“保护红树林”“清洁母亲河”等生态环境保护志愿服务。开展亲子阅读、禁毒宣传等活动。六一儿童节期间组织14个村的亲子家庭，开展“爱心厦门·亲子共创”插花快闪活动。

【妇联组织建设】 2020年，集美区妇联在区、镇（街）、村（居）妇联换届中，配强配齐各级妇联队伍，在全市率先吸收优秀台胞为兼职副主席、执委，全区三级妇联执委1256名。在妇联系统中开展“百千万巾帼大宣讲”，举办全区三级妇联干部学习班，对十九届五中全会、习近平新时代中国特色社会主义思想等进行宣讲。拓展组织覆盖，新成立创业大厦、金铸文创产业园妇女工作委员会2个，龙山暖心、田头广场舞队等妇女微家12个。

【妇女儿童发展】 2020年，集美区妇联启动婚姻家庭咨询服务，委托福建欧菲亚律师事务所派驻律师到区妇联负责日常接访并提供婚姻家庭法律咨询服务。开展节日慰问困境儿童、妇女“四癌”救助、城乡困难妇女儿童大病救助等活动。向132名单亲特困儿童、流动留守贫困儿童赠送书籍（价值3.3万元）；为54名贫困中小学生申请爱心助学金3.24万元；为11名贫困妇女申请“四癌”救助金7万元；妇女安康险救助6人，理赔金额45万元。联系爱心企业厦门嘉之灏贸易有限公司，捐赠爱心物资（医用口罩2万个，价值4.43万元）；完成2018—2019年度“两纲”监测评估，对重难点指标实施情况进行梳理，为终期评估和新“两纲”编制奠定基础。至年底，全区“两纲”12个领域71项重点监测指标中有69个指标达到或超过区级、市级标准，达标率97.2%。

（蔡樱思 王汴玉）

集美区科学技术协会

【概况】 2020年，集美区安排科普专项经费280万元。举办“诚毅科普大讲堂”15场、科普下乡活动7场、进校园进社区科普讲座58场、科普夏令营11场，刊登科普画廊324版，每块电子科普画廊全年累计播放3600小时，分发科普书籍6000余册、“集美科普”微信公众平台全年推送图文资讯380篇，阅读8.83万人次，参加省、市、区级科技培训9场次，获市级以上科技竞赛奖项532人次。

【科普阵地拓展】 2020年，集美区改造提升科普画廊5个。54座科普画廊保持每2个月更新一次，全年出刊324期；3处LED户外科普显示屏纳入统一管理，提升电子科普画廊运营管理水平。“集美科普”微信公众平台全年推送图文380篇，常年关注量1万余人，阅读8.8万人次。结合集美特色科普知识，开展“家电安全使用与科学防范”“颈椎病的预防与治疗”“怎样做到健康饮食”“如何完成家庭急救”等课程40场，受众1200余人次。与诚毅科技探索中心科普教育基地合作举办“诚毅科普大讲堂”，开展“气火箭制作”“艺海淘沙——沙画艺术创作”“小宝当家防震减灾”“古生物大讲堂——趣味化石”等讲座15场，受众800余人次。

【科普进社区进学校】 2020年，集美区科学技术协会（简称集美区科协）开展科普讲座进社区、进学校活动。开展“珍爱生命 预防溺水”“打赢脱贫攻坚战”“节日食安 麻风病预防”等科普讲座8场，参与350余人次。结合学生课余及假期情况，协作开展“体验科学、七彩夏日”科技主题夏令营、“创新梦想、实践成真”创客夏令营、“动手动脑、争做时代新人”手工创客主题夏令营、“科技探索、创新思维”人工智能夏令营等科普活动11场，参与436人次。分别在杏南中学、杏东小学举办集美区2020年青少年暨科技辅导员航空模型竞赛和第二届集美区中小学创客大赛。辖区杏南中学、杏东小学、集美第二小学、乐海小学等依托自身学校发展特色，开展机器人实践队、航模竞赛、创客竞赛等一系列活动。

【科普宣传活动】 2020年1月，集美区科协在杏滨街道杏美文化广场、杏林街道杏林文化广场、灌口镇陈井村、后溪镇后溪村、集美敬贤公园、侨英街道滨水社区水晶湖郡参加文化科技卫生“三下乡”活动6场，以科普挂图展示、有奖知识问答、现场咨询、科普书籍分发等形式，向辖区居民宣传科普知识，参与2500多人次，发放科普书籍4000余册。9月“全国科普日”期间，以“决胜全面小康、践行科技为民”为活动主题，开展系列科普活动：9月26日，通过央视频、抖音线上直播，带领网友“云游”诚毅科技探索中心，体验全国率先推出的“科技夜游”“科探奇妙夜”项目、防震减灾科普教育基地项目、国内首创的天宫一号及中国未来空间站等核心展项。直播过程中，结合热点科普主题，带领屏幕前的亲子家庭开展趣味科学实验，进行在线互动问答。线上直播累计吸引13.2万名网友观看，在线最高峰值1.4万人，点赞104.9万人次。当晚，线下邀请辖区50组贫困亲子家庭参与《光的魔法秀》科普课堂并现场感受“科探奇妙夜”。同日，在灌口镇风景湖公园结合“厦门市2020年中国农民丰收节”活动，开展新冠疫情防控知识等健康科普知识问答及系列科普活动，参与3000人次。9月，面向全区征集“人文集美、乡村振兴”主题书法、绘画、摄影作品共54幅。9月23—24日，在灌口镇田头村、后溪镇二农社区开展“人文集美 乡村振兴”主题书法、绘画、摄影巡回展2场，参与468人次。走进新时代文明实践中心开展科普志愿服务进社区活动5场、232人次参与。12月3日，宪法宣传周活动中，以倡议书发放、科普书籍分发等形式宣传科普知识，活动现场500多人参与，发放包括《饮食安全与健康小常识》《预防疾病》《营养科学》等科普资料1000余册。

【科普公共服务】 2020年，集美区科协贯彻落实区委办、区政府办印发的《关于进一步实施“聚贤集美”人才计划 全面打造高素质区域创新中心的意见的通知》，协同推进实施“聚贤集美”人才计划，柔性引进院士专家等高端人才。10月，由厦门市院士专家工作站建设协调小组考核评审同意建立集美大学市级院士专家工作站。年底，省委组织部、省科协、省财政厅、省科技厅四部门联合批复的厦门蓝海天信息技术有限公司省级院士专家工作站成立。

【青少年科技教育】 2020年，集美区推进全民科学素质行动计划，围绕提高青少年科学素质的工作目标和任务，整合科普资源，全面实施校园科普工程。全年组织开展科技创新、机器人、创客、航模等各类培训9场，组织科技辅导员观摩各级科技竞赛，组织参与福建省青少年科技创新大赛、青少年机器人大赛、创客大赛、厦门市中小学生信息学竞赛、科技体育创新大赛，以及航空、航海、车辆、建筑“四模”模型比赛等竞赛。市级以上青少年科技创新大赛中获奖26人次，市级以上“四模”模型比赛获奖282人次，市级以上青少年机器人大赛获奖12人次。全年全区中小学各类科技教育（竞赛）成果市级以上获奖532人次。福建省第三十五届青少年科技创新大赛中，乐安中学获卢嘉锡科技教育奖。乐安中学《一体化数显内聚力演示仪》《一种光电双温度可循环利用的碘蒸气检验指纹装置》2个项目、杏南中学《一种新型氯化氢与氨气喷烟实验装置》项目、美山小学《基于色差的围棋棋子分选机》项目获卢嘉锡青少年科技创新奖。

（杜晓娟）

集美区归国华侨联合会

【概况】 2020年，集美区归国华侨联合会（简称集美区侨联）发动侨界为抗击新冠肺炎疫情捐款捐物。截至3月25日，共接受海内外侨胞捐款305.83万元。向海外侨团侨社捐赠口罩6万多个，筹措并争取各级各界扶贫帮困及慈善资金36.09万元，557名侨界群众受益。接待来信来访16件次。年内，集美区侨联、灌口镇侨联获省级“侨胞之家”示范点命名，集美街道侨联获省级“侨胞之家”命名，1人被表彰为全国侨联系统抗击新冠肺炎疫情先进个人。信息报送工作取得显著成效，编写侨讯16期，被中国侨网采用15篇。

【侨界抗疫】 2020年1月30日，集美区侨联向海内外侨界发出倡议，动员海内外侨胞捐款捐物，为打赢新冠肺炎疫情防控战役贡献侨界力量，广大海内外侨胞踊跃捐款捐物，新加坡、马来西亚、印度尼西亚、泰国、缅甸、日本、美国、新西兰、加拿大、澳大利亚等国家30多个华侨华人社团及众多侨亲、集美校友等，纷纷发动海内外各界力量支援疫情防控，认捐防护口罩、医用手套、医用防护服、额温枪、测温计、消毒液等物资。截至3月25日，海内外侨胞捐款305.83万元、口罩4.24万个、防护服2074套、额温枪476把、消毒水356.82吨、免洗手消毒液3000瓶等。

【侨联助力复工复产】 2020年，集美区侨联领导带队走访12家侨资企业，了解疫情下企业生产经营情况，指导疫情防控工作，帮助协调解决实际困难，助力侨企复工复产。安排1名处级干部协助杏滨街道西滨社区防控疫情，联系企业216家，走访129家。安排2名处级干部投身疫情防控一线工作，其中1名先后在厦门高速防控检查站、集美长途汽车站、驻厦门市体育中心集美区分流点和厦门机场境外人员分流中心值班长达7个月，接待返厦（入境）人员，宣传政策规定，将分流中心打造成返厦（入境）人员的暖心服务站，获评为全国侨联系统抗击新冠肺炎疫情先进个人，为厦门市侨界唯一的获奖个人，其事迹被中新网、中国侨网等宣传报道。

【联谊联络】 2020年，集美区侨联做好疫情常态化下的联谊联络工作。邀请在国内的多个国家和地区的重要社团、侨领、侨商来访考察，参加“9·8”投洽会。先后接待福建中尼贸易有限公司董事长谢更生、董事丘启天、董事林加元一行，新西兰中国文化交流协会会长、新西兰亚洲文化图书中心主席高雅瑜等。区侨联先后走访南顺投资（厦门）有限公司陈少宏、厦门市海丝慈善会创会会长蔡罗沙、厦门塔斯曼有限公司董事长卢绍基、厦门云脉技术有限公司董事长梁旭鸣、中国科学院海西研究院厦门稀土材料研究所副所长张云、三达膜环境技术股份有限公司总经理方富林及总裁办副主任庄庭燕、厦门晟宝米业有限公司董事长张建辉、利安茶叶有限公司董事长高少强、普乐格（厦门）生物科技有限公司总经理苏青海、蓝保（厦门）水处理科技有限公司总经理吕奋勇和区侨联海外委员叶利亚等10余家侨企、机构的人士。通过微信、电话、邮件等向海外介绍厦门市有关防控政策，发送福建省侨联编制的《防疫知识手册》和中国政府为全球华人提供的新冠肺炎在线咨询网站，引导侨团协助做好宗亲和会员的守望相助工作，帮助海外侨胞寻找采购抗疫物资渠道，指导留居国的侨胞做好自我防护工作，向日本、美国、东南亚等有关侨团侨社捐赠口罩6万多个。

【护侨助侨活动】 2020年春节期间，集美区、镇（街）、村（居）侨联人员践行“爱心厦门”行动，走村进社、登门入户，走访慰问帮扶侨界困难归侨210名，捐助慰问金10.25万元。区侨联常委、厦门市利安茶叶董事总经理高少强向困难老归侨赠送茶叶20份，助力“爱心厦门”行动。中秋、重阳节期间，慰问困难归侨侨眷47人共3.76万元。利用侨捐基金22.08万元开展奖教、奖学、济困活动。举办陈文确陈六使家族后裔三项侨捐基金颁奖活动，以微信视频方式与海外乡亲分享；集美社李厚公益基金会发放救济款5万元，资助集美社族亲重病患者38人；集美社陈嘉麟奖学基金发放奖学金2.28万元，奖励集美族属子女2020年中高考前三名及研究生15人；集美社陈永和基金发放助学济困金4万元，资助集美社族亲子女就学47人；集美二小素香奖教奖学基金发放奖励金5万元，奖励全校优秀师生200多人；厦门市集美社李厚公益基会六一节发放慰问金0.8万元；集美二小汪渊奖教奖学基金发放奖教奖学金5万元，奖励集美二小全校优秀师生200多人。9月21日“世界老年痴呆日”、10月29日第15个“世界卒中日”分别组织集美片区侨界健步行活动，由区侨联、厦门医学院附属第二医院、区政协港澳台侨委、后溪镇卫生院、集美街道侨联等联合举办大型义诊活动，累计接诊200多人，发放宣传资料300多份。接待来信来访16件次，做到件件有回音。

【基层侨联组织建设】 2020年，集美区侨联、灌口镇侨联获评省级“侨胞之家”示范点，集美街道侨联获评省级“侨胞之家”，杏林街道“侨胞之家”落成揭牌。年内，先后接待云南省保山市、广东省惠州市、南京市六合区等地侨联组织的走访交流。组织和发动侨界人大代表、政协委员深入基层开展专题调研，提出议案提案21件。针对《关于进一步加大对侨资企业的

2020年8月17日，福建省侨联对集美区“侨胞之家”进行考核验收。图为考核组考核集美街道“侨胞之家”　　（王昌泽 摄）

扶持力度的建议》《推动集美区中小学生与海外年轻华裔的互动联系的几项建议》《侨房保护与开发利用的对策建议》提案，专门进行研究并提出答复意见。组织开展《涉侨乡村组织对集美区新型城镇化的作用研究》《关于推进厦门信用大数据创新建设的建议》《在集美高校学习的港澳台侨学生现状及解决对策》课题调研。发展壮大志愿者队伍，形成由志愿服务队7支126人组成的“联心侨”侨界志愿者联盟，开展各类为侨服务特色品牌志愿活动。　　（王昌泽）

集美区文学艺术界联合会

【概况】 2020年，集美区文学艺术界联合会（简称集美区文联）有文艺家协会7个、行业文联1个、镇街文联1个、艺术团2个，有全国会员39名、省级会员75名、市级会员115名、区级会员960名。区文联编辑出版《集美风》4期，举办“集美文艺讲堂”14期。召开集美区文学艺术界联合会第四次代表大会，选举产生集美区文联新一届领导班子。

【文艺作品获奖】 2020年，集美区影视企业摄制的纪念古田会议90周年献礼作品《绝境铸剑》在国家广播电视总局主办的第32届电视剧“飞天奖”获“优秀电视剧奖”；广播剧《青山青史》获福建省第九届百花文艺奖二等奖；广播剧《在新中国旗帜下——陈嘉庚1949》、电视剧《绝境铸剑》、电视歌仔戏《顾靖尧与林湘君》分别获2019年度福建省广播电视艺术奖广播文艺节目一等奖、电视剧一等奖和电视戏曲三等奖；在“福建省文艺界践行‘四力’讲好福建故事——百名曲艺家讲百个福建故事”主题创演活动中，荷叶说唱《嘉庚精神永流传》获二等奖；在第六届厦门文学艺术奖评选表彰中，广播剧《再会吧，南洋——陈嘉庚与南侨机工》获荣誉奖，《第三交响曲》、交响合唱《航天颂》、组照《海上之城》获一等奖，长篇小说《陪楼》获二等奖，歌曲《厦门人》、交响合唱《嘉庚组歌》、纪实文学《用爱等一生》、漆画《蜕》、中国画《凤鸣丹霞》、摄影《野柳印象》获三等奖。集美区文联获优秀组织奖。多部文艺作品及文艺活动在“学习强国”平台发布。

【《集美风》编辑出版】 2020年，集美区文联编辑出版《集美风》4期，刊登文学作品181篇，书画和摄影作品84幅，歌曲4首，戏曲4首。年内，《集美风》秉持“嘉庚风范”，注重挖掘陈嘉庚题材的史料和对嘉庚精神传承人的记述，《鳌园丰碑》《嘉庚弟子》《学村往事》等栏目陆续刊载纪实文学《陈嘉庚的西南联大之行》《嘉庚精神与“中国梦”》《抗战时期的陈嘉庚先生》《陈嘉庚餐桌文明故事》《陈嘉庚与集美航海学校》《共事四十年》《集美学村的歌声》等文章。2020年集美新城建设10周年，《集美风》第一期《浔江潮》栏目刊发《沿着总书记引领的壮阔航程筑梦前行》一文。《集美风》第二期《文字岛》栏目刊登“‘我们的节日·端午’第十五届集美诗歌节诗抄”，汇集省内外诗人感怀端午、赞美集美的佳作。新冠疫情暴发后，集美区文艺工作者创作不同形式的文艺作品500多件，《集美风》第一、第二期推出“集美区战疫主题文艺创作专辑”，选取刊发其中一部分佳作。区文联、区作协发起“食在集美”集美美食故事征稿活动，《集美风》设立《食在集美主题征文作品选登》栏目，全年4期发表美食随笔12篇。第三期起设置《侨乡素描》栏目，刊发讲述集美各镇街有代表性的乡村和社区故事的乡土散文。

【文艺活动】 2020年，集美区文联组织2020年文化科技卫生“三下乡”，举办“我们的中国梦·文化进万家”文艺演出。围绕决胜全面建设小康社会、决战脱贫攻坚、宣传中共十九届五中全会精神、纪念抗战胜利暨世界反法西斯胜利75周年、厦门经济特区设立40周年、集美新城建设10周年、宣传红色文化、闽西南协同发展、反映两岸情缘、宣传爱心厦门建设、乡村振兴工作、垃圾分类工作、扫黑除恶专项斗争等，策划开展形式多样的主题文化文艺系列活动。联合福建省作协，创新举办“我们的节日·端午”

第十五届集美诗歌节诗歌云展播活动，“学习强国”平台、中国文联文艺研修院“全国市县文联”微信号、“福建作协”微信号、东南网、《厦门日报》等进行宣传报道。在“嘉庚精神宣传月”期间，举办“阿庚伯FAMILY”IP项目启动仪式、第二届集美·全国摄影大展作品展示、广播连续剧《没有共产党就没有新中国》创作启动仪式、《名人笔下的陈嘉庚》新书分享会、《一座城一个人》新书首发、集美学村周末音乐会及《嘉庚组歌》进校园巡演等系列文化活动。举办“听见集美”厦门集美学村周末音乐会25场，其中的“致敬最美逆行者”专场特别直播活动，累计观看量200万人次。举办“集美文艺讲堂”14期，用好厦门嘉庚剧院平台和保利院线资源。举办“戏曲迎小康 文化进万家”集美区戏曲进基层巡演活动8场，把南音、歌仔戏、木偶戏、答嘴鼓、芗剧、荷叶说唱等传统曲艺带到百姓“家门口”。推进东西协作对口帮扶工作，在集美区举办“美在和政”甘肃省临夏州和政县书画摄影作品展，联合和政县共同摄制微电影《山下有新天》，并在和政、集美两地举办观影活动。联合福建省书协及闽西南五地市书协，举办“以艺抗疫”第二届闽西南书法作品邀请展。推动集美区县域集成改革，举办首届闽台两岸大学生美术作品大赛及获奖作品展、“两岸同根·百联迎春”海峡两岸春联作品邀请展暨集美区“写春联·送爱心”主题实践活动。落实爱心厦门建设，举行“爱心暖厦门·艺企在集美”集美区企业职工文化培训班。配合厦门市文联、龙岩市文联、厦门市文学院，办好第21届“红土地蓝海洋”笔会在集美区的采风活动。

2020年，集美区文联举办“我们的中国梦 文化进万家”、第六届集美·阿尔勒国际摄影季、“我们的节日·端午”第15届集美诗歌节诗歌云展播、2020年“嘉庚精神宣传月”主题教育实践活动、集美区戏曲进基层巡演、“听见集美”厦门集美学村周末音乐会、“美在和政”书画摄影作品展、第二届闽西南书法作品邀请展等群众性文化活动。落实《集美区文艺发展专项资金扶持奖励办法》，扶持优秀文艺创作生产项目19个。围绕爱国主义题材、集美“一精神三文化”人文特质、战疫抗疫、决战全面小康、决胜脱贫攻坚、学习贯彻中共十九届五中全会精神等主题，组织创作文学、美术、书法、音乐、舞蹈、戏曲、朗诵、摄影、影视剧本、短视频、广播剧、微电影、民间文艺等一批文艺精品。

2020年5月27日，“听见集美”厦门集美学村周末音乐会——“致敬最美逆行者”专场演出。图为演出现场 （冯立东 摄）

【集美文艺讲堂】 2020年，集美区文联举办“集美文艺讲堂”14期，同厦门保利剧院合作，引入丰富优质文艺资源。讲堂内容涉及文学、书画、声乐、摄影、戏剧、歌剧等。 （王明瀚）

集美区社会科学界联合会

【概况】 2020年，集美区社会科学界联合会（简称集美区社科联）有社科学会3个，社科普及基地11个，社科普及示范点8个，社科志愿服务队5支。年内，区社科联注重发挥社科专家在理论武装中的重要作用，结合“轻骑兵”理论宣讲、嘉庚精神宣讲、集美区十九届五中全会精神宣讲团等活动，走进社区书院、新时代文明实践站开办“鹭江讲坛”，举办福建省百场社科报告会——集美区直机关专场；全年完成社科调研课题14个，组织厦门市第十六届社科普及周相关活动，拍摄社科联宣传片1部，举办2020年集美区“闽南方言资源保护和应用”社科论坛，开展板桥文化研究；命名集美人文馆、华侨大学四端文物馆等2个单位为集美区第二批社会科学普及基地。

【社科课题研究】 2020年1月，集美区社科联立项社科课题14个。其中，重大课题2个、重点课题3个、一般课题9个。课题均为地方实用性对策研究课题，内容涵盖城市发展、疫情防控、产业经济、民生问题、生态文明、历史文化发展，培育爱心文化等主题。12月完成课题结项评审，并评出优秀成果奖3个。

【闽南方言资源保护和应用论坛】 2020

表 7

2020 年“集美文艺讲堂”活动情况表

期数	主讲人	主题	时间
86	Double D 制作公司	卖火柴的小女孩主创见面分享会	1 月 1 日
87	广西木偶剧团	亲子木偶剧《丑小鸭新传》创作分享会	8 月 8 日
88	鲁 超	柴可夫斯基的四季鲁超钢琴讲演音乐会分享	8 月 24 日
89	连明生、连明富	金石印章｜书画作品分享会	9 月 5 日
90	新九州爱乐乐团	《西风国韵》演奏讲演	9 月 12 日
91	柯月霞、薛薇莎	《只有香如故》《人闲桂花落》新书分享会	9 月 20 日
92	于 箭、欧占明	“情迷探戈”探戈音乐会演后谈	10 月 5 日
93	陈满意	《名人笔下的陈嘉庚》新书分享会	10 月 11 日
94	杨景初	“集美这样走过”纪实摄影分享会	10 月 24 日
95	曲滋娇	中国原创芭蕾舞剧《花木兰》主创分享会	11 月 3 日
96	王中山	中国古筝艺术的传承与发展	11 月 7 日
97	任 洁	任洁音乐会大师课	11. 月 10 日
98	厦门南乐团	南音演奏分享会	11 月 11 日
99	曾惠真	来疯《江湖新手攻略》	12 月 19 日

（王明瀚）

年 10 月 24 日，由集美大学、市社科联、市社科院和集美区社科联联合举办的“闽南方言资源保护和应用论坛”在集美大学召开。该论坛收到海内外专家学者撰写的论文近 40 篇。来自中国社会科学院、厦门大学、暨南大学、华侨大学、海南师范大学、集美大学、浙江师范大学、华南师范大学、闽南师范大学、泉州师范学院等 10 多所高校的专家学者 60 余人共济一堂，为该次论坛献计献策。论坛分为两个部分，第一部分是主旨报告，分为两场，李如龙、张振兴、詹伯慧（教授刘新中代为报告）、周长楫、陈晓锦、张慧英、甘于恩、郑通涛、陈曼君等 9 位教授先后作主旨报告。第二部分是大会报告，分为四场，有 20 多位专家围绕闽南方言资源保护与传承、东南亚闽粤方言在“一带一路”建设中的作用、闽南方言的数据库建设、闽南方言测试的社会效益、闽南方言的本体研究、闽越方言的发展、闽南方言的文化内涵以及闽南语电影的传播与发展等方面进行讨论，专家们各抒己见，畅所欲言，提出许多真知灼见。

【社科普及周】 2020 年，厦门市第十六届社科普及宣传周期间，集美区社科联发挥各社科普及基地、示范点、志愿服务队作用和集美人文地理优势，突出“一精神三文化”特色，打造凸显人文集美特色的社科品牌。举办活动 12 场次，其中社科专家进基层活动 1 场、社科讲座 4 场、社科论坛 1 场、图片展览 2 场、演讲比赛 1 场、读书交流会 1 场，组织市民免费参观社科普及基地，拍摄“社会科学在你身边”微视频宣传片 1 部。其中社科专家进基层、习近平谈《治国理政》讲座、《中华人民共和国民法典》“鹭江讲坛”等活动被媒体报道，“社会科学在你身边”微视频得到市社科联的肯定。

【传统文化研究】 2020 年，集美区社科联遵循习近平对厦门文化的精准概括，挖掘、传承和弘扬板桥文化基因。10—12 月，区社科联会同区闽南文化研究会，深入侨英街道浒井社区调研板桥文化，并结合调研情况组织撰写浒井板桥文化建设方案，得到上级部门的肯定。

【两家社科学会成立】 2020 年 10 月，集美区汉服汉礼文化交流协会成立，有会员 50 人，会员涵盖高校教授、学生，文化传媒公司等汉服文化爱好者。旨在开展学习、体验和应用以汉服汉礼文化为主要内容的交流活动，团结集美区汉服爱好者，提高汉服爱好者对中华优秀传统文化的认知并传承，推广和传播中国传统汉服与中国传统优秀礼仪。11 月，集美区闽南文化研究会成立，有会员 88 名，理事 5 名。会员主要包括厦门大学、集美大学、华侨大学、厦门理工学院等高校教授及社会各界专家，其中拥有副教授以上职称的会员超过 60%。研究会旨在深入嘉庚精神、闽南文化、华侨文化、学村文化等集美人文的研究、保护、

传承与弘扬。（陈 雨）

集美区残疾人联合会

【概况】 2020年，集美区残疾人联合会（简称集美区残联）围绕“全面建成小康社会，残疾人一个也不能少”的目标，开展“爱心助残”行动，致力打赢脱贫攻坚战，统筹推进新冠肺炎疫情防控和各项残疾人工作，完成年度工作任务。年内，联合区财政局出台《集美区“一户多残”困难残疾人及残疾儿童康复机构补助办法》的通知、《厦门市集美区残疾儿童康复救助办法》的通知。为应对年初发生的新冠肺炎疫情，区残联5名干部职工参加区抗击疫情重点工作，区残联机关及所属单位干部职工参与社区抗疫志愿服务。落实疫情防控期间加大残疾人就业帮扶措施，发放残疾人自主创业租金和运营补贴162人64.46万元。

【残疾人证换发】 2020年，集美区残联组织厦门医学院附属第二医院、市第一医院、仙岳医院医生下乡入户，为不便出门残疾人鉴定评残，入户鉴定1400余人，完成6000余人第三代智能化残疾人证换发工作，换证率100%。

【“爱心助残”行动】 2020年，集美区残联配合区委组织部建立动态调整机制，推送结对帮扶残疾人信息1075户，开展精准帮扶；在春节、全国助残日、国际残疾人日等节日开展慰问活动，入户慰问各类残疾人852人次、发放慰问金32.66万元。牵头推进集美区6个镇街“爱心屋”建设，实现“爱心屋”全区全覆盖；“爱心屋”营收400多万元、安置残疾人12名。优化无障碍环境建设，督促相关单位对公共无障碍问题整改18处，完成残疾人家庭无障碍改造147户。

【惠残政策落实】 2020年，集美区残联补助区内一户多残困难残疾人107人20.84万元，扶持辖区残疾儿童康复机构7.44万元。落实残疾人“两项补贴”4724人次1553.08万元，为163名入住托养机构残疾人补助117.10万元。配合区教育局对全区274名适龄残疾儿童少年就学情况进行摸底排查，有404名残疾人和困难残疾人家庭子女以及8家学前机构享受就学补助46.81万元。5人享受残疾人机动轮椅车燃油补贴政策。

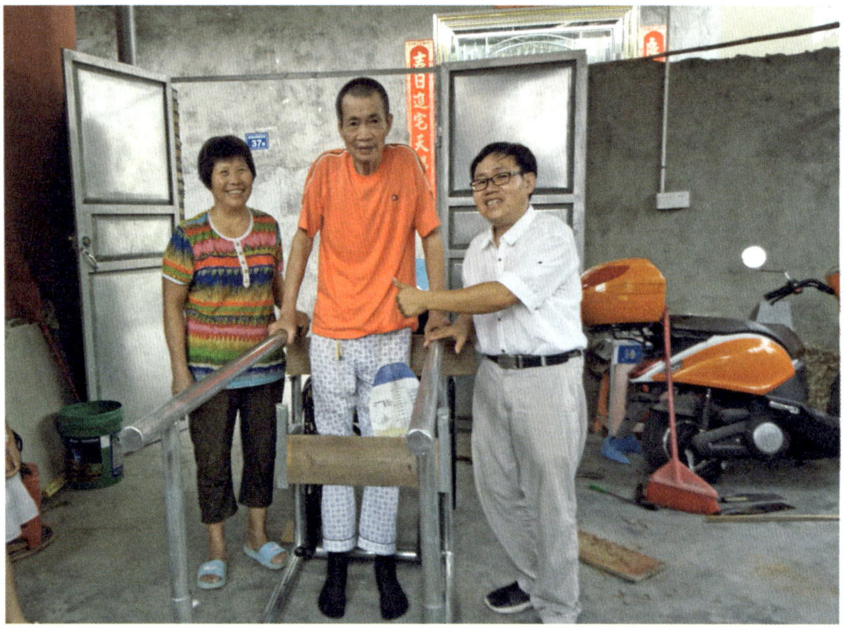

2020年，区残联为全区60名残疾人免费适配各类辅助器具。图为简易康复站立架
（区民政局 供图）

【残疾人增收渠道拓展】 2020年，集美区城镇新增残疾人就业151人，农村新增残疾人就业76人，城乡新增残疾人培训97人。落实自主创业就业扶持政策113人100.98万元，扶持残疾人应届大学毕业生就业援助补贴1万元，完成农业机械补助2名936元。开展国际残疾人日专场就业推介会，组织15家当地企业，提供就业岗位20个，到场应聘求职残疾人37名，达成初步意向11人次。

【残疾人康复】 2020年，集美区残联发放市级残疾儿童康复救助196人123.8万元，区级差额补助42.29万元。申请医疗康复补助精神残疾人810名，申请基本型辅助器具适配补贴28人（其中15人完成购置发放补贴0.31万元）。落实残疾人辅具适配整村推进工作，为杏林街道纺织社区、灌口镇第一社区、东辉村及后溪镇三兴社区、黄地村60名残疾人免费适配各类辅助器具，辅具适配率100%。全区康复服务覆盖率47.5%，超过35%的市级指标。

【残疾人文体活动】 2020年，集美区残联丰富残疾人文化体育生活，组织19户残疾人家庭参加文化进残疾人家庭“五个一”项目、全国残疾人文化周活动、全民健身运动季活动，投入经费1.95万元；动员辖区残疾人参加体育云竞赛、征文活动和知识竞赛等文体活动。组织培养并选送10名残疾人社会体育指导员参加市级培训。

（李志坚）

集美区红十字会

【概况】 2020年，集美区红十字会有团体会员组织9个，基层组织118个，其中社区红十字基层组织66个、学校红十字组织52个。全年筹集人道救助基金31.17万元；救助大病患者9人，红十字博爱超市救助困难群众2461户次，发放款物41.81万元；开展应急救护培训班160场，参训1.42万人；在新冠肺炎疫情防控期间，开展抗疫款物捐赠的接收工作，接收捐赠款物152.93万元；组队参加市红十字会组织的全市应急救护知识与技能大赛，获得团体二等奖，连续两年在六个区中名列第一。年内，区红十字会获“福建省红十字会系统先进集体”称号。

【红十字会基层组织建设】 2020年，集美区红十字会按照基层组织建设的“五有”要求，对组织机构和制度建设进行汇总、疏理、补充，对社区依据《社区红十字手册》开展的活动情况进检查、指导。至年底，全区有66个社区（2020年新增22个）和52所学校建立基层组织，覆盖率95%，其中社区基层组织覆盖率100%，形成区、镇（街）、社区（村居）三级红十字会组织和服务网络。年内，增设红十字应急救护服务角4个，配备应急救护器材，组建应急救护队伍，扩大应急救护服务角覆盖范围，增强应急救护能力。

【人道救助】 2020年，集美区红十字会救助社区困难群众2461户次，发放救助款物29.41万元（其中，两节送温暖活动救助181户，发放款物10.2万元；博爱超市常态化救助2280户次，发放物资19.21万元）；对符合条件的大病患者施行人道救助，全年救助9人，发放救助款12.4万元（其中，区红十字会基金救助3人0.9万元，集爱基金救助6人11.5万元）；开展对甘肃省临夏州和政县（区对口扶贫县）困难中小学生和贫困村的帮扶工作，用款10万元，并赠送急救包、轮椅等物资，支持和政县红十字会开展应急救护工作。协助区对口办开展精准扶贫的17家企业签订定向捐赠协议，接受并向和政县调拨帮扶资金349.85万元。疫情防控期间，增加近2万元的物资救助，保障困难群众的正常生活。

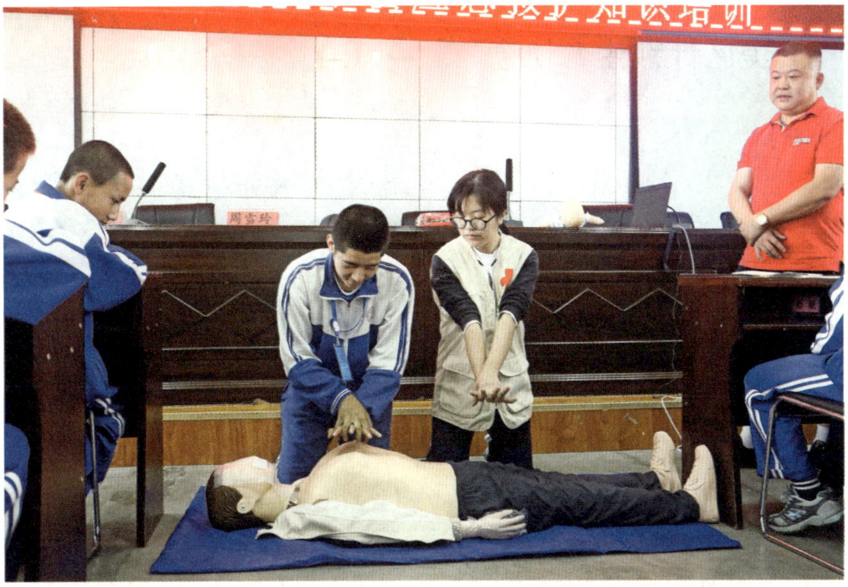

2020年9月8日，区红十字会到和政县一中开展应急救护培训。图为培训现场

（区红十会 供图）

【救助资金和物资募集】 2020年，集美区红十字会加强与企业捐赠人的合作，坚持以项目牵引带动筹资，设立冠名专项基金。全年筹集资金459.87万元，物资价值74.08万元，其中集爱基金募捐0.05万元，社会爱心捐款6.73万元，厦门建霖健康家居股份有限公司捐款24.39万元，协助区对口办筹集帮扶资金349.85万元；募集疫情防控捐赠款物合计152.93万元，其中捐款78.85万元、物资5.7万件（折合人民币74.08万元）。协助省红十字会开展“99”公益日募捐活动，全区有57个团队、4800多人次参与捐款，筹集善款8.57万元，募捐善款数量列全市第二名。

【社区红十字志愿服务】 2020年，集美区红十字会结合纪念“5·8”世界红十字日、“世界急救日”活动，发动镇（街）、村（居）志愿者开展防灾救灾知识宣传、演练，普及现场急救技能，提高群众的风险防范意识和自救互救能力。全年开展社区红十字应急救护志愿者持证培训4期，培训239人次。发挥应急救护培训师资志愿者作用，在集美交警大队、市车辆管理所定期每周开展应急救护培训，全年培训160期，培训1.42万人次。组队集美城市发展有限公司参加市红十字会组织的全市应急救护知识与技能大赛，连续两年获团体二等奖，位居全市六个区第一名。

【红十字应急演练和培训】 2020年，集美区红十字会在辖区各学校结合世界急救日，举办抗疫防灾减灾知识讲座，并组织火灾、地震、疫情防控应急疏散逃生演练。“5·8”世界红十字日活动期间，向区属学校发放《水上安全与救生》《防灾避险手册》《救护与培训手册》等6000余本宣传手册，配发急救包400个，提升学校开展红十字服务能力。区红十字会举办红十字体验式生命教育培训班，对区属学校德育、体育老师进行救护员持证培训，获得初级急救员证89人。9月，为助力临夏州和政县学校更好地开展生命教育活动，组织优秀师资到和政县一中开展应急救护培训，参与培训师生200多名。（吴方灶）

集美区计划生育协会

【概况】 2020年，集美区有镇（街）计生协会6个、村（社区）计生协会68个、企业计生协会241个、村（社区）计生协会小组895个、配备计生协会小组长1343名，形成横向到边、纵向到底的计生群众工作网络。全区各级计生协会以全面深化计生协改革为主线，主动融入健康中国行动和乡村振兴战略，聚焦生育关怀与家庭健康，深化落实“六项重点任务”（宣传教育、生殖健康咨询服务、优生优育指导、计划生育家庭帮扶、权益维护和流动人口服务），全区计生协会工作健康平稳发展。年内，集美区被中国计生协确定为2020年新市民健康行动项目点。

年初，集美区各级计生协会发挥组织网络健全的优势，动员计生协党员干部、小组长、会员和志愿者全力配合，科学参与基层疫情防控。同时助力企业抓好复工复产，区计生协会及时将市计生协会下发的口罩、酒精棉片、创可贴和健康包等防疫物资送到路达、姚明织带、新凯3家企业，利用工作群、同学群、亲友群和朋友圈，发动“一元捐”活动，各级计生协会领导、理事、小组长和会员带头捐款，7895人参与活动，筹集爱心款8.06万元。年内，区计生协联合市中心血站在路达（厦门）工业有限公司开展无偿献血战疫行动。

【计生协会改革】 2020年，集美区计划生育协会（简称集美区计生协会）改革方案（送审稿）经区委八届162次常委会议研究通过。改革方案明确改革的目标任务要求，强调计生协会作为党的群团组织要强“三性”，要增强领导机构成员构成的广泛性、代表性，即增加代表、理事会、常务理事会中基层一线人员和专业技术人员比例。改革方案中明确：区计生协由区委分管副书记兼任会长、区政府分管副区长兼作执行会长，设常务副会长1人，根据工作需要配备兼职副会长2人。镇（街）由分管领导担任计生协会会长，按规定配备专职副会长和秘书长，确保有人做事；镇（街）计生协会要按规定挂牌，计生协会工作人员要与其他机构工作人员同等设立计生协会岗位牌。村（社区）计生协会会长由村党支部（党委、党总支）书记兼任，配齐配强副会长、秘书长和小组长。

【计划生育宣传】 2020年，集美区各镇（街）计生协会组织开展中国计生协成立40周年系列纪念活动，利用“5·29”会员活动日等纪念日，发挥计生协干部、协会小组、会员志愿者的作用，营造浓厚改革发展氛围。在做好传统宣传的同时，拓展宣传平台，建立区计生协微信公众号，开设《青春健康》《集爱浔畔》《暖心家园》《早期教育》等栏目，定期不定期推送公众号文章，宣传上级精神、法规文件、品牌项目、先进典型，讲好协会故事，传播协会声音，回应群众关切，做好释疑解惑、理顺情绪、化解矛盾工作。

【生育关怀行动】 2020年，集美区各级计生协会按资金管理办法规范实施计生家庭帮扶，确保应帮尽帮、精准帮扶。开展农村计生帮扶2户（5000元/户）、幸福工程1户（3000元）、金秋助学9户（3000元/户）。专题研究新一轮计生家庭意外伤害保险工作，投入资金382.58万元，为3.83万户（9.94万人）自愿投保的计划生育家庭办理意外伤害保险；同步为68户106名集美区户籍年龄40岁以上的失独父母开展失独家庭住院护理补贴保险，保费标准300元/人。主动融入“爱心厦门”，开展“暖心行动”，落实精神慰藉、走访慰问、志愿服务、保险保障四项制度，为失独家庭提供多方位、常态化关怀服务；拓展“暖心家园·集爱浔畔”计生特殊家庭帮扶项目内容，把“十全十美暖心基础服务包”做细做实，提高服务精准性和有效性；参照中国计生协“六有”建设标准，在杏滨街道日东社区建设“暖心家园”，通过引入社会力量、抓好村（社区）“三支队伍”等措施，增进失独家庭的福祉和希望。区各级计生协会还开展节日慰问，共慰问147户24.66万元；母亲节开展“传家风”“感恩献礼，表白妈妈”等主题活动，各镇（街）计生协会协调各方资源，营造感恩母爱的良好氛围，举办母亲节活动22场，参与活动850人次，慰问计生困难母亲58人2.9万元。

【家庭健康促进行动】 2020年，集美区各级计生协会开展家庭健康促进行动，区计生协会与区卫健局、区农村农业局联合印发《关于开展“服务乡村振兴促进家庭健康”行动的通知》，与区卫健局联合印发《关于组织开展2020年老年健康宣传周活动的通知》，倡导健康生活方式，提高家庭健康素养与健康水平。利用市计生协家庭健康专家库和区级医疗卫生资源，发挥计生协的组织网络优势、群众工作优势，参与提供全方位全周期的家庭健康志愿服务活动。制定下发《集美区卫健局、集美区计生协会关于开展流动人口健康知识讲座“三进”活动的通知》，在辖区企业、学校、社区为流动人口开办健康讲座45场次，受益群众2400余人次；投入经费10万元，印发《中华人民共和国基本医疗卫生与健康促进法》（摘要）和《流动人口健康教育核心信息及释义》（摘要）宣传折页20万份。

【优生优育进万家】 2020年，集美区各级计生协会围绕“一个中心、五项服务”，整合资源建立或提升优生优育指导中心1所，开展宣传教育服务、孕产妇健康服务、婴幼儿照护服务、儿童早期发展服务、妇女儿童权益维护服务工作，开展优生优育进万家活动。下拨专项资金，在灌口镇黄庄社区、后溪镇崎沟村、集美街道银亭社区、侨英街道乐海社区、杏林街道园博社区、杏滨街道日东社区建立示范点，探索开展儿童早期发展工作，扩大服务 0 ~ 3 岁婴幼儿家庭覆盖面。

（濮文昌）

集美校友总会

【概况】 2020 年，集美校友总会加强与海内外校友会及校友的联络、沟通、交流与合作。年初新冠疫情防控期间，总会通过多种方式，向海内外校友宣传祖国抗疫精神，海内外校友捐款捐物超 1200 万元；编辑出版会刊《集美校友》6 期，每期发行 1 万册；编辑出版任镜波文集《勿忘集》，对集美校友总会工作和《集美校友》编辑出版工作做全面的回顾和总结；举办《春风万里 桃李芬芳——集美校友总会百年展》，为总会新的百年献礼。

【《集美校友》编辑出版】 2020 年，《集美校友》编辑出版 6 期，刊登各类文章 360 篇。《嘉庚风》《浔江听浪》栏目发表《陈嘉庚和南侨机工》《集美学村在新中国的巨大发展》《陈嘉庚洗刷"东亚病夫"之耻》《永远的陈嘉庚》《叶振汉校长的一生》等文章，讲好嘉庚故事，弘扬嘉庚精神；《见证百年》《纪念百年》栏目登载《百年载歌，岁月芳华》《超越一甲子的见证》《乘风破浪，毅行百年》《百载财经梦，一生嘉庚情》《百年薪传，匠心致远》《难忘 1920，难忘 1980》，颂扬陈嘉庚创办职业教育、创办集美校友总会的百年历程和辉煌成就；《学村内外》《让金字招牌更加闪亮》《闽海之滨》栏目刊登《身处疫区，不忘使命》《能为抗疫出力，一切付出都很值得》《深山里的航海学校》《集美区开展历史文化遗产集中保护修缮工作》等文章，报道学村内外生机盎然的生活以及集美各校日新月异的变化。

【任镜波文集《勿忘集》编辑出版】 2020 年 10 月，任镜波文集《勿忘集》由福建人民出版社出版发行。从 1980 年起，由于工作关系，任镜波的人生旅程和集美校友总会及《集美校友》杂志 40 年来的存在与发展高度重合，紧密相连。《勿忘集》通过对 40 年间发生的重大事件和相关人、事的翔实生动记述，展现集美校友总会和《集美校友》杂志的发展历程，具有重要的史料价值和现实意义。

【集美校友总会百年展】 2020 年，集美校友总会制作《春风万里，桃李芬芳——集美校友总会百年展》，展览照片 300 幅，通过"高瞻远瞩，陈嘉庚亲创校友会""烽火硝烟，众校友齐心护门墙""任重道远，校友会扬帆再启航""凝心聚力，五大洲校友心相连""继往开来，新征程谱写新篇章""开枝散叶，校友会遍布海内外"6 个部分，回顾集美校友会自成立之日起，百年间不平凡的历程；讴歌在各个重要的历史节点都与祖国同呼吸共命运，克服万难服务母校、贡献社会的校友群体；展示在新的历史时期，集美校友总会弘扬嘉庚精神，深怀爱国之情，坚守报国之志，为国家富强、民族复兴作出的贡献。

（陈丽兰）

资料链接：

集美校友总会简介

集美校友总会是集美学校校主陈嘉庚 1920 年亲自创办的，为全国最早的校友会之一。1952 年，集美学校校友会停止活动。1980 年 10 月，经厦门市人民政府批准恢复活动，为全国最早恢复活动的校友会。恢复至今，历任理事长分别为陈村牧、叶振汉、谢高明、王毅林、任镜波。自 2001 年起，集美校友总会在海内外相继设立王瑞庭海上专业助学金、德慈助学金、嘉泽助学金、陈村牧助学金、南洋船务海事助学金、杜成国助学金、自辉助学金，用于扶助集美学校在校贫困生。

法 治

政法与综治

【概况】2020年，集美区政法各部门及广大政法干警围绕中心、服务大局，实施市委“三创工程”，从严、从实、从细抓好创稳定、护安全、促和谐各项工作措施，为统筹推进疫情防控和经济社会发展工作创造安全稳定的社会环境。把政法队伍建设摆在重要位置，强化执法司法制约监督、规范建设以及职业保障。全区政法部门和政法干警获多项省级以上集体、个人荣誉，涌现出“时代楷模”“最美奋斗者”陈清洲、“全国审判业务专家”黄湧等一批先进典型，获全国优秀法院、认罪认罚从宽制度试点工作先进集体、全省首批“枫桥式公安派出所”等称号。

【政法干部工作协管机制健全完善】2020年，中共集美区委政法委员会（简称区委政法委）以贯彻落实《中国共产党政法工作条例》为重点，始终把“坚持党的绝对领导”最高原则贯穿政法工作全过程，健全完善协管政法干部工作机制，坚持每季度召开政法委员全体会议，指派区委政法委领导班子成员列席政法单位党组（党委）民主生活会，实行区委政法委委员、镇（街）政法委员述职制度，推动党管政法不断落到实处。

【安保维稳】2020年，集美区政法部门维护政治安全、社会稳定，“七位一体”的主动创稳集美模式逐步完善，坚持定期分析研判信访维稳形势，妥善解决影响辖区稳定的突出矛盾和热点敏感问题，确保大局稳定，实现全国两会、十九届五中全会期间“三个不发生”，完成既定的安保维稳目标。

【打伞破网】2020年，集美区政法部门强化纪法衔接，建立完善纪检监察机关与政法部门建立线索双向移送、定期会商研判、协同交叉办案等联动机制，实现交叉讯问与调查侦查同步进行、留置与抓捕结合开展，确保扫黑除恶与“打伞破网”同频共振，立案查处涉黑恶腐败及“保护伞”问题40件50人，对34名履行扫黑除恶主体责任和监督职责不认真、工作不到位的干部，及时约谈、提醒、问责，以精准问责倒逼尽责履职。

【扫黑除恶】2020年，集美区政法部门以“六清”为目标，重拳出击，侦破群众反映强烈、影响大的涉黑涉恶案件13个87人，整治一批影响人民群众幸福感、安全感的行业领域乱点乱象，整顿11个软弱涣散村（居）党组织，三年扫黑除恶专项斗争胜利收官。组织拍摄扫黑除恶微电影《未接来电》，获第五届平安中国“三微”比赛“十大微电影”奖、第八届亚洲微电影艺术节“平安中国单元最高奖项”。

【平安集美建设】2020年，集美区政法部门坚持以群众安全感为导向，坚持“小案快打、以打促防”理念，紧盯高发刑事警情，始终保持高强度打击、大范围震慑。构建公安分局、派出所、社区三级动态巡防体系，切实提高见警率，有效解决群众紧急求助以及预防和遏制各类案件发生，全年全区刑事警情发生数比上年下降31.06%，连续四年降幅排名全市第一，社会治安持续向好。

【基层治理】2020年，集美区政法部门按照“多中心合一、一中心多用”的思路，做专区级中心、做强镇（街）中心、做实村（居）中心，三级综治中心建设同步发力推进，打造完善城区“智慧”治理模式，推进“雪亮工程”“雪亮社区”等重点项目建设。创新“公证+”警调联动多元化解模式、“一体三翼”诉非联动纠纷治理模式，助力辖区实现“矛盾纠纷不上交”，分别被公安部表彰为年度优秀行政执法制度、被最高人民法院列为人民法院调解平台典型案例。

【政法改革创新】2020年，集美区政法部门探索形成“321”阶梯式从宽量刑机制，改革经验被“两高三部”《关于适用认罪认罚从宽制度的指导意见》吸纳，应用机制推进“六清”行动相关经验被中央政法委“长安剑”、省委政法委“清朗天空”刊载。创新探索“法治实战”理念，在全市率先建成执法办案管理中心并投入使用，同步完善“公检法一体化涉案财物管理中心”“派驻检察室”“速裁法庭”等机构建设，提高司法执法的质量和效率。

（张勇）

法治政府建设

【概况】2020年，集美区实行证明事项告知承诺制，出台《厦门市集美区司法局关于印发厦门市集美区全面推行证明事项告知承诺制方案的通知》。

在集美区全面推行行政执法公示制度、执法全过程记录制度、重大执法决定法制审核制度，在全市率先引入威科先行·法律信息库，向全区32个行政执法部门提供专用法律数据库账号。开展行政裁决事项梳理工作。4月，完成全区行政裁决事项梳理，形成《集美区行政裁决事项梳理确认登记表》并报送市司法局。5月，将征求各行政执法部门意见后形成的《集美区行政裁决事项基本清单第一批》报请区委编办审定并呈区政府同意，由各实施主体通过权责清单系统统一公布，并报市司法局备案。根据公布的行政执法主体名单，由全区各执法部门对委托执法事项出具行政执法委托书，委托法律顾问对全区35份行政执法委托书进行合法性审查，修订后由各行政执法部门签署，按时报送市司法局及各执法部门的上级部门备案。配合市司法局做好全区行政执法证件培训和注册换证工作。按照《厦门市人民政府办公厅关于印发2020年市政府立法计划和执法检查计划的通知》，集美区司法局牵头印发通知给全区各行政执法部门，开展行政执法自由裁量权的自查工作。开展2020年度行政执法案卷评查工作，评查行政处罚案卷11卷、行政许可案卷18卷。

【行政复议与应诉】2020年，集美区政府收到行政复议申请22件，其中不予受理1件、转送7件、告知1件、补正告知3件、受理10件，办结22件。均按要求录入全国行政复议网上平台。严格依法做好行政应诉工作，推进行政应诉规范化建设。全年，区政府收到应诉案件16件，其中一审15件、二审3件；审结3件。

10月13日，区政府印发《行政复议专家库建设管理办法》，区行政复议专家库制度建立，首届行政复议专家库由法律专家及技术专家39人组成，包含行政机关法制工作人员、法学专家、执业律师和专业领域技术专家。举办行政复议专家委员会专题会议2场。

落实最高人民法院发布的《关于行政机关负责人出庭应诉若干问题的规定》要求，区政府常务会专题学习《中华人民共和国行政诉讼法》关于行政机关负责人出庭应诉相关规定及最高人民法院的《关于行政机关负责人出庭应诉若干问题的规定》。区人民政府行政机关负责人全年出庭应诉5件。

【规范性文件备案】2020年，集美区贯彻实施新修订的《厦门市行政机关规范性文件管理办法》，区司法局印发《厦门市集美区司法局关于进一步明确行政规范性文件制定和备案有关要求的通知》给区各部门，推动全区行政规范性文件独立统一编号制度的执行。

2020年，《厦门市集美区人民政府关于限制燃放烟花爆竹的通告》《厦门市集美区人民政府 厦门火炬高新区管委会关于印发集美区鼓励软件和信息服务业发展奖励暂行办法（修订）的通知》均依法及时备案。9月20日，区政府印发《厦门市集美区人民政府关于公布继续有效、废止和失效的规范性文件目录的通知》，将截至2019年12月31日，以厦门市集美区人民政府及厦门市集美区人民政府办公室名义发布的继续有效的32件规范性文件（含待修订的9件）、废止和失效的18份规范性文件目录予以公布。做好府院互动工作，全年参与思明区人民法院、集美区人民法院府院互动4次。

【政府法律顾问工作】2020年，集美区依托区政府法律顾问室，做好区政府常务会议议题非诉委托事务，区政府专题会议、常务会议题审查共计43件。做好区政府法律顾问的委托协调工作，全年非诉委托92件，参与各类会议73场。7月18日，区政府印发《厦门市集美区人民政府关于区政府法律顾问室换届和聘任兼职政府法律顾问的通知》，完成区政府法律顾问室换届工作，继续发挥法律顾问和公职律师在参与决策中的作用。

【重大行政决策合法性审查】2020年，集美区司法局完成区政府重大行政决策合法性审查1件，审查并出具《厦门市集美区司法局关于〈2020年财政预算调整草案〉的合法性审查意见书》。

（区司法局）

【政务公开】2020年，集美区在严格进行保密审查的基础上，对领导分工、政策法规、工作动态、政府公告等内容进行公开，全年主动公开2722件。在网站设置“依法申请公开”和索引界面市民可直接在网上申请公开政府信息，并查询相应的办理情况和结果。至2020年底，接到“依申请公开”政府信息文件累计599件，其中2020年167件，均全部予以答复。全面推进政务公开、村务公开、校务公开、医务公开、厂务公开和公共服务公开，全年发布政务公开信息4713条、村务公开信息123条、校务公开信息100条、医务公开信息58条、厂务公开信息33条、公共服务公开信息12条。

（戴晓彬）

公 安

【概况】2020年，集美区刑事警情接报2048起，比上年下降31.06%，连续四年保持全市第一名；电信网络诈骗警情1597起，比上年下降13%；道路交通亡人事故发生29起亡31人，亡人数比上年下降26.19%，降幅居全市第一名；刑事立案3153起，比上年下降28.73%；破案1761件，破案率55.9%，比上年提高4.9个百分点；八类严重暴力犯罪案件立案97件，破案97件，破案率100%；破获当地命案积案1件，协破外地命案积案1件，抓获外地潜逃23年和17年的命案逃犯黄某明、王某六，快速侦破“5·25”案值180万元抢劫案、“陈某被电信网络诈骗400万元”“11·28”集美万达嘉华酒店案值较大盗窃案等一批重大敏感案件。制订《涉稳案事件跟踪化解工作机制》《涉稳情报信息迟报、漏报、瞒报问责实施办法》《防范处置个人极端分色预警工作机制》等规章制度。年内，陈清洲家庭获“全国文明家庭”称号，陈智达家庭获“福建省抗疫最美家庭”称号，陈智达个人获“厦门市最美基层警察”“福建好人”等称号，卢霖获厦门市第八届“我最喜爱的十佳民警”特别致敬奖，高鑫获第二届全国百佳刑警提名奖，2个集体和2个个人记二等功，杏林派出所获全省“枫桥式公安派出所”称号。

2020年，集美公安分局抓好疫情防控期间思想政治工作，发布各类党建活动、疫情防控专题、先进典型和案件宣传微信推送157期247条，为坚决打赢疫情防控阻击战提供思想和队伍保障。推进三年全警实战大练兵，先后组织开展各类集中培训、考核49期，参训参考民警2600余人次，警务辅助人员训练考核6场次1200余人次。规范辅警队伍管理，成立辅警实战大练兵工作专班，开展辅警“轮值轮训，战训合一”工作，对无法适应岗位工作要求的予以劝退7人，开除4人；强化典型培树和引领带动，年内组织新闻发布活动221场，各级媒体刊发正面新闻宣传报道694条，其中中央级媒体35条、省级媒体69条。

【公安助力疫情防控】2020年，集美公安分局助力全区疫情迅速稳控和生产生活复苏。制订应急处置方案、责任清单、执法指引、防护要点等制度规范，在全市率先发布《关于严厉打击疫情防控期间违法犯罪的通告》，运用公安大数据筛查出敏感地区人口数据8万余条，快速研判核查途经疫源地车辆轨迹90.5万辆次，推送区卫健局、各镇街、各派出所和各高速检疫卡点，为开展劝返、隔离、医学检查等工作提供精准支撑；强化对集美辖区确诊或疑似感染对象全时空全要素研判，为防疫流调工作提供源头数据。启动重大突发公共卫生事件一级响应方案，联合交通、卫健等部门，开展厦门、厦沙、杏林3个高速出口临时交通卫生检疫联合执法工作，检查拦停车辆22.2万辆次，检查91.2万人次，做到不漏一车一人，堵住病毒陆上入厦通道；建立与海警集美工作站、厦门海事局海沧分局海事执法大队、厦门海洋综合执法支队二大队和三大队、集美区农业农村局农业执法大队等涉海部门防疫情输入的联动机制，落实进出港“三报备”、岸线24小时不间断巡逻制度，清理“三无”船舶131艘，民12场次，查获非法入境人员9起10人；完成1家集中救治点和4家隔离酒店的安全保卫任务。对接辖区内企业、房东，协助指导通过“社区防疫通”模块，对返厦人员疫区旅居史等情况进行全面涉疫核验筛查，疫情期间服务企业1100余家，协助查询务工人员涉疫情况32万人次，服务房东约6000人次，查询租客涉疫情况11万人次，消除疫情风险隐患；2月25日，联合软件园三期管委会，开展服务企业复工复产政策宣讲暨“说战疫”网络直播，辖区580家企业共1744人次参加活动。

2020年5月19日，集美公安分局在集美新城开展全区反恐合成演练　（林志杰 摄）

【维稳处突】2020年，集美公安分局开展风险排查、监测预警、应急处置，提升反恐维稳工作的预知预警预防和处置能力，预防、化解各类社会矛盾，维护政治大局总体稳定，辖区首次实现全国两会期间涉访人员“零进京”。落实反恐怖工作责任制，检查重点、重要目标单位205次，发现问题隐患346处，开展反恐大型宣传4次，反恐防暴技能送教上门25场次；落实“1-3-5”快速反应圈工作要求，增加最小作战单元2支，完善最小作战单位7支，成功处置持刀持械警情154起，精神病人肇事、肇祸警情42起，涉酒警情128起，讨薪类警情55起；5月19日，组织开展2020年度全区反恐合成演练。

【矛盾纠纷排查化解】2020年，集美公安分局制订《涉稳案事件跟踪化解工作机制》《涉稳情报信息迟报、漏报、瞒报问责实施办法》《防范处置个人极端分色预警工作机制》等规章制度，指导督促各派出所梳理当地可能引发群体性事件的重点领域、重点行业、重点群体、重点人员，严防矛盾纠纷激化升级。年内化解各类矛盾纠纷5834起，成功化解涉房地产、涉众型经济利益受损群体等规模性聚集维权上访事件11起352人次，未造成人员伤亡、重大网上舆情；强化涉疫矛盾跟踪化解，实时追踪掌握化解进度，及时函告有关职能部门，配合落实化解措施，调处各类涉疫矛盾纠纷 401 起。

【公安系统扫黑除恶】2020 年，集美公安分局运用“大数据 + 扫黑除恶”机制，打掉涉黑涉恶组织 14 个 92 人，其中打掉黑社会性质犯罪组织 1 个、恶势力犯罪集团 12 个、恶势力团伙 2 个，涉及“九类”案件团伙 92 个，刑事拘留 831 人，逮捕 425 人，起诉 625 人，进入审判程序的 10 件涉黑涉恶案件全部审结，查封、冻结、扣押涉案财产折合 9.2 亿元。

【电信网络诈骗打击】2020 年，集美区发生电信网络诈骗警情 1597 起，比上年下降 13%，降幅持续保持全市第一名。区公安分局以落实“大合成”小案快打作战机制为抓手，对传统侵财案件打深、打透，对电信网络诈骗案件打准、打精，落实反诈专班实体化运作，打掉电信网络诈骗窝点 92 个，抓获 473 人，破案 331 件，破案率 25.98%，电信网络诈骗打击工作刑侦绩效专项排名全市第一名；经侦部门推进“云端 2020”等专项行动，破获经济案件 48 件，比上年上升 65.52%，挽回经济损失 588.3 万元，查封涉案不动产 17 处，劝投境外逃犯 1 名，摧毁以厦门人徐某为首和以台湾人吴某为首、涉案金额 5 亿元的涉嫌非法支付结算的犯罪团伙 2 个。

【治安热点整治】2020 年，集美公安分局开展“飓风肃毒 2020”“打击整治枪爆违法犯罪”“扫黄打非”“打四黑除四害”等专项工作，禁毒专项查处吸毒人员 129 人次，抓获毒品犯罪嫌疑人 30 人，破案 18 件，起诉 57 起 94 人。11 月 17 日，破获以吴某华为首的龙岩籍贩毒团伙，缴获冰毒 10 千克、毒资 240 万元；完善黄赌警情分色预警、异地用警等机制，侦破黄赌刑事案件 141 件，查处黄赌行政案件 611 件，破获网络赌博案件 80 件，破获假烟类案件 44 件、食品类案件 19 件、药品类案件 29 件、环境类案件 1 件、知识产权类案件 23 件、土地类案件 2 件、野生动物类案件 23 件；破获案值 10 亿元的跨境网络赌博案、跨厦漳两地非法购销生猪肉案、涉案柴油 176.82 吨走私成品油案、全省首例非法贩卖文物案，受到公安部、省公安厅的好评。

【治安防控】2020 年，集美公安分局检查涉危涉爆企业 1255 家次，整改安全隐患 158 处；走访各寄递企业及网点 240 家次、物流企业 350 家次，明察暗访 156 家次，发现并督促整改各类安全问题 36 处。强化校园安全保卫，落实高峰勤务等各项制度，排查校园周边出租房屋 8263 处，流动人员 1.2 万人，查出校园内部各类隐患问题 55 个，并全部整改到位，化解涉校矛盾纠纷 6 起，处置涉生涉校警情 33 起，破获涉校涉生案件 8 件。全年，辖区未发生重大敏感的安全生产和道路交通案事件。

【三级巡防体系建设】2020 年，集美公安分局按照“整体布警、层级布防”的总体思路，以分局指挥情报中心和交警指挥中心为依托，配备“和对讲”手持机和必备巡逻车辆、装备，构建分局、派出所、社区“可视化、智能化、一体化”的动态复合型三级巡防体系。其中，一级巡防由分局统筹安排，以巡特警大队专职力量为主，交警大队、新城保障组、区应急队相关力量为辅，对辖区 8 个大巡区和 6 个人员密集场所开展面上巡防，同时加强队员业务培训，确保能够独立处理治安案事件、简易交通警情、群众求助等应急事务；二级巡防由派出所安排，在全区 21 个巡区开展巡防；三级巡防由反恐防范重点单位保安、护村队等群防群治力量负责，实现社区网格全覆盖。

【交通安全整治】2020 年，集美公安分局开展道路交通隐患整治，排查整改隐患 288 处，查处各类道路交通违法行为 45.86 万起，其中“五类十项”严重道路交通违法行为 7.9 万起，整治违停 30.07 万起，查处大货车违法行为 8360 起。年内发生道路交通亡人事故 29 起亡 31 人，事故起数比上年下降 29.27%，亡人数下降 26.19%，降幅居全市第一名。

【海防工作】2020 年，集美公安分局推动“基础要素、情侦打击、队伍建设、智慧海防”四项工作落地见效；开展船舶底数清理和“三无”船舶整治，指导督促属地街镇落实管船主体责任，建立“一船一档”“一社区一册”船舶档案，安装船舶识别号牌，清理各类“三无”船舶 131 艘；引进鼓浪屿、519、驰鹰三支民间救援队，船艇 6 艘，补充集美区海上应急处突、海域巡逻巡查力量；结合岸线巡逻、海上巡查，劝离、驱离外地到集美区作业的“三无”船舶 39 艘次，全区未发生船舶“越线作业”等案件事故。1 月 11 日，在厦门海域查获一起走私成品油案件，现场抓获犯罪嫌疑人 7 名，查获走私柴油 176.82 吨。

【行政管理服务】2020 年，集美公安分局推出网上办、掌上办、自助办、邮寄办等服务举措，助推“不见面审批”，加大对“福建治安便民”微信公众号、“闽政通”APP 以及“e 政务”便民服务站自助办理的宣传。户籍窗口审核签发二代居民身份证 44667 张，异地身份证 10825 张，港澳台居住证 458 张，受理市外迁入 28801 份；出入境窗口受理出国境申请 2340 人次，其中护照申请 1056 人次，往港澳办证申请 1375 人次，赴台办证申请 909 人次；治安窗口受理行政审批 587 起、公章刻章备案 11743 起、行政确认 6 起、其他行政权力 17 起、公共服务 2 起，全程实现“零投诉”；交警窗口受理车管业务40557笔、驾管业务10223笔。

【重点工程护航】2020年，集美公安分局成立分局护航重点工程指挥部，制订《护航重点工程工作方案》和任务清单，建立应急处置梯队3个，配合相关部门妥善处置涉及重点建设项目的群体性事件，先后协调解决征拆人员户籍变动查询无法批量打印、群众开具关系证明和办理疑难户口难等长期困扰基层征拆一线、严重影响工程进度的顽症痼疾，保障重点工程建设项目顺利进行。联合区金融办、会计师事务所、律师事务所，对杏林湾营运中心、软件园三期等重点区域内的公司企业开展涉稳经济风险评估，对软件园三期重点未入园的280家企业逐层访查，做到“底数清、情况明、无死角”，确保辖区金融安全稳定。

【智慧社区警务平台建设】2020年，集美公安分局开发建设“智慧社区警务平台”，整合涉及派出所基础工作业务系统，研发面向社区警务管理的智慧平台，实现基础工作信息一次录入、全网通用，一次变更、全网更新。全年实有人口核实率547.63%；新增采集人员94万人，核实离开76万人，始终保持后疫情期间“一标四实”信息采集录入的准确性、鲜活度；延伸建设智慧社区警务室和智慧安防小区，推广应用智能门禁、车辆出入、无线信息采集、红外周界报警、一键报警、物联网防盗等系统。至年底，提交申请接入智慧安防小区管控系统的小区（村居）21个，接入人脸识别门禁设备数据平台的小区（村居）20个。

【执法规范化建设】2020年，集美公安分局高标准建成智能化、实战化的执法办案管理中心，接警中心和法制实战中心同步建成，延伸拓展功能区域N项，创新构建“3+5+N”的智慧法制新体系，实现执法效率和办案质量双提升。年内审核刑事案件2211次，发现执法问题2033个，网上巡查发现各类执法问题2548个，分局刑事案件打击处理质量在全市位居前列，公诉率全市最高，无证据不足不诉数名列全市第一名，接到书面纠正违法通知书数全市局最少。建成未成年人“一站式”取证中心，推进刑事速裁法庭等项目建设，加大与检法部门的协作力度，节约司法成本，提升执法效率。

（杨勇）

检　察

【概况】2020年，集美区人民检察院办理各类案件1688件，比上年下降18.1%，其中，审查逮捕案件297件，审查起诉案件1112件，刑事、民事、行政诉讼监督案件22件，公益诉讼案件14件，其他各类案件243件。批准逮捕生产销售“三无”口罩等妨害疫情防控犯罪2人、起诉7人；依法打击黑恶势力犯罪，起诉涉黑涉恶犯罪29人，提前介入涉黑涉恶案件10件，对外移送新线索3条；批准逮捕未成年犯罪嫌疑人3人、起诉14人，批准逮捕并起诉侵害未成年人犯罪18人；受理监察机关移送职务犯罪案件8件14人，决定逮捕1人，起诉12人；查办市检察院交办的公安机关工作人员职务犯罪案件1件1人；打击盗抢骗等犯罪241人，起诉严重暴力犯罪46人，重点办理跨国赌博和涉网络、电信犯罪82人。推进国家司法救助工作支持脱贫攻坚，办理司法救助案件5件，向困难家庭发放司法救助金19.2万元。做好公益诉讼检察工作，发出诉前检察建议书9份、通报函5份，督促治理被损毁的林地面积6.67公顷，促使追回各类国有资产1800余万元。

年内，区人民检察院发布的原创音乐《追梦检察心》（MV）获2020年7月“全国检察新媒体月度优秀作品奖”，扫黑除恶主题微电影《检察官的大礼包》获第五届法治集美·阳光生活微电影创作大赛一等奖，干警立三等功和获“2018—2019年全市扫黑除恶专项斗争先进个人”“优秀通讯员”“案件管理业务标兵”“最美志愿者”等称号20人，1篇优秀论文获评“2020年全国检察机关案件管理理论与实务研究”征文活动三等奖。

【涉疫案件检察】2020年，集美区人民检察院出台应对疫情工作方案，利用远程提审、司法送达E平台等信息化手段办案，服务疫情防控大局。依法批准逮捕生产销售“三无口罩”等妨害疫情防控犯罪2人、起诉7人，办理的案件入选全省检察机关依法办理涉新冠肺炎疫情第一批典型案例。对受疫情影响致使判实刑未交付执行罪犯增多现象开展监督，核查罪犯219人，监督收押122人，消除社会管理隐患和防控风险。

【检察系统扫黑除恶】2020年，集美区人民检察院贯彻落实“六清”工作部署，健全专班办案、一体作战等机制，确保“案件清结”。全年起诉涉黑涉恶犯罪29人，起诉的事实和罪名均获法院判决支持。两名检察官被评为“全市扫黑除恶专项斗争先进个人”。助力“线索清仓”和“逃犯清零”工作，提前介入涉黑涉恶案件10件。开展涉黑案件“打伞”（保护伞）情况“回头看”，对外移送新线索3条。推进“黑财清底”，开展涉黑恶案件财产刑执行专项检察，确保生效判决的涉黑恶财产限期执行到位。助推“行业清源”，制发物业服务、基层干部管理等行业领域问题的检察建议6份。

【刑事检察】2020年，集美区人民检察院依法履行指控证明犯罪主导责任，推动刑事检察工作转型升级。全年适用认罪认罚从宽制度办理案件945件1091人，适用率85%，比上年上升9.5个百分点，量刑建议采纳率98.9 %。

紧盯违法立案、撤案和违法侦查、消极侦查等问题，开展公安机关刑拘后未报捕且未移诉案件专项监督活动，监督侦查机关立案、撤案、追捕追诉11人，提出书面纠正意见2件次。对认为确有错误的刑事裁判，报请市检察院向市中院发出再审检察建议，获得采纳。参与市、区两级社区矫正和强制医疗巡回检察，监督纠正漏管2人，纠正法院、司法局社区矫正交付执行履职不当等违规事项8件。开展财产刑执行专项检察活动，核查涉财产刑案件150余件，纠正法院执行不当等违规事项6件。

【民事行政检察监督】 2020年，集美区人民检察院突出对法院已生效的判决、裁定、调解书的监督，做好督促落实。办理民事行政检察案件6件，提出的民事再审检察建议被法院采纳。助推解决“执行难”问题，配合省委政法委开展专项评查，抽取评查区人民法院30件执行案件，就发现的程序瑕疵等问题，及时书面反馈评查意见，促进规范执行。全员学好、用好《中华人民共和国民法典》，参加专题辅导讲座、培训6场次，为维护各类民事主体的合法权益夯实基础。

【公益诉讼】 2020年，集美区人民检察院贯彻区人大常委会《关于加强检察公益诉讼工作的决定》，深化双赢多赢共赢理念，努力在诉前实现维护公益目的，发出诉前检察建议书9份，通报函5份，督促治理被损毁的林地面积6.67公顷，促使追回各类国有资产1800余万元。开展公益诉讼“等”外领域的探索，依法办理群众反映强烈的安全生产、网络侵害、校园周边违规销售香烟等领域公益诉讼案件。创新通报函制度，跟进监督，以最少司法投入获得最佳社会效果。接受检察监督的行政机关均主动纠错或依法履职，检察监督与行政执法实现良性互动。

【检察助力营商环境优化】 2020年，集美区人民检察院落实最高人民检察院“三号检察建议”，依法办理的周某某等16人非法经营案获评厦门市检察机关法律监督十佳案件。坚持少捕慎诉司法理念和平等保护各类市场主体的司法政策，妥善办理影响非公经济发展案件2件。开展涉民营企业刑事诉讼“挂案”排查、涉非公经济案件立案监督等专项工作，监督公安机关清理“挂案”4件。与区工商联共同举办“服务‘六稳’‘六保’护航民企发展”检察开放日活动，为民企发展提供更多更优的检察产品。助力打造台胞台企登陆第一家园，在厦门北站台湾青年双创基地设立涉台检察联络室，提供法律服务。发挥检察机关在反腐败工作大局中的作用，强化与监察机关的沟通协调，完善互相配合、互相制约的工作机制，形成反腐败合力。全年受理监察机关移送职务犯罪案件8件14人，决定逮捕1人，起诉12人。加大对司法人员侵犯公民权利、损害司法公正犯罪的侦查力度，细化和规范办理职务犯罪案件的司法程序，依法查办市检察院交办的公安机关工作人员职务犯罪案件1件1人。

【检察服务社会稳定】 2020年，集美区人民检察院坚决捍卫国家政治安全，保持对邪教违法犯罪的高压严打态势，守牢维护全区安定的检察防线。打击盗抢骗等犯罪241人，起诉严重暴力犯罪46人，重点办理跨国赌博和涉网络、电信犯罪82人，增强全区百姓的安全感。全面贯彻宽严相济刑事政策，对涉嫌犯罪但无须逮捕的不批捕55人，对犯罪情节轻微、依法可不判处刑罚的不起诉26人，发挥制度优势减少诉讼对抗，降低司法成本。精准办理一起在校生正当防卫法定不起诉案件，弘扬“法不能向不法让步”的法治精神，实现法、理、情的有机统一。综合运用“12309”检察服务中心实体大厅以及网站、电话、移动客户端和微信公众号等渠道，受理群众控告申诉169件次。出台《办理群众来信工作实施细则》，受理群众来信116件，均在7日内告知“收到了、谁在办”，3个月内办理过程或结果答复率100%。在依法、依情、依理做好回复、答复工作的同时，以解决群众司法诉求为工作重心，综合运用领导包案、检察长接访等工作机制，促进息诉罢访、案结事了。

【司法救助】 2020年，集美区人民检察院加大对因案致贫、因案返贫的案件当事人或近亲属的救助帮扶力度，实行“主动救助、应救尽救、立体救助”，办理司法救助案件5件，向困难家庭发放司法救助金19.2万元。创新“云接访”“云救助”工作方式，提高多元化救助实效。针对多方关注的残疾人司法救助案件，检察长亲自主持公开听证，人大代表、政协委员、人民监督员参与，以公开促公信，彰显社会公平正义。

【检察服务民生福祉】 2020年，集美区人民检察院开展食品药品安全“四个最严”要求专项行动，强化行政执法与刑事司法衔接，严厉打击非法经营生猪屠宰犯罪，保障千家万户舌尖上的安全。针对网售违禁医疗器械等行业乱象，及时制发检察建议，推动相关行政监管部门开展医疗器械网络销售专项整治，让老百姓买得放心、用得舒心。参与城市基础设施安全问题治理，加强与市政园林局、公路局的协作配合，推动落实最高检就窨井盖管理问题发出的“四号检察建议”，组织开展盲道整治和高空抛物、坠物专项监督活动，维护人民群众“脚底下”和“头顶上”的安全。加大对未成年人的保护，对涉嫌轻微犯罪并有悔罪表现的未成年人，不批捕4人、不起诉5人；对应当依法惩戒的，批准逮捕3人、起诉14人。严厉打击性侵、校园欺凌等伤害未成年人犯罪，批准逮捕并起诉18人。抓好“一号

2020年，集美区检察院开展法治进校园活动35场。图为9月16日，在曾营小学开展法治活动课（叶少斌 摄）

检察建议”的落实，创新通过综治险，向未成年性侵被害人发放救助金，获市检察院批示肯定，并入选全省检察机关未成年人检察部门参与社会综合治理典型案例。联合公安、教育、司法、医院等多部门通过共同出台意见、设立“一站式”办案场所等举措，构建未成年人保护大格局。检察长及检察官共20人兼任中小学的法治副校长，常态化开展法治进校园活动35场，创作并宣传《让我牵着你的手》法治教育微电影，护航青少年健康成长。

【检察机制创新】2020年，集美区人民检察院健全完善检察业务数据分析研判机制，构建“案—件比”质量指标评价体系，通过减少不必要的退回补充侦查、杜绝随意延长审查起诉期限等措施，减少办案环节，力求把办案工作做到极致，促进司法资源投入更少、当事人感受更好。全年刑事检察“案—件比”为1.42，处于全市前列。加强案件办理关键节点、重点问题的流程监控，全年开展各类案件质量评查活动5场95件，促进提升办案质效。落实检察长列席审委会制度，坚持担任领导职务的检察官带头办案，入额院领导办案229件。（高娜伶）

法　院

【概况】2020年，集美区人民法院受理案件16299件，审执结14447件，分别比上年增长13.65%和16.03%，结收比95.75%、结案率88.64%，结案率、结案均衡度、长期未结案件审结率、归档率等主要审判指标均位居全市基层法院首位，执行质效考核指标位居全省84家基层法院第三、全市基层法院第一。先后获得“全国司法宣传和通联工作先进单位”“全市扫黑除恶专项斗争先进集体”“全市法院系统调研工作先进集体”“全市法院系统宣传工作先进集体”等称号，法院干警个人获得“全国法院人民法庭工作先进个人”“全省法院‘基本解决执行难’先进个人”等称号50人次。

【防疫办案双统筹】2020年，集美区人民法院落实法院场所及人员防疫要求，妥善回应群众来电来访需求。创新“12368+”诉讼热线机制，强化工单派发并监督落实，热线回复率100%，获省市法院主要领导批示肯定。强化线上诉讼服务，在线立案5330件，民商事案件在线立案率72.41%，在线调解5120件，在线庭审290件，确保疫情时期司法保障“不打烊”。从快从重判处5起5人涉防疫物资诈骗罪，妥善处置涉防疫物资民商案件14件，坚持善意执行，灵活查封，促进和解，其中“保障防疫救护车配件生产案”入选省最高人民法院“疫情防控”八大典型案例。选派干警到定点酒店、厦门北站、机场等地检测、分流到厦人员2844人次，党员带头协助社区防疫，开展募捐，服务防疫工作。

【刑事审判】2020年，集美区人民法院审结各类刑事案件982件1221人，其中，涉危害社会治安类犯罪671件、涉侵犯财产类犯罪174件、涉职务犯罪8件。扫黑除恶专项斗争以来受理的涉黑恶案件11件123人全部审结。其中采用三地同步远程视频开庭的方式，依法审结厦门市首起恶势力犯罪集团利用信息网络实施的犯罪。摸排“套路贷”“保护伞”等犯罪线索9条，推进伞网清除。制发乡村治理、工程建设等领域的司法建议5份，落实行业清源。扫黑除恶“六清行动”相关做法在省委政法委“清朗天空”、中央政法委“长安剑”微信公众号刊发。

【行政审判】2020年，集美区人民法院审理行政案件391件。妥善审结涉“高铁350”、地铁三号线、鼓浪屿万石山风景名胜区等案，保障重点工程项目的建设开发。妥善处理某食品店诉某区市场监督管理局行政处罚案，依据比例原则，协调降低罚款数额，维护市场秩序，保护企业权益。落实行政机关负责人出庭应诉机制，细化出庭规范，强化指标考核，出庭率近100%。连续第七年发布《行政审判白皮书》，规范行政执法，获海沧、同安区主要领导批示肯定。召开府院互动座谈会，到税务、公安等8家行政机关专题授课，提升行政执法水平。

【案件执行】2020年，集美区人民法院执行结案6349件，比上年增长30.31%，结案率89.23%；执行到位标的额超6.44亿元，创历史新高；移送涉执犯罪线索13条，追究刑事责任9件13人。在全市率先开启常态化执行接访机制，公示固定的接访时间和地点，便于群众联系执行法官，主动、靠前处理执行事务，减少执行信访。强化部门联动，创新"公证执行""分期执行"等机制，破解腾退难题，获得省法院领导批示肯定。主动对接区人民检察院落实执行监督，促进执行工作规范化。

【诉非联动诉源治理】2020年，集美区人民法院与区委政法委联合发布"一体三翼"诉非联动纠纷共治方案，成立全市首家"诉非联动中心"，形成"1+3+X"的诉非联动平台体系，区公安分局、检察院、司法局等33家综治单位参与，24名法官助理与139名社区网格员对接，形成"横向到边、纵向到底"的解纷网络。发布全省首份基层诉前调解绩效考核方案，明确非诉讼机构先行化解，法院予以调解指导、协调保障的"递进式"的解纷流程。在全国首创"诉前终结"机制，对"诉前即时清结"等诉前息诉情形，出具"诉前终结通知书"予以结案，不再进入诉讼程序，实现实质诉讼减量，并科学计量治理成效。推广应用"人民法院调解平台"，在线开展纠纷登记、委派、调解、司法确认，并衔接立案工作，推进诉前纠纷化解的全在线运行。全年诉前委派调解案件4322件，占一审民事、行政立案数的71.87%，诉前调解成功2543件，其中，6—12月，诉前终结232件，占同期调解成功案数的20.70%，"一站式"多元解纷指标位列全省法院前列。通过诉源治理，控制案件增量，全年民商事案件收案增幅6.15%，比上年下降11.61%，实现万人成讼率首次下降。该项工作入选2020年度全市改革创新项目成果15强，获得省最高人民法院院长吴偕林等领导批示肯定，被省最高人民法院专刊采用6篇次，在省最高人民法院进行经验交流2次，相关做法在"学习强国"平台、《法治日报》等刊载。

【审判助力营商环境优化】2020年，集美区人民法院出台《关于持续优化营商环境2020年工作计划》，发布23项责任清单，推进法治营商环境建设。联合区工商联，在全省率先实现两部门在线解纷平台对接，吸纳企业家、社会贤达作为特邀调解员，诉前化解26起涉民企纠纷。落实"精准滴灌"服务，主动对接软三科技园区，在全省率先通过网络直播，为入驻的153家企业宣讲答疑。发布全省首份《中小投资者风险防范审判白皮书》，召开新闻发布会，公布十大典型案例，提示风险防范14项建议，广获企业好评，获市中级人民法院院长王成全批示肯定。审慎采取强制措施，保障企业家合法权益，促成9件执行案件转入破产，健全市场退出机制，平等保护债权，2件执行案例获评全市法院保障营商环境优秀案例。

【"一站式"诉讼服务】2020年，集美区人民法院优化诉讼服务大厅功能设置，配备24小时自助法院设备，提供全天候材料收转等诉讼服务。应用"移动微法院"、电子送达平台、诉讼费收退系统，首次实现网上立案、缴费"一趟不用跑"。集约办理身份查询1400余件次，开具生效证明700余件次，减轻当事人讼累。统一案件排期送达，集中办理委托鉴定，提高审判辅助事务效率。推进院领导带案下访，化解重大疑难信访案件，落实案件排查，做到重点群体、人员"一案一台账"，推进信访案件的稳控化解。

【民生案件审判】2020年，集美区人民法院审理婚姻、劳动、住房、交通、物业等民生案件1833件，保障当事人合法权益。与区公安分局、司法局、相关保险公司等共同推进"道交一体化"平台落地，实现交通事故调解、理赔、司法确认等在线一体化处理。加强物业纠纷的联合调处，与街道、居委会共同化解某小区6起物业纠纷，引导400起同类纠纷不再起诉。执结涉民生案件1050件，执行到位标的额2336.78万元，其中执结某科技公司及某酒店工人工资案件，帮357名工人讨回被拖欠的工资429万余元。

2020年10月13日，集美法院在陈井村执行陈某好"黑财清底"专项行动　（林凡 摄）

2020 年 12 月 17 日，集美法院为"涉民生"案件家庭经济困难的申请执行人发放司法救助金
（区法院 供图）

出台服务保障精准扶贫攻坚意见，为 82 名申请人减缓免诉讼费 18.65 万元，为 21 名申请人发放司法救助金 91 万余元。

【民事诉讼制度改革】 2020 年，集美区人民法院先行先试民事诉讼程序繁简分流试点改革，全省首推委派调解 26 条意见，强化纠纷诉前委派调解，规范特邀调解组织及人员管理，对诉前调解成功的 388 件纠纷予以司法确认。适用小额诉讼程序审结案件 1448 件，小额诉讼程序适用率 25.31%，推行当庭裁判，并出具令状式的简易文书 78 份。适用简易程序审理公告案件，适用独任制审理普通程序案件，提高审理效率。通过诉前分流、简案速裁等机制化解简单民商事案件，落实案件繁简分流、快慢分道。推进刑事案件认罪认罚从宽制度改革，自 2018 年改革以来，审结认罪认罚案件 2987 件，占同期刑事案件比例超 75%。全年审结的 5 件涉黑恶势力犯罪案件中，32 名被告人认罪认罚、服判息诉。

【智慧法院建设】 2020 年，集美区人民法院在全国率先推行"异步质证"，通过"微法院"线上平台，让当事人在不同时间、不同地点进行举证质证，提高庭前程序的效率。深化"法律魔方"要素式审理系统的应用，新增司法确认裁定书自动生成功能。自主研发"刑事司法送达 E 平台"，实现刑事办案机关之间在线送达法律文书约 1450 份，提高送达效率，加强节点管控。运用"智慧执行 APP"，同步现场视频，连线行动指挥，实时记录存档，提高执行质效。落地庭审语音识别、数字审委会、档案电子化扫描等项目，推进信息化办公。裁判文书上网 13777 件，上线率位居全市基层法院第二位，庭审直播 2216 场。

· 案例选辑 ·

【厦门市首起利用信息网络实施犯罪的恶势力犯罪集团案】 2020 年 7 月 30 日，集美区人民法院通过"三地同步"远程视频方式公开宣判刘某海等 11 人恶势力犯罪集团案。该案系厦门市首起利用信息网络实施犯罪的恶势力犯罪集团案件，被告人刘某海被判处有期徒刑五年二个月并处罚金八万元，其余被告人分别被判处有期徒刑二年一个月至八个月不等。

法院经审理查明，2018 年 3 月以来，被告人刘某海成立厦门某商务咨询有限公司，纠集被告人陈某杰、陈某鸿、谭某书，依托"借贷宝""无忧""今借到"平台，以"闪电金融"名义进行网络高利放贷，后吸纳发展被告人庄某强等 7 人加入。放贷周期为 7 天，利息是本金的 20%，并在发放贷款时提前扣除。该公司分设业务、财务、行政审核岗位，业务员或审核员负责审核借款人资质、拉支付宝催收预备群，审核通过后放贷，被告人陈某鸿传教 P 图方法，并提供色情图片用于软暴力催收。

被告人刘某海等人，多次对逾期借款人及关系人通过短信、网络催收群，发送侮辱谩骂文字及合成的侮辱、淫秽、诅咒类照片进行侮辱、谩骂、威胁，破坏被害人正常生活工作秩序，造成恶劣的社会影响。该组织利用其公司层级管理制度，形成以被告人刘某海为首要分子，被告人陈某杰、谭某书、陈某鸿为骨干，被告人庄某强、陈某雄、占某忠、汪某、王某山、谭某义、郑某琳等为一般成员的恶势力犯罪集团。

法院认为，被告人刘某海纠集他人，为索要债务，先后 18 次滋扰、辱骂、恐吓他人，严重破坏社会秩序，其行为已构成寻衅滋事罪。被告人陈某杰、谭某书、陈某鸿、庄某强、陈某雄、占某忠、汪某、王某山、谭某义、郑某琳受被告人刘某海纠集，多次为索要债务，滋扰、辱骂、恐吓他人，情节恶劣，其行为均已构成寻衅滋事罪。本案系共同犯罪。被告人刘某海组织、领导犯罪集团进行犯罪活动，是该犯罪集团的首要分子，应当按照集团所犯的全部罪行处罚。因 11 位被告人归案后均如实供述所犯罪行，且除刘某海外，其余被告人均自愿认罪认罚，遂做出上述判决。宣判后，全案被告人均表示不上诉。

【集美区首例涉疫情刑事案件】 2020年2月27日上午，集美区人民法院适用刑事案件速裁程序，以远程视频庭审方式开庭审理一起涉防疫物资诈骗案并同步进行直播，当庭以诈骗罪判处被告人王某育有期徒刑一年六个月，并处罚金一万元。该案是厦门市集美区首例涉疫情刑事案件。

2020年2月14日至2月17日间，被告人王某育获知被害人丘某龙求购额温枪等物品，其在没有货源的情况下通过微信联系被害人，谎称其有货源可以售卖。被害人向被告人王某育预订多笔医用口罩、额温枪的购货订单并通过转账支付定金。被告人王某育收到定金后，向被害人指定地址邮寄沐浴露等物品并将快递订单号发给被害人，谎称已发货，骗取被害人继续支付剩余货款后失联。被告人王某育先后骗取被害人丘某龙钱款29900元，所得赃款大部分用于赌博。

法院经审理认为，被告人王某育以非法占有为目的，在新冠肺炎疫情防控期间，假借销售用于疫情防控物品的名义，骗取他人财物，数额较大，其行为已构成诈骗罪，应依法从重处罚。鉴于被告人王某育如实供述罪行，自愿认罪认罚，集美法院遂依法作出上述判决。

法官表示，面对疫情，社会各界理应守望相助、相互扶持、共渡难关。此案被告人却利用消费者对防疫物资的迫切需求，发布虚假的销售信息，将挣取的钱财用于个人赌博挥霍。希望被告人能够吸取教训，改过自新，戒掉赌博恶习，在刑满释放后努力服务社会；也希望有关部门加强对疫情相关社会物资监督执法力度，加大普法宣传，更好保障人民群众的合法权益。 （刘思颖）

司法行政

【概况】2020年，集美区在6个镇（街）设立派出司法所，下设公证处、法律援助中心。承担全区普法、依法治理、法制工作、人民调解、社区矫正、安置帮教、法律服务、法律援助、办理公证等职能。全年排查调处各类矛盾纠纷2086起，涉及金额19110.13万元。办结各类公证1229件，公证业务收费143万余元，接待来访、义务咨询近1万人次。4月29日，区退役军人事务局行政调解委员会成立，为全市首个退役军人事务局行政调解委员会。7月初，区社区矫正管理局成立。7月8日，区城发环卫有限公司人民调解委员会成立。同日，区水强劳模调解工作室成立。9月21日，区涉台纠纷人民调解委员会调解员、台胞林翰智参加第12届海峡论坛·两岸基层调解员联谊交流会，分享集美区“倾听、提问、分析、提供选择方案”四步调解工作法。

【法治宣传教育】2020年，集美区全面开展法治宣传教育，构建法治宣传教育工作长效运行机制。开展“防控疫情、法治同行”专项法治宣传行动。开展“七五”普法总结检查验收工作。建立旁听庭审制度，在全市率先出台《关于推动国家工作人员旁听庭审活动常态化制度化的实施意见》；组织全区副处级以上干部（含四级调研员以上职级干部）学习《中华人民共和国民法典》；在全市率先建设普法志愿者联盟基地，开展青少年法治宣传教育和法律咨询。举办第五届“法治集美·阳光生活”法治微电影大赛、集美区第五届“独角兽杯”法治故事作品征集大赛、第四届以案释法优秀案例征集活动。制作《中华人民共和国传染病防治法》和《中华人民共和国社区矫正法》等相关宣传动漫作品。

2020年，集美区在全区司法行政系统内分批开展《中华人民共和国社区矫正法》集中学习和研讨，实现社区矫正工作者学习全覆盖。通过社区矫正中心远程视频连线各司法所，同时进行《中华人民共和国社区矫正法》的考试检验，以考促学检验学习成果。拍摄全市首部《中华人民共和国社区矫正法》法治宣传动漫作品，利用“法治集美”微信公众号、“法治集美”网站开展集中宣传，扩大社会知晓度、参与面，优化社会力量参与社区矫正软环境。

【村（社区）法律顾问】 2020年，集

2020年，集美区全面开展法治宣传教育。图为学生在交通安全法治教育基地体验学习交通知识 （林志杰 摄）

美区有村（社区）法律顾问44人。全区村（社区）法律顾问提供法律咨询1540人次，举办法治宣传教育讲座68场次，协助处理重大敏感和群体性事件8件，协助起草、审核、修订自治组织章程、村规民约以及其他规章制度20件，为村（社区）重大经济、民生和社会管理方面的决策提供法律意见59条，协助处理信访问题22个，为村（居）民办理法律援助案件7件，调解矛盾纠纷53起，处理其他涉法事务108件。

【法律援助】 2020年，集美区法律援助中心为群众提供来电来访法律咨询5878人次，受理、指派各类法律援助案件2066件，为受援人实际挽回经济损失或取得利益2064.35万元，免收法律服务费1082.35万元，值班律师为适用认罪认罚从宽制度犯罪嫌疑人、被告人提供法律帮助1123人次，指派律师参与全覆盖刑事案件辩护216件。参加基层抗疫志愿服务22人次，参加“集美区公益法律服务团志愿团”律师43名、区政府临时法律顾问团律师22名，为群众提供公益法律服务。疫情防控期间，对因退票、房屋租赁、劳动关系等与疫情相关的法律纠纷申请法律援助的，免除审查案件范围，并予优先受理。成立全市首家面向退役军人群体的“集美区退役军人法律援助工作站”。针对农民工、老年人等特殊群体，开展法律援助主题宣传活动9场，参加“根治欠薪集美在行动”宣传活动、“侨界健步行”等其他活动的法律咨询2场。2件援助案例入选厦门市十佳法律援助案件，其中黄某某等15名快递员工劳动争议一案，厦门卫视二套特区新闻广场栏目以“我到底是谁的员工”为题进行宣传报道。

【社区矫正同质性精品教育课程推出】 2020年，集美区社区矫正管理局在“3+X”教育矫正的基础上，推出同质性精品教育课程，同质性即参与社区矫正对象均为某一类特定罪行或特定心理特质人员，精品教育即课程人数在10人以下的小班化因人施教的精准帮扶教育。针对犯有诈骗罪的女性社区矫正对象，推出艺术疗愈精品教育课程5场，以防止重新违法犯罪为出发点，以严格监管、科学矫正为着力点，汇聚各类社会力量，开展科学有效的教育矫正。先后有30名女性诈骗罪社区矫正对象参与课程学习。

【心理健康月活动】 2020年，集美区司法局结合疫情形势，开展“助力社区矫正对象复工复产，集美社矫在行动”为主题的“5·25”心理健康月线上活动。通过开展上一堂心理健康教育课、进行一次音乐疏导交流、举办一次免费的法律咨询会，许下一份美好的心愿祝福等活动，助推社区矫正对象复工复产，帮助他们矫正自我，重塑人生。

【涉台公共法律服务工作站设立】 2020年，集美区司法局结合区行政服务中心台胞驿站，依托区公共法律服务中心，设立涉台公共法律服务工作站。为辖区台企、台胞化解矛盾纠纷，开展法治宣传，提供法律服务咨询、法律援助、公证服务，搭建司法行政机关与台胞、台企沟通的桥梁，促进司法行政机关与台胞台企良性互动，推动两岸融合发展。拟订《集美区涉台公共法律服务工作站实施方案》，明确工作站的建设标准及服务内容，将服务内容上墙公示，推动涉台公共法律服务工作。

（区司法局）

资料链接：

黄某等15名快递员工劳动争议案

2018年4月起，黄某等15名员工陆续入职，从事快递配送工作。他们由A公司招聘入职，B公司负责考勤，C公司负责缴纳社会保险，2018年7月之前由D公司发放工资，2018年7月E公司成立，从2018年7月开始由E公司负责发放工资。2018年9月21日起，黄某等人工作场所的快递配送设备的密码被修改，致其无法正常上班，9月28日，他们突然接到E公司发来的解除劳动合同通知。黄某等人认为公司系违法解除劳动合同，且2018年9月工资没有结算，合法权益受到侵害。因缺乏专业法律知识，且因未签劳动合同，无法厘清ABCDE五家公司关系，具体哪家公司是用工主体，他们向集美区法律援助中心申请法律援助。

综合案情，在劳动仲裁阶段，黄某等人将ABCDE五家公司一并列为被申请人，要求五家公司共同支付黄某等人2018年9月份的工资合计78432.85元，2018年5月－9月的高温补贴8700元，未签订书面劳动合同的二倍工资差额250883.03元及违法解除劳动合同的赔偿金78352.73元。

该案在确定用工主体过程中开展大量的工作，对五个被申请人的抗辩意见逐一分析，经过两次庭审，最终D公司确认2018年7月之前与黄某等人存在劳动关系，E公司确认2018年7月之后与黄某等人存在劳动关系。

2019年1月24日，针对黄某某等15名快递员工劳动争议一案，集美区劳动争议仲裁委员会作出裁决，支持黄某等15个人要求的2018年9月份的工资、未签订劳动合同的二倍工资差额、违法解除劳动合同的赔偿金、高温补贴等全部仲裁请求。该案从申请仲裁到二审裁判，历时一年多。案件虽胜诉，但黄某等人却尚未取得应得的工资以及赔偿款等。承办律师建议黄某等人向法院申请强制执行。

军　事

人民武装

【概况】 2020年，集美区人民武装部（简称集美区人武部）学习习近平新时代中国特色社会主义思想和强军思想，坚持以抓好思想武装为首位，以强化动员备战为中心，以加强党委建设为根本，一手抓新冠肺炎疫情防控，一手抓年度工作落实，推进人武部和后备力量建设，被评为全省征兵工作先进单位。

【国防教育】 2020年，集美区人武部在曾营小学和集美职业技术学校设立国防教育专栏，在蔡林学校进行国防教育图片展，展示先进武器装备知识，增强学生国防观念；协调组织红黄蓝幼儿园等学校进部队体验生活，培养孩子爱国主义精神；区、镇两级在征兵工作期间设立国防教育宣传牌、宣传标语，在重要路段或重要载体LED电子屏上滚动播放国防教育相关内容。人武部出资5万余元，帮助修缮国防教育基地——集美中学李林园。陈嘉庚纪念馆、嘉庚公园、集美解放纪念碑等免费开放。利用航天展馆，开展国防教育63批次，地方人员受教育3000多人次。

【民兵建设】 2020年，集美区人武部通过计划制订、工作任务部署，完成区人武部基层武装职责任务、工作制度初稿撰写和区民兵应急连库室调整和初步整治等工作。完成杏滨街道人武部规范化建设、新迁马銮村民兵营部规范等工作，狠抓基层武装部和民兵营连的“两室一家”基础设施建设。按照“重点突出、平战结合、建用衔接”的要求，推进民兵编组布局，解决镇（街）熟悉辖区的人平时在位、急时出动的问题；向行业系统、高新技术领域拓展延伸，解决新生力量生成问题。重点清理兵员编组不实、管理能力偏弱的组织，调整平时编不实、急时召不回、战时用不上的兵员。

【征兵工作】 2020年，集美区人武部按照征兵工作的整体安排，完成组织准备、宣传发动、体检政考、复查复审、走访了解等各个阶段的工作。协调区政府及相关单位，提高全区大学生一次性入伍奖励金，全年发放261.15万元。兵役机关和有关部门单位未接到涉及集美区的信访、举报等情况，征兵工作健康有序开展，完成全年征兵任务。

【双拥共建】 2020年，集美区人武部抓好党管武装制度落实，协调区委、区政府，召开区委常委会、政府常务会、国防动委会、征兵会、部队保障工作等会议，发挥人武部地方党委军事部和政府兵役机关的作用，研究安排人民武装工作和后备力量建设。协调区政府帮助解决勤务支援、军旅营区绿化，走访慰问驻军单位14家。参加公益和救灾活动，安排17人帮助厦门工学院开展学生军训；组织干部职工参加杏滨街道“清洁家园”活动；组织民兵应急分队参加新冠肺炎疫情防控活动。（朱海东）

人民防空

【概况】 2020年，集美区坚持“与经济建设协调发展、与城市建设相结合”

2020年6月20日，区人武部到万科里开展征兵宣传工作　（朱海东 摄）

原则，构建人防工程“防空防护、指挥通信、应急疏散、宣传教育”体系。区人防地下指挥所建成并投入使用。同时，按照“平战结合”的原则，开展三大指挥所、一疏散基地的人防建设和指挥训练管理以及八大互联网+监督行政执法工作。

【人防宣传教育】2020 年，集美区人防办在“5·10”防空警报试鸣日和“12·4”法制宣传日期间，利用网络、广播、电视、报纸媒体和知识橱窗、横幅标语、宣传手册等形式，开展人防宣传活动。全年悬挂人防宣传条幅 100 条，向市民发放《人民防空知识宣传手册》等宣传材料 1.3 万份、人防法规知识宣传册 1 万册。向全区中学初一新生发放《人民防空》知识读本 5000 册。

【人防应急演练】2020 年 5 月 10 日，集美区按照平战结合的要求，依据市人防办关于落实社区（村）人口疏散实战化训练规范的通知精神，以人防军事斗争准备需求为牵引，在杏滨街道锦鹤小区开展第 20 次人民防空演练活动。参加演练 4000 人，全区警报器同时拉响。在人员疏散中，注重提高突发情况下人员应急疏散能力和自救互救的技能。增强老百姓居安思危的意识，树立国防观念、防空防灾意识。

【人防工程建设】2020 年，集美区人防办依法做好工程审批结建工作，严把结建工程图纸资料审核关，落实告知承诺制和限时办结制，加大对易地建设费征收和人防工程建设监管力度。全年完成易地结建项目审批和就地修建防空地下室审批，民防易地建设费收取，完成就地建设人防工程质量的监督管理。

【防空警报试鸣】2020 年，集美区建设与交通局（人防办）圆满完成“5·10”防空紧急疏散演练任务，辖区内防空警报器先后鸣放预先警报信号（鸣 36 秒，停 24 秒，反复 3 遍）、鸣放空袭警报信号（鸣 6 秒，停 6 秒，反复 15 遍）、鸣放解除警报信号（一长音，连续鸣 3 分钟），全区 46 台防空警报器鸣响率达 100%，主城区警报覆盖率 98% 以上。

（人防办）

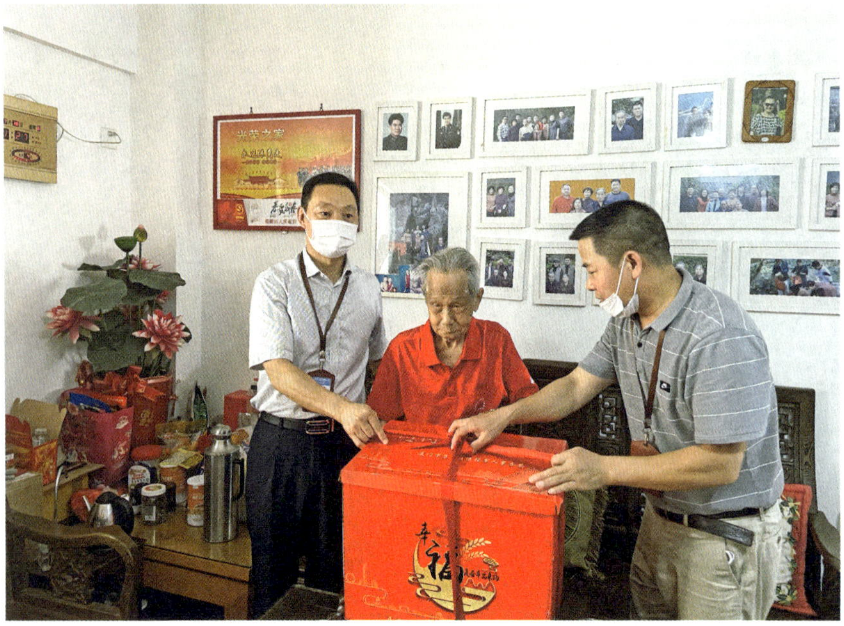

2020 年 7 月 15 日，区退役军人事务局走访慰问在乡复员军人杨水杯（张子云 摄）

退役军人事务

【概况】2019 年 3 月，集美区组建挂牌退役军人事务局，核定行政编制 3 名。同时加挂区委退役军人事务工作领导小组办公室、区国防动员委员会支前办公室、支前物资供应站牌子，主要承担退役军人接收安置、优待抚恤、权益维护、褒扬纪念、就业创业扶持、和双拥共建、支前保障等工作，下设退役军人事务服务中心，为正科级事业单位，核定事业编制 6 名。

【双拥工作】2020 年，集美区退役军人事务局落实军人优待政策，优待 136 名军人子女入读幼儿园及小学，在社区工作人员招聘考试中给予退役军人及军属享受加分优待 28 人。开展双拥工作，投入 402 万元，支持部队建设。保障支前工作，抓好支前办规范化建设，做好支前保障潜力统计工作，提高军事斗争准备水平。春节、“八一”建军节期间，区领导带队慰问部队单位 28 个，赠送慰问金、慰问品计 95 万元。将全区双拥工作事迹制作成宣传片《集军民之力，美嘉庚故里》，展示双拥工作成果。

【优抚安置】2020 年春节、“八一”建军节期间，集美区向优抚对象发放慰问金 203.2 万元。全年为伤残人员、参战退役等重点优抚对象、入伍大学生、进南疆义务兵、义务兵家庭、农村籍 60 周岁以上退役士兵、立功受奖退役士兵发放优抚金共计 1978.09 万元。接收安置退役士兵，落实安置岗位，为退役士兵发放自主就业补助金 633.08 万元，为转业士官发放待安置期间生活补助 5.4 万元。

（朱冬生 苏艺蓉）

外事·侨务·台港澳事务

外 事

【概况】 2020年，集美区外事部门服务国家总体外交和厦门经济社会发展两个大局，谋划在常态化疫情防控下外事工作新思路，推出外事工作新举措，服务新时代中国特色大国外交和集美高素质高颜值跨岛发展最美新市区建设。组建区应对新冠肺炎疫情工作指挥部外事组，围绕“外防输入，内防反弹”的工作重心，加强境外疫情防控重点地区入集人员疫情防控工作，严格全过程闭环管理，实现全年境外输入疫情“零扩散”。

【外资企业联系服务】 2020年，集美区外事部门主动联系外资企业，搜集企业外籍员工入境需求，全年邀请40家企业急需的外籍高管、专家、技术人员入境厦门65人次（分别来自11国），解决企业在生产、技术面临的困境，助力复工复产。

【外宾接待】 2020年，集美区外事部门保障接待法国驻广州总领事、泰王国驻厦门总领事馆总领事、英国驻华大使等重要外宾团组3批11人次。

【区委外事委第二次工作会议】 2020年，集美区召开区委外事委第二次工作会议，学习贯彻习近平外交思想和关于外事工作的重要指示批示精神，贯彻2019年全国地方外办主任会议精神及省委、市委常委会会议精神，研究部署外事工作，完善党管外事体制机制，明确党委对外事工作的主体责任。

【第六届集美·阿尔勒国际摄影季】 2020年11月27日，第六届集美·阿尔勒国际摄影季举行，推出展览26场，呈现世界各国87位艺术家的创作，并通过公众导览、专家见面会、大师对谈、喜剧表演、放映周等活动，记录集美与阿尔勒重逢的精彩瞬间，促进中西文明的友好交流和新发展。

【众志成城·艺起抗疫——中泰艺术家书画精品联展】 2020年12月12日，“众志成城·艺起抗疫——中泰艺术家书画精品联展”在集美区举行，落实国家“一带一路”倡议，促进中泰两国文化艺术等领域深入交流合作，纪念中泰建交45周年，传承“中泰一家亲”，颂扬抗击疫情的伟大精神，激发两国人民凝心聚力、共渡难关，以文化温暖后疫情时代，以艺术传递人间真情。

（陈艺玲）

侨 务

【概况】 2020年，集美区加强与海外华侨及华侨社团联络交流，加强对侨宣传和侨胞服务工作，落实华侨政策，做好为归侨、侨眷、归侨子女出具升学、出境探亲、定居和办理确认归侨身份等各项侨政工作，开展归侨信访件的办理和反馈工作。协助乐安小学办好百年校庆活动。

【华侨联络联谊】 2020年，集美区聘请华侨大学专家3名，作为区涉侨安全专家团队，定期对涉侨安全形势进行分析。动员侨界力量支援国内抗疫工作，据不完全统计，新加坡、马来西亚、印尼、泰国、缅甸、日本、美国、新西兰、加拿大、澳大利亚等国家和地区30多个华侨华人社团及众多侨亲捐款277.97万元，口罩3.9万个、防护服2074套、消毒水等防疫物资405.03

2020年11月24日，集美区涉侨领域安全工作专家聘任仪式举行　（统战部 供图）

吨，为打赢防控疫情阻击战作出重要贡献。同时，配合“外防输入”工作，落实“双稳”要求，建立海外华侨华人社团联络员制度，关心关爱海外华侨华人受疫情影响情况，应日本、美国、东南亚等国侨团侨社请求，捐赠防疫口罩 60100 个。

【侨胞服务】 2020 年，集美区做好为归侨、侨眷、归侨子女出具升学、出境探亲、定居和办理确认归侨身份等各项侨政工作，依法维护归侨侨眷和海外侨胞合法权益。其中，开具“三侨生”升学照顾身份证明 5 份，不具备华侨身份认定 20 份，受理办结侨务信访件 3 件次。开展归侨侨眷情况摸底调查，掌握归侨、侨眷信息，推进侨务工作有序开展。开展关爱侨界活动，春节期间走访慰问贫困归侨 3 户，发放慰问金 1500 元。开展归侨低保户、遭遇重大疾病归侨及 2020 年升读高校的贫困归侨侨眷学生调查摸底工作。

（陈小玲）

台港澳事务

【概况】 2020 年，集美区作为全省唯一的两岸融合集成改革试点区，贯彻落实中央、省、市对台工作精神，深化两岸经贸、文化等各领域交流合作，在服务台企转型升级、支持台湾青年创业就业、开展对台青少年研学旅行等方面大胆先行先试。加强与香港集美校友总会等港澳地区爱国社团联谊交流，拓展与港澳基层联系。

【集美与台湾经贸合作交流】 2020 年，集美区新设台资企业 51 家，增资 7 家，合同利用台资 9800 万元，实际利用台资 1005 万元。4 月 15 日，区委台港澳办、区税务局等部门联合开展“政策红利助复工复产，政企携手促创业创新”服务宣传周系列活动，先后走访一品威客海峡两岸青创基地、厦门北站台湾青年双创基地和海蛎文创基地，面对面向台湾青年解答税收政策。5 月 14 日，召开台资企业座谈会，15 家台资企业就如何在疫情防控形势下做好复工复产展开交流。7 月 30 日，台资企业厦门建霖健康家居股份有限公司在上海证券交易所 A 股市场上市，成为集美区第七家上市公司和第二家台资上市公司。8 月 29 日，海峡两岸（厦门）直播电商产业合作园项目落地集美，举办首届大陆台商台企电商转型升级推介会，签署首个两岸电商产业供应链金融合作备忘录，启动首届海峡两岸青年网红主播大赛。10 月 29 日，厦门市首个“台胞服务驿站”在集美区行政服务中心设立，遴选 4 名台胞在驿站为台胞台企提供“一站式”服务。11 月 17 日，台企宸展光电（厦门）股份有限公司在深交所中小企业板上市，成为集美区第九家上市公司、第三家台资上市公司。

2020 年 11 月 28 日，“第二届海峡两岸马戏亲子文化节”暨两岸亲子产业招商推介会在灵玲马戏城举行。图为亲子文化节开幕式
（区委港澳台 供图）

【台湾大学生实习就业创业】 2020 年，集美区 23 个众创空间入驻台湾青创团队 425 支，台湾青年 1044 人。4 月 14 日，厦门北站台湾青年双创基地举行两岸创业青年“致敬抗疫英雄”爱心慰问礼包赠送活动，迎接厦门第三批出征湖北的 275 名医务人员归来。4 月 16 日，集美区海蛎文创基地、厦门北站台湾青年双创基地被科技部确认为国家备案众创空间。4 月 24 日，厦门北站台湾青年双创基地获评为团省委第 17 届“福建青年五四奖章集体标兵”。5 月 19 日，区人民检察院“涉台检察联络室”揭牌仪式暨涉台检察联络员聘任仪式在厦门北站台湾青年双创基地举行。7 月 9 日，区政协在厦门北站台湾青年双创基地召开“贯彻落实惠台措施，打造台胞台企登陆第一家园”双月对口协商会。10 月 25 日，2020 集美国潮文化节暨“手创青村”两岸青年乡创研学创作工作营开营活动在集美大社举行，两岸 45 名大学生（其中台生 22 位）深入集美区 4 个传统村落开展为期一周的创作工作营活动。10—11 月，作为“集美人才节”——“两岸青年成长计划第 1 季”的配套活动，“大咖面对面·两岸智能制造业的升级之路”主题沙龙、“青创先锋高校行”和“大咖面对面·新时代下两岸互联网电商的发展之路”主题沙龙活动在集美举行。12 月 12 日，集美区涉台法律宣讲会暨“听风的歌”小剧场台青联谊在集美万科云城小剧场举行，集美检察院专家到场为 50 名台青宣讲《中华人民共和国民法典》。

2020年10月29日，集美区行政服务中心“台胞服务驿站”揭牌设立　（冯立东 摄）

【集美与台湾青少年研学活动】 2020年3月10日，集美区台港澳办和区文旅局联合修订的《集美区关于鼓励台湾青少年来集研学旅行奖励办法》发布。8月4日，第十届海峡两岸闽南文化夏令营在集美研学总部开营。9月19日，第十二届海峡论坛•“两岸一家亲，从小心连心”研学营系列活动启动仪式举行，该届海峡论坛配套活动包括为期两天一夜的“亲子关系”主题研学营活动以及“她说”“亲子脚丫计划”“Hey！去哪玩”“城市代言人”四个研学线上系列活动。10月2日，“同沐闽南风，共系两岸情”2020年海峡两岸闽南文化研学体验营在集美研学总部开营。11月28日，“第二届海峡两岸马戏亲子文化节”暨两岸亲子产业招商推介会在灵玲马戏城举行，两天一夜的“大手牵小手两岸忆起走”研学体验营吸引两岸50对亲子家庭参加，由厦门北站台湾青年双创基地和灵玲马戏城联手打造的首个“灵玲亲子学院”揭牌。12月，万舜汇·诚毅科技探索中心举办两期“逐梦苍穹 航天奇妙日”2020年集美区两岸青少年科技研学营活动，吸引两岸90名小学生参加。12月12—13日，2020两岸青少年木偶传承研学营活动（厦门站）在集美举行。

【集美与台湾文体交流合作】 2020年2月23日至3月12日，厦门北站台湾青年双创基地联合有关部门，发起童心抗疫“天使”对“天使”有画说爱心活动，征集抗疫主题画作541幅，其中厦门225幅、台湾316幅，并从中评选出优秀画作334幅，在厦门市图书馆集美新城馆区展出。3月22日和4月14日，福建省连横书画院和台湾“中国书法学会”联合主办两期“医者仁心·书家有爱”网络书画作品展。5月13日，台湾金门大学育成中心与厦门北站台湾青年双创基地及台湾亚太青年学院联盟签署两岸产学研合作。5月31日，“集美‘6·1’亲子花艺快闪”活动在后溪镇黑猫树屋两岸青年文旅基地举行。6月19日，福建省连横文化研究院、福建省连横书画院与厦门保利剧院共同举办“纪念《台湾通史》出版100周年——连雅堂诗词篆刻展”。9月1日至10月31日，福建省连横文化研究院举办“连横杯”中华诗词大赛线上征稿活动，收到500多位教师投稿诗作800余首。9月18日，区委宣传部、福建省连横文化研究院、福建省广播影视集团东南广播公司及漳浦县广播电视台联合创作的三集广播连续剧《青山青史》获福建省第九届百花文艺奖二等奖。10月24日，两岸职工“友谊杯”篮球交流赛在后溪镇举行。10月25日，由台湾音乐家杨慕创办的“微风乐集，听风的歌”小剧场在集美启幕。11月15日，福建省连横文化研究院举行“福建省对台交流基地”与“两岸关系和平发展协同创新中心教学实践基地”揭牌仪式。12月30日，集美大学举行首届闽台两岸大学生美术作品大赛开幕式。

【集美台胞志愿服务活动】 2020年1月2日，12名苔芯志愿者走进位于集美西滨社区的未来之星幼儿园，与40多位小朋友一起过腊八节，听习俗，辨五谷，DIY美美的“腊八粥”。3月7日起，苔芯志愿服务队启动同心战“疫”线上服务月活动，以“抗疫极美、疫情解析”“抗疫无忧，乐观以对”“抗疫政策，惠台措施”“财税法律，助您发展”“疫情后的登陆流程”“疫情后的商业转型”“舌尖上的诱惑”为主题，开展七场线上直播活动，累计近3000人次的台胞参与观看和互动。9月10日，曾营小学举行“润育桃李，勿忘恩师”教师节主题活动，苔芯志愿者代表在集台胞带领台生为教师送上台湾特产，表达在集台胞对老师的感谢。

（陈文婕）

应急管理

综　述

【概况】 2020年，集美区安全生产形势总体保持平稳，全年发生生产安全事故36起，比上年下降20%；死亡17人，下降29.17%；受伤34人，下降5.71%。年内，辖区东宅村、园博社区获“全国综合减灾示范社区”称号。至年底，全区创建全国综合减灾示范社区22个，位居全市第一；在厦门市组织的2020年度森林防灭火工作专项年度考核中，集美区位居全市第一。

【应急值守】2020年，集美区推动信息化、智能化、可视化值守网络建设，严格执行24小时领导带班、值班人员在岗值守的应急值守制度，及时处理突发事件信息；全方位开展应急值守信息化试运行，完善基础信息，落实应急值守，推动值班制度化、规范化建设；规范突发事件信息分类、报送范围及办理流程；加强与“110”报警电话和“12345”服务热线的沟通协作，实现信息互通共享，拓展和畅通突发事件信息渠道。

【应急宣传教育】 2020年，集美区整合人力和资源，利用全民聚焦新冠肺炎疫情的契机，在爱国卫生运动、安全生产月、世界环境日、“5·12”防灾减灾宣传周等时机，组织有关部门，以墙面板报、街面宣传站、流动字幕、电视专题、纸媒专刊、网络专栏等载体，以有奖问答、文艺表演、宣传画册、知识手册等形式，宣传、解读疫情防控要点，普及应急救援知识、自救互救技能。组织区直机关开展应急管理培训，规范处置流程、明确处置重点要点。增强全区干部群众防灾减灾、自救互救的意识和能力，提升应急管理工作能力和水平。

【应急预案体系建设】 2020年，集美区编制应急预案55个，其中自然灾害类13个、事故灾难类12个、公共卫生类2个、社会安全类28个，涵盖食品健康、安全生产、防洪防台、环境保护等在内的各类突发事件，为“指挥决策、指挥调度、快速响应、科学应对、应对有效”提供决策服务。（孙科千）

安全生产管理

【概况】 2020年，集美区各级各部门以安全生产大排查大整治和专项整治三年行动为抓手，压实压细安全生产党政领导责任、部门监管责任，紧盯重点行业领域、重要时段、薄弱环节，督促企业落实主体责任，推进安全风险管控和隐患排查治理，统筹抓好新冠肺炎疫情防控、企业复工复产、安全宣教、基础建设等工作，坚决防范各类事故发生。全年全区发生生产安全事故36起，比上年下降20%；死亡17人，下降29.17%；受伤34人，比上年下降5.71%。消防火灾事故54起，比上年下降14.29%，未造成人员伤亡；经济损失80万元，比上年下降66.62%；火灾起数、亡人数、伤人数、直接财产损失数“四项指数”呈现“三降一平”态势。全区未发生较大及以上生产安全事故，位居全市第一。

【安全生产责任落实】 2020年，集美区委、区政府先后召开常委会、常务会、专题会32场次，听取安全生产工作情况汇报，分析研判安全生产形势规律，研究落实安全生产工作措施责任，解决一批安全生产问题。区委书记、区长、常务副区长、区委政法委书记及各分管副区长先后36次带队到厦门北站、长途车站、建筑工地、工业企业、大型商业综合体、景区景点、酒店、森林防火和医院、学校等人员密集场所，开展安全生产工作督查调研。制订印发《集美区安全生产委员会2020年工作要点》，细化分解任务，明确责任分工，部署安排7方面28项重点工作。编制完成《集美区“十四五”安全生产及应急管理发展规划》，总结评估“十三五”安全生产工作成效，深入剖析“十四五”时期面临的形势，全面明确“十四五”期间安全生产与应急管理7项主要任务、7项重大工程和5项保障措施。加强对危化品生产使用企业、加油站、大型商超客货运企业等约谈提醒，先后个别约谈提醒或联合约谈64家企业负责人。严格按照“四不放过”原则，组织开展事故调查，严格落实事故“一案双查”“三责同追”机制，依法依规严肃追究相关事故单位和责任人员责任，推动行业部门、企业落实安全生产责任。全年立案查处生产安全事故9起，行政处罚217.75万元。

【企业复工复产安全保障】 2020年，集美区制定下发《关于做好疫情防控期间安全生产工作的通知》《关于进一步加强疫情防控期间安全生产工作的通知》《致全区工业企业的一封信》《集美区辖区企业对（可疑）病人处置流程图》《企业复产复工流程图》等文件，严格落实每日抽查检查制度，累计检查指导企业、项目200余家（个），确保疫情防控、复工复产“两手抓、两不误”。严格落实领导带班、重要岗位24小时值班值守制度，按照“日报告、零报告”要求，全面做好突发事故、疫情信息等报送处理工作。结合疫情防控需要，落实区消防救援队伍整装待命和“一局一队”随时待命，确保能够有力有效应对处置各类突发情况。成立安全生产志愿服务“小分队”，深入辖区企业督促安全生产主体责任落实，帮助完善各类安全生产制度机制、基础设施，指导开展隐患自查自纠、宣传教育培训等。各级各部门累计组织志愿服务小分队372个、2776人次，指导服务各类生产经营单位9056家次。

【安全隐患排查】 2020年，集美区成立专项整治三年行动工作专班，强化督查服务、攻坚督导、会商联络、总结提升等机制措施落实，建立健全隐患、整改、销号、制度措施等“六个清单”，抓好安全隐患排查治理工作。各镇（街）、各行业主管部门累计派出检查人员38095人次，排查检查生产经营单位、房屋、场所12.07万家（处），其中排查房屋8.88万处、生产经营单位3.19万家，排查整改安全隐患1.78万处，取缔关闭2家，罚款70.87万元，其他行政处罚45家；建立“一区一册”1份、“一镇街一册”6份、“一企一档”3700余份；开展3轮督查服务、2轮攻坚督导，召开会商联络会议40余场次；推动厦化、二化2家危化品生产企业停产；固化灌口镇网格化管理、区教育局“一校一特色”安全教育、区纪委监委介入开展消防栓排查等经验做法。

【铁路沿线环境安全综合整治】 2020年，集美区推进灌口镇、后溪镇、杏林街道、杏滨街道铁路沿线环境安全综合整治，全区80处整治任务全部完成整治销号。

【重点行业领域专项整治】 2020年，集美区推进重点行业领域专项整治。房屋安全方面，排查房屋88815栋，发现D级危房382栋，全部清人封房；采取加固修缮、翻建、拆除等措施全部处置完毕、处置率100%。城市建设方面，排查区管工程项目209个次，检查外脚手架124个次，模板工程74个次，塔式起重机96台次，施工升降机81座次，发现并整改安全隐患665处，对192个次项目发出“责令改正（整改）通知单”。道路交通方面，排查道路施工路段、农村道路临近池塘水渠、道路急弯陡坡、临水临崖、隧道桥梁、长下坡等重点道路安全隐患，发现并整改安全隐患255处，完成589辆在营公交车（含校车）安全门安装、25座农村桥梁、29座市政管养桥梁隐患排查治理和安全检测。危化品和烟花爆竹方面，开展民爆物品专项整治，检查企业1265家次，排查并整改出安全隐患155处。检查危险化学品、烟花爆竹企业174家次，排查并整改隐患187处。开展危化品生产经营企业槽罐车摸排，发现6家危化品生产经营企业自有槽罐车59辆、租赁41辆。常态化巡查检查燃气供应站点208家次，抽查餐饮场所燃气安全3545家次，查处“黑气”窝点3处，收缴非法钢瓶294瓶，约谈通报燃气企业10家次，对18起不良行为进行信用扣分。工业园区和工矿商贸方面，开展有限空间作业、涉爆粉尘、涉氨制冷企业专项检查，组织专家指导检查16人次，检查上述各类企业234家次，排查整改隐患368处，执法立案查处10件，罚款20万元。水上和渔业船舶方面，开展在册渔船安全隐患大排查大整治，排查在册渔船214艘，排查“三无”船舶830艘，整治并拆解“三无”船舶99艘。开展海上“三无”船舶整治联合执法行动，查处涉渔“三无”船舶非法捕捞1起。危险废弃物方面，强化危险废物安全监管，落实危险废物申报登记制度，覆盖检查危险品持证单位5家、危险废物重点企业47家、危险废物收集单位1家、危险废物经营单位1家，下达限期整改通知10份，处罚企业10家、罚款13万元，审核企业申报危险废物管理计划533家。自然灾害方面，推进地灾隐患治理，完成2处定点隔离场所和1处定点隔离治疗医院地灾隐患排查，完成锦园社区后英50号高陡边坡等地灾点治理3处。开展防雷

2020年1月14日，集美区政府区长何东宁（前排左二）带队检查地铁4号线工地的安全生产工作 （林志杰 摄）

安全检查，检查企业21家，巡查施放气球24次，有效应对雷雨大风、暴雨、短时强降水等灾害性天气过程28次。特种设备领域，累计排查特种设备使用单位1010家，发现并督促整改隐患问题2147个。人员密集场所领域，完成学校、教学场所安全隐患排查整治311个，排查发现并督促整改安全隐患1088处，停止办学2所，责令民办校停办2所。

【安全生产基础建设】 2020年，集美区投入1500万元，提升改造红绿灯控制系统，增设闯红灯、违停抓拍系统，安装震荡线、减速带、护栏、警示禁令标志、爆闪灯等交通安全设施，完成省、市下达的农村临池临塘公路整治项目16个、省市为民办实事项目4个。投入654.49万元，开展25座农村公路桥梁安全隐患治理和安全检测。投入305.1万元，完成北站片区特勤消防站基础设施建设。投入94万元，安装独立式感烟报警探测器685套、悬挂式超细干粉灭火器600套。投入110万元，建成电动自行车集中充电设施48处、可用充电桩698个。投入180万元，完成4处森林消防水池建设、2条断头防火路接通和130.5千米森林防火道路两侧清杂；狠抓基础工作，提升本质安全水平。完成企事业单位风险分级分类2459家，绘制完成安全监管“红、橙、黄、蓝”空间分布四色图，其中红色4家、橙色66家、黄色1864家、蓝色525家。完成冶金等工贸企业标准化复评118家。推进尘肺病防治攻坚和尘毒治理整治行动，完成4005家企业职业病现状调查摸底和27家重点企业职业病危害因素监测。

【安全生产宣传教育】 2020年，集美区借力“两微一博”，打造网上安全生产宣教平台，推送各类疫情防控、复工复产、安全常识等资讯93条。加强短信警示提醒，累计发送短信提醒920万条。借助《集美报》、集美电视台、“892”集美广播等区级主流媒体，宣传报道活动资讯7次，在政府官方网站、“天下集美”、“集美应急管理”官方微信公众号报道大排查大整治情况，发布活动信息16条。向区政府主要领导、各镇（街）、各行业主管部门编发《集美区安全生产大排查大整治工作简报》30期，向党政部门、重点行业企业发放《集美区安全生产专项整治三年行动实施方案》3000册。参加第二届全国应急管理普法知识竞赛活动，参与人数与竞赛成绩在全市排名第一，活跃榜始终排名全省前三。发动493家企事业单位、6.4万人参加省“安康杯”竞赛活动，5家企业、3个班组获评省级“安康杯”竞赛先进单位、先进班组。结合科技文化“三下乡”活动，在6个镇街组织开展安全文化下乡活动和烟花爆竹限放查非宣传活动。结合疫情防控需要，发送复工复产安全培训资料，组织开展安全生产网上培训6场次。依托4所学校，发挥“小手拉大手”作用，向学生发放《安全知识手册》6000份。组织开展《厦门经济特区电梯安全管理条例》培训3场，发放《厦门经济特区电梯安全管理条例》《中华人民共和国特种设备安全法》《特种设备目录图例汇编》宣传手册655份。先后组织开展森林消防指挥和队伍救援能力、省安全生产专家专题讲座、企业安全管理人员取证、有限空间安全知识、工贸行业粉尘防爆作业安全管理、消防安全、瓶装燃气安全、加油站安全监管、“安全夜校下工地”等培训90余场。紧扣“消除事故隐患，筑牢安全防线”主题，采取线上线下结合、线上为主线下为辅的方式开展全国第19个安全生产宣传月活动。组织开展“安全集美”有奖知识答题活动，吸引辖区3.46万人次浏览、1.75万人次完成答题活动；定制开发“看图找隐患”VR有奖小游戏，以身边常见的宿舍、工地、商场等为场景并设置安全隐患5～8处，吸引4.34万人次参与、8900余人获得奖励。（曹国臣）

消防救援

【概况】 2020年，集美区消防救援大队接警1288起，出动车辆2221辆，出动警力1.31万人次，抢救被困人员145人，疏散被困人员523人，抢救财产价值405.5万元；检查各类单位场所

2020年5月29日，集美区消防救援大队消防员为滨水学校师生演示灭火器使用方法
（滨水学校 供图）

857家次，督促整改火灾隐患187处，挂牌督办重大火灾1起，处罚单位43个，罚款63.44元，临时查封1处，责任“三停”1家，办理火灾事故调查61起，核查举报投诉747起。深化消防安全标准化创建，255家中小学幼儿园、9家卫生医疗单位、1家大型商业综合体、1家文博单位通过消防安全标准化达标创建验收。

【基层火灾防控】 2020年，集美区消防救援大队推进消防安全专项整治三年行动，开展打通“生命通道”、电动自行车、“三合一”场所、高层建筑、老旧小区、厂房仓库、物流仓储等专项整治工作，以及火灾隐患大排查大整治、住宅小区基础设施改造、火灾隐患集中攻坚整治、今冬明春等4项综合性治理工作，推动消防治理体系和能力现代化建设。清理电动自行车违规停放、充电行为983处；排查厂房仓库313家，督促整改火灾隐患366处；督促高层建筑完成自查自纠886栋，对高层建筑开展消防监督抽查456栋，抽查率提前超额完成年度目标任务。推进网格化消防安全管理，各级网格员紧盯“九小”场所、“三合一”场所、老旧小区、城中村、农村等区域开展消防安全排查整治，排查单位1013家，督促整改火灾隐患999处，督促整改“三合一”场所271处。深化重点行业领域消防安全标准化达标创建工作，完成中小学幼儿园、卫生医疗单位、养老福利机构、大型商业综合体消防安全标准化达标创建验收，完成陈嘉庚纪念馆文博单位标杆示范单位培育，并分别举办大型商业综合体、文博单位现场会，推广达标创建经验做法。建立火灾事故延伸调查组，启动灌口中路82号厂房“1·18”、夏纺纺织有限公司“2·16”火灾事故延伸调查，依法追究事故有关责任人和单位的责任。出台区级老旧小区消防车通道治理“一城一策”1份、“一区一策”40份，完成消防安全重点单位、高层建筑、中小学幼儿园、商场、加油站、娱乐场所、老旧小区等消防车道划线、标名、立牌及障碍物清理，建立消防、交警、城管、镇街常态化联合执法机制，每月开展一次联合执法检查，累计行政处罚6起，罚款9.51万元。开展高层建筑消防安全综合整治，督促886栋高层建筑开展自查自纠，456栋高层建筑完成自查自纠，监督抽查高层建筑394栋，抽查率提前超额完成年度目标任务。深入“九小场所”、“三合一”场所、老旧小区、城中村、农村等区域开展排查整治，整改“三合一”场所271处，清理电动自行车违规停放、充电行为983处。

【消防安全基础设施建设】 2020年，集美区消防救援大队推动区委、区政府将老旧小区改造、电动自行车集中充电设施建设列入2020年为民办实事项目，将消防设施改造纳入老旧小区改造工程，出台住宅小区消防基础改造方案，分三年开展全区住宅小区消防设施提升改造。打通消防生命通道，制订印发区级老旧小区消防车通道治理“一城一策”1份、“一区一策”40份，并完成老旧小区消防车通道画线、标名、立牌；同时将老旧小区车位缺额情况纳入城市公共停车设施建设规划中。截至年底，全区有公共停车场11个，停车位4561个；道路停车泊位路段44条，停车位4817个，并根据小区周边路段夜间车流量情况，实行夜间免费或降价收费等潮汐停车和优惠停车，缓解“停车难”问题。强化消防安全基础设施建设，在老旧居民住宅、宿舍、出租房等亡人火灾多发场所，推广安装独立式感烟报警探测器685套、悬挂式超细干粉灭火器600套；建成电动自行车集中充电设施48处、可用充电桩698个。

【消防宣传教育】 2020年，集美区消防救援大队投入150.2万元，通过多渠道宣传阵地扩大消防宣传面。实现短信宣传全面覆盖，与中国移动、中国联通、中国电信三大运营商签订合作协议，在重要节点群发短信800万余条；通过招投标的形式引入专业消防宣传金牌讲师团、消防安全“七进”宣传活动团队，针对重点单位、行业单位、社区等重点人群开展消防安全培训活动96场次，发放宣传材料30万余份，累计培训消防安全管理“明

2020年5月22日，集美区消防救援大队杏林站邀请社区居民上门参观消防设施
（叶婷婷 摄）

白人”2万余人；以集美区“文教”特色为支撑，联合区教育局在集美小学举办“消防安全伴我成长”启动仪式，为集美区首支“小小消防志愿者”服务队授旗，向39名“小小消防志愿者”颁发聘书，以此为试点，向全区发展，扩大辖区消防志愿者队伍。针对2020年多起人为放火引发火灾的情况，在区政府、《集美报》开辟《消防知识》专栏，刊登消防工作动态和消防安全知识，在集美广播电视台不间断滚动播放消防安全提示短语，插播消防宣传公益广告，提高市民消防安全意识。同时，在《人民日报》《中国应急管理报》、央广网、《经济日报》、经济网、新浪、搜狐、网易、“今日头条”等中央主流媒体刊登新闻报道59篇，在台海网、东南网、福建网络广播电视台、《厦门日报》、《厦门晚报》、《海峡导报》、《海西晨报》等省市主流媒体发布相关工作报道112篇。12月19日，集美区消防救援大队推出首部消防指战员形象宣传片——《逐光者》。

【消防监督执法规范】 2020年，集美区消防救援大队开展优化消防执法营商环境专项行动，按类别按人员分工，分段倒查2017年以来办理的消防行政许可及备案1831件、行政处罚377件、临时查封51件、执法档案2259件，抽查企业复工复产294家，整改率100%。按照《关于深化消防执法改革的意见》要求，深化监督执法人员挂点指导消防业务制度，主动上门为镇街、派出所、行业部门、企业提供各类消防技术咨询和业务指导；宣传并实施公众聚集场所消防安全告知承诺制，并纳入“双随机、一公开”消防安全监管；利用“双随机、一公开”模式，在社会单位中开展消防监督检查和消防安全培训，并强化消防监管事前、事中、事后三个过程；加强创新监管方式方法，除现场检查传统办法外，实行“互联网+监管”模式，利用互联网平台，将审批工作、执法情况等事项公开化、透明化，让企业通过网络了解所申报事项办理的进度和结果，并结合征信系统，公开问题企业的违法行为，督促各企业重视自身消防安全问题，落实消防安全主体责任。

【消防救援应急能力建设】 2020年，集美区消防救援大队以夏训、冬训科目和专业队组训内容为重点组织指战员开展器材装备熟悉练习，帮助队员熟练掌握器材装备的使用方法；利用室内健身器材和室外场地、器材，开展力量、耐力等训练；强化核生化、地震、水域、地铁轨道交通、涉疫场所等救援专业技能训练，邀请专业体能教练和游泳教练定期到救援站进行体能和游泳专业辅导培训，帮助指战员快速提高训练成效。先后安排指战员参加福建省总队和厦门市消防支队组织的各类培训集训13人次；深入辖区重点单位、重点区域开展熟悉演练，全年修订灭火救援预案262份，开展实战演练160余场次，合成训练20余次，“六熟悉”训练160余次，微型消防站实地拉动106次，总结、改进实战演练中的问题，提高队伍灭火救援和协同作战能力。（叶婷婷）

2020年6月11日，集美区消防救援大队联合市防汛抗旱指挥部在杏林湾水上运动中心举行防汛应急演练。图为直升机参与应急演练（吴觅亮 摄）

防汛抗旱

【概况】 2020年，影响集美区的台风2个（第6号台风“米克拉”、第17号“沙德尔”），入汛后，遭遇短时强降雨天气5次，造成部分城区、道路短时积水。全年启动应急响应11次，其中防台风应急响应1次（8月11日）、防御暴雨洪水应急响应1次（9月7日）。汛期，受台风、暴雨影响，全区从各类危险地带转移人员5298人次。年内，集美区完成接收防汛事务中心的防汛物资仓库，梳理更新补充物资，建立台账。入汛以来，坚持24小时值班，领导带班，关注天气动态，加强预测预报，及时发布预警信息，做好上传下达，疏通防汛“最后一公里”。

【防汛培训与演练】 6月11日，集美区消防救援大队联合市防指在厦门市水上运动中心（杏林湾）举办厦门市防汛应急演练，首次调用直升机和潜水机器人参与。全年完成防汛培训3场，参加培训450人。（沈在伟）

森林防火灭火

【概况】 2020年，集美区实现辖区森林全年无火灾、无人员伤亡，确保森林资源安全。全年接报森林火情5起，均予以有效处置，未出现森林火灾。

【森林消防】 2020年，集美区完成区级森林防灭火工作移交，由农业农村局总体负责改为农业农村局主防、应急管理局主灭，区森林防灭火指挥部办公室设在应急管理局。区级财政安排森林消防经费380.08万元，比上年增长86.47%。全区开展森林消防指挥员、专业队员、护林岗位培训7期320余人次，开展防灭火演练3次，参加250余人次。区森林防灭火指挥部转发省、市发布的高森林火险橙色预警11次。

【森林防火宣传】 2020年，集美区森林防灭火指挥部办公室开展以“携手护林防火，共筑绿色家园”和“严厉打击违法用火，有效保护绿色家园”为主题的森林防火宣传活动2场，出动防火宣传车100余辆次，摩托车宣传250余辆次，到森林防火区进行流动宣传。在主要路口、林区景点、村宣传栏和人流集中地段张贴防火警示标语388张，悬挂横幅59条、宣传旗350面，散发传单1.35万份，发送宣传短信23.5万条。区电视台、《集美报》、天下集美微信公众号、官方微博、官方抖音先后对森林防灭火工作进行主题宣传36次。 （程炜）

防灾减灾

【概况】2020年，集美区防御城市内涝、地质灾害、台风、地震等灾害以及火灾、燃气泄漏等事故。开展“全国综合减灾示范社区”创建活动，全区22个社区获评为“全国综合减灾示范社区”。开展防灾减灾应急演练，完成全区50%的社区应急救援培训和防灾减灾力量应急演练。防御第6号台风“米克拉”期间，全区紧急转移沿海危险地带、危房、简易工棚等危险区域人员5298人，其中在建工地人员撤离3007人。

【防震减灾宣传】 2020年，集美区在第12个“5·12”全国减灾周期间，发放防灾减灾宣传单2万份、主题宣传海报400份、防灾减灾科普手册2000份、防灾减灾无纺布袋1000个。针对城市内涝、地质灾害、台风、地震等灾害以及火灾、燃气泄漏等事故，根据疫情防控的不同情况，全区37个成员单位、68个社区、187所校园开展各类应急演练200余次，促进公众熟悉灾害事故预警信号和应急疏散路径，提升应急避险能力。是年，在《中国减灾》期刊发表文章1篇，“今日头条”上发表《后溪镇东宅村开展防灾减灾综合应急演练》报道1篇，在《厦门日报》报道集美区防灾减灾进社区活动1篇，《集美报》报道7篇，福建省防灾减灾微信公众号、厦门市应急管理局官网、公众号，集美区应急管理局微信公众号等媒体报道40余篇，集美快讯内刊报道1次。

【综合减灾示范社区创建】 2020年，应急管理部风险综合减灾司公示公告2020年度全国综合减灾示范社区名单，集美区后溪镇东宅村、杏林街道园博社区榜上有名。至年底，集美区有22个社区获评为“全国综合减灾示范社区”，示范社区数居全市第一。

【灾害信息员培训】 2020年2月29日，集美区减灾委员会办公室、集美区应急管理局组织全区6个街道、68个村居（社区）自然灾害信息员共81人，开展专题培训。7月31日，集美区减灾委员会办公室组织14名减灾救灾工作人员，参加厦门市在厦门经济管理学院组织的减灾救灾业务培训，提升镇（街）、村（居）两级灾害信息员的理论素养和业务技能，夯实全区防灾减灾救灾业务工作基础。

【应急救援演练】 2020年7月28日，集美区为强化应对突发交通事故的快速反应和应对处置能力，及时有效实施应急救援工作，最大程度减少因事故造成的人员伤亡和财产损失，举办集美区运输车辆交通事故应急救援演练。9月11日，组织相关成员单位及社会应急救援力量200余人在白虎岩景区开展森林防灭火应急演练，以演促防、以练促训，检验应急响应机制可靠性，提高全区森林消防队伍扑救火灾能力。

【防灾减灾应急演练】 2020年8月，集美区应急管理局与驰鹰救援队、519救援队等社会应急力量签署防灾减灾、应急救援联动协议，开展防灾减灾进社区活动，完成全区50%的社区应急救援培训和防灾减灾力量应急演练。9月，区应急局与集美区驰鹰队、后溪镇东宅村联合举办“巨灾保险、防灾减灾进社区提升防灾减灾应急能力”的应急演练活动，提升村级应对重大自然灾害应急能力，检验灾害避灾点应急避险效能。

【灾情应对】 2020年9月7日，集美区平均降雨量59.5毫米，大于50毫米站点16个，灌口镇风景湖站点101.2毫米。暴雨造成孙坂南路浒井人行天桥等多处积水，安能救援和驰鹰救援队、519救援队等社会救援力量紧急出动，及时有效处置险情。 （夏波）

经济管理

宏观经济管理

【概况】 2020年，集美区发展和改革局（简称集美区发改局）强化创新驱动，狠抓改革攻坚，以“招商引资与项目建设攻坚年”为重要抓手，统筹推进疫情防控和经济社会发展，做好“六稳”工作，全面落实“六保”任务，经济社会保持平稳健康发展。在调查研究、客观分析基础上，提出全区主要经济发展年度预期目标，为区委、区政府制订年度经济发展目标提供决策依据。全年全区主要指标稳步运行，项目建设稳步推进，质量效益稳步提升，累计完成地区生产总值822.41亿元，比上年增长5.5%；规模以上工业增加值比上年增长6.9%；其他营利性服务业营业收入比上年增长9.4%；批发业销售额524.10亿元，比上年增长19.1%；零售业销售额161.53亿元，比上年增长6.3%；固定资产投资比上年增长16.7%。

【财政性投资计划制订与审批】 2020年，集美区发改局围绕基础设施、生态环保、民生改善等薄弱领域，加大投资力度，并按照项目建设的轻重缓急和前期工作的实际情况，策划并拟订2020年财政性投资建设项目投资计划7个批次，计划总投资29.19亿元。批复政府投资项目174个，批复总投资概算30.60亿元。

【建设项目审批流程改革】 2020年，集美区发改局落实《厦门市人民政府关于印发进一步深化工程建设项目审批制度改革实施方案的通知》、市多规办关于《进一步推进“多规合一”建设项目审批流程改革的实施意见》，按照《集美区“多规合一”建设项目可研批复及用地规划许可阶段牵头协调管理暂行办法》和《厦门市集美区财政性投融资项目可研联评联审暂行办法》规定，推进基建项目审批流程再造，缩短审批时限。办理下达“多规合一”建设项目策划意见通知函22项，完成“可研”评估论证及批复20项，策划并拟定财政性投资项目前期工作计划25批次，安排建设项目235个。简化项目审批流程，列入计划的项目不再报批项目前期建议书或前期工作函。

【基建项目概估算审核】 2020年，集美区发改局规范投资管理，强化基建项目概估算审核工作，提升财政性投资决策科学水平，提高投资效益。严格禁止项目单位擅自扩大规模、提高标准、增加建设内容，故意漏项和报小建大等。全年完成概（估）算项目审核211项，送审金额107.67亿元，审定金额98.22亿元，核减9.45亿元，核减率8.77%。

【重大项目建设】 2020年，集美区发改局跟踪落实省重点、市重大项目。省重点项目6个，年度投资计划10.5亿元，实际完成投资13.16亿元；市级重大项目6个，总投资56.96亿元。

【“五个一批”项目建设】 2020年，集美区发改局贯彻落实谋划一批、签约一批、开工一批、投产一批、增资一批“五个一批”工作部署，推进重大项目建设，扩大有效投资，发挥项目在促投资、稳增长、强后劲中的重要支撑作用。是年，集美区“五个一批”项目430个，总投资2973亿元，各建设阶段新增项目156个，新增项目总投资1259亿元。在第四季度“五个一批”全省正向激励综合初步考评中，集美区连续第三年进入全省前十。

【前期课题项目策划】 2020年，集美区发改局推进4个课题研究，其中，《集美区乡村振兴战略规划（2018—2022年）》完成编制；继续编制《杏林老工业区产业转型升级规划》《集美区面向2035年发展规划》《大学生信用体系建设研究（第一期）》。完成编制《集美区村庄集体发展用地建设通用厂房项目策划》《2019年度集美区道路及交通设施项目空间实施规划》《2020年度集美区公建配套项目空间实施规划》等项目。

【招商工作保障】 2020年，集美区发改局成立区发改局招商工作办公室，落实区招商引资与项目攻坚年工作方案，更好保障央企、总部和金融招商工作开展。贯彻落实《集美区央企、总部和金融招商组关于印发招商组成员名单、职责分工和运行机制的通知》，主动对接厦门市央企、总部和金融招商组。多次拜访市发改委产业处、服务业处等招商处室，加强沟通对接，为更多项目落地集美区夯实基础。围绕补链延链强链，聚焦高能级项目，会同各行业主管部门，谋划生成央企、总部和金融招商项目263个，总投资1041.51亿元。其中，落地项目185个，总投资738.86亿元（央企总部项目43个，总投资284.92亿元；金融项目142个，总投资453.94亿元）。强化推进落实。每月跟踪项目进展，督促各责任部门、招商载体单位紧盯项目，落实落细，推动企业落地集美。

【海峡创新项目成果对接】 2020年，集美区发改局完成第18届“6·18”海峡创新项目成果交易会成果对接任务。做好项目成果征集和日常对接工作，征集对接项目143个，总投资5.77亿元，涉及电子信息、机械制造、现代农业、人工智能、新材料等领域。集美区12家企业参展以“创新 创业 创造”为主题的“6·18”云上展，初步达成多个合作意向。跟踪对接项目工程进度，促进项目开工建设。跟踪第17届“6•18”网上对接项目147个，项目开工投产率100%。开展产业需求、企业需求的规划和梳理工作，征集企业技术需求5个。举办“6·18”日常对接活动7场，包括第13届全国大学生化工设计竞赛华南区决赛、2019厦门国际电影科技与虚拟体验展暨国际电影游戏IP交易展等。

【众创空间新发展】 2020年，集美区经认定的众创空间49家，众创空间总面积约11万平方米，主要集中在软件园三期、创新创业大厦、杏林湾商务营运中心及高等院校。其中一品威客创客空间、厦门北站创业大街等15家被认定为国家级众创空间（含2020年新增7家）；集美区高校创新创业园、华厦众创空间等16家被认定为省级众创空间；厦门游戏创新中心、华侨大学大学生创业园等18家被认定为市级众创空间（含2020年新增1家）。集美区众创空间累计入驻创新创业团队5100多个，创新创业青年19000多名，2020年有创新创业团队1600多个，创新创业青年6700多名。全年拨付认定奖励、中介机构服务补助、创业启动扶持资金等各类奖励、补助1836万元。把“引导”作为创新创业工作的主要抓手，推动众创空间转型发展，形成一批满足大众创新创业需求、具有较强专业化服务能力的众创空间等新型创业服务平台。

【粮食安全行政首长责任制落实】 2020年，集美区发改局配合市有关部门，落实粮食安全行政首长责任制相关要求，强化责任，逐项落地到位，提高全区粮食储备水平，优化集美区粮食应急供应网点布局，依据“布局合理、好中选优”的原则，增加粮食应急供应网点6个、粮食应急加工网点1个，提高全区粮食应急供应保障能力；开展粮食安全宣传工作，制订“爱粮节粮”活动宣传方案，制作爱粮节粮宣传视频、PPT和宣传册，在全区中小学校、社区视频媒体等场所开展爱粮节粮宣传。8月，厦门市组织对各区开展2019年度粮食安全首长责任制的现场核查，综合评定集美区成绩优秀，居全市第一名。

【价费管理】 2020年，集美区发改局加强行政事业性收费监管，完成2019年度行政事业性收费年审工作；开展集美区行业协会商会经营服务性收费清理规范工作，根据《厦门市发展和改革委员会关于组织开展行业协会商会经营服务性收费清理规范工作的通知》精神，开展行业协会商会经营服务性收费清理规范工作。做好辖区新设立民办学校义务教育阶段收费标准的核定工作。规范辖区机动车停放服务收费行为，重新梳理并动态调整《集美区实行政府指导价管理的机动车停放服务收费项目及收费类别清单》；做好集美区普惠托育机构试点单位的收费标准建议，委托第三方会计师事务所做好成本测算。

【保供稳价】 2020年，集美区发改局做好保供稳价工作。加强疫情期间价格监测和对平价商店、药店经营情况的监管，印发对全区平价商店和粮食应急供应点的《提醒告知函》，提醒告知相关义务和注意事项。重点巡查粮油和平价蔬菜、猪肉销售与供应情况。组织企业复工复产、确保粮油保价稳供，落实秋冬季新冠肺炎疫情形势下粮食保障相关措施，督促各粮食重点企业落实防疫各项举措。

【价格认定】 2020年，集美区发改局价格认证中心围绕提高价格认定工作时效和解决特殊物品“定价难”问题，初步建立符合集美实际的技术规范，着手网上认定平台筹建。全年受理涉嫌刑事案件价格认定302件，涉案金额474.58万元，为打击各类违纪违法犯罪活动提供支撑保障。 （*颜楚方*）

国土资源管理

【概况】 2020年，厦门市自然资源和规划局集美分局（简称集美资源规划分局）在自然资源全流程管理中严格落实生态保护责任。对接《厦门市国土空间总体规划（2020—2035）》，加强与区政府及各镇（街）相关部门的沟通联系，重新梳理划定集美区的生态控制线，基本农田保护红线及城镇开发边界，合理规划各类用地，保障辖区产业发展、城市建设发展空间。围绕三大新城建设，主动对接，靠前服务，推动片区控规优化工作，提高国土空间利用价值，提升产业空间布局。

【存量土地盘活】 2020年，集美资源规划分局对批而未供项目进行全面梳理，逐一落图，实现一图一表相对应。与用地单位沟通，摸清项目存在的各类问题，提出解决措施，策划生成项目并形成2020年全区批而未供土地处置计划。主动对接区各相关单位，推动批而未供土地处置工作。至年底，涉及供而未用清单47宗，处置33宗。2020年，集美区供而未用土地处置率84.9%，居全市各区之首。开展建设项目批后“双随机”监管，强化已出让项目开竣工合同履约监管，采取及时提醒、跟踪督促等方式通知逾期未动工企业尽快开工建设。发出闲置土地调查通知书31份，完成处置28宗、面积112.55公顷，推动集美区物流园内生态绿地绿化工程、东方快乐岛、新城湖内“四合一环卫”设施和庄希泉纪念馆等历史遗留闲置土地处置工作。

【土地管理审批】 2020年，集美资源规划分局按照“一次性规划、分批次供地”原则，围绕重点片区提前开展用地需求调查，靠前服务，沟通协调，建立项目台账42个，及时跟踪了解各个项目的进度。全年完成地块启动公告60个，地块补偿安置方案公告15个。完成英中医院、新城际广场、中交和美新城公建配套中交西塔项目等规划调整，完成厦门理工学院三期用地调整上报工作。完成灌口镇、后溪镇土地利用总体规划修改及指标优化调整方案，保障前场污水处理厂、厦门市市政污泥处置厂、蓝地球主题岛等重点项目的用地需求。指导建发集团和国贸集团做好马銮湾新城集美片区安置房项目前期工作13个，对接住宅集团重新梳理完成公建项目前期手续8个。做好集美新城华西医院项目用地、交通、市政的全要素保障；开展杏林老工业区各项规划编制及安置房用地、轨道平衡用地、开发用地的梳理工作；做好福厦高铁、轨道4～6号线等重点项目及配套安置房项目等规划服务。

【土地执法监管】 2020年，集美资源规划分局加大辖区自然资源保护，重点抓好耕地特别是永久基本农田的保护，完成农村乱占耕地建房问题专项整治工作。与区城市管理局、农业农村局、各镇街按各自分工密切配合，至年底基本完成第一阶段产业类图斑整治任务。按照市农村乱占耕地专项整治办的要求，调整后产业类图斑数390宗，拆除388宗，剩余2宗，拆除比例99.49%；完成复耕374宗，复耕比例95.9%，复耕比例位于岛外各区之首；继续跟踪促进两宗未拆除图斑的整改。部署镇（街）做好住宅类图斑再核实确认工作，重点核实“一户一宅”“一户多宅”情况，确保每一宗住宅类图斑都按要求进行公示。组织各镇街、各相关部门，在自查自纠和重点整治压茬推进阶段，摸排重点区域范围内的违建别墅情况，委托第三方摸排出疑似“两违”图斑219块。移交集美区农业农村局查处违建图斑171块。移交区城市管理局查处位于敏感区域、需立即拆除的“两违”图斑3块。移交区城市管理局立案查处位于水库淹没线范围外、不占用林斑的违建图斑45块。结合自然资源部专项办下发的2批图斑和信访、举报、舆情线索及厅际协调机制办公室下发的10批疑似图斑和“自查自纠”涉及集美区的图斑75块。经核实认定，列入清查整治清单图斑20块（53处），并处置到位。至年底，列入清查整治清单的项目进入核销流程20个。

【土地资源管理】 2020年，集美资源规划分局开展第三次全国国土调查统一时点更新调查工作，疫情期间采取“分散作业”“网络部署”的方式，开展国家下发时点调查图斑的内业分类、标注工作，提交省三调办灌口镇、杏滨街道外业调查底图。完成三调初始调查成果的国家一致性图斑检查、省级意见的整改。完成与漳州市长泰县的市级接边及与海沧区、同安区的县级接边工作。完成城镇村标注、耕地坡度、权属属性及数据库质量检查。根据最新下发控制界限对初始调查全部成果图层进行调整。至年底，完成国家下发统一时点更新监测图斑1945块，自主提取变化图斑3291块的内外业调查及统一时点更新调查初步成果，经省三调办检查通过报国家核查，对国家核查反馈的问题组织整改。

【土地权籍管理】 2020年，集美资源规划分局完善登记措施，夯实农村土地房屋权属登记管理工作。每月走访基层，了解情况，帮助解决遇到的问题，特别是征拆遇到的权属方面问题。做好农村等重点项目土地房屋权属登记工作，办理农村居民土地房屋权属登记7宗，登记土地面积811.63平方米，建筑面积800.39平方米。做好涉及土地房屋权属咨询及纠纷的化解工作，先后提供咨询37人次，处理信访件6起、行政诉讼2件，受理土地权属争议案件1件，并开展调查处理工作。对另一件土地权属争议报区政府作不予受理决定。

【地质灾害防治】 2020年，集美资源规划分局组织对防疫隔离酒店、定点医院等场所地质灾害隐患进行排查，先后排查省级定点隔离治疗医院——厦门大学附属第一医院杏林分院和2处定点隔离酒店——日东花园酒店和灵玲大酒店。及时部署地质灾害排查工作，将辖区3处地质灾害点治理列入区政府为民办实事项目，督促相关责任单位抓紧治理。编制《2020年度集美区地质灾害防治方案》并报区政府公布实施，开展地质灾害防治工作。举办地质灾害防治知识培训及地质灾害防治管理信息平台的使用培训。跟踪推进地质灾害点治理，落实汛期24小时值班和领导带班制度，全年未发生地质灾害险情。（张明明）

国有资产管理

【概况】 2020年，厦门市集美区国有资产投资有限公司（简称集美区国投公司）完成固定资产投资140.39亿元，其中工程建设投资9.56亿元、土地购置费130.83亿元，实现营业收入8099.38万元、净利润363.48万元，缴纳税费2073.93万元。办理土地收储项目10个，土地面积20.14公顷；预收储项目11个，土地面积36.49公顷。

出让用地 15 宗，土地面积 58.24 万平方米，成交总价 92.765 亿元。存量资产总建筑面积 55.2 万平方米，租金总收入 6947.04 万元，比上年减少 400.48 万元，降幅 5.5%。

【土地挂牌出让】 2020 年，集美区国投公司根据区建设用地招拍挂出让计划，办理区级商住用地和工业用地出让，并跟踪落实辖区内市级招拍挂地块的出让进度。全年出让区级用地 4 宗，土地面积 7.48 万平方米，成交总价 37.84 亿元。其中，商住用地 2 宗，土地面积 5.39 万平方米，建筑面积 14.71 万平方米，成交总价 37.75 亿元；产业（工业）用地 2 宗，土地面积 2.09 万平方米，成交总价 880 万元。出让市级用地 11 宗，土地面积 50.76 万平方米，成交总价 54.93 亿元。其中，商住用地 2 宗，土地面积 14.01 万平方米，建筑面积 28.56 万平方米，成交价 47.11 亿元；产业（工业）用地 4 宗，土地面积 9.37 万平方米，成交价 5370 万元；产业（商服）用地 5 宗，土地面积 27.38 万平方米，建筑面积 46.93 万平方米，成交价 7.28 亿元。全年出让用地 15 宗，土地面积 58.24 万平方米，成交总价 92.77 亿元。

【资产存量管理】 2020 年，集美区存量资产总建筑面积 55.2 万平方米，租金总收入 6947.04 万元，比上年减少 400.48 万元，降幅 5.5%，主要原因是受疫情影响，根据相关政策减免租金 1286.47 万元。其中，自有资产租金收入 5020.53 万元，托管资产租金收入 1326.21 万元，土地租金收入 600.3 万元。新增经营性资产项目 8 个，其中区级出让地块配套生鲜超市、便利店项目 7 个，安置房办公用房项目 1 个，合计建筑面积 1.38 万平方米。

【资产运营管理】 2020 年，集美区国投公司对国有资产进行梳理和数据汇总，坚持从实际出发，先易后难，分类施策，提高国有资产管理实效，确保国有资产安全运营、保值增值。资产投资方面，通过淘宝司法拍卖平台竞拍购买董任西二路 577 号土地及厂房，并将 1 号厂房按市场租金评估价租赁给科力公司，采用股权收购的方式，收购灌口中路 1616 号厦门天数利智能科技有限公司股权；招商引资方面，推进厦门软件园三期 B20、B21 研发楼、集美国投安仁产业园项目招商手续的对接办理。至年底，公司与 36 家企业签订软件园三期 B20、B21《房屋租赁合同》及办理交房手续，与 4 家企业签订集美国投安仁产业园《房屋租赁合同》。

【工程项目建设】 2020 年，集美区国投公司完成固定资产投资 9.56 亿元，比上年增长 18.46%。至年底，集美区模具产业园（一期）工程内外墙装修完成 85%，1 号楼至 7 号楼主体全部封顶且完成全部主体中间结构验收；安仁产业园（二期）项目 6 ～ 11 号楼封顶；海凤幼儿园项目完成预验收，开始实施用电专项工程；海凤小学及地下停车库工程项目，施工预制桩和围护桩；集美区中小学生社会实践基地工程，完成 1 号、5 号、6 号、7 号楼桩基施工，洋亭路（新 324 国道—灌口西路）工程一期完成 FK0+030 ～ 720 填隙碎石层、稳定层、海绵城市及给水工程施工；坑内小学 2 号、3 号、4 号、5 号楼结构封顶；机械三期启步区市政道路工程完成杜行东路、南塘路、杜行北路道路左侧辅道与人行道沥青面层及人行道砖铺设。全年新开工建设项目 7 个，分别为集美区中小学生社会实践基地、瑶山溪水渠及景观改造工程（枋塘溪至灌口西路段）、坑内小学、瑶山溪改造工程（灌口西路至旧 324 国道段）、康城及锦园社区公共服务设施综合开发工程、海凤小学及地下停车库工程、灌口东部片区给水主管网工程。

（陈婕）

工商行政管理

【概况】 2020 年，集美区新登记各类商事主体 19901 家，比上年下降 3.57%；期末存续商事主体 99174 万家，比上年增长 11.80%，商事主体的新登记户数和存续户数均为岛外四区之首。在厦门市发改委 2020 年营商环境评估结果中，集美区营商环境评估在全市排名第一。是年，厦门市集美区市场监督管理局（简称集美区市场监管局）以"嘉庚精神"为内核，履行监管和服务两大职责，打造集美所"学村守护人"党建品牌。在市直机关工委组织的第二届党建品牌评选活动中，从全市 196 家参赛单位脱颖而出，获 2020 年度厦门市直机关优秀党建品牌称号。集美区市场监管局连续三届被评为"省级文明单位"，获评"厦门市第六届创建全国文明城市工作突出贡献单位"称号。

【农贸市场管控】 2020 年，集美区市场监管局采取压实各方责任、综合执法、组建群众志愿者队伍、缩减市场出入口等措施加强对全区 27 个农贸市场管控，督促活禽禁售、场所消杀、口罩佩戴、体温检测等防控工作。同时，指导镇（街）、市场开办单位组建专业化消杀队伍，规范消杀（消毒）流程，建立健全消杀日志、拍摄现场消杀照片、组织验收消杀情况等闭环工作台账，确保卫生消杀到位。

【购药人员信息联动快查机制建立】 2020 年，集美区市场监管局采取电话通知、微信滚动提醒等方式，现场督查辖区药店 298 家，快速建立起属地街道、社区、派出所、医院四级共享的购买解热（咳嗽）药品人员信息机制，实现实时数据追踪、快速定位、上门核查等工作无缝对接和闭环反馈。该局"报送快、联动快、反馈快"的购药人员信息联动快查经验，被《特区快讯》第 9 期刊载。

【进口冷链食品防疫】 2020年，集美区市场监管局采取逐家逐户建立档案台账、加大检查频次和密度、召开专题培训会等方式，督促进口冷链食品经营单位严格落实环境监测、人员防护、食品追溯等各项防疫制度，指导企业启用进口冷链食品周转仓实现“专区存放、专人管理”，确保落实落细进口冷链食品“严防死守、无一遗漏”防控要求。

【食品安全和特种设备安全保障】 2020年，集美区市场监管局以拓宽宣传渠道为聚焦点，劝导暂停群体性活动。联合村（居）采用挂钩结对、拉网排查、高频宣传、监督劝导等方式落实暂停群体性餐饮活动，累计发放张贴各类宣传材料1.2万份、微信宣传覆盖企业3000余家、LED屏流动播出宣传标语200条次、劝导27家酒店停办群体性餐饮经营活动、取消农村聚餐83场。针对全市唯一新冠肺炎定点收治医院（厦门市第一医院杏林分院）、4家定点隔离酒店、援鄂医务人员疗养酒店、湖北入厦人员集美分流服务中心嘉庚体育馆等疫情防控重点部位，采取靠前保障模式规范供餐环节和电梯使用，确保食品安全和特种设备安全。

【企业捐赠防疫物资】 2020年，集美区市场监管局鼓励企业主动履行企业社会责任，协调辖区延生药业、祝强大药房2家药品连锁企业，捐赠一次性口罩1.7万个、一次性医用橡胶检查手套5000双，总价值4.01万元。

【企业用餐难题解决】 2020年，集美区市场监管局打造TDK、玉晶光电等企业防疫标杆食堂，采取“一企一策”措施，对企业食堂进行逐一指导。制订“集美乡厨——复工企业互助计划”，牵线搭桥为企业食堂解决厨师不足的问题；指导、规范金龙阿波龙“无人送餐车”食品制作、运输、分餐、留样等环节，确保员工用餐安全；联合区工信局、商务局，筛选辖区4家品牌配送餐饮企业，为机关、团体和企事业单位保障每日2.5万人份的用餐。

【小餐饮企业复市】 2020年，集美区市场监管局严把申请报备、现场指导、日常监督三关，采取错时监管、联动社区、发动群众等联防联控措施，把好餐饮店集体聚餐、餐具清洁、配送流程、晨检记录等安全环节。组建经验交流群，分享推广“隔桌就餐”“骑手取餐前先测体温”等防疫经验措施，形成社会共治氛围。至年末，指导辖区小餐饮企业先后有序复市5542家。

2020年5月12日，区市场监管局执法人员对豪客来餐饮店的食品安全主体责任落实情况进行检查
（区市场监管局 供图）

【校园食品安全保障】 2020年，集美区市场监管局分批次组织学校校长、食品安全管理员、食堂承包商负责人及从业人员开展食品安全“云培训”。检查拟复学学校相关工作准备情况，组织学校从食品加工到出餐、从学生测温洗手到分散就餐全过程现场模拟推演，对食堂进货、员工配餐、学生取餐等供用餐环节进行规范指导。开展开学前食品安全隐患“清零行动”，及时清理疫情防控前的库存食材原料。采取首餐全程驻点监厨陪餐等方式加强监管，严把开学后食材采购、加工制作、供餐准备、错峰用餐等供用餐环节安全关。投入105万元，为7所学校食堂建设食品安全快检实验室，通过第三方驻校自检、基层市场监管所快检、业务科抽检等联检方式，把好学校食品源头安全关。

【国家食品安全示范城市创建】 2020年，集美区市场监管局围绕创建国家食品安全示范城市中心任务，以实施食品安全三年战略为指引，响应民生关注、注重亮点提升，在市食安委2020年食品安全工作评议考核中，集美区考核等次为A级。为全区284所学校续保食品安全责任保险29.5万元，保障30余万名师生在校用餐安全。铺开“阳光餐饮”建设工程，率先实现全区学校“雪亮厨房”100%覆盖。打造“舌尖集美，百家食安”品牌，开展系列宣传活动，发起校园食安征文大赛，鼓励师生为食安治理建言献策，累计收到投稿196篇；组织指导辖区4所高校参加“百胜杯”高校食品安全知识挑战赛；构建纸媒、新媒体、楼宇商圈等多元宣传矩阵，发布食安宣传报道2246篇，提高创城知晓率、支持率和满意率。

【“一窗通办”经验在全市推广】2020年4月，集美区市场监管局率先在全市设置企业开办专窗，整合市场监管、税务、公安等部门业务流程，优化设计跨部门业务审批环节，采取“前台综合收件、后台分类审批、窗口统一出件”运行模式，一次性采集申请人企业信息、申领发票、就业参保、公积金开户等全部信息，将多部门业务办理流程压减至一个环节，实现各项信息登记“最多跑一趟”。全年“一窗通办”窗口新设企业1508家。此项工作创新得到市市场监管局的肯定，并在全市推广。

【“不见面审批”方式推行】2020年，集美区市场监管局为确保疫情特殊时期服务质量不掉链，配合区行政审批管理局开发“小能在线座席”。通过这一系统，企业可以24小时咨询企业注册登记、食品经营许可等业务，审批人员也会在第一时间为企业进行解答。解决企业电话打不进来的“堵点”问题，实现企业、申请人和注册审批人员的实时在线沟通，提高咨询答复效率，并同步指导企业正确提交申请材料，推动网上审批、双向邮寄、邮箱预审等不见面审批服务的快速和高质量办理。在疫情初期，邮寄办件和网上办件月均4000余件。

【即时服务企业转型升级】2020年疫情期间，集美区市场监管局针对部分餐饮企业转型线上经营和生产防疫用品企业采取即时即办的特点，从咨询、材料受理到领照全过程24小时内办结，为30家新设（增加）口罩、防护服企业变更生产经营范围，为92家餐饮服务单位增设“网络送餐”食品经营许可，助推企业转型升级。

【企业年报申报指导】2020年，集美区市场监管局走进工业集中区、大型商业综合体、记账代办公司、物业管理公司等楼宇，现场指导企业落实年报。采取发布公告、邮寄核查、科（所）核实的方式全面清理失联企业3933家。2019年度集美区市场监管局应年报企业37038家，完成年报35583家，年报率96.07%。

【知识产权保护】2020年4月，集美区市场监管局成立全市首批知识产权维权工作站，开展知识产权宣传培训、日常指导、维权援助等相关工作，常态化搜集企业知识产权保护需求和困难，推进全区知识产权工作。是年，国内专利申请量9829件，国内专利授权量6791件，PCT国际专利申请135件，均居全市第一位；全区拥有有效发明专利2708件。

【涉疫违法行为处置】2020年，集美区市场监管局建立涉疫案件查处指挥机构，采取线上线下收集、同步汇总甄别、快速分流办理的处置机制，及时回应百姓关切。立案查处销售假冒伪劣口罩、哄抬物价等涉疫案件18件，罚没款28.04万元。其中，会同同安区市场监管局24小时内快速查处某公司网上销售“三无”口罩案件，入选国家市场监管总局“联合双打行动”十大典型案例。

【私宰肉和水产品违法行为处置】2020年，集美区市场监管局采取蹲守摸排、部门联动、错时监管等手段，对贩卖私宰肉、“螃蟹绑大草”、使用不合格计量秤等违法行为做到露头就打。查获私宰肉11675.78千克。其中，通过全面摸排、缜密侦查，将贩卖私宰肉案源线索上报市市场监管局，依法查处“0831特大销售未经检验检疫猪肉案”，4名涉案人员受到刑事处罚。该案件获省市场监管局通报表扬。

【公共场所电梯安全监察提升工程】2020年，集美区市场监管局“公共场所电梯安全监察提升工程”纳入集美区2020年为民办实事项目，投入50万元委托第三方检验机构对65家电梯维保单位、148家电梯使用单位、300台在用电梯进行安全技术评估抽查，预防和降低区域性、系统性安全风险，并得到市市场监管局的肯定和推广。

【防疫物资生产企业复工达产】2020年，集美区市场监管局向辖区企业发出《产品质量安全倡议书》，指导企业开足马力、满负荷生产防疫防护物资。在市市场监管局指导下，促成辖区某外贸公司将防疫出口物资转为保障市内供应，为市防疫指挥部提供一次性使用口罩60万只、隔离服5万件和手套90万只。（陈芳冰）

价格监督管理

【概况】2020年，集美区市场监督管理局以问题为导向，以保障民生为核心，以专项整治为抓手，加强重点时段、重点领域市场价格监管，维护正常市场价格秩序。全年查处涉企乱收费案件2件，严厉打击市场主体价格违法行为。

【涉疫相关价格监管】2020年，集美区市场监管局以定点隔离酒店、药店、粮油生产企业、商超等经营主体为重点对象，采取发放价格提醒告知书、定期巡查、畅通投诉举报渠道等方式，强化价格监管，要求经营主体遵循公平、合法和诚实信用原则，用好自主定价权，依法合规经营，自觉维护市场价格秩序和社会公共利益，要求各医疗药品用品经营者不得哄抬物价、囤积居奇、牟取暴利或散布涨价谣言，杜绝滥用市场支配地位违法涨价、恶意控销等行为。

【涉企收费专项检查】2020年，集美区市场监管局按照“依法依规、公开透明、系统清理、健全机制”的原则，全面梳理收费事项，围绕企业反映强

2020 年 5 月 12 日，区市场监管局执法人员检查八马茶叶店的茶叶价格、质量
（区市场监管局 供图）

烈的堵点难点问题，开展涉企收费专项检查，打通各项惠企收费政策“最后一公里”，为企业复工复产保“价”护航。全年查处涉企乱收费案件 2 件，责令当事人退还多收电费 48.75 万元，并处违法所得 0.3 倍罚款，合计 14.62 万元。

【新能源汽车停车服务收费优惠措施检查】 2020 年，集美区市场监管局贯彻落实厦门市建设局、厦门市发改委等 5 个部门《关于明确厦门市新能源汽车停车服务收费优惠措施的通知》文件要求，组织对辖区内涉及优惠措施的停车场落实情况进行全覆盖检查，要求实施优惠的停车场在出入口或场内显著位置公示文件，确保新能源汽车享受停车服务收费优惠。针对检查过程中发现的未按照要求实施优惠的停车场，责令限期整改，使新能源汽车停车服务收费优惠措施落到实处。

【住房租赁中介机构乱象整治】 2020 年，集美区市场监管局开展住房租赁中介机构乱象专项整治，打击侵害住房租赁当事人合法权益的行为，纠正和查处住房租赁中介机构在价格、广告、消费者权益保护等方面违法违规行为，出动执法人员 112 人次，检查房产中介 52 家，责令房产中介办理经营场所备案 1 家。（陈芳冰）

质量技术监督管理

【概况】 2020 年，集美区市场监管局以重点产业、行业、区域、产品（服务）质量提升为切入点，综合运用计量、标准、检验检测、认证认可、质量管理、品牌培育等手段，着力防范化解产品质量安全风险，提升产品质量总体水平。以瓶装液化石油气充装站、集贸市场、加油站、商场超市等民生领域为重点，组织开展计量器具专项监督检查。

【标准化战略实施】 2020 年，集美区市场监管局支持鼓励辖区企业参与标准制（修）订工作，是年，集美区 28 家企事业单位共 63 项标准化项目获得市标准化奖励 583.5 万元。其中，制（修）订国家标准 41 项，获得奖励 456 万元；行业标准 15 项，获得奖励 110 万元；地方标准 7 项，获得奖励 17.5 万元。

【成品油质量管控】 2020 年，集美区市场监管局组织区成品油整改联席办成员单位，开展无证无照黑加油站点摸排整治工作，摸排加油站点 13 个，清除取缔无证加油站点 2 处。配合厦门市市场监管局，对全区 26 家加油站点进行质量抽检，抽检 85 批次，覆盖率 100%，未发现不合格成品油。

【民生领域计量器具专项检查】 2020 年，集美区市场监管局以瓶装液化石油气充装站、集贸市场、加油站、商场超市等民生领域为重点，组织开展计量器具专项监督检查，检查计量器具 332 台，液化石油气气瓶充装站 2 个，抽查定量包装商品净含量 20 批次。

（陈芳冰）

审　计

【概况】 2020 年，集美区审计局完成审计项目 26 个，查出问题金额 19314 万元，其中违规问题金额 8090 万元、管理不规范金额 11224 万元；查出非金额计量问题 99 个。审计处理处罚金额 8785 万元，审计促进整改落实有关问题资金 7831 万元。提出审计建议 68 条，被采纳 59 条。提交审计信息 56 篇，被批示、采用 44 篇，其中被《福建审计简报》采用 2 篇，促进建章立制 4 份，提交审计专报 3 份、移送处理事项 4 件。区审计局选送的 2 个审计项目均获评市优秀审计项目。

【区本级预算执行审计】 2020 年，集美区审计局组织对 2019 年度区本级预算执行和其他财政收支情况进行审计，重点对区本级预算收支情况进行审计，且围绕产业扶持、人才扶持、国有资产等多个方面开展审计，涉及安置房物业管理费资金、大型文体旅游活动补助等 18 项专项经费和西客明珠安置房项目等 5 个基础设施建设项目。审计查出主要问题金额 12692 万元，审计发现非金额计量问题9个，提出审计建议4条，提交审计专报1份，移送处理事项2件。区政府根据审计专报提出的问题和建议，召开会议专题研究集美区安置房物业管理存在的问题及对策，为区委、区政府决策及完善相关制度发挥参谋作用。

【疫情防控资金专项审计】 2020年，集美区审计局在新冠肺炎疫情初期，开展应对新冠肺炎疫情防控资金和捐赠款物专项审计，重点关注财政专项资金和社会捐赠款物在筹集、分配、使用过程中的突出问题，延伸审计区工信局、卫健局等7个部门及6个镇（街）和所辖社区，形成的审计专报获区长批示。

【审计整改】 2020年，集美区审计局加大审计整改力度，针对同级审发现的问题，逐项列出问题清单，明确分管区领导作为第一责任人，明确责任单位、整改时限，先后提交政府常务会和审计委员会研究，并印发审计问题整改责任清单下发各部门，要求纳入区委、区政府督办范围。承担督促整改的职责，建好“审计问题清单”和“整改结果清单”两个台账，对账销号、滚动管理，全年对落实整改不到位的40家部门单位下达审计整改通知书17份，将2项未整改落实的重大问题线索移交区纪委监委，提升审计整改成效。

【审计全覆盖】 2020年，集美区审计局印发《中共厦门市集美区委审计委员会办公室关于深入推进审计全覆盖的实施方案》，探索审计项目和审计组织方式两统筹，以重大政策措施落实跟踪审计、同级预算执行审计、经济责任审计和自然资源资产离任（任中）审计为平台，统筹安排实施各类审计项目，做到一审多项、一审多果、一果多用，全年审计项目涉及部门单位79家，对长时间未审计的卫生、教育系统二级预算单位开展审计，扫除审计盲区，审计覆盖面进一步扩大。

（傅伟滨）

统计管理

【概况】 2020年，集美区统计局做好全年农业、工业、固定资产投资、建筑业、房地产业、贸易业、住宿餐饮业、劳动工资、服务业、文化产业等专业统计工作，完成各项统计任务。定期开展规模以下工业、建筑业小微企业、限额以下批零住餐业、规模以下服务业抽样调查，以及新设立小微企业和个体经营户跟踪调查、月度劳动力调查、城镇住户调查等抽样调查工作。协助区效能办开展2020年度集美区绩效管理考评工作，协助省、市统计局完成数据核查、调研工作。完成第四次全国经济普查工作收尾任务。区统计局、杏林街道经普办获“福建省第四次全国经济普查先进集体”称号。抓好第七次全国人口普查工作，选聘“两员”（普查员、指导员），举办人口普查业务培训会百余场，培训人口普查员、指导员共4800余人。按照国家“七人普”工作方案的时间节点，完成人口普查摸底、短表、长表登记和比对复查、行职业编码工作。

【人口普查】 2020年，集美区统计局根据国家方案要求，顺利完成第七次全国人口普查相应阶段工作。组织4800余名人口普查员对全区普查对象逐一入户进行数据采集，涉及家庭户376842户，集体户53175户。2020年全区常住人口为1036987人，与2010年第六次全国人口普查相比，增加456130人，增长78.53%，成为全市人口增长最多的区。开展人口普查数据检查、审核与验收工作，狠抓源头数据质量，实时监控普查数据采集、上报，加强入户数据核实与业务指导，开展源头数据自查与抽查，坚持联动审核，及时消除差错，根据《厦门市第七次全国人口普查数据检查工作实施方案》要求，市、区人普办对全区6个镇（街）和10个普查小区进行人口普查数据质量检查，未发现违反《中华人民共和国统计法》和《全国经济普查条例》情况，全区普查数据质量

2020年，集美区完成第七次全国人口普查相应阶段工作。图为工作人员抽查社区普查工作
（许晓霞 摄）

符合控制标准。

【统计服务】 2020年，集美区统计局加强统计分析调研，通过实施统计联席会议制度和经济运行分析制度，着眼全区发展的大局大势，撰写经济运行分析、专题分析等各类分析材料20余篇，基于全国第四次经济普查成果，研究撰写的《集美区产业结构优化调整和转型升级研究》获得省优秀统计分析报告二等奖。坚持统计数据及时公开，在集美区人民政府网站发布主要经济指标快报，做好2020年《厦门市集美区统计年鉴》编印工作，全面反映集美区2019年国民经济和社会发展概况。全年走访企业近300家，检查指导联网直报工作，确保数据质量，做到"应统尽统、统必合规"。

【统计宣传与执法】 2020年，集美区统计局结合年报培训、日常业务培训，利用"9·20"统计开放日、"12·4"法治宣传日、"12·8"统计法宣传日等，多渠道向调查对象宣传统计法律法规，提升依法统计意识。9月26日，在灌口镇风景湖广场开展统计法治宣传活动，并结合第七次人口普查，以知识问答的方式，向大众宣传统计有关法律法规及人口普查有关知识，为各项统计工作，尤其是第七次人口普查工作的开展提供统计法治保障。开展2020年度统计"双随机"监督检查，并对检查对象和检查结果进行网上公示。开展统计数据质量检查，向企业宣传统计法和相关法律法规，对1家提供不真实统计资料的企业进行立案查处，予以警告、并处罚款。主动公开普查工作过程，通过网络平台、宣传单等渠道向全社会发布普查告知书，自觉接受媒体和社会监督。

（王淑娜）

海关监管

【概况】 2020年，集同海关在做好内部防控的同时，参与地方联防联控工作，助力进口防疫物资快速通关18批。连续召开专题会议9次，推出不停产盘仓等系列措施，推进"海关总署十条""厦门海关十四条"帮扶企业复工复产措施落地落实。年内，制订《集同海关安全生产专项整治三年行动实施方案》，在监管作业现场等4个重点工作领域开展排查整治，防范化解重大安全风险。开展网络安全大检查和数据安全专项行动，建立内部网络安全长效机制。与集美区应急管理局建立定期通报机制，对危化品形成闭环监管。10月中旬，启动国门生物安全展厅，加强国门生物安全教育。

【海关推动辖区产业发展】 2020年，集同海关落实中央减税降费重大决策部署和"六稳""六保"工作要求，将海关政策红利向企业延伸。引导化妆品企业转产免洗洗手液，助力免洗洗手液快速出口抢占市场。推广使用暂免征收内销缓税利息、允许内销季度集中申报、简化内销征税审批环节等政策，帮助企业调整产能安排，加快内销进程。支持健身器材类等"宅经济"企业加快发展国外客户群体，逆势扩产，部分企业年内产值实现翻番。

【关检融合叠加效应持续释放】 2020年，集同海关推进"多查合一"改革，规范执法标准，优化工作机制，加强协同配合，强化后续监管，探索开展后续核查作业改革创新，将出口食品企业年度监管、进口食品化妆品进口商监管、出口食品原料备案种植场等纳入"多查合一"范围。

【海关护航集美区外贸发展】 2020年，集同海关探索完善不停产盘仓工作法，根据企业生产特点创新盘仓模式，全年对企业开展不停产盘仓15家，为企业减少数千万元产能损失，为帮扶企业复工复产发挥积极作用。

【海关优化辖区营商环境】 2020年，集同海关着力提高通关时效，落实简政放权，运输企业和运输车辆备案持续快速增长。上半年集美辖区加工贸易企业全部上线金关二期系统，手账册设立和变更环节基本实现无纸化。深化"放管服"改革，推动"e政务"便民服务站原产地证书自助打印功能在集美区行政服务中心服务终端落地。是年，集同海关辖区企业自助打印海关原产地证书16112份，金额5.5亿美元，自助打印比例68%，签证准确率100%。

（张婉莹）

财政·税务

财　政

【概况】 2020年，集美区财政总收入145亿元，完成预算的105.11%，比上年增长8.49%。其中区级财政收入40.16亿元，完成预算的104.35%，比上年增长5.99%。全区政府性基金收入89.27亿元，完成预算的99.19%。全区国有资本经营收入0.8亿元，完成预算的100.3%。全区一般公共预算支出78.23亿元，比上年增长15.07%。全区政府性基金支出73.2亿元，比上年增长311.66%。全区国有资本经营支出0.03亿元。

【财政支持疫情防控】 2020年，集美区财政安排资金1.48亿元，夯实防控物资储备，落实“应检尽检”，支持联防联控、群防群治体系建设。出台突发公共卫生事件财政应急保障预案、疫情防控经费保障、疫情期间政府采购、资产保障等财政支持政策，制订财政资金统筹、强化预算执行的资金保障措施，全面落细疫情防控各项工作。巩固拓展减税降费成效，全年新增减税6亿元，其中新出台的支持疫情防控和经济社会发展税收优惠政策新增减税2.23亿元。实施问策于企，面向重点企业开展减税降费政策实施效果评估、后疫情期政策诉求调研。支持企业复工复产，抓紧抓细落地《厦门市人民政府关于应对新型冠状病毒感染的肺炎疫情支持企业共渡难关若干措施的通知》《厦门市人民政府关于应对新冠肺炎疫情促进企业复工复产八条措施的通知》《中共集美区委办公室、集美区人民政府办公室印发关于贯彻落实省市应对新型冠状病毒感染肺炎疫情支持企业共渡难关若干措施的实施意见的通知》等系列助企纾困政策，全年兑付疫情期间企业扶持资金1.18亿元，其中减免企业租金0.38亿元。开展增信基金试点，明确增信基金白名单推送工作机制，增信基金备案累计303笔，265户，金额4.2亿元。累计安排资金0.15亿元，支持举办欢乐购、提升市场人气等促消费系列活动，助力复商复市。贯彻落实中央直达资金直达基层、惠企利民工作部署，建立支出进度通报机制，直达惠企资金全额下达企业，惠及企业6200余家。

【财政服务产业升级】 2020年，集美区财政建立采购负面清单，免收投标（响应）保证金、降低代理服务费费率，促进中小企业发展。提质增效服务精准招商。修订跨镇街招商税收分成办法，促进区域联动招商。企业上市取得新突破，新增上市企业4家（含过会待发行1家），占全市增量超30%，位列各区之首。兑付企业上市扶持资金1780万元，通过政策引导，新增上市辅导备案企业5家，新增省重点上市后备企业9家、市重点上市后备企业42家。深化民营和小微企业金融服务综合改革试点城市创建。搭建政银企合作平台，创新普惠金融服务机制，引导918.16亿元信贷资金支持辖区企业发展；举办3场政银企对接会，帮助40家参会企业获得融资5.0亿元，缓解企业经营困难。完善信贷政策支持，出台强化金融支持防控新型冠状病毒肺炎疫情实施方案，奖励投放集美区新增中小微企业经营性贷款金额以及集美区新增中小微企业贷款户数实现增长的在厦金融机构，兑付奖励金281.65万元。完善政策性融资担保体系，出台集美区应急还贷服务管理办法、集美区政策性担保公司信用担保管理办法，年度担保总额7.05亿元，其中融资性担保总额5.40亿元。金融招商取得实效。发挥产业引导基金杠杆放大效应，累计批复参股子基金40只，总规模363亿元；累计设立参股子基金25只，规模267亿元，基金数量和规模继续保持全市领先。根据《关于印发厦门市集美区促进股权投资类企业发展办法的通知》，全年向辖内17家基金企业兑现各类奖励金539.39万元，同时依托“基金＋基地”模式，吸引321家股权投资类企业落户杏林湾基金聚集区，基金管理规模超640亿元。深化集成改革。制定《集美区加强对台金融合作工作方案》，探索设立首支台资基金路达华犇，鼓励建霖家居发起或参与设立小额贷款公司等新型金融组织。群策群力提升能级量级。投入2.7亿元加快空间载体建设，推进厦钨、橙联等产业项目以及集美新城、马銮湾新城、软件园三期等片区建设。投入13.3亿元，兑现各类企业、人才扶持资金，其中民营企业扶持1.03亿元，惠及企业3429家。打造产业政策洼地，落实一揽子产业扶持政策，修订建筑业、企业人才租房补贴等办法。优化扶持政策兑付流程，持续提升兑现时效。加快升级创新引擎，出台扶持“三高”企业发展若干举措，修订软件和信息服务业发展奖励办法。

【财政民生投入】 2020年，集美区财政民生支出59.56亿元，占一般公共预算支出76.14%，比上年增长14.2%。投入22.8亿元落实义务教育、学前教育学位建设行动计划。提高公办幼儿园生均公用经费拨款标准、民办义务教育学位补助标准，完善非公办普惠性幼儿园财政分级补助办法。改善各类学校基础设施、信息化建设等办学条件，推进智慧校园建设，支持新开办校（园）建设。推进两岸融合发展集成改革，设立台湾中小学生奖学金。投入11.3亿元实施援企稳岗"护航行动"，稳住就业基本盘。发挥政策性担保作用，累计为10015名被征地人员提供4.26亿元养老保险贷款担保。提高残疾儿童康复救助补助标准，出台"一户多残"困难残疾人及残疾儿童康复机构补助办法。提高部分优抚对象等人员抚恤和生活补助标准，保障退役军人待遇。投入5.4亿元提高城乡居民医保财政补贴标准，由每人每年680元提高至710元。投入4.2亿元支持向社会开放中小学运动场，推动诚毅科技探索中心、市图书馆集美新馆夜间开放。完成村居综合文化服务中心场馆改造提升7家。投入5亿元开展扫黑除恶专项斗争，专项整治"违规金融放贷"。优化、新增公交线路，落实公共交通财政补贴机制。关爱社区工作者，落实一线城乡社区工作者临时性工作补助，筑牢社区防线。投入1.3亿元深化东西部扶贫协作，助力临夏州和政县脱贫攻坚，2020年2月和政县实现脱贫摘帽。做好援疆、援藏工作。开展省内扶贫山海协作。

【财政服务城市品质提升】 2020年，集美区财政投入1.3亿元加快集美新城建设，推进灌口东部新区、机械工业集中区等重大片区开发及片区配套。完善交通基础设施，推进排水防涝应急指挥平台系统建设。投入5.5亿元基本完成蔡林、东西蔡、浦边等整村征收任务。实施铁路、高速公路沿线环境综合整治。推动厦门大桥—集美大桥段集美侧海岸带保护修复工程和杏林大桥—新阳大桥段岸线整治工程。开展第三轮绿化提升，加快集美北部新城区中央公园及杏东公园建设。投入6.7亿元实施农村人居环境综合整治，建设溪林乡村振兴生态动线和新324国道乡村振兴示范动线。实施农村大病防贫救助，织牢医疗救助"民生底线"。出台支持区属国企参与村（居）集体发展项目合作开发补助办法、农业基础设施建设实施办法、乡村振兴试点示范专项资金管理使用办法，完善支持农业农村发展的财政扶持政策体系。投入6.7亿元开展"守护蓝天百日攻坚"行动，支持建设空气质量自动监测站。推进污水收集纳管和分散式污水处理设施建设。推进深青溪、拐仔溪等安全生态水系建设及月美池整治。支持海域养殖清退工作。倡导绿色出行，采购纯电公交车，推进分类垃圾直运全覆盖。

【财政改革】 2020年，集美区财政坚持过"紧日子"，实施支出"负面清单管理"，全区累计压减一般性支出1.2亿元。实施更加严格的存量资金盘活措施，激活沉淀资金，累计收回存量资金12.66亿元，清理处置历史遗留往来款项29亿元，执行中收回或调整年度内难以形成支出的项目资金2亿元。加大预算稳定调节基金调入以及政府性基金预算、国有资本经营预算与一般公共预算统筹力度，提高国有资本经营收益上缴比例。围绕核心领域，争取上级转移支付资金逾9.55亿元，地方政府债券资金19.1亿元、抗疫特别国债4.21亿元。出台零基预算改革实施方案，制订改革时间表、路线图，试点编制政府保障事项清单。规范部门项目管理，分级分类优化项目设置，

表8

2020年集美区财政预算收支执行情况

单位：万元

地区	一般公共预算收入				一般公共预算支出			
	实绩	比上年同期			实绩	比上年同期		
		上年同期	增减额	增减（%）		上年同期	增减额	增减（%）
全区	401568	378859	22709	5.99	782300	679858	102442	15.07
（一）区小本级	261889	249476	12413	4.98	594781	502744	92037	18.31
（二）镇街	139679	129383	10296	7.96	187519	177114	10405	5.87
灌口镇	28559	25565	2994	11.71	40814	36275	4539	12.51
后溪镇	29802	29489	313	1.06	39316	34020	5296	15.57
集美街道	7907	7824	83	1.06	16809	15464	1345	8.70
侨英街道	27753	21396	6357	29.71	29385	32608	-3223	-9.88
杏林街道	33997	33661	336	1.00	37688	35647	2041	5.73
杏滨街道	11661	11448	213	1.86	23507	23100	407	1.76

构建“8+N”一级项目设置体系。出台区级城市维护费、国土空间规划编制专项资金管理办法。围绕工作节点，强化绩效目标管理，做实预算绩效运行“双监控”。完善重点评价常态化机制，选取乡村振兴、产业扶持等重点领域资金7.3亿元，开展财政重点评价。规范项目预算管理，简化支出流程，细化支出进度考核。完善财政投资建设项目审核管理机制，调整财政投资建设项目预结算审核范围。

【财政监管】 2020年，集美区财政规范行政事业单位国有资产使用行为，出台行政事业单位国有资产使用管理办法。开展闲置土地房屋及构筑物摸底，推进权属不清、责任不明、存在争议的公共基础设施等经管资产确权入账。引导国企优化产业布局，调整组织架构，提升管理水平。规范国企商务招待行为、资产出租行为，梳理、修订国企贯彻中央八项规定制度体系，强化国资国企监管。出台政府主导使用区属国企自有资产运营补助办法，优化代建流程，发挥国企服务地方经济作用。设立负面清单，规范区直机关事业单位福利费开支管理。围绕财政改革发展中重点领域和关键环节，开展会计信息质量、“三公”经费等常规检查，聚焦民生领域开展困难残疾人生活补助和重度残疾人护理补贴资金、征拆资金、中央直达资金等专项检查。强化审计结果应用，巩固提升整改成效。落实人大预算审查监督重点向支出预算和政策拓展有关要求，推进人大预算联网监督工作。防控政府性债务风险。优化债券资金投向，重点保障效益好、带动性强的项目，发挥财政投资扩内需、补短板的作用。压实各级各部门风险防化责任，加强债务风险评估和预警监测，及时处置苗头性、方向性、隐蔽性的风险。防控财政运行风险。坚持“三保”支出优先原则，强化基层托底保障能力，全年下达镇街专项转移支付5.71亿元，是上年同期的1.53倍。完善、落实地方金融风险防控机制，防打结合、部门联动、群众参与，多举措构建地方金融风险防护网。对36家拟迁入金融相关企业开展准入背景审核，排查辖内企业2400余家。鼓励群众举报非法集资线索并兑现奖励金5000元，对通过各渠道获得的60余条风险线索进行核查处置。通过微信有奖问答、投放开机宣传广告、刊登公交车载广告、举办户外集中摆摊等宣传活动方式，开展处置非法集资、“套路贷”、“校园贷”宣传。

【国库集中支付】 截至2020年12月，集美区财政办理预算内外资金拨款90.57亿元，其中预算内拨款65.57亿元；国库集中支付199.02亿元，其中直接支付2.96亿元；收取各类行政事业性收费、土地出让金等非税收入98.61亿元，其中政府性基金收入89.27亿元；发放行政事业单位工作人员工资74006人次，金额9.85亿元，并代缴各类税费5.4亿元。核发财政票据868943份，核销1069274份，中介机构从事会计代理记账业务审批共13家。公务卡刷卡11281笔，刷卡金额0.38亿元。

【财政审核】 2020年，集美区财政审核中心审核工程项目1213个，累计审核造价32.59亿元，审核后造价29.34亿元，核减造价3.25亿元，平均核减率10%。审核非住宅拆迁补偿项目44个，审核金额2.3亿元，核减金额1211.98万元。

【政府采购监管】 2020年，集美区完成政府采购项目887笔（次），采购预算13.46亿元，实际采购金额11.97亿元，节约资金1.49亿元，资金节约率11.07%。全年区财政局依法受理政府采购投诉5件，全部严格按照财政部《政府采购质疑和投诉办法》等有关规定并在征询法律顾问意见基础上做好投诉处理工作。

【资产管理】 2020年，集美区财政强化资产日常管理工作。通过公共资源市场配置平台配置项目0.61亿元，出租出借闲置资产实现收益0.66亿元，处置资产收入3.9亿元。健全资产管理体制机制。构建更加符合行政事业单位运行特点和国有资产管理规律的制度体系。落实政府向人大常委会报告国有资产情况制度，明确主体责任，建立国有资产信息共享平台，实现资产数据共享。贯彻落实疫情防控资产保障工作。强化各单位对疫情防控资产管理的责任担当，指导相关单位落实政府经营性房产租金减免政策，全年承租政府经营性房产租金减免惠及96户，兑现减免金额1210.92万元。推动资产管理提质增效。开展全区闲置土地房屋及构筑物摸底工作，探索建立经营性闲置国有资产管理长效机制。推进资产共享共用，推广“公物仓”管理模式，提升闲置存量资产增量效益。（窦晶莹）

税　务

【概况】 2020年，国家税务总局厦门市集美区税务局组织各项收入154.67亿元（不含车辆购置税），比上年减收11.85亿元，下降7.12%。其中组织自征税收收入116.93亿元，比上年增收5.44亿元，增长4.88%，在全市位列第二，增幅在全市位列第一；组织社保和非税收入37.81亿元，比上年减收14亿元，下降27.13%，完成全年各项组织收入任务。区税务局获第十四届（2018—2020年）省级文明单位、全市执行联动工作表现突出单位，成为全市税务系统唯一受通报表扬单位。

发挥税收职能作用支持统筹推进疫情防控和经济社会发展，为服务“六稳”“六保”大局提供坚强保障。成立疫情防控领导小组，落实各项防疫措施，保障干部职工安全。全年，区税务局落细落实减税降费各项政策，成立专门工作团队，以税收业务为归口，梳理分解税费优惠政策，建立税收政策落实台账，分类别整理归集企业涉税问题，加强跟踪反馈，确保政策措施快速响应。摸底符合各类税费优惠政策名单，主动对接、定向推送，对重点企业采取下沉式、点单式等服务方式，强化税费政策落实。全年全区新增减税超5.19亿元，累计新增减费11.65亿元，为27家企业办理延期缴纳税款6.73亿元，为1328户纳税人延期缴纳社保费4940万元。

【税费征管】 2020年，集美区税务局税务登记总户数81813户。按纳税人类型分，单位纳税人48435户，个体工商户32270户，其他纳税人（指国家机关、事业单位、社会团体等，下同）1108户。平稳实施10420家企业、17.68万名自然人个税首次年度汇算，推进水土保持补偿费等非税项目划转4个，做好增值税专用发票电子化试点工作等，推进各项税收改革平稳落地。深化税务系统内部控制监督平台应用，完善常态化、长效化、全面化的内部监督体系，全年核查疑点数据718条，其中内控疑点658条、增值税发票管理内部风险快速反应疑点60条。做好纳税信用评价基础工作，全年完成评价43741户。强化税收风险防控，累计完成风险应对任务4319户，查补税款9912.21万元。自建5个模型进行风险识别及应对，其中长期零申报后集中大量开票风险模型被市税务局采纳并在全市范围推广。

【依法治税】 2020年，集美区税务局落实税收法定原则，推进“无风险不打扰、有违法要追究、全过程强智控”的税务执法新体系建设，加强涉税信息数据共享，完善社会协同治税体系建设，实现精确执法、精细服务、精准监管、精诚共治。优化税务执法方式，推行行政执法“三项制度”，全年对外公示执法信息88425条；记录执法音像记录1490条，存储执法音像记录143.3G；开展重大执法决定法制审核20件（次）。健全行政执法机关和司法机关衔接机制，推进“税法执行联动创新平台”应用。全年，区税务局向人民法院、破产管理人申报税收债权21户次，金额363.06万元；区局为区法院提供企业的资产、申报等信息10件（次）。全面推进政务公开，全年主动公开各类信息264条。深化监督执纪“四种形态”有效实践与应用，全年开展廉政谈话提醒60场354人次，运用“第一种形态”7人次；健全常态化的责任追究机制，全年进行执法责任追究24人次。

2020年5月13日，集美区税务局联合多部门开展减税费活动。图为税务工作人员为纳税人解说税费优惠政策 （吕情茹 摄）

【纳税服务】 2020年，集美区税务局深化“放管服”改革，优化营商环境。以“战疫情促发展 服务全面小康”为主题，开展便民春风行动。推广“非接触式”办税，建立网上办、掌上办、自助办、电话办、邮寄办、预约办等“六办联动”机制，全程网办业务范围增至218项。优化办税服务厅功能，开通“绿色窗口”，扩大容缺办理范围、设立“应急通道”，实行错峰申报，保障办税便捷高效。落实企业开办全环节便利化，开办流程压减至1个环节，税务时限压缩至0.5个工作日；在全市税务系统率先实现代开发票自助办税终端缴纳税款、打印发票全流程自助。创新服务举措，利用集美行政服务中心资源，依托“小能”平台，畅通云端资源，实现在线座席咨询一对多，可发送图片、文件等功能，为纳税人提供更加优质、高效咨询服务。同时，区税务局加强制度保障，维护纳税人、缴费人合法权益。落实社保争议本地化处理机制取得新成效，处理各平台举报、咨询件88件，补缴社保费19.93万元，滞纳金3.9万元，260人合法权益得到维护。 （吕情茹）

城乡规划建设与管理

城乡规划建设

【概况】 2020年，厦门市自然资源和规划局集美分局（简称集美资源规划分局）做好城乡建设规划“空间预算”，推进规划引领、要素保障工作，高效服务招商引资和项目建设，在“招大商，大招商”“岛内大提升，岛外大发展”“加快建设高颜值厦门”等项目中，实现“以地等商”，推动社会经济高质量发展。

【规划审批】 2020年，集美资源规划分局梳理省、市、区重点项目清单，主动了解重点项目和“三高”需要协调解决的资源规划类问题，提供精准服务，建立省区重点项目跟踪办理台账和主动催办机制。对厦门二中集美校区、青训基地等项目进行催办。推进“清单制＋告知承诺制”改革工作；完善海绵城市管控指标豁免清单；优化出让程序，出让项目实现“交地即交证”；完善“多验合一”制度，将土地复核验收的部分内容与竣工规划条件核实一并办理。至12月，供应国有建设用地68宗，合计用地面积336.25公顷。协议出让国有建设用地10宗，出让用地面积27.21公顷，计收土地价款86.33亿元，办理告知承诺制工程规划许可证的项目18个。

【规划编制】 2020年，集美资源规划分局开展“大篷车”基层服务活动，主动破解民生难题。破解项目落地难题和历史遗留问题，推进医疗、交通、教育等民生补短板项目建设。完成马銮湾片区安置房13个，马銮湾新城、集美新城和软件园三期片区公建基础设施配套、杏林老工业区旧改安置房9个，北站片区岩内安置房8个、苎溪高中等4个学校的用地手续，做好福厦高铁、轨道4/6号线等重点项目规划服务。策划厦门北站TOD、东部新城、全区用地布局优化、集美旧城交通改善等涉及片区系统提升项目，完成英中医院、新城际广场、中交和美新城公建配套中交西塔项目等规划调整，完成厦门理工学院三期用地规划调整上报工作。配合完成《厦门市历史文化名城保护规划》和《集美学村历史文化街区保护规划》编制工作。指导区市政园林局、集美大学等建设单位做好集美大桥—厦门大桥岸线整治工程、陈爱礼国际学院教学楼等多个项目设计方案并报送市建筑景观艺术委员会审议。

【规划招商】 2020年，集美资源规划分局提前介入参与招商，实现招商需求与土地要素精准匹配，改被动审批为主动服务。主动配合区有关部门做好建设产业项目的策划和招商工作。推进区重点存量项目收储盘活，建立项目落地绿色通道，真正做到“地等项目”，促进重大片区开发建设和城市功能提升。至年底，集美区出让经营性用地6宗，出让用地面积19.1公顷，计收土地价款49.22亿元；出让工业用地2宗，计收土地价款880万元。发布经营性用地公告3宗（大明广场、大悦城综合体、德邦物流）、工业用地公告4宗（科力电子、美科安防、耐德电器、杨森数控）。

【多规合一】 2020年，集美资源规划分局应用“多规合一”平台沟通协调机制，线上线下联动，全面提高项目落地时效和规划要素审批效率。建立重点项目全流程跟踪服务机制，对重点项目从规划调整、征地前期、农转用报批、“一书两证”办理到土地复核验收进行全流程跟踪服务。对苎溪高中、前场再生水厂、陈井浦边潮瑶安置房等重大民生项目，及时办理项目调规手续，每周定期跟踪指导，推进征地前期工作和农转用报批手续的办理。对部分不符合条件的重点项目，提供绿色通道，在“多规合一”平台上容缺受理并提前启动，在项目方案设计阶段提前进行技术指导，确保项目推进。

【规划保障】 2020年，集美资源规划分局精准服务，做好重大项目要素保障。推动“批而未供”土地盘活、“供而未用”土地处置、城镇低效用地再开发、出让用地项目合同履约督导审计、储备用地整治清退专项行动，拓展城市发展空间，提升土地节约集约利用水平。推动重大重点项目前期以及审批、推进、落地、运营各环节的要素保障工作，重点做好集美新城和马銮湾新城用地规划保障。定期走访两大新城指挥部和各片区指挥部，帮助出谋划策、排忧解难，推动项目建设。采取“小规模”“多批次”方式，走进镇街、企事业，现场协调解决问题。先后到厦门理工学院、信息集团、集美国投、集美城发、中交投资有限公司、国网厦门供电公司等，指导解决用地保障、规划建设等难题。

【规划监督】 2020年，集美资源规划分局牵头推动集美区10年土地履约审计问题整改。与区工信局、区建设局、区商务局、区文体局等多部门联合施策，针对十年履约审批涉及整改的 124 个问题督促用地单位进行整改，至年底，完成整改 101 个。涉及土地利用效率方面的处置问题 34 个，至年底整改 24 个，处置率 71%。监督监察辖区建筑工程规划的实施过程，开展温泉酒店履约专项整治行动。联合各部门对温泉酒店长期闲置、开工违约、未及时取得酒店五星级牌照等历史遗留问题进行专项整治。完成新景地项目闲置、开竣工违约、未及时取得酒店五星级牌照历史遗留问题处置；开展骏豪闲置土地调查工作。月美池酒店由区商务局根据第 95 次区政府常务会会议精神修改完善补充合同，将项目开业时间延期至月美池整治工程竣工验收后半年内，五星级酒店取得牌证时间顺延。（张明明）

城乡建设

【概况】 2020 年，集美区建设与交通局统筹推进“6+7”、“五个一批”、城乡民生基础设施等重点工作，为高素质高颜值跨岛发展新市区提供保障。全年实施重点项目 38 个（9 个待定），计划投资 72.08 亿元，实际完成 119.89 亿元，完成率 166.34%。在全区 19 个责任单位综合排名第一名。

【公共停车位建设】 2020 年，集美区利用城市及村庄边角地、学校操场、公园绿地、公交首末站等公共设施地面及地下空间，建设大型公共停车场 3 个并投入使用，新增停车位 2783 个；提升改造临时停车场 8 个，新增停车位 1149 个；将区内 14 条路的路内停车泊位纳入管理，全年新增路内停车泊位 1483 个。全年新增路内、路外停车位 5415 个。

【乡村振兴建设】 2020 年，集美区举办乡村振兴、铁路高速沿线的村庄农房整治技术培训会，聘请厦门理工学院建筑设计与理论研究所工程师对区级单位、各镇街、各村居乡村振兴、二高沿线农房整治具体负责人进行技术培训。不定期组织区建设与交通工程质量安全站、第三方技术指导单位对乡村振兴农房整治进行技术指导，宣传贯彻《福建省农房屋顶平改坡设计建造一体化导则》的要求，对整治风格、质量问题、安全问题等注意事项进行指导。其间，印发负面问题清单 16 批次，同时抄送各有关部门要求“举一反三”互相借鉴。发动区属建筑企业的技术力量对农房整治现场技术指导。推进灌口镇灌田线至忠塔线道路改造、环山风景道等工程建设。推动乡道 Y311 下穿铁路段水毁修复工程，乡道 Y304、Y305 、Y306 道路提升及交通安全整治工程，灌水线 C105、三浦线 Y500 等 7 条农村公路路面改造及交通设施完善工程。对辖区其他重要农村公路进行普查，做好与城市道路系统对接。

【夜景整治提升】 2020 年，集美区夜景工程提升坚持以“嘉庚文化”“嘉庚精神”为建设核心理念，整体设计以黄、白两色为主色调，做到主次分明、动静结合，对建筑立面的轮廓线条、照明手法、灯饰装饰、色调亮度等进行整治提升，打造和谐、统一、富有“人文集美”特色的夜景。完成集美学村校委会、集美新城诚毅大街市民广场、集美新城市民公园、集美新城营运中心等夜景提升改造项目，加强集美区夜景维护质量，全区夜景亮灯率保持在 97% 以上。

【老旧小区改造】 2020 年，集美区完成航海生活区、安仁大道 522 号等栋号、打棉街 190、191、192 号等 3 个老旧小区改造任务，总投资 537.09 万元。

（区建设与交通局）

2020 年，集美区完成集美学村、杏林湾营运中心等夜景提升改造项目。图为集美学村与集美新城夜景（黄洪涛 摄）

集美新城建设

【概况】 2020 年，集美新城以“开发建设十周年”为新起点，以全市“岛内大提升、岛外大发展”推进大会为新动力，推动片区各项工作提质增效。是年，集美新城指挥部完善体制机制，强化指挥部“全权指挥”的定位，按照“总指挥负责制”“扁平化原则”和“问题不出指挥部”的要求，建立“指挥部吹哨，区街（镇）和部门报到”工作机制，制定《集美新城片区指挥部联动招商专班工作方案》，完善总指挥例会、专题会、现场办公等制度，强化“会场 + 现场”一线协调机制，用好项目建设、招商政策、土地使用、配套保障等方面相应的决策权，加强督查督办。探索“党建＋征拆”模式，在征拆项目一线建立临时党支部，指挥部党支部与信息集团、万舜文投公司、莲亭社区共建党建活动。新冠肺炎疫情防控期间，加强走访重点产业企业、建设工地和征拆现场，督促片区内各类企业落实疫情防控制度。协调解决项目工地工棚建设、施工通道等复工复产问题，片区内省、市重点项目复工率在3月初均达到100%。

【规划引领】2020年，集美新城指挥部整合优化空间资源，开展集美新城提升发展策划、杏林老工业区提升规划、集美新城公共交通发展行动规划、西亭核心区控规、软件园三期片区控规、集美北站（11-07局部）高铁站北侧片区控规等规划编制20项，为全面提升集美新城的战略定位、城市面貌与交通品质做好规划指引。厦门市青少年足球训练中心、集美体育中心、杏林老工业区安置房周边道路等项目前期工作全速推进。策划生成软三学校、BRT厦门北站永久停保场、九天湖路（海翔大道—杏林北路）等新项目40个。杏林老工业区改造提升前期工作加快推进。

【项目攻坚】2020年，集美新城指挥部聚焦项目建设工期、年度投资计划，抢时间，抓进度，全年实现固定资产投资258.72亿元，完成年度任务的112.49%；以指挥部为责任单位的14个省、市重点项目实现投资48.93亿元，完成年度任务的113.40%；入库“五个一批”项目21个（其中谋划6个、签约5个、开工5个、投产5个），总投资56.41亿元。四川大学华西厦门医院用17个月完成前期手续办理及11万平方米地下室施工。市妇幼保健院集美院区开工建设。原后溪中学改建项目、亭北小学和亭北幼儿园建成交付并开学。侨英中学、白石小学完工。全市首批公共租赁房项目珩琦公寓、园博公寓建成投用。闽南戏曲艺术中心完成主体结构验收。软件园三期新增交付52万平方米、新增封顶50万平方米产业空间。完成杏林湾B污水处理站等3个污水处理站移交工作，环湾截污100%到位，杏林湾水质平均达到5类水。

【产业发展】2020年，集美新城指挥部梳理片区已建、在建、待建等招商空间，细化编制招商地图，更新制作招商手册。拓展招商渠道，实施联动招商、精准招商，跑出招商引资“加速度”。全年实现招商引资664.8亿元，完成年度任务的604.3%。大明广场、中粮大悦城等商业项目和扬森数控等4个工业项目挂牌出让。大陆首个“海峡两岸（厦门）直播电商产业合作园”签约落地诚毅国际商务中心。“9·8”期间签约纸贵科技、美团城市智慧交通（东南）运营总部等项目。通过“视频签约”等“云上签约”方式，实现厦门鲲鹏超算中心“云揭牌”，优凯网上直播、云茂互联AI总部等项目签约落地。软件园三期新增央企中国金茂、独角兽企业深圳齐悟科技、知名企业上海龙米科技、北京融创文化等重点落地项目8个。发挥电子城等平台的集聚效应，吸引中国移动、中科院自动化研究所科学艺术研究中心视觉工业基地等重点项目签约落地。借助片区已有的云知声、云汇天下等在国内有诸多合作伙伴的企业，吸引上下游企业、不断强链补链延链。杏林湾基金聚集区吸引股权投资类企业注册321家，基金规模达640亿元。

【征地拆迁】2020年，集美新城指挥部加大征拆力度，完善“指挥部＋集美区＋片区征拆指挥部＋镇街”的机制，共同推动片区征地拆迁工作。全年完成征地面积319.47公顷，其中海域面积77.2公顷；交地面积228.13公顷，其中海域面积77.2公顷；房屋征收面积113.39万平方米，分别完成年度任务的393.43%、279.86%和295.02%。加快村庄整体拆迁，官任片区全部拆除；西亭大社片区征收房屋约50万平方米，拆除89%；三社村东西蔡片区征收房屋18.2万平方米，拆除98%。紧盯涉及征拆的项目26个，保障重要基础设施和产业项目顺利推进。

【城市营销】2020年，集美区获评为国家全域旅游示范区，集美汽车小镇获评为全国特色小镇，提高集美新城的知名度，加速产业入驻的速度。软件园三期新增注册企业1234家，累计入驻员工3.9万人；万科云城、莲花国际5号和6号地块、市图书馆集美新馆负一层招商商户全部开业；闽南第一个特斯拉中心开业运营；拥有福建省首个高标准组合摄影棚群的厦门影视拍摄基地落成。集美人文馆智慧化提升、诚毅大街市民广场夜景提升、杏林湾营运中心夜景修复工程、杏林湾水舞光影秀等一批项目建成投用。举办国家A类赛事全国健身锦标赛、第十三届厦门国际动漫节（动漫游戏商务大会）、阿尔勒国际摄影季、第二届海峡两岸马戏亲子文化节等一系列品牌活动。开展“集美·美好生活圈”“集美欢乐购”等促销活动，提升人气商气。以集美新城建设十周年为契机全面加大宣传力度，2月25日前后在《福建日报》《厦门日报》《海峡导报》等主流媒体和“学习强国”等各类媒体刊登纪念“集美新城开发建设10周年”文章超20篇，第四季度以贯彻五中全会精神、纪念特区建设40周年为重点在《厦门日报》《海峡导报》开展宣传。制作《集美新城·厦门新引擎》招商宣传视频。出版《献给集美新城开发建设10周年——跨岛发展》画册。开通“厦门集美新城”微信公众号，阅读量超8万人次。建成集美新城体验馆，集新城形象宣传展示、产业项目推介、招商信息查询、新城建设成果展示、总体规划蓝图展示等多功能于一体，接待各类参观团队 380 场、8290 人次。

【年度开工项目】 2020 年，集美新城新增开工项目 30 个，主要有：集美新城岩内片区圣岩路东延伸段工程，位于北站片区，起于岩和路顺接站北五路终点，终于环山路路交叉附近顺接北站连接线项目起点，道路总长 1.22 千米，宽 50 米，双向六车道，为二级公路兼城市主干路。枋塘溪改造工程，位于机械工业集中区片区，新建河道长 1335 米，红线面积 52530 平方米，配套建设溪流周边绿地的景观工程，总投资 2489.13 万元。软件园三期高速公路以北研发区六期市政道路，位于软件园三期片区，含 9 条道路，分别是纵一路、纵二路、横一路、横四路、横五路、西蔡一路、西蔡二路、软三横路、支九路，道路总长 7.38 千米（次干路 1.02 千米、支路 6.36 千米）。厦门二中集美校区，位于软件园三期片区，为 60 班级规模的高中，总用地面积 6.26 万平方米，总建筑面积 7.38 万平方米，可提供 3000 个高中学位。莲花小学，位于中心区片区，为 42 班规模，总用地面积 2.88 万平方米，总建筑面积 2.79 万平方米，主要建设内容包括教学楼、综合楼、风雨操场及食堂、人防工程（兼停车场）及相关配套设施。湖内幼儿园，位于中心区片区，为 12 班规模，总用地面积 3908 平方米，总建筑面积 4300 平方米，主要建设内容包括教学楼主体工程、设备工程及室外工程等。厦门市妇幼保健院集美院区，位于北站片区，总用地面积 5.35 万平方米，总建筑面积 13.89 万平方米，定位为 800 张床位的小综合大专科、注重临床专科发展的三级甲等妇幼保健院，以妇产科、产前诊断、儿童神经康复、新生儿科、儿内科及其配套专业为主要专科，并配套相应保健门诊。滨水社区第二服务中心及配套设施项目，位于中心区片区（集美大道以南、滨水小区西侧），总用地面积 2868.67 平方米，总建筑面积 5425 平方米，主要建设内容包括社区医疗服务站、社区用房、幼儿寄托所、社区老年人日间照料中心、环卫工人休息站、公共厕所、人防及停车场等。软件园三期西片区 F14 地块，位于软件园三期片区（集美北大道与纵一路交叉口东北侧），总用地面积 3.58 万平方米，总建筑面积 19.33 万平方米，由一栋 28 层、一栋 23 层、一栋 8 层、一栋 3 层的技术服务办公楼组成。

【年度竣工项目】 2020 年，集美新城新增竣工项目 50 个，主要有：IOI 地块周边配套道路，位于中心区片区，含 10 条道路，分别是湾东路（次干道）、纵一路（支路）、纵二路（次干道）、纵四路（支路）、纵五路（支路）、纵六路（支路）、纵七路（支路）、横一路（支路）、横二路（支路）、横三路（支路），道路总长 4.91 千米。杏林湾中移动产业区周边道路，位于中心区片区，含 5 条道路，分别是杏湾路（次干道）、环科所东路（支路）、一号路（支路）、文荷路（支路）、文琴路（支路），道路总长 2153 米。集美新城核心区市政道路六期工程（II 标段），位于中心区片区，含 4 条道路，均为城市支路，总长 2652 米。白石小学，位于中心区片区（孙坂南路西侧、文竹路西北侧），为 48 班规模，总用地面积 3.9 万平方米，总建筑面积 2.38 万平方米，主要建设内容包括教学楼、行政综合楼、食堂体育馆、图书馆。集美新城体验馆，位于中心区片区（诚毅国际商务中心 43 层），总面积 1800 平方米（其中布展面积约 1460 平方米），以“高瞻远瞩 新城蝶变”为主题，采用声、光、电、裸眼 3DL 幕、通电透明屏、4 折幕影厅等现代多媒体科技手段，运用图文说明、模型陈列、计算机演示、影视、多媒体互动等表现形式，采用“回”字形参观路线进行导览。展厅主要包括印象新城、总体规划沙盘、发展历程、西亭中心区、软件园三期、机械工业集中区、杏林老工业区、管廊展示区、园博苑展示区、新城之美展示区、交通格局展示区、招商洽谈区、文教昌明区、厦门北站片区、新城展望区 15 个展项内容。厦门厦晖橡胶金属工业有限公司增资扩产项目，位于机械工业集中区，为工业建筑及配套用房，共 12 栋，总用地面积 3.1 万平方米，总建筑面积 8.94 万平方米，主要建设内容为集办公、产品展示厅、员工宿舍、生产车间、研发、电镀、仓储、污水处理于一体的生产加工基地。富春通信厦门研究中心（富春信息技术公司），位于软件园三期片区，是软件园三期自建项目，主要为通信网络规划、设计咨询及通信信息化软件开发等基地。

2020 年 5 月 21 日，集美新城市民广场下广场的水舞秀对外开放　（林志杰 摄）

【消费促进活动】 2020 年，集美新城为应对新冠肺炎疫情，开展各种消费促进活动。指挥部领导化身“带货主播”，在尚柏奥特莱斯商场带网友“云逛街”。自 5 月起，集美新城范围内线上线下多个商家、平台启动以“集

2020 年，集美新城各商家开展各种促销活动。图为“集美欢乐购”展销现场

（林志杰 摄）

美新城·美好生活”为主题的“集美·美好生活圈”“集美欢乐购”等促销活动，2 个月内安排发放 2000 万元的现金油卡“大礼包”，刺激市民消费。市民广场先后举办以“为新市民圆梦”为主题的第十三届厦门新市民节、杏林湾水舞光影秀项目首秀、帮邦行合作项目签约暨首批定制车辆集中交付仪式、2020 年“看见集美”青春电影展（第 33 届中国电影金鸡奖系列活动之一）、2020 集美·阿尔勒国际摄影季开幕式等活动。中秋、国庆“双节”期间，园博苑景区打造凤尾鸡冠、向日葵等花海景观，推出“闽境”花艺展、园博苑药用植物展以及博饼、汉服表演、拼图大作战、DIY 华灯等观赏性、趣味性的互动项目；诚毅科技探索中心以“献礼国庆”为主题，推出“精神的力量”系列展览，弘扬“航天精神”与“红色精神”，展示航天强国建设风貌；灵玲国际马戏城变身大型嘉年华派对现场，大型原创马戏剧《花木兰》每天上演两场。第十三届厦门国际动漫节（动漫游戏商务大会）在集美湖豪生大酒店举行。第二届海峡两岸马戏亲子文化节在灵玲国际马戏城举行。“中国梦·劳动美·工会情”2020 年河南工会万场文化活动进基层暨中建海峡专场演出走进四川大学华西厦门医院项目。位于中心区片区的城市青年街区——云城万科里（二期）开业。电子城·（厦门）国际创新中心开园。市民广场南段商业街项目签约，承租方大地财富公司拟将南段商业街打造为集主题休闲娱乐中心、多维教育中心、商务休闲配套中心、轰趴娱乐中心、主题乐园于一体的新文化娱乐休闲空间。位于杏林老工业区片区的厦门影视拍摄基地（拥有福建省首个高标准组合摄影棚群）落成并与多家国内行业领先水平的单位、企业进行战略合作签约；其作为中国电影金鸡奖的重要硬件配套项目，将借力金鸡奖颁奖活动，每年接待院线电影 3 ~ 5 个、大型电视剧剧组或综艺节目 10 ~ 15 个。8 月 6 日，指挥部微信公众号——“厦门集美新城”上线。

【产业园区建设】 2020 年，集美新城软件园三期新增注册资本金 112 亿元，比上年增长 111.2%，累计注册企业 4073 家，入驻企业 2629 家。新增 495 路（软件园三期公寓楼—杏林湾商务中心）专线、多模态智能语音交互屏等配套。选址于园区 A19a 地块的厦门美柚股份有限公司（厦门市“高技术、高成长、高附加值”企业代表）研发大楼奠基。华为厦门 DevCloud 创新中心揭牌。中国（厦门）智能视听产业基地、厦门鲲鹏超算中心、神州信创集团厦门研究院、中国航空工业集团公司沈阳飞机设计研究所 & 云知声“人机语言理解联合实验室”项目落户。西片区 F18 地块等研发楼封顶。大陆首个“海峡两岸（厦门）直播电商产业合作园”签约落地诚毅国际商务中心（12 号楼）。

【地块出让】 2020 年，集美新城出让地块 6 宗，分别是：2020JP02 用地，位于杏锦路与杏林北路交叉口南侧（董任站北侧），为商住用地，总用地面积 1.22 万平方米，总建筑面积 5.33 万平方米，由厦门联发（集团）房地产公司以 7.56 亿元竞得。2020JP02 用地，位于软件园三期纵二路与横五路交叉口西北侧，为科研用地（软件及研发用地），总用地面积 5.35 万平方米，总建筑面积 14.5 万平方米，由厦门信息集团建设开发公司竞得。2020JP04 用地，位于软件园三期支一路与支四路交叉口西北侧，为科研用地（软件及研发用地），总用地面积 2.49 万平方米，总建筑面积 7.4 万平方米，由厦门信息集团建设开发公司竞得。2020JP01 项目（大明广场）用地，位于立言路与杏林湾路交叉口西北侧，总用地面积 9.07 万平方米（地面以上部分），地上总建筑面积 5.41 万平方米，除用地使用权外，还出让其在建工程项目（含 44 栋建筑，集旅游、商业、休闲、娱乐、餐饮于一体的综合体——大明广场），由住宅集团万舜文投公司以地价 2.81 亿元（以及在建工程价款 6.03 亿元）竞得。2020JG01-G 用地（灌口南路与南塘路交叉口北侧 A 地块）、2020JG02-G 用地（灌口南路与南塘路交叉口北侧 B 地块）、2020JG03-G 用地（灌口南路与南塘路交叉口北侧 C

地块）、2020JG04-G用地（灌口南路与南塘路交叉口北侧D地块），位于机械工业集中区三期，均为工业用地，总用地面积9.37万平方米，总建筑面积19.48万平方米，分别被厦门耐德电气公司、厦门美科安防科技公司、厦门扬森数控设备公司、厦门市科力电子公司竞得。2020 JP06用地，位于杏林湾路与诚毅中路交叉口，为商住用地，总用地面积12.79万平方米，总建筑面积23.22万平方米，由斯威公司（大悦城地产港股公司间接全资附属公司）& 厦门市东区开发公司 & 厦门地铁上盖投资发展公司以39.55亿元竞得。

（江燕青）

马銮湾新城集美片区建设

【概况】 2020年，马銮湾新城开发建设总指挥部集美片区落实市总指挥部“2019年有突破、2020年见成效、2021年大变样”工作目标，片区内开发建设各项工作特别是整村征收取得新突破。马銮湾新城集美片区计划投资18.30亿元，实际完成投资35.49亿元，完成交地面积76公顷，拆迁面积（含非住宅等）26.3万平方米。生态修复二期（集美地块）、环湾大道主干道、大明寺路扩建工程、柏涛幼儿园主体工程、水生态修复湿地工程（一期）基本完工，蔡林小学、华锐双语学校（北校区）建成并投入使用。

【房屋征收】 2020年，集美区把土地房屋征收工作重点放在整村征收上，主要领导亲自挂帅，指挥部领导靠前指挥，杏滨街道、灌口镇领导带头入户，市、区相关职能部门协同作战，精准施策，创造“1、2、3”新速度。即：“1”第一轮签约、“2”两个26天完成产权签约、“3”三个村庄产权签约率100%。完成蔡林、浦边、潮瑶3个村庄31万平方米整村征收工作，其中蔡林10万平方米、浦边12万平方米、潮瑶9万平方米。完成西滨、陈井整村征收的房屋测量、调档和人口甄别、模拟安置等前期工作，12月启动征收签约。

【生态修复】 生态修复是马銮湾新城开发建设的基础性工程，通过生态修复和造地，形成一“心”、两岛（中心岛、集美岛）、6个生态岛，重造新城水陆边界。建设内容包括清淤、围堰、场平、排水、围墙等工程。生态修复面积1646公顷，其中集美区772公顷。清淤约1600万立方米，吹填中心岛、集美岛及生态岛面积约415公顷，两区陆域回填场平约363公顷，总计土方近2173万立方米、砂900万立方米，总投资约20亿元。2020年，生态修复（含护岸）计划投资2.48亿元。生态修复二期是在一期纳泥成型后，进行地基固化硬化处理，年内集美地块修复完成；原护岸工程分三段即集美岛段、北片区段、起步区段，项目东起新阳大桥，北接马銮湾“龙型”湿地公园，西至灌新路，全长10.68千米，总面积58.5公顷，项目一次规划，分期实施，一期工程主要建设护岸、绿化及相关配套等，总投资约10亿元。至年底护岸工程全面启动，起步区示范段完成绿化种植。

【马銮湾水生态修复湿地工程】 项目位于马銮湾新城集美片区范围内，占地面积79.8公顷。该项目工程是区域重要的绿色屏障和生态廊道，也是区域重要的城市公共绿地、活动空间。项目利用生物净化措施清洁上游来水、净化面源污染，设置雨洪调蓄区缓解蓄洪压力从而达到保障水安全、改善水环境、修复水生态的效果。项目总投资3.5亿元，分一、二期建设，占地面积分别为8.7万平方米、68万平方米。一期工程完成各类乔林、灌木、地被种植、景观小品搭设，至2020年底，累计完成投资5150万元；二期工程2020年底进场进行清表、围挡施工。

【路网规划建设】 马銮湾新城处于全市“两环八射”主路网直接覆盖区，地铁线网密度全省第一，慢行道路密度全市第一。新城骨干路网规划为“五横六纵”，其中城周“两横两纵”（“两横”为海翔大道、翁角路，“两纵”为孚莲路、西滨路＋新阳大桥）、城内“三横四纵”（“三横”为孚莲东二路＋环湾大道、东孚西路＋东孚东路、东孚西二路＋东孚东二路＋新阳大道，“四纵”为东孚北路＋东孚南路、马銮湾西路＋西园路、灌新路、马銮湾东路＋新景

2020年，马銮湾集美新城片区完成蔡林、浦边和潮瑶3个村庄的整村搬迁工作。图为浦林村浦边社原貌

（黄朝福 摄）

路）。2020年，集美片区策划道路51条，其中起步区22条、北片区20条、集美岛9条。全年开工建设23条，其中新建3条，续建20条，总投资22.62亿元，全年计划投资3.63亿元。

【管廊建设】 2020年，马銮湾新城集美片区综合管廊10条，合计12.2千米，总投资9.86亿元。建设内容设单双舱断面设置，纳入10千伏中压电力、通信、给水、中水等市政管线。蔡林南路管廊，长1.8千米，分段采用双舱或三舱断面形式设置，计划投资2.1亿元。至年底开展市政舱桥架安装、回填砂等施工，完成投资2.19亿元。

【道路建设】 2020年，马銮湾新城集美片区的道路建设项目主要有：环湾大道（灌新路—外湾东路）。位于马銮湾新城集美片陈井村南侧，设计道路等级为城市主干道，总长度3.88千米，宽43米，建设内容包括道路、交通、路灯、绿化、给水、排水、缆线沟、有线电视（土建）、通信、燃气、中水工程等，项目总投资约2亿元。至年底，完成投资2.67亿元，完工待验收。起步区市政道路三期工程。位于集美起步区，建设道路6条，总长度2.9千米，为城市次干道和城市支路。建设内容包括道路、交通、路灯、绿化、雨水、污水、中水、排水、电力（土建）、有线电视（土建）等工程，项目总投资2.29亿元。至年底，开展路基软基处理及土方施工，完成投资1.23亿元。海湾大道（海翔大道—环湾大道）。位于马銮湾新城集美片区，总长1.18千米，宽度43米。道路等级为城市主干道，设计时速60千米/小时。建设内容包括道路、桥梁、交通、路灯、绿化、给水、排水、有线电视（土建）等工程，项目总投资1.37亿元。至年底，开展场平及围挡等施工，完成投资7195万元。浦銮路。位于马銮湾新城集美片区陈井村，设计道路等级为城市次干道，总长度1.9千米，宽度43米。建设内容包括道路、交通、路灯、绿化、给水、排水、缆线沟、有线电视（土建）、通信、燃气、中水工程等，项目总投资约2亿元。至年底，开展场平及水泥搅拌施工，完成投资8750万元。大明寺路扩建工程路。位于西滨小学以南西滨村片区，起于西滨路，终于外湾东路，全长577米。道路等级为城市支路，路宽22米。建设内容包括道路、交通、路灯（含新建箱式变压器）、给水和排水等工程，项目总投资3081万元。至年底，完成投资3124万元，完工待验收。马銮湾东路。位于马銮湾新城集美片区北部，设计道路等级为城市次干道，总长度1356米，宽度30米。主要建设内容包括道路、交通、路灯、绿化、给水、排水、缆线沟、有线电视（土建）、通信、燃气、中水工程等，项目总投资1.34亿元。至年底，开展场平及路基施工，完成投资6475万元。起步区一期道路。位于马銮湾新城集美片区，共4条道路，即蔡林路、堤岸路、望山路、屿仔尾东路延伸段，总长2.1千米，设计道路等级为城市次干道及城市支路。主要建设内容：道路、交通、路灯、绿化、给水、排水、缆线沟、有线电视（土建）、通信、燃气、中水工程等，项目总投资1.39亿元。至年底，开展路基处理及土方施工等，完成投资1.33亿元。起步区二期道路。位于马銮湾新城集美片区蔡林村，共3条道路，即蔡林北路（光明路—蔡林东路段）、蔡林南路（大明寺路—堤岸路段）、蔡林路延伸段，设计道路等级为城市支路，总长度5.5千米，宽度30～22米，道路等级设计为城市次干道及城市支路。主要建设内容：道路、交通、路灯、绿化、给水、排水、缆线沟、有线电视（土建）、通信、燃气、中水工程等，项目总投资2.92亿元。至年底，开展道路软基处理、雨污水管道施工等，完成投资2.56亿元。

【前场水质净化厂一期】 位于马銮湾新城集美区深青溪与海翔大道交叉口北侧公园绿地，杜岱村西侧。规划总规模60万吨/日，总用地面积149968.37平方米，项目分二期实施。其中一期土建规模10吨/日，设备规模5万吨/日，项目总投资5.46亿元。至2020年底，开展支护桩、土方开挖，降水井等施工，完成投资4295万元。

【学校建设】 2020年，马銮湾新城集美片区开展的学校建设项目主要有：柏涛学校。位于马銮湾新城集美区杏滨街道西滨村，总用地面积39514平方米，建设一所九年制学校（36班小学+18班初中）。其中地上建筑面积18203平方米、地下建筑面积11765平方米。建设内容包括新建教学楼、实验综合楼、食堂、体育馆、室外运动场及相关配套设施、地下公共停车场（含人防工程），项目总投资2.52亿元。至年底，开展场地旧基础、土方平整施工，完成投资6470万元。柏涛幼儿园。位于马銮湾新城集美区杏滨街道西滨村，总用地面积4362平方米，建设一所12班幼儿园，总投资2120万元，至年底，完成投资1890万元，完工待验收移交。华锐双语学校。位于马銮湾新城集美区蔡林村东侧，包括幼儿园、小学、初中及高中，主要招收厦门及周边地区的福建海归人才子女和当地学生，同时招收少量外籍和港澳台学生。项目总占地面积36953平方米，总建筑面积72672平方米，建设内容包括新建教学楼、图书馆、剧场、室内篮球馆、足球场及相关配套设施、地下公共停车场（含人防工程），项目总投资约5亿元。至年底，完成投资3.95亿元，北校区建成并投入使用。

（黄真鸿）

建筑业

行业管理

【概况】 2020年，集美区有建筑施工企业 162 家（总包一级及以上企业 20 家），全区建筑业企业建安产值 442.95 亿元，比上年增长 27.9%，其中 20 家施工总承包特级及一级企业产值 370 亿元，占 83.53%。2020 年，集美区修订《集美区促进建筑业加快发展实施办法》，支持中交一公局、森正建设、中铁海峡等 13 家施工总承包特级及一级企业拓展产业链条、做大业务规模；支持 70 家中小型企业提升等级资质，扩大营业范围。全年新引进施工企业 22 家，办理施工许可证 107 件，完成产值 442.95 亿元，比上年增长 24.56%。

【建筑行政审批】 2020 年，集美区建设行政主管部门承办区管工程的业绩核查、业绩补录、施工许可审批、工程竣工验收备案、工资保证金收取和退还等行政工作。全年办理施工许可证 107 件，总建筑面积 139.8 万平方米，总造价 45.2 亿元。核发建设工程竣工备案证明书 39 份，竣工面积 174.2 万平方米，总造价 38.5 亿元。办理退工资保证金 34 件，合计 1589.2 万元。

【审批服务优化】 2020 年，集美区建设行政主管部门做好建筑业企业资质认定、建筑施工企业安全生产许可证核发事项的承接工作。城市新建民用建筑修建防空地下室审批事项改“备案制”。推行“一口受理、并行办理”，简化审批流程，推出工程建设类、运管类“一件事”套餐 6 项。开展行政审批服务事项细化梳理，做好“五级十五同”工作。对应省住建厅、交通厅、人防办发布的标准化目录体系，推进审批服务事项无差别受理、同标准办理。至年底，区建设与交通局阶段性完成事项梳理 139 项，其中建设管理科 29 项、人防科 9 项、交通科 6 项、综合科 1 项、质安站 4 项、运输事业发展中心 89 项、村镇站 1 项。受新冠肺炎疫情影响，审批服务窗口推进“不见面”审批工作。鼓励申请人通过网络、电话咨询，使用双向邮寄、网上审批方式办理。做好政策解释，涉及重点项目、医疗、卫生、防疫的项目，加急办理。全年办件量 46843 件，全流程网办事项 43122 件，占全部办件量 92.06%。电子证照入库总量 10279 条，其中 2020 年入库 3840 条；批文入库总量 1608 条，其中 2020 年批文 121 条。

【招标投标管理】 2020 年，集美区办理工程建设项目报建 12 个。办理进场招投标中标备案项目 48 个，其中公开招标项目 48 个。预算总价 12.79 亿元，招标控制价 11.75 亿元，中标总价 11.35 亿元，降低造价 1.44 亿元，降低造价率 11.26%。在做好新冠肺炎疫情防控工作的前提下，区建设行政主管部门采取应对措施，保障工程建设项目招投标交易活动正常进行，促进各类项目建设和生产企业开工复工复产。为规范工程施工招标投标市场秩序，开展围标串标违法行为专项整治行动。针对《关于施工招标项目电子投标文件雷同认定与处理的指导意见》实施后，部分项目招投标活动出现的电子投标文件雷同情形，对 12 家企业给予通报批评，并记入信用监管 P6 档次一次（建筑市场管理类别）；对 2 家企业给予通报批评，并记入信用监管行为 P5 档次一次（建筑市场管理类别）。开展招标代理行业行风整治专项行动。对 2018—2020 年在集美区开展工程建设项目招标代理业务的 17 家招标代理机构、125 个公开招标项目进行招标代理自查、监管机构抽查。全区抽查项目 10 个，抽查结果良好。未发现代理机构参加围标串标活动，未发现在招标文件中设置“量体裁衣”条款，或违反法律法规、规章及规范性文件规定等情况。

【质量监督审批】 2020 年，集美区建设行政主管部门受理建设工程质量安全监督项目 106 个，单位工程 168 个，其中二次装修项目 51 个，工程总造价 46.36 亿元，建筑面积 137.63 万平方米。受理建筑起重机械使用登记备案 131 份，其中施工电梯备案 59 份、塔吊备案 72 份。全年竣工项目 77 个，单位工程 124 个，竣工面积 131.64 万平方米，工程造价 29.58 亿元，出具监督报告 77 份。 （区建设与交通局）

工程质量安全管理

【概况】 2020 年，集美区突出重点工程、重要部位施工管理，开展建筑工地工人实名制、除“四害”（老鼠、蟑螂、苍蝇、蚊子）、地质灾害、建筑起重机械、安全生产和消防大检查，落实企业安全生产主体责任，防范和遏制建筑领域安全事故。全年区管建筑工程质量安全处于受控状态，建设工程质量不断提高，施工安全平稳可控。

【工地质量安全检查】 2020 年，集美区建设与交通工程质量安全站采用“双随机”检查和日常巡查方式，开展质量安全文明施工监督执法检查，检查工地 174 个次、塔吊 78 台、施工电梯 59 台；现场抽检钢筋原材 104 组、机械接头 47 组、电渣压力焊接头 21 组、砂 16 组，回弹检验 222 个次项目的混凝土构件。发现质量安全隐患 614 处，发出质量安全隐患整改通知书 174 份、局部停工整改通知书 1 份。处罚工程施工中违法违规行为 2 起，处罚金额 7 万元。约谈 25 家单位，记录信用监管行为 P 档次（原称为不良行为记录）29 次，其中 P4 档次 1 次、P5 档次 7 次、P6 档次 21 次。对 121 人次项目经理违规行为记 1542.65 分，120 人次总监理工程师违规行为记 1008.1 分，共 2550.75 分；对 121 家次施工单位违规行为记 1542.65 分，120 家次监理单位违规行为记 1008.1 分，共 2550.75 分。全年区管工程未发生质量事故。

【工地食堂安全抽检】 2020年，集美区按照《集美区管建设工程工地食堂食品安全隐患排查工作方案》，开展两个“一次”、三个“一批”工地食堂安全隐患整治专项行动。采用企业自查、重点检查、暗查暗访、投诉举报、社会监督等方式，对工地食堂食品安全隐患全面排查。建设行政主管部门采用“双随机”方式，巡查工程项目79个。发现没有卫生许可证工地食堂3家，无有效健康证明的从业人员4人，原料采购未按规定建立进货台账和索证4家，未落实清洗消毒管理制度3家，未落实食品留样制度5家，下达责令整改通知书21份，督促相应工地整改并及时反馈。

【地质灾害专项检查】 2020年，集美区巡查中海海怡项目、软件园三期A19a地块工程等区管工程的7个基坑工程、1个临山工程，建设（代建）单位组织施工、监理单位进行全面自查自纠，对深基坑、高边坡、脚手架、建筑起重机械、临时用电等重大危险源以及地下室支护结构、临时工棚、简易宿舍、围墙围挡等重点部位的安全隐患逐一排查。对2019JP05地块工程存在基坑监测累计变化值超过预警值的情况，发出《责令改正（局部停工）通知单》，责令停工整改，消除隐患。施工单位按专家意见采取卸土、加强支护等措施，5月28日复查，基坑相对稳定。对个别工程基坑支护喷锚不及时、项目现场监测资料时效性差等问题及时整改，区管工程预防地质灾害安全处于受控状态。

【工地扬尘污染和渣土运输整治】 2020年，集美区加强对建设工地扬尘治理，各项目按照《厦门市建设工程施工现场围挡图集（第三版）》要求，做好工地围挡。区管在建基础、主体、装饰装修、待验收工程79个，共配置喷雾水炮206台、围挡喷雾系统81道，184个单位工程设置外架喷淋系统395道。区管施工现场基本做到5个100%（工地100%围挡、工地砂土100%覆盖、工地路面100%硬化、出工地车辆车轮100%冲洗、暂未施工及停工超过3个月以上工地100%绿化或覆盖）。工地大门设置洗车台、冲洗设备、三级沉淀池和排水设施，对出工地车辆进行冲洗，确保净车上路，土方车辆均做到平斗密闭运输。集美区模具工业产业园、三李城商业中心、集美大学印斗校区工程中心及停车库中心工程，受到《厦门晚报》“厦门市城市综合管理考评台”通报表扬。全年组织778组2017人次检查778个在建项目的渣土运输，发现问题439个，发出责令改正通知单196份，均按时整改完毕。对存在较大问题的15个项目（15家）责任主体单位进行约谈，对存在较大问题的7个项目（14家）责任主体单位给予信用监管记录P档次。

（黄燕清 黄亮）

质量安全管理

【概况】 2020年，集美区建设与交通工程质量安全站开展区管工地质量安全教育活动，全年举办“集美区建设施工安全生产基础教育流动学校”（又称“夜校下工地活动”）培训活动38场次，流动学校利用业余、施工间歇期或晚上时间，采用多媒体技术，结合动画图片、真实案例，寓学于乐，实行场内外互动，累计1850余人次参加。开展消防宣传月活动，通过LED屏显示宣传67个，张挂宣传横幅153条、宣传海报182张，消防安全宣传讲座、培训48场次，消防安全演练18场。（质安站）

【安全生产月活动】 2020年6月，集美区各建筑企业围绕“消除施工隐患，筑牢安全防线”主题，举办安全生产宣传咨询日、现场安全知识咨询、安全知识图片展览等“安全生产月”活动。6月16—18日，组织区属企业和在建工地参建人员参加线上“安全宣传咨询日”。组织参加上级有关部门的线上宣传活动等，通过微信群、QQ群推送安全相关文件、知识等。开展防汛抗台、消防防火、防坍塌、中暑急救等各类应急演练30场次，参与1036人次。

【质量月活动】 2020年9月，集美区质量安全站对区管在建工程建筑材料进行抽检，抽查钢筋原材料53组、机械接头24组、电渣压力焊接头15组、砂9组，回弹检查混凝土构件项目43个，发现部分项目部存在原材料合格证不齐全、个别零星材料无合格证现象，均责令改正，并按规定进行处理。质量月期间，组织流动夜校教育4场，参加培训215人次。

【消防宣传月活动】 2020年，集美区建设行政主管部门督促各在建工地加大宣传力度，使用现场LED屏、张挂横幅、开展消防安全培训、演练等方式进行宣传教育。由管理人员组织带队，对项目可能存在的问题及安全隐患进行自查自纠，排查消防安全存在的问题点及安全隐患点360多个，均及时进行整改。

【工地疫情防控】 2020年新冠肺炎疫情防控期间，集美区质量安全站按片区开展专题培训4场，覆盖区管项目79个。局党委副书记和区质安站站长到场动员部署疫情防控期间的安全生产工作。区质安站制作课件授课，培训疫情防控专管员107人。严格进场人员健康管理，进场人员一律扫描二维码，查询14天内旅居史，万科广场07子地块项目、新城际福邸、电子城•厦门国际创新中心（一期）4号地块、龙湖环集美湖项目三期工程等38个区管工地，组织进场工人及各单位管理人员2713名进行核酸检测，经检测合格后方能登记返岗。

（许冠敏 黄燕清）

房地产业

【概况】 2020年，集美区房地产业发展平稳，推动新沿线天境云著、万住道水晶地铁公园等8个项目建设。依托永同昌、阳光城文澜府、港中旅侨英地块等房地产项目7个，推进房地产销售面积稳步增长。加快建设审批流程，提高前期审批效率，推动国贸悦嘉（J2018P01）、建发央著等8个项目建设。依托嘉和豪庭、颐和花园、禹洲璟阅城等11个房地产项目，推进房地产销售面积稳步增长。全年完成销售面积164.62万平方米，比上年增长2.0%。牵头做好全区商办类违法违规房地产项目的监管，妥善处置华润车位销售不公、万科大都荟项目涉嫌虚假销售等房地产领域不稳定事件。

【商品房销售】 2020年，集美区商品住宅销售4706套，占全市商品房销售总套数的22%，比上年增长40.8%；销售面积52.26万平方米，占全市销售总面积的22%，比上年增长41.5%；销售金额204.2亿元，比上年增长52.8%；均价39076元/平方米，比上年增长0.79%。

物业管理

【概况】 2020年，集美区建设行政主管部门开展物业管理区域扫黑除恶工作，推动平安小区建设。开展物业企业“双随机”检查工作，全区有物业

表9

2020年厦门市各区住宅成交情况汇总表

	套数	面积（平方米）		套数	面积（平方米）
集美区	4706	522696	海沧区	3781	375151
思明区	771	144475	同安区	5469	518394
湖里区	2020	372632	翔安区	4363	404680
全市合计	21110	2338028	—	—	—
集美区占全市比例	22%	22%	—	—	—

表10

2020年集美区在售楼盘住宅成交汇总表

	套数	面积（平方米）	均价（元/平方米）	销售额（万元）	套数		均价	
					同比增加（与2019年同期对比%）	环比增加（%）	同比增加（与2019年同期对比%）	环比增加（%）
1月	191	20748	38532	79946	−11	−27	16	−1
2月	109	11940	35299	42147	28	−42	7	−8
3月	246	26276	35512	93311	−27	125	2	6
4月	277	28865	38145	110105	−29	12	3	7
5月	563	64482	39892	257231	24	103	6	4
6月	617	69355	38524	267183	31	9	0	7
7月	453	50726	38867	197156	28	−26	0	0
8月	311	32401	38795	125699	24	−31	3	0
9月	306	33227	40196	133559	105	−1	0	3
10月	443	54165	41511	224844	248	44	3	3
11月	523	57108	38873	227995	112	18	21	−6
12月	667	73403	38598	283320	154	27	−1	0
1—12月合计	4706	522696	39076	2042496	41	—	7	—

（陈雅芸）

管理小区 128 个，年内办理物业合同备案 87 件。

【物业管理检查】 2020 年，集美区实地抽查物业管理项目 20 个，获得优秀项目的 2 个（90 分以上），查出不合格项目 6 个（70 分以下），对得分超过 90 分（不含 90 分）的优秀项目进行通报表扬，记入企业良好信用；对得分不合格的项目进行通报批评，记入企业不良信用。 （庄晓康 郑荔仙）

城市管理

【概况】 2020 年，集美区城市管理局开展“两违”（违法用地和违法建设行为）综合整治、市容市貌管理、户外广告管理、扬尘管控等执法工作，强化担当作为，推进城市执法体制改革。全年查处拆除违建 367 起，查处并纠正各类市容违章行为 8.66 万起，受理群众来电投诉件、“110”转办件、督办信访件等各类投诉件 30909 件，办结率 99.9%。新冠肺炎疫情暴发初期，全局党员干部划片分组、下沉一线，在重要路口设立 24 小时值守的疫情防控监测点，采用“5+2”“白加黑”方式，加大对农贸市场的监管，确保违法贩卖家禽家畜及野生动物行为清零。

【“两违”综合整治】 2020 年，集美区城市管理局按照区网格化管理机制，强化对新增“两违”的管控。至年底，全区基本形成“不想违建、不敢违建”的氛围，辖区内的非法占地、未批翻改建行为基本达到“零形成”，新增“两违”现象明显减少。全年拆除确定新增“两违”153 宗，全区录入省“两违”系统违建 367 起，腾出土地面积 472.11 万平方米，处置面积 129.03 万平方米，完成市下达年度目标任务 80 万平方米的 161.3%。摸索建立行业主管部门牵头相关部门的联合执法工作模式，通过开展违建别墅整治、房屋安全隐患整治、铁路沿线违建整治、重点区域历史违建、农村耕地建房等各类专项整治行动，摸索建立一套由行业主管部门牵头相关镇街、职能部门联合执法的工作模式，通过采取“强化组织领导、开展调查摸排、采取分批整治、制定拆除方案、实施拆除行动、及时复耕复绿”等步骤，完成拆除违建别墅 31 宗；拆除产业类耕地建房图斑 366 块；完成省、市、区及南昌铁路局移交铁路和高速公路沿线各类拆违（加固）整治 34 宗，拆除面积 780 平方米；开展生态敏感区、房屋安全隐患排查、春季攻坚战等专项整治行动，整治 189 起，处置面积 22.36 万平方米。

【市容市貌管理】2020 年，集美区城市管理局按照“劝导为主，暂扣为辅”的原则对占道经营、跨店经营、破坏环境卫生等有损市容市貌的行为进行查处；采取日常巡查整治和定点执勤相结合的方式，不定期地组织夜间无证无序占道经营整治活动，加强对各个主要路段的巡查管控，改善辖区市容市貌。全年纠正占道经营 38141 起，跨店经营 23686 起，纠正“三乱”现象 9325 起，乱悬挂彩旗广告牌匾 3672 处，“门前三包”不落实 11778 起，暂扣物品 4470 件，处罚违规占道经营和跨店经营 394 起，罚款 19950 元。纠正、取缔夜间大排档及烧烤占道行为 9500 起；查处施工噪声振动、粉尘污染 241 起；查处扬尘、粉尘污染 2157 起；查处各类渣土车违法违规行为 280 起，查扣渣土车辆 197 辆。

【污水排查整治】 2020 年，集美区城市管理局配合区河长办、生态环境、市政园林等部门开展入河排污口污染源整治工作。全年收到区生态环境局、区河长办联合下发的整治清单 4 批，涉及问题点位 87 个。各执法中队配合市政园林、各街镇现场核实查处，至年底，开具责令改正通知书 33 份，督促完成整改 41 处。

【扫黑除恶专项整治】至 2020 年，集美区城市管理局接收公安、检察院等部门移交的“三书一函”、公安机关的提示（建议）函督查督办情况共 9 件，涉及黑恶案件 9 件。黑恶违建 27 处，核查违法建筑面积 8.93 万平方米，违法占地面积 5.18 万平方米，建设面积 8.29 万平方米，除涉及自建自用住宅违建 3 处进行立案查处，“黑财”违建均全部拆除，完成“案件清结、黑财清底”

2020 年 10 月 16 日，区城管局侨英执法中队拆除历史遗留违法建筑物。图为拆迁现场 （梁梦露 摄）

的任务。着力开展行业清源整治行动，梳理扫黑办移交城市管理行业乱点乱象线索135条，督导线索办结情况。持续开展涉黑涉恶线索摸排工作，当年向扫黑办移交疑似涉黑涉恶线索2条，均依法依规查处。利用微信公众号、微信群、电子显示屏、门户网站等平台，宣传“扫黑除恶”相关精神、举报渠道，发动群众提供辖区内在城市管理领域涉黑涉恶势力线索。发送信息500余条，组织各类宣传活动43场次，发放宣传资料8300余份；利用厦门电视台移动电视（XM6）播放宣传片《平安集美 高颜值厦门 集美城管有话说》；利用“集美城管”公众号推送信息39条，《厦门日报》《海峡导报》《海西晨报》等报刊报道8篇，被各大网站转载36篇次。

【环境保护管理】 2020年，集美区城市管理局制订年度生态文明建设和环保工作方案，成立由局长任组长、各中队（科室）第一责任人为组员的环境保护领导工作小组，指导和督促各中队开展生态文明建设和环境保护工作。至12月30日，先后查处乱倾倒（垃圾、污水、渣土、废弃物）461起，车辆泄漏、遗撒污染行为687起，施工噪声、粉尘污染241起，生活噪声、振动污染1764起，焚烧废弃物219起，餐饮业油烟排放污染1474起，纠正夜间大排档占道经营、取缔露天烧烤及占道行为9500起，受理环保类投诉4846件。

【户外广告管理】 2020年，集美区城市管理局拆除违法户外广告（招牌）设施759起，面积6922.65平方米。其中拆除违规户外广告563起、面积6364.25平方米；拆除违规户外招牌（店招）196起、面积558.4平方米。根据《2020年度违规户外广告招牌整治的工作方案》，完成60条路段的违规户外广告整治任务，完成率100%。指导杏林街道文达路完成户外招牌（店招）示范街提升工作。协调市执法局对杏北购物广场和万科云城等部分商业综合体的户外广告设施提升改造方案进行指导。泉州“3·7”坍塌事故发生后，制订下发《集美区户外广告设施安全隐患大排查大整治的实施方案》，将户外广告设施安全隐患排查列入整治范围，要求相关执法中队依法依规开展大排查和大整治工作，排查存在安全隐患的户外广告设施29处，于时间节点内完成所有整治任务。根据《关于进一步推进全省政务服务事项“四级四同”的通知》要求，将“临时大型户外广告设施设置行政许可”的审批事项由原来的1个工作日调整成即办件。

【扬尘管控】 2020年，集美区城市管理局制订扬尘污染防治工作机制，在制度上推进刚性执法与柔性帮扶齐头并进，与渣土办、交通、集美交警、综合执法等单位联合开展整治行动，在辖区主要道路布点，纠正渣土车遗漏泄露、污染路面现象。根据建筑废土运输车辆的运输规律，把握重要时间、重要节点，加强日常巡查及管控。规范辖区在建、待建工地文明施工管理，提高施工企业参与文明施工管理的意识。依据区建设局提供的辖区在建工地清单明细，每周到施工现场督查扬尘治理措施落实情况，要求企业按照文明施工要求、规定运输路线等开展日常建设和运输工作。至12月15日，组织检查在建项目108个次，发出责令改正通知单67份，发现问题276个，均整改完毕。对6个次项目的18家次存在较大问题责任主体单位进行约谈，对6个次项目的14家次存在较严重扬尘隐患或污染问题的责任主体单位记入信用监管行为P档次。区管工程整体文明施工落实较为到位。至年底，查处扬尘、粉尘污染2157起，渣土车滴、洒、露污染路面280起，查处各类违法违规车辆197辆，处理之前查扣的车辆157辆，处罚款12.6万元。

【共享单车管理与整治】 2020年，集美区城市管理局加强对主次干道、旅游景点、商场、动车站、公交车站、长途车站、地铁站、工业企业集中区等人口流量密集区域开展共享单车整治工作，取缔共享电动自行车。要求青桔共享单车营运方建立巡查机制，指派人员每天对主要区域的共享单车

2020年6月1日起，厦门市出台共享单车停放规定。图为共享单车运营方人员在浔江路整理停放的共享单车
（林志杰 摄）

杂乱点位进行定时定点清理疏导。全年纠正共享单车不按规定停放3928辆，暂扣903辆。暂扣共享电动自行车638辆，对企业行政处罚6起，罚款金额1700元。

【水环境治理】 2020年，集美区城市管理局针对“四乱”行为（乱占、乱采、乱堆、乱建）及养殖回潮等问题开展水域周边集中整治。至年底，拆除河道两边违建（乱搭盖、简易厕所、活动房）18处，面积482.41平方米；结合生态敏感区违建专项清理整治行动，拆除重点湖库、水库周边的历史遗留违建，拆除违建24处，面积1626.9平方米。配合各镇街、区河长办、市政园林、生态环境等部门对25处排污口进行检查。按照区委、区政府的任务部署要求和环保部门下发的任务清单，重点对坂头—石兜水库饮用水水源保护区内的生态环境问题集中整治。至12月30日，拆除水库周边违法建设5处、面积1613.3平方米。

【安全生产专项整治】 2020年，集美区城市管理局制订《城市管理行政执法系统安全生产专项整治三年行动实施方案》，主动与镇街、安监、工商等部门联系，形成工作合力，狠抓违建房屋安全隐患排查整治、户外广告安全监管、乱停乱放整治、燃气使用违法行为查处、占用物业小区消防通道违法行为查处、市容市貌整治、城市渣土污染道路问题整治、非煤矿山安全专项整治、单位内部安全隐患排查。按照市、区全力推进道路交通安全综合整治“三年提升工程”的部署要求，联合相关部门打击辖区土方车各类违规行为，及时查纠商业广场、农贸市场和旅游景点周边的改装小货车、三轮车占道经营，非机动车侵占道路等市容违章行为。至12月29日，查处存在燃气安全隐患3处，暂扣“黑气”294瓶，纠正非机动车侵占道路管理行为790余起，查扣违规上路土方车、农用车等193辆，罚款10.63万元。为吸取泉州“3·7”酒店坍塌事故教训，开展城管领域的安全生产隐患大排查大整治行动。3—12月，摸排各类安全隐患122处，存在安全隐患的“两违”94处，面积2.19万平方米，辖区户外广告、市容方面等安全隐患32处，均整改完毕。

【生活垃圾分类管理】 2020年，集美区城市管理局强化生活垃圾分类区域推进工作，对辖区各主干道沿街店面全覆盖检查，累计出动督导巡查384次，纠正生活垃圾分类行为1437起，开具268份责令改正通知书。完成违反《厦门经济特区生活垃圾分类管理办法》规定行为的行政处罚案件297件，简易程序处置罚款15350元，一般程序案件3件，罚款12200元。

【“摊规点”规范运营】 2020年，集美区城市管理局针对流动摊贩管理难的问题，在流动摊贩相对集中的地方设置“摊规点”，采取严格准入对象、明确准入机制、统一编号管理等方式规范运营，在霞梧、万科云城、龙舟池、杏西广场等开设“摊规点”。6月3日，新华社记者专题走访调研霞梧步行街“摊规点”运营情况。

【非联调和数字城管建设】 2020年，集美区城市管理局强化社会矛盾纠纷防控与治理，加强与区法院、司法局的沟通协作，提升“110”联动速度和信访投诉办理质效。推进数字城管指挥中心信息化建设，2020年数字城管高空监管系统通过验收并投入使用，该系统通过在各个执法中队管辖区域内制高点安装的46套高清监控系统，实现对全区城中村违章乱搭建的实时监控，同时系统整合全区已建成重要路口道路交通监控，实现对全区范围内所有重要路口、土头点和潜在的垃圾焚烧点进行监控。

【城管队伍建设】 2020年，集美区城管局推动城市管理由“管理”向“治理”、向“服务”转变。全年选调68名党员干部挂职全区村居党组织副书记，参与社区党组织主导的协商议事活动，帮助社区协调邻里纠纷、物业矛盾等“微治理”，解决好群众“鸡毛蒜皮”“家长里短”的身边事，打通连接群众的“最后一公里”。同时，围绕服务区委中心工作，局党委推动优秀干部挂任镇街或征拆项目部重要岗位，全年有10名党员干部参加马銮湾征地拆迁、高铁项目征拆等重点工程；各中队共出动征拆保障近百次，出动人员3000余人次。（梁梦露）

生态环境建设

综　述

【概况】 2020年，集美区生态环境保护投入5278万元，比上年增长10.2%。全年集美区空气质量优良率99.5%，空气细颗粒物浓度等6项污染物指标达标率100%，坂头—石兜水库饮用水水源地水质达标率100%，2个省控断面水质达标率100%，全年办理行政许可985件。

【环境质量】 2020年，集美区坂头—石兜水库集中式饮用水水源地水质年均值达Ⅱ类标准，深青溪浦边桥及许溪上庄鱼鳞闸年均值达Ⅲ类标准，市控断面杏林湾水库年均值达到Ⅴ类地表水标准。全年，集美区空气质量优良率99.5%，空气质量综合指数2.36，比上年下降10.3%，在全市排名第四。主要污染物浓度分别为：二氧化硫（SO_2）0.005毫克/立方米、二氧化氮（NO_2）0.015毫克/立方米、一氧化碳（CO）0.7毫克/立方米、臭氧（O_3）0.126毫克/立方米、可吸入颗粒物（PM10）0.031毫克/立方米、细颗粒物（PM2.5）0.017毫克/立方米，均优于《环境空气质量标准》（GB3095-2012）二级标准。交通干线噪声昼间为65.1分贝。

【生态文明建设】 2020年，集美区强化目标责任制考核，区委、区政府与6个镇街、8个部门及1个重点企业共15个单位签订《集美区各镇街、区直部门、驻区部门2020年度党政领导生态文明建设和环境保护目标责任书》。推进国家生态文明建设示范区创建，开展2020年集美区生态文明建设示范区创建工作，收集汇总指标完成情况的证明材料及佐证材料，形成集美区国家生态文明建设示范区创建技术报告及工作报告；委托中科院城环所编制《集美区生态文明建设示范区规划（2021—2025）》，推进国家生态文明建设示范区创建工作。

【环保宣传教育】 2020年，集美区围绕生态文明建设工作，强化示范带动，总结推广典型案例和经验，开展线上、线下宣传，发挥各类媒体的传播效应，提高公众生态文明建设意识，激发群众参与生态环境保护，形成齐抓共管、共建共享的良好局面。全年集美区流域治理、垃圾分类、网格化监管、两违整治等29个经验做法在人民网、“学习强国”、《福建日报》、《厦门日报》、《政务信息》等主体媒体上宣传推广。组织辖区2020年重点监管排污单位、新改扩项目单位以及环境违法单位开展环境教育培训，提升企业法制观念。开展海洋宣传周、低碳日、国际生物多样性日、“六·五”环境日等主题宣传活动，动员全社会共同参与到守护青山绿水、建设清新集美的行动中，持续提高集美生态环境质量和人民群众的获得感、幸福感，2020年公众对环境质量满意度93.48%　（黄金秀）

污染治理

【大气环境治理】 2020年，集美区贯彻落实打赢蓝天保卫战和涉气“散乱污”企业整治工作，发挥全市首个区级空气质量网格化监测微型站以及中科院城环所大气环境观测超级站优势，每月开展大气污染源分析，实现精准治污。强化挥发性有机物专项整治，完成3家挥发性有机物污染整治示范点建设，召开示范点现场观摩会3场。加强轻微污染天气应对，制定印发《集美区重污染天气应急预案》，强化区域联防联控，构建“协同控制、综合治理”管理体系，全区启动轻微污染天气一级响应19次，二级响应109次，三级响应139次，组合响应97次。强化城市扬尘管控，完成道路颗粒物走航监测4次，共出动雾炮车1.04万辆次，用水量9.90万吨，里程11.19万千米；开展扬尘防控巡查工作，累计出动1684人次，检查工地1.77万个次，发现问题并督促整改。推进锅炉行业整治，联合印发《集美区工业炉窑大气污染综合治理方案》，督促企业废气治理设施及在线监控设施正常运行；推进重点行业工业炉窑大气污染治理，2台重点炉窑通过专家核查。

【水环境治理】 2020年，集美区保障饮用水源地环境安全，对坂头—石兜水库一、二级保护区开展全面巡查和多部门专项执法检查31次，补充设置现场界标，设计、埋设界桩25个，建设隔离防护及视频监控4千米，完成坂头林场面积3.06公顷果树林清退。落实“河湖长制”，全区3条流域、153个湖库塘全部纳入河湖长制实施范围。建立协同联动的执法机制，开展联合执法行动62次，协调解决涉河湖突出问题74个。打好小流域综合整治攻坚战，开展入河排污口核查，对集美区205个入河排水口进行现场排查，完成入河排水口整治157个；加强城镇污水处理设施运行监管，完成11家污水处理站在线监控的安装、联网及验收工作；开展小流域工业企业专项执法，出动1207人次，立案查处涉水工业企业和小作坊环境违法行为40件，处罚64.79万元。打好海洋保卫战，推进入海排放口排查整治，排查入海排放口70个，排放口信息逐一录入“碧海卫士”APP，实行云管理。加强近岸海域环境保护，印发实施《厦门市集美区同安湾生态综合治理实施方案》，系统推进近岸海域污染防治；强化海漂垃圾综合治理，成立近岸海域海漂垃圾综合治理工作领导小组，将海漂垃圾巡查纳入网格监管，网格员巡查上报105件，清理海漂垃圾2660吨。

【土壤环境治理】 2020年，集美区推进土壤污染状况详查，完成厦化实业有限公司地块的疑似污染初步调查，完成先锋（厦门）电镀开发有限公司和蓝保（厦门）水处理科技有限公司周边土壤调查。打赢新冠肺炎疫情阻击战，落实“日检查、日报告”制度，出动680人次，对辖区定点医院污水设施运行情况及医疗废物处置情况进行检查，重点督促定点医院、隔离点、发热门诊做好医疗废物的安全处置和医疗废水的消毒处理，并对辖区内的330家诊所医疗废物收集转移情况进行检查，督促复诊医疗机构启用厦门市医疗废物监管平台，完成注册358家，完成管理计划备案323家。完善危废监管体系，通过厦门市固体废物环境监管平台审核510家辖区企业提交的年度危险废物管理计划；开展危险废物专项排查整治，对辖区内51家重点产废企业进行危险废物规范化考核，并督促企业对检查发现问题限期整改。

（黄金秀）

环境监管

【环境执法】 2020年，集美区开展执法大练兵、“清水蓝天”和涉VOCS行业等专项执法行动，打击各类环境违法行为。全年出动6963人次，检查企业2325家，其中“双随机”214家、专项检查123家，依法立案行政处罚90件，处罚金额387万元。创新监管方式，加强排污许可证事中事后监管，现场检查42家企业按证排污情况；推动“大数据、互联网+”监管模式，建设全国首个涉重金属企业监管模块，在省生态环境厅组织的生态云应用典型案例评比中获二等奖，在生态环境部生态环境执法局主办的应用培训班上进行授课汇报。

【环境风险管控】 2020年，集美区在全市率先开展全区突发环境事件风险评估工作。摸清辖区环境风险源及风险物质、环境安全隐患，推进企业突发环境事件应急预案备案，督促环境风险企业开展环境风险评估，149家环境风险企业完成环境风险评估；推行企业环境污染责任保险制度，辖区98家企业投保且处于保险有效期内；出动192人次对辖区72家环境风险企业环境安全隐患专项检查。辖区未发生较大以上突发环境事件，也未发生企业违法排污造成的一般突发环境事件。

【环保督察整改】 2020年，集美区制定印发《集美区贯彻落实中央生态环境保护督察报告整改方案》，建立督察信访件月调度机制，狠抓整改问题交账销号，完成辖区主办的环境信访件整改验收销号53件和2020年度市生态环境局监督抽查发现问题8个入海排口的整改。化解环境信访积案，综合采取驻场蹲点监管、专家组调研、执法检查、停产整改、加密监测等措施，对民兴、理研等企业进行全方位监管。

（黄金秀）

节能减排

【污染物减排】 2020年，集美区实施总量减排、工程减排、结构减排、管理减排，完成四项主要污染物年度减排任务，落实陆源排海污染物、重金属总量控制，严格排污许可证管理，在全市率先完成2973家企业固定污染源排污许可发证登记任务，基本实现固定污染源排污许可全覆盖；推进排污权交易，开展新、改、扩建项目新增排污权审核工作，全年开具企业新增污染物总量指标意见函27份，完成13家重点管理企业初始排污权核定及排污权信息登载工作。

【低碳城市建设】 2020年，集美区开展低碳城市建设，制定出台《集美区节能减排实施方案》《集美区节能减排实施意见》，统筹推进低碳节能工作；探索实施会议碳中和碳减排机制，通过购买林业碳汇抵消会议碳排放；创建康城低碳示范社区，开展“绿色低碳美家园，快乐过端午”“绿色低碳，全面小康”等低碳主题活动，发放各类宣传画册、宣传单、倡议书，营造绿色发展氛围。推进资源循环利用，制订节能循环经济年度计划，推进集美（杏林）台商投资区循环化改造试点工作，4个项目达验收标准；选取区市民中心办公楼、广电中心办公楼、杏林（台商）投资区服务中心办公楼作为节能改造区域，完成集美区公共建筑节能改造建设项目并进入效益分享阶段。集美区建设行政主管部门全年受理新开工绿色建筑总面积96.2万平方米，占新开工建筑面积的68.8%。

（黄金秀）

农业·农村

综 述

【概况】 2020年，集美区农林牧渔业总产值6.87亿元，比上年增长6.1%。其中，农业产值4.22亿元，林业产值196.47万元，牧业产值8509万元，渔业产值2835万元，农林牧渔服务业产值15000万元，农村居民人均可支配收入32056元，比上年增长7%。仍在耕作的村（社区）21个，农场1个（厦门第二农场），主要种植水稻、水果、甘薯、花生、油菜等农作物。

【农村集体产权制度改革】 2020年，集美区推进农村集体产权制度改革，完成上级下达的农村集体产权制度改革试点工作。制定《关于稳步推进村民委员会与村级集体经济组织分账管理改革的工作意见》，完成黄庄社区账目分离试点。完成黄庄社区自治职能与集体经济管理职能、社区居委会公共管理服务人员与社区集体经济合作组织人员分离；完成社区集体资产与社区居委会财务剥离、社区集体收益性资金与财政性转移支付资金分离。黄庄社区有“两委”委员7人，社区居委员会主要依法开展农村基层自治活动，开展公共事务和公益事业；制定《黄庄社区股份经济合作社章程》，社区股份经济合作社依法管理集体资产、合理开发集体资源。黄庄社区股份经济合作社股东代表由51人组成，设有理事会理事7人，监事会监事5人。社区“两委”委员7人，其中，有6人兼任合作社理事，1人兼任黄庄置业公司董事长兼总经理，6人兼任黄庄置业公司董事。聘任4名小组长为合作社监事、4个小组长为黄庄置业公司监事。另外，合作社聘任会计、出纳员各1人，黄庄置业公司聘请物业管理人员、财务管理人员3人、水电工、保安、保洁、绿化工等共18人。开展侨英街道叶厝社区霞梧组组级股份合作制改革试点。完成对该组集体资产清查核实和系统数据录入工作，资产总计1733.51万元，其中经营性资产692.26万元，非经营性资产1041.25元；集体土地中建设用地1.67公顷，其中商业服务用地0.33公顷、公共管理与公共服务用地0.19公顷，交通运输与水利设施用地0.68公顷，其他建设用地0.47公顷。通过霞梧组集体产权制度改革实施方案和章程，推选成员代表534人；成立霞梧组股份经济合作社，选举理事会成员7人、监事会成员3人；完成组级成员身份认定、股权设置及股份量化，建立“三会”制度。

【农技培训】 2020年，集美区农业农村局以“12316”农业服务热线为平台，开展农业科技培训活动。“12316”农业服务热线接受咨询1440人次，其中来电咨询148人次、来访咨询573人次、科技下乡现场咨询719人次。组织现场指导、调查523人次，举办技术培训班32场次，参加培训1858人次。全年组织新型职业农民培训18个班次，总培训810人，其中产业融合培训和农产品营销培训566人，农民手机应用技能培训、益农信息社信息员、果蔬经济促进会等相关人员125人，食用水产品合格证业务培训25人，渔民安全技能业务培训94人。年内，推荐10名农民参加新型职业农民水产养殖专业专科学历教育。（杨东松）

【农业执法】 2020年，集美区农业执法大队出动执法人员416人次，对辖区农资经营户进行地毯式排检，检查农资经营店143家次，其中农药经营店42家次、兽药经营店40家次、饲料生产企业25家次、肥料经营店16家次、种子经营12家次、农机经营户8家次；抽检蔬菜111批次、兽药5批次、农药11批次、肥料6批次、饲料6批次，蔬菜、农药、兽药、肥料合格率100%。查处相关案件2件，其中办结1件（厦门康力威生态农业有限公司在豆芽生产过程中使用禁用的农药案），处罚款5.1万元；另1件使用禁用农药案移交集美公安分局。

全年，组织参与涉农安全宣传活动3次。1月16—20日，参加区举办文化、科技、卫生、“三下乡”宣传活动；6月29日，在集美区侨英街道东安社区举办放心农（渔）资下乡进村暨农业（农机）、渔业安全生产月宣传咨询活动；11月3日，在杏林文体中心举办集美区“119”消防宣传月启动仪式暨主题活动开展农资打假宣传。3次活动共出动执法人员30余人次，发放《农药管理条例》《农药识假辩劣维权手册》《农残问题与农药安全使用》《致全区农药经营户的一封信》和农机安全手册等宣传材料3000余份，现场接受信息咨询200余人次。

（王志红）

【现代农业招商】 2020年，集美区农业招商组成立工作专班，坚持“领导挂钩、每周汇总、每月调度”机制，组织专人深入重点企业开展走访调研，针对重难点问题制订“一企一策”方案，创新优化机制抓好招商工作落实。全年现代农业招商落地项目20个，落地投资总额33.35亿元，内资到资项目12个，落地项目注册资本金0.82亿元，实到内资总额0.56亿元。

【惠农与移民直补】 2020年，集美区发放各种惠农与大中型水库移民直补资金468.18万元。其中，农业支持保护补贴资金181.02万元（耕地地力保护补贴178.1万元，农业机械购置补贴2.915万元），大中型水库移民直补287.16万元。

【农民专业合作社】 2020年，集美区新登记农民专业合作社8家，累计登记注册农民专业合作社227家、比上年下降10.63%；社员4068户，下降16.18%；注册入股资金6.93亿元，下降12.94%；带动农户1010户，下降12.17%。其中，获国家、省、市级示范社等称号合作社35家。（杨东松）

表11

2020年集美区农民专业合作社注册情况表

企业名称	注册资本（万元）	地 址	成立日期	法定代表人
厦门市集美区芳禾果蔬专业合作社	200	厦门市集美区后溪镇三兴二里49号502室	4月17日	刘国华
厦门市集美区聚彬生态农业专业合作社	300	厦门市集美区灌口镇三社村松山社85号202室	4月22日	蔡皆顺
厦门由森果蔬专业合作社	200	厦门市集美区后溪镇新村官地里487号	6月15日	陈剑川
厦门市新留恋苗木专业合作社	100	厦门市集美区前场村官林头121号	6月15日	林荣宗
厦门市集美区一粒春粟果蔬专业合作社	500	厦门市集美区灌口镇东辉村坑山社100号	8月5日	陈建胜
厦门市集美区龙时农乐花卉专业合作社	300	厦门市集美区灌口镇双岭村洪溪社3-1号	8月31日	苏宝崇
厦门集美区牛埔鹭果蔬专业合作社	200	厦门市集美区灌口镇深青里18号101室	9月27日	苏卫革
厦门八鹭源满农业专业合作社联合社	100	厦门市集美区后溪镇前进洪村里8-3号	12月25日	张勤生

种 植 业

【概况】 2020年，集美区农作物播种面积2774.67公顷，比上年增长5.1%。其中，粮食作物203.93公顷，总产量1205吨，分别增长0.13%和0.4%；蔬菜1944.47公顷，总产量48168吨，分别增长6.8%和7.4%；水果1972.73公顷，总产量29844吨；花卉506.73公顷，下降5.2%。全区补贴耕地面积1408.75公顷，补贴资金178.1万元。

【粮食生产】 2020年，集美区种植水稻142.87公顷、薯类51.73公顷、大豆9.33公顷。粮食产量1205吨，其中水稻859吨、薯类320吨、大豆26吨。示范推广商品有机肥，建立商品有机肥示范推广示范片1个，推广辐射应用面积800公顷。全区有蔬菜安全用药示范户21户，示范基地6.67公顷，实现主要农作物化肥使用量零增长和减量增效。

【农业基础设施建设】 2020年，集美区实施市级都市现代设施农业项目4个，总投资1177.76万元。其中，财政投资528.21万元，自筹资金649.55万元。建温室大棚6.05万平方米。

【测土配方施肥】 2020年，集美区在小流域免费推广有机肥和配方肥，以减少化肥污染，改善地力，增强农作物抗御自然灾害能力。全年推广应用配方肥42吨，完成测土配方施肥推广面积1100公顷次，技术覆盖率95%。开展商品有机肥补贴、示范片建设、黄地村整村制推进等工作，改善土壤肥力，推广施用有机肥800公顷次。

【农作物虫害防治】 2020年，集美区龙眼毒蛾属于中等偏少发生年份，全区防治面积101.13公顷次；红火蚁防治面积8229.65公顷次。完成鼠情监测工作，平均百夹捕获率9%，属于中等程度发生，购买并发放灭鼠药大隆（0.005%）10吨，做好秋、冬季农田统一灭鼠工作，全区防治面积5000公顷次，防治效果92%。在坂头库区推广水果套袋护果绿色防控技术，落实果农套袋护果计划，向后溪镇、灌口镇供应水果套袋672.7万个，用于蜜柚、脐橙、阳桃等，受益面积333公顷。

【农业标准化生产】 2020年，集美区做好“三品一标”认证工作。组织2家企业开展6个无公害农产品认证申报工作。完成1家企业的1个到期无公害农产品认证复查换证工作。组织1家无公害农产品申报意向企业参加全省无公害内检员培训班，取得无公害内检员证书，为申报无公害农产品认证做好准备。 （杨东松）

林 业

【概况】 2020年，集美区绿化造林66.7公顷，完成幼林抚育216.67公顷。全区森林覆盖率37.69%。是年，审核林地征用5件，征地面积8.96公顷。发放林木采伐许可证34份，采伐面积31.08公顷，采伐林木蓄积量408.6立方米。

【造林绿化】 2020年，集美区重点生态区位林分修复造林66.7公顷，造林以稀疏林分补植和林分改造提升为主，树种有木荷、卷荚相思、小叶榕、富贵榕、洋紫荆、红锥、黄花风铃木等。

【森林病虫害防治】 2020年，集美区农业农村局制订《集美区2020年度松材线虫病防控实施方案》。4—5月，人工施放白僵菌、绿僵菌混合菌粉炮2次，共1.2万发。全年办理产地检疫3件，办理木材调运检疫76件、材积量4314立方米。

【林政管理】 2020年，集美区共立林业案件25件，移送公安机关1件，移交自然资源局1件，复议1件，处罚没款31万元。审核林地征用5起，征地面积8.96公顷，发放林木采伐许可证34份，采伐面积31.08公顷，采伐林木蓄积量408.6立方米。签发木材运输证59份，材积2832立方米。自2020年7月1日起，取消木材运输许可审批。发放林木种子生产经营许可证1份。全区有重点生态公益林4539.15公顷（含坂头林场）。 （吴盛钟）

畜 牧 业

【概况】 2020年，集美区牛存栏258头，年出栏89头，与上年相比分别增长10.2%和下降47.3%；羊存栏611只，年出栏258只，分别下降12.9%和35.8%；家禽存栏80120羽，年出栏125791羽，分别比上年增长6.3%和9.7%；肉、蛋、奶总产量203.67吨，其中肉类产量比上年增长1.9%、禽蛋产量比上年增长10.9%、奶类产量比上年下降100%；蜂蜜产量101吨，比上年增长55.6%。

【动物防疫】 2020年，集美区财政安排动物防疫、检疫、畜产品质量安全及动物卫生监督等专项经费74.06万元。其中，动物防疫、检疫23万元（包括疫苗配套、应急工作、监测流调、动物卫生监督），村级防疫员补贴0.96万元，“瘦肉精”检测配套费3.46万元，紧急疫情扑杀经费20万元。发放疫苗17.21万毫升，其中高致病性禽流感疫苗16.88万毫升、牛羊口蹄疫苗0.33毫升。全年防疫高致病性禽流感14.89万羽次、牛口蹄疫422头次、羊口蹄疫1221只次，可免疫密度100%，四种重大动物疫病群体免疫密度全部在90%以上。

【动物检疫】 2020年，集美区动物卫生监督所检测高致病性禽流感5次，在29家养殖户采样531份，检测合格527份，合格率99.25%。春防督查抗体检测高致病性禽流感，采样120份，检测合格120份，检测合格率100%。秋防督查检测高病致性禽流感，采样120份，检测合格120份，合格率100%。重大动物疫病病原学检测29批次，检测结果均在合格以上。全年接受牲畜屠宰检疫申报3733批次，检疫生猪172216头、牛9349头、羊15741只，申报受理率100%。无害化处理病害猪192头，处理肉品、内脏1165.39千克，有害三腺2909.8千克。

【动物疫情监控】 2020年，集美区动物卫生监督所组织兽医技术人员、区执法人员，对辖区动物治疗机构、兽药经营企业及乡村兽医进行专项检查。出动执法人员222人次，监管饲料生产企业21家次；出动执法人数71人次，监管动物诊疗机构19家次；出动执法人数58人次，监管兽药生产企业10家次；出动执法人数32人次，监管兽药经营企业20家次；出动执法人数61人次，监管畜禽养殖场19场次。快速检测沙丁胺醇、盐酸克伦特罗、莱克多巴胺醇27514头份，合格率100%。全区日常巡查无害处理死鸭白条207羽、鸡14羽1袋、狗41条、猫7只、猪4头、羊1只、牛2头。

【畜禽养殖粪污资源化利用】 2020年，集美区农业部门动员少数农村畜禽散养户，配合乡村振兴和农村人居环境整治，做好畜禽粪污资源化利用。全年畜禽液态粪污产生量2256.36吨、固态粪污产生量3319.15吨，粪污综合利用率95.21%。

【动物疫情应急物资储备】 2020年，集美区农业部门做好重大动物疫情应急物资储备更新工作。至年底，应急库存物资有手套870双、胶鞋300双、口罩4280个、连续注射器113支、护目镜316副、应急防疫灯35台、防护服305件、消毒药品4.5吨、动物尸体袋6461个、反光背心9件、大动物扑杀器10套、喷雾器20台等，基本满足全区动物疫情应急工作需要。

（王志红）

渔　业

【概况】 2020年，集美区有渔业生产从业人员273户872人。全年水产品总产量1951吨，其中海洋捕捞341吨、淡水养殖1610吨。淡水养殖面积171公顷。有饲料加工企业1家，年产饲料24630吨，产值16408万元。

【水产品质量监管】 2020年，集美区出动执法人员89人次，检查水产养殖户41家次，现场对他们进行水产安全指导，发放各类宣传材料315份。10月20日，接受农业部抽检4个批次。全年开展水产品监督抽检15批次，合格率100%。

【海洋意识教育】 2020年，集美区营造全社会“知海、爱海、懂海、研海”的氛围，提升海洋文化科普宣传与海洋意识教育水平，根据集美区特点，制订集美区“进校区”“进景区”海洋意识教育三年行动方案，结合厦门国际海洋周，举办国际海洋周嘉年华相关配套活动，连续两年在市对区绩效考评中取得满分，得到市海洋发展局肯定。

【海域退养专项整治】 2020年，集美区全面彻底清退海域养殖工作涉及西海域和同安湾海域的4个街道、8个社区，退养总面积1336.04公顷，退养总经费15741.43万元。其中，西海域的杏林街道、杏滨街道养殖清退整治面积1162.74公顷，退养经费15418.97万元；同安湾海域的集美街道、侨英街道“打回潮”清退整治面积173.30公顷，整治经费322.457万元。退养整治工作从2019年2月12日开始，至2020年5月底全部完成，7月28日通过市海域养殖整治办的核查验收。海蛎石清运项目于9月上旬完成清运并通过验收。

（郭圻奋）

乡村振兴

【概况】 2020年，集美区全面贯彻落实中央、省委、市委对“三农”工作的决策部署，围绕乡村振兴战略总要求，有步骤地推进乡村振兴各项工作。成立以区委书记为组长的实施乡村振兴战略领导小组，下设11个专项小组具体牵头抓落实。建立区领导挂钩乡村振兴试点村机制，由一位区领导、一个区直部门牵头推动一个省级试点村建设，全年完成12个省级乡村振兴试点村建设。根据《厦门市乡村振兴工作财政投资体制》文件要求，制定集美区2019-2020年乡村振兴工作计划，共涉及25个行政村、249个项目，总投资7.85亿元（其中农业产业发展项目48个，总投资0.46亿元；农村人居环境整治项目199个，总投资7.39亿元）。

【农村产业振兴】 2020年，集美区以深化农村综合改革为抓手，让农业成为有奔头的产业。深化农村改革。加强土地经营权流转监管和鼓励流转，印发《关于工商资本租赁农地监管和风险防范的实施意见》，做好土地经营权流转补助资金申报。落实春耕备耕生产和应急种子、成品粮储备任务。开展农业招商引资，截至年底落地项目12个，落地投资总额24.80亿元。出台田头仙景芋产业发展扶持计划，打造产业振兴拳头产品；鼓励开展乡村旅游并做好新投项目的贷款贴息补助工作。引导全区33家较大规模农业企业成立集美区果蔬经济促进会，推动集美区都市现代农业提质增效、换挡升级。

【乡村人才振兴】 2020年，集美区以引智下乡为着重点，推动乡村人力资源转型升级。推动高端人才服务乡村。发挥高校资源优势，把人才作为“源头活水”，实施“引智下乡”。鼓励高校将乡村实践项目带入课堂学习，开展乡村调研项目。多管齐下拓宽渠道扩大就业。坚持稳岗拓岗并重，支持多渠道就业。多策协同推动创业带动就业。聚集重点人群开展精准帮扶，通过完善创业担保贷款政策，扩大贷款对象范围，将农村自主创业农民纳入支持范围，发挥以创业带动就业的倍增效应。多措并举优化服务助力就业。落实“112”就业服务工作机制，坚持每季对辖区未就业劳动力至少进行一次上门走访调查、一次培训推荐和两次就业推荐。

【乡村文化振兴】 2020年，集美区以传承弘扬传统文化为着力点，让古村落重新焕发生机与活力。弘扬农村优秀传统文化，推进乡村振兴人文传承。完善农村公共文化服务，提升乡村振兴素质内涵。深化文明村镇创建活动，推进农村移风易俗。以文明创建总评年为契机，加强创建工作力量，为镇（街）申请各配备1名文明创建辅助管理岗位。

【乡村生态振兴】 2020年，集美区以改善农村人居环境为根本，让农村成为安居乐业的美丽家园。紧盯“一革命四行动”重点任务，推动各项工作落实落细。全面推行“林长制”，建立山体防护联动平台，落实网格化管理，实现护林巡查全覆盖。全面深化河（湖）长制，以提升水质目标为导向，紧扣时间节点，全面整治入河排口，系统推进流域治理。建立完善“政府主导、社会共治、属地负责、行业监管、专业管护”的河道管理保护机制，形成“水清、河畅、岸绿、景美”的生动局面。

【农村基层组织振兴】 2020年，集美区以加强基层党建为关键点，让村级党组织成为乡村治理的战斗堡垒。强化党建引领，着力夯实基层堡垒。对试点村进行“集中式”走访调研，挖掘各村居党建资源，更新梳理村居情工作台账，形成“一村一案”。加强队伍建设，激发干部活力。选派6名驻村蹲点干部进驻试点村，68名城管党员干部到各村居担任党组织副书记，调动城管服务资源，化解村居违建矛盾纠纷。坚持建章立制，持续规范制度运行。打造村居党组织书记“信息库”，依托“厦门党建e家”平台开展村居干部信息化管理调试工作。

（邓明）

水　利

【概况】 2020年，集美区农业农村局以“水利工程补短板、水利行业强监管”为总基调，坚持顶层设计、系统治理，以河长制为平台、水利项目为抓手、水质提升为目标、行业安全为底线，水生态、水安全得到明显改善，完成年度各项目标任务。全年实施水利工程项目15个，并配合实施重点水利工程项目3个，完成投资4.17亿元。

【水利工程建设】 2020年，集美区水利工程建设坚持支干流治理同步推进，实现水安全水生态同步提升。推进安全生态水系建设。实施安全生态水系工程、河道改造工程、水体生态修复工程等项目15个，完成投资约5000万元。配合推进杏林湾排涝泵站、长泰枋洋水利枢纽工程、厦门市水源连通工程（石兜水库至西山水厂段）等重点水利工程项目，完成投资3.67亿元。启动并推进深青溪、许溪、苎溪、西井溪、拐仔溪等安全生态水系工程，瑶山溪、枋塘溪河道改造工程，瑶山溪、后溪水体生态修复工程等。推进流域综合治理。推动全区第一批流域治理项目44个，计划投资5.17亿元。第二批流域治理项目19个，计划投资4.53亿元。实施农田水利项目6个，总投资377.5万元，满足果树、农田灌溉133.33公顷，加强协调镇（街）与代建单位，加强项目建设过程中的质量安全监督管理。

【水利设施管理监督】 2020年，集美区加强水利设施的监管工作。推进小型水库由第三方实行专业化标准化管养，提高管护效率及水平。落实责任制度，汛前逐级落实区、镇（街）、村三级防汛责任人和13座水库、2条堤防、2座水闸等水工程防汛责任人。开展水利行业安全生产排查检查，及时发现并消除隐患问题，确保项目推进与安全生产两不误、两促进。完成12座小（二）型以上水库汛期防洪运用计划和防洪抢险应急预案的审查、审批工作。受理办结涉河防洪影响评价4件、水利工程建设项目初步设计批复8件、水闸水库防汛调度运用计划3件、在建水工程度汛方案审批2件、河道范围内有关活动审查1件。完成河道养护，实现水面整洁、河道通畅、岸绿景美90千米。

【水土保持】 2020年，集美区完成生产建设水土保持方案备案登记表28件，审批报告书2件、报告表3件；验收17件；全部在规定时间内办结。代收水土保持补偿费共计190.15万元。对6个在建工程进行“双随机”监督检查；委托第三方监测公司对区级审批的50处在建工程水保方案落实情况进行每季度一次的监督性监测。对全区的水土流失情况进行“天地一体化”监控；复核省、市下发的流失图斑共37处，发现2个未批先建项目，及时督促整改。完成水土流失治理180公顷；后溪镇湖里溪水土保持工程于4月底完工；依托厦门电视台移动电视频道，于12月对全社会进行为期1个月水保宣传。水土保持实验站全年正常上报试验数据；试验站租地合同到期且该地块已规划他用，经多方协调拟将试验站迁址浦公山公园。

【河长制工作】 2020年，集美区在厦门市河长制年度工作考核中综合得分96.57分，等级为优秀。全区8个水质考核断面（11个检测点）经过综合治理，截至年底实现10个检测点消除劣五类，达标率90.9%。是年，集美区河长制办公室获福建省第三届母亲河奖优秀组织奖；集美区后溪镇党委书记陈炜彪作为全市唯一一名河（湖）长参加水利部开展的“全国优秀河（湖）长”的评选。在厦门市首届“最美基层河湖卫士”评选活动中，集美区河湖专管员张荣福、网格员周东源获“最美基层河湖卫士”称号；两次在“学习强国”上宣传集美区河长制经验做法；两部视频作品参加水利部组织的“争创示范河湖”全国短视频公益大赛。是年，集美区在全面推行河长制基础上，出台《集美区全面推行湖长制实施方案》，将全区3条溪流、153个湖库塘全部纳入河（湖）长制实施范围，全区设立河（湖）长公示牌192块，其中区级39块、镇（街）级153块，编制完成“一河（湖）一档一策”，建立河湖台账信息，并建立河（湖）长制信息管理平台，推广使用巡河APP系统。建立河（湖）长履职机制，设立“双河长”，区级河长累计巡河42次，协调解决问题49个；镇（街）河长累计巡河528次，协调解决问题432个。召开调度会4次、河湖管理和保护工作会议5次，协调解决问题49个。全年召开河（湖）长制成员单位联席会议10次，协调解决突出问题14个。建立常态化联合执法机制，开展联合执法行动64次。建立督查督办机制，下达督办通知34次，督办解决问题77个。

【养殖业水污染防治】 2020年，集美区投入20多亿元，在全市率先完成3条溪流两侧200米范围内家禽养殖退养和其他区域规模化家禽养殖退养工作；投入0.9亿元，清退流域范围内牛蛙养殖场16户、石材生产企业38家；投入0.8亿元，完成许溪周边25口鱼塘收储工作；投资6.95亿元，完成全区集中纳管治理村庄138个；投资1.79亿元，完成全区分散式治理村庄70个，完工并投入运行的处理设施55个。以全覆盖、无禁区、零容忍的强力行政执法，实现从陆地到水域的综合治理。

【水环境治理】 2020年，集美区河长制各成员单位推进排污口整治，对市级调度的48个入河排污口整治任务全部完成，完成率100%。对河湖范围内乱堆、乱占、乱建、乱采等"四乱"问题开展专项治理，区河长办及相关成员单位分批次分阶段开展"清四乱"专项行动，发现"四乱"问题22个，其中灌口镇12个、后溪镇8个、杏林街道2个，全部完成清除。拆除涉河违章建筑65平方米、清除弃土弃渣1406.7立方米、打捞河漂垃圾5509.4立方米，全区未发现非法采砂点。委托中规院编制"三溪一库"系统治理方案，结合集美区实际情况，形成"控源截污、内源治理、活水补给、生态修复、智慧调度、长治久清"的治理方案，并建立项目滚动生成机制，策划生成水环境治理项目44个，总投资5.17亿元。至年底，项目开完工率90.3%。同时策划生成第二批水环境治理项目，成熟一个，实施一个，分期分批落地建设，确保以工程项目建设促进全区水质提质增效。

【河（湖）长制培训与宣传】 2020年，集美区举办集美区河（湖）长及河长制工作人员培训会，邀请中国电建华东勘测设计研究院有限公司生态环境医院副院长唐颖栋授课辅导。创建"集美区河长在行动"微信公众号，相关成员单位同步创建美篇号，全年推送宣传信息663篇，总结提炼好经验、好做法，及时向省、市推广，被省河长制微信公众平台采稿28篇，市河长制微信公众号采稿35篇。利用报刊网络等新闻媒体和微信公众号，多渠道宣传推广河（湖）长制工作，其中《海峡导报》采稿3篇，被"学习强国"中央媒体采稿2篇，东南网采稿1篇。省级报道30篇、市级报道37篇、区级报道17篇。11月，集美区以"不忘初心、集美真水"为主题，进行主题微视频拍摄、制作，征文及演讲比赛，利用入户宣传车、户外LED显示屏等宣传方式，结合《海峡导报》《福建日报》、东南网等媒体高频率多样化宣传集美区河（湖）长制工作。开展"世界水日""中国水周"河长制宣传活动。以"坚持节水优先，建设幸福河湖"为主题，发挥厦门地铁媒体平台、厦门城市媒体平台集群整合传播效应，营造全社会节水护水亲水爱水，建设幸福河湖的良好氛围，全面展示集美区河长制工作成效。开展"河小禹"爱河护河行动。与高校合作，以护河行为为契机，在全市建立第一家大学生社会实践基地，成立志愿护河队，带领志愿者们开展护河行动。

（余惠玲）

农业机械化

【概况】 2020年，集美区拥有各类农业机械4421台（架、套）。其中，拖拉机81台，微耕机427台，旋耕机41台，植保机械897架（手动式施药机械未计）。年末，在册多功能拖拉机73台，拖拉机驾驶从业人员73人。区农机部门落实农机惠民政策，免费开展拖拉机年检117台次，年检率81%；驾驶证换证5本，免费粘贴拖拉机反光警示牌1460张。

【农机事故应急演练】 2020年7月28日，集美区农机部门组织农机监理人员参加厦门市农业农村局举办的2020年农机事故应急救援演练。通过从事故报案、案情报告、现场救援到事故调查处理的全过程的演练观摩，进一步强化农机安全生产防范意识和事故防范与处置能力，保证农机安全生产形势持续稳定。

【道路行驶拖拉机违法行为整治】 2020年，集美区农机部门结合多功能拖拉机安全监管、道路安全综合治理百日会战行动，配合市大交通办、区道安办、集美交警大队开展联合执法行动，重点查处违法载人、非法改拼装、无牌无证等多功能拖拉机违法行为，出动执法人员16人次，行动过程中未发现安全隐患及违法行为。

【农机安全生产】 2020年，集美区农机部门发放农机安全生产宣传材料1900余份，开展农机安全生产宣传5次。举办农机手安全生产知识竞赛和互动问答宣传活动，设置农机安全咨询台5处，接受咨询150余人次。

（王志红）

工 业

综 述

【概况】 2020年，集美区规模以上工业企业526家，实现规模以上工业总产值1019.61亿元，比上年增长6.78%；规模以上工业增加值303.14亿元，比上年增长6.9%。其中，年产值超亿元工业企业164家，实现工业总产值1027.64亿元，比上年增长9.61%，占全区规模以上工业总产值的86.63%；年产值超10亿元企业17家，实现工业总产值608.04亿元，比上年增长8.34%，占全区规模以上工业总产值的51.26%。年度纳税亿元以上工业企业2家，纳税5000万元至1亿元工业企业8家，纳税1000万元至5000万元企业48家。

【工业企业复工复产保障】 2020年，集美区成立推进工业企业有序复工复产领导小组第一时间发出《给集美区工业企业的一封信》，明确企业复工准备务必做到“六到位六个要”，制作便于企业掌握和落实的流程图，压实企业主体责任。引导企业做好复工备案。为保证防疫和复工复产工作的时效性，复工复产领导小组建立日碰头、微信群日报告、实地走访协调“三大机制”。小组领导和牵头部门主要负责人每天下午5点召开碰头会议，通报当天工作进展情况，反馈企业问题，快速研究解决。点对点减少层级联系，区领导带领工信局领导及包片专员全员微信群上办公，区领导13点、19点定时上线，包片干部随时在线，协调相关部门解决企业困难和问题。派出6组包片专员实地走访，宣传政策，推广经验，指导企业安全生产、疫情防控，立整立改；同时收集“出不来、住不下、供不够、链不足”等问题，力争“有问题立即改、有困难马上办”，指导企业稳定有序复工复产。春节期间，连续生产或加班生产的企业39家，其中不停工企业4家，口罩、防护服、救护车、消杀品等应急物资生产企业7家，应急物资配套企业23家，水电气热等民生保障生产企业5家。至年底，纳入监测范围的正常生产经营规上工业企业466家，其中市重点工业企业34家实现100%复工，员工在岗率96.09%。

【工业企业稳健发展扶持】 2020年，集美区提升服务企业能力、优化营商环境，坚持政策先行，完善政策落实、企业减负、问题办理、政企沟通等机制，为各项工作落实提供有力的制度保障。根据集美区关于支持企业共渡难关若干措施的实施意见，制订发布支持企业增产办事指南。至年底，全区受理工业企业申请并政策兑现480家次，奖励补助资金11569.23万元。其中，增产增销1600.74万元，规下转规上1120万元，企业增产用电37.8万元，支持智能制造100万元，支持小微企业160万元，支持企业技术改造3785.05万元，展位费补助210.2万元，标准化项目奖励334.81万元，成长型入库奖励60万元，成长型工业企业技改和厂房补助645.24万元，出口信用保费补助金2323.53万元，两化融合补助1060万元。

【工业上榜企业】 2020年，集美区一批企业跻身国家、省、市、区级企业名录榜。其中，福建百强企业1家，福建百强制造业4家，福建百强民企1家，福建50强民营企业制造业1家，厦门百强企业8家。2020年上市企业4

2020年，奥佳华智能健康科技集团股份有限公司上榜福建省第四批制造业单项冠军。图为公司生产车间
（许晓霞 摄）

家，厦门市市级工业设计中心1家，厦门市（第23批）市级企业技术中心7家，技改基金白名单10家，厦门市科技小巨人企业52家，其中厦门市科技小巨人领军企业34家，工信部第二批专精特新“小巨人”企业10家，国家级企业技术中心企业6家，省级企业技术中心企业5家，市级企业技术中心企业21家，厦门市“专精特新”小微企业认定52家，福建省第四批制造业单项冠军企业1家，福建省第四批制造业单项冠军产品1项，集美区成长型工业企业14家，厦门市重点工业企业37家，厦门市新材料企业42家，厦门市第19批地产工业品89个，厦门市最具成长性中小微企业15家，重点上市后备企业15家，上市企业及上市后备企业88家，获评两化融合管理体系评定证书企业56家、福建省“专精特新”中小企业名单5家。（康毅聪 林秀龄）

2020年，集美区机械装备业实现产值247.49亿元。图为输配电及控制设备龙头企业厦门士林电机有限公司智能化生产车间（林志杰 摄）

汽车、电气和机械装备业

【概况】2020年，集美区机械装备产业包括汽车、工程机械、输配电设备等产业集群。代表性企业有金龙联合、正新橡胶、宏发汽车电子、厦工机械、扬森数控、宏发开关、士林电机、中骏电气等。

【汽车制造业】2020年，集美区汽车制造业主要集聚在集美机械工业集中区和杏林工业区，以金龙联合、正新橡胶、宏发汽车电子为产业龙头，有规上工业企业36家，2020年实现产值247.49亿元，比上年增长6.09%，占全区规上工业总产值的22.10%。

【工程机械制造业】2020年，集美区工程机械制造业主要集聚在集美机械工业集中区和集美北部工业区，以厦工机械、扬森数控为产业龙头，有规上工业企业21家，2020年实现产值49.15亿元，比上年下降5.87%，占全区规上工业总产值的4.39%。

【输配电及控制设备制造业】2020年，集美区输配电及控制设备制造业主要集聚在集美机械工业集中区和集美北部工业区，以宏发开关、士林电机、中骏电气为产业龙头，有规上工业企业40家，2020年实现产值110.45亿元，比上年增长10.12%，占全区规上工业总产值的9.86%。

【金龙联合汽车工业有限公司】2020年，金龙客车品牌价值达520.36亿元，比上年增幅14.6%，保持客车行业第二位。全年实现整车出口8555辆，海外市场出口销量排名第一位，出口沙特市场1318辆，出口塞浦路斯城郊车200辆，再次创下中国客车出口欧盟单笔订单记录。国内大中客市场占有率稳中有升，公路市场占有率提升0.7个百分点，福建、海南等区域市场排名榜首。时隔10年，金龙客车重返北京公交市场，在氢燃料公交和地铁巴士首个应用场景形成标杆。全年研发费用投入约2亿元，签约在线人才5名，引进高层次技术专家型人才2名，获得96项专利，其中发明专利9项，实用新型专利54项，外观设计专利44项，计算机软件著作权9项。与高等院校、科研院所开展技术合作，共同研制无人驾驶消毒清扫车、无人驾驶物流车、L4级RoboBus产品，完成31辆8.5米氢燃料电池城市客车交付并开展示范运营。是年，公司获“国家技术创新示范企业”“福建省智能网联商用车重点实验室”“福建省工业和信息化省级龙头企业”等称号，两化融合管理体系通过贯标评定，阿波龙自动驾驶巴士获国家知识产权局颁发的第21届中国外观设计优秀奖。RoboBUS在永川西部和黄浦区开放道路落地运营，开启中国首个数字交通运营商模式及自动驾驶示范运营模式；与京东联合开发的自动驾驶物流车DIDO，成为大众生活中的移动“乌箱”，标志着无人配送新时代的到来。

（康毅聪 林秀龄）

电子设备制造业

【概况】 2020年，集美区电子设备制造业规模持续扩大，全年有规模以上工业企业39家，主要产品聚集在电子显示、电子元器件领域，全年实现产值167.13亿元，比上年增长14.4%。全区集聚隐形冠军4家、国家级制造业单项冠军示范企业1家、省级制造业单项冠军（产品）企业5家、国家级专精特新“小巨人”3家和省级专精特新中小微企业2家。

【厦门宏发电声股份有限公司】 2020年，厦门宏发电声股份有限公司产值31.86亿元，比上年增长109.79%，公司主要生产应用于工业、能源、交通、信息、生活电器、医疗等领域的各种继电器。公司跻身“第三十三届中国电子元件百强企业（第8名）”、“2020福建制造业企业百强（第54名）”、“2020福建企业百强（第98名）”、“2020厦门企业百强”、国家级企业技术中心、厦门市重点工业企业。公司董事长、总裁郭满金被评为2021年中国低压电器行业年度杰出人物。

（康毅聪　林秀龄）

新材料产业

【概况】 2020年，集美区新材料产业集群规模显现，主要涵盖先进无机非金属材料、高性能纤维及制品和复合材料、先进高分子材料、先进有色金属材料、先进钢铁材料等五个领域。主要集聚在集美机械工业集中区和集美北部工业区，以金鹭特种合金、TDK、春保集团为产业龙头，有规上工业企业47家，全年实现产值158.5亿元，比上年下降3%，占全区规上工业总产值的14.15%。

【厦门金鹭特种合金有限公司】 厦门金鹭特种合金有限公司为国家级重点高新技术企业，公司多款产品荣获国家科技进步一等奖、国家科技进步二等奖等多项专利与奖项；切削工具累计获得发明专利、实用新型专利及外观专利等85项；公司同时承担众多开发项目及省市重点研究课题。2020年研发支出1.2亿元，占比营业收入4.50%。

（康毅聪　林秀龄）

资料链接：

2020年集美区工业上榜企业简介

厦门正新橡胶工业有限公司：公司创立于1989年，注册资本1.75亿美元。公司杏林厂占地30万平方米，集美厂占地67万平方米，两个厂区员工合计5000多名。主要生产自行车轮胎、摩托车轮胎、轿车轮胎、载重汽车轮胎、沙滩车轮胎、农工车轮胎、实芯轮胎等轮胎产品，属国家级高新技术企业。正新集团全球排名第九，大中华区第一名。2020年，公司上榜福建省百强企业（第22名）。

奥佳华智能健康科技集团股份有限公司：公司创立于1996年，前身为“厦门蒙发利科技（集团）股份有限公司”，总部设在厦门，注册资本为5.6亿元人民币，年销售额超52亿元，市值超百亿元，在国内外设有56家全资及控股分子公司，员工1万人。是中国按摩器具行业第一家上市的企业。公司拥有保健按摩、健康环境、家用医疗等多种产业，旗下“OGAWA”、“FUJIMEDIC”、“FUJI”、“COZZIA”、“MEDISANA”等多个自主品牌及渠道布局亚洲、北美及欧洲市场，是中国领先的集研发、制造、品牌、营销、服务为一体的智能健康产业集团。2020年，公司上榜福建省制造业百强（第65名）。

路达（厦门）工业有限公司：公司创立于1990年，投资总额1.48亿美元，主营高档水龙头、卫浴配件、阀门配件、锁具、橱柜等各类厨卫家居产品，是一家集产品研发、生产和市场营销三位一体、上下游整合的企业。路达在厦门集美设有五个厂区，占地面积24万平方米，员工四千余人，在福州、珠海、越南胡志明市设立生产基地，是专业的卫浴五金制造商，产品远销全球五大洲70多个国家和地区，是国际卫浴一流品牌、欧美知名建材企业在中国最大的卫浴合作伙伴，是亚洲卫浴五金专业制造龙头企业。2020年，公司上榜福建省制造业百强（第79名）。

厦门建霖健康家居股份有限公司：公司成立于1990年，注册资金4.47亿元，专注于新材料、绿色表面工程、饮用水净化、宜居空气、健康厨卫、智能装备等技术领域的研究，已形成厨卫、净水、宜居空气、健康照护、综合等健康家居产业，旗下拥有13家全资控股子公司及“埃瑞德”、“水美乐”等品牌，致力于提供“健康、智能、品质”的健康家居产品解决方案。产业基地分布在厦门市集美区、同安区、漳州长泰县、宁波象山、泰国、台湾等地。集团现有在职员工6215人，其中母公司现建霖现有在职员工3075人。2020年，公司上榜福建省制造业百强（第87名）。

交通·物流·邮政

交通运输业

公路建设

【概况】 2020年，集美区建设与交通局管养农村公路97条，总长163.09千米，其中县道21.32千米、乡道57.85千米、村道83.92千米，管养桥梁27座，省、市、区共投入养护资金264.7万元；管养路灯17300余盏，路灯亮灯率95%以上。

【农村公路建设】 2020年，集美区推进环山风景道工程，工程起于同安区莲花镇县道416与乡道731交叉处，终于后溪镇黄地村，路线全长2.61千米采用四级公路标准建设，内容包括道路、涵洞、交通、照明及绿化。实施农村公路“白改黑”、路面拓宽、破损路面修复、完善标志标线改造提升工程。至年底，完成灌口南路“公跨铁”立交桥防抛网改造、农村公路桥梁交通安全整治、杏美路与县道X301线连接通道的工程施工。此外，新生成部分农村公路安全整治工程、乡道Y311下穿铁路段水毁修复工程、乡道Y304道路提升及交通安全整治工程、乡道Y305道路提升及交通安全整治工程、乡道Y306道路提升及交通安全整治工程等农村公路整治提升项目5个。

（林 宇）

【公路管养】 2020年，集美公路分局管养道路总里程108.08千米，其中国道43.59千米、省道24.1千米、县道37.65千米、乡道3.45千米，人行天桥30座，地下通道24个。道路路面面积（含主车道、辅道、高架桥桥面面积、隧道路面面积）339.32万平方米，绿化面积221.28万平方米。

【道路保洁】 2020年，集美公路分局投入洗扫车18辆、清扫车14辆、吸尘车1辆、水车14辆，对管养道路采用机械为主、人工为辅的清扫保洁作业模式，确保重要道路每日机械保洁不少于2遍，过境公路不少于1遍，实现辖区主干道100%机械清扫保洁，重要路段实行16小时不间断保洁，强化道路路面“洗扫冲收”一体化。

2020年，集美公路分局管养国道里程43.59千米。图为国道324线后溪新村路段

（许炳旭 摄）

【道路设施修复】 2020年，集美公路分局加强道路路产修复，确保设施完善。全年修复路面3489平方米，修复人行道3263平方米，路缘石852米，修复及更新雨水井盖398套，更换浸塑护栏2503米，更换障碍墩201套，修复波形护栏356米。

【道路养护】 2020年，集美公路分局构建智慧公路养护系统，创新“互联网+公路养护”养护管理模式，投入使用普通公路路网管理与应急处置平台、公路基础数据库、养护作业管理系统（含小修作业管理系统）、机械保洁管理系统、交通情况调查管理平台等系统。加强日常养护作业监管，为保洁车辆配备GPS，做到实时定位、回放轨迹等，实现养护作业管理的智能化和科学化。

【公路管理】 2020年，集美公路分局受理路政许可案件53件，准予许可49件，不予许可4件，收取路产路权赔补偿费用484.3万元。受理路产损坏赔补偿案件57件，收取路产路权赔补偿费用28.6万元。路政人员与交通综合执法大队人员联合整治行动52次，参加人员213人次，清理堆积物9处，占用面积500平方米，对辖区内违法设置的非公路标志、损坏公路附属设施等违章违法现象纠正制止 50 次。路政中队对所辖区域主要线路每天至少巡查 2 次，其他线路做到每天至少巡查 1 次，全年上路巡查 492 辆次，739 人次。（张艳根）

公路运输

【概况】 2020 年，集美区优化审批流程，依法受理、办理道路运输企业许可 46 件，公共服务事项 47516 件。至年底，全区有道路运输企业 161 家，其中客运企业 5 家、货运企业 105 家、维修企业 41 家、驾培机构 9 家、公交客运企业 1 家。强化辖区道路运输企业安全监管。全年检查企业 182 家次，排查并整改一般安全隐患 113 处，全年辖区道路运输业安全生产形势平稳。

【客货运输】 2020 年，集美区有客运企业 5 家（不含出租车和公交车公司），其中长途汽车客运站 2 家、旅游客运企业 3 家。全年排查客车 68 辆次；排查客车驾驶员 68 人，驾驶员接受教育培训 68 人次。有公交客运企业 1 家，在营公交车辆 573 辆，公交线路 69 条，运营线路总里程 3741.19 万千米，全年客运量 7311.81 万人次。有货运企业 105 家（其中危险货物运输企业 5 家），全年排查货运车辆 2389 辆次，排查货车驾驶员 1800 人次。做好老旧车辆报废、新能源车辆的更新投放工作，全年报废老旧车辆 17 辆，老旧车辆停驶待报废 113 辆。截至年底，公交集团集美公司在营公交车辆 589 辆，其中新能源环保型公交车辆 546 辆（油电混合车 103 辆，CNG 车 30 辆，LNG 车 60 辆，LNG 气电混合车 14 辆，纯电车 339 辆），新能源环保型公交车辆占比 92.69%。

【公交线路优化】 2020 年，集美区新开通公交线路 2 条，结合全市公交线网整体规划及民众需求，优化调整公交线路 26 条。3 月，为完善诚毅大街公交线网，新开通 495 路（软件园三期公寓楼—杏林湾商务中心）公交线路。4 月，为加强公交线路与地铁接驳需求，结合全市公交线路调整，优化 954 路、905、909 路、929 路公交线路，完善海凤路公交配套，同时增加 929 路车辆运力投入，延长末班运营时间；结合西亭村整体拆迁进展情况，优化调整 915 路、927 路，更新加大 915 路运营车型。6 月，结合地铁 6 号线杏林西路消防路段道路施工改造，会同市交通主管部门优化 17 条途经线路。9 月，为满足厦钨产业园区员工出行需求，新开通 391 路高峰接驳专线；为满足后溪正新工厂员工出行需求，优化调整 910 路、929 路，增停新设的后溪正新站临时公交站点；为满足东安五月花片区民众换乘进岛公交线路需求，将 912 路延伸至 BRT“东安站”；为满足莲花新城片区学生上下学需求，优化调整 927 路，新增停靠“莲花新城站”公交站点。12 月，将 913 路、491 路延伸调整延伸至软件园三期 C 区，接驳地铁 1 号线“软件园站”及 BRT“嘉庚体育馆站”。至年底，地铁 1 号线在集美区的 11 个站点均有公交线路接驳。（周艳欣）

道路交通管理

【概况】 2020 年，集美公安分局交警大队开展道路规划、隐患治理、疏堵保畅、压控事故，实现保安全、保畅通的总体目标。全区道路交通安全形势总体平稳，亡人事故有所下降。全年发生道路交通亡人事故 29 起，死亡 31 人，亡人事故起数比上年下降 29.27%，死亡人数下降 26.19%，与前三年（2016—2018 年）年平均数相比下降 38.81%。集美区道路交通事故一体化调处中心受理案件 2597 件，调结 2084 件，落实到位赔付款 10213 万元。查纠现场严重交通违法行为 54045 起，比上年上升 8.7%。查处严重道路交通违法行为 78967 起，查处违停 301210 起，查处不礼让行人 6289 起，拘留无证驾驶摩托车 15230 人。

【交通隐患治理】 2020 年，集美区按照“巩固前三年成功经验，持续深化再抓三年”的工作计划，开展预防道路交通事故“减量控大”行动，深化文明交通志愿者常态化参与文明交通劝导、无人机高峰敏感时段巡察纠违等工作措施，坚持日常管理与专项整治相结合，由公安部门组织开展“逢五”行动、酒醉驾及驾乘二轮车未戴安全头盔常态化整治、“百吨王”超载货车治理等专项行动，严查严处酒醉驾、“三超一疲劳”等易肇事肇祸严重违法行为。全年投入交通安全设施资金 4100 万元，改造提升主要交通路口红绿灯控制系统、闯禁行抓拍系统、交通标志标线、警示禁令标志、安全隔离护栏等交通安全设施，完成为民办实事项目 4 个，新增交通安全设施 1702 处，施划交通标线 4.5 万平方米，增设、修复隔离护栏 2.2 万米；依托“区、镇街、村居”三级监管网络，推进临水临崖道路隐患及事故多发、危险路段隐患整治工作，完善国省道、农村道路交叉口、校园周边等重点道路的交通设施，完成城区道路安全隐患 288 处、临水临塘风险点 16 个的整改工作。

【车辆驾驶人管理】 2020 年，集美区受理车管业务 68670 起，其中摩托车新车注册 10173 辆、电动自行车登记 27954 辆、小型车注册登记 395 辆、转入 590 辆、转移登记 1928 辆、变更 367 辆、注销登记 1481 辆、核发检验合格标志 22270 个、其他业务 3512 件；受理驾管业务 10223 件，其中补换证 4722 个、受理摩托车驾驶证申领 2419 个、其他业务 3082 个；受理车驾管业务总计 78893 起。

【交通安全宣传】 2020 年，集美区开展第三届寻找集美区“零交通违法”

2020年12月2日，集美区交警部门在侨英街道开展交通安全日宣传活动。图为工作人员向市民宣传交通安全知识　（林志杰 摄）

好司机及“12·2”全国交通安全日主题宣传活动，擦亮有集美特色的宣传品牌，扩充传统媒体和新媒体宣传阵营。通过微信、抖音平台直播观看37万人次，现场参与活动7300余人次，发放宣传材料4600余份，“道安知识人人知晓、道安工作人人有责、创建成果人人共享”的意识深入人心。在“七进”宣传工作中，重点针对涉及事故较多的农村老年群体、外来务工人员、快递外卖“骑手”等群体，通过见面督导、“以案释法”等形式，依托远程直播、“交通交安微学群”掌上客户端，开展点对点、指向性的责任压力传导，为受众提供个性化、定制式的交通安全宣传服务。

（杨元静）

铁路运输

【概况】 厦门北站位于集美区后溪镇珩圣路，设有站台6座，旅客列车到发线12条（其中Ⅰ、Ⅱ道为正线），站房总建筑面积10.9万平方米。候车厅面积2万平方米，最高聚集6300人/小时，出站人行地道2处。车站设售票窗口16个、自动售票机28台、自助取票机3台、自助检票闸机71台、扶梯35部、直梯11部、实名制验证口30个（其中自助验证机15台、人工验证口15个）、查危口15个。2020年底铁路运行图，厦门北站开行旅客列车始发57对，经停动车93对。全年发送旅客1027.39万人次，完成运输收入12.03亿元。2020年，车站获评为“福建省抗击新冠肺炎疫情先进集体”。被总公司授予“全国文明单位”“集团公司铁路平安建设平安单位”“集团公司铁路平安建设先进集体”“集团公司信访工作先进集体”“集团公司春运主题宣传活动优秀服务品牌”“集团公司春运主题宣传活动表扬单位”“福建省学雷锋活动示范点”“集团公司助力青工成长成才先进集体”等称号。

【厦门北站疫情防控】 2020年，厦门北站坚持外防输入、内防反弹，慎终如始抓好疫情防控工作。坚持依法依规、属地管理、联防联控，以中高风险地区为重点，抓实抓细实名验证、测温、全程佩戴口罩、分散候车、发烧旅客交接及全员核酸检测、疫苗接种等各项防控措施。严格人员出入管理，落实车站行车室、综控室等重点场所防控措施，统筹防控物资采购、调配，保障职工身体健康。向市政府申请配备高德红外线测温仪9台，采取测温仪+人工的模式，测温1501.7万人次、出站1483.42万人次，处置发热旅客163人次，列车移交14人次，未发生从业人员因工作感染、群体性隔离和聚集性疫情。

【铁路运输安全监管】 2020年，厦门北站开展标准化、规范化、专业化建设，夯实基础，推进安全专项整治三年行动，落实接发列车、调车作业、施工安全、劳动人身安全等各项安全卡控措施。加大现场监督检查力度，落实关键时段、关键作业盯控，严控现场“两违”。开展铁路外部环境安全隐患综合治理工作，联手相关单位进行拉网排查，排查普速铁路环境隐患问题7个，全部整改销号。建立站区环境联合整治制度，防止问题反弹，铁路部门和地方部门联防防治，实施有效管控。开展安全生产大检查活动，进行网格化督导检查，分别形成车站、车间两级安全隐患库，排查车站层面安全隐患66处，全部整改销号。

（段婧　林平超）

轨道交通

【概况】 至2020年底，途经集美区（或在集美区设有终点站）的地铁有1号线、4号线、6号线，福厦高铁1条。其中，地铁1号线于2017年12月底通车，地铁4号线和6号线在建设中；福厦高速铁路在施工中。

【轨道交通1号线】 2020年，集美区站点进站量累计1602.604万人次。厦门轨道交通1号线起于思明区镇海路至集美区岩内村，全长31千米，集美区段约15千米。2020年，轨道交通1号线主体工程（集美段）有1个配套开发建设项目施工，为1号线杏锦路站地块配套项目，该项目计划总投资12.4亿元，至年底完成投资12亿元。

【轨道交通4号线建设】 厦门轨道交通4号线为岛外环湾骨干快线，起于海沧嵩屿，终于翔安机场，全程71.2千米，设站18座，集美境内线路长16千米，5个站点。全线分两期建设，一期工程（含首开段）于2015年12月开始动工，至2020年仍处于在建工程。一期工程从后溪河南山至翔安机场，全长44.78千米，其中集美段全长约8千米，含3站4区间（软三东站、后溪站、厦门北站及后溪车辆段）。一期工程集美区需征地总面积35.46公顷，拆迁面积69065平方米，至年底，项目征拆任务全部完成。2020年集美区完成投资5.13亿元。

【轨道交通6号线建设】 厦门轨道交通6号线（林埭西至华侨大学站）为岛外普线骨干线，线路全长18.8千米，全部为地下线，设车站13座，其中集美段起自马銮中心至集美岛区间，止于华侨大学站，全长12.5千米，含9站（集美岛站、西滨路口站、杏林西路站、杏滨站、内茂站、董任站、官任站、集美创业园站、华侨大学站）9区间。项目需征地总面积14.27公顷，需拆迁总面积80729平方米。至年底，完成征地面积11.61公顷，拆迁面积40819平方米。2020年集美区计划投资3亿元，实际完成投资9.35亿元。

【福厦高铁建设】 福厦高铁起于福州，终于漳州，总长278千米，其中集美段全长13.9千米，途经灌口镇、后溪镇、杏滨街道3个镇（街）。项目红线内需征地面积94.03公顷，需拆除房屋面积310847平方米。至2020年底，完成征地拆迁任务。2020年集美区计划投资3亿元，实际完成投资3.46亿元。

（王丁源）

物 流 业

【概况】 2020年，集美区初步形成以前场铁路大型货场为支撑的公铁联运物流集群；以集美电商产业园、电商谷二期为依托的电商物流集群；以旺墩冷储、源香食品交易中心为龙头的冷链物流集群；以厦门汽车物流中心、海西汽车城为载体，集汽车配送、销售、售后服务于一体的汽车物流链；以德邦、唯捷城配为引领的城际城市配送物流链。至年底，全区23家纳入统计的物流企业完成营业收入29.47亿元，比上年同期增长58.5%。至2020年底，集美区有物流企业481家，纳税总额8315.1万元，比上年增长9.7%。纳税100万元以上的物流企业20家，纳税总额6106.5万元，比上年增长15.06%，其中国拓（厦门）冷链物流有限公司纳税2043.53万元。纳入统计规上企业23家，全年营收29.47亿元，比上年增加10.92亿元，增长58.8%。营收过亿元的有橙联（中国）有限公司（14.87亿元）、厦门跨航物流有限公司（2.45亿元）、厦门全程德邦物流有限公司（2.45亿元）、厦门峰砾物流有限公司（1.35亿元）、厦门市杏林永顺运输有限公司（1.32亿元）、厦门唯捷城市配送有限公司（1.12亿元）6家物流企业。

【物流业稳中有进】 2020年，集美区初步形成以前场铁路大型货场为支撑的公铁联运物流集群；以集美电商产业园、电商谷二期为依托的电商物流集群；以旺墩冷储、源香食品交易中心为龙头的冷链物流集群；以厦门汽车物流中心、海西汽车城为载体，集汽车配送、销售、售后服务于一体的汽车物流链；以德邦、唯捷城配为引领的城际城市配送物流链。至年底，全区23家纳入统计的物流企业完成营业收入29.47亿元，比上年同期增长58.5%。

【集美物流园】 集美物流园位于杏林公铁交通枢纽核心地带，紧邻厦门工业机械集中区，主要发展以“陆路港”运输为特征的区域联动物流、制造业联动物流、城市配送物流、电子商务

2020年3月18日，集美区2020年第一季度项目集中开工暨达达物流园项目开工。图为集美物流园区的达达物流园建设工地
（林志杰 摄）

物流以及冷链物流。园区总面积170.2万平方米，挂牌出让用地面积48.9万平方米，摘牌企业分别为电商谷（厦门）发展有限公司、厦门金龙汽车物流有限公司、厦门新兴海峡实业有限公司、厦门中马供应链管理有限公司、厦门市嘉晟创新投资有限公司、顺通达集团有限公司6家企业。至2020年底，电商谷分两期建设，一期为境内电商区，建筑面积11.3万平方米，总投资6.9亿元，吸引多家企业签约入驻，成立海西电商产业联盟，获得各大金融机构百亿授信；二期为跨境电商区，建筑面积9万平方米，拟建成创新型电子商务产业示范园区。金龙汽车物流公司海翼工业物流中心项目一期工程建筑面积0.8万平方米建成投用，由厦门众诚百川物流有限公司租赁运营；二期2.4万平方米，建设城际配送专用物流库房3万平方米，由朴朴电子商务租赁运营；三期1.1万平方米建成投用，由百世物流签约租赁运营。新兴海峡实业有限公司典泰新兴项目2017年一期建筑面积4.7万平方米建成投用，由百世物流签约租赁运营；二期13.8万平方米，投资额3亿元，其中部分租赁、部分自营跨境电商等业务，由百世物流签约租赁运营。中马供应链管理公司中马（普洛斯）冷链物流园项目，A1混凝土结构冷库由朴朴电子商务签约租赁运营；A2干库建成投用，由德邦物流和朴朴电子商务签约租赁运营。嘉晟创新投资公司嘉晟供应链物流基地项目2017年一期建筑面积4.7万平方米建成投用，由跨航、优速等30家物流租赁试运营；二期13.8万平方米建成投用，部分区域租赁，部分自营跨境电商等业务。顺通达集团达达物流园（一期）项目，2020年7月主体竣工。2020年，电商谷、中马（普洛斯）、嘉晟、新兴海峡四家业主纳税分别为147.33万元、158.41万元、582.18万元和160.25万元，合计1048.17万元。入驻摘牌企业园区6家，跨航、百世、优速、志邦汇达等50多家物流企业纳税总额462.26万元。

【前场铁路大型货场】 厦门前场铁路大型货场位于厦深铁路前场车站北侧，地处沈海高速、厦深铁路和鹰厦铁路之间的要道。规划面积353.33公顷，铁路作业区用地面积184.2公顷。至2020年底，集美片区落户项目3个。2018年6月28日，橙联股份中国跨境电商运营管理总部签约落户。项目位于前场一路与前场四路交叉口西南侧地块，占地面积14.67公顷，投资10亿元，建设分拨中心约13万平方米、档案中心约1万平方米、分拨调度中心约1万平方米。福建省农资集团厦门公司2017年2月14日取得出让用地1870平方米，建设农资仓储物流配送中心，2020年12月建设并投产使用。厦门德咸供应链有限公司2020年12月16日取得出让用地面积5.8公顷，拟建设以德邦快递厦门智慧物流园为载体，综合货物流、信息流、资金流运营管理，以实现服务福建、促进区域一体化，联通全国，链接全球；以福建总部创新运营中心、智慧物流+服务中心、智能物流科技研发中心为一体战略，将周边辐射区域生产制造产业、电商企业、生物医药企业等产业集聚联动，以及社会民众日常生活保障。

【联冠物流（福建）股份有限公司】 联冠物流（福建）股份有限公司2004年9月注册地址为集美区董任路3号，实缴资本500万元。公司自主开发运营“空车汇”车货交易及物流公共服务平台，专业经营以医药冷链为主的国内商贸物流配送及国际多式联运业务，系厦门市重点物流企业、国家AAA级综合物流企业，被列为商务部、财政部现代服务业综合试点、交通运输部全国首批无车承运人试点。2017年8月在新三板挂牌，2018年被列为福建省发改委重点上市后备企业。2016—2020年分别实现营收0.95亿元、1.11亿元、1.36亿元、1.07亿元和0.60亿元，实现税收451万元、593.41万元、487.89万元、242.3万元和112.56万元。

【橙联（中国）有限公司】 橙联（中国）有限公司成立于2018年6月27日，由香港橙联股份有限公司全资控股。注册地址为厦门市集美区灌口镇，注册资本2000万美元，在上海、东莞、厦门自贸区设有分公司，主要从事国际、国内货物运输代理等现代物流相关业务，作为橙联跨境电商产业园建成后的运营主体，建成集分拨中心、数据中心、仓储物流中心、跨境物流金融服务中心、采购中心、信息科技中心与客服中心于一体的大型跨境电商物流平台。项目总投资22亿元，分两期建设。其中一期地块项目规划面积15.17公顷，总投资10亿元。2018年实现营收2.67亿元、纳税8795.93元；2019年营业收入8.7亿元，纳税101.97万元；2020年营业收入14.87亿元，纳税239.13万元。（郭希龙）

邮政业

【概况】 2020年，集美邮政分公司在集美区设邮政营业网点（所）14个、储汇网点7个、报刊图书网点12个、便民服务站20个，人员375人，投递道段141个，新增17段，21个建制村通邮，新增专投段4段，本部1956.5千米；集美442千米，杏林1514.5千米；年邮路总长969727千米。开展函件、包裹、报刊、集邮、代理速递、汇兑和代缴类业务等；完成业务收入8780.3万元，服务窗口规范达标率100%。全年平常函件进口量267.13万件，比上年增长6.7%；出口量22.23万件，比上年增长17.46%。给据函件进口量19.94万件，比上年增长5.25%；出口量2.43万件，比上年下降26%。全年邮政业务总量（营业部分）39.25

表 12

2020 年度集美区纳税百万元以上物流企业纳税情况表

单位：万元

企业名称	年纳税额	比上年增长（%）	企业名称	年纳税额	比上年增长(%)
厦门全程德邦物流有限公司	377	-8.59	联冠物流（福建）股份有限公司	113	-53.54
国拓（厦门）冷链物流有限公司	2044	64.60	厦门市杏林永顺运输有限公司	154	-67.84
厦门峰砾物流有限公司	335	-4.66	厦门金龙汽车物流有限公司	209	-21.72
厦门跨航物流有限公司	208	45.55	泉州顺路物流有限公司厦门分公司	234	25.13
厦门勇腾仓储有限公司	174	0.21	厦门新兴海峡物流有限公司	160	18.13
厦门锦园物流有限公司	113	-11.43	厦门嘉信发运输有限公司	129	6.78
厦门市嘉晟创新投资有限公司	582	44.96	电商谷（厦门）发展有限公司	147	-60.80
厦门建发仓储有限公司	290	35.04	厦门中马供应链管理有限公司	158	192.13
厦门智欣物流有限公司	190	23.31	福建新继船舶服务有限公司	202	1277.15
橙联（中国）有限公司	183	111.07	厦门市慧农助然仓储有限公司	105	-15.10
--	--	--	合计	6107	15.07

（郭希龙）

万件，比上年增长 56%；快递业务（速递模块）（营业部份）总量 799.97 万件，比上年增长 76.47%。厦门邮件处理中心处日均处理 36.22 万件，比上年增长 12.81%。

【邮政业健康防疫和复工复产】 2020 年新冠肺炎疫情暴发后，厦门市海沧邮政管理局把健康管理服务嵌入邮政快递企业生产经营全领域全链条全流程，确保健康防疫和复工复产互促共进。帮助辖区邮政业恢复生产，返岗 3029 人，许可企业复工率 100%，邮快件处理中心复工率 100%。针对辖区邮政快递企业多、外来从业人口多且较杂等实际情况，建立邮政快递工作微信群，指导各企业网点明确负责人，制订复工复产方案，实行信息“每日一报”制度，建立一人一档的健康管理，构建区局统一指挥、企业快速响应的组织体系。成立复工复产和疫情防控指导小组，到一线基层网点、分拨中心逐一摸清底数，排除风险隐患。指导邮政快递企业参照执行“疫情防控期间邮政快递营业网点操作规范（建议版）”，加强从业人员检疫查验和健康防护。不定时深入基层，通过看场所、查资料、问人员，指导企业完善防控预案、健康台账、留观隔离、测温消毒、分散就餐等多项员工健康管理工作。在企业端，推行身份必查、体温必测、物品必验、实名信息必登、消毒必做的“五必”管理法，实行“五个百分百”（员工进入场所前 100% 戴好口罩、上岗前 100% 测量体温、操作前 100% 洗手消毒、寄件前 100% 实名验视、发现异常 100% 报告），推行快递包裹消毒、车辆消毒、人员消毒、工作场所消毒、公共场所消毒的“五消毒”的模式。

【快递人才培养】 2020 年 4 月 21 日，厦门市顺丰速运有限公司与集美大学航海学院举行“顺丰班”签约仪式暨实习基地授牌。双方就共建现代物流人才培养基地，共创“顺丰班”人才培养模式，共同开展相关科研项目等校企合作事项进行签约。设立“顺丰班”奖学金，赞助学生社团举办学科竞赛等活动。

（林彩蓉）

旅 游 业

综 述

【概况】 2020年，集美区文化和旅游局围绕区委、区政府提出的“建设高素质高颜值跨岛发展最美新市区”“率先实现全方位高质量发展超越中争当排头兵”的工作要求，统筹做好疫情防控和促进文化旅游产业发展工作。是年，受新冠肺炎疫情影响，全区旅游市场游客人数和旅游收入均比上年明显下降。全区接待游客1063.39万人次，比上年下降53.78%；实现旅游收入60.97亿元，比上年下降49.63%。其中景区接待594.15万人次，比上年下降67.84%；宾馆酒店接待过夜游客405.84万人次，比上年下降11.67%，平均住宿率54.41%。全年举办海峡论坛“两岸一家亲，从小心连心”研学营交流系列活动、集美·阿尔勒国际摄影季、CBBA全国健身模特锦标赛、海峡两岸马戏亲子文化节、人文集美悦读季等大型文体旅游活动。加大文旅行业政策扶持力度，累计受理企业申报55件，兑现金额1671万元；推进辖区文旅企业复工复产，推出各项措施促进产业发展、企业增收，助力企业从“活下来”逐步向“活得好”转变。2020年，集美区获评厦门市首个“国家全域旅游示范区”。

【集美区获评第二批“国家全域旅游示范区”】 2020年11月25日，集美区获评第二批“国家全域旅游示范区”，是厦门市首个获得该称号的区，为厦门市创建“国家全域旅游示范市”开了好头。集美区委、区政府以“全景、全时、全民、全业”全域旅游理念，打造集美六大产业链群、七大投资工程，把全区当作旅游大景区，打通文创旅游产业链，用创新思维引领产业转型升级，为游客提供全过程、全时空的旅游产品，着力推动全区旅游品牌、旅游产业、服务品质全方位升级，打造“集天下之大美，美集在一起”的全域旅游“集美模式”。

【对台研学旅行政策】 2020年3月，集美区为发挥集美闽台研学旅行基地作为国家级“海峡两岸交流基地”的作用，深化落实国家、省、市各级惠台措施，拓展对台研学旅行合作新空间，推进集美区作为全省县域集成改革试点工作，探索海峡两岸融合发展新路，重新修订出台《集美区关于鼓励台湾青少年来集研学旅行奖励办法》。相比原有政策，新政策通过“i研学”平台全面推动信息化申报方式，针对在集美区开展对台研学旅行的相关机构组织和集美区接待研学单元进行奖励，在原有政策基础上减少申报环节，缩短兑现周期，增加奖励内容，提高服务效率，鼓励两岸研学机构到集美区开展对台研学旅行，吸引更多的台湾青少年到集美开展研学旅行。

【五一假期旅游市场】 2020年五一假期，集美区接待游客28.21万人次，比上年同期下降66.64%（取均值与2019年同期四天相比，下同）；实现旅游收入1.59亿元，比上年同期下降65.74%。其中旅游景区接待游客26.05万人次，比上年同期下降66.41%；住宿设施接待过夜游客2.16万人次，比上年同期下降69.19%，全区平均住宿率21.45%。户外景区游客量逆势增长，园博苑景区游客人数创新高，居全市各景区首位，5天接待市民游客11.57万人次，比上年同期增长70.78%；双龙潭景区原有收费运动项目免费向市民游客开，接待游客0.66万人；集美龙舟池、集美新城夜景等地标夜景吸引众多游客打卡，集美人文馆、点亮新城夜景等夜间文旅项目也受到市民游客青睐。集美人文馆五一试营业期间接待游客0.16万人次。

【国庆假期旅游市场】 2020年国庆假日期间，集美文旅、卫健、交通、应急、城市管理、市场监督、公安、消防等部门紧密配合、精心组织，假期旅游市场平稳有序运行。假期8天接待游客总量179.97万人次，与上年同期相比增长6.92%（取均值与2019年7天相比，下同）；实现旅游综合收入10.89亿元，比上年同期增长17.60%。其中旅游景区接待游客45.34万人次，比上年同期下降57.43%；住宿设施接待游客10.55万人次，比上年同期增长17.99%；尚柏奥特莱斯、集美万达、云城万科里等旅游购物综合商业体开展国潮音乐节、国潮汉服秀、国潮街舞赛、博饼文化节等文旅活动，接待游客124.08万人次。集美区主打亲子旅游品牌，创新打造“亲子＋文化”“亲子＋演艺”“亲子＋体育”“亲子＋康养”“亲子＋夜游”等系列亲子文化旅游产品，各主要文旅景区的亲子游客占比大幅增加，鳌园景区、新城图书馆、灵玲国际马戏城、嘉庚剧院、华谊兄弟影院、双龙潭景区、天沐温泉度假村、美季魔法温泉共接待亲子游客近15万人次。集美龙舟池、集美新城水舞秀、集美塔、诚毅科技探索中心光影秀等地标夜景引众多亲子游客打卡。国庆期间在集美举行的福建省青少年乒乓球巡回赛接待超过 1200 名运动员和家属，带孩子到集美打比赛 + 旅游成为一种时尚，亲子旅游成为集美文旅的一大特征。

【国有 A 级景区免费开放】 2020 年 4 月 7 日至 6 月 30 日，除按规定暂缓恢复开放的景区、景点外，全市国有 A 级景区向市民游客免费开放。集美区的厦门园博苑、诚毅科技探索中心、双龙潭生态运动景区均按照规定免费对外开放。

【集美欢乐购】 2020 年 5 月，集美区由商务部门和文旅部门牵头，组织“集美·美好生活圈”购物节，联合百货、车企、景区、住宿、餐饮、出行六大板块，通过线上线下互动，推出“千万消费券”“买车到集美”“玩在集美、住在集美”等营销活动，吸引众多市民和游客到集美逛商城、吃美食、游景区、住酒店等消费新体验，点燃因疫情而被抑制的消费热情。活动持续到年底，助力集美区全消费领域的全面复苏，推动文旅商贸企业复商复市。

（吴悦）

旅游设施建设

【概况】 2020 年，集美区一批新建的旅游服务设施投入使用。5 月，集美人文馆试运营，集美新城市民广场水舞秀对外开放。新建设旅游厕所 5 座，建设数量居全市第二位。

【集美人文馆对外试运营】 2020 年 5 月，位于集美新城市民公园内的集美人文馆对外试运营。集美人文馆项目是对集美塔塔身负二层至七层陈列布展的改造提升项目，总建筑面积 14722 平方米。其中，负二层汇聚集美人文展，重点展示“一精神三文化”；负一层通过非遗项目的场景再现和运用高科技的手段展示，增加互动性；一层作为游客服务集散大厅，展示文创和旅游产品；二层精选与集美有关的楹联、书画、艺术作品进行点缀，布置咖啡、茶座等服务功能；三层至七层通过宜居、宜业、宜行、宜游、宜学等主题，展示集美新城建设成果。

【集美新城市民广场水舞秀】 2020 年 5 月 21 日，位于集美新城市民广场下广场的水舞秀对外开放。水舞秀在长 128 米、高 24.6 米的巨型水幕上演绎“嘉庚故事”；伴随着音乐的起伏，喷泉水柱像灵动的舞者，在绚丽的灯光照射下变幻无穷、曼妙多姿，与杏林湾营运中心和远处月光环、杏林阁的璀璨灯火互相映衬，在夜色中打造出一场浸入式的视听盛宴。整场水舞秀大约持续 15 分钟，以“一座城、一个人”为主题，运用科技手段让水舞动作与音乐节奏相吻合，运用 1584 台灯光、60 米高喷设备以及水泵 79 台、投影仪 4 台，音响 4 套，营造出浸入式全景震撼效果。杏林湾“水舞秀”充分展现“集美特色”。水幕电影分为三个篇章，以嘉庚故事为核心，讲述陈嘉庚的生平、弘扬嘉庚精神；其间穿插展现集美新城 10 年发展历程以及集美美景、地标建筑。“水舞秀”的音乐亦彰显集美特色，不仅有《人文集美》《集美学校校歌》等歌曲，还有《爱拼才会赢》等闽南语歌，让市民游客感受集美的“一精神三文化”。

2020 年，集美人文馆开馆。图为灌口古街动态影像展示（林志杰 摄）

【旅游厕所建设】 2020 年，集美区建设旅游厕所 5 座，建设数量位居全市第二。其中 AA 级旅游公厕 4 座，分别是：厦门老院子景区后勤楼大厅旅游厕所、诚毅科技探索中心五楼北侧旅游厕所、嘉庚艺术中心一楼南侧旅游厕所、悠度城市营地二楼旅游厕所，A 级旅游公厕 1 座，悠度城市营地二楼旅游厕所。上述公厕均通过国家 A 级旅游厕所评定。（吴悦）

旅游管理与营销

【概况】 2020 年，集美区旅游主管部门一手抓常态化疫情防控，一手抓行业复工复产，强化旅游市场监管职能，推进辖区旅游市场快速复苏、规范发展。常态规范旅游企业经营行为，以各专项整治为抓手，加大对旅游市场的整治力度，特别是对厦门北站和嘉庚体育馆周边等重点区域和对涉投诉较多的、以经营一日游旅游业务为主的旅行社（门市部）强化检查力度，形成高压管理态势。查处违法违规行为，先后查处旅游违法案件4件，没收违法所得并罚款1.9万元。全年处理各类旅游投诉45件，旅游投诉接收率、联系率、答复率和反馈率均达100%，累计为游客挽回经济损失14.8万元。

【旅游营销】 2020年，集美区打造“集美节”城市旅游品牌，举办海峡论坛“两岸一家亲，从小心连心”研学营交流系列活动、集美·阿尔勒国际摄影季、CBBA全国健身模特锦标赛、海峡两岸马戏亲子文化节、人文集美悦读季等多项大型文化旅游活动，将品牌活动与全区景点、酒店、商贸等系列旅游资源进行有机串联的旅游平台。打通线上线下宣传格局，以微信公众平台、网络直播、线上互动游戏等方式打造“永不落幕的集美节”，创新营销，玩出“品牌美誉”新高度。集美旅游微信粉丝比上年增长100%，多次位居福建省旅游区县排行榜微信影响力第一名；多次在《中国旅游报》《福建日报》《厦门日报》等各级媒体平台曝光，百度指数整体比上年增长33%，环比增长238%；移动端比上年增长85%，环比增长498%。 （吴悦）

旅游节庆活动

【概况】 2020年上半年，集美区原定举办的多项大型文体旅游活动取消。下半年起，全国文化旅游市场逐步复苏，集美区陆续举办全国健身模特锦标赛、“两岸一家亲，从小心连心”研学营交流系列活动、第二届海峡两岸马戏亲子文化节、集美·阿尔勒国际摄影季等活动，体现集美区大型活动的品牌特质，促进两岸青少年交流，提升集美城市影响力，加强两岸融合和相关产业发展。

【全国健身模特锦标赛】 2020年8月20—24日，由中国健美协会主办，厦门市体育局、集美新城片区指挥部、集美区人民政府支持，集美区文化和旅游局、集美城发公司、海西晨报社承办的2020全国健身模特锦标赛暨世界健身模特锦标赛选拔赛在集美区嘉庚艺术中心举行。全国健身模特锦标赛是国家体育总局认定的专项领域一年一届的A类赛事，是中国健美协会主办的全国健美健身运动的最高水平赛事，也是疫情常态化后集美区举办的首个大型文体旅游活动，来自25个省、自治区、直辖市104座城市的39支代表队参加比赛。人民网、央视网、新华网、中国网、新浪、腾讯、爱奇艺、百度、优酷等数十家媒体全渠道对赛事进行转播。

2020年8月20—24日，全国健身模特锦标赛暨世界健身模特选拔赛在集美嘉庚艺术中心举行。图为颁奖典礼 （林志杰 摄）

【“两岸一家亲，从小心连心”研学营交流系列活动】 2020年9月19日，由厦门市人民政府、福建省人民政府台港澳事务办公室主办，集美区人民政府承办的2020年海峡论坛“两岸一家亲，从小心连心”研学营交流系列活动在厦门（集美）闽台研学旅行基地总部启动。活动试水“线上研学营”，通过线上线下相结合，以直播研学、视频成果展等方式为疫情下的两岸研学插上“互联网+”的“翅膀”，围绕两岸青少年和家长关心的热点话题，打造“城市代言人”“她说”“亲子脚丫计划”和“Hey！去哪玩”四个主题的系列活动，分别从青少年、青年女性、创业青年、亲子家庭的角度出发，讲好“两岸故事”，构建两岸人民特色“共同话语圈”和“朋友圈”，为两岸研学创造更加广阔的空间。该次活动在厦台两地小规模多频次开展线下活动140场，并进行线上交流分享，在两岸吸引线下参与1100人次，线上参与70万人次，扩大“两岸研学在集美”品牌效应，打造集美区创新两岸青少年交流、深化两岸融合的“金字招牌”。

【第二届海峡两岸马戏亲子文化节】 2020年11月29日至12月31日，由厦门市人民政府台港澳事务办公室指导，集美区文化和旅游局、集美区台港澳事务办公室主办，厦门灵玲演艺有限公司承办的第二届海峡两岸马戏亲子文化节在灵玲马戏城举行。该次活动以两岸亲子文化为主线，以“大手牵小手，两岸忆起走”为主题，设置两岸亲子说亲子、海峡两岸马戏亲子文化节开幕仪式、两岸亲子2天1夜研学营活动、集美亲子旅游月等系列活动。活动以两岸亲子文化为主线，以两岸亲子家庭为对象，延续两岸共学、共创、共享、共通的研学理念，100名两岸亲子家庭通过研学活动，共赏一台戏、共演一部剧，共同参加动物亲子比赛，共诵《木兰辞》，共创《家园》作品等，共同感受亲子的奥妙，分享亲子交流的乐趣和交流的收获。其中，两岸亲子说亲子活动，11月1—20日，由厦门北站台青基地在两岸发动亲子家庭，就亲子教育的共同话题进行探讨交流，并以视频的形式在两岸家庭进行分享和传播，打通“云端交流”之路。

【集美·阿尔勒国际摄影季】 2020年11月，由厦门三影堂摄影艺术中心、厦门市天下集美文广传媒有限公司主办的2020集美阿尔勒国际摄影季在集美新城市民展览馆举行。摄影季推出26场展览，呈现世界各国87位艺术家的杰作，并通过公众导览、专家见面会、大师对谈、喜剧表演、放映周等活动，记录集美与阿尔勒重逢的精彩瞬间，促进中西文明的友好交流和新发展。其中首次与观众见面的法国阿尔勒摄影节精选展览“心动之选”6场、聚焦华人优秀年轻摄影师的“发现奖单元”展览10场、最有国际影响力的日本女性艺术家的“日本影汇”展览1场、呈现中国高等艺术院校摄影探索与发展的“中国律动”展览1场、“无界影像”展览4场，“致敬摄影大师”展览1场、“藏家故事”展览1场、“在地行动”展览2场。 （吴 悦）

旅游景区

【概况】 2020年，集美区共有A级景区6家，其中AAAA景区4家，分别是集美鳌园、厦门园林博览苑、诚毅科技探索中心、厦门老院子景区；AAA景区2家，分别是：灵玲国际马戏城、双龙潭生态运动景区。全年区接待594.15万人次，比上年下降67.84%。

鳌园景区夜景 （黄洪涛 2020年10月 摄）

【集美鳌园景区】 2020年，集美鳌园景区受新冠肺炎疫情影响，于1月25日12点闭园。3月6日恢复开放室外景点，5月18日恢复室内展馆开放。鳌园管理处设置嘉庚文化广场、归来园和陈嘉庚故居三个入口，制订《集美鳌园景区防疫新型冠状病毒特殊阶段开园应急预案》《集美鳌园景区“五一”假期疫情防控应急预案》《集美鳌园景区国庆节中秋节假期疫情防控应急预案》等；与厦门市旅游集散服务中心合作，开通网上门票预约平台；并通过各种宣传平台向游客、景区员工发出《集美鳌园景区关于景区恢复开放的通知》《游客入园注意事项》《员工上班期间注意事项》等。全年接待游客59.98万人次，比上年下降73.39%。其中，五一小长假5天接待游客1.52万人次，下降70.43%；国庆长假7天接待游客4.36万人次，下降32.56%。2020年，鳌园景区发挥全国爱国主义教育基地、全国廉政教育基地、科普教育基地、学校学生实践基地的作用，利用嘉庚精神宣传月、陈嘉庚诞辰日、集美学校校庆日、重要节假日和重大历史事件纪念日等时机，举办爱国主义教育主题活动125场次；嘉庚文化志愿者开展主题志愿服务71场，参与志愿服务者1000多人次；全年举办“庚·读者”活动42场，“庚·读者”经典诵读活动以舞蹈、乐器表演、诗歌朗诵、爱国歌曲合唱、华侨华人主题作品演绎等表现形式向社会公众，尤其是到厦游客、华人华侨讲述嘉庚故事，传颂嘉庚事迹，展现集美侨乡魅力，吸引周边社区居民、企事业单位及学校数万人参与。完成景区《鳌园》宣传片制作。利用网站、微信公众号平台，传播景区活动、嘉庚精神、疫情防控等文章100多篇；利用文明传播账号微博等平台每个月发送与文明创建有关的信息60多条。（何雯芳）

【厦门园林博览苑】 2020年，厦门园林博览苑受新冠肺炎疫情影响，1月26日至2月21日停止对外开放，4月7日至6月30日免费向社会开放。1—12月入园总人数130.19万人次；旅游总收入1466.17万元。全年举办元旦亲子跑活动、“金鼠献瑞、园博迎福”新春国潮游园会、“园博贺国庆，汉唐绘中秋”国庆中秋活动等主题活动。全年在办好常态化花展的基础上，重点打造第十一届荷花展，布展面积约6万平方米，展出盆栽荷花近万盆，品

表 13

2020 年集美鳌园景区举办活动情况表

时间	项 目		场次	小计
1 月 1 日	元旦活动	“拓福迎新”明信片拓印体验活动	2	4
		“寄语 2020”手绘贺卡，创意新年祝福活动	2	
4 月 10 日、4 月 17 日、4 月 24 日	学雷锋纪念日主题活动	嘉庚文化志愿者龙舟模型线上培训活动	3	3
7 月 10—20 日	研学主题活动	“博物观 奇妙物语”鳌园研学校园行	4	6
		“博物观 奇妙物语”鳌园线上研学活动	2	
8 月	嘉庚建筑模型、嘉庚精神邮展进社区	嘉庚建筑模型、嘉庚精神邮展进社区——浔江社区	2	2
10 月 2—5 日	中秋节、国庆节活动	“追忆历史，南侨机工精神薪火相传”——南侨机工图片展与道奇卡车彩绘	8	40
		“缅怀先烈，不忘初心”——集美解放纪念碑纸模制作	8	
		“欢乐中秋斗阵行”——厦门博饼民俗体验	8	
		“月圆人团圆”——中秋宫灯巧手做	8	
		“诗词画中秋”——古诗词贴画 DIY	8	
10 月 17 日	厦门市青少年建筑模型锦标赛暨嘉庚建筑模型竞赛	“南风微薰”嘉庚纸模创意赛——集美解放纪念碑（个人赛）	1	3
		嘉庚建筑场景赛——集美学村大门（个人赛）	1	
		“南风微薰”嘉庚纸模创意团体赛——集美学村大门（团体赛）	1	
10 月 18 日	厦门市航海模型锦标赛暨龙舟模型竞赛	小学组	1	1
11 月 14 日、11 月 15 日	“嘉庚”杯青少年航海模型仿真航行赛	F2 仿真航行舰船模型	2	8
		F4 仿真航行（套材）舰船模型	3	
		MINI-F4 迷你仿真航行（套件）舰船模型	3	
11 月、12 月	嘉庚文化志愿者讲解比赛	初赛、复赛、决赛	4	4
12 月 31 日止	庚·读者	集美小学、集美中学、集美二小	50	50
12 月 31 日止	进学校巡展	4 所学校	4	
各项主题活动合计				125

表 14

2020 年集美鳌园景区重要接待情况表

时 间	接 待 单 位（个人）
3 月 30 日	中国文物学会副会长郑国珍、福建省住房和城乡建设厅副厅长黄敏敏带领厦门市申报国家历史文化名城评审会专家一行 25 人
4 月 9 日	福建省文物局局长傅柒生调研考察团一行 18 人
9 月 3 日	四川省人大常委会副主任、党组副书记王宁
9 月 10 日	中国文明网
10 月 10 日	新加坡驻厦门总领事馆一行
11 月 1 日	中国人民解放军 31608 部队
11 月 22 日	澳门慈善和社会服务团体 中央政府驻澳门联络办公室协调部副部长、一级巡视员张深居一行 20 人
12 月 1 日	中国文物交流中心总工程师陈昀

（何雯芳）

种近300种；“颖艺杯”药用植物主题园林景观科普展，展出面积5000余平方米，展出中草药植物700多种，设置科普展馆20余个；中秋国庆双节黄金周期间在厦门园布置以闽风古韵、椰风海韵为主题的插花花艺展。全年养护海洋岛2.5万平方米花海、5月马鞭草花海、9月向日葵花海、10月凤尾花海，成为吸引游客入园游玩观赏的网红打卡点之一。挖掘景区亮点和资源特色，对照AAAAA级景区评审要求，酝酿生成提升改造项目，完善景区智慧旅游建设，于12月实现智慧语音导览、微信及网站平台导购导览导航、园区客流动态显示、交通工具线上购票、语音报站及位置查询等功能，完成1座AAA旅游厕所建设。依托杏林湾湿地资源，开展第24届“世界湿地日”、第七届“世界野生动植物日”及福建省“爱鸟周”、第三十届“保护野生动植物月”等宣传工作，向市民游客普及野生动植物保护法律法规和保护湿地知识。（肖印红）

2020年8月，诚毅科技探索中心在全国科技场馆率先实现夜间常态开放。图为科技奇妙夜活动（林志杰 摄）

【厦门老院子景区】 厦门老院子景区为国家AAAA级景区，由华夏文旅集团斥资13亿元打造。景区项目始于2014年8月，注册资金1亿元，位于厦门北站南400米，占地面积10公顷，于2015年9月3日对外营业。老院子景区包括老院子民俗文化风情园及会跑的实景演艺《闽南传奇秀》两部分，老院子民俗文化风情园，通过闽南渔家百姓寻常的生活场景，讲述“下南洋”几代人的生活、创业经历，景区集观赏性、体验性、文化性于一体，从多角度展示闽南当地的渔村文化、民俗文化、妈祖文化、南洋文化以及寻根溯源的始祖文化。神游华夏大剧院演艺世界首部高科技室内实景秀《闽南传奇》，以闽南文化为主线，把民族风、民俗、民族音乐和人文历史，用高科技的展示手法和国际最新的旅游演艺剧目结合起来，打造世界首创室内360度实景舞台及360度旋转行走巨轮观众席。项目被列为厦门市重大项目和福建省文化产业十大重点项目、福建省文化企业十强、第十一批省级文化产业示范基地、福建省首批优秀创意旅游产品等，2016年11月获评国家AAAA级景区。2020年，厦门老院子景区接待游客13.58万人次，比上年下降−94.30%；营业收入0.064万元，比上年下降−94.22%。受疫情影响，2020年未开展宣传促销活动。（吴悦）

【灵玲国际马戏城】 2020年，厦门灵玲国际马戏城接待游客36.36万人次，比上年下降71.36%；营业收入0.34亿元，比上年下降74.25%。11月29日至12月31日，第二届海峡两岸马戏亲子文化节在灵玲国际马戏城举行，该次活动以两岸亲子文化为主线，以“大手牵小手，两岸忆起走”为主题，设置两岸亲子说亲子、海峡两岸马戏亲子文化节开幕仪式、两岸亲子2天1夜研学营活动、集美亲子旅游月等系列活动。

【诚毅科技探索中心】 2020年，诚毅科技探索中心接待游客30.02万人次，比上年下降61.54%；实现营业收入804.62万元，比上年下降57.70%。2020年8月起，诚毅科技探索中心全国科技场馆中率先实现夜间常态开放，全新推出“科探奇妙夜”活动，增加“网红台阶”“五彩巨型滑梯”，体验“恐龙穿越”“超炫光影秀”等夜游项目。小朋友化身“萤火虫”夜间寻宝，肆意“荧光涂鸦”，欣赏“国内最大巨屏沙画秀”等，满足市民利用夜间闲暇享受科技文化场馆设施的需求，打造集美夜的“网红打卡点”，体验夜游的美妙。（吴悦）

【双龙潭生态运动景区】 2020年，双龙潭生态运动景区1月25日至4月15日闭园，4月16日至6月30日免费对游客开放游玩项目2个，7月1日后恢复正常经营活动。全年双龙潭景区场地游乐设施接待游客11.89万人次（其中，免费接待游客1.16万人次），营业收入总额160.36万元。（林小粒）

信 息 业

通 信 业

【中国电信股份有限公司集美区分公司】 2020年，中国电信股份有限公司集美区分公司下辖8个经营网络、3个管控支撑部门，年内推进网络智能化、业务生态化、运营智慧化，使云、大数据、物联网等新兴业务。全年完成全业务经营收入3.02亿元，年末天翼用户29.48万户，宽带用户（含纯接入）21.52万户，高清ITV用户8.42万户。在新冠肺炎疫情防控期间，公司组建装维保障队伍，开展通信保障、大喇叭安装等工作，前后3次进入定点医院进行通信保障，各分局出动36人次完成辖区各医疗单位的通信保障，攻坚队完成宁宝、杏北、浔江等3个社区共计28个点位的大喇叭（智能音箱）安装。2020年，集美分公司划小承包机制，推进"倒三角"支撑与营维一体，提升企业运营效率。坚持和加强推进云网融合，在政企客户经营工作中持续推进专线融云业务，帮助中小企业上云，为中小企业提供一站式拎包入住服务，解决固话、天翼、有线宽带、企业路由器、视频监控、云主机、云盘等使用需求。推进政企行业客户上云，结合专线提速降费及融云翻倍提速等政策，实现用户互联网专线与云业务、云安全紧密结合，实现互利双赢。围绕"三项服务"承诺体系，严格执行装维全流程规范服务，以客户需求为导向，加快装维响应速度，提升装维服务质量及客户满意度。（简宝娟）

【中国移动通信集团福建有限公司集美分公司】 2020年，中国移动通信集团福建有限公司集美分公司内设综合室、市场室、政企室、网络室4个部门及杏林、杏滨、集美、灌口、后溪5个网格。在新冠肺炎疫情防控期间，公司成立突发公共卫生防疫应急处置领导小组，组建先锋队、设立先锋岗、设置责任区。为定点医院厦门第一医院杏林分院提供5G移动护理车网络保障，为境外回国人员定点隔离酒店——厦门灵玲大酒店开通企宽、电视、固话、100M专线，保障入境人员隔离期间通讯需求，同步建立7×24小时故障报修机制。在IDC业务拓展上，引入华为和拓羽。继续对软件园三期互联网企业做好业务攻坚，稳定IDC业务市场份额。跟进政府ICT大项目，先后签约前场视频监控、锦园雪亮、侨英雪亮二期等政府监控项目。打造5G精品网络，全年规划5G二期站点469个，建设任务数与站点开通数位居岛外首位，行业第一。实现集美主城区5G连续覆盖。保障区域内大型活动，全年移动通讯保障集美片区防疫指挥部周边信号、防汛期间通信保障、高校迎新支撑、金鸡百花奖、5G精品网格测试、区政府组织的应急保障演练等大型活动16次。（吴倩）

【中国联合网络通信有限公司集美区分公司】 2020年，中国联合网络通信有限公司集美区分公司下设政企网格1个、建维网格1个、社区网格2个、自有营业厅5个，有员工60人。新建设4G室外基站6个、共享4G室外基站34个、5G室外基站195个，5G网络覆盖集美大部分高校以及杏林湾营运中心和软件园三期等CBD区；完成新建楼盘的宽带接入13个，实施光纤到户改造小区21个，新增公共宽带端口0.8万个。累计完成大客户项目施工成59个，其中跨域项目6个，当地业务项目53个，完成政协、浦发银行等重大项目的交付。完成收入1.27亿元，其中社区网格收入7915万元、集美政企收入4761万元。是年，集美联通分公司优化集美各个高校的专项无线网络，随机摸测高校的教学楼和宿舍区，优化整改弱覆盖区域，在厦门软件学院宿舍区和教学区新开通站点，提升广大师生的使用感知度。为保障万科云城开业，对涉及覆盖区域进行多次摸查、评估，确定基站天线位置，开通多个临时站点。临近春节，公司启动重大活动保障模式，调配自有人员和未离厦的施工单位，通过新增微站扇区及RF调整、新增站点3个，提前做好覆盖优化与紧急扩容调整工作，对保障区域所有小区进行负载均衡调整，同时对保障区域沿线基站、线路巡查，确保春节期间各项活动顺利进行。各活动保障期间，重保区域5G网络实测下载峰值速率达到550Mbps，上传峰值速率达到120Mbps；4G网络实测下载峰值速率达到102Mbps，上传峰值速率达到50Mbps。（李珠）

软件园三期园区

【概况】 2020年，集美区推进软件园三期建设和招商工作，在园区原有五大产业集聚的基础上，年内重点布局人工智能、云计算、大数据等前沿产业，优化产业布局，促成重点项目落地23个。其中新签约落地项目8个，包括中国金茂、云茂互联、准独角兽企业齐悟科技，上市企业南兴股份、安妮股份等；新增注册资本金3000万元（含）以上外地项目15个。至年底，园区净增注册企业1234家，比上年增长24.6%；新增注册资本金112亿元，比上年增长111.2%。累计注册企业3310家，入驻企业2629家，落地注册资本金332.05亿元，员工3.9万人。全年实现营业收入284亿元，比上年增长15.1%。其中限额以上软件信息服务业65家，实现营收71.16亿元、比上年增长6.65%；限额以上互联网服务业8家，实现营收4.51亿元、比上年增长56%。总计全年实现营收75.67亿元，比上年增长8.69%。联合火炬高新区修订出台《集美区鼓励软件和信息服务业发展奖励暂行办法》，同心协力做好服务和审核工作，全年兑现政策扶持资金9100.45万元，惠及企业228家。依托《集美区企业使用中软国际—华为云服务专项资金补贴实施细则》，推进企业两化融合，全年兑现政策补贴3056.93万元，惠及企业231家。金砖未来创新基地、国家级网络视听基地、国家信息中心大数据开放应用（厦门）基地三大高层次特色产业平台落地园区，带动数字服务产业、智能视听产业、大数据产业集聚。建成交付面积340万平方米，重点加速西片区建设，在建面积230万平方米。

【园区上榜企业】2020年，集美软件园三期园区企业罗普特科技集团股份有限公司获评为第四届中国安防百强工程（集成）商、国家企业技术中心、2020福建战略性新兴产业百强、2020年厦门市龙头骨干民营企业、2020年厦门新兴产业“专精特新”企业十强；厦门网宿有限公司获评为福建省省级龙头企业、厦门市龙头骨干民营企业，旗下基于云网融合的新一代智能分发服务平台研发与应用获厦门市科学进步奖三等奖；厦门路桥信息股份有限公司获评为2020年厦门新兴产业“专精特新”企业十强，旗下一路云停智慧停车获2020年大数据产业发展试点示范项目、2020年物联网集成创新与融合应用类示范项目、2020年人工智能优秀应用解决方案、福建省“数字经济百项应用场景”；厦门市巨龙信息科技有限公司获评为福建省数字经济领域“瞪羚”企业、厦门新兴产业“专精特新”企业十强，支撑新冠肺炎疫情防控和复工复产复课大数据产品和解决方案获得工信部的认定，大数据治理平台获市级优秀软件产品和应用解决方案。厦门云知芯智能科技有限公司获评为福建省数字经济领域未来独角兽企业、厦门市守合同重信用企业。厦门一品威客网络科技股份有限公司获评为2020年厦门市第二批重点上市后备企业、2020年厦门市龙头骨干民营企业，获高新技术企业证书（国家级）、ISO9001质量管理认证证书。厦门梦加网络科技有限公司获评为国家规划布局内重点软件企业、中国服务外包百强企业、福建省互联网30强、福建战略性新兴企业百强、厦门市重点软件和技术服务企业。厦门真有趣信息科技有限公司获评为2020年度福建省互联网30强、2020年度福建省最具成长性企业。

软件园三期展厅　　（林志杰 2020年5月 摄）

【园区配套服务】2020年，集美区坚持“高起点、高标准、高层次、高水平”原则建设软件园三期，提升营商环境，打造产城人融合生态圈。完善园区配套设施，投用公寓2780套，投用车位6930个；累计引进餐饮、银行、图文办公、超市等商业配套121家；引入公交线路16条，有两条接驳车线路延长至C区D区，地铁1号线园区设站，推进地铁4号建设。提升园区服务能力，举办专场招聘会、创+会客厅等品牌活动，全年举办各类活动40场，参与9700人次；“创+驿站”（线下）和“创+在线”（线上）平台，汇聚45个部门政府委托业务100项，全年办理各类业务9.79万笔，线上办事占比95.6%。全年协助软件园三期690家企业申报人才政策、用电政策、台企台青政策、稳企六条等政策与资金扶持，兑现扶持金额9284万元。利用线上交流方式拓展创新招商渠道，协助无法到园区的外地企业代办开户手续，确保疫情期间招商落地。走访企业2208家，协助企业解决复工复产问题。

【园区产业结构完善】2020年，集美区软件园三期园区研发楼签约购买的企业新增115家，面积22.05万平方米。完成B地块198家企业交付工作，并协助企业装修入驻，装修入驻面积超

厦门真有趣信息科技有限公司办公区 （陈盛泰 2020 年 8 月 摄）

50%。重点加快推进软件园三期、中国移动手机动漫基地一期工程项目、罗普特（厦门）科技园项目、百度国家级创新中心、电子城·厦门国际创新中心、公安部第一研究所南方技术基地 6 个项目建设，其中罗普特（厦门）科技园项目和百度国家级创新中心建设完成。总投资 464.95 亿元，全年完成投资 46.27 亿元，占年度投资计划的 138.83%。坚持高端引领，形成大数据、人工智能、数字内容、移动互联、智慧城市等特色产业集群。网宿科技、中电信海峡通信枢纽、中移动动漫基地、鲲鹏超算中心等落地运营。引进华为（厦门）创新中心，推动软件业和制造业转型升级。

【罗普特科技集团股份有限公司】 该公司成立于 2006 年，是一家致力于人工智能产品研发和行业实战应用的高新技术企业。公司长期从事计算机视觉、语义分析、元素感知、边缘计算、数据挖掘、机器深度学习及逻辑推理等核心技术研究，实现让机器“看得见、听得懂、会思考、能决策”。公司拥有人工智能领域国家级企业技术中心、院士工作站、博士后流动站等研发机构，以计算机视觉研发为牵引，专注人工智能技术落地应用，构筑独具特色的市场竞争优势。公司坚持与客户共同创新，将新技术服务社会，打通从技术到实战应用的最后一公里，产品和服务遍布全国各地。2020 年 9 月 30 日，上交所官方公告，罗普特科创板首发过会。

【厦门市世纪网通网络服务有限公司】 该公司是国内领先的互联网综合服务提供商，专业提供互联网安全防护、云计算、云存储、CDN 加速、服务器租用托管、机柜大带宽等 IDC 增值服务。世纪网通依托自主运营的数据中心，全网接入带宽超 1500Gbps，网络安全防护能力超 1000Gbps，为互联网游戏、视频、域名注册商、CDN、电商、O2O、P2P、医疗、政府、行业云等多个细分领域、超过 1200 家的企业级用户提供服务。

【厦门真有趣信息科技有限公司】 该公司成立于 2012 年 8 月，是一家致力于研发精品游戏产品的重点软件企业。员工 300 余人，公司秉持“创作长期有效的快乐，赢得百万人热爱”的愿景，立足于自主研发，成功研发出《香肠派对》《不休的乌拉拉》《仙侠道》系列《小兵大冲锋》《星之子》《游戏守护者》等多类型网络游戏，为全球用户提供健康有趣的游戏体验。

【厦门梦加网络科技有限公司】 该公司成立于 2011 年，2016 年在“新三板”挂牌，2019 年迁入软件园三期。公司秉承“精品化、全球化”发展战略，以“一带一路”沿线国家和地区为切入点，重点布局海外市场，成为中国出海网游领军企业。2020 年，梦加网络公司在土耳其、俄罗斯、新加坡等国家及中国香港设有子公司，在全球组建起一支涵盖中国、新西兰、土耳其、俄罗斯、哈萨克斯坦等 10 多个国家 300 多人的研发与发行一体化高级人才团队。在海外主打运营《Game of Sultans》《Game of Khans》《盗梦英雄》等游戏，全球下载量超 1 亿次，《Game of Sultans》成为俄罗斯、土耳其国民游戏。 （谢茗）

信息化建设

【概况】 2020 年，集美区以“政务创新和延伸”为理念，统筹各类信息系统和资源，打造可持续性发展的互联网 + 社会治理体系，实施人文集美发展战略，创新网格化的社会治理模式，提高行政管理效率，提升服务水平，建设智慧型城市。加强各部门的业务数据和系统资源的开发、整合和应用，推动信息化建设发展，提升全区信息化建设水平。

【电子政务】 2020 年，集美区做好区电子政务网络平台的规划、建设、管理和推广工作，完成电子政务基础网络与省、市电子政务网的互联工作。对接新增光纤接入单位 14 个，配合外单位服务器托管设备 16 台。做好区级基础数据库的规划、建设、管理和推广工作。办公业务综合平台提供协同办公、项目管理、部门业务和公共信息四大模块，提供公文流转、会议通知等各类业务功能。

【门户网站运维】 2020年，集美区推进网上电子政府的建设，做好全区网站信息发布的监管和考核。全年主动公开信息2721件，累计公开28135件。推进政务公开、村务公开、校务公开、医务公开、厂务公开和公共服务公开，全年发布政务公开信息4713条、村务公开123条、医务公开58条、厂务公开33条、公共服务公开12条。网站实名认证系统直接对接i厦门平台，个人或者企业在i厦门平台注册账号后，可以通过手机号登录区政府网站、i厦门平台和省办事服务大厅。网站用户只需要注册一个账号，即可使用集美区官方网站提供的各项系统功能。至年底，实现的系统功能有网上审批、办事预约、官网文章发布、政民互动等。

【信息公共服务建设】 2020年，集美区突出“便民、高效、创新”理念，提升行政服务效能。教育方面，梳理和整合积分入学相关材料的部门流程和数据接口，申请人的暂住、社保、务工、房产、计生等可自动获取算分，实现全程网办。至年底，平台参加教育积分入学的外来儿童有31754人，其中2020年4189人。一年级户籍生源入学通过i厦门平台报名，由学校在网格化平台审核，区教育局把关。至年底，平台参加一年级入学审核的户籍内学生有33860人，其中2020年9813人。幼儿园新生入学通过线上报名派位，至年底，完成报名审核派位工作16790人，其中2020年6525人。至年底，通过平台完成四证审核260262人，其中2020年42742人。政策扶持方面，利用数据共享、政策结构化和重构业务流程，将区级各类扶持政策逐步整合至统一的政策扶持管理系统，初步实现对企业和人才的精细化扶持管理，避免财政资金重复申领。2020年集美区政策扶持系统启用，有政策文件15份，扶持事项77个，业务主管单位11家，审核金额1.6亿元；申报7478人，申报企业4119家。集美研学公共服务平台涵盖研学旅行政策导读、基地建设、线路产品、课程体系等专业内容，通过互联网信息技术进行全面整合，为研学基地、研学旅行服务机构、学校、学生、家长搭建的完善的线上公共服务平台。

2020年，集美区推出“i企宝”平台。图为“i企宝”平台入口 （周鹭艳 摄）

【社会治理信息化建设】 2020年，集美区推出厦门市首个“i企宝”平台，为辖区企业量身定制“一平台监管”“一站式线上服务”，提供复工备案、员工健康管理、用工数据上报等疫情防控功能。累计服务企业3128家，其中企业复工备案1497家，员工健康管理登记16244条，日常管理15271条，口罩售卖订单1139批（平面口罩259828个，立体口罩7351个），针对融资问题企业131家，推送辖区银行20余家，开辟绿色通道，助力辖区企业复工复产。同时针对企业和个人制订各类扶持政策，推动辖区企业快速发展。“雪亮工程”按统一汇聚、统一平台、统一存储的模式进行建设，通过统筹规划和项目把关，减少雪亮工程的投入成本。成果广泛运用于城市管理、“两违”执法、校园安全、海域监控、交通安全、案件侦破等方面。开展多元调解工作试点。建立“公证+”多元调解衔接联动中心，司法和法院进行线上视频支撑，创新开展线上线下一体化矛盾纠纷多元源头化调解试点工作，评估发现高、中危风险人员，致力于把矛盾化解在萌芽。 （周鹭艳）

商贸服务业

综 述

【概况】2020年，集美区做好“六稳”工作，落实“六保”任务，国内贸易流通实现平稳增长，消费市场运行总体平稳。全区完成批发零售贸易业销售总额685.6亿元，比上年增长15.8%，高于全省平均增速。其中限额以上批发零售贸易企业销售额562.3亿元，比上年增长21.1%，高于全省平均增速。全区住宿餐饮业营业额22.7亿元，比上年下降10.7%；社会消费品零售总额192.82亿元，比上年增长1.4%，增幅居全市第三位，高于全省平均增速。重点批发零售企业销售额实现5亿元以上企业27家，实现10亿元以上企业12家，实现20亿元以上企业6家。

【云城万科里二期和集美特斯拉开业】2020年9月30日，厦门云城万科里二期开街运营。云城万科里由万科集团打造，总建筑面积3.3万平方米，临近华侨大学、集美大学、厦门工学院、华夏学院等院校。二期街区在一期工程基础上，升级整体规划、进行业态补充及功能补位，引入厦门么哈旗舰店、0090影城、海底捞火锅、85℃、肯德基、星巴克等6大主力店，辅以青岛1903、塔蒂亚、方田几等门店，打造成集美区全新青年潮玩胜地。开业当天，云城万科里招商率超92%，品牌同步开业率超90%。9月30日，福建省最大的特斯拉中心——厦门集美特斯拉中心开业。集美特斯拉中心位于集美区岩隆路，中心规模2900余平方米，集咨询、体验、销售、交付和售后于一体。

【服务业企业疫情防控】2020年，集美区商务局成立疫情防控和复工领导小组，制订印发《集美区服务业企业复工相关工作的通知》《集美区企业复工复产工作手册》，梳理形成《返厦五类人员健康管理须知》以及企业防控方案参考范例。通过防控操作指南和流程图示，指导企业做好复工前后的疫情防控工作，确保疫情防控和复工复产两手抓、两不误。协调组织防控物资，保障复工企业运营。为辖区内从事餐饮配送服务的企业牵线搭桥，联合区工信局、区市场监管部门推出宸香餐饮、新华丰华大餐饮等4家集体用餐配送企业，保障辖区内复工复产企业团体用餐需求。

【消费市场活跃】2020年5—6月，集美区商务局结合集美新城建设十周年系列活动，开展“集美·美好生活圈”购物节活动。活动分为百货餐饮消费、汽车消费两大板块。百货餐饮消费板块与支付宝—口碑、“饿了么”“云闪付”“滴滴出行”等平台合作，联动全区限额以上商超、餐饮商户22家，推出“百万红包免费抢”“百万代金券抢购”“打车免单”等促销活动。活动带动的交易额约9200万元，实现1 ∶ 12的带动消费，尚柏奥特莱斯经营情况恢复至正常水平的80%。汽车消费板块联合辖区18家限额以上汽车4S企业，在活动期间对消费者进行油卡补贴。购物节活动创新使用“区长带货云直播”、网红带货直播，推动活跃新城夜经济。针对目标受众喜好，重点整合各方资源，利用《厦门日报》、《东南早报》、《海峡导报》、厦门广电等多家传统媒体及微信头条等网络媒体，开展营销宣传线上传播活动，构建全覆盖的营销圈，把集美特有的“奥莱+高端汽车”特色商业推向漳泉地区，激发目标群体关注，面向重点客源城市精准营销，在疫情后迅速打开集美新城、集美商业热度。

【汽车下乡巡回展】2020年9—10月，集美区商务局向全区居民宣传集美汽车品牌，将汽车展销变为村社活动，促进集美汽车消费，提振区域经济。由区商务局主办、集美城市发展有限公司承办的汽车下乡巡回展活动在灌口镇、后溪镇、侨英街道和杏林街道4个镇街举行。活动现场销售汽车200余辆，销售金额超千万元。

【政策助力复工复产】2020年，集美区商务局运用电话、微信、公众号、集美“i企宝”、调研等信息渠道，向企业宣传省、市、区各项惠企政策，通过线上对接和上门服务方式，为企业提供政策解读、申报操作指南、资料审核以及报送等服务，确保企业享受惠企大礼包。依据市、区各级商贸发展、复工复产政策，全年在销售奖励、税收补助、贷款贴息等方面为218家次企业拨付补助及奖励资金超3000万元，助力企业渡过难关。

【“菜篮子”工程】2020年，集美区开展“菜篮子”工程建设和保障市场供应工作。全区蔬菜种植面积2004.2公顷（30063亩）、产量49209吨，分别比上年增加183.87公顷、4357吨，蔬菜种植面积和产量均按序时进度完成年度任务。全年出动执法人员416人次，检查农资经营店143家次，蔬菜、水果种植户24户次，确保农产品质量安全监管到位。加强水生野生动物保护宣传及执法工作，检查商店12家。结合实际，组织流通环节食用农产品快速检测4076批次，不合格30批次，合格率99.26%。推动列入厦门市重点农贸市场改造项目的铁山安置房市场、后溪市场、浒井市场、下蔡市场等农贸市场改造提升工程，完成集美农贸市场、杏西地下广场（市场）、新港头市场改造提升工程。通过改造，强化硬件和软件标准相结合，实现现代化农贸市场与菜篮子工程相融合，完善服务设施、购物环境和交易条件，强化食品安全监管举措，形成布局合理、设计科学、功能完善、管理规范、环境优良、满足群众多层次消费需求的现代化农贸市场。

【商贸行业安全管理】2020年，集美区商务局开展安全隐患大排查大整治及安全工作三年专项整治活动，以消防及防恐等安全防范为重点，突出抓好全区商贸企业及加油站安全隐患排查整治，组织企业参加“安全生产月”、消防疏散暨反恐怖技能演练等。对辖区89家重点商贸企业及加油站进行安全隐患排查372次，查出隐患1380处，督促完成整改1380处，整改率100%，其中约谈企业1次。通过排查，辖区商贸行业保持安全稳定，企业安全生产主体责任得到加强，年度安全考评总评优秀。

【酒类行业管理】2020年，集美区加强酒类法规和常识宣传，构建溯源管理体系，结合日常走访企业活动，依法依规开展酒类流通行业监督管理工作，重点督查大型商场超市、酒店、餐饮企业等酒类经营者酒类流通电子追溯单使用情况。配合市商务局、市场监督管理局开展“双随机”检查，打击制售假冒侵权酒类商品违法行为，规范酒类流通秩序。8—10月对城区26所中小学周边酒类经营者开展专项检查，查漏补缺粘贴“不得向未成年人售酒”标识160余张。全年发放各类宣传资料186份，督查酒类经营单位127家次。（戴燕婷）

住宿餐饮业

【住宿业】2020年，集美区新增住宿单位46家，客房1185间，床位1598张；停业住宿单位38家，客房949间，床位1541张。至年底，全区有住宿经营单位252家，客房13015间、床位20152张。其中，星级酒店6家、客房1405间、床位2395张，商务酒店246家、客房11610间、床位17757张。全年住宿单位接待过夜游客405.84万人次，比上年下降11.67%，平均住宿率54.41%。营收方面，全区限上住宿业累计实现营收4.78亿元，比上年下降13.58%。

表15

2020年集美区星级酒店接待情况表

酒店名称	星级	客房数（间）	床位数（张）	接待情况（人天夜）
厦门北海湾万达嘉华酒店	五星	402	623	67010
厦门日东花园酒店	四星	212	340	57293
明珠海湾大酒店	四星	319	514	69279
厦门山水宾馆	三星	132	245	12139
杏花村酒店	三星	87	131	9450
华舒酒店	三星	68	98	18602
合计	—	1405	2395	233773

表16

2020年集美区其他重点酒店接待情况表

酒店名称	星级	客房数（间）	床位数（张）	接待情况（人天夜）
全总厦门劳模疗休养中心	参照五星管理	572	926	108705
罗约海滨温泉酒店	参照五星管理	340	450	72360
灵玲大酒店	参照五星管理	691	1667	182881
集美湖豪生大酒店	参照五星管理	485	721	107162
合计	—	2088	3764	471108

【定点隔离酒店防疫管理】2020年2月开始，集美区灵玲大酒店、明珠海湾大酒店、日东花园酒店、晶邦大酒店陆续作为定点隔离酒店，接待境外、国内中高风险地区的入厦人员。至12月31日，4家定点隔离酒店累计接待重点地区入厦人员20740人。定点隔离酒店以“一酒店一专班”模式开展防疫管理工作，设置酒店专班4个，由区文旅局、卫健局、公安分局、区委组织部抽调干部和集美城发保安公司安保人员组成，采取24小时在岗，连续工作7天为一班的工作模式。设专班组长和综合组、卫生健康组、后勤保障组、安全保卫组四个工作小组，由专班组长统一指挥，各工作组按职责做好隔离人员健康管理、后勤保障、消杀消毒、安全保卫、解除隔离后转运等工作，严格落实隔离人员闭环管理。（吴悦）

【餐饮业】2020年，集美区餐饮业营业额17.47亿元，比上年下降7.8%。其中限额以上餐饮企业实现营业额4.99亿元，比上年下降0.4%。为激发餐饮消费活力，集美区在做好疫情防控宣传基础上，鼓励各餐饮业企业开展线上线下营销活动，发展线上业务。依托阿里巴巴旗下口碑、“饿了么”和支付宝平台，组织味友、“小鱿鱼”、杏林湾大食堂等餐饮企业参加“集美新城·美好生活”欢乐购活动，助力餐饮业回暖。（戴燕婷）

粮食管理

【概况】2020年，集美区粮油市场继续呈现购销两旺的态势，粮油企业购入粮食42.8万吨（原粮，下同），其中省外购进24.6万吨；支出粮食42.4万吨，其中口粮销售27.6万吨、工业用粮2.7万吨、饲料用粮7.1万吨，期末社会库存粮食2.5万吨。食用植物油经营企业购进食用油26.8万吨，销售25.1万吨。粮食和食用油价格均略有上涨；是年，集美区开展粮食安全宣传工作，制订“爱粮节粮”活动宣传方案，制作爱粮节粮宣传视频、PPT和粮食宣传册，在全区中小学校、社区视频媒体等处开展爱粮节粮宣传。

【粮食安全行政首长责任制落实】2020年，集美区把保障粮食安全放在突出位置，作为应对风险挑战的重要工作和“六保”工作的重要任务，区发展和改革局会同区相关部门共同努力，落实粮食安全行政首长责任制相关要求，强化责任，逐项落地到位，严格执行耕地保护制度，完成粮食生产目标，健全粮食安全保障体系，承担起保障本区域粮食安全的主体责任。是年，集美区优化粮食应急供应网点布局，依据“布局合理、好中选优”的原则，增加粮食应急供应网点6个、粮食应急加工网点1个，提高全区粮食应急供应保障能力。8月，厦门市组织开展各区2019年度粮食安全行政首长责任制的现场核查，集美区综合评定成绩位居全市第一名。

【储备粮管理】2020年，集美区粮储局配合市粮食监管二局，对集美储备粮管理有限公司及其代储企业开展储备粮、应急成品粮检查，完成2020年粮食库存检查、应急成品粮专项检查、应急储备粮成品粮安全度夏检查、中秋国庆节前检查。应急储备成品粮4050吨，品种、数量与计划任务数相符，管理规范，账账、账卡、账实相符。全区市级储备粮轮换出入库和设备管理及药剂管理使用规范，粮情记录齐全，各项制度执行良好，粮食质量指标和品质指标符合安全储存标准，储备粮安全稳定，符合“一符四无”（粮食的数量和账本相符合，无虫、无鼠雀、无霉变、无事故）要求。

（杜少武）

烟草专卖

【概况】2020年，集美区烟草专卖局（分公司）以标准化建设试点工作为抓手，服务卷烟零售客户6182户，全年上缴税利5.83亿元，比上年增长4.48%；查处各类违法案件253件，破获国标网络案1件、省督案2件，查获各类违法卷烟120.14箱，移送公安机关5人。加快文明吸烟环境建设，建成吸烟亭6个，累计投放吸烟柱200余个。

【卷烟营销】2020年，集美区烟草专卖局（公司）加强整体规划，组织开展交通枢纽商圈、婚庆民俗市场，以及受疫情影响较重的学区学村区域的市场调研。全面梳理和维护零售客户终端标签，掌握终端建设现状，完成30家品牌形象店升级改造，优选75家终端客户安装、培训E福通双屏机，收集门店专属会员1500余名。借力福建中烟“门店粉丝计划”和“海纳百川、敢拼会赢”线上营销平台，开展“消费者在哪里，活动就到哪里”主题营销系列活动，实现辖区消费数据增长20%。推进卷烟非烟一体化经营建设工作，形成《卷烟非烟经营一体化标准化操作手册》《海晟非烟新品上市推广流程》等文件5份，打造不同类型的非烟销售标杆客户20家，与连锁商超、酒店签订酒类、茶叶、糖巧等购销合同10份，全年实现销售非烟商品367万元。

【卷烟打私打假】2020年，集美区烟草专卖局（分公司）推动制假“五员网格防控”工作，明确集美公安分局、各镇（街）、区行政执法局、区应急局、区农业农村局5家综治成员单位的网格化打假防控责任。全年进山入户排查89次、345人次，排查可疑制假场所644处，发放宣传材料1039份，连续5年实现制假零发案。通过日常巡查、错时检查、专项行动、案情倒查，严厉打击运输环节涉烟违法犯罪活动。全年检查物流寄递企业390家次，筛查疑似包裹5287个，立案查处无证运输40起，向浙江、广东等其他省、市属地局通报有效运假线索17条。

【卷烟零售大户治理】2020年，集美区烟草专卖局（分公司）以物流寄递企业、食杂批发户、历史违规户、烟贩子为治理重点，依托诚信合作小组平台，加大对隐形大户的分析排查力度，瓦解分销网络，对一年内被处罚2次及被一次性查获假私烟50条以上的零售户，坚决予以取缔。同时，结合天价烟、样品烟、电子烟、代套订整治等专项行动，遏制真烟异常流动。全年立案查处5万元以上真烟案件11件，查获异常流动真品卷烟11896.6条，依法取缔违法违规大户6户。

【烟草专卖许可管理】2020年，集美区烟草专卖局（分公司）规范许可证申请与办理，结合辖区实际，发布《集美区烟草制品零售点合理布局规定》。开发掌上勘察平台，借助信息技术提升工作效能，缩短办证时限。关注零售户经营动态，发挥营销、专卖、物流三线协同作用，开展代订、套订户清理工作，排查疑似代套订1427户，暂停供货183户，收回53户，引导歇业163户，诚信扣分63户，降档减供34户。（李佳玮）

对外和对台港澳贸易

【概况】2020年，集美区举办“集美新城·美好生活”欢乐购展销会，支持出口产品转内销，助力外贸企业开拓国内市场；推广出口信用保险政策，指导企业利用政策性保险有效应对外贸风险，提高企业抗风险能力；落实完善重点进出口企业跟踪服务工作机制，及时了解重点企业进出口经营情况，指导辖区外贸企业正信电子获市商务局颁发的新成立生产型、流通型出口奖励100万元。会同海关部门，宣传海关总署促进外贸稳增长的十条措施、厦门海关帮扶企业“防疫情、稳外贸”十四条措施等政策，助力辖区外贸企业复工复产。

【服务外包发展】2020年，集美区纳入商务部业务系统统一平台服务外包管理的企业63家，年度新增注册企业7家。全年签订服务外包合同金额4.59亿美元，执行金额3.46亿美元，分别比上年增长36.25%和82.14%。其中：在岸服务外包合同金额4.21亿美元、比上年增长29.73%，执行额3.19万美元、比上年增长76.06%；离岸服务外包合同额3769.36万美元、比上年增长210.46%，执行额2684.49万美元、比上年增长208.57%。集美区服务外包企业业务类型以BPO（业务流程外包）和ITO（信息技术外包）为主，其中BPO执行额1.93亿美元，主要为橙联中国、小歪科技、亿美通和东娱传媒服务，橙联中国为供应链管理服务，小歪科技等为互联网营销推广服务；ITO执行额1.39亿美元，主要为跳羚科技、东方四维、宇信鸿泰等公司服务，多为软件研发服务。

【出口信用保险】2020年，集美区政府继续与厦门出口信用保险公司合作，按照“政府牵头、信保支持、企业获益”的模式，发挥出口信用保险政策性功能，在风险补偿、保障业务、支持融资、助力小微企业等方面，为出口企业构筑风险防范屏障，并加大对投保企业出口信用保险费、资信调查费的扶持力度。中国信保厦门分公司全年服务区内企业477家，比上年增加77家，其中服务小微企业341家，增加29家；短期险项支持企业出口额37.13亿美元，增长27.90%，占全市比重26.62%。全年新增受理区内可损案件61件，可损金额1175.38万美元，赔付案件18件。全年赔款总金额448.88万美元，赔付率处在较高水平。为区内企业提供保单融资便利额6.5亿元，提供海外买家资信调查逾3600份。93家次企业获得出口信用保费、资信调查费财政补贴2305.52万元。

【出口转内销】2020年8月8—30日，集美区支持出口产品转内销，帮助外贸企业纾困，做好“六稳”工作，落实“六保”任务，由区政府、集美新城片区指挥部、市工信局、市商务局、市文旅局指导，厦门万舜文化产业投资发展有限公司、集美城市发展有限公司联合主办的“集美新城·美好生活”欢乐购展销会在集美新城市民广场城市展览馆举行。展销会分五个展区，占地面积1.4万平方米，设有展位104个，展品涵盖卫浴洁具、本土特色农产品、外贸产品、文化创意与旅游产品、汽车产品等领域商品品类86个。活动期间，累计观展超5万人次。通过微博、抖音等新媒体直播渠道，以多维度、立体化的宣传助力参展企业拓展客流，各直播平台、公众号等线上流量超1000万人次，线上、线下交易额超1500万元。厦门利宾伴家居用品有限公司、来明工业（厦门）有限公司、厦门市利创雨具有限公司等外贸企业借力展销会，将出口产品转内销，抵消疫情带来的影响，同时提升本土产品知名度。（戴燕婷）

教 育

综 述

【概况】 2020年，集美区新建竣工公办幼儿园11所，新增建设学位3600个；新建中小学3所，新增学位7020个。各校挖潜扩容，平稳完成各级各类招生。其中，幼儿园招生13378人，小学招生12522人，初中招生9261人。中小学在校生数比上年净增7014人，幼儿园净增1581人；小学45所，在校学生68876人；中学20所，其中完中6所、初中7所、九年一贯制学校5所、十二年一贯制学校1所，在校学生35758人，其中初中生25441人、高中生10317人；中等职业技术学校7所，在校学生17241人；成人培训机构22所（含教师进修学校），学员14145人。全年发放幼儿园、义务教育阶段、高中、中职等各类补助456.98万元，受惠4932人次。区内有高等学校10所。

表17 **2020年集美区各级各类学校情况表（含市属）**

学校类型	学校数（所）	在校学生数（人）			教职工数（人）			
		合计	其中		合计	专任教师		
			初中	高中		小计	初中	高中
总计	310	175127	25441	10317	14227	10105	1749	891
一、基础教育	285	143741	25441	10317	12860	9000	1749	891
1. 中学	20	35758	25441	10317	3268	2640	1749	891
完全中学	6	24375	14819	9556	2154	1772	1011	761
十二年一贯制学校	1	856	161	695	216	132	22	110
高级中学	1	66	—	—	21	20	—	20
初级中学	7	8574	8574	—	664	586	586	—
九年一贯制学校	5	1887	1887	—	213	130	130	—
2. 小学	45	68876	—	—	3643	3391	—	—
十二年一贯制学校		377	—	—	46	46	—	—
九年一贯制学校		9858	—	—	522	460	—	—
普通小学	45	58641	—	—	3075	2885	—	—
3. 特殊教育	1	93	—	—	28	20	—	—
4. 幼儿园	219	39014	—	—	5921	2949	—	—
二、中等职业教育	25	31386	—	—	1367	1105	—	—
1. 中等职业学校	3	17241	—	—	961	821	—	—
2. 成人培训机构	22	14145	—	—	406	284	—	—

【教育系统疫情防控】 2020年，集美区委教育工委、区教育局结合疫情情况，指导学校细化“两案八制”，组织各校依规做好各项防控工作，做好校园疫情防控。组织线上教学，多名教师参加厦门卫视“名师课堂”“上学啦”节目直播或录制，3名教研员走进“名师课堂”节目。加强防疫宣传教育，先后推送疫情防控宣传信息500多篇，开展防控科普教育。安排278所区属学校及22所培训机构分学段复学，先后开展七轮复学准备工作全面评估

督导，并及时进行“回头看”。成立专业志愿服务队，结对帮扶、关心关爱集美区81位援鄂及在厦门市新冠肺炎定点医院工作的一线医务人员子女。

【教育督导】 2020年，集美区秉承“诚毅、创新”督导理念，完善督导工作机制，加大教育督导工作力度。全面开展责任督学挂牌督导，聘任67名挂牌督导责任督学，建立3个中小学责任片区，17个幼儿园片区，构建挂牌督导三级管理网络；全方位督促指导学校做好疫情防控工作，多次配合教育局组织评估组开展分批复学评估工作，对学校的机制建立、制度建设、健康排查、人员培训、物资准备、校园管理、应急处置、食宿管理、出行管理和教育教学、心理辅导等多方面内容进行检查和评估，逐校逐项评估审核，确保中小学校落实落细开学各项准备工作；完成第三批共50所（公办20所、、民办30所）幼儿园的办园行为督导评估，以评促建，推动幼儿园不断提高办园水平开展省、市义务教育教师工资收入落实情况专项督导迎检工作，加强各部门协调联动，深入开展自查自纠，组织18所小学的536名五年级学生和6所初中的356名九年级学生参与开展2020年福建省义务教育质量监测各项前期准备工作。

【平安校园建设】 2020年，集美教育系统以建设“平安校园”为着力点，强化校园安全保障。落实安全工作责任，印发《2020年集美区学校（单位）综治安全目标管理责任书》，确保综治安全责任到岗到人，每季度召开安全工作形势分析会暨部署会，研究解决校园重特大风险隐患等问题。校园防控体系日趋完善，反恐防冲撞设施、校园视频监控、地震预警系统均100%建成；全方位宣传教育，组织开展安全教育日和教育周、“5·12”防灾减灾日、“6·26”毒品预防宣传日、“11·9”消防宣传日等主题宣传教育活动，举办安全专题讲座633场、竞赛420场，发送安全提醒29264条，激活教育平台学生账号129363个并完成授课18688堂，分发防溺水、扫黄打非、扫黑除恶、消防安全等各类宣传海报26万余张，分发小小消防员儿童绘画作文创作获奖作品集500本，累计开展“校长对你说安全”484堂、安全班会课3360堂、国旗下讲话2589次，录制宣传短片28部，在区级以上媒体发布宣传信息10次；加强排查整治风险隐患，教育局累计派出290个督查组877人次，入校园督查1169次，共查出安全隐患1088处，整改率100%。10月，启动2020年新一轮“平安校园”创建暨综治安全目标管理责任制落实情况考评工作，组建24个考评组，深入282个校园进行考评，创建率达50%。

【德育工作】 2020年，集美教育系统围绕立德树人根本任务，切实增进德育实效。推进新时代未成年人思想道德建设，组织开展“新时代好少年”推选及宣传活动，2名学生入选厦门市2020年“新时代好少年”，10名学生入选集美区2020年度“新时代好少年”，借助《集美报》、集美区广播电视台、集美文明网等媒体加强先进事迹宣传，组织全区中小学校参与学习宣传活动；创新嘉庚精神实践形式，开展嘉庚语录诵读周暨2020年“庚·读者”经典诵读活动，举办31场“嘉庚精神”讲解活动31场，在17所学校开展“博物大观，文化校园”巡展活动；推动中小学生研学实践教育工作，组织辖区就读的25个台籍家庭参与“两岸一家亲 ·从小心连心”研学营活动，与和政县教育局开展两地中学生研学交流之旅，确定集美区第五批青少年校外实践基地4家单位。呵护学生心理健康，继续实施“呵护新苗同成长”家庭教育计划、心理健康教育月活动、开展第十二轮进社区进家庭活动，针对重点关注群体进行心理帮扶。通过垃圾分类教育提高学生环保意识，4所学校（园）获评集美区生活垃圾分类示范校园，10所学校获评厦门市生活垃圾分类示范校园，3所学校获评厦门市绿色学校。

【东西对口教育帮扶】 2020年，集美区拓宽与甘肃省和政县的教育帮扶渠道，形成线上线下齐并进，师生家长同参与的攻坚势头。全区30所优质中小学、幼儿园与和政县33所学校深化结对帮扶，促成师徒带教257对，开展线上教研、讲座、培训等245次，各校派出教师172人次赴结对校送教送培，结对校选送骨干教师到集跟岗学习41人；在全区学校内选拔优秀校长、教师、班主任60人赴和政县分别开展为期一年、一个月和一星期支教送教，累计开课、听课368节，举办讲座、座谈、论坛189场，开展主题教研81次，参与8000多人次，在输送先进教育教学经验的同时，师生家长参与募集爱心捐款120多万元。 （刘义豪）

教师队伍建设

【概况】 2020年，集美区各级各类学校（不含辖区高校）共有教职工14227人（含民办），其中专任教师10105人。在专任教师中，幼儿园教师2949人，小学教师3391人，其中女性占81.8%、35岁以下占67.7%；初中教师1749人，其中女性占72%、35岁以下占61.9%；高中教师891人，其中女性占61.5%、35岁以下占45.8%；中等专业技术学校教师821人，其中35岁以下占35.3%。全年举办区级培训项目49个，培训人数23027人次；同时选派集美区教师参加国家、省、市各类培训项目46个，培训人数9554人次；全区中小学教师全员参训率100%，每年每人平均受训时间96课时以上。柔性引进高层次教育人才4名到区属学校工作。 （刘义豪）

表 18

2020 年集美区专任教师学历、职称结构情况表

单位：人

学校类型	合计	学历					专业技术职务				
		研究生	本科	专科	高中	高中以下	副高级以上	中级	助理级	员级	未定级
幼儿园	2949	3	627	1570	680	69	0	66	178	89	2616
小学	3391	86	2760	530	15	3391	75	1105	1109	45	1057
初中（含特教）	1749	249	1452	48	—	—	244	455	474	2	574
高中	891	194	691	6	—	—	266	255	209	0	161
其中：市属	436	109	322	5	—	—	115	106	98	0	117
中等专业技术学校	821	119	670	25	7		228	299	193		101
其中：市属	606	98	498	9	1		191	251	144		20

【教科研成果】 2020 年，集美区中小学幼儿园申报区、市课题的数量超过历史同期，课题申报质量也明显提升。全区 33 项课题被立项为福建省教育科学““十三五””规划 2020 年度课题，12 项课题被立项为 2020 年厦门市教育科学规划课题；20 项课题被立项为厦门市第五批基础教育课程改革课题，其中重点课题 7 项。省、市级立项课题数量六区中全市位居前列；在厦门市首届教研成果评选中，集美区有 4 项成果获奖。其中，“课程发展成果”三等奖 1 项，“教研发展成果”二、三等奖各 1 项，“教育质量评价成果”三等奖 1 项。在厦门市第十二届教育科研成果评选中，集美区获成果奖 10 项，其中二等奖 2 项、三等奖 3 项、优秀奖 5 项；12 月，滨水学校被评为“福建省基础教育美术学科教学研究基地学校”。

【教师专业成长】 2020 年 5 月，厦门实验小学集美分校（灌口小学）获评厦门市首批中小学教师发展示范学校。7 月，集美区教师入选市首期卓越教师培养对象 3 名；9 月，入选市首批名校长培养人选 4 名，6 个名师工作室被授予市首批名师工作室称号。在市第五届中小学中职学校幼儿园教师教育教学技能大赛中，集美区获得特等奖 3 个、一等奖 8 个、二等奖 17 个和三等奖 42 个（其中 6 人为抽测选手），杏东小学和灌口中学获“厦门市中小学教师教学技能岗位练兵先进单位”称号。

（刘义豪）

学校设施建设

【概况】2020 年，集美区新竣工幼儿园 11 所、中小学 3 所。下拨中小学设施设备采购和修缮方面的资金 9161.39 万元。新竣工幼儿园 11 所，总建筑面积 4.35 万平方米，包括分别是：园博公寓配套幼儿园、集美新城亭北幼儿园、集美新城白石幼儿园、集美新城明珠幼儿园、鱼孚幼儿园、龙湖首开幼儿园、美山幼儿园、海凤幼儿园、马銮湾新城集美片区柏涛幼儿园、岩内维修基地幼儿园、7# 号地块国贸天峯配套幼儿园。新竣工中小学 3 所，总建筑面积 8.84 万平方米，包括分别是：集美新城亭北小学、集美新城蔡林小学、集美新城白石小学。

【智慧校园建设】 2020 年，集美区推进智慧校园建设，提升教育信息化水平。2020 年 12 月，在学校自评、区教育局推荐的基础上，市教育局组织专家评估组对申报厦门市智慧校园达标校验收的学校进行复核评审，集美区西亭学校、集美区乐安中学、集美第二小学、灌口中学为厦门市首批智慧校园达标学校。

（刘义豪）

幼儿教育

【概况】 2020 年，集美区新开公办幼儿园 3 所：诚毅幼儿园亭北分园、灌口中心幼儿园凤山分园、园博幼儿园，分别位于杏林街道、灌口镇、后溪镇，新增学位 1080 个。至年底，签订分级收费管理协议的民办园 166 所，约占参与评估定级民办幼儿园总数的 93.25%。户籍幼儿学前三年毛入园率 98.21%。共有教职工 5921 人，其中专任教师 2949 人，占 49.8%。

【示范性幼儿园建设】2020 年，英村（兑山）幼儿园逐项完善园内各项规章制度，细化岗位分工职责，优化园务管理机制，提高班组的协作成效，提升办园质量。杏林中心幼儿园金博水岸分园以“共创”精神实现总园、分园优质教育资源共享，凝聚三园团队力量，迎接市级示范园的评估工作。12 月 22 日，英村（兑山）幼儿园、杏林中心幼儿园金博水岸分园被确认为“厦门市示范性幼儿园”。

【第 16 届幼儿园教学教研经验交流会】 2020 年 12 月 2 日，集美区“第十六届

表 19

2020 年集美区基础教育办学条件情况表

	学校占地面积（万平方米）	校舍建筑面积（万平方米）					校舍建筑面积中：租借面积（万平方米）		图书（万册）	固定资产总值（亿元）	
		小计	教学及辅助用房	行政办公用房	生活用房	其他用房	小计	租借公办的基础教育学校的校舍建筑面积		小计	其中：仪器设备总值
总 计	25.21	16.57	78.12	11.00	31.65	44.92	35.03	4.05	403.39	17.77	3.22
幼儿园	46.46	45.39	31.68	2.16	3.23	8.32	27.79		34.17	★	★
小学	95.11	48.33	18.03	3.20	7.19	19.90	0.94	1386	188.06	6.40	1.42
初级中学	26.33	12.68	3.97	0.76	2.76	5.19			33.62	1.29	0.36
九年一贯制学校	16.25	9.52	4.56	0.95	1.72	2.31	2.39		36.40	0.57	0.32
完全中学	57.85	43.73	17.84	3.44	1356	8.89			107.95	9.28	1.00
高级中学	1.63	1.43	0.49	1608	0.75	0.33			0.55	0.06	0.06
十二年一贯制学校	7.27	3.91	1.38	2544	2.16	0.12	3.91	3.91	1.89	0.17	0.07
特殊教育学校	1.23	0.70	0.19	616	0.28	0.16			0.77	★	★

（刘义豪）

幼儿园教学教研经验交流会暨课堂教学观摩研讨活动”在英村（兑山）幼儿园总园举行，全区各公办幼儿园园长、副园长、骨干教师及部分新教师200余人参加经验交流。活动围绕晨间自主游戏、集中教学活动观摩、师幼才艺展示、园长办园经验介绍及集体研讨互动等展开。（刘义豪）

【集美幼儿园】 2020年9月，集美幼儿园分设总园和岑东分园，设班24个，在园幼儿843人。有教职工104人，其中区级学科带头人2人、市级骨干教师9人、市级学科带头人培养对象1人、市级骨干教师在培8人、教坛新秀1人。10月，省级课题《基于“葆真养正”理念下新时代幼儿园爱国主义教育实践研究》开题报告会在该园举行。区教育局到岑东分园进行综治安全目标管理责任考评；11月，厦门市幼儿园办园行为督导评估检查小组接受现场评估。是年，幼儿园通过市区级办园行为规范督导、市级“文明校园”（培育对象）创建检查及实地考察、区级AAAAA平安校园评估。承担集大实习生带教活动、诚毅学院见习工作、片区手拉手帮扶活动；7月，组织6名骨干教师赴甘肃和政县第二幼儿园送培送教，为和政县全体幼儿教师350人做专题讲座3场。11月，和政县第二幼儿园4名教师到园跟岗学习交流。是年，王小菁获集美区优秀教师称号，陈般、颜缘被评为集美区幼儿园优秀备课组长。市级课题《主题活动和区域游戏整合研究》、区级重点课题《幼儿园“葆真养正”教育课程建构研究》结题。教师论文发表在CN刊2篇，集美区论文汇编6篇，其中获二等奖、三等奖各1篇。4名教师参加集美区幼儿教师技能大赛，获一等奖1名，二等奖2名，三等奖1名。教师制作微课获市一等奖1名，二等奖2名，三等奖2名。游戏案例获市优秀案例评比二等奖2名。幼儿参加绘画比赛，获一等奖5名，二、三等奖多名。

（许碧莲）

【集美区实验幼儿园】 2020年，集美区实验幼儿园设教学班12个，有在园幼儿468人、教职工60人。教职工中，专任教师31人，包括省学科带头人1人、市学科带头人1人及在培1人、市骨干教师2人及在培1人、区学科带头人1人，区教学新秀4人及在培1人。是年，实验幼儿园开展东西部对口帮扶活动，7月初，组织帮扶小组赴甘肃省临夏州和政县嘉庚实验幼儿园进行为期7天的帮扶交流活动；11月，和政县嘉庚实验幼儿园2名骨干教师到园跟岗学习，其间开展师徒带教、参观园所建设、学习课程、游戏观摩、同课异构等跟岗活动，发挥省级示范性幼儿园辐射作用。同时，开展片区辐射活动，邀请区乐海幼儿园、康城幼儿园、英村兑山幼儿园、瑞吉欧幼儿园、集美区国投敬贤幼儿园、碧海蓝天幼儿园部分教师参加片区开放活动，由省级学科带头人、高级教师蔡爱卿做“幼儿园如何有效开展主题活动”讲座；邀请瑞吉欧幼儿园、耶鲁幼儿园、敬贤幼儿园教师参加幼儿园区域观摩活动，加强片区共建园交流；教师黄媛举办区级公开课“小区停车场”、教师黄毅娟开展片区级讲座“基于幼儿行为如何进行活动设计”。加强课题研究，省级“十三五”常规课题《幼儿园新手型教师和熟手型教师数学学科知识（pck）比较研究》立项，

表 20

2020 年集美区幼儿教育情况表

镇、街	园数（所）	班数（个）、在园幼儿数（人）									
		合 计		托 班		小 班		中 班		大 班	
		班数	幼儿数	班数	幼儿数	班数	幼儿数	班数	幼儿数	班数	幼儿数
总 计	219	1465	39014	1	25	523	13402	469	12398	472	13189
集美街道	9	75	2390	0	0	28	875	24	743	23	772
公办	3	36	1343	0	0	12	451	12	423	12	469
地方企业办	1	12	426	0	0	5	162	4	143	3	121
民办	5	27	621	0	0	11	262	8	177	8	182
侨英街道	47	304	7854	0	0	106	2660	97	2439	101	2755
公办	7	74	2759	0	0	25	986	25	868	24	905
民办	40	230	5095	0	0	81	1674	72	1571	77	1850
后溪镇	22	149	4330	1	25	55	1533	47	1367	46	1405
公办	8	58	1973	0	0	23	735	18	627	17	611
集体办	2	6	74	0	0	2	12	2	16	2	46
地方企业办	1	11	433	0	0	5	193	4	160	2	80
民办	11	66	1664	0	0	22	519	21	518	23	627
市属民办		8	186	1	25	3	74	2	46	2	41
灌口镇	39	259	6649	0	0	92	2171	85	2165	82	2313
公办	6	62	2192	0	0	25	834	20	702	17	656
民办	33	197	4457	0	0	67	1337	65	1463	65	1657
杏滨街道	48	294	7373	0	0	106	2562	94	2328	94	2483
公办	7	63	2277	0	0	24	850	20	696	19	731
地方企业办	1	11	404	0	0	4	158	4	140	3	106
民办	40	220	4692	0	0	78	1554	70	1492	72	1646
杏林街道	54	384	10418	0	0	136	3601	122	3356	126	3461
公办	9	100	3870	0	0	36	1438	33	1249	31	1183
民办	44	278	6421	0	0	99	2143	87	2064	92	2214
市属民办	1	6	127	0	0	1	20	2	43	3	64

说明：无班数的园为 2020—2021 学期未招生

区级“十三五”规划课题《大班生成性区域环境创设与教师支持策略研究》开题。年内，幼儿园教研组获评集美区 2019—2020 学年度先进教研组，陈燕菁获评先进教研组长；在厦门市第八届基础教育优质微课程评比中，7 名教师分别获得二等奖、三等奖；幼儿获厦门市故事大王比赛一等奖 2 名、二等奖 1 名；区级青少年科技创新大赛科幻画比赛获三等奖 3 人，集美区第九届少儿故事比赛获一等奖 2 名，二、三等奖各 1 名。（陈燕菁）

【灌口中心幼儿园】 2020 年，灌口中心幼儿园原幸福园、欣悦湾园单设，凤山分园招生 6 个班，全园共 18 个班，在园幼儿 646 人，教职工 78 人，保健医生 2 名，其中省级骨干教师 1 人、市级骨干教师 2 人、区级学科带头人 1 人。是年，灌口中心幼儿园开展“在早期阅读中培养幼儿前书写能力的实践研究”的课题。园长副园长分别主持“十三五”立项课题“《指南》背景下幼儿探索性活动区游戏的实践研究”“户外自主游戏中培养幼儿规则意识的行动研究”。各级各类骨干教师承担子课题的主持人，落实“童心、

2020年，灌口中心幼儿园将足球游戏融入幼儿的日常户外运动（朱丽真 摄）

童玩、童乐”课程方案及目标的过程中，注重一日生活皆课程的理念，通过该课程的实施，让幼儿玩出快乐、玩出智慧、玩出品质。结合足球特色办园理念，加大对足球游戏的投入，将足球游戏融入幼儿的日常户外运动中。完成对甘肃和政县三十里铺幼儿园扶贫帮扶，对厦门同安禾山幼儿园、集美区盈盈幼儿园、集美区鸿树桥等幼儿园的市级精准帮扶工作，完成小片区龙头带动工作。年内，灌口中心幼儿园获“AAAAA级平安校园”称号，并通过集美区教育局综治安全目标责任考评。获集美区2019—2020学年中小学幼儿园“优秀教研组”称号；教师陈燕燕获“集美区第五届中小学幼儿园教师教育教学技能大赛”二等奖；教师林艺燕获“2020年厦门市幼儿园优秀游戏案例评选”二等奖；教师彭诗鹭、吴巧辉、黄晓燕、刘亚兰、黄雅琪、王秀萍分获“2020年第八届基础教育优质微课程建设评选活动”多个奖项。在集美区教育局举办的“文明小海豚”主题绘画比赛中，幼儿园教师唐琎琎指导的小朋友杨子勋获一等奖，教师陈芬芳指导的小朋友邱宸俊获二等奖；林雅雯指导幼儿苏亦辰、卢文婷指导幼儿林澎辉参加“崇德修身好少年”少儿故事大王比赛获得幼儿组三等奖。（朱丽真）

【杏林中心幼儿园】 2020年，杏林中心幼儿园设总园、金博水岸园和中海寰宇园，共33个班，在园幼儿1275人，教职工154人，其中市级学科带头人1人、市级骨干教师3人、区学科带头人1人、区骨干教师1人、区教坛新秀8人、区教学新秀8人。7月，被确定为厦门市依法治校达标校。幼儿园以集美区第五届中小学幼儿园教师教育教学技能大赛为契机，开展活动设计、教育活动评价、教学研究、幼儿行为观察与分析等技能练兵项目，全面提高教师教学技能，8月，获得集美区岗位练兵先进单位。9月，接待甘肃和政县幼儿园园长、骨干教师一行12人进行参观考察。幼儿园发挥总园省级示范性幼儿园的辐射引领作用，助推分园的提升与发展，12月，金博水岸分园被确认为市级示范性幼儿园。幼儿园市级课题《海洋文化背景下幼儿园主题活动实践研究》进入中后期实践研究及课题结题筹备阶段。“十三五”规划课题《巧用闽南童谣丰富幼儿园鲨江乡情课程的实践研究》和《基于儿童视角的科学区活动项目化的实践研究》形成阶段性成果。教师、幼儿参加各类比赛，获省奖2项，市奖1项，区一等奖1项、二等奖4项、三等奖8项，其中教师廖苑萍、陈怡雯设计的《硬币站起来》获福建省第16届“三优联评”活动评选二等奖，教师陈怡雯设计《回南天的秘密》获福建省第16届“三优联评”活动评选三等奖，教师甘林琳撰写《滚珠大作战》获厦门市幼儿园优秀游戏案例二等奖。（阮玲燕）

【后溪中心幼儿园】 后溪中心幼儿园设总园、永祥分园、珩崎分园。后溪中心幼儿园（新村园）占地约3000平方米，建筑面积2108平方米，拥有6个班，在园幼儿204人，后溪中心幼儿园（永祥园）占地面积4000平方米，建筑面积3527平方米，拥有12个班，在园幼儿391人；珩崎分园，占地面积3577平方米、建筑面积3559平方米，拥有12个班，在园幼儿95人。幼儿园配足配齐各岗人员共85人，其中，市级骨干教师3人，市级学科带头人培养对象2人，市级骨干教师培养对象5人，区级学科带头人2人，区骨干1人，区教坛新秀3人，区教学新秀8人。承担区级课题2个，市学科带头人课题2个。2020年，幼儿园获区第五届中小学幼儿园教师教育教学技能大赛岗位练兵先进单位1项，区优秀备课组2项，参加各级各类比赛，获市一等奖2项，二等奖10项、三等奖4项，市银奖1项，区一等奖2项、二等奖8项、三等奖4项。（陈晓娟）

小学教育

【概况】 2020年，集美区新建、改建小学3所，新增建设学位7020个。除一贯制学校外，全区有小学45所（其中民办小学4所，含市属英才学校小学部），在校学生68876人，毕业生9716人，秋季招生12522人。有教职工3643人，其中专任教师3391人。

表 21

2020 年集美区小学教育情况表

镇街	校数（所）	合 计		一年级		二年级		三年级		四年级		五年级		六年级	
		班数（个）	学生数（人）	班数（个）	学生数（人）	班数（个）	学生数（人）	班数（个）	学生数（人）	班数（个）	学生数（人）	班数（个）	学生数（人）	班数（个）	学生数（人）
总 计	45	1467	68876	269	12531	260	12445	252	12148	234	10946	228	10368	224	10438
集美街道	2	79	3748	13	675	14	636	15	730	13	594	12	543	12	570
区直	2	79	3748	13	675	14	636	15	730	13	594	12	543	12	570
侨英街道	6	216	10470	38	1784	38	1905	36	1813	36	1785	33	1533	35	1650
区直	6	216	10470	38	1784	38	1905	36	1813	36	1785	33	1533	35	1650
后溪镇	8	157	7030	26	1168	27	1207	28	1259	27	1215	25	1083	24	1098
区直	8	141	6653	23	1088	23	1114	24	1168	25	1170	23	1047	23	1066
市属民办	0	16	377	3	80	4	93	4	91	2	45	2	36	1	32
灌口镇	12	292	13780	53	2491	51	2529	48	2314	48	2258	46	2092	46	2096
区直	11	268	12651	49	2301	46	2280	44	2116	45	2132	42	1883	42	1939
区属民办	1	24	1129	4	190	5	249	4	198	3	126	4	209	4	157
杏滨街道	9	283	13530	52	2446	50	2409	45	2234	47	2248	45	2069	44	2124
区直	7	233	11317	42	2060	42	2044	37	1861	39	1908	38	1746	35	1698
区属民办	2	50	2213	10	386	8	365	8	373	8	340	7	323	9	426
杏林街道	8	440	20318	87	3967	80	3759	80	3798	63	2846	67	3048	63	2900
区直	7	297	14057	57	2674	54	2608	55	2675	48	2205	42	1944	41	1951
区属民办	0	100	4759	22	1049	19	906	18	866	9	427	18	845	14	666
市属民办	1	43	1502	8	244	7	245	7	257	6	214	7	259	8	283

注：一贯制学校由高一级部门统计校数，本表仅统计小学班数

【厦门华锐莱普顿学校开学】 2020 年 9 月 1 日，厦门华锐莱普顿学校投入使用。该校是一所包括幼儿园、小学、初中、高中 4 个学段的 15 年制高端国际化学校。学校总规划建筑面积 7.5 万平方米，投资 7 亿元，分为南北两个校区，北校区于 2020 年 4 月建成，并于 2020 年 9 月 1 日投入使用，全校有教职员工 135 人、学生 467 人。

【乐安小学百年校庆】 2020 年 10 月 18 日，集美区乐安小学举行“嘉庚精神世代传颂 百年乐安扬帆远航”庆典仪式和“百年乐安 扬帆远航”爱国主义大课堂活动，乐安小学历任领导、退休老教师、校友、家长代表以及关

2020 年 10 月 18 日，集美区乐安小学举行建校百年庆祝大会。图为庆祝大会文艺演出
（林毓萍 摄）

心学校发展的众多爱心人士等参加校庆纪念大会，共庆百岁生日。集美区乐安小学1920年由陈嘉庚创办。

【学校特色办学】 2020年，军民小学、双塔小学利用所在地人文环境、优秀历史传统和国防教育资源创造性地开展工作，在管理机制、课程开发、教育方式、工作模式、活动开展、师资队伍和实践基地建设等方面提高水平、办出特色，军民小学、双塔小学2020年12月被教育部确认为“第三批全国国防教育特色学校”；杏东小学建校后以排球作为学校体育特色项目，宣传排球文化，深入发掘运动苗子，用心培育“三爱”排球队，9月30日，杏东小学被确认为“全国青少年校园排球特色学校”。

【集美区小学田径联队夺得市锦标赛团体第一】 2020年11月26—29日，“2020年厦门市中小学中职学生田径锦标赛”在厦门市体育中心举行，集美区小学田径联队以376.5的团体总分夺得团体第一名。该次赛事集美区小学联队在个人项目比赛中获第一名9个、第二名8个、第三名6个，打破女子60米甲组赛会纪录；在团体项目比赛中获得4×100接力第一名2个、第二名2个。

【杏东小学被评为年度课堂改革“十大样本”之一】 2020年12月，杏东小学“五环整体化导学”被中国教师报评为“2020年课堂改革十大样本”之一。杏东小学“五环整体化导学”课堂模式是根据学科知识内容将“预习、上课、作业、复习、考试”五环学习统整为一个习得系统，以单元“学习单”形式呈现。旨在让学生从原本的“碎片化”学习走向“系统化”学习，让教师以“蚂蚁之眼”观学生细微之变，以孩童之心体学生敏锐之思。

【第16届小学教学教改经验交流会】 2020年12月10日，为期3天的集美区第16届小学教学教改经验交流暨课堂教学观摩研讨活动在双塔小学落幕。来自全省各地的教育专家代表和集美区对口帮扶的三明市清流县、龙岩市新罗区的学校校长，以及集美区各小学的校长、副校长和教导主任参加交流活动，共同探讨教学改革，双塔小学展示独具特色的“雅正”课堂建设情况和教学改革成果。集美区小学教学教改经验交流暨课堂教学观摩研讨会为集美教育品牌项目，活动由集美区教育局主办，集美区教师进修学校提供专业支持，每年由一所优质学校承办。（刘义豪）

【集美小学】 2020年，集美小学设教学班39个，在校学生1828人，在编教职工81人，其中高级教师7人。年内，学校通过市级文明校园考评、“全国校园足球特色校”复核考评和综治安全目标管理责任考评，消防安全标准化管理及新一轮平安校园等级创建，六年级上学期区级抽测P值为全区第三名，德法区统考P值全区第一名，党支部获厦门市教育系统优秀党建品牌。举办“爱校主，继诚毅，新集小——集美小学107周年校庆庆典”暨嘉庚精神宣传月活动，举办“用心向上，让品格更诚毅，学业更优秀——元旦文艺会演”暨创建福建省义务教育教改示范性建设学校创建成果汇报，举办《课前三分钟诵读》学校自编教材首发式。学校支部书记陈志良执教党课《诚于初心，毅于使命》获区一等奖，王小妮参加区班主任技能大赛获三等奖，苏伟华、蔡鹭燕参加区数学试卷命题比赛分别获二等奖、三等奖。先后举办集美区“消防安全伴我成长”活动启动仪式，一年级乐高编程阶段总决赛，“爱校主，传诚毅”主题活动、“诚毅”奖章评选特色品牌活动和读书节、科技节、艺术节、体育节等活动，开设数学、阅读、诗词等46项社团活动。获一等奖27个，二等奖36个，三等奖35个，表演奖2个。学校发挥龙头校辐射引领作用，先后举行小片区“诚互助促发展，毅研讨提素养”教学研讨活动，“精钻研，敢实践，展风采——集美区小片区教学管理经验交流”暨集小片区课堂教学成果展示活动，组织多次小片区和帮扶学校的语文、数学学科联合教研活动、音乐组承办小片区器乐比赛，并为碧溪小学、新亭小学送教。6月，全体师生为甘肃省和政县西关小学品学兼优的学生及购置教学设备献爱心，共计捐款6.92万元；7月，陈志良等5名教师远赴西关小学进行现场送培送教；学校柔性引进学科教学导师人才3人，与区内学校共享柔性引进人才资源。

（陈志良 易姗娜）

【曾营小学】 2020年，曾营小学设教学班46个，在校学生2259人，教职工117人，其中专任教师114人，副高及中级职称教师51人。2月，校德育处、教导处开展线上教学活动。围绕抗“疫”防“疫”，举办主题线上班会和“弘扬逆行者精神”主题活动。教导处制作《曾营小学“线上学习”规则》动画，用生动形象的方式让学生明白线上学习与线下学习有何不同，如何提高线上学习效率。3月始，组织开展“云”上运动会，以亲子互动方式，开展“折出我的‘小意见’”“亮出我的信任值”“诗意的厨艺”“模仿世界名画”等主题系列活动。启动线上蓝帆广播，推送有关心理健康、热爱劳动、珍爱生命、复课准备等主题广播20篇。是年，学校组织骨干教师开展“送培送教”活动19场，其中前往甘肃省和政县“送培送教”10场，教师参加区教师技能大赛，获得一等奖1名，二等奖2名，三等奖4名。学校蓝帆社团学生参加各级各部门组织的各类比赛，其中，经典诵读获得市三等奖，“读册歌”比赛获得市二等奖，创新赛获得市三等奖，器乐比赛获得7金7银33铜。学生获省一等奖2人次、二等奖6人次、三等奖8人次；市一等奖1人次、二等奖10人次、三等奖13人次；区一等奖20人次、二等奖35人次、三等奖60余人次。是年，学校获区运会团体总分第四名，获评福建省文明校园、厦门市首批依法治校示范校、厦门市教师发展示范学校等称号。（王荣）

【集美第二小学】 2020年，集美第二小学设教学班40个，招收新生361人，毕业学生286人，在校学生1920人。有教师98人，其中高级职称7人。是年，学校与和政县甘沟门学校开展“师徒带教”线上教学研讨活动，4名教师到和政开设专题研讨课及专题讲座，接受和政县甘沟门学校校长一行6人到学校跟岗交流，开展与和政县甘沟门小学“和美一家亲，携手共成长”结对帮扶及手拉手教学展示研讨活动。学校开展线上祭英烈、纪念抗美援朝70周年、庆六一、“赓读者”经典诵读、庆祝中华人民共和国成立71周年等活动，学校在鳌园举行“赓读者”经典诵读表演活动13场，参演节目112个，其中5个节目获评厦门市“赓读者”十佳精品节目。学校省级课题《基于爱的教育理念，构建七彩课程的实践研究》及区级课题进入结题阶段；《基于真实性问题的小学数学课堂教学优化研究》《基于STEAM教育的小学信息技术项目式学习研究》《小学歌唱教学中情感表达能力提升的策略研究》等5个省市区级课题顺利开题。学校教师承担省、市、区级公开课、观摩课20节次，在区级以上报刊（包括汇编）发表论文16篇，其中在CN类刊物发表论文4篇，教师参加各项技能竞赛9人获奖。学生获国家级和省、市、区级奖项148人次，获校级各类竞赛奖624人次。其中，获国家级个人奖3项，市级集体奖项7项，获奖学生7人次；区级集体奖6项，获奖学生88次。学校获评全省首批义务教育管理标准化学校、第二批义务教育教改示范性建设学校，厦门市文明校园、义务教育管理标准化学校，通过省级素质教育评估和文明校园检查。教师杨辉聪获集美区优秀德育工作者称号、梁惠敏获集美区优秀教师称号。（刘欢）

【厦门实验小学集美分校】 2020年，厦门实验小学集美分校（灌口小学）设教学班46个，在校学生2180人。编内教职工98人，编外15人。其中，省骨干校长、省学科带头人培养对象1人，市专家型教师、市十佳班主任、市专家型教师培养对象各1人，市学科带头人6人，市学科带头人培养对象3人，市级骨干教师32人，高级教师12人，区级名师工作室1个。作为福建省首批义务教育教改示范性建设学校，学校围绕课改项目“研究型教师发展共同体”的建设，探索符合当前发展趋势的新型教师发展模式，逐渐完备教师发展梯队。在市、区级教师技能大赛和班主任专业能力大赛等比赛中，学校教师获市二等奖3个、三等奖3个、第三名2个，区一等奖5个、二等奖4个、三等奖6个。在课题研究方面新增省规划办课题4个、市级课题立项3个。此外，教师苏小豫获福建省优秀教师称号，教师廖月丽、陈进荣分获厦门市教育系统创优奖、服务奖，教师庄碧虹获集美区优秀德育工作者称号，教师洪惠容、陈丽玉获集美区优秀教师称号。6月和12月，学校组织片区内各学科骨干教师到安仁小学送教；11月，学校举办小片区与和政县马家堡学区的区域联动课堂教学研讨活动；12月，学校组织片区内11名青年骨干教师到福州市与永泰实验小学同台研讨。小片区开启每学年4次的同步质量检测，并采取各学校负责优势学科优势年级试卷的方式，保证每次质量检测的试卷质量，全年小片区有3所学校被抽到省测。学校组织优秀教研组长及骨干教师深入被抽测学校进行指导。是年，学生获国家级和省、市、区级奖项160余人次，其中，市级集体奖项1项，获奖学生15人次；区级集体奖项8项，获奖学生68人次。学校被评为福建省第二届文明校园、厦门市首批中小学教师发展示范学校、集美区教育工作先进集体；人民日报网刊发《“知心姐姐”和孩子们的航天梦》，专题报道学校“知心姐姐”办学特色。《中国教育报》及官网刊发《让中医价值在孩子心中闪耀》，专题报道学校闽南文化进校园的办学特色。学校多次与和政县马家堡中心小学开展线上线下教学研讨活动。7月，学校副校长、市级骨干教师周艺雄带队，市级学科带头人林碧蓉、廖月丽等5人前往马家堡中心小学开展为期一周的送培送教活动。11月，马家堡中心小学一行近20人到访，学校组织灌口小学片区与马家堡中心小学等学校再次开展区域联动课堂教学研讨活动，安排教学研讨6个学科29节课3场讲座。学校师生为和政县马家堡中心小学募集师生捐款10.31万元。疫情期间，学校组织全体学生开展线上学雷锋活动，致敬战“疫”英雄。开展《我们要追钟南山这样的“星”》等多节线上班会课。开展线上体育节活动，推动学生参与体育挑战。在疫情防控的特殊时期，学校规范家校沟通渠道，各班通过QQ、微信、电话等进行线上全员家访3次、线上家长会4次，并开通《疫情期间，如何保持乐观的心态》线上心理课。学校成立护学岗家长志愿队，有志愿者36名。

（郭宏君 苏小燕）

普通中学教育

【概况】 至2020年底，集美区有普通中学20所。其中，市属中学5所（集美中学、英才学校中学部、启明学校、厦门工学院附属学校、华锐莱普顿高级中学），区属公办13所（厦门十中、杏南中学、灌口中学、乐安中学、上塘中学、后溪中学、杏东中学、集美中学附属滨水学校、园博学校、西亭学校、美山中学、诚毅中学、蔡林学

表 22

2020 年集美区普通中学教育情况表

学校性质	学校数（所）	合计		初中阶段								高中阶段							
				小计		一年级		二年级		三年级		小计		一年级		二年级		三年级	
		班数（个）	学生数（人）	班数（个）	学生数（人）	班数（个）	学生数（人）	班数（个）	学生数（人）	班数（个）	学生数（人）	班数（个）	学生数（人）	班数（个）	学生数（人）	班数（个）	学生数（人）	班数（个）	学生数（人）
合计	20	770	35758	534	25441	194	9261	176	8438	164	7742	236	10317	87	3782	77	3411	72	3124
市属	5	198	7763	90	3777	32	1391	30	1219	28	1167	108	3986	41	1485	35	1314	32	1187
区属	15	572	27995	444	21664	162	7870	146	7219	136	6575	128	6331	46	2297	42	2097	40	1937
区直	13	570	27965	442	21634	160	7840	146	7219	136	6575	128	6331	46	2297	42	2097	40	1937
民办	2	2	30	2	30	2	30	0	0	0	0	0	—	0	—	0	—	0	—

校），区属民办 2 所（英贤学校、华锐双语学校），共设班 770 个，在校学生 35758 人，其中初中生 25441 人、高中生 10317 人；有教职工 3268 人，其中专任教师 2640 人。

【集美区与福建教育学院合作办学】 2020 年 12 月 24 日，集美区与福建教育学院签订合作办学协议书，决定合作共建九年一贯制学校，将集美区美山中学、集美区美山小学和在建的集美区曾厝小学办成福建教育学院附属集美实验学校，同时合作共建福建教育学院集美培训基地，实行福建教育学院集美培训基地和福建教育学院附属集美实验学校资源共享。

2020 年 2 月，受新型冠状病毒疫情影响，厦门市中小学生春季暂停开学。5 月 11 日，全市中小学开学复课。图为复课开学之后的集美中学课堂　（许晓霞 摄）

【杏南中学科技创新成效】 2020 年，杏南中学师生参加各级赛事，获得国际级奖励 4 人次、国家级 43 人次、省级 11 人次、市级 55 人次，申报国家专利 2 项。在第 35 届福建省青少年科技创新大赛中，获省一等奖 1 项、二等奖 3 项；在第二十四届全国发明展览会"一带一路"暨金砖国家技能发展与技术创新大赛中，学校获最高奖暨中国宝武青少年发明专项奖，获一金一银四铜；4 名学生在 2020 年世界机器人大赛总决赛中代表省队获二等奖 2 项，获奖数及获奖等次位居省高中系列之最；在青少年虚拟机器人在线体验活动中，学校获 6 项国家级奖项，一名学生获最佳表现奖（全国一等奖），指导教师获全国优秀教练员称号；在首届福建省创意编程与智能设计比赛中，学校获省一等奖 1 项、省二等奖 1 项；学校获得"全国人工智能活动特色单位"和"福建省青少年体育科技创新大赛体育道德风尚奖"，连续七年蝉联市科技创新大赛优秀组织奖。

【中高考成绩】 集美区 2020 届中考全科均分与全市均分的差值比 2019 届进步 4.9 分。高考全区本科上线率近 80%，灌口中学、厦门十中、杏南中学三校的艺体考生上线率均为 100%。灌口中学学子摘取集海片区理科第一名，成为集海片区考取清华大学第一人。

（刘义豪）

【集美中学】 2020 年，集美中学设教学班 99 个，在校学生 4799 人，在编教职工 389 人，其中专任教师 341 人。专任教师中，有正高级教师 1 人、高级教师 109 人、中级教师 149 人；有特级教师 4 人、省教学名师 2 人、市杰出教师 4 人；省市学科带头人 27 人；有硕士以上学历 83 人。是年，参加高考 643 人，特殊类型招生控制分数线以上 332 人，指标完成率 52%，本科率 98%。文科两名学生成绩居全省前 150 名，其中文科最高分 635 分，名列全省 131 名；理科最高分 660 分，名列全省 1007 名。中考总分最高分 619 分，600 分以上 33 人。2020 年，学校首创高中嘉庚班，与高校科研院所合作，获得南京大学优质生源基地校、厦门大学优质生源基地校授牌，为嘉庚学子创造更多考进“双一流”高校的机会。学校发挥“福建省教育科研基地”优势，以福建省示范性高中创建为契机，完善课题申报与管理制度。教师主持校级以上课题 56 项（省级 12 项，国家级 2 项）。其中，以国家级课题《基于积极心理学与大数据下的高中学科精准教学研究》引领各教研组开展子课题研究，促进教育教学质量提升。疫情期间，学校 20 多位青年教师走上省市名师讲坛，指导厦门学子开展网上学习，取得良好效果。学校与乐安中学、后溪中学、上塘中学结对帮扶，定期派出名师进行教育教学指导。学校田径队在 2020 年厦门市中小学生田径联赛中获得高中团体总分第三，以学校牵头的直属校初中第二联队获团体总分第二，获得 7 金 13 银 11 铜，打破 3 项校纪录。福建省 U 系列田径冠军赛中获得 2 金 2 铜，1 人打破 1 项校纪录。校足球队在厦门市青少年校园足球中小学联赛中，获初中男子超级组第四名，高中男子超级组亚军，高中女子超级组第四名。高中男子足球队在厦门市足球锦标赛中获亚军。在 2020 年福建省青少年校园足球联赛暨中学生足球锦标赛中获高中男子组第二名。网球队在 2020 年厦门市中小学生网球锦标赛中获男双、女双、男单冠军，女单亚军，团体总分冠军；在 2020 年福建省示范性普通高中建设学校网球比赛中再次获团体冠军。篮球队在厦门市中小学生篮球锦标赛中获初中男子组第五名。2020 年，学校成立科技创新指导小组，举办科技创想节，组织学生参加科创比赛。在第 36 届厦门市青少年科技创新大赛上，获得一等奖 2 项、二等奖 5 项、三等奖 3 项。在第 24 届全国发明展览会上，学校获 2 金 1 银 3 铜。借助实施“青蓝结对”工程、聘请省内外专家开设讲座、“岗位练兵”等形式，助力教师专业发展。在厦门市第五届中小学教师技能大赛中获特等奖 1 名、一等奖 2 名、二等奖 7 名、三等奖 16 名，获奖率 74.3%，在全市中学中，名列第三，获厦门市岗位练兵先进单位称号。在厦门市教科院举办的“关于开展高考学科优质试题征集活动”中，学校教师获一等奖 9 人、二等奖 8 人、三等奖 11 人。在“一师一优课、一课一名师”评比中，学校 14 名教师获评市级“优课”，2 名教师推荐参加省优评选。（刘其武）

【厦门市第十中学】 2020 年，厦门市第十中学设教学班 88 个，其中初中 58 个、高中 30 个，在校生 4374 人。学校占地面积 67544 平方米，建筑面积 48222 平方米。在职教职员工 345 人。学校发挥“文心”办学特色，“以心正行、以体健体、以美育美”，建构省、市、区、校级课题研究的链条，全年有校级课题 25 个，区级课题 4 个，市级课题 5 个，省级课题 5 个。有 90.6% 的教师参与课题研究，在 CN 刊物发表文章 26 篇，市汇编 2 篇，区汇编 12 篇。响应东西部教育对口帮扶交流政策，派出优秀骨干教师到和政县送培送教，开设讲座和公开课 12 节次，和政县中学骨干教师到学校跟岗学习开设 12 节公开课。是年，刘亚琳获评为“福建省优秀教师”，李鹏红获得福建省实验教学说课一等奖，苏婷获“厦门市 2020 年教育系统单项奖新秀奖”称号。疫情期间，学校构建“线上学校”，包括线上教学、线上教研、线上培训，做好顶层设计，提出“厦门十中线上学校”的概念。依托厦门数字学校平台，建设云课堂。学校在厦门数字学校平台有课程 400 多门，每天约 200 位教师、4500 多位学生在线学习与互动，专题讨论 400 多个，课堂活动 1 万多次，学生完成作业量 1 万多次，上传资源 1.5 万份，点击量 200 多万次。在全市基础教育教研工作视频会议上，市教育科学研究院对学校的线上教学教研工作给予充分的肯定。集美电视台和《集美报》对学校线上教学做法进行采访并专题报道。学校以活动为载体，以育人为宗旨，开展“迎新春展才华”元旦文艺会演、十中校园十佳歌手、厦门十中青少年 STEAM 创客夏令营、校园足球文化节、十中科技节等系列活动。高中篮球队代表厦门市参加福建省青少年 U 系列篮球锦标赛，获得第二名；初、高中男子篮球队代表集美区参加厦门市中小学生篮球锦标赛，获得高中男子组第一名，初中男子组冠军。学校落实平安校园机制，提升安保工作，守卫平安校园。在 2020 年学校综治安全目标管理责任考评中评为优秀，新一轮平安校园等级复核考评验收为 5A 平安校园。2020 届中考获得集美区初中教育教学质量综合评价（P 值）第一，其中初三数学均分获得全区第一名。高考中，特殊类型招生录取控制分数线上线 117 人，年段上线率 24.5%，理科实验班上线率 80%；年段本科上线 441 人，本科上线率 93%。（姚智昌）

【厦门一中集美分校（灌口中学）】 2020 年，学校占地面积 9.43 万平方米，建筑面积 6.74 万平方米，有教职员工 363 人（编内 293 人，编外 70 人）。专任教师中，高级教师 55 名，中级教师 94 名，博士研究生学历 1 人，研究生学历 50 人；省学科带头人 2 人（1 人在培）；市专家型教师 4 人（2 人在培）；市学科带头人 8 人（3 人在培）；市骨干教师 59 人；区级专家型教师 4 人（含市级骨干 3 人）、区学科带头人 10 人（含市级骨干 4 人、区级专家型教师 1 人）。有教学班 94 个，在校学生 4661 名，其中高中学生 1864 人、初中学生 2797 人。2020 年度招生 1639 人，其中初中 939 人、高中 700 人；毕业 1531 人，其中初中 967 人、高中 564 人；初中、高中升学率均为100%。2020年，学校先后被授予“厦门市首批智慧校园”“厦门市第二批依法治校示范校”“福建省普通高中课程改革基地建设学校”“厦门市中小学教师教学技能岗位练兵先进单位”“集美区教育系统先进集体”“集美区人才工作先进集体”称号。张鹏展被授予“福建省优秀教师”称号，柯朝发等5位教师获厦门市教育系统单项奖，陈彩燕等7位教师被授予“集美区优秀教师”称号。在2020年高考中，本科上线437人，本科上线率84.9%。其中，叶天捷以680分夺集海片区理科状元，被清华大学生命科学学院录取。学校坚持“课题引领，以研促教”，在省教育科学“十三五”规划课题立项中，学校共立项11项；在区教育科学“十三五”规划课题立项中，立项课题8项。3位教师的论文被收入《2020年厦门市中学物理论文汇编》。43人次在省、市教师教学单项竞赛和评比中获奖，吴青平等11名教师在厦门市第五届教师教育教学技能大赛中，获得市级一、二、三等奖。推进德育名师培养工作，教师林灶华获“厦门市中小学优秀德育工作者”称号，教师寇春华入选“厦门市第十一期中学骨干班主任”。全年在市级及以上学科竞赛中获奖8项，其中学生林诗芹获全国中学生生物学联赛省级三等奖；33人次在区级以上科技竞赛中获奖，其中市级7人，区级26人，在“2019—2020学年厦门市青少年儿童科艺创意大赛”中，学校获中学团体赛高中组二等奖。学校高中、初中男子足球队分获集美区第六届中小学校园足球赛冠、亚军；U14、U16沙滩橄榄球队分别赢得厦门市沙滩橄榄球锦标赛冠、亚军；李璐、柯佳怡摘取厦门市中小学乒乓球锦标赛高中女双金牌、女单金牌和铜牌。吴淑芳等6名学生在“同心同创，共抗疫情”全国美术作品展评选中获国家级奖项，学生陈玉婷获福建省第二届“笔墨中国”汉字书写比赛初中硬笔组二等奖，学生卢语彤获厦门市中小学生规范汉字书写大赛现场比赛二等奖，8名学生表演的情景剧在厦门市第二届中小学校园心理情景剧大赛中获初中组三等奖，学生在区级艺术类赛事中获奖28项。

（卢鹏）

【厦门市杏南中学】 2020年，厦门市杏南中学设教学班108个，在校学生5281人。有教职工397人，其中专任教师353人。专任教师中，省级学科带头人1人，市专家型教师1人，市学科带头人10人，区级及以上各级名师、骨干教师合计115人，具有研究生学历和专业硕士学位39人，具有中级、高级专业技术职务且在聘的教师187人。2020年度高考，本科上线人数351人（任务数312人），超额完成39人，完成率112.5%，本科上线率近80%，再创新高。

科技教育 2020年，学校落实科技普及教育，开办25个科技社团、26项研究性学习课程、15项校本课程，举办科普讲座、科技节、科技板报、知识产权夏令营等活动，参与的学生占全校学生的90%，促进青少年的智力开发。学生在各级各类科技创新大赛中表现突出，在市级以上各类科技活动竞赛共有99人次获奖。参加的各级各类科技竞赛17项；参加区级以上科技比赛的学生多达300人次；参赛师生获得国际级奖励4人次，国家级43人次，省级11人次，市级达55人次，申报国家专利2项。在第35届福建省青少年科技创新大赛中，杨金水、石进德教师指导刘浩然、高可儿等学生获省一等奖1项、二等奖3项，石进德教师的科教方案项目推荐申报全国科技创新大赛，两位学生的项目申请国家专利；在福建省青少年体育科技创新大赛中，杨金水教师获省优秀科技辅导员称号，学校获厦门预选赛一等奖6项、三等奖1项；陈伟尚教师指导的中小学电脑作品制作，获市一等奖1项、区一等奖1项。学校坚持将学生发明作品进行专利转化，由杨金水教师指导的两2个科技创新发明项目获国家实用新型专利。在第二十四届全国发明展览会·一带一路暨金砖国家技能发展与技术创新大赛中，厦门市青少年展团共获两2项个专项奖，学校获其中一项个最高奖暨中国宝武青少年发明专项奖（金奖中的最佳），此外还获一1金一1银四4铜；高洪盛、黄磊、陈昶州、

2020年12月3—6日，杏南中学代表福建省参加2020年世界机器人大赛总决赛，获二等奖2项。图为参赛代表合影（杨金水 摄）

刘晨宇4位名学生在2020年世界机器人大赛总决赛中代表省代表队获2项个二等奖（省超轨赛仅6队获奖），获奖数及获奖等次位居省高中系列之最；2020年青少年虚拟机器人在线体验活动，学校获6项个国家级大奖，学生高洪盛获最佳表现奖（全国一等奖），教师陈伟尚获全国优秀教练员称号；在2020年首届福建省创意编程与智能设计比赛中，学校获1项个省一等奖、1项个省二等奖，其中学生尚远鹏、沈嘉伟获省一等奖，胡贝宁、扬诺获省二等奖；在厦门市第二届中小学创客大赛中，学校机器人创客、手工智能设计创客两项共获8项枚银牌、3项枚铜牌，为区属学校最佳成绩，综合成绩排名全市前三；在厦门市青少年航天航空模型竞赛中，学校取获得32项个市赛奖项，获市航空模型竞赛一等奖4项个、、二等奖13项个、、三等奖15项个，获奖数量及质量稳居全市前列。在第36届厦门市青少年科技创新大赛中，学校获奖项目、数量位居全市中学组第二名，获一等奖1项个、二等奖3项个、三等奖8项个；学生林倩雯获简易机器人编程中学组三等奖。学校获2020年全国人工智能活动特色单位、福建省青少年体育科技创新大赛体育道德风尚奖、连续七年蝉联市科技创新大赛优秀组织奖、2019—2020学年厦门市青少年儿童科艺创意大赛中学组团体赛高中组三等奖等。学校在科技创新教育领域不断取得全市、全省乃至全国各项重要成果和荣誉，影响力不断扩大。《福建日报》、《福建基础教育研究》、《厦门晚报》、《海峡导报》、厦门电视台等报刊媒体独家专访报道学校科技教育创新成果。

师资队伍 2020年，学校7名教师通过厦门市名师动态考核，叶清亮等10位名教师被确认为市级骨干教师培养对象，杨金水等3位名教师被确认为区级学科带头人，王萍等2位名教师被确认为区教学新秀，8位名教师被确认为区学科带头人培养对象，6名教师被确认区教学新秀培养对象，新增各级骨干教师及培养对象共24位名。在2020年课堂教学技能大赛全员练兵活动中，学校宋彩梅等5名教师在课堂教学技能大赛获市级二、三等奖，方志武等44名教师获得区赛奖项。“一师一优课、一课一名师”市级优课评选，李雪英等6位名教师获市级优课；教师李雪英被推荐参评省级优课；学校有2个省级课题、4个市级课题先后开题。近20名教师的论文入选区汇编，并取得良好的名次，高中教师在CN刊物上发表论文60多篇，初中教师在市区级及以上共发表论文22篇。

师生获奖 2020年，教师杨金水被评为福建省优秀教师；教师蔡翠丽被评为厦门市中小学优秀班主任；在厦门市中小学单元作业设计评选中，教师杨毅逵获一等奖、李然等6位名教师获三等奖；在厦门市第八届基础教育优质微课程评选中，教师缪静、郭建勋获市一等奖、，周雅彬等5位名教师获市二等奖、，尤洁等8位名教师获市三等奖；在厦门市教科院高考学科优质试题评选中，尹梅等3位名教师获市二等奖、缪悦等8位名教师获市三等奖；在厦门市中小学思想政治示范课评选中，教师刘娜玲获市二等奖；教师肖爱英获厦门市中小学篮球锦标赛高中女子组优秀教练员称号；教师方志武获厦门市中小学排球锦标赛高中女子组优秀教练员称号。学生陈昕入选厦门市“新时代好少年”；在厦门市青少年各类锦标赛中，学生张圣义、黄旭坤获木制飞机直线赛一等奖、黄祺然等4位名学生获二等奖、学生尹建毫获橡筋动力扑翼机一等奖、学生廖勇琦获二等奖、学生陈奕伟获三等奖、学生林倩雯获火箭伞降一等奖、学生邱煜泊、黄兴杰获二等奖、龙梓煊等2位名学生获三等奖；学生陈昕获首届厦门市青少年网络文明素养大赛“全市中小学生文明上网”演讲比赛中学组一等奖；学生林祺颖获厦门市中小学生规范汉字书写大赛硬笔高中组优秀奖。学校获福建省中小学生篮球锦标赛高中女子组三等奖；厦门市中小学生篮球锦标赛高中女子组第一名；厦门市中小学生排球锦标赛高中女子组第三名；厦门市首届青少年棒球锦标赛第三名；中学市级（含）以上竞赛年度总积分第二名。

（林晖）

中等专业职业教育

【概况】 2020年，集美辖区有中等专业职业学校3所，其中市属中等专业职业学校2所（集美工业学校、厦门工商旅游学校），区属中等专业职业学校1所（集美职业技术学校）。在校学生17241人，毕业生5546人。2020年，集美职业技术学校通过“福建省示范性现代职业院校建设工程”终期评估，4个市级现代学徒制建设项目通过验收。

【厦门工商旅游学校】 厦门工商旅游学校系厦门市教育局直属公立国家级重点中专学校，为全国首批中等职业教育改革发展示范学校、全国首批现代学徒制试点学校、全国职校数字校园建设实验校、全国首批技能型紧缺人才培养基地、全国国防教育特色学校、全国学校体育工作示范学校、全国青少年校园足球特色学校，全国职业教育先进单位、全国职业院校学生管理50强、全国中等职业学校德育工作先进集体、福建省文明校园。2020年，学校占地面积21.87公顷，建筑面积15.6万平方米，固定资产总额17425万元、无形资产总额2529万元。在校学生6197人，设有幼教、旅游、汽车、商业、财会、信息工程6个专业部和文化基础教学部。拥有全国优秀教师1人，全国优秀教育工作者1人、正高级讲师2人、福建省特级教师2人、省级专业带头人2人、高级教师93人、市级名师工作室2个、市级劳模工作室1个。开设3+2五年专专业11个，三年专专业15个，其中包括校企合作班级10余个。2020年，获教师教学能力比赛、班主任能力比赛两个全国第一，学生技能大赛全国第二，职教高考状元数、高分段人数、本科上线率均为全省第一名。学校《“知行合一、多元发展”的“双师型”教师队伍建设实践》入选首批全国职业院校“双师型”教师队伍建设典型案例。教师刘钦涛专业发展案例入选首批中等职业学校“双师型”教师个人专业发展典型案例，同时被评为“福建省优秀教师”。学校与厦门金龙联合汽车工业有限公司、福建省金兰湾健康产业有限公司等多家知名企业合作开办“人才订单培养班”7个。与厦门特房波特曼酒店有限公司、厦门公交集团有限公司、福建省金兰湾健康产业有限公司、厦门钜格信息科技有限公司等知名企业合作开办“现代学徒制班”，形成“双主体管理、双主体教学、学生双重身份、校企轮岗学习”的现代学徒制人才培养特色；与厦门金龙联合汽车工业有限公司共同建设金龙整车培训中心、与厦门夏商集团有限公司共同建设夏商班实践基地、与厦门钜格信息科技有限公司共同建设“互联网＋文化创意实训室”和新零售创业实践基地等项目4个。学校成立汽车、烹饪、商经、会计、动漫等行业指导委员会5个，行业企业专家深度参与学校人才培养模式改革的研讨与决策，促进学校教育教学改革。学校派出汽车专业骨干教师赴新疆昌吉州吉木萨尔县中等职业技术学校、宁夏西吉职业学校开展支教工作。帮助吉木萨尔县中等职业学校汽车营销等3个项目在全国职业院校技能大赛新疆选拔赛获一、二等奖，2位教师在全疆职业院校技能大赛获二等奖。同时，学校利用信息化手段，通过远程技术对帮扶学校开展远程教学与教研帮扶工作。（唐凌）

表23

2020年集美区中职学生分科情况表

单位：人

分科	毕业生数		招生数			在校生数	预计毕业生数
	计	其中：获职业资格证书	合计	其中：应届毕业生			
				小计	其中：初中毕业		
总　计	5546	3453	5937	5935	5935	17241	4953
（其中：女）	2228	988	2506	2506	2506	7249	2028
土木水利类	92	39	43	43	43	63	9
加工制造类	773	584	927	927	927	2488	665
石油化工类	142	115	79	79	79	406	162
轻纺食品类	24	18	48	48	48	176	40
交通运输类	711	573	797	797	797	2531	755
信息技术类	980	594	1164	1164	1164	3314	940
医药卫生类	91	2	93	93	93	222	78
休闲保健类	90	49	98	98	98	267	83
财经商贸类	1264	758	1299	1298	1298	3819	1194
旅游服务类	682	416	546	545	545	1768	512
文化艺术类	356	172	541	541	541	1381	343
体育与健身			44	44	44	80	
教育类	170		163	163	163	471	137
公共管理与服务类	171	133	95	95	95	255	35

（刘义豪）

【集美工业学校】 2020年，集美工业学校有专任教师308人，其中专业教师207人，90人拥有硕士以上学位，高级职称113人，中级职称147人，“双师”型教师111人，省级学科带头人5人、市级学科带头人11人，市级专业课骨干教师51名。2020年学校招生1643人，在校生6156人，应届生就业率100%（就业含升学1396人），升学率85%。学校举办纪念陈嘉庚创办职业教育100周年暨建校100周年活动。学校连续四年夺得市中小学中职学生田径锦标赛团体总分第一名。参加全国职业院校技能大赛改革试点赛，获银牌1枚和铜牌4枚。学校通过福建省示范性现代职业院校终期验收，位列市属第一，获福建省“双高计划”建设单位、全国职业院校文化建设50强、全国中小学国防教育特色校、厦门市AAAA级智慧校园、厦门市中小学学生劳动教育实践基地、厦门市生活垃圾分类示范校、厦门市无烟学校等称号。 （杨勇）

【集美职业技术学校】 2020年，集美职业技术学校占地面积6.73公顷，建筑面积7.24万平方米，固定资产总值2.89亿元。学校设有26个专业、94个班级，有学生4005人。通过省教育厅、财政厅全面评估验收，被确定为福建省示范性现代职业院校。12月，学校烹饪（西餐）、时装技术、建筑金属构造、可再生能源、精细木工项目五支参赛队代表福建省出征全国第一届职业技能大赛，参赛项目数量位居全省第二。烹饪（西餐）、可再生能源和时装技术项目3名选手（项目）成绩排名进入全国前十名，并入选国家集训队冲刺46届世界技能大赛，入选总数位列全省教育系统第一名，其中烹饪选手荣获全国技术能手称号；在2020年福建省学考中，全校962人参加考试，其中本科上线19人，专科上线877人。烹饪旅游专业部兰凌紫同学获全省第一。学校狠抓“1+X”证书制度试点，新增物流管理等国家试点5项，在全省中职校中位列前列；抓好三级现代学徒制培育模式工作，建设项目总数位列厦门市中高职校第一；加大骨干成员培训指导，新增省级专业带头人、市名师发展工作室等6个、“双师型”（中级职称+技师）教师比上年增长近一倍。学校对口支援宁夏工业学校、临夏州和政县职校，接收来自和政贫困地区贫困生45名，安排3名教师分别到西藏、新疆、重庆万州支教。

（洪怡鹭）

2020年10月21日，集美工业学校举办纪念陈嘉庚创办职业教育100周年暨建校100周年活动。图为校主陈嘉庚先生雕像落成仪式 （集美工业学校 供图）

特殊教育与社会教育

【集美区特殊教育学校】 集美区特殊教育学校位于集美区灌口瑞林路366号，占地面积12308平方米，建筑面积6940平方米，是集美区唯一一所招收6～18周岁中、重度智障及自闭症学生的学校。学校实行全日制寄宿制。设教学班8个，在校学生77人，送教上门学生6人。编制教职工28人，其中编内教职工20人，顶编教职工人8人。另配置校医1人，保育员、保安及后勤人员14人。教职工中研究生1人，本科18人，大专9人，学历达标率100%。专任教师专业率100%，特教专业率64%。配有心理、计算机、体育、美术、康复等专任教师。学校设置功能室24间，各室配备齐全，达到省级一类标准。学校开设职高教育，探索校本课程，加强种植、手工制作、烹饪、洗车、钻石绣、集福兴包装、保洁、制香等职业培训，建立实习基地多个，满足职业教育需求。坚持课堂教学与个别教育训练相结合，注意吸收现代医学和康复技术的新成果，探索“医教结合”新模式，满足不同学生的发展需求。全面实施素质教育，重视学生的心理健康教育，落实“无痕教育”理念，组织开展各种社会实践活动。学校举办体育节、艺术节、科技节、读书节等活动，坚持“两操一课”，保证每天学生有一小时活动时间，促进学生身心健康发展。开展课题研究及教研活动，提升教师教育教学水平。全面实施安全工作“无缝管理”，落实安全工作全覆盖。发挥集美区特殊教育资源与指导中心功能，秉承“让更多的孩子免于特教”的服务宗旨，竭力为全区特殊儿童家庭提供免费教育咨询与跟踪服务。疫情期间，开展网上教学及心理辅导，90%的学生参加厦门市特殊教育学生生活与劳动技能展示线上活动，获得10个奖项。教师在论文评选、教学技能竞赛、评优评先等方面获得区级奖励6人次，市级奖励4人次。学校综治安全工作考评“优秀”；通过集美区“文明学校”检查；高分通过“特殊教育标准化学校”省级评估验收，获福建省教育厅授予“福建省特殊教育标准化学校”称号。

（吴进财）

【集美区教师进修学校】 2020年，集美区教师进修学校举办市级骨干教师培养对象培训，区级教学新秀培养对象培训，区级学科带头人培养对象培训等区级培训项目49个，培训23027人次；同时选派集美区教师参加国家、省、市各类培训项目46个，培训9554人次。创建36个首届集美区中小学幼儿园青年教师发展工作室，确立厦门十中等10个学校为集美区首届中小学幼儿园教师发展示范学校。推进27个名师发展工作室和2个中小学名校长工作室建设。对口帮扶甘肃省临夏州和政县、三明市清流县师资培训工作。出版《集美教育》2期。年内，统筹推进疫情防控与教科研训工作，开展线上与线下相结合的教学指导、教研、培训、调研工作。线上教学期间（2月12日至5月9日），开展线上听课指导995节次，参与线上校本研修337场次，组织线上教研培训活动206场次，实地调研指导87次，线上调研指导88次，组织名师发展工作室开发资源，实现区域共享。4—6月，组织指导组就各校线上线下教学衔接，复课教学计划制定、学生心理调适、复课教学实施等重难点工作进行实地调研与指导。在疫情防控常态化背景下，重点开展集美区第17届教学教改经验交流暨课堂教学观摩研讨活动（2020年12月7—12日于滨水学校）、集美区第十六届小学教学教改经验交流暨课堂教学观摩研讨活动（2020年12月8—10日于双塔小学）、集美区新办校手拉手激活课堂校际教学研讨活动（2020年12月15—17日于窗内小学）、集美区第16届幼儿园教学教研经验交流暨课堂教学观摩研讨活动（2020年12月2日于英村幼儿园总园）；集美区第二届民办小学手拉手聚焦课堂教学研讨活动（2020年11月25—26日于康德小学）等活动。全年组织开展集美区第五届中小学幼儿园教师教育教学技能大赛，全区873名中学教师、834名小学教师、46名幼儿园教师参加。选拔优秀选手参加厦门市第五届中小学中职学校幼儿园教师教育教学技能大赛，获特等奖3个、一等奖8个、二等奖17个、三等奖42个，获奖率62.75%。杏东小学和厦门一中集美分校（灌口中学）获“厦门市中小学教师教学技能岗位练兵先进单位”称号。参加2020年厦门市中小学单元作业设计评选活动，共64项作业设计获奖，其中一等奖4项、二等奖23项、三等奖37项。推荐优秀作品参加厦门市第七届教育资源评选活动，共98件作品获奖，其中一等奖5件、二等奖38件、三等奖45件。开展2019—2020学年中、小、幼教育教学论文征集与评审工作，并分学科召开线上论文撰写经验交流会。对全部区属中学、24所小学、17所幼儿园开展教学视导。7月，组织开展区2020年初中入学水平质检考试；10—11月组织开展2020年福建省义务教育（语文、数学、英语）质量监测；12月，组织开展市、区级中小学期末教学质量监测。是年，集美区33项课题被立项福建省教育科学“十三五”规划2020年度课题；12项课题被立项为2020年厦门市教育科学规划课题；20项课题被立项为厦门市第五批基础教育课程改革课题，其中重点课题7项。开展集美区“十三五”规划2020年度中长期规划课题的评审、立项与开题指导工作，立项课题107个。参加厦门市首届教研成果评选，集美区有4项成果获奖。参加厦门市第十二届教育科研成果评选，全区有10项成果获奖。选择灌口中学等6所中小学作为市级人工智能试点校，配套建设人工智能实验室，组织30名骨干教师参与人工智能教育培训，从五年级开展人工智能教育试点。

（林燕萍）

【集美区青少年宫】 2020年，集美区青少年宫在保障好各项防疫措施的情况下，开设暑期、秋季、寒假三期公益兴趣班。开设5个大类60个科目的500多个班次，教学点全年累计在学8000人次。“做一个有道德的人——崇德修身好少年”主题教育系列活动贯穿整年，活动覆盖全区近60所公办中小学和幼儿园。先后承办或参与承办全区第八届“竹韶杯”现场书法绘画比赛、第七届全区小主持人大赛、第六届全区少儿器乐比赛、第十届全区小记者大赛等公益青少年比赛活动。教职工创作的抗疫歌曲《愿你平安归来》《我想你了》、儿童插画《春暖花开》和现代诗朗诵《请战》等文艺作品市、区级媒体宣传和转载。

（邱程亮）

【集美区社区学院】 集美区社区学院（招生考试中心、学生资助管理中心）坐落于集美区滨水一里113号之一，与集美区进修学校合并使用。用地面积6939平方米，建筑面积13618平方米。社区学院下设办公室、招生处、教务处、终身教育处、学生资助管理中心5个科室。2020年，开展福建省“9·28”终身教育活动日暨全民终身学习活动周活动；组织街、镇开展学习型家庭创建活动，全区评选出学习型家庭104个；同时开展社区教育品牌创建活动，打造“一区（社区）一品、一区（社区）多品”的社区教育局面。灌口镇顶许社区“耕读顶许，生态乡村”获“福建省终身学习品牌项目”称号。学院打造“学村讲堂”省级终身学习品牌项目，开展终身教育活动。全年开展送课下社区及校本部的兴趣培训活动161场，涉及传统国学、道德教育、健康教育、科普教育、家庭教育、环境保护、邻里和谐、文化休闲等社区居民课程，丰富社区居民精神文化活动，提高居民人文素质。

（薛军）

高等教育

【华侨大学】 2020年，华侨大学设有学院26个、学系（部、中心）90个。有国家级一流本科专业18个、省级一流本科专业26个，通过国际及国内专业认证16个。有国家级一流本科课程4门，省级一流本科课程35门。有国家地方联合工程研究中心、省部共建协同创新中心、教育部工程研究中心、虚拟仿真实验中心、实验教学示范中心等省部级以上教学科研平台80余个。形成文理渗透、理工结合、工管相济、协调发展的学科布局，覆盖11个学科门类。有一级学科博士点8个、一级学科硕士点25个、专业学位硕士点21个，博士后流动站5个。拥有国家和省部级重点学科41个，福建省高峰高原学科17个。工程学科进入ESI世界排名前5‰，化学、材料科学、计算机科学3个学科居ESI前1%。有专任教师1700余名，具有高级职称者占54%、博士学位者占65%、海外留学经历者占35%，45岁以下中青年教师占68%。有双聘院士6人，国家领军人才等各类高层次人才百余名，有科技部“创新人才推进计划”重点领域创新团队等多支高水平研究团队。至2020年底，学校有双聘院士6人，国家领军人才入选者、“国家杰出青年科学基金”获得者、国家“人才工程”入选者、全国文化名家暨“四个一批”人才入选者、国家高端外国专家项目入选者、教育部“新世纪优秀人才支持计划”入选者，以及历年享受国务院政府特殊津贴专家等各类高端人才近500人次。有科技部“创新人才推进计划”重点领域创新团队和教育部“长江学者和创新团队发展计划”创新团队等创新学术群体。有全日制普通本科生25700人、研究生4338人，有港澳台地区和80多个国家的学生6140人，是全国境外学生最多的高校之一。其中，厦门校区2020年招生数4952人，全日制普通本科生17303人。同时学校也是国家大学生文化素质教育基地和全国深化创新创业教育改革示范高校。2020年，华侨大学举办建校60周年等大型纪念活动，全年举办各类学术活动150余场，累计有2000余名校友返校参加校友联谊会、校友代表大会、校友座谈讲坛等活动。出版《华侨大学史（1960—2020）》等宣传书册，推出“60华诞”系列宣传片，在中新网开设校庆专栏，中央电视台等150余家媒体对校庆系列活动作宣传报道。

2020年12月10日，全国首个示范性“留学生管理服务站”在华侨大学华文学院成立。图为出入境工作人员为在校留学生办理证件业务 （颜志伟 摄）

海外华文教育普查 2020年，华侨大学完成58个国家“海外华文教育普查”工作，开发“海外华文教育情况调查数据库”，启用华语学习认知神经实验室眼动追踪系统，建设华文教育数字在线精品课程11门。与海外华校、华教机构等联合开设“孔子云课堂”“华大云课堂”，开展线上汉语教学和华文师资培训，服务泰国、菲律宾、西班牙等国家的1500余名华裔青少年、5000多名华文教师。泰国华文教师公会称赞“华大云课堂”是“泰国华文教育的又一里程碑”。与云知声智能科技股份有限公司达成战略合作协议，共建“智慧华文教育产教融合创新中心”。推出华文学院“云校区”，服务196名境外新生注册报到。

全国青联文化研究与传播基地成立 2020年，华侨大学推进中华文化展示和体验中心建设，全国青联文化研究与传播基地获批成立（福建唯一），入选全国普通高校中华优秀传统文化传承基地，研发“海外华裔青少年中华文化大赛”线上预选赛平台。开展“华文星火”等中华文化传播活动云服务，海外华文学校近千名中小学生参与。在线举办“中华才艺云体验课堂”3期，开设中华文化体验课程21门，5个国家的4000余名华裔青少年参与活动。承办“汉语桥”（语言文化）线上团组交流项目，面向泰国农业大学百余名大学生开设语言文化课程。

“一带一路”沿线国家高端培训项目 2020年，华侨大学马来西亚研究中心入选国家民委“一带一路”国别和区域研究中心名单，21世纪海上丝绸之路研究中心入选福建省哲学社会科学学科基础理论研究基地。学校面向“一带一路”沿线国家主流社会开展高端项目培训，“一带一路”共建国家青年科技人才班获“丝绸之路”中国政府奖学金，首批资助名额8个。线上线下举办“贸易畅通”云上高级研修班、泰国上议院议员汉语班、菲律宾金达沃省官员汉语培训班等，培训来自印度尼西亚、泰国等20个国家和地区的164名政府高级官员和商界精英。成立全国首个示范性“留学生管理服务站”，第十五期外国政府官员中文学习班、首期安哥拉政府青年科技人才班126名学员完成学业，预科教育学院首批59名留学生毕业，结业考试通过率100%。

助力地方高质量发展 2020年10月31日，华侨大学服务福建省全方位推动高质量发展超越座谈会在厦门召开，共商校地合作新思路，聚力新福建建设，研讨服务新福建建设新举措。中央统战部、福建省、厦门市、泉州市等有关单位负责人及企业代表等100余人参加座谈。学校组建“华侨大学高校专家问诊团”，助力厦门集美智能制造领域发展。推动政产学研合作，与相关单位共建华侨大学（集美）政产学研基地等，推动3个协同创新中心入驻华创园，推选7支科研团队、7家联合企业入驻集美汽车小镇。组织参与项目对接活动26场，走访对接企业40家。学校再次获批福建省人大常委会地方立法评估与咨询服务基地，教师受邀为省政府作法治专题学习讲座。举办各类培训班29个，培训省内干部1800名。在线举办海峡两岸高校文化与创意论坛、海峡两岸青少年朱子文化研习营、“中秋共团圆·直播云相会”交流晚会等交流活动，海峡两岸35所高校252名青年学生参与。华大学生在第十九届海峡两岸大学生辩论赛中获团体亚军，10件作品获海峡两岸文博会福建省高校艺术设计奖，其中金奖3项，学校连续第五年获“优秀组织奖”。组织举办两岸关系问题交流座谈会、“变局与破局：台海新形势下的两岸传播”高峰论坛等学术交流活动。

人才队伍建设 2020年，学校新增省部级及以上人才项目入选者17人次，入选市级各类人才项目110余人次。其中，入选中宣部宣传思想文化青年英才2人，获教育部霍英东教育基金会高校青年教师奖1人，入选爱思唯尔中国高被引学者榜单1人。至年底，学校拥有各类高层次人才近400人次。16个学科上榜2020软科中国最好学科排名。全年，华侨大学立项国家自然科学基金项目、国家社科基金项目等各级各类科技项目705个。新增石材产业加工技术与装备省部共建协同创新中心，获福建省科学技术奖一等奖1项，第八届高等学校科学研究优秀成果奖（人文社会科学）二等奖3项，入选福建省重点智库建设试点单位2家，入选福建省高等学校科技创新团队1个。3篇论文在Nature子刊发表，多篇论文在《美国化学会志》《先进材料》《经济研究》等专业顶级刊物发表。获商务部“2018—2019年度商务发展研究成果奖”1项，1项国家社科基金重点项目研究成果获评“优秀”等级，获2019年度福建省科学技术奖11项、获市级科学技术奖6项。获专利授权、软件著作权登记394项，转让专利等科技成果17项。在专业建设和学生培养方面，学校18门课程通过国家级一流本科课程认定，排名全国高校第68位；57门课程入选省级一流课程。资助编写教材25本，新建智慧教室5间，教学科研仪器设备7.58万台，图书馆馆藏文献总量495万册。《中美人才培养计划》121双学位项目获“最佳合作单位”。组织教师1300人次参加福建省教学能力提升班等教学培训活动12场。学生在国内外学科竞赛中获省级以上奖项245项，台湾学生赖伟通获中国青少年科技创新奖为内地高校唯一获奖台湾学生。（庄蕾）

【集美大学】 2020年，集美大学下设学院21个、本科专业71个，涵盖经济学、法学、教育学、文学、理学、工学、农学、管理学及艺术学9个学科门类。拥有福建省一级重点学科8个、博士后科研流动站1个、一级学科博士点2个、一级学科硕士点13个、硕士专业学位类别10个。拥有专任教师1500余人，其中高级职称教师近750人，有院士6人（其中全职院士1人）、国家级高层次人才2人、国家人才工程人选3人、享受国务院政府特殊津贴专家7人、全国模范教师1人、国家外国专家局外国高端人才（A类）2人，入选省高校领军人才、科技创新领军人才等省（市）部级高层次人才项目200余人次。在校全日制本科生25600多人、研究生1500多人、国际学生近200人。学校拥有国家级、省部级教学科研平台62个，其中国家地方联合工程研究中心2个、国家级实验教学示范中心2个、国家级虚拟仿

集美大学尚大楼群　（练娜2020年摄）

真实验教学中心 1 个、国家级大学生校外实践教育基地 1 个。有国家级专业综合改革试点项目 3 个、国家级“卓越”人才培养计划专业 6 个、国家级特色专业 4 个、国家级一流专业建设点 3 个、国家级教学团队 1 个，省级一流专业建设点 12 个、省级特色专业建设点 11 个、省级专业综合改革试点 11 个、省服务产业特色专业 8 个、省创新创业教育改革试点专业 6 个、省级教学团队 11 个。

人才培养　2020 年，集美大学增设智能制造工程专业，增列学士学位授权专业 2 个、第二学士学位授权专业 19 个，申报新专业 3 个。航海技术、轮机工程实施卓越工程师计划 2.0，食品科学与工程、水产养殖学实施卓越农林人才培养计划 2.0。获省级教学成果特等奖 1 项、特等奖培育 1 项、一等奖 2 项、二等奖 2 项。新增国家级新农科项目 2 个、国家级虚拟仿真实验教学项目 1 个、省级新工科项目 3 个、省级研究生教育教学改革研究项目 3 个、“讲好中国故事·上好思政课程”教育教学改革精品项目 4 个、福建省高校思政课教学科研团队择优支持计划项目 1 个。新增国家级一流本科课程 3 门、省级一流本科课程 33 门。7 篇研究生学位论文入选 2019 年福建省研究生优秀学位论文。学生在各级各类学科竞赛获奖 310 项，获“挑战杯”中国大学生创业计划竞赛国赛银奖 1 项。2020 届毕业生就业率 95.13%。

学科建设　2020 年 4 月，集美大学应用经济学、体育学、数学、生物学、交通运输工程、食品科学与工程、马克思主义中国化研究、中国语言文学和农业硕士等学科均通过合格评估，可继续行使学位授权。入选教育部“应急安全智慧学习工场（2020）”暨应急管理学院建设首批试点学校，整合成立电影学院、数字创意产业发展研究院。申报一级学科博士点 5 个、一级学科硕士点 2 个、硕士专业学位点 9 个。

科研工作　2020 年，集美大学新增省级工程研究中心 1 个、省高等学校科技创新团队 2 个。新增科研项目 819 个，其中国家级项目 43 个、军工项目 10 个，科研到账经费 1.55 亿元，项目数和经费数创历史新高。新增福建省科技奖 4 项、授权发明 74 项，农业农村部新品种 1 个。领衔制订省级行业标准 1 项，参与制订国家标准 2 项、省级行业标准 1 项。入选省级科技特派员 53 人、省级科技特派员团队 16 个、厦门市科技特派员 2 人。承担《（新编）中国通史》之《中国海洋史》卷编纂工作，启动《陈嘉庚文集》编辑工作。推进军工装备承制单位资格审查与 GJB9001C 质量管理体系认证“两证合一”申报工作，获得武器装备科研生产许可备案凭证。承办第三届中国人文社会科学评价日暨期刊评价主任委员年会、2020 年中国工程热物理学会燃烧学学术年会、全国高校经管学院院长论坛等行业类高端学术会议近 30 场。修订出台《集美大学促进科技成果转化管理办法》。

师资建设　2020 年，集美大学新增中国工程院院士、俄罗斯自然科学院外籍院士等高层次人才 24 人，接收引进博士 105 人；专任教师中具有博士学位的教师比例提高到 45%，具有半年以上海外学习工作经历的教师比例提高到 27.6%。考取博士研究生 3 人、在职培养博士毕业生 17 人、获国家留学基金委出国留学项目资助 4 人、获学校青年教师海外研修项目资助 21 人。修订出台《集美大学教师职务高聘条例》《集美大学教师职务续聘条例》《集美大学刊物分类办法》等文件，激发教师活力。

社会服务　2020 年，集美大学与福建省海事局、省海洋与渔业局、中国交通建设股份有限公司、中国航空学会、北方民族大学、平潭综合实验区管委会签订战略合作协议，与延安市委党校签署合作共建协议，与三明市教育局签订教育领域合作框架协议，与华东师范大学共建厦门教师培训基地。对口帮扶三明大田、龙岩永定、连城以及漳州平和、华安、诏安等县区，精准对接农户产业扶贫。继续推进与中国矿业大学银川学院、大田县、永定区对口支持协作，参与闽宁协作、闽西南协同发展区建设。

开放办学　2020 年，集美大学新增国外知名合作高校 11 个，其中“一带一路”沿线国家高校合作交流项目 6 个，与 3 个国外高校开展 10 个专业本硕博联合培养项目，新增学生海外访学学期项目 3 个。推出“剑桥名师在线讲座”，引进 4 所世界名校优质资源举办“寒假线上学生国际交流项目”。

民生保障　2020 年，集美大学对全校 234 栋房屋进行安全隐患大排查，按期完成全部 11 栋 D 级危房改造工作。累计投入近 9000 万元用于教学场所、学生宿舍等维修改造。推进综合体育馆、水上训练中心、工程中心、陈爱礼国际学院教学楼、嘉庚建筑、“三防”工程等一批重点项目建设，改善学校办学条件。着力解决教职工住房制度改革遗留问题，重新启动教职工住房货币化补贴发放工作。

陈嘉庚创办航海和财经教育 100 周年活动　2020 年 10 月 17—18 日，集美大学举行纪念陈嘉庚创办航海和财经教育 100 周年系列活动。其间，召开第六届校董会第二次全体会议，福建省、厦门市、国家相关部委领导和校董校友、社会各界来宾济济一堂，共商学校发展大计。学校还举办“2020 年智慧海洋技术与产业发展高峰论坛”“大变局中的宏观经济形势与财经创新人才培养高端论坛”等学术活动、航海类学生军事会操、联谊晚会等系列师生活动，陈嘉庚与航海教育展、《百年航海》、财经百年纪念封、财经教育 100 周年成就展等。

谷宇当选为俄罗斯自然科学院外籍院士　2020 年，集美大学教授谷宇当选为俄罗斯自然科学院物理学部外籍院士，成为俄罗斯自然科学院物理学部唯一的中国籍院士。谷宇长期从事智能材料与结构、传感器与微机电系统、机器感知与模式识别等方面的研究。曾获得白俄罗斯共和国“有突出贡献外国科学家”称号，获教育部自然科学奖一等奖。（魏纯辉）

【厦门理工学院】 2020年，厦门理工学院设有18个院（部），机械工程、管理科学与工程2个一级学科硕士学位授权点，电子信息、艺术2个硕士专业学位授权点，63个本科专业。全日制在校生近2万人（含研究生、留学生），专任教师近1100人，其中，高级职称教师占比56%、硕士及以上学位教师占比为94%、“双师双能型”教师占比约54.6%、享受国务院特殊津贴5人。入选教育部新世纪优秀人才支持计划2人、闽江学者12人、全国模范教师1人、全国优秀教师2人、福建省教学名师6人、福建省优秀教师6人。省级及以上一流专业建设点18个，其中国家级6个；特色专业国家级1个，省级9个；综合改革试点专业国家级1个，省级7个；省级高校服务产业特色专业8个；“卓越工程师教育培养计划”实施专业国家级5个、省级6个；省级人才培养模式创新实验区9个；一流课程国家级3门、省级71门；新工科研究与实践项目国家级3个、省级5个；优秀教材国家级4部、省级3部；大学生创新创业训练计划项目国家级299个、省级772个；省级及以上教学名师12名，省级教学团队7个；省级本科高校教育教学改革研究项目75个，含重大项目9个；教育部产学合作协同育人项目75个；实验教学示范中心国家级1个、省级11个；省级虚拟仿真实验教学中心5个，省级虚拟仿真实验教学项目7个；省级公共基础课实验教学平台5个；省级示范性校企共建职业教育实训基地1个；大学生校外实践教育基地国家级1个、省级5个。2009—2020年，获国家级高等教育教学成果奖二等奖1项，省级高等教育教学成果特等奖3项、特等奖培育1项、一等奖12项、二等奖19项。

科研项目 2020年，厦门理工学院获批国家级项目7个，其中：主持国家自然科学基金项目5个，主持科技部创新方法专项1项，主持国家社科基金项目1个。获批省级项目74个。新增省科技进步奖二等奖2项，出版学术著作14部，被SCI、EI、SSCI、A&HCI、CSSCI等收录的学术论文253篇，被采纳的咨询报告72篇。获得授权发明专利127件，居省内高校前列。获批省科技厅平台项目“福建省风灾害与风工程”重点实验室；省科协平台项目“福建省集成电路与系统科技经济融合平台”获批；同时获批的有福建省教育厅协同创新中心项目“福建省3D智造协同创新中心”，以及省教育厅科技创新团队（产业化专项）的项目“绿色+智能制造高端装备研究及产业化”。至2020年底，科研到账经费10107.82万元。推动厦门市政府与南京理工大学合作，签订共建“厦门数字信息研究院”协议；与集美区文教管委会共同组建集美区高校产业技术联盟；主动走进厦门和闽西南企业，找需求、建平台、谈合作，推动产学研合作与科技成果转化，先后组织相关二级学院教师到厦门、龙岩等地进行企业技术需求对接交流，走访友达光电股份有限公司、厦门路威工程机械有限公司、厦门翔业集团有限公司、厦门精图技术股份有限公司、厦门坤祥工贸有限公司、集美区文教管委会、福建信达机械有限公司等10余家企事业单位，立项的校企合作项目经费993.73万元，带动40余名教师直接参与企业技术研发及新产品、零部件设计。累计为合作企业带来经济效益超1亿元。深化服务闽西南外驻机构龙岩研究院和厦龙筑梦红色孵化器建设，孵化科转及扶贫创业项目28个。投身精准扶贫国家战略，文旅学院用文化旅游创意扶贫的工作经验在《中国教育报》刊发。通过武器装备质量管理体系认证评审答辩，获得“武器装备质量管理体系认证资质”证书。组织师生参展大型成果推介会10余场，宣传学校成果380余项，参展项目直接相关的校企合作项目进账568.89万元。全年学校成果转移转化金额5715.4万元。

学科建设 2020年，厦门理工学院推进省一流学科建设、省高原学科和省应用型学科建设，投入建设经费7600余万元。新增艺术硕士专业学位授权点，学校在工学、管理学和艺术学三大学科领域均拥有硕士学位授权点，2020年研究生招生596人，在校研究生数首次超过1000人（1037人），占学生总数超过5%。申报获批专业学位类别6个、学术型学位3个，占全省总数七分之一。加强研究生培养与教育管理，修订《硕士研究生导师资格认定办法（试行）》，加强导师队伍建设；举办第五届研究生“学术活动月”，提升研究生科研创新能力。（钟然）

【厦门工学院】 2020年，厦门工学院招收本科生的二级学院有机械与制造工程学院、电子与电气工程学院、建筑与土木工程学院、商学院、计算机与人工智能学院、艺术与传媒学院、外国语学院，同时设有马克思主义学院、博雅教育学院、教师进修学院、体育部、国际教育学院、继续教育学院、职业技术教育学院等教学单位，有本科专业33个。增列机械电子工程、物联网工程、信息与计算科学3个专业的学士学位授权专业审核评估，新申报数据科学与大数据技术、跨境电子商务2个新专业。学校面向全国28个省、市、自治区录取新生3210人，有在校学生10589人。是一所以工学为主，工学、理学、文学、经济学、管理学、艺术学等多学科协调发展的多科性本科高校。学校有教师591人，其中，专任教师具有硕士、博士学位的教师占88.24%，具有高级专业技术职务的教师

126 人，占 32.23%。教师中，双聘院士 1 人，享受国务院政府特殊津贴 2 人，教育部新世纪优秀人才支持计划 1 人，福建省高等学校新世纪优秀人才支持计划 3 人，福建省高校杰出青年科研人才培育计划 8 人。

人才培养　2020 年，厦门工学院实行“博雅教育、专业知识教育、能力培养”三位一体的人才培养模式，在传授专业知识与技能的同时，注重学生人格的塑造和培养。学校成立博雅教育学院，开展优秀传统文化、逻辑与批判性思维等人文素养的教学工作；实行学院书院合一育人，以书院学生院务委员会为平台锻炼学生管理、交流等能力；校内实行严格的“三禁”（禁烟、禁酒、禁车）和“阳光体育运动”等制度，培养学生良好的生活习惯。

二级学院办学主体地位　2020年，厦门工学院同时制订学校和各二级学院发展规划，健全和完善校院两级管理体制，强化二级学院办学主体地位。成立学校与学院两级教授委员会，强化“教授治学”，激发和调动学院办学的主动性和积极性，促进人才培养质量与办学水平提高；启动二级学院综合改革实验单位建设工作，从“学术研究、教学改革、队伍建设、行政工作、学生培养”五个方面分别设定改革目标，提出改革举措，推进各二级学院的综合改革和创新；针对学校行政机关存在的效率、服务等方面问题，本着“精简、精干、精致”的改革思路，对行政机关进行改革，提高行政效能。

教育教学改革　2020 年，厦门工学院启动人才培养方案修订工作。把“三位一体”人才培养模式落实到人才培养方案中，按照 OBE 人才培养理念逆向制订人才培养方案，参考本科专业国家质量标准，对接专业评估认证，同时确保培养方案与区域经济社会发展需求相适应；加强教学内容与课程资源建设。省级教学改革和课程建设 29 项获批立项，设立校级教学改革和课程建设项目 74 个，获批省级立项数量比上年增长 123%，校级立项增长 252.4%。以校级教改、课改项目为引领，鼓励各二级学院及教师积极开展教学改革和课程改革；修订《厦门工学院学科竞赛管理与奖励办法》，加强对师生参与学科竞赛的引导与支持。2019—2020 学年，学生在各类省部级及以上学科与技能竞赛中获奖 387 项，比上年增长 72.8%，其中国家级 156 项，省部级 231 项。学校于 2020 年获批 5 个省级“1+X”证书制度试点项目，以此为引领，加强对学生考取职业资格证书的引导与支持。

学科与专业建设　2020 年，厦门工学院成立学科建设工作领导小组、学科建设工作小组和学科建设办公室，搭建重点学科、重要学科、一般学科的 3 层学科建设体系。加强科研工作，推动“放管服”改革，完善学校科研工作体系与制度，召开学校首届科技工作大会。完成学校 11 个研创新团队建设立项，加大对科研工作的支持与投入；学校重点学科以申硕为建设目标，加强队伍建设、研究方向凝练、科研平台建设和高水平科研成果产出和积累，为未来学校申请硕士授权点夯实基础；推进一流专业、品牌专业建设，立项建设 11 个品牌专业，建设期 3 年，至年底启动一期建设计划。

校园文化建设　厦门工学院重视校园文化建设，建设有“五馆十园”等校园文化设施和文化景观：工程文化馆、射艺馆、展览馆、音乐馆、图书馆、至未园、卓尔园、百树园、同舟园、问津园、天工园、天鹭园、校友园、汲善园、栖仁园，构成独特的校园文化表达体系。

（许智文　白雪静）

【集美大学诚毅学院】　2020 年，集美大学诚毅学院设有 11 个教学系（院）、37 个本科专业，涵盖工学、管理学、经济学、文学、法学、理学、教育学、艺术学 8 个学科门类。有教职工 557 人，其中专任教师 319 人，高级职称教师占 43%，具有博士学位教师占 10%，硕士学位教师占 81%。有在校生 13556 人，其中普通本科 11724 人、专升本 1832 人。是年，学院面向全国 29 个省（市、自治区）招生，录取普通本科 2795 人、专升本 1044 人；毕业学生 3518 人。2020 年，学院 1 个学生党支部入选第二批“全国党建工作样板党支部”培育创建单位名单。信息中心获“2020 年度福建省高校教育信息化工作先进单位”称号。

一流诚毅建设　2020 年，集美大学诚毅学院在完成“一流诚毅”顶层设计的基础上，编制《“一流诚毅”建设规划与行动方案》，“一流诚毅”建设开始进入全面落实阶段。完善 8 个一流专业建设方案，组织团队骨干和教师参加相关线上线下培训，夯实一流专业建设基础。遴选 4 个应用型学科、16 个学科方向的召集人，初步形成学科建设团队，制定 4 个应用型学科建设方案。同时，设立科研团队工作室和专任教师工作间等，助力一流专业和应用型学科建设。

学科建设　年内，集美大学诚毅学院获批省级一流本科专业建设点 2 个、精品线上线下混合式课程 1 门、线下一流本科课程 2 门、本科高校教育教学改革项目 5 项、新工科研究与实践项目 2 个、第三批 1+X 证书试点 2 个；获省级教育教学成果奖一、二等奖各 1 个；网络工程专业增列为学士学位授权专业；金融学、会计学 2 个辅修专业班开班。学院把疫情时期的教学挑战变成“互联网＋教育”改革的机遇，组织线上直播教学，推动新教学模式和教学理念改革，实现线上线下教学同质等效。

教师队伍建设　2020 年，集美大学诚毅学院配合“一流诚毅”建设，开展队伍建设整体性制度设计，重点引进一流专业和应用型学科建设人才。新增教职工 33 人，选派管理骨干和专任教师参加闽台联合培养师资项目 11

人。教职员工中，2 名入选省级科技特派员、1 名被评为福建省高校教育信息化工作先进工作者。学院获批纵向课题立项 41 项，其中国家级项目 1 个、省部级项目 5 个；横向课题立项 10 项。另有软件著作权 3 项、与厦门大学联合申请发明专利 1 项。

合作交流 2020 年，集美大学诚毅学院与厦门嘉晟集团、厦门市水上运动中心、厦门佰翔海丝盛业国际文化艺术发展有限公司等开展校企合作。启动英国西苏格兰大学 3+1+1、泰国格乐大学 1+3、韩国庆熙大学技术经营大学院 MBA 等合作项目，打造可持续发展的境外留学项目。学院获批招收港澳台学生资格；成为高等教育自学考试主考学校，6 个专业获批开考。

学生获奖 2020 年学生获各类学科竞赛国家级及以上奖励 35 项、省级 124 项，其中，美国大学生数学建模竞赛二等奖 2 项，全国三维数字化创新设计大赛特等奖 2 项、一等奖 5 项、二等奖 3 项，全国数字建筑创新应用大赛团体一等奖 3 项、二等奖 5 项、专项一等奖 11 项，全国大学生机械创新设计大赛一等奖 2 项、二等奖 3 项，全国软件和信息技术专业人才大赛一、二等奖各 1 项，全国大学生物流仿真设计大赛一等奖 1 项，全国大学生智能汽车竞赛二等奖 2 项，全国大学生机器人大赛二等奖 2 项、三等奖 6 项等。获各类体育竞赛国家级 9 项、省级 29 项；获省市级创新创业类竞赛 22 项。

张恩来研究课题立项 2020 年 9 月，集美大学诚毅学院博士张恩来申报的“连续且随机工况下车内动态声品质频谱作用机理与自适应重构研究”课题获得国家自然科学基金项目青年项目立项资助，成为学院首位获得国家自然科学基金资助的教师。该课题依托学院“厦门市陈水利劳模创新工作室”模糊控制技术平台，聚焦电动客车动态声品质的频谱形成及控制原理，开展创新的基础研究。

省人工智能学会学术年会在学院召开 2020 年 11 月 14 日，福建省人工智能学会 2020 年学术年会在集美大学诚毅学院召开。该次大会由福建省人工智能学会主办、集美大学诚毅学院和计算机工程学院承办，来自厦门大学、福州大学、华侨大学、罗普特科技集团股份有限公司、中软国际教育科技有限公司、福建国科信息科技有限公司等单位近 200 名学者参会。6 位人工智能领域专家学者应邀作学术报告。

（张臻颖）

2020 年 12 月 13 日，福建省研究生用户体验设计大赛在福州大学厦门工艺美术学院举行。图为比赛现场（厦门工艺美院 供图）

【厦门工艺美术学院】 2020 年，福州大学厦门工艺美术学院有 11 系 2 部 1 馆 1 社 9 所，拥有美术学、设计学两个一级学科硕士授权点和艺术硕士、工业设计工程专业型硕士两个学位授权点，其中设计学为福建省级重点学科、高原学科。有教职工 222 人，其中专任教师 148 人，教授 19 人，副教授 50 人，高级工艺美术师 8 人；享受国务院特殊津贴 1 人，全国技术能手 1 人，中国工艺美术大师 1 人，福建省优秀人才技能大师 1 人，福建省高校新世纪优秀人才 1 人，校“旗山学者”1 人；教育部教学指导委员会委员 2 人，中国美协服装艺委会副主任 1 人，中国美协艺委会委员 4 人，省级行业协会负责人 3 人，厦门市高层次留学人员 14 人。有在校学生 3057 人，其中本科生 2848 人、研究生 209 人。

学科建设 2020 年，厦门工艺美术学院在对““十三五””规划进行全面总结的基础上，对“十四五”规划编制作出部署，谋划未来五年发展蓝图。完成设计学“双一流”建设周期总结。对设计学高原学科 2016—2020 年的建设情况进行检视，并制定改进措施。倒排时间表，召开多场布置会，备战全国第五轮学科评估。

教学工作 2020 年，厦门工艺美术学院推进一流本科专业建设。全年有设计表现技法、整合创新设计、商业空间设计、中国工艺美术史 4 门线下课程被评为福建省一流本科课程。创作实践（陶艺）被评为福建省级社会实践一流课程。全年获评学校本科教学成果奖一、二等奖各 2 项，校研究生教学成果一等奖、二等奖各 1 项；校优秀基层教学组织 3 项，校课程思政建设与研究项目 1 个，校教师教学能力培训项目 1 个，两位教师分获校教学优秀奖一、二等奖。全年本科生（SRTP）项目获批 34 个。学生在省级以上各类专业展赛中获奖 188 项：研究生作品获国际顶尖设计大奖 IF 新秀奖；连续 6 年在厦门国际动漫节金海豚动画大赛中斩获金奖。国家广电总局和教育部联合评选的第四届社会主义核心价值观动画短片，福建省获奖5部动画作品均出于学院，数量居全国第二；获日本第22届TBS亚洲数码大赛“亚洲特别奖”；中美青年创客大赛二等奖2项；中国大学生广告艺术节学院奖一等奖1项，二等奖3项；中国包装创意设计大赛奖项8项；第二届中国青年漆画大展作品入选4项；首届全国漆画屏风作品展作品入选1项。

师资队伍建设 2020年，厦门工艺美术学院坚持引育并举，打造一流师资队伍。组织对11名博士或教授进行考核，新引进博士4名、正高专业技术人才2名，新引进全国技术能手、中国工艺美术大师、福建省优秀人才技能大师各1名，实现省级以上人才零的突破；支持3名教师在职攻读博士学位，2名教师在职取得博士学位，1名教师成功申报学校“旗山学者”奖励支持计划，完成校级人才零的突破；教师中，晋升副教授2名，晋升讲师2名。完善人事制度建设，《应聘人文社科学部（艺术）高级职务业绩条件（建议修订稿）》经学校审议通过。修订《学院绩效工资实施办法若干修改补充意见》和《非事业编制人员管理办法》，规范绩效工资和非事业编制人员管理，构建让优秀人才脱颖而出的评价体系。

科研工作 2020年，厦门工艺美术学院获批纵向科研项目9个，经费84.8万元，包含国家自然科学基金项目、教育部人文社科项目各1个，省、厅级项目7个。全年投入科研配套资金18.5万元。成功申办由中国美协主办的2022年第十届“为中国而设计”全国环境艺术设计大展；推进科研项目申报，邀请国家社科基金重大项目首席专家到院指导；推进文旅部等主办、学院承办的非遗研培项目，举办第9期木版年画和雕版印刷技艺非遗传承人研习班、厦门市文旅局委托的中国（厦门）漆画高研班和温州市人社局委托的温州工艺美术大师技能培训班。学院先后举办“靳埭强设计奖”学术研讨会、“2020创意工美对话论坛”、“用户研究与体验设计论坛”学术活动3场；第三次承办福建省研究生用户体检设计大赛。学院教师发表论文34篇，举办线上线下讲座22场。

社会服务 2020年，厦门工艺美术学院承接厦门环东海域——滨海旅游浪漫线景观设计制作项目，首期合同金额713.4万元，为学院承接金额最大的一个横向项目。学院全年签订各类横向项目合同15个，合同总金额1057.5万元，到账经费462.9万元，合同金额首次突破千万元，超额完成““十三五””规划目标。学院加入集美区政府组织的“高校产业技术联盟”，共同开展产学研合作；推进与福州大学校友企业沟通合作平台的搭建；与龙岩市、南平市等地政府对接，开展“艺术振兴乡村”等活动。

学生工作 2020年，厦门工艺美术学院开展庆国庆、迎中秋系列活动，组织学生到军营村和白交祠村进行“重走初心路，共绘美乡村”主题写生活动。举办“厉行节约，反对浪费”海报设计大赛和主题教育班会。加强学生思想政治工作，号召党员干部在防控疫情工作中走在前、干在先、做表率。组织287名学生志愿者加入校团委组织的线上支教服务活动。鼓励学生“以艺战疫”，创作抗疫情主题作品200多件，被人民网、“学习强国”等媒体刊发。2020届毕业生就业率85.09%；升学率由上年的11.07%上升到15.45%；推进学生创新创业工作，在第六届全国“互联网+”大学生创新创业大赛中，学院团队首次晋级国赛金奖；引进社会资源，促进学生项目孵化，和福建省大学生创业基地（厦门）合作在学院设立“双创高校”学生创业服务站。

（郑青　李超德）

【厦门医学院】 2020年，厦门医学院设有15个本科专业、13个专科专业，形成“医、护、药、技”齐全的学科专业体系。建有国家医师资格考试（临床类别和口腔类别）实践技能考试基地2个，拥有直属附属医院2所、非直属附属医院5所、教学医院41所和校外实训基地78个。学校占地面积43.33公顷，总建筑面积20多万平方米，教学科研仪器设备总值近3.4亿元，图书馆藏书近63万册，电子图书77万种。学院专任教师539人（含临

2020年，厦门医学院附属医院派出26名医务人员支援湖北抗击新型冠状病毒疫情。图为厦门医学院附属第二医院为赴湖北抗疫的医务人员举行回家欢迎仪式　（林志杰 摄）

床教师），其中有博士学位的139人，硕士学位的300余人，占专任教师总数的83.5%；有教授99人，副教授181人，占专任教师总数的52%；有30余人获得国务院政府特殊津贴、新世纪人才工程国家级人选、省领军人才、省五一劳动奖章获得者、省教学名师、省级优秀教师、省级青年教学名师、省级教坛新秀、厦门市引进海外高层次人才、厦门市杰出人才、厦门市拔尖人才、厦门市杰出青年等称号。先后获批国家级中央财政支持建设专业2个、实训基地3个，全国健康服务类、养老服务类示范点各1个，国家行业职业教育教学指导委员会教学成果奖1项，主编国家级规划教材6本；省级教学成果奖4项，本科教学团队2个，一流专业建设点2个，省级立项建设专业12个，实验教学中心9个，一流课程19门，精品（在线）课程11门，教育教学改革项目40项，高校思想政治工作精品项目1个；市级重点专业5个。有国家CMA认证的分析测试中心1个，省级科研平台7个，市级科研平台3个。

教学工作 2020年，厦门医学院新增生物制药、中药学2个学士学位授予专业，以95.5分通过学士学位授予单位评审；药学、护理学2个专业获批省级一流本科专业建设点，13门课程被认定为省级一流本科课程。学校连续2年摘得全省本科高校青年教师教学技能竞赛自然科学应用学科组唯一特等奖和全国赛二等奖，获福建省新工科研究与实践项目立项1个，入选福建省本科高校教育教学改革项目6个，福建省职业技术教育中心职业教育教学改革课题项目1个，福建省教育科学“十三五”规划项目12个，厦门市教育科学“十三五”规划项目8个。《新建应用型医科高校“3×3×3”教师能力培养体系的创新与实践》首次获高等教育省级教学成果奖一等奖。同福建医科大学、福建中医药大学签订战略合作协议，开展药学、口腔医学和公共医学类别专业硕士研究生联合培养和专业建设合作。是年，学院新增临夏州人民医院、临夏州中医医院两家非直属附属医院，新增南安市医院、厦门市弘爱医院、惠安县医院、万人泰和（厦门）康复医院、厦门麦芽口腔医院、福建省漳平市医院、厦门市湖里区妇幼保健院等7所教学医院。

教育成果 2020年，厦门医学院首批临床医学专业学生全部参加国家临床医学专业（本科）水平测试，其中理论考试通过率90.2%，高于全国平均通过率近20个百分点，临床实践技能考试通过率100%。先后获全国英语演讲、写作、阅读大赛一等奖1项，二等奖3项，三等奖4项，获全国大学生英语竞赛福建赛区特等奖。学生获第三届全国健身气功·八段锦比赛一等奖，厦门市青少年校园足球大学生联赛亚军。学校拓展创新创业教育，先后立项大学生创新创业训练项目70个，其中国家级6个、省部级29个。“希福生物——新型均相药物配方技术开拓者”项目获第六届中国国际“互联网+”大学生创新创业大赛国赛铜奖、省赛金奖、“高教主赛道师生共创组十佳人气奖”。2021届本科毕业生硕士研究生考试报考率50%，上线率44.3%，录取率30%。学院创新创业园获福建省“众创空间”称号和厦门市首批“创业大本营”称号。

科研能力 2020年，学校获批纵向和校级项目立项108个，其中国家自然科学基金项目4个，实现面上项目“零”的突破；市级以上科研立项57个（科技类47个，社科类10个）；横向项目立项11个。发表各级各类学术论文273篇，其中SCI和自然学科核心论文共94篇，社科类核心论文19篇，获得第十四届福建省自然科学优秀学术论文三等奖2篇。申请各类专利共19项，获授权专利11项。发挥科研优势应对新冠肺炎疫情，其中“一种袖珍便携式主动防护型防污间触器”项目获新冠肺炎实用新型专利授权，“表达新型冠状病毒表位的铁蛋白笼载体开发及其在检测试剂与疫苗研制中的应用”获立项资助，所研发试剂盒获得欧盟认证。入选省级团队科技特派员1人、个人科技特派员2人、市级科技特派员1人，深入基层开展科技服务。

人才引进 2020年，学校简化程序人才招聘入职16人，扩充分析化学、环境卫生、微生物与免疫、生物药剂等各学科教学力量。附属第二医院成功引进高层次人才3名，遴选中青年骨干后备人才26人，附属口腔医院柔性引进2名高层次卫生人才。

对外交流 2020年，学校举办2020年化妆品行业政产学合作高峰论坛暨美容化妆品专业建设研讨会，为构建后疫情时代的化妆品行业“政、产、学、研”协同创新机制建言献策。加入海西医学联盟，与厦门大学、福建医科大学、福建中医药大学、赣南医学院、汕头大学、温州医科大学、丽水学院等8所高校共同签署《海西宣言》，校长吴小南当选联盟副主席。向韩国大田大学、大邱韩医大学、金泉大学等国（境）外合作院校致共抗新冠肺炎疫情慰问信，主动伸出援手向韩国大田大学捐赠口罩，受到韩国主流媒体报道。

社会服务 2020年，学校承担省全科医生师资继续教育培训、转岗培训、继续教育培训、厦门市乡村医生规范化培训和厦门市乡村医生师资培训等工作。严格落实厦门市人民防空办公室工作要求，完成人防专业队训练。对2020届53名毕业生开展救护员培训和美国心脏协会（AHA）基础生命支持培训。继续与诏安县、云霄县3所小学开展共建交流，利用专业、人才、科技优势，在心理健康教育、急救技能培训和口腔健康宣教等方面为共建学校提供公益服务。（赵然）

【厦门华厦学院】 2020年，厦门华厦学院在校生7620人，年内本科招生2196人，省内报到率超98%、总体报到率95%，均创历年新高；2020届本科毕业生就业率94.08%。教职员工456人，其中拥有正高职称33人、副高职称108人；设二级学院4个，本科专业27个。学校获福建省第四届“海清杯——黄炎培职业教育奖”优秀学校奖，入选“国家级星创天地”和“福建省产创融合教育实践示范基地”，获厦门市2020年度教育领域政务公开校务公开评估满分，获“厦门市创业大本营”称号。学校科技企业孵化器通过厦门市科技局评估，学校母婴室被评为省“2020年度我最喜爱的妈妈小屋”，学校团委获“2019年度福建省五四红旗团委”称号。2020年11月，经厦门华厦学院第五届董事会第十一次会议研究决定，聘任教授谢增鸿为厦门华厦学院校长，同时担任厦门华厦学院第五届董事会董事和厦门华夏学院法定代表人。

教科研成果 2020年，华厦学院物流工程专业入选国家级一流本科专业建设点，通信工程专业和环境科学与工程专业入选省级一流本科专业建设点；继2019年后再次获批国家自然科学基金项目，学校成为省内唯一一所连续两年获批国家自然科学基金项目的民办高校；1个课题获高等教育省级教学成果奖二等奖，1部教材获中国物流与采购联合会主办的第七届“物华图书奖”三等奖，2个课题获中国物流学会、中国物流与采购联合会研究课题三等奖，3个课题获厦门市社会科学调研课题重点项目立项，4个宣讲专题入选厦门市委宣传部、市委讲师团理论宣讲课程目录；10门课程入选省级一流本科课程；校企合作案例入选中国高等教育博览会“校企合作、双百计划”典型案例，思政课教案获评厦门市思政课优秀教案。学校学术委员会主任王小如获厦门市政府颁发“捐资兴学尊师重教铜奖”，学校教师获省第十三届社会科学优秀成果青年佳作奖及市第十一次社会科学优秀成果三等奖、英国伦敦“艺术家大奖”国际音乐比赛一等奖等，获“2020全国民办高校优秀辅导员”称号，多篇论文获《光明日报》刊发、译著获人民日报出版社出版。

学生竞赛获奖 2020年，华厦学院数学建模团队参加美国大学生数学建模竞赛，获国际一等奖1个、成功参赛奖2个；参加全国大学生数学建模竞赛，获国家级二等奖2个、省级一等奖6个、省级二等奖7个。学生参加第13届中国大学生计算机设计大赛，获二等奖2个、三等奖10个、优胜奖1个，参加全国高校商业精英挑战赛会展文案（应急预案）创作大赛，获一等奖1个、二等奖2个、三等奖1个；参加第十二届全国大学生广告艺术大赛（福建赛区），获平面类、动画类、互动类组别的一等奖2个、二等奖4个、三等奖9个；参加“物产中大杯”全国供应链管理职业技能竞赛，获职工组二等奖、高校组三等奖；参加第六届福建省“互联网+”大学生创新创业大赛，获主赛道创意组铜奖；参加大学生创新创业训练计划项目比赛，获国家级立项5个、省级立项27个；学生获“中国大学生自强之星”奖学金、2019年国家奖学金，并登上《人民日报》；参加全国大中专学生志愿者暑期“三下乡”社会实践活动，获“优秀个人”称号，学生作品获“第三届福建省高校大学生微电影展示”优秀奖，师生合作演绎《虞美人》亮相中央广播电视总台。在国家级获奖数和获奖率等方面，华厦学院位居全省民办本科院校、独立学院之首。

（苏文雅）

2020年4月10日，华厦学院师生合作演绎作品《虞美人》在中央广播电视总台11套播出。图为演出现场

（华厦学院 供图）

【厦门软件职业技术学院】 厦门软件职业技术学院一所经福建省人民政府批准、教育部备案、面向全国高考统招、具有独立建制的全日制高等院校，是唯一被列入《厦门市“十三五”信息产业规划》重点支持的高职院校。2020年，学校通过高职院校人才培养工作二轮评估回访。优化在线教学平台，注重产学合作，全年组织各类课题申报22次，立项39项，师生团队参加福建省职业院校技能大赛获得一等奖4项、二等奖3项、三等奖6项，优秀奖16项，其中5项获得进入国赛资格；参加厦门市高等职业院校技能大赛，获得一等奖7个、二等奖9个、三等奖14个，优秀工作者5名。在信息化校园建设中，优化网络设施，整改学

厦门软件职业技术学院实训楼创意楼梯　（2020年摄 厦门软件职业技术学院 供图）

校网站和数据平台，统一认证的传送形式及标准，整理中心数据平台的开发架构、各子系统之间的通信方式及标准、各服务系统的功能与扩展便利性，以及与系统的对接方式及数据标准转换等。与泰国格乐大学等境外多所高校和教育机构建立交流合作，完善教学管理和留学辅导，拟在“一带一路”沿线国家申请设立“鲁班工坊”，与英国潘伯尼公学以及 Bryanston 学校对接，同步了解剑桥、牛津考试局 A-Level 课程申请流程，与加拿大新斯科舍省教育厅洽谈国际高中合作事宜，同时申请海外学生到华留学资质。

（陈英）

【厦门兴才职业技术学院】 2020年，厦门兴才学院下设经贸学院、工学院（含信息学院）、艺术与建筑学院、教育学院4个教学单位，开设通信技术、机电一体化技术、数控技术、建设工程管理、建筑室内设计、酒店管理、电子商务、市场营销等26个热门专业，形成软件信息类、建筑工程类、经管商贸类、艺术设计类等专业群。新设护理三年制高职专业，增设数控技术和计算机应用技术2个五年制专业，增设工商企业管理等二元制专业7个，同时新申报人工智能技术、大数据应用等新专业5个；创意设计专业群获批市级服务产业特色专业（群）立项建设；完成市级“现代商贸服务专业群”“酒店管理现代学徒制”中期检查，并通过考核。学院有教育部高职教育创新发展行动计划项目（骨干专业）2个，中央财政支持校内生产性实训基地2个，省级高等职业教育教学成果一等奖2个、二等奖2个，省级高职教育示范专业2个、省级服务产业特色专业群2个、省级高职教育生产性实训基地1个，省财政支持校内生产性实训基地1个，省教育厅科研立项项目81个。学院有省级教学名师1人、市级重点专业3个、市教学改革综合试验项目1个、市级科研项目14个。全日制在校生7000多人，教职工300多人。教师中拥有省级教学名师和省重点大学教学名师、高级职称者占30%，多数教师具有硕士及以上学位，“双师素质”者占80.6%。是年，制订学院“十四五”事业发展规划方案，出台学院教学与科研突出业绩奖励办法等各项管理办法与制度23项。完成学校241门课程的线上教学工作，开课率94.5%，并有9篇线上教学案例被刊载在《学知报》。组织参加厦门地区高校“共抗疫情，爱国力行”海报设计大赛，并获一等奖、二等奖和优秀奖各一项。学校承办市高职院校技能大赛市场营销、企业沙盘模拟经营、计算机网络应用、建筑工程识图、测量5个赛项，同时组队参赛。学校124名学生参赛，获奖项34个，总积分194分，排名全市第二。学校组织18名学生，参加福建省第七届海峡两岸大学生职业技能大赛，获二等奖1个、三等奖2个。全年学校组织参加其他各级各类比赛12项，获金奖2个、银奖6个、铜奖21个、入围奖9个。在创新创业上，学校兴才智谷被评为福建省级众创空间、厦门市人社局首批创业大本营、首批创业孵化示范基地，并获得政府专项资助。创新创业竞赛，获国家级“创翼之星”奖1个、省级金奖2个、二等奖4个，铜奖1个，市级一等奖1个、二等奖1个、三等奖1个、优秀奖2个。获第四届“中国创翼”创业创新大赛市选拔赛特别贡献奖。是年，学校通过线上线下方式，完成各类师资培训640人次。完成33人职务评聘工作，选拔《校企铸匠心造——刚需小户型住宅空间设计》项目团队参加省赛，获得省职业院校教师教学能力比赛高职组二等奖，成为厦门市唯一获得二等奖的民办高职院校。

学校召开融入“软三”专题研讨会，至年底与9家企业达成合作项目。争取政府和企业的支持，获批指标420个，联合8家企业开设10个教学班。各二级学院先后走访企业80多家，签约实习就业基地86个，新增校企合作企业64家。社会服务创收总收入74.75万元。

（叶碧钗）

科学技术

综　述

【概况】 2020年，集美区增加全社会科技投入，完善科技和创新体系建设，发展高新技术产业，提升自主创新能力。至年底，全区有市级企业技术中心38家、市级重点实验室25家、市级工程技术研究中心32家、市级科技企业孵化器8家；省级重点实验室10家、省级工程研究中心14个；国家级企业技术中心7个，国家级高新技术企业493家。获厦门市科技进步奖19个，其中一等奖1个、二等奖5个、三等奖13个。出台《关于积极应对新冠肺炎疫情影响进一步支持台湾青年就业创业基地发展的措施》，落实《集美区关于落实台湾青年创业就业政策的实施细则》，审核兑付众创空间扶持资金943万元。

【“三高”企业倍增计划实施】 2020年，集美区成立以区委书记任组长、区长任第一副组长的集美区推进高技术高成长高附加值企业倍增发展领导小组。一体化推动引进、培育“三高”（高技术、高成长、高附加值）企业，加快“三高”企业发展。重新梳理有关政策制度，出台《集美区关于扶持高技术高成长高附加值企业发展的若干措施》，全年拨付相关扶持资金5520万元，惠及“三高”企业335家。

【高新技术产业发展】 2020年，集美区举办“2020年国家级高企认定政策专题培训会”2场，近400位企业负责人参训。培训会对国家级高新技术企业政策要点、市级高企备案、“三高”企业相关政策、技术先进型服务企业认定和复核进行解读。6月，举办“如何构建企业知识产权战略”培训，参训100多人，邀请专家结合企业知识产权管理实践案例进行授课。全年资助“高强度耐磨损100nm陶瓷微滤膜的研发及产业化”等项目6个，投入科技计划项目经费1163万元，带动企业研发投入6003万元。

【产学研合作】2020年，集美区首批拨付首席技术顾问津贴140.4万元，在降低企业引才用才成本的同时，提升高校科研人员参与产学研工作的积极性。同时，开展第二批首席技术顾问备案工作，通过对申报企业的资质、研发投入、经营情况及自主创新等方面进行综合评价，通过第二批集美区首席技术顾问备案的团队10个。该制度于2019年开始实施，鼓励高校、科研院所中承担完成横向科研课题成效较好，或具备较强创新研发、技术攻关能力的人才（团队），到集美区企业担任首席技术顾问（团队），每月工作时间不少于6天。企业根据自身发展需求，与首席技术顾问（团队）签订合作协议，协商提供必要的工作条件和报酬。通过备案，且经企业认定考核通过后提出申请的，给予首席技术顾问（团队带头人）每月6000元的工作津贴，给予团队其他成员（不超过3名）每人每月3000元的工作津贴，期限不超过3年。

【“全国科普日”活动】 2020年集美区“全国科普日”活动分为线上和线下两部分。9月26日晚，线上通过央视频、抖音两大平台进行直播，邀请厦门电视台主持人熊晓璇、集美电视台主持人马帛锋，以及诚毅科技探索中心“全国防震减灾科普大使”张君雅等，引领网友体验诚毅科技探索中心的“科探奇妙夜”、防震减灾科普教育基地，以及天宫一号、中国未来空间站等展项，结合热点科普主题，与网友在线互动问答。线上直播累计吸引网友13.2万名，在线最高峰值1.4万人，点赞数104.9万人次。线下活动则邀请集美区50组亲子家庭参与，一起上一堂《光的魔法秀》科普课，并参观诚毅科技探索中心馆内项目，体验丰富的科普互动项目。活动以“决胜全面小康、践行科技为民”为主题，由区科协主办，万舜汇诚毅科技探索中心承办。 （纪敦敦）

科技计划项目实施

【概况】 2020年，集美区实施科技计划项目6个：高强度耐磨损100nm陶瓷微滤膜的研发及产业化（由三达膜科技（厦门）有限公司实施）、一种PFM工作模式下开关电源降低轻载噪声的项目开发（由厦门市科力电子有限公司实施）、一系列多样式多功能折叠床［由革新（厦门）运动器材有限公司实施］、摄像头电感器（vcm绕线）［由信华科技（厦门）有限公司实施］、新型双电源控制器的研发及产业化（由厦门立林电气控制技术有限公司实施）、5G-小型化（acax）介质滤波器的研发及产业化项目（由厦门松元电子有限公司实施），区财政划拨科技项目经费1163万元，带动企业研发投入6003万元。

【高强度耐磨损 100nm 陶瓷微滤膜的研发及产业化】 2020 年，由三达膜科技（厦门）有限公司组织实施。该项目旨在研制高强度耐磨损 100nm 陶瓷微滤膜，针对管式陶瓷微滤膜在物料苛刻条件中膜层加速磨损和膜管断裂两大关键技术难题，通过纳米增强专利技术研发提升陶瓷膜支撑体和膜层强度。

【一种 PFM 工作模式下开关电源降低轻载噪声的项目开发】 2020 年，由厦门市科力电子有限公司组织实施。该项目旨在研制高强度耐磨损 100nm 陶瓷微滤膜，针对管式陶瓷微滤膜在物料苛刻条件中膜层加速磨损和膜管断裂两大关键技术难题，通过纳米增强专利技术研发提升陶瓷膜支撑体和膜层强度。

【一系列多样式多功能折叠床】 2020 年，由革新（厦门）运动器材有限公司组织实施。该项目利用自行研发的 3 项实用新型专利，对一系列多样式多功能折叠床产品进行研究。采用成熟的一种接杆铰接工艺和转体连接工艺，提供一种带有转动件的折叠床架，达到方便实用、快速折叠，节约大量的安装时间的目的。

【摄像头电感器（vcm 绕线）】 2020 年，由信华科技（厦门）有限公司组织实施。。该项目摄像头电感器（vcm 绕线）主要开发音圈马达绕线部件，VCM 马达的使用领域有智能手机、平板电脑、航拍无人机、游戏机、虚拟现实眼镜及会议摄像头等。

【新型双电源控制器的研发及产业化】 2020 年，由厦门立林电气控制技术有限公司组织实施。该项目为实现精准地检测两路三相电压功能，对出现的电压异常（过压、欠压、缺相、过频、欠频）做出准确的判断并输出控制信号，控制开关从异常电源转换到另外一路正常电源，控制器需要采集 2 路三相电源输入信号，判断是否存在欠压、过压或欠频、过频的异常情况。

【5G– 小型化（acax）介质滤波器的研发及产业化项目】 2020 年，由厦门松元电子有限公司组织实施。该项目采用松元公司自主生产的陶瓷粉料，通过干压成型，高温烧结后通过研磨，把烧成后的瓷体磨到统一高度；再进行表层的金属化，使其表面均匀上导电良好的金属银；再采用高精密的光刻机，在产品表面把多余的银层去除。

（纪敦敦）

科技项目引进

【5G 智慧园区和福建首个视觉工业基地落户集美】 2020 年 5 月 26 日，集美区电子城·（厦门）国际创新中心开放招商中心，并举行战略伙伴合作签约仪式，5G 智慧园区、福建首个视觉工业基地等项目落户集美。活动现场，电子城·（厦门）国际创新中心与中国移动通信集团福建有限公司签订战略合作协议。根据协议，双方将共同打造 5G 智慧园区。中国移动将搭建园区 5G 试验网与服务网，为入驻企业提供 5G+ 产业融合创新与行业应用支撑服务，重点推动人工智能、边缘计算、工业设计、物联网等高新技术产业落地。同时，电子城·（厦门）国际创新中心与中国科学院自动化研究所科学艺术研究中心签订战略合作协议，共同建设福建首个视觉工业基地，合力推动视觉文化产品研发及相关科技成果转化，推进视觉影像科技产业化项目创新发展。

【高校产业技术联盟启动】 2020 年 6 月 2 日，在“2020 厦门人才服务月”启动仪式上，集美区举行“高校产业技术联盟”签约。联盟由集美文教区管委会与集美大学、华侨大学、厦门理工学院、福州大学、中科院城市环境研究所、中科院厦门稀土材料研究所辖区 6 家高校、科研院所合作，将聚焦集美、厦门的主导产业，推动先进技术成果应用转化，促进各方交流互动以及资源链接，形成聚集创新资源、优秀人才的强大“向心力”。集美区以产学研深度融合为抓手，推动产业转型升级，全方位打造“人才发展高地”，为建设高素质高颜值跨岛发展最美新市区提供有力的人才支撑。

【电子城·（厦门）国际创新中心开园】 2020 年 11 月 6 日，位于集美大道的电子城·（厦门）国际创新中心开园，迎来首批入驻企业。该中心位于集美大道，占地面积约 10 万平方米，总建设规模约 57 万平方米，分三期施工建设，定位科创新产业花园总部，将重点引进人工智能、集成电路、大数据及云服务等优质龙头及成长型企业。以人工智能、边缘计算、物联网、工业设计等产业为核心，电子城项目园区对标国际，将构建集 IC 设计中心、5G 产研实验中心、科技文化艺术中心、文化创意街区于一体的高品质创新产业园区。至年底，园区入驻企业 42 家，包括永兴东润（中国）服饰、福建国科信息科技等。

【淘宝大学云课堂数字化人才基地落户集美】 2020 年 12 月 16 日，由淘宝大学云课堂与集美学村教育服务集团共同组建的福建省首个淘宝大学云课堂培训基地——“淘宝大学云课堂（厦门）数字化人才基地”落户集美。云课堂是淘宝大学推出的企业数字化学习管理平台，拥有数字化课件 1900 多个，包含直播带货、短视频营销、数字化转型、综合素养等类目，开启以厦门为核心的数字化人才培养工程。至年底，有 40 余万个企业组织使用淘宝大学云课堂自建企业大学，进行企业数字化转型的组织化学习。

（纪敦敦）

表 24

2020 年集美区获厦门市科技进步奖项目表

项 目 名 称	奖项等次	项目主要完成单位	主要完成人
生物质废弃物的炭转化成套技术研发与产业化应用	1	中国科学院城市环境研究所、厦门市江平生物基质技术股份有限公司、厦门中科城环新能源有限公司	汪　印　余广炜　邢贞娇
粒子阻尼关键技术创新与产业化	2	厦门振为科技有限公司、厦门大学、北京金茂绿建科技有限公司	肖望强　罗元易　吉　利
高光学品质 LED 照明器件的关键制造技术及应用	2	厦门理工学院、开发晶照明（厦门）有限公司、晶宇光电（厦门）有限公司	谢　安　解荣军　李依群
基于分子印迹识别的水产品药残快速检测技术	2	集美大学、睿科仪器（厦门）有限公司	黄志勇　林郑忠　彭爱红
船舶航行智能避碰系统开发与应用	2	集美大学、北京海兰信数据科技股份有限公司、江苏镇扬汽渡有限公司	李丽娜　陈国权　李国定
典型污染场地土壤和地下水修复关键技术研究与应用	2	华侨大学、中国科学院城市环境研究所、福建嘉宜建筑工程有限公司	苑宝玲　付明来　曹　威
开关设备数字化设计与智能运行关键技术及其产业化	3	厦门理工学院、许继（厦门）智能电力设备股份有限公司、厦门斯玛特思智能电气有限公司	陈丽安　田　洪　何荣涛
基于机电声信号的输变电设备智能及信息化检测关键技术研究与应用	3	华侨大学、红相股份有限公司	毛　恒　方瑞明　邓　敏
新能源客车用高效电驱动控制平台（KEP）	3	厦门金龙汽车新能源科技有限公司	叶伟宏　陈晓冰　陈新现
高精密注塑中塑料熔体流动平衡控制技术及应用	3	集美大学、厦门捷信达精密科技股份有限公司、诚益光学（厦门）有限公司	郭幼丹　马春晖　柯育仁
商用车先进驱动系统关键技术研究与产业化应用	3	厦门金龙联合汽车工业有限公司、同济大学	龚　刚　熊　璐　林银聚
面向城市综合管廊的供电系统智能健康管理关键技术攻关及应用	3	华侨大学、科华恒盛股份有限公司、厦门市政管廊投资管理有限公司	莫毓昌　赵学举　林亚杰
稀土协效无卤阻燃功能高分子材料研发及产业化	3	厦门稀土材料研究所、金旸（厦门）新材料科技有限公司、通达创智（厦门）股份有限公司	宋立军　刁雪峰　林凤龙
基于北斗位置服务技术的城市风险管控系统研发及应用	3	厦门理工学院、厦门大学、厦门精图信息技术有限公司	朱顺痣　郑灵翔　乔志勇
基于多源数据融合的智能交通大数据管理平台关键技术研究	3	华侨大学、南威软件股份有限公司、蓝海（福建）信息科技有限公司	缑　锦　王　成　丁　菁
高安全多场景的智能网联技术平台开发及产业化应用	3	厦门金龙联合汽车工业有限公司、北京百度网讯科技有限公司、大唐移动通信设备有限公司	苏　亮　彭振文　李　文
面向公共安全的城市高低空信息融合与增强现实防控系统	3	罗普特科技集团股份有限公司、厦门大学、集美大学	苏松志　张　翔　江文涛
难降解有机废水处理工艺系统关键技术研发与应用	3	华侨大学、厦门烟草工业有限责任公司、厦门和健卫生技术服务有限公司	洪俊明　王永全　郭兆春
茶叶品质的量化分级与精深加工技术	3	集美大学、厦门茶叶进出口有限公司、厦门海关技术中心	李利君　倪　辉　叶　鹏

科技成果

【概况】 2020年，集美辖区企事业单位研发的科技成果获福建省2020年自然科学二等奖1项；获厦门市人民政府颁发的科技进步奖19个，其中“生物质废弃物的炭转化成套技术研发与产业化应用”获一等奖；“粒子阻尼关键技术创新与产业化”等5个项目获二等奖；“开关设备数字化设计与智能运行关键技术及其产业化”等13个项目获三等奖。

【生物质废弃物的炭转化成套技术研发与产业化应用】 该项目获厦门市科技进步一等奖。由中国科学院城市环境研究所汪印研究团队研发，以城市固体废弃物的资源化利用技术开发与工程应用为目标，研发以城市污泥、生活垃圾、污染土壤等为主要处置对象的资源化利用成套技术与装备，构建工程化应用技术体系，为福建省乃至全国的城市固体废弃物资源化利用提供科技支撑。 （纪敦敦）

【城市污染场地环境监测预警智能管理平台】 该项目由中国科学院城市环境研究所研发。针对城市污染场地，建立适用于石化场地环境污染风险监测—预警—管控等管理需求的多层级可视化平台，通过模拟仿真技术集成污染物迁移模拟、场地风险评估、环境风险评价、修复技术筛选等模型，提升场地环境中多源异构动态数据准确性和可用性的数据采集，支撑大数据多目标分析应用一体化运行的场地环境管理，为首次将物联网土壤环境智能监测技术和管理系统应用于场地修复实际工程。

【城市污泥和餐厨垃圾协同资源化技术工程示范】 该项目由中国科学院城市环境研究所研发。该技术将热解炭化技术和装置用于每天产生500吨城市污泥和餐厨垃圾的深圳市龙岗区进行处置示范，热解炭化设备的干基污泥处理能力为20吨／天（相当于80%含水污泥100吨／天）。污泥经水热预处理后，脱水液与餐厨垃圾协同厌氧产生沼气能源，脱水污泥和沼渣外运填埋。在500℃～600℃温度下可实现污泥和沼渣的减量化、无害化和资源化，其中抗生素去除率100%，重金属稳定固化超过85%，营养元素（氮磷钾）保留约80%，最终固相产物为生物炭，可作为园林绿化营养土、矿区土壤修复剂、建筑材料的原料、污水净化材料等使用。该项目破解粤港澳大湾区城市污泥和餐厨垃圾协同处理资源化的技术难题，为深圳建设中国特色社会主义先行示范区生态文明建设提供技术支撑。 （聂璇 魏振宝）

【新型冠状病毒IgM/IgG抗体检测试剂盒】 2020年3月，中国科学院海西研究院厦门稀土材料研究所培育企业厦门奥德生物科技有限公司利用高性能的稀土纳米荧光探针，开发出新冠病毒IgM/IgG抗体高灵敏、快速联合检测试剂盒。该试剂盒灵敏度可达91.85%，特异性为98.71%，对国家参考品检测滴度可以达到1:128，可在实现10分钟内完成检测。试剂盒已取得国家医疗器械注册证（国械注准20203400776），同时通过欧盟CE、巴西ANVISA等认证。在供应国内市场之外，产品在欧洲、南美、非洲等20多个国家批量销售，实现产值达1亿元。

（陈祺 洪子龙 叶培华）

驻区科研院所

【中国科学院城市环境研究所】 中国科学院城市环境研究所（简称城市环境所）重点研究领域为城市环境质量演变与生态健康效应、城市环境污染控制与废物资源化、城市规划与环境管理；研究单元设置为城市生态健康与环境安全研究中心、城市环境污染控制与资源化技术研究中心、城市环境工程与循环经济研究中心、城市生态环境规划与管理研究中心、仪器设备实验中心以及宁波城市环境观测研究站。

科研队伍建设 至2020年底，城市环境所在职职工237人。其中科技人员181人、科技支撑人员56人，包括研究员及正高级工程技术人员34人、副研究员及高级工程技术人员52人；全所进入创新岗位165人。2020年，当选发展中国家科学院院士、获国家杰出青年支持各1人，入选福建省第一批“雏鹰计划”人才、福建省青年托举人才、中科院上海分院杰出青年人才、厦门市杰出人才、厦门市骨干人才各1人，入选厦门市高层次留学人员、厦门市高层次人才（C类）各2人。

科研条件 2020年，城市环境所仪器设备实验中心新增50万元以上的大型仪器设备2台。至年底，加入中国科学院大型仪器共享网的72台，加入国家网络管理平台的48台。全年仪器使用机时102917小时，仪器使用率105%。为外单位提供分析测试报告315份。在2020年科技部中央级高校和科研院所科研仪器开放共享评价考核获得“良好”。

科研项目 2020年，城市环境所在研项目291个（包括新增项目207个）。其中，主持（或承担）国家自然科学基金创新群体项目1个、重点项目1个、面上项目41个；承担国际合作组织间合作项目8个、国家杰出青年科学基金项目2个；主持或承担国家重点研发计划5项，承担（或参加）课题、子课题45项；主持（或承担）中国科学院战略性先导科技专项项目1项、课题1项、子课题6项。

科研成果 2020年，城市环境所获得科研项目207个，到位经费13322万元。其中，国家自然基金项目28个、横向项目128个、中科院项目及课题

11 项、省市级科研项目 29 个。申请专利 75 件，其中国内发明专利 62 件、实用新型专利 9 件、PCT 国际专利申请 4 件；授权专利 25 件，其中授权发明专利 12 件、授权实用新型专利 13 件；申请软件著作权登记 18 件。发表论文 700 余篇，627 篇论文被 SCI（科学引文索引）收录（作者为第一单位 241 篇），96 篇被 CSCD（中国科学引文数据库）收录（作者为第一单位 49 篇），国际合作论文占比 38.4%。环境中抗生素抗性基因的形成和传播扩散机理项目获福建省 2020 年自然科学二等奖（第一完成单位）。城市环境所以景感生态学为理论的 Ecology-Oriented Development，简称 EOD 模式，被生态环境部、国家发展改革委员会和国家开发银行联合发文在全国范围推荐应用推广；牵头编制《城市可持续发展居民行为指南》《城市可持续发展城市描述性框架》国家标准；建立基于景感生态学和趋善化模型的人均碳排放调控技术体系和雄安新区生态基础设施建设技术方法体系，并在粤港澳大湾区、长三角和北部湾城市群生态建设中得到推广实践。

院地合作与产业化 2020 年，城市环境所与宁波市北仑区人民政府签署新一轮科技合作协议，依托中科院宁波站平台，建设中科院海西创新研究院宁波产业技术创新中心，争取地方新增科技经费投入 3000 万元。与嘉兴市秀洲区、桐乡市人民政府开展科技合作，组建新型研发机构，合作内容由单一的科技成果产业化延伸到为地方科技人才培养与引进、科技协同创新、技术市场扩展等方面，是城市环境所与地方合作新模式的尝试。发挥中科院厦门育成中心依托单位作用，建设“中科院厦门育成中心环保产业孵化基地”，重点引进和孵化具有高价值、高成长性的科技型环保领域创投公司，首批入驻企业 5 家。

国际合作与交流 2020 年，城市环境所在科技部国际科技合作基地建设的基础上，以国际科联城市健康与福祉项目、“一带一路”城市环境健康专题联盟为桥梁，通过线上平台和线下交流的方式，开展国际科技合作和国内外学术交流。全年发展 ANSO 会员（亚洲理工大学等）4 所，获批承担“一带一路”国际科学组织联盟（ANSO）城市环境健康专题联盟。与埃及国家研究中心、贝宁阿布米—卡拉维大学、泰国农业大学、马来西亚沙巴州生物经济社区发展协会签订合作协议，推进合作纵深化发展。

（聂璇 魏振宝）

【中科院海西研究院厦门稀土材料研究所】 截至 2020 年底，中国科学院海西研究院厦门稀土材料研究所（简称厦门稀土所）发表 SCI 论文 220 余篇，其中影响因子大于 10 的高水平论文 29 篇。申请专利 120 余项（其中 PCT 2 项），获授权专利 38 项（其中美国等外国专利 6 项）。接受企业委托 / 合作技术开发项目 50 余个，项目经费 3000 余万元。

科研队伍建设 至 2020 年底，厦门稀土材料研究所有科研团队 12 个，各类人员 237 人，其中职工 113 人，在读（包括联合培养）博士、硕士研究生 111 人，在站博士后 6 人。正高级职称 11 人，副高级职称 21 人；博士学历 50 人，硕士学历 36 人；引进海外留学人才 30 人。入选各级各类人才计划支持 126 人次。其中，国家级人才项目 5 个，中国科学院人才项目 11 个，福建省人才项目 24 个，中国科学院海西研究院人才项目 29 个，厦门市人才项目 57 个（国家杰出青年入选者 1 人、新世纪人才工程国家级人选 2 人、国家青年项目 2 人、中国科学院人才计划 4 人）。

科研设施与基地建设 至 2020 年底，厦门稀土所拥有稀土材料研究所产业化基地、稀土材料研究所公共技术服务中心和科技型公司 13 家。有福建省工程中心 2 个、厦门市重点实验室 1 个、厦门市重大研发平台 3 个。同时，与孟超肝胆医院、赣州稀土集团、厦门金旸等省内外企业共建联合研发平台 / 实验室 7 个，平台经费近 2000 万元。厦门稀土所公共技术服务中心购入设备 55 台，资产总额约 4100 万元，搭建材料组分分析、纳米与生物光子学平台、波谱分析测试平台、微纳结构分析平台、晶相材料分析平台、材料物性检测平台、材料与器件加工平台等测试平台 7 个。。在 2020 年厦门市公共技术服务平台服务绩效运行考核中被评为“优秀平台”。

科技成果产业化 至 2020 年底，厦门稀土所拥有中试平台 4 个，入选厦门市“双百”创业领军人才的科研人员 13 名，培育出 13 家高新技术企业在厦门落地，总注册资本 8195 万余元，企业总产值近 5000 万元。其中，厦门奥德生物科技有限公司是一家从事稀土生物医学转化技术的国家高新科技企业，重点布局稀土材料体外诊断产品，其新开发的新型冠状病毒 IgM/IgG 抗体检测试剂盒（稀土纳米荧光免疫层析法）获国家药监局许可上市。2020 年 11 月 25 日，团队负责人研究员张云被授予“福建省抗击新冠肺炎疫情先进个人”称号。中科新镧系（厦门）科技有限公司研发的针对中国核电用屏蔽—保温—降噪一体化新材料获得中广核等龙头企业订单，团队带头人研究员杨帆获 2019 年国家军民融合奖。

科技成果与推广 至 2020 年底，厦门稀土材料研究所在稀土方面的科研应用成果 14 项。其中，稀土分离关键技术方面的项目 2 个、稀土发光材料与器件方面的项目 3 个、稀土生物医学材料及应用方面的项目 3 个、新能源材料与应用方面的项目 2 个、稀土核安材料方面的项目 2 个、稀土改性高分子及稀土改性光电催化材料方面的项目各 1 个。

表 25

2020 年厦门稀土材料研究所科研成果应用一览表

科研成果名称	推广应用领域
发萃取－沉淀法；苯氧羧酸钇分离工艺；Cyanex572 重稀土分离工艺；氧化膦类萃取剂的盐酸浸出法；离子液皂化流程	稀土高效清洁分离技术
高效氟化物窄带红光材料；高效硼酸盐近红外发光材料；近红外二区 Y3(Al/Ga)5O12:Ce3+,Cr3+,Nd3+ 长余辉纳米发光材料	稀土发光材料与器件应用
新冠病毒 IgM/IgG 抗体高灵敏、快速联合检测试剂盒；近红外二区稀土纳米探针和长余辉纳米探针；时间分辨光谱式上 / 下转换免疫分析仪	稀土生物医学材料及应用
高比能、高比功率锂电池氟化碳正极材料；钙钛矿太阳能电池原料新型钝化工艺；	新能源材料与应用
稀土高熵多孔材料体系；稀土基耐高温的中子慢化 / 吸收材料；	稀土核安材料
抗紫外老化高分子聚丙烯产品；	稀土改性高分子材料
Ce@Pd/TiO2 和 Se@Pd/TiO2 光催化剂	稀土改性光电催化材料

（陈祺　洪子龙　叶培华）

资料链接：

厦门稀土材料研究所科研成果选介

高效氟化物窄带红光材料：针对高效照明及广色域液晶显示需求，开发出离子交换法制备高效 Mn4+ 激活的高效氟化物窄带红光材料，该方法制备工艺简单，材料发光量子效率高达 98%，显著提升白光 LED 器件流明效率及液晶显示色域范围（80% 提升至 100%）（Nat. Commun., 2014, 5, 4312; 材料领域 ESI 高被引频次论文）；该工作引起国内外业界高度关注及 Mn4+ 基氟化物荧光粉研究热潮；通过反向离子交换表面处理技术提升了该类材料的抗湿稳定性，且已掌握公斤级制备技术（Angew. Chem. Int. Ed., 2019, 58, 3843−3847），相关研究获授权中国发明专利 3 项，并入选 2014 中国光学重要成果。

绿光和红光量子点材料：针对 Mini LED 显示需求，开发出高效的窄带绿光和红光量子点材料，在以往热注射法制备 $CsPbX_3$ 纳米晶的基础上，提出了通过一类具有铅卤等效化学计量比的新型前驱体“$HPbX_3$”（X=Cl，Br，I）替代传统 PbX_2 前驱体，解决 Pb 前驱体在反应过程中的配位平衡问题，显著提高纳米晶的发光效率和稳定性。目前已经实现量子点稳定性的大幅提升并在国际上首次实现 CsPbI3 量子点的室温低成本大规模制备（Nano Research，2021，DOI: 10.1007/s12274-021-3538-1; Journal of Luminescence, 2021, DOI:10.1016/j.jlumin.2021.118464; 中国发明专利受理号：2020105996156.3; 2020105986633.3）。

蓝光激发深红－近红外荧光粉：针对植物照明、食品检测、安防监控用深红－近红外发光材料，开发了高性能蓝光激发的 $Mg_{28}Ge_{5.42}Ti_2O_{38}F_{10}:Mn^{4+}$（峰值 660 nm，Chemical Engineering Journal，2022，429，132231）及 Cr^{3+}/Yb^{3+} 掺杂的 $GdAl_3(BO_3)_4$，$LaSc_3(BO_3)_4$，$Na_3Li_3Al_2F_{12}$ 近红外发光材料（发射波长覆盖 650−1200 nm），具有高的发光量子产率和热稳定性。（J. Mater. Chem. C, 2021,9,164−172; Chemical Engineering Journal, 2021, 426, 131332;《发光学报》，2021, 42, 793−803; 中国发明专利受理号：201910726967.0; 202011182949.X; 201811340681.0）。

高效硼酸盐近红外发光材料：针对食品检测、安全监控等应用领域高效近红外 LED 需求，开发出 Cr^{3+}/Yb^{3+} 掺杂的 $GdAl_3(BO_3)_4$，$LaSc_3(BO_3)_4$，$Na_3Li_3Al_2F_{12}$ 系列高效的近红外发光材料，该类发光材料在 400−500 nm 蓝光范围内有较强吸收；发射波长位于 650−1200 nm 的近红外光区域，能够很好的与现有商用蓝光芯片发射波长匹配，封装后能够获得高效宽带近红外 LED 光源，该宽带近红外发光材料对促进脸部识别技术和食品、医药检测的便捷化以及智能化具有重要的意义。（J. Mater. Chem. C, 2021,9,164−172; Chemical Engineering Journal, 2021, 426, 131332;《发光学报》，2021, 42, 793−803; 中国发明专利受理号：201910726967.0; 202011182949.X; 201811340681.0）。

文 化

综 述

【概况】 2020年，集美区文化部门实施“人文集美”发展战略，巩固全国文化先进区创建成果，推动“文化强区”建设。以学习宣传新思想、弘扬嘉庚精神和伟大抗疫精神为主线，加强文艺创作力度，提高文化服务供给质量；加快构建现代公共文化服务体系，统筹推进公共文化服务均衡化发展，实施文化馆图书馆总分馆制，灌口镇、后溪镇7个村（社区）综合文化服务中心通过市基层综合性文化服务中心建设验收；举办“人文集美·悦读季”系列活动、“听见集美”集美学村周末音乐会、集美·阿尔勒国际摄影季等特色品牌活动，提升文化影响力；线上活动和线下活动有机结合，举办文艺演出、文化进村（居）巡演巡展39场次，开展系列读书活动60场次，确保新冠肺炎疫情期间群众精神文化生活需求；加强文化市场疫情防控安全监管与服务，“扫黄打非”工作、“扫黑除恶”专项斗争持续深入，文化市场整治成效显著，行业经营秩序更加规范，保持安全稳定。推进文化遗产保护可持续发展，完成《集美闽南俗语汇编》一册、二册印制，《闽南俗语精选与解读》初稿撰写，举办“文化和自然遗产日”暨“人文集美·传承发展”非遗云展播、非物质文化遗产摄影作品展，完成高浦历史文化街区整体性规划设计及高浦文化街区标识系统的设计；开展文物安全隐患大排查大整治，抓好“六个一批”工作，推进文物修缮工作，完成集美人文馆建设。推进集美区文化产业快速发展，在影视、城市演艺、游戏动漫、数字内容与新媒体、艺术创意、文化旅游6类产业上形成独具特色与优势的产业链条。2020年集美区规上文化企业70家，年产值71亿元。

【基层文化服务场所建设】 2020年，集美区结合市为民办实事项目，完善基层综合性文化服务场所和相关配套设施。灌口镇东辉村、李林村、上塘村、铁山社区，后溪镇三兴社区、仑上村、黄地村7个村（社区）综合文化服务中心共投入31万元，进行场馆修缮改造和完善设施设备，通过市基层综合性文化服务中心建设验收。其中，灌口铁山、李林、东辉和后溪仑上4个村（社区）被评为“优秀”。

【文化馆图书馆总分馆制实施】 2020年，集美区实施文化馆图书馆总分馆制，促进优质文化资源共享。区文化馆与各镇街分馆联办各类群众文化活动，促进总分馆之间的交流，推进基层群众文化的蓬勃发展。年内，在侨英街道举办“乡村振兴·文化先行”文化馆总分馆制实施成果暨“爱心厦门”我们在行动主题系列宣传文艺演出；在集美街道举办书法、陶艺培训等系列文化惠民活动；在灌口镇举办清新灌口——百姓大舞台暨集美区文化馆总分馆制实施成果展演活动；在杏林街道高浦社区举办“乡村振兴 文化先行”——“千年积淀 古韵高浦”摄影采风暨作品展。区图书馆加强对各分馆图书借阅“通借通还”规范管理的指导，深化图书馆延伸服务。

【群众文艺创作】 2020年，集美区文艺骨干创作反映“疫情防控”主题的文艺作品400余件，通过区文化馆微信公众号推送抗疫系列文艺作品43期，阅读浏览2万多次。其中歌曲《让爱点燃希望》、美术作品《使命》等12个优秀作品入选“学习强国”平台，歌曲《让爱点燃希望》《来吧，大家一起来》入选国内音乐核心刊物《福建歌声》艺术战疫专刊优秀战疫公益歌曲选登。此外，原创文艺精品屡获奖项：荷叶说唱《嘉庚精神永流传》获“福建省文艺界践行‘四力’讲好福建故事——百名曲艺家讲百个福建故事”主题创演活动汇报演出二等奖；诗歌《我在武汉》和歌仔说唱《人间大爱战疫情》《万众一心抗疫情》分别获2020年全省防疫抗疫征文一等奖和三等奖；歌曲《让爱点燃希望》获“爱心厦门”十佳歌曲。京歌《爱在集美》获集美区文艺扶持资金。

（苏艳琦）

文化场馆

【概况】 2020年，集美区结合为民办实事项目，完善基层综合性文化服务场所和相关配套设施。灌口镇东辉村、李林村、上塘村、铁山社区，后溪镇三兴社区、仑上村、黄地村7个村（社区）综合文化服务中心共投入31万元，进行场馆修缮改造和完善设施设备，通过市基层综合性文化服务中心建设验收。其中，灌口铁山、李林、东辉和后溪仑上等4个村（社区）获评为“优秀”。至年底，全区设有文化馆1个、公共图书馆3个，影剧院9个，青少年宫1个，老年活动中心2个，镇（街）

综合文化站6个，村（社区）综合文化服务中心64个。

【集美图书馆】 2020年，集美图书馆采编入藏各类图书5573种17829册（件），其中集美保存本36册，嘉庚保存本36册。现刊入藏540种5872册。接收捐赠图书40种122册，并通过书展、好书推荐、新书推荐等多种形式推广阅读，推荐图书324种。至年底，馆藏各类文献231064种472233册/件，其中古籍及民国文献14241种34306册。全年接待进馆读者89912人次；图书流通外借72687种141928册次；其中少儿区借阅52961种106775册；智能区8071种14674册；流通可外借区7241种11165册；期刊1309种5271册；外馆图书3094种4028册。联合体总的借还转回馆图书5890册，从本馆转出图书8972册。全年有效读者证增加800个，注销72个。至年底读者证33077个，其中有效证17308个，注销15654个，挂失114个。全年举办读者活动93场，包括2020年经典诵读、集美士司马斯双语演讲、“迎新春写对联送祝福”、网络诗词大赛、博看网红包答题、文明祭扫、第七届家庭阅读推广大赛、“书香鹭岛，全城共读”、古诗文大赛线上竞答家庭赛、五一劳动节线上知识竞答、寻找“最美抗疫职工”摄影作品征集、母亲节留言、端午节童趣DIY线上制作龙舟、欢庆双节线上有奖答题，以及集图悦读周活动（32期）。另外，举办线上读者讲座，亲子关系心理健康公益讲座、“面对疫情如何做好心理应对？”、“你不跟智慧打交道，怎么可能提升自己”以及福建省公共图书馆联盟网上元宵活动之邀您一起战“疫”答题、邀您一起猜灯谜等活动。是年，集美图书馆还开展垃圾分类、“新时代职业教育改革发展与陈嘉庚职业教育思想”学术论文征文、发送“疫情防控，诚信有我”倡议、爱心结对走访慰问、“当先锋，做示范，争创‘六连冠’”主题实践、“重走嘉庚路”——参访第二集美学村等活动。

（刘建勋）

【集美区少年儿童图书馆】 2020年，集美区少儿图书馆新增办证读者1600人，总有效持证读者2.3万人，图书年借阅量25万册次，年流通总量14.4万人次，开展图书下乡、游园、讲座、图片展、读书交流会、影片展播等读者活动67场，其中优秀儿童影片展播17场、讲座10场、展览6场，共有11772人参加各项活动。全年，区少儿图书馆主要开展交通法知识宣传、图书下乡、“聚力融合发展，创新公共数字文化服务业态”图文展、“中华传统佳节”图文展、“家长如何让孩子听话”公益讲座、“文旅e家助力美好生活”春节服务、“防疫安全公益课”、垃圾分类知识普及、青少年安全教育夏令营、道德模范事迹展览、“打造家庭小帮手”公益讲座、“成长不烦恼——与心灵相约，与健康同行”图文展、“中华家风，孝道宣传”图文展、“人文集美，不忘初心”少儿读书月暨“书香鹭岛”全民读书月等读者活动。

（集美区少年儿童图书馆）

【厦门市图书馆集美新馆】 厦门市图书馆集美新馆位于集美区杏林街道诚毅中路380号。馆舍建筑面积6万平方米，设计馆藏图书300万册。至2020年，设有阅览座席4160个，是福建省单体面积最大的公共图书馆。集美新馆的功能定位为厦门岛外公共文献信息中心，厦门市公共图书馆服务联合体文献编目与文献配送中心，厦门市公共文献信息资源存储保障中心，台湾文献、闽南地方文献和华人华侨文献保存与研究中心，图书馆数字化和信息技术展示、体验与服务中心。除提供图书馆传统借阅流通服务外，还以图书馆+智能、互联网+服务、文艺+体验等设计概念，通过数字图书馆、影音图书馆、多媒体图书馆和创新科技阅读体验馆等特色服务区域，为读者提供富有创新性、体验性和互动性的特色服务。2020年4月1日起恢复开馆。集美新馆全年接待读者710718人次（含线上活动），办理借书证13375个，外借文献1094348册次，举办活动123场次，参加活动24235人次。接待兄弟单位及其他团体参观交流18批次406人次。年内，集美新馆开展创新体验服务。启用演播室、音乐创客空间、报告厅院线同步影院等特色服务空间，举办“领读中国”全市五十强经典诵读、原创音乐创作扶持、院线同步电影播放、金鸡电影展、厦语电影《旦后》主创分享沙龙等特色活动，构筑视觉、听觉一体化的服务体验。拓展线上服务阵地，开展线上服务。集美新馆运用新技术设备和特色空间，开展讲座直播、网上展览、云阅读推荐、“名师课堂”“零基础学绘画”等线上服务，拓展新媒体服务，打造立体阅读推广模式。

（厦门市图书馆）

【陈嘉庚纪念馆】 2020年，陈嘉庚纪念馆引进和送出各类展览6个，接待游客11.8万人次。疫情期间推出“数字展厅”，为公众提供线上观展服务，累计线上观展50万人次。陈嘉庚纪念馆先后被确定为首批中央文明委重点工作项目基层联系点之一、全省民营经济人士理想信念教育基地，获“2016—2019年度福建省统战系统先进集体”称号。7月，该馆编印《陈嘉庚画传》，甄选近600幅图片，计6万余字，图文并茂地回顾陈嘉庚的光辉一生，方便读者走进历史，走近嘉庚。10月，该馆研究丛书之《十年树木，春风化雨——陈嘉庚纪念馆（2008—2018）》出版，甄选480多幅图片，近10万字，记录该馆建馆十年，在各方面工作中取得的丰硕成果。12月，该馆编印《陈嘉庚研究文集三》，收录陈嘉庚研究专家陈少斌遗作85篇，计25万字，是又一部陈嘉庚研究的重要读物。全年开展社教活动37场，参与3445人次；研学活动21场，参与2171人次；讲座4场，参与180人次；巡展进入厦门各大中小学、部队、社区23场，参与3万人次。2020年，该馆先后完成陈嘉庚祭文屏风、《红荷图》《虞愚对联》等9件藏品的仿制工作。12月18日，从新加坡征集到陈嘉庚珍贵文物2件，分别是“钟标代理——陈嘉庚公司制造品”招牌一块，“钟标——太古堂大药行梹城分行”招牌一块。2020年，该馆开展志愿者招募活动7场，新招募志愿者267人，志愿者总数达605人。全年开展志愿服务与志愿活动有7大项目，开展志愿者培训12场。1月18日，由该馆主办，漳州市博物馆、晋江市博物馆和华侨博物院协办的“瑞鼠吐宝——庚子鼠年新春生肖文物图片联展”开展。展览甄选数百件以鼠为题材的文物、艺术品和珍贵标本，以及其他生肖文物，向广大公众进行图文展示。1月30日，该馆展数字展厅“华侨旗帜、民族光辉——陈嘉庚生平事迹陈列展”入选国家文物局第三批全国博物馆网上展览资源。数字展厅利用3D模型及VR全景技术、多媒体技术，360度全景还原“华侨旗帜、民族光辉——陈嘉庚生平事迹陈列展”，分为数字嘉庚、VR体验、社教娱乐、媒体资源、地图导航等多个版块。“5·18”国际博物馆日，陈嘉庚纪念馆把“瑞鼠吐宝——庚子鼠年新春生肖文物图片联展”搬到线上，《厦门日报》进行报道，5月18日，福建省文物厅文物处表扬陈嘉庚纪念馆线上展厅宣传工作，并在《福建日报》报道该展览线上展厅服务。7月1日，由云南省博物馆与陈嘉庚纪念馆共同主办的“人民音乐家聂耳——云南省博物馆聂耳文物展”在陈嘉庚纪念馆一楼展厅展出，展出文物187件（套）。7月16日，该馆原创展览“华侨旗帜、民族光辉——陈嘉庚生平事迹展”在云南省博物馆一楼当代艺术馆开展。此次展览展出展板79幅，展品49件（套）。

表26

2020年陈嘉庚纪念馆接待嘉宾情况表

时 间	来 宾 情 况
1月1日	福建省政协办公厅办公室主任刘宏伟一行3人
6月3日	福建省委常委、厦门市委书记胡昌升一行15人
6月9日	华侨博物院党支部书记钟志诚一行15人
6月11日	厦门市委统战部常务副部长何秀珍一行16人
6月24日	南侨机工眷属南宁联谊会会长温瑞雄一行7人
7月30日	福建省工商联副主席陈飚一行7人
8月7日	宝珠屿嘉庚文化陈列馆馆长张金发一行9人
8月12日	福建省副省长林宝金一行10人
8月28日	国家广电总局副司长李忠志一行6人
8月29日	广西壮族自治区博物馆文创部主任邱丽文一行4人
9月3日	四川省人大常委会党组副书记王宁一行18人
9月9日	中央纪委赴厦调研组研究室二级巡视员宋光林一行9人
9月12日	海堤纪念馆馆长林建斌一行30人
9月15日	全国总工会办公室主任张健熙一行15人
9月15日	中央文明办秘书局副局长王继尧、中国侨联文化交流处处长袁雯一行10人
9月21日	中宣部出版局研究处处长蒋建民一行5人
9月29日	国家统计局人口和就业统计司司长李希如一行10人
10月10日	新加坡总领事一行2人
10月16日	故宫文创中心主任张正燕一行2人
10月20日	大田县“第二集美学村”副总指挥廖正楼一行5人

续表 26

时 间	来 宾 情 况
10 月 27 日	山西晋城市侨联副主席王晋萍一行 6 人
10 月 31 日	北京市纪委副处长侯鹏志一行 13 人
10 月 31 日	福建省侨联副主席张瑶一行 65 人
11 月 20 日	海南史志馆副馆长周晓浩一行 2 人
11 月 22 日	中央人民政府驻澳门特别行政区联络办公室巡视员张深居一行 20 人
11 月 27 日	老艺术家演员谢芳、金迪，编剧王兴东一行 10 人
11 月 27 日	中纪委处长张佐军一行 5 人
8 月 20 日	普洱市博物馆主任车海兰一行 7 人
12 月 8 日	新加坡驻厦总领事吴俊明一行 4 人

（陈雅旋）

【集美兑山艺术区】 位于集美兑山西路，华侨大学西门对面，建筑面积约 4 万平方米，文化产业用途建筑面积超过 60%。由厦门市群落文化传播有限公司运营，以艺术家工作室、艺术展厅、艺术交流中心、艺术商业休闲街区、艺术研学旅行为主要业态。2020 年，集美兑山艺术区入驻艺术家 32 名，有艺术研究机构 13 家。园区总体营业收入逾 2500 万元，文化企业年营业收入占园区企业营业收入 60% 以上。是年，园区吸纳文化艺术培训机构 12 家，文创商店 21 家。运营“兑空行众创空间”孵化文创及科创企业 60 家。8 月，获厦门市人社局认定“创业大本营”。2020 年园区举办“行吟写——林泽洪水彩画展”“以文会友，以文辅仁，走进厦门六人美术作品展”，举办公益性人物写生活动 20 场，承接中小学教师交流活动 8 场，小学校长进修培训考察活动 1 场。

【嘉庚剧院】 坐落于集美新城核心区，建筑总高度 37 米，地上 6 层，地下 1 层，总建筑面积 63028 平方米，由国内文化产业龙头保利文化集团所属的保利院线经营管理，为其国内第 36 家、省内第一家直属剧院。2020 年完成演出总场次 127 场，其中自营演出 95 场、租场 18 场、公益演出及活动 14 场，接待观众 39463 人次。（陈威）

2020 年 6 月 20 日，集美区在园博苑举行端午节包粽子比赛活动。图为比赛现场（冯立东 摄）

文化活动

【概况】 2020 年，集美区举办“听见集美”集美学村周末音乐会、“人文集美·悦读季”系列读书活动、集美·阿尔勒等大型品牌文化活动。先后举办“春联进万家 万家挂春联”——集美区迎新春文化惠民活动、“携手奔小康，共圆中国梦”集美区庆祝中华人民共和国成立 71 周年文艺晚会、“乡村振兴，文化先行”文化馆总分馆制实施成果暨“爱心厦门”我们在行动主题系列宣传文艺演出、“薪火相传，奔向小康”农民文化周、“戏曲迎小康，文化进万家”集美区戏曲进基层巡演活动、线上战“疫”书画展等文艺演出和展览近 40 场次。受疫情影响，文化馆采用线上线下相结合模式开展全民艺术普及工作，全年举办“居家抗疫”公益艺术培训线上课程 12 期、线下课程 16 期，培训近 5000 人次。

【集美区迎新春文化惠民活动】 2020 年 1 月 11 日，“春联进万家，万家挂春联”集美区迎新春文化惠民活动在杏林文体广场举行，为群众送去新春祝福。20 位本土书法家现场挥毫泼墨，为群众“量身定制”春联。该次活动由集美区委宣传部、集美区文化和旅游局、集美区文联主办，集美区文化馆、集美区书画家协会承办，杏林街道协办。

【集美学村周末音乐会】 2020 年“听见集美”厦门集美学村周末音乐会于 5 月启动，持续至 2021 年 1 月，举办“致敬白衣天使专场”“中秋国庆大联欢专场”“线上周末音乐课”“开学季专场”“嘉庚赞歌专场”等近 40 场线上线下活动，近千名学子共同参与创作编排和展演形式多样的节目，为集美师生搭建展示才华的平台，为市民群众提供独具集美人文魅力的音乐服务。该届音乐会以“新时代、新青年、新风采”为主题，鼓励青年学子坚定理想信念，释放新活力、新动力，传递向上向善的正能量。5 月 27 日，2020“听见集美”厦门集美学村周末音乐会发起“致敬最美逆行者”专场特别直播，来自集美区的青年学子、知名文艺工作者用文艺表演向支援抗疫前线的“逆行者”致敬。该次音乐会在新浪、腾讯、抖音网络同步直播，累计观看量 200 多万人次。该次活动由区委宣传部主办，团区委、集美文教区管委会、集美区各高等院校宣传部（团委、学生处）协办，天下集美文广传媒有限公司承办。

【“人文集美·悦读季”活动】 2020 年人文集美·悦读季活动于 6 月 11 日启动。悦读季以“阅夜越集美”为主题，举办“小读者夜游集美”“小画家画集美”“作家作品分享会”“征文比赛”“夜拍集美”“换书大会”等系列活动，活动延续至 2021 年。《厦门晚报》每周刊登反映集美夜经济、夜游景点的稿件，重点介绍集美吃、住、行、娱、玩、购相关的景点，介绍集美夜游的独特魅力和人文底蕴。“小读者夜游集美”“小画家画集美”组织来自集美、思明、海沧等区的小记者在夜间感受“科探奇妙夜”“水舞秀”“集美人文馆”等人文景点。活动结束后，小记者、小画家们把所看、所感、所想诉诸笔端，写出、绘出集美之美。该次悦读季由集美区委宣传部、区文化和旅游局主办，厦门晚报社、集美区融媒体中心、集美区少儿图书馆承办。

【第 14 届福建省音乐舞蹈节（厦门市集美区选拔赛）】 2020 年 8 月 29 日，由集美区委宣传部、区文化和旅游局、区文联主办，区文化馆、区音乐舞蹈家协会承办的第 14 届福建音乐舞蹈节（厦门市集美区选拔赛）在集美区青少年宫（滨水校区）剧场举行。参加对象为辖区群众文化工作者及业余文艺爱好者。比赛涵盖男声合唱、混声合唱、男声独唱、女声独唱、萨克斯四重奏、广场舞等类别。比赛作品为 2018—2020 年由集美作者或曾在集美工作十年以上的词曲作者创作的新作品。此次音乐舞蹈节集美选拔赛是一次多门类艺术人才的集中展示，旨在推进集美区音乐舞蹈事业发展，繁荣文艺创作，培养艺术人才，推动“爱心厦门”文化行动，提升城市文化品位，以 2020 年决胜全面建成小康社会、众志成城抗击疫情等为主题，讲好集美故事，传播好集美声音，创演一批讴歌党、讴歌祖国、讴歌人民、讴歌英雄，具有强烈艺术感染力体现集美特色的群众喜闻乐见的文艺作品。

【“薪火相传，奔向小康”农民文化周】 2020 年 9 月 19—30 日，“薪火相传，奔向小康”集美农民文化周在灌口镇举行。以集美区形象代言人“阿集、小美”为原型，开展主题农耕体验研学活动。结合灌口镇田头村新农村建设成果，在田头村规划闽南农耕文化展示区及体验区；对传统的闽南农事进行现场演示、现场体验。9 月 19 日，开展墙体彩绘活动，创作以田头村的特色槟榔等为元素，由大学生、中学生、小学生共同完成长 18 米的作品长墙，成为名符其实的一景。9 月 26 日，在灌口镇风景湖公园，采用答嘴鼓、荷叶说唱等代表集美地方特色的文娱

2020 年 10 月 18 日，2020“听见集美”厦门集美学村周末音乐会开学季演出专场在集美大学举行 （冯立东 摄）

表演方式开展乡村大舞台主题文艺演出活动。同日，在灌口镇凤景湖公园，以“庆丰收，迎小康”为主题，现场组织村民开展主题广场舞大赛。开展以自然教育为主要手段的研学旅行和运动休闲活动，让参与者在享受运动乐趣的同时，欣赏赛道沿途的美景、体验乡村的人文情怀、重拾与土地的连结，推广当地人文及移风易俗新气象。9月28日，在田头村书院，结合集美区图书馆文化资源及社区书院组织优势，开展系列主题读书活动、诵读活动，引导广大乡村群众践行社会主义核心价值观，提高乡村群众文化修养；同时结合结对帮扶工作，组织文化志愿工作者进村指导开展群众文化活动和捐赠图书活动。9月29日、30日，面向全区征集“人文集美、乡村振兴”主题书法、绘画、摄影作品，分别在灌口镇及后溪镇巡回展出。

【文化馆总分馆制实施成果文艺演出】 2020年9月23日，“乡村振兴 文化先行”文化馆总分馆制实施成果暨“爱心厦门”我们在行动主题系列宣传文艺演出在侨英街道北区文化广场举行。活动由区文化馆主办，侨英街道综合文化站承办。文艺演出有舞蹈《乐乐呵呵奔小康》、女声独唱《祖国祝你生日快乐》、藏族舞蹈《北京的金山上》、男声独唱《战疫歌》、答嘴鼓《碗糕维仔讲文明》、武术《中国龙》、男声四重唱《共青团员之歌》、女声独唱《领航新时代》、歌伴舞《共圆中国梦》等。

【集美区庆祝中华人民共和国成立71周年文艺晚会】 2020年9月28日，集美区庆祝中华人民共和国成立71周年文艺晚会在杏林文体中心举行。晚会围绕“携手奔小康，共圆中国梦”的主题，分成“众志成城抗疫情”“齐心协力奔小康”两个篇章，先后演出歌伴舞《祖国祝你生日快乐》、原创战疫作品歌仔说唱《文旅抗疫一条心》、女声独唱《我的好兄弟我的好姐妹》、歌舞《来吧，大家一起来》、歌舞《坚守》、男声独唱《战疫歌》、舞蹈《让爱点燃希望》等。该场晚会由区委宣传部、区文化和旅游局、区文联主办。

【2020年集美区庆祝中华人民共和国成立71周年书画摄影展】 2020年10月1—23日，由集美区委宣传部、区文化和旅游局、区文联联合主办的“2020年集美区庆祝中华人民共和国成立71周年书画摄影展”在集美区文化馆一楼展厅举行。参加展览的美术、书法、摄影作品均来自本土美术工作者及爱好者，作品形式多样，书法作品有楷书、行书、隶书等，反映中华人民共和国成立以来集美区经济社会各项事业的发展成果。其中包括来自厦门市美术家协会水彩画专业委员会水彩作品近30件，集中表现集美新城成立10周年的新气息、新面貌。

【文化惠民服务活动走进集美街道】 2020年10月，“乡村振兴 文化先行”文化惠民服务活动在集美街道综合文化站举行。活动包括10月11日、18日、25日举办的“创·陶艺”少儿陶艺趣味课程，教授孩子用捏塑、盘泥条、泥板成型等方式制作茶杯、花盆、异形盘等，让孩子们初步了解陶瓷艺术，感受陶瓷文化；10月17日、24日与31日举办的“书·国风”少儿软笔书法班，从坐姿、持笔、“画圈圈”练习、基本笔画学习、完整汉字书写学习等方面培养孩子的艺术素养，陶冶高尚的情操，养成细致耐心、自觉认真的良好学习习惯，促进文化课的学习。该活动由区文化馆、集美街道办事处主办，银亭社区居委会、集美街道综合文化站、欣悦社工服务中心承办。

【扫黑除恶系列宣传活动】 2020年10月中旬，由集美区扫黑除恶专项斗争领导小组指导及办公室主办的“扫黑除恶·决胜之年”2020年集美区扫黑除恶系列宣传活动走进集美区六镇街。晚会围绕扫黑除恶主题，表演三句半《扫黑除恶保民安》、应急演练《炫警雄风》、格斗表演《除恶务尽》、答嘴鼓《天上不会掉馅饼》、主题歌曲《扫黑除恶保平安》等节目，展示集美区开展扫黑除恶专项斗争取得的成果，提升人民群众对扫黑除恶专项斗争“六清”行动和百日攻坚的认知，动员和激励人民群众参与配合扫黑除恶攻坚战，为决战决胜全区扫黑除恶专项斗争起到推动作用。除文艺晚会，还深入社区、学校等进行现场宣传，并借助移动宣传车、互联网以及户外LED屏等开展宣传。

2020年11月10日，集美区戏曲进基层巡演活动在杏林文体中心启动。图为戏曲说唱《爱在集美》（林志杰 摄）

【第四届“夕阳红”书画展】2020年10月26日至11月底，由集美区文化和旅游局、区卫健局主办，区文化馆承办，区老年书画家协会协办的集美区第四届“夕阳红”老年书画作品展在集美区文化馆一楼开展。该次书画展围绕“抗疫情，赞英雄，庆国庆”主题，展出集美区老年书画家协会会员作品98幅，其中书法54幅、国画44幅。

【戏曲进基层巡演活动】2020年11月10日，“戏曲迎小康，文化进万家”集美区戏曲进基层巡演活动启动仪式在杏林文体中心开幕。歌舞《来吧，大家一起来》讲述众志成城抗击疫情，凝心聚力大爱无疆；歌仔说唱《文旅抗疫一条心》展现集美区文化和旅游局全局干部职工在抓好自身疫情防控的同时，全力打好文化旅游系统的疫情防控阻击战。答嘴鼓《守土有责》、男声独唱《新的天地》、荷叶说唱《勤俭节约是美德》、芗曲说唱《扫黑除恶》、戏曲演唱《爱在集美》、木偶戏《爱心厦门、多彩闽南》、表演唱《光盘行动》、京歌演唱《爱在集美》等原创戏曲节目轮番上演。巡演活动深入镇街、学校演出6场。巡演活动由区委宣传部、区文化和旅游局、区文联主办，区戏剧曲艺家协会、区文化馆、区融媒体中心、区戏曲宣传队承办。

【和政县书画摄影作品展】2020年11月26日，甘肃省临夏州和政县书画摄影作品展在集美区文化馆一楼展厅开幕，展出书法作品32幅，美术作品32幅，摄影作品64幅。作品用真实的视觉聚焦和政优美的自然环境和丰富的民俗文化，用艺术的形式反映集美区结对帮扶和政县所取得的成就。开展当天，举办两地书画创作交流笔会。该次活动由和政县委宣传部、集美区委宣传部主办，和政县文联、集美区文联承办，集美区文化馆、集美区书画家协会协办。（苏艳琦）

文化遗产保护

【概况】2020年，集美区文化和旅游局健全非遗项目保护传承体系，推进辖区26个非遗项目保护单位（传习中心）建设。收集整理特色文化资源，完成《集美闽南俗语汇编》一册、二册印制和《闽南俗语精选与解读》初稿、《城内五祖鹤阳拳》撰写。成功举办2020年“文化和自然遗产日”暨“人文集美·传承发展”非遗云展播活动、2020年“文化和自然遗产日”暨“人文集美·传承发展”非物质文化遗产摄影作品展。推进集美闽南文化生态保护区建设，挖掘高浦历史文化资源，完成高浦历史文化街区整体性规划设计及高浦文化街区标识系统的设计。加强文物保护工作，开展文物安全管理专项检查和文物安全隐患大排查大整治工作，推进“六个一批”工作和不可移动文物点修缮工作。

【“文化和自然遗产日”暨非遗云展播】2020年6月13日，由集美区文化和旅游局主办的2020年“文化和自然遗产日”暨“人文集美，传承发展”非物质文化遗产宣传展示活动在集美文体中心、集美塔举行。非物质文化遗产云展播由主持人带领观众走进集美塔非遗展厅，线上展示介绍陈氏太极拳、集美龙舟、纸扎技艺、嘉庚瓦、川金山打铁技艺、歌仔说唱、闽南童谣、闽南童玩等集美区非物质文化遗产项目，组织辖区表演类非物质文化遗产代表性项目进行展演并在线上播放。该次活动通过爱奇艺、凤凰新闻等平台进行视频同步直播。非物质文化遗产摄影作品展在集美区文化馆一楼展厅举行，展示集美非遗26个代表性项目和传承人的摄影作品100幅。

【文保单位】2020年11月19日，福建省人民政府公布第十批省级文物保护单位名单及保护范围，集美学村诚毅楼被确认为“第十批省级文物保护单位”。4月3日，厦门市人民政府公布第七批市级文物保护单位暨第四批涉台文物古迹名单和保护范围，集美大学海通楼、科学馆南楼被确认为“第七批市级文物保护单位”。4月30日，集美区政府公布集美区第三批区级文物保护单位和保护范围。文确楼、宝珠塔、集美国姓井、集美学村钟楼、鹤浦西安宫列入区级文保单位。至年底，集美区有各级文物保护单位39个，其中国家级重点文保单位2个、省级文保单位3个、市级文保单位14个、区级文物保护单位12个和市级涉台文物古迹11个（含3个各级文保单位）。

【文物保护“六个一批”工作】2020年，根据《第44届世界遗产大会厦门市“六个一批”文化遗产保护工作方案》安排，集美区启动“六个一批”项目。后溪城内城旧址完成方案设计，工程概算获市文旅局批复，12月25日进场施工；黄庄杜氏家庙修缮项目完成修缮文本制订；市级马銮杜氏家庙修缮项目、西亭后祖厝陈氏祠堂修缮项目完成。集美区人文馆项目建设完成，馆内系列展项目包括集美人文简史、“一精神三文化”和闽南民俗非遗项目活态展示；人文集美·传承发展暨非物质文化遗产宣传展演。集美学村诚毅楼被省政府公布为第十批省级文保单位；集美大学海通楼、科学馆南楼被市政府公布为第七批市级文保单位；集美区公布确定第三批区级文保单位。对全区文物保护先进单位和个人进行表彰。

【历史文化遗产集中保护修缮工作启动】2020年7月21日，集美区委办、区政府办印发《集美区历史文化遗产集中保护修缮专项工作方案》，成立区专项工作领导小组，启动保护修缮工作。集美区有列入三年集中保护修缮的不可移动文物40处。至年底，向市文旅局上报修缮方案29个，给出专

家意见 25 个，专家批复 17 个，其余 11 个项目及 2 个国保单位正依据国家批复情况实施招标。（苏艳琦）

文化产业

【概况】 2020 年，集美区文化产业快速发展，在影视、城市演艺、游戏动漫、数字内容与新媒体、艺术创意、文化旅游等 6 类产业上形成独具特色与优势的产业链条。全年全区规上文化企业 70 家，产值 71 亿元。其中影视产业快速增长，至年底，累计注册影视及影视相关企业 800 余家，影视产业园区产值 15.7 亿元，累计产值 38.57 亿元。以集美新城为核心的城市演艺中心基本形成，老院子、灵玲马戏城、星巢越中心等演艺场所人气聚集。初步形成以软件园三期为核心的动漫及游戏产业，以网络智能视听基地为载体的数字内容与新媒体产业、以兑山和东盟艺术中心为中心的艺术创意等产业。

【中国（厦门）智能视听产业基地】 中国（厦门）智能视听产业基地占地面积 33.33 公顷，研发面积约 33 万平方米，由核心区和拓展区两部分组成，核心区位于厦门软件园二期视听产业片区，拓展区位于厦门软件园三期。2020 年，基地以智能视听产业相关内容生产、技术服务、平台运营、教育培训、终端产品制造和展会活动等为主要发展方向，集聚多家上市公司和新三板挂牌企业，以及网宿科技、云知芯智能科技等一批网络视听相关企业，新华网、凤凰卫视、快手、人民中科等 18 家机构和成长型网络视听企业、16 个合作项目签约落地，基地通过"科技 + 文化"创新驱动，推动广播电视和网络视听产业数字化、网络化、智能化发展。12 月 30 日，国家广播电视总局下发《关于"中国（厦门）智能视听产业基地"的批复》，同意在厦门软件园设立"中国（厦门）智能视听产业基地"。

【厦门影视拍摄基地】 厦门影视拍摄基地项目位于厦门市集美区杏林西路 18 号，占地总面积 56510 平方米，作为厦门市影视产业公共服务平台和招商引资平台，由厦门广播电视集团承担建设及运营管理。基地包括 2 个 2000 平方米基础摄影棚、4 个 1100 平方米实景棚、1 个 3000 平方米高科技数字摄影棚，以及附属群楼。其中，基础摄影棚具有工艺荷载为 250 千克 / 平方米的马道，棚内净高约 11 米，基本满足一般影视剧作品的拍摄高度需求。作为福建省内首个新建数字摄影棚，厦门影视拍摄基地 4 号楼由 3200 平方米摄影棚、4000 平方米的附属楼及动力中心组成，建筑总高 24 米、棚内净高约 16 米，具备同期录音功能，配有静音空调、天桥马道等设备，以及化妆间、休息间、服装间、设备间等配套空间。11 月 21 日，项目正式落成开机。厦门影视拍摄基地与中国传媒大学、厦门大学、华侨大学、集美大学、厦门理工学院、嘉庚学院等院校机构签署影视人才实训基地战略合作协议，深化影视教育的产教融合；还与省内各地区影视文化资源签署战略合作协议，以厦门为中心打造"半小时、一小时、二小时拍摄生活圈"。

【杏林湾影视总部及资本区】 杏林湾商务运营中心位于集美新城核心区，属于地标性的中央商务区（CBD）综合体，其中诚毅国际商务运营中心是岛外最高楼，是集美区影视企业总部区。总部区专门出台《诚毅国际商务中心影视企业总部区》专项政策，吸引影视企业总部入驻。按照集美区"一轴两翼"的影视产业发展空间布局，杏林湾商务运营中心将打造成为"影视投资资本区"。2020 年总部区招商注册企业累计 629 家，累计注册资金 38.22 亿元。

【集美集影视文创园】 集美集影视文创园坐落于集美区银江路 132 号，总占地面积 2.2 万平方米，周边有在校学生 13 万余名。在吸引两岸优质影视企业进驻的同时，引入影视生活美学街、影视主题民宿等多元化文创业态，打造集"影视总部""影视场景"和"影视文创"于一体的影视互动体验式生态园区，获福建省重点文化产业园区称号。2015—2020 年成功打造金砖五国电影展、海峡影视季 • 闽台电影周、文博会两岸 • 映像纪影视专场、影视基地峰会、影视 IP 创投大会等城市品牌活动，打通行业资源，构建全域影视产业快速发展。（陈威）

文化市场管理

【概况】 2020 年，集美区文化和旅游局受理各类文化服务项目行政审批 163 件。其中，营业性演出核准 130 件，申请及变更娱乐经营许可证 4 件，互联网上网服务营业场所经营单位设立审批 2 件，申请出版物经营许可证 25 件，办理高危险性体育项目经营许可 2 件。区文化和旅游市场综合执法大队开展"双随机"检查 14 批次，抽取企业 42 家次，受理文化市场各类投诉举报 33 件，查处各类案件 4 件，罚没款 3.22 万元，收缴盗版非法书籍 374 本，光盘 118 片，打击文化市场各类违法违规经营行为，规范行业经营秩序，保持安全稳定。

【文化市场思想阵地建设】 2020 年，集美区文化和旅游局编发《工作简报》34 期，印制"绿书签行动"主题书签 6000 张，海报 450 张，易拉宝 10 套，"扫黑除恶"宣传品 6000 盒、宣传袋 3000 个、《消防安全三提示》《人员密集场所消防安全提示》海报 1000 张。印制《上网人员信息登记本》《网吧场内巡查登记本》《文物保护单位日常巡查记录本》，支持执法行动和文明创建工作的开展。在综治宣传月、安全生产月、“119”消防安全宣传日等活动中，组织现场摆台宣传活动，为群众答疑解惑。加大对抗疫经验做法的宣传力度，组织编发疫情防控专刊10期，联系有线台专题报道4次。

【疫情防控协助】 2020年新冠肺炎疫情发生期间，集美区文化和旅游局加强巡查宣教，坚持在隔离酒店值守，勇当抗疫最美“逆行者”。通过查阅微信、支付宝消费记录、加油记录、购票记录、查看手机照片视频拍摄信息、查找网约车出行历史、翻看朋友圈记录，甚至查看QQ天气定位轨迹，进入各个城市发送的提醒短信等方式进行甄别，每天三四百人的核查量，无一差错，用细致入微的工作当好厦门的“守门员”。疫情后期，有序推进文化产业复工复产，逐家做好复工前的服务指导工作，向企业分发复工和防疫宣传“集美i企宝”资料，积极协调解决口罩等防疫物资，指导企业制订复工复产方案。同时，监督检查各企业严格做好防疫管理，设立防疫检测岗台和隔离室，开展体温检测、实名制登记，坚持做好营业场所的消毒和通风工作，为集美区文化企业复苏保驾护航。

【出版物市场专项治理】 2020年，集美区文化和旅游局加大对校园周边、大型商超、文具店等非法出版物经常出没场所的检查巡查力度，规范辖区出版物市场经营秩序。开展印刷企业规范经营专项整治，对5家存在安全隐患或经营不规范的企业当场责令整改。开展网上书店巡查，对一家网上书店进行立案查处，没收非法书籍9本，没收违法所得2183元，罚款1.2万元。开展互联网侵权盗版网站专项整治，成立专案组，对省版权局转发的4条涉嫌侵权盗版网站举报线索进行网上巡查、远程勘验，经过两个多月攻坚奋战，4条线索全部核查清楚，4个网站全部关闭。

【娱乐场所专项整治】 2020年，集美区文化和旅游局在重大节日和敏感时期，向企业负责人、现场管理人发出安全提示，明确节日期间规范经营和安全管理要求。同时，对辖区重点娱乐场所进行突击检查，确保烟火“零燃放”。向辖区所有经营性娱乐场所下发禁播歌曲自查整改通知，采取“四不两直”方式（不发通知、不打招呼、不听汇报、不用陪同接待，直奔基层、直插现场），对娱乐场所曲库、从业人员管理、规章制度落实等情况进行集中专项整治。其间，对一家违规接纳未成年人违法事实进行立案查处，对一家超时经营企业给予警告行政处罚。多次联合公安部门，对设置有KTV器材的酒吧、咖啡厅、烧烤店等开展联合巡查整治行动，先后查处取缔无证KTV10个，净化提升辖区娱乐市场环境。

【文物单位消防安全达标创建】 2020年，集美区文化和旅游局与消防部门联合制订下发《全区文博单位消防安全管理标准化达标创建工作实施方案》。11月30日，联合消防部门，在陈嘉庚纪念馆召开“集美区文博单位消防安全管理标准化达标创建工作部署及交流现场会”，对全区文博单位消防安全标准化达标创建工作进行部署。全区39家区级以上（含区级）文物保护单位负责人、管理人和6个镇街分管领导参会。会后，指导区级以上文物单位严格对照方案、标准，配备消防设施、落实消防制度、查找消防安全隐患，清理大功率电器、易燃易爆物品，对消防知识欠缺、安全技能薄弱的单位和人员，现场给予指导，推进达标创建活动。

【“扫黄打非”专项行动】 2020年，集美区文化和旅游局制订下发《2020年集美区“扫黄打非”行动方案》和开展“扫黄打非·新风”“扫黄打非·正道”集中行动的通知，协调各相关单位，召开集美区“扫黄打非”领导小组会议2次，案件推进会3次，组织联合联动专项检查4次。在各类检查整治行动中，收缴盗版非法书籍374本，光盘118片，非法卫星接收设备6套，查办出版印刷市场案件2件。同时，推进基层建设，至年底，全区各镇街及下辖各社区、村居、区属学校、主要景区重点印刷企业、重点互联网企业全部建立“扫黄打非”工作站（点），全区139个基层站点基本建成，并有效运行。 （孙鹏云）

新闻传媒

【集美区新闻报道组（集美报社）】 2020年，集美区新闻报道组（集美报社）出版《集美报》50期，刊发各类文章3000余篇；有2000多篇新闻作品被中央、省、市级媒体采用，并在互联网上转发。年内，打好抗疫防疫宣传战。第一时间采集、第一时间发布、第一时间报道、第一时间追踪，一线记者、编辑全身心投入紧急应战，将疫情防控权威信息传达到群众手中，发挥区域主流媒体的引导力、公信力，凝聚起全区上下众志成城、共克时艰的强大正能量。1月24日至3月7日，《集美报》刊出防疫专刊5期，采写疫情防治相关稿件226篇。抓住全城冲刺全国文明城市“六连冠”、创建省级文明城区“六连冠”、全国全域旅游城区考评、第七次全国人口普查、“扫黑除恶”三年行动计划等中心工作，结合乡村振兴等主题，进行多角度宣传报道。在《厦门日报》用稿件600多篇（幅）。年内，集美区新闻报道组获评2019年度《福建日报》先进报道组。深化与厦门日报社合作，通过编辑手记、个案对接、记者札记、采访提纲等方式，加强采编团队之间的“传、帮、带”作用，提升一线记者的采访水平、写稿质量。在2019年度厦门市新闻奖评选中，集美报有7篇幅作品获奖。

加快传统媒体与新媒体深度融合发展，报道组成为区融媒体中心特别是官微“天下集美”主要的发稿来源。参与“天下集美”区属媒体官方微信公众号和“人文集美”手机APP客户端的供稿编辑制作，“天下集美”微信公众号成为集美区最有影响力的新媒体。

（刘德英）

【集美区广播电视台】 2020年，集美区广播电视台采编制播电视节目198档、新闻1100篇；自办广播节目播出4000余小时。与厦门电视台厦视直播室《今日视区》连线51档，播出新闻210多条。8月，区融媒体指挥中心启用，中心优化整合全区媒体资源，打造报纸、广播、电视、杂志、微信、微博、APP、抖音等平台领域全覆盖的宣传矩阵，集美区成为全市唯一拥有全媒体阵地的行政区。年内，区广播电视台围绕区委、区政府中心工作，全方位、多视角地宣传报道集美经济、社会、人文集美建设和各项事业发展情况。新冠肺炎疫情发生后，区广播电视台各路记者奔赴疫情防控的最前沿，为群众第一时间传送最准确的疫情防控信息，普及疫情防控知识，讲述最感人抗“疫”英雄事迹，凝聚起“众志成城、共克时艰”的强大精神动力。是年，区广播电视台自办电视节目有“集美新闻”“纪实集美”两档，每周一与“厦视直播室”连线直播的“今日视区”，和与区委组织部合办的“集美先锋视界”，是集美区传播党和政府声音，宣传集美经济社会发展成就和城市形象的重要窗口。10月，集美区广播电视台与和政县融媒体中心合办《集美和政时间》开通。《纪实集美》全年完成24期专题节目及2场直播活动，创作系列专题片《疫情时期的爱情》《爱心车队》及《口罩》，讲述疫情时期各行各业团结一致共同抗疫的精神风尚。全年集美广播自办节目12档，新增《892读书汇》《汽车有话说》《育儿在路上》等节目，每天整点《逢整点，有观点》为听众每天送上国内外最新资讯。5月，集美区广播电视台获得全省广播电视系统先进集体称号；8月，广播剧《在中华人民共和国的旗帜下——陈嘉庚1949》获得福建省广播电视艺术奖文艺节目一等奖；11月，广播系列报道《创业路上——集美区民营企业发展系列报道》、电视系列报道《平凡践行》，获厦门市2019年度新闻奖一等奖。（王辉腾　王如意）

【天下集美文广传媒有限公司】 2020年，天下集美文广传媒有限公司利用各种宣传平台和阵地，发挥“报、网、微、端、屏、抖”融媒体优势，传递各类疫情防控相关讯息，为打赢疫情防控阻击战提供有力舆论支持。举办“致敬白衣天使专场”“线上周末音乐课”等系列活动，保证学村音乐文化服务“不断档”。依托集美区融媒体中心的启用，强化媒体资源整合，创新打造“看见集美”抖音号、“集美融媒”微博、微信视频号，稳抓“天下集美”微信号，全年发稿7280篇，区属新媒体矩阵粉丝总量超250万人次，是上年的12倍，全平台阅读总量39亿人次。“天下集美”微信作为王牌平台，被纳入福建重要政务微信队列；“看见集美”抖音自年初上线以来，总播放量突破23.5亿人次，在厦门市排名第一。由天下集美公司建设运营的集美区乡村振兴协作平台3月上线，公司运用电商直播的发展趋势，探索“直播电商+乡村振兴”的新模式，开展各类农产品主题带货直播活动。由子公司天下恒在承办的2020“看见集美”青春电影展，连续两届作为中国电影金鸡奖活动的系列活动，以电影教育为核心，将集美影视与研学产业、电影教育培训产业融合，推出“经典影像，青春记忆”老剧照老电影展、青春电影展映、映后专家课、“星影力”电影公益讲堂进校园等五大主题活动，推动集美影视产业发展。疫情期间，由公司运营的海蛎文创基地通过线上服务等方式，确保入驻企业正常工作的开展，获评国家级众创空间。通过拍摄VLOG短视频和线上直播的方式，向台胞台企展示集美抗疫成果。新冠肺炎疫情稳定后，开展“两岸创业青年致敬抗疫英雄爱心活动”，“2020年海峡两岸青少年中华姓氏源流知识竞赛”等线下活动，让两岸活动“不掉线”，精神“不掉队”。（陈婧）

体　育

综　述

【概况】 2020年，集美区完善基层体育设施，引导市民参加各种健身活动。推动成立单项运动协会，发展社会体育指导员队伍，至年底，全区单项运动协会21个，社会体育指导员1704名。全年共向市级训练单位输送篮球、田径等项目运动员29名。先后举办全国健身模特锦标赛暨世界健身模特锦标赛选拔赛、全国健身锦标赛暨世界健身锦标赛选拔赛、CBBA PRO中国健美健身精英职业联赛（厦门站）、福建省青少年乒乓球巡回赛暨中国乒协国青、国少集训队“德金杯”福建省选拔赛、第三届高校系列羽毛球赛（学生赛、教职工赛）、第一届高校系列羽毛球校友赛、厦门市万名老年人重阳节登山活动暨集美区千名老年人重阳登高活动、集美区全民健身运动会暨体育进社区活动等重大赛事。

【公共体育场地建设】 2020年，集美区下拨市体彩公益金676万元，用于各镇（街）和相关单位公共体育场地、健身路径、体育设施建设和添置体育健身器材。是年，集美区新建体育场地建设55片，其中各类球场（篮球、足球等）9片，健身路径36片，健身步道2片，小运动场2片，田径场3片，健身房3片。至年底，全区有体育场地2516片，其中各类球场（篮球、足球、羽毛球、乒乓球等）1268片，球馆（篮球、羽毛球、乒乓球、台球等）297片，游泳池38片，游泳、跳水馆22片，健身路径393片，健身步道20片，综合训练场馆79片，小运动场123片，田径场39片，健身房237片。

（连玉盛）

群众体育

【概况】 2020年，集美区推动成立单项运动协会，发展社会体育指导员队伍，单项运动协会增至21个，社会体育指导员发展到1704人。举办2020年集美区全民健身运动会暨体育进社区活动。是年，区下拨市体彩公益金676万元，用于各镇（街）和相关单位公共体育场地、健身路径、体育设施建设和添置体育健身器材，改善体育活动条件。

【集美区全民健身运动会】 2020年9—11月，2020年集美区全民健身运动会暨体育进社区活动在集美区青少年校外体育活动中心、杏林文体中心、集美大学体育学院网球场、沐宇羽毛球馆等场馆举行。该次活动由集美区全民健身领导小组主办，区文化和旅游局、区体育总会承办。比赛项目有游泳、足球、篮球、乒乓球、气排球、网球、羽毛球、工间操、扑克80分、自行车、围棋、中国象棋、国际象棋13个，各镇（街）、机关、企事业单位、高校、中小学等4000余名运动员参赛。

【单项体育协会】 2020年，集美区瑜伽协会成立。至年底，全区有乒乓球、长跑、象棋、自行车、龙舟、体育舞蹈、太极拳、武术、气排球、网球、足球、国际象棋、游泳、羽毛球、健身气功、拳击搏击、篮球、散打泰拳、游泳、瑜伽和杏林街道球类健身协会等单项体育协会21个，另有区体育总会、区老年人体育协会、区农民体育协会和集美学村体育协会，有会员2600余人。

【社会体育指导员队伍】 2020年，集美区举办三级社会体育指导员培训班，共培训三级社会体育指导员190名。至年底，全区有国家级社会体育指导员9名、一级社会体育指导员12名、二级11名、三级1672名。

【青少年校外体育活动中心】 2020年，集美区青少年校外体育活动中心场馆使用人流量5.1万人次。协办市、区中小学生篮球赛，协助文旅局、各协会完成集美区全民健身足球、乒乓球、象棋、扑克80分、工间操等赛事的保障工作。完成集美区第二届职工风采节职工法律知识趣味比赛和大型亲子创意涂鸦活动等赛事保障工作。

【杏林文体中心体育馆】 2020年，杏林文体中心体育馆接待5万余人次。8月8日，全馆对外免费开放，乒乓球馆对青少年免费开放一周。全年免费为全区各企事业单位文体比赛活动提供场地服务20余场。协办省、市、区体育赛事10余场，主要赛事有集美区全民健身社区乒乓球赛、福建省青少年乒乓球巡回赛暨中国乒协国青、国少集训队福建省选拔赛、第三届集美区乒乓球赛、集美区第二届职工风采节职工乒乓球团体赛等。

【集美区少儿体校】 2020年，集美区少年儿童体育学校有教职员工25人，其中专职教练员13人。专职教练员中，硕士研究生学历2人、本科学历9人、大专学历 2 人；中级教练员职称 1 人，初级教练员职称 8 人。另聘请兼职教练员 32 人。设有篮球、击剑、射箭、举重、田径、武术、游泳等运动训练项目。向市级训练单位输送竞技体育后备人才 29 名。2020 年，区少体校聘用篮球、武术、击剑、射箭、田径、游泳、举重等项目专职教练员 11 名，同时聘请 32 名小学体育教师为兼职教练员，分布在杏林文体中心体育馆、青少年校外体育活动中心体育馆及全区各中小学的 28 个训练网点。运动员在训总人数逾 520 人，其中田径 210 人、武术 42 人、举重 31 人、篮球 96 人、游泳 43 人、射箭 56 人、击剑 45 人。暑假期间，少体校田径队选拔 70 名优秀苗子进行集中封闭式训练，备战市运会。全年共向市级训练单位输送篮球、田径、举重、击剑、拳击、射击、射箭、柔道、跆拳道、散打、激流回旋、皮划艇、赛艇等项目运动员 29 名。

（连玉盛）

体育赛事

【概况】 2020 年，集美区先后举办全国健身模特锦标赛暨世界健身模特锦标赛选拔赛、全国健身锦标赛暨世界健身锦标赛选拔赛、CBBA PRO 中国健美健身精英职业联赛（厦门站）、集美区全民健身社区乒乓球赛、福建省青少年乒乓球巡回赛暨中国乒协国青、国少集训队“德金杯”福建省选拔赛、集美区全民健身运动会暨体育进社区羽毛球赛、全民健身运动会暨体育进社区足球赛、集美区全民健身运动会暨体育进社区骑行活动、第三届高校系列羽毛球赛（学生赛、教职工赛）、第一届高校系列羽毛球校友赛、厦门市万名老年人重阳节登山活动暨集美区千名老年人重阳登高活动等重大赛事。

【全国健身模特锦标赛暨世界健身模特锦标赛】 2020 年 8 月 21 日，全国健身模特锦标赛暨世界健身模特锦标赛选拔赛、全国健身锦标赛暨世界健身锦标赛选拔赛、CBBA PRO 中国健美健身精英职业联赛（厦门站）在集美区开赛，来自全国各地的近 400 名运动员齐聚集美，展示“力与美”的魅力。该次比赛由中国健美协会主办，市体育局、集美新城片区指挥部、集美区政府支持，厦门市集美城市发展有限公司、海西晨报社承办。大赛设 10 个大项 37 个小项，按照不同身高、体重等，分设男子组和女子组，男子比赛项目为古典健美、传统健美、健体、健身模特、健身等，女子比赛项目为比基尼健身、形体、健身模特、健康小姐、健身等。该次比赛选址集美嘉庚艺术中心举行，结合厦门的文艺特质，融入古典音乐元素，将颁奖盛典打造成古典交响乐与健身健美融合的“盛宴”。

【集美区全民健身社区乒乓球赛】 2020 年 9 月 26 日，集美区全民健身社区乒乓球赛启动，灌口镇与杏林街道分别在大路乾社区篮球场、杏林文体活动中心同期举行分站赛，共有 200 多名选手参赛。这次社区乒乓球赛由区全民健身领导小组、区文旅局、区体育出版广电局、区民政局主办，六个镇（街）协办，区乒乓球协会承办。赛事分为六个镇（街）分站赛和总决赛，为期两个月。该次比赛设成人团体组和小学单打组两个组别。经过激烈角逐，长青俱乐部获杏林街道分站赛成人团体组冠军，施金涛、翁瀚扬分别夺取杏林街道分站赛小学生组高年级组单打冠军、低年级组单打冠军。智欣集团获灌口镇分站赛成人团体组冠军，雷梓琦和陈向铮分别取得灌口镇分站赛小学生组高年级组单打冠军和低年级组单打冠军。

【福建省青少年乒乓球巡回赛】 2020 年 10 月 3—7 日，福建省青少年乒乓球巡回赛暨中国乒协国青、国少集训队“德金杯”福建省选拔赛在集美区杏林文体活动中心综合体育馆举行，来自全省的 591 名青少年选手参加比赛。该次赛事设男子单打、女子单打两个竞赛项目，按年龄划分四个组别。该次福建选拔赛由中国乒乓球协会、省体育局授权，省乒羽网运动管理中心、省乒乓球协会主办，区文旅局指导，区体育总会、区乒乓球协会承办。经过 5 天激烈的比赛，四个组别共 24 位选手脱颖而出，晋级全国选拔赛。

【集美区全民健身运动会暨体育进社区羽毛球赛甲组精英赛】 2020 年“集美城发杯”集美区全民健身运动会暨体育进社区羽毛球赛甲组精英赛于 10 月 8 日举行。经过激烈角逐，银亭天湖梦之队、盛光岳阳业余队、杏林街道方源羽球队分获前三名。该次赛事由集美区全民健身领导小组、区体育出版广电局、区民政局主办，区羽毛球协会承办，12 支社区代表队近 200 名选手参赛。

【集美区全民健身运动会暨体育进社区足球赛】 2020 年 10 月 17 日，集美区全民健身运动会暨体育进社区足球赛社会组决赛暨颁奖仪式在区青少年体育中心杏林马銮湾足球场举行。经过激烈角逐，灌口社区三德利足球队、康城社区阿阳大排档足球队、乐海社区老男孩足球队获前三名。集美区体育进社区足球系列活动，由集美区全民健身领导小组、集美区文化和旅游局主办。2020 年集美区全民健身足球活动启动后，区足协开展“足球大篷车公益课堂”进社区、进校园进行足球培训。2020 年集美区体育进社区足球系列活动青少年组比赛于国庆期间在杏东小学足球场落幕，11 月启动针对 U8 年龄组别的 3V3 幼儿足球比赛。

【集美区全民健身运动会暨体育进社区骑行活动】 2020 年 10 月 25 日，来自

2020 年 11 月 15 日，2020 集美区全民健身运动会暨体育进社区趣味爬坡赛在后溪镇白虎岩景区举行。图为比赛现场
（区文化和旅游局 供图）

全区的近 300 名骑行爱好者从灵玲马戏城大广场出发，参加 2020 年集美区全民健身运动会暨体育进社区环杏林湾骑行活动。活动由区全民健身领导小组、区文旅局、区民政局主办，集美区自行车协会承办。该次活动还有面向专业骑手的爬坡赛。爬坡赛于 11 月 15 日在后溪镇白虎岩景区举行。

【第十届厦门市侨界健步行活动】2020 年 10 月 24 日，第十届厦门市侨界健步行（集美片区）活动在集美水上运动中心步道举行。来自六个镇（街）和集美大学、华侨大学厦门校区、华文学院、厦门理工学院等高校侨联，以及天马华侨农场侨联及市印度尼西亚归侨联谊会、市缅甸归侨联谊会、“联心侨”志愿者队的 720 多名侨界群众参加健步行活动。

【第三届“嘉庚杯”高校羽毛球赛】2020 年 10 月 25 日，第三届“嘉庚杯”高校系列羽毛球赛（学生赛）在嘉庚体育馆举行。150 多名来自厦漳泉的高校学子参赛。厦门大学、华侨大学、集美大学、厦门理工学院、厦门医学院、泉州师范学院、厦大嘉庚学院等 13 所高校组队参赛。该届赛事由集美街道联合集美学校委员会、区文旅局、集美文教区管委会、团区委共同主办，福建省外大学校友会联合会、集美区羽毛球协会承办，获厦门利星奔驰、广州市威健体育用品有限公司、佳得乐赞助支持。“嘉庚杯”高校系列羽毛球赛为系列赛制，包含教职工赛、学生赛、校友赛三个子赛事。

【第一届“嘉庚杯”高校系列羽毛球校友赛】2020 年 10 月 31 日至 11 月 1 日，第一届“嘉庚杯”高校系列羽毛球校友赛在厦门集美嘉庚体育馆开拍。全国各地 23 所高校组队参赛，326 名校友参加赛事。该次赛事由集美街道办事处联合集美学校委员会、区文旅局、集美文教区管委会、团区委共同主办。整个系列赛由教职工赛、学生赛、校友赛三个子赛事组成。其中，校友赛为 2020 年新增项目，面向全国高校校友。

【第三届集美区庆重阳乒乓球赛】2020 年 11 月 3 日，第三届集美区“祥和康乐杯”庆重阳乒乓球赛在杏林文体中心乒乓球馆举行，29 支老年乒乓球代表队同台竞技。特邀海沧区的霞阳和新垵两支社区队参加。

【集美区千名老年人重阳登高活动】2020 年 11 月 3 日，厦门市万名老年人重阳节登山周活动集美区分会场暨集美区千名老年人重阳登高活动在厦门园林博览苑举行，来自区老年人体育协会及各镇（街）的近千名老年人参加。该次活动由市体育局、市老年人体育协会主办，区文化和旅游局、区老年人体育协会承办，厦门园林博览苑协办。

【集美区第二届职工风采节羽毛球团体赛】2020 年 11 月 7—8 日，集美区第二届职工风采节羽毛球团体赛举行。辖内机关企事业单位的近 500 名职工组成 32 支球队参赛，区直机关一队、立林科技、集美公安联队等三支队伍获得该次赛事一等奖。该次赛事由集美区总工会主办，区体育总会、区羽毛球协会承办，赛事设置一、二、三等奖。

【厦门市青少年航模锦标赛】2020 年 11 月 28 日，厦门市青少年航模锦标赛在厦门一中集美分校（灌口中学）举行。来自全市 106 所中小学的代表队同台竞技。该次比赛设有木制飞机直线距离赛、固定翼橡筋动力飞机竞时赛、木制飞机制作赛、一战系列制作创意赛等 21 个项目。该届比赛由市体育局、市教育局、团市委、市科协主办，市社会体育发展中心、市社会体育指导员协会、《海西晨报》社、市路桥体育产业集团有限公司、厦门一中集美分校（灌口中学）、厦门三圈模型基地承办，市航空航海车辆模型运动协会协办。

【集美区全民健身运动会暨体育进社区羽毛球赛年终总决赛】2020 年 12 月 6 日，“集美城发杯”集美区全民健身运动会暨体育进社区羽毛球赛（简称

“社区羽毛球赛”）年终总决赛举行。全区24支代表队、320名羽毛球爱好者代表各自镇（街）、社区出战。该届赛事由区体育广电出版局主办，区羽协承办，分为甲、乙两组，包括甲组精英赛、乙组社区海选赛和镇（街）团体赛、甲乙组社区总决赛。全年参赛2300人次，成为集美区参与人数最多、受众覆盖面最广的一次体育盛事

【集美区第二届职工风采节职工乒乓球团体赛】 2020年12月22日，集美区第二届职工风采节系列活动之一职工乒乓球团体赛在杏林文体中心乒乓球馆开战，来自区直机关、镇（街）及各企事业单位共30支代表队参赛，区直机关一队、智欣集团、华侨大学三支队伍获得一等奖。该次赛事由区总工会主办，区体育总会、区乒乓球协会承办，赛事设置一、二、三等奖。

（连玉盛）

驻区体育机构

【福建省皮划赛艇运动管理中心】 2020年，福建省皮划赛艇运动管理中心有国家级教练2人、高中级教练11人、在训运动员354人。至年底，中心获“国际级运动健将”称号15人、“国家级运动健将”称号74人，有国家一级运动员142人。参加全国性比赛8次，获全国性比赛赛场体育道德风尚奖15人次。运动员参加全国锦标赛，获得第一名10个（全运会3个项目）、第二名11个（全运会5个项目）、第三名7个（全运会2个项目）、第四名14个（全运会1个项目）、第五名10个（全运会4个项目）、第六名5个（全运会2个项目）、第七名10个（全运会4个项目）、第八名2个（全运会1个项目）；参加全国冠军赛，获得第一名4个（全运会2个项目）、第二名5个（全运会1个项目）、第三名10个（全运会3个项目）、第四名5个（全运会1个项目）、第五名7个（全运会1个项目）、第六名9个（全运会1个项目）、第七名2个（全运会1个项目）、第八名4个（全运会1个项目）；参加全国青年锦标赛，获第一名10个（全运会8个项目）、第二名4个（全运会3个项目）、第三名4个（全运会3个项目）、第四名4个（全运会4个项目）、第五名3个（全运会1个项目）、第六名5个（全运会5个项目）。

（高艳华）

2020年12月20—27日，2020年全国帆板冠军赛在海南省万宁举行。图为运动员卢云秀参赛中

（帆船帆板中心 供图）

【福建省帆船帆板运动管理中心】 2020年，福建省帆船帆板运动管理中心人员编制97名，其中管理人员8人、专业技术人员16人、运动员73人。运动员代表国家队、福建省参加各类国际性、全国性重大比赛，获奖牌109枚，其中金牌31枚、银牌25枚、铜牌34枚、第四至第八名111次。是年，省帆船帆板运动员卢云秀获得代表中国帆船帆板项目RS:X级2020东京奥运会选手资格。省帆船帆板运动员卢云秀、叶兵、刘春壮、邱钰龙、王俊龙在国家队备战2020东京奥运会。

（王国兴）

卫　生

综　述

【概况】 2020年，集美区有医疗卫生机构371家，其中社区卫生服务中心4家、卫生院2家、社区卫生服务站（村卫生所）37家、民营医院5家、门诊部48家，其他275家；共有床位2138张，其中厦门医学院附属第二医院1300张、厦门市第一医院杏林分院428张、区属医疗卫生机构80张、民营医疗机构330张。全区有执业（助理）医师1912人，按照常住人口74.8万人计算，每千人拥有床位2.86张、执业医师2.56人。2020年，集美区推进医药卫生体制改革，加快医疗卫生补短板项目建设，提升公共卫生服务能力，做好重点人群健康服务，推进健康集美建设，全区卫生健康环境持续向善向好。是年，集美区卫生健康局（简称集美区卫健局）贯彻落实上级关于疫情防控的各项指示要求，牵头新冠肺炎疫情防控工作，守护全区经济发展的安全环境，捍卫人民群众生命健康。区属基层医疗机构全年门诊量106.02万人次；集美街道社区卫生服务中心在厦门市综合激励考核中获第一名；卫健系统3名党员干部获市、区“疫情防控阻击战表现突出先进个人”称号；4名医务人员家庭获“福建省抗疫最美家庭”称号；区卫健局获评“福建省抗击新冠肺炎疫情先进集体”，2名一线党员抗疫工作者获“福建省抗击新冠肺炎疫情先进个人”称号。

【健康集美建设】 2020年，集美区制订《健康集美行动实施方案》，聚焦健康主要影响因素，开展17个专项行动，成立区健康厦门建设大会领导小组，统筹推进健康集美行动。制订全区健康厦门建设大会任务分解表，确保各项工作形成合力、有序推进。年底，召开健康集美建设工作推进会，对相关工作进行总结、部署，推进健康集美建设具体化、项目化、深入化、实效化。年内，全区户籍人口孕产妇死亡率为零，婴儿死亡率1.18‰，5岁以下儿童死亡率2.55‰，均控制在指标范围内。人均期望寿命81.43岁（男性79.15岁、女性83.9岁），人口主要健康评价指标连续多年保持在发达国家和地区较好水平。　（舒浩）

【医联体建设】 2020年，集美区深化与厦门医学院附属第二医院（简称二院）、厦门大学附属心血管病医院（简称厦心）的医联体协作机制，推进高血压、糖尿病、消化系统疾病、慢性肺病分级诊疗，畅通心电、DR协同通道。年内，全区基层医疗机构和二院、厦心共实施心电协同15738人次，DR（数字化X射线摄影系统）协同2595人次。牵头举办胸痛中心、卒中中心联合例会，签署临床合作协议，推进二院卒中中心—社区卫生服务中心（卫生院）—镇街、村居监测哨点三级脑卒中急救网络软硬件建设。推进专病医联体试点建设，至年底，与中山医院、第一医院、心血管病医院、中医院、二院、仙岳医院等医院专病专科建立合作，让辖区群众在家门口就能享受更专业优质的医疗健康服务。

【“互联网+”健康服务】 2020年，集美区深化“互联网+家庭医生”签约服务。组建“家签”服务团队96个，签约12.04万人，签约覆盖率32.64%。其中，高血压签约覆盖率76.26%，糖尿病签约覆盖率94.13%，65岁以上老年人签约覆盖率72.47%。在全市首创建立全科医生、签约人员、呼叫服务三方联合互助平台。年内，各社区卫生服务中心通过该平台，累计服务1.5万人次，响应居民呼叫近2000人次，实现全区重点人群全覆盖，集美区“家庭医生签约与健康管理平台助力疫情防控”案例获全国医疗信息化防疫抗疫优秀案例评选三等奖。推广基层医疗机构线上预约系统，落实疫苗全程电子追溯工作，全年因疫情影响的接种存量全部补种完成，全区免疫规划疫苗接种率95%以上。

【“药价保”联动改革】 2020年，集美区推进第二批药品集中采购和使用工作。全区各基层医疗单位完成第二批集采任务量的63.48%，中选药品人均费用下降50%以上。动态调整医疗服务项目价格，理顺比价关系。强化医保基金使用监管，对不合理收费、串换项目（药品）、不规范诊疗、虚构服务及其他违法违规问题开展自查自纠，总体情况良好。

【医疗行业整治】 2020年，集美区开展平安医院创建，加强医疗卫生监督执法，整顿和规范医疗机构执业行为。全年发现医疗机构乱象线索9条（含无证行医2起），立案查处9件，化解医疗纠纷136起。提高行政审批效率，即来即办事项42项，占比73.68%。

【优质医疗资源建设】 2020年，集美区推进优质医疗资源建设。川大华西厦门医院建设年底基本完成基坑支护、桩基工程，主体工程完成招标；市妇幼集美院区于9月开工建设；灌口医院（新址）建设通过可研报告评审，完成项目投资审核。优化基层医疗资源布局，推进服务人员口超过10万人的镇街卫生服务中心分中心建设，杏滨街道社区卫生服务中心分中心——锦园社区卫生服务中心进入施工阶段，后溪镇卫生院分中心——北站社区卫生服务中心前期工作进展顺利。

（方琳颖）

疾病防控与卫生应急管理

【概况】 2020年，集美区儿童卡介苗接种率100%，脊灰疫苗接种率98.81%，百白破三联苗接种率99.12%，含麻类疫苗接种率99.45%，乙肝疫苗接种率99.77%，乙脑疫苗接种率99.45%，流脑疫苗接种率99.12%，甲肝疫苗接种率99.69%。收到预警信号680条，经核实均为非疑似事件。全年无甲类传染病报告；乙类传染病1505例，发病率201.20/10万，比上年同期下降8.37%；丙类传染病1761例，发病率235.43/10万，比上年同期下降60.84%。年内，集美区创建“无烟单位”118家，健康社区23家、健康食堂8家、健康餐厅8家、健康单位8家、健康学校8所、健康小屋67家；开展死因监测、肿瘤随访登记、心脑血管事件报告、国家伤害监测、居民健康素养监测等。区疾病预防控制中心章冬获2020年“福建省抗击新冠疫情先进个人”称号。

【疾控业务管理】 2020年，集美区发放检测报告295份，内容涉及水质和病原微生物等，做好检测报告的评价、审核、编制打印和归档工作。完成新冠PCR检测实验室质量管理工作，编制新冠PCR实验室管理体系文件。参加“好医生”远程继续教育及《福建通讯》继续教育27人，完成卫生专业技术人员学分验证27人。参加省疾控中心举办的新冠病毒核酸检测上岗培训7人，组织新冠肺炎疫情防控技术全员培训2场次，组织新冠病毒核酸采样人员上岗培训3期429人次，通过疾控微信公众号发布疾病预防信息82条。

【霍乱监测】 2020年，集美区各级医疗单位肠道门诊报告腹泻病例179例，粪检179例，未检出霍乱弧菌，未发现霍乱病人和带菌者。在大型商超、近海水域等场所采集水产品240份、外环境水产品180份，均未检出霍乱弧菌。

【人感染高致病性禽流感监测】 2020年，集美区在杏滨街道前场村开展禽流感职业暴露人群血清学监测，采集活禽养殖户血清学标本25份，送市疾控中心检测。分别采集前进村散养户、白泉市场禽类外环境标本20份，未检出人感染H7N9流感病毒，全年未接到当地人感染H7N9流感疫情报告。

【疟疾监测】 2020年，集美区在灌口镇双岭村开展蚊媒监测10次，捕获三带喙库蚊320只、致倦库蚊138只，库蚊密度22.9只/人·夜，监测数据显示三带喙库蚊和致倦库蚊分别占监测数据的69.9%、30.1%%。在灌口中心卫生院对70名“三热”病人进行疟原虫血检，无阳性病例。全年调查处置输入性疟疾病例2例。

【登革热监测】 2020年，集美区选取辖区4个镇街的2个村居、1个酒店和1个医院共4个点开展登革热媒介伊蚊孳生地监测，结果显示全区在登革热传播风险级别上属于中度以下传播风险。在辖区开展正常人群血清抗体水平监测，随机抽取血清标本200份，送市疾控中心检测，未发现异常情况。

【碘缺乏病监测】 2020年，集美区在辖区5个镇街开展8～10岁儿童和孕妇碘缺乏病监测工作，采集学生家中食用盐盐样210份，合格碘盐覆盖率97.6%，采集学生尿样210份，尿碘中位数230.1微克/升。开展学生甲状腺B超检查210人次，甲状腺肿大率1.9%，采集孕妇家中食用盐盐样102份，合格碘盐覆盖率96.1%。采集孕妇尿样102份，尿碘中位数149.9微克/升，显示集美区重点人群碘营养处于适宜水平。根据国家卫生健康委等10部门制订的《地方病防治专项三年攻坚行动方案(2018—2020年)》相关要求，完成《集美区关于贯彻落实“地方病防治专项三年攻坚行动”的终期自评报告》，并通过地方病防治专项三年攻坚行动终期评估。

【艾滋病防治与管理】 2020年，集美区报告HIV（人免疫缺陷病毒）感染者/艾滋病病人首次流调率100%、存活病人CD4随访检测率90.7%，存活病例配偶HIV抗体检测率100%，结核病筛查率100%，抗病毒治疗覆盖率96.8%。艾滋病高校宣教干预项目覆盖辖区6所高校、10万余名青年学生；流动人群宣教项目覆盖3家工厂企业，宣传1万余人。完成男性行为人群干预1049人次，抽血检测HIV抗体401份，检出阳性血清12份；全区4处自愿咨询门诊完成自愿者咨询检测HIV抗体检测995人，检出阳性32例。

【结核病防治】 2020年，集美区非结核病防治机构报告肺结核患者转诊到位率98.0%，追踪到位率100%，活动性肺结核登记管理278例，完成全年任务数（284例）的97.9%，比上年同期下降23.4%；全年登记病人治疗满一年转归情况363人，其中治疗成功325人，治疗成功率90.8%；系统管理352人，系统管理97.0%。乡镇督导12轮次，累计督导村卫生所135家次，走访免费结核病人268例。完成普通密切接触者筛查 315 人，筛查率 100%。学校结核病疑似和确诊病例 85 例，其中现住址为集美区的确诊病例 49 例，涂阳病人 7 例，涂阴 41 例；男生 30 例，女生 19 例。筛查学校结核病密切接触者 2500 余人，完成世界结核病日宣传活动。

【计划免疫相对传染病监测】2020 年，集美区发现并调查麻疹 / 风疹疑似病例 10 例，其中麻疹阳性病例 2 例，风疹阳性病例 2 例。AFP 检测并调查病例 10 例，均排除。发现 15 岁以下乙肝 9 例，白喉 1 例，无新生儿患破伤风、乙脑、流脑、百日咳等疫病。报告疑似预防接种异常反应 198 例。

【严重精神障碍患者管理】2020 年，集美区建档严重精神障碍患者 3376 例，在册患者 3213 例，报告患病率 4.59‰、规范管理率 84.5%、面访率 84.22%、服药率 85%、规律服药率 79.05%、精神分裂症服药率 83.33%、精神分裂症规律服药率 76.86%。精神卫生知识知晓率调查结果：知晓度好占 74%，基本知晓占 20%，知晓度低占 6%。

【死因监测】2020 年，集美区完成覆盖全辖区 2020 年居民死因监测工作，报告 1509 例；完成 2020 年度集美区户籍居民死因监测报告，粗死亡率 2.73‰，标化率 4.29‰。

【肿瘤登记管理】2020 年，集美区完成 2020 年肿瘤发病报告工作，完成 2008—2019 年肿瘤发病数据库的地址核实和随访 3110 例，并完成 2018 年度集美区肿瘤登记随访报告。

【伤害监测】2020 年，集美区完成辖区伤害监测报告工作，全年报告 9292 例，完成 2020 年度集美区伤害监测分析报告。

【心脑血管事件报告】2020 年，集美区完成辖区心脑血管事件报告，全年报告 1337 例。

【居民健康素养监测】2020 年，集美区对全区 6 个镇（街）、12 个村（居）600 名 15 ~ 69 岁调查对象开展 2020 年居民健康素养监测问卷调查，调查结果显示 2020 年集美区居民健康素养水平 25.8%，其中男性健康素养水平 25%，女性健康素养水平 26.81%；居民三个方面健康素养水平：基本知识和理念素养水平 42.17%，健康生活方式与行为素养水平 24.17%，基本技能素养水平 26.33%。六类健康问题素养水平由高到低依次为：安全与急救 63.33%，科学健康观 52.83%，健康信息 32.17%，慢性病防治素养 28.33%，传染病防治素养 27.67%，基本医疗素养 22.50%。

【健康危害因素监测】2020 年，集美区完成国家公共场所监督抽检 4 家次，检测项目 140 个，合格 131 个，项目合格率 93.6%；完成生活饮用水采样监测 6 次，采集样品 168 份，合格率 100%；完成食品风险监测 58 批次，审核食源性疾病病例报表 576 份，完成辖区 180 名学生食物消费量调查和 27 家企业工作场所职业病危害因素监测，对 41 名尘肺病病例进行随访，监测管理职业健康体检档案 6998 份、用人单位信息 51 份、职业性有害因素 71 份及职业病诊断病例报表 12 份，对 8 家放射诊疗机构放射卫生基本情况进行调查；配合卫健局完成辖区 4000 家企业职业病危害现状调查；按相关程序处置食源性疾病事件 9 起，均未达突发公共卫生事件水平。

【免疫预防接种】2020 年，集美区进行儿童常规免疫接种工作。卡介苗实种 9646 剂次，接种率 100%；脊灰疫苗实种 46129 剂次，接种率 98.81%；百白破三联苗实种 44705 剂次，接种率 99.12%；含麻类疫苗接种 25940 剂次，接种率 99.45%；乙肝疫苗实种 30781 剂次，接种率 99.77%；乙脑疫苗实种 24757 剂次，接种率 99.45%；流脑疫苗实种 47562 剂次，接种率 99.12%；甲肝疫苗实种 11928 剂次，接种率 99.69%。4—5 月，开展国家免疫规划疫苗查漏补种月活动。含麻类疫苗应种 2654 人，实种 2560 人，补种率 96.50%；脊灰疫苗目标儿童 9337 名，接种儿童 8772 名，补种率 93.90%。全区免疫规划疫苗补种接种率均在 95% 以上（除脊灰、A 群疫苗缺苗外），各疫苗补种接种率均在 90% 以上（除脊灰疫苗缺苗外），完成该次查漏补种的要求。

【公共卫生事件处置】 2020 年，集美区调查处置聚集性疫情 29 起，发病 247 例，其中水痘疫情 13 起，手足口病疫情 1 起，胃肠炎疫情 10 起，流感样病例聚集性疫情 5 起。全区报告传染病类突发公共卫生事件报告 5 起，其中新冠肺炎聚集性疫情 4 起、急性胃肠炎暴发疫情 1 起。

【传染病疫情信息】 2020 年，集美区疾病预防与控制中心收到预警信号 680 条，经核实均为非疑似事件。全年无甲类传染病报告。乙类传染病 13 种 1505 例（包括外地流动人口），无死亡病例报告，发病率 201.20/10 万，比上年下降 8.37%，发病数前五位依次为肺结核、梅毒、病毒性肝炎、淋病、新冠肺炎；丙类传染病 5 种 1761 例，发病率 235.43/10 万，比上年下降 20.21%，发病数前五位依次为其他感染性腹泻、流行性感冒、手足口病、流行性腮腺炎、风疹。

【健康教育】 2020 年，集美区疾病预防与控制中心围绕健康教育日常工作召开工作会议 2 次，进行基本公共卫生督导 2 次、健康素养监测工作督导 1 次，围绕爱国卫生月、世界无烟日、全民健康生活方式日、全国高血压日

2020年1月31日，杏林街道宁海社区对网格员进行新冠肺炎疫情防范培训　（冯立东 摄）

等主题宣传日开展健康教育活动，共发放宣传小册子12种1.82万份、小折页34种3.21万份。开展新冠疫情防控宣传，自制并发放海报9500张、折页4万份；开展助力学生复学活动6场，受益755人；举办讲座72场，受益2880人；开展健康咨询54场，受益3780人。协助区爱卫办开展“无烟单位”现场初评及市级复评工作。

【全民健康生活方式行动】 2020年，集美区开展全民健康生活方式行动。举办各镇街及基层医疗单位健康教育工作人员“三减三健”专项培训1场。利用微信公众号，推送全民健康生活方式“三减三健”内容，与社区联合开展“三减三健”专项活动17场，受益1087人次。在实施全民健康生活方式行动项目过程中，利用“三减三健”小折页及书签等，宣传二手烟危害，倡导居民树立健康意识、推广合理膳食适量运动等。

【新冠肺炎疫情防控】 2020年，集美区疾病预防与控制中心开展新冠肺炎疫情流调91例，排除33例，确诊病例30例（当地病例8例，境外输入22例），无症状感染者28例（当地1例，境外输入27例）。接收市疾控、区疾控、其他地区密切接触者协查函250余份，落实密切接触者转运和管理1251人，其中境内632人、境外619人，另有北京新发地旅居史人员3人。出动160车次，转运确诊病例、疑似病例密切接触者及其同住家属350人次。在防控新冠肺炎疫情期间，累计开展重点场所预防性消毒48次，终末消毒83次，消毒总面积约4万平方米。到厦门北站、高速路口卫生防疫站点、长途汽车站、嘉庚体育馆、各大型酒店、临时留观点等为相关部门督导消毒20多次。为内部员工及外部相关单位组织消杀技能知识培训6场次140人次。从11月开始，对入住定点隔离酒店的新冠病毒核酸阳性者房间进行环境核酸检测，共开展房间环境核酸检测和消毒质量监测14次。全区筛查重点人群（核酸检测）62989人，其中密切接触者及同住家属832人，复工复产人群6698人，湖北入厦人员15004人，定点酒店医学观察40455人份。向市疾控及第三方检测机构转运标本62989份。做好商超、冷库等外环境和冷链食品新冠病毒核酸监测工作，累计冷库新冠病毒核酸监测720家次（其中食品加工企业冷库120家次、批发市场和农贸市场冷库12家次、大型超市冷库215家次、餐饮企业冷库177家次、第三方冷库59家次、储备商品冷库137家次），采集环境样本5820份、食品样本5691份、进口冷链和农贸从业人群样本4248份，检测结果均为阴性。区新冠病毒核酸检测实验室于9月下旬改造完成，9月24日开始承接核酸检测工作，全年完成外环境及重点公共服务行业人员咽拭子样品5978份。　（李标雄）

妇幼保健

【概况】 2020年，集美区妇女孕早期检查率95.24%，早孕建册率96.41%，孕妇系统保健管理率95.06%，住院分娩率100%，产后访视率98.16%，剖宫产率35.29%，6个月母乳喂养率93.8%，7岁以下儿童健康管理率96.39%，3岁以下儿童系统管理率93.98%，妇女常见病筛查率96.5%，婚前医学检查率90.08%，新生儿死亡率0.39‰，婴儿死亡率1.18‰，5岁以下儿童死亡率2.55‰，孕产妇死亡率为0，孕产妇艾滋病病毒、梅毒、乙肝病毒检测率均为99.76%，孕产妇产前筛查率95.89%，新生儿访视率98.53%，孕前优生健康检查3680人，完成率92%。　（廖怡婷）

【妇幼健康教育】 2020年，集美区妇幼保健院将孕产妇名录转至微信公众号，通过线上科普的方式，指导孕妇疫情期间做好新冠状肺炎的防控工作，指导孕妇定期产检、观察胎儿情况和分娩发动的征象，传授婴幼儿喂养基本知识。联合有关部门，以春节“三下乡”、世界卫生日、世界母乳喂养周为契机，举行妇幼保健咨询及健康教育宣传和现场义诊500人次，印发宣传品10余种3000余份，展出各类展板、海报30余份。定期更新健康教育宣传栏、候诊厅LED（二级发光管）显示屏、移动电视循环播放内容，利用官方网站、官方微信公众号等平台，推送科普文章。

【托幼园（所）卫生保健监督】 2020年，集美区妇幼保健院规范托幼机构卫生保健工作，对师生进行新冠肺炎疫情防控知识的宣传，并按照国家《托儿所幼儿园卫生保健管理办法》以及《托儿所幼儿园卫生保健工作规范》的相关规定，对辖区内托幼机构开展卫生保健督导工作。从环境卫生、个人卫生设施、食堂食品安全、保健室或卫生室设置、卫生保健人员配备、工作人员健康检查、卫生保健制度等7个大项、70余个小项，通过查验资料、现场查看、查验计算等多种方式进行督导，并现场反馈督查结果，指出需要整改的部分。

【孕产妇系统保健管理】 2020年，集美区妇幼保健院完成孕产妇系统保健建卡10710人，全区妇女孕早期检查率95.24%，早孕建册率96.41%，孕妇系统保健管理率95.06%，产后访视率98.16%，高危产妇4346人，高危产妇占总产妇数的86.28%。组织围产协作组进行危重孕产妇救治和孕产妇死亡评审2次，完成母婴保健技术培训2次，区级助产机构开展危重孕产妇救治演练3次，进行妇幼保健知识健康素养宣传员培训1次。各助产机构定期开展产科危急重症救治演练，区卫健局组织危重症孕产妇转诊救治演练，强化临床医务人员对危重症孕产妇抢救意识，提高危重症孕产妇抢救技术水平。

【儿童系统保健管理】 2020年，集美区妇幼保健院执行福建省新的《儿童保健系统管理办法》，加强对儿童生长发育的监测。开展听力筛查管理，全年门诊儿童听力筛查245人，对34例筛查未通过的婴儿及时转厦门市听力筛查诊断中心确诊。对确诊听力障碍婴幼儿建立高危档案并进行追踪随访；开展学龄前儿童听力筛查1595人，筛查未通过27人，转市妇幼保健院诊治并追访。开展集体儿童视力筛查，对在园儿童进行验光检查，筛查10603人，发现异常513人，可疑420人；根据不同情况分别建议定时复查或进一步到专科医院检查、治疗。把好入园体检关，完成入园入托体检8057人。加强卫生保健培训，完成新上岗保健教师体检5290人，办证5259本。发现疑似法定传染病5例，均在24小时内上报，最后确诊3例。

【健康生育技术服务】 2020年，集美区有药具免费自助发放机82台、网点266个，全年发放避孕套3.3万余人次，共计发放77万余只。药具获得率85%以上，使用有效率95%以上。组织镇（街）药具培训2期，累计培训30余人次。下基层指导20余人次。

【公共卫生服务】 2020年，集美区妇幼保健院做好妇女“两癌”（宫颈癌和乳腺癌）检查工作，全区农村“两癌”筛查6308人，普查率100%，其中宫颈异常232人，宫颈癌2人；乳腺异常37人，乳腺癌2人；职工“两癌”筛查1940例，宫颈阳性64例，乳腺肿块19例，均转上级医院治疗并定期随访。开展优生优育、避孕节育、生殖健康咨询指导，约3400人次；孕前优检3680例，优检率约92%，婚检率约90%，发现心脏异常2例、梅毒抗体筛查阳性2例、甲状腺功能异常2例、G6PD酶异常26例；支原体衣原体感染15例；完成地中海贫血筛查2325对，完成率178.84%，发现异常20例。落实免费增补叶酸预防神经管缺陷项目，全区免费发放叶酸3379人，完成率187.7%；开展预防艾滋病、梅毒、乙肝病毒筛查，做HIV筛查1.05万人，梅毒筛查1.05万人，乙肝病毒筛查1.05万人。开展孕期产前筛查，完成产前筛查早期819例、中期1851例。

（区卫生健康局）

卫生监督

【概况】 2020年，集美区卫生和计划生育监督所（简称集美区卫计监督所）开展各类公共场所、二次供水单位、医疗机构卫生监督检查工作。监督检查公共场所2016家次，二次供水78家次，学校卫生160家次。全年受理投诉件175起，反馈175件，其中医疗类123件，公卫类41件，职业卫生类9件，其他类别2件。行政许可科接收并回复咨询件3565件，受理并办结行政许可件和公共服务件共2098件。遵循“便民、高效、公开、廉洁”的服务原则，以建设“群众满意服务窗口”为目标，精简办事手续和申报材料，简化办证流程，优化服务质量，提高审批效率，探索新的服务便民方式，履行职责，全面落实“马上就办”。全年行政许可科接收并回复咨询件3565件，受理并办结行政许可件和公共服务件2098件，电子证照系统共录入证照及批文件1717件，国家卫生和计划生育监督平台的信息录入和维护579件，公共信用管理工作平台上报信息1916件，商事信息管理平台系统录入信息585件，福建省网上办事系统、厦门市权责清单系统信息和集美区政府网办事大厅办理1650次，完成许可档案制作2098件。

【医疗服务市场整治】 2020年，集美区卫计监督所对全区重点无证行医高发场所进行巡查，开展打击无证行医监督检查180余次，其中立案行政处罚4件，罚款11万元。通过日常巡查、监督检查与专项治理，联合司法机关，采用拓宽投诉举报途径等方式，多举措打击“无证行医”。全年处理各类医疗投诉123件，对违反法律法规的医疗机构予以立案行政处罚，全年立案行政处罚12件（包含无证行医），罚款12.2万元。

【卫生监督稽查】 2020年，集美区卫计监督所做好案件的审查工作，全年受理投诉件175起，反馈175件，其中医疗类123件、公卫类41件、职业卫生类9件、其他类别2件。受理案件63件，其中一般程序40件（医疗12件、公卫28件），简易程序23件（医疗5件、公卫11件、其他7件）。结案62件（医疗16件、公卫39件、其他7件）。罚款14.58万元，没收违法所得1748元。每月定期开展稽查工作，形成稽查报告，全年稽查发现问题8个。

【公共场所卫生】 2020年，集美区卫计监督所完成国家“双随机”专项检查。全年国家卫生计生监督信息报告系统随机抽取监督任务122单。其中，游泳场所29家，美容、美发、住宿等场所共93家。整治任务完成103家，责令关闭19家，监督完成率96.72%，立案5件，处罚金900元。严防严控新冠肺炎疫情，对酒店、旅馆、影剧院、商场等人群密集场所进行多次全覆盖排查、督导与宣传，坚守疫情防控一线，助力复工复产。开展控烟执法，检查经营单位160家次，出动执法人员104人次，发放禁烟标志145张，查处案件8件，处罚金850元。

【职业卫生】 2020年，集美区卫计监督所推进尘毒危害专项整治和尘肺病专项攻坚活动，开展职业病现状调查与重点企业监测工作。全年对辖区内8家尘毒危害工业企业监督检查29家次，下达执法文书10份，立案4件；申报率100%，有效体检率100%，有效职业病危害作业场所监测率100%，三类人员培训率100%，职业病防治相关制度制订率100%，合同告知和合同签订率100%。至年底，建立粉尘危害企业数据库企业144家，申报率99.3%；有效体检率97.8%；有效职业病危害作业场所监测率96.5%；监督检查各类企业144家，监督覆盖率100%；三类人员培训率99.2%；防护用品配备率99.2%；职业病防治责任制度制订率99.2%。

【创建国家卫生城市卫生监督】 2020年，集美区卫计监督所助力厦门市争创全国文明城市“六连冠”，除、开展控烟执法，净化公共环境，优化公共场所环境，关注“四小行业”（小浴室、小美容美发厅、小歌舞厅、小旅馆）监督检查，督促各类场所管理人员落实好各项疫情防控措施。检查中，发现5家美容美发场所未办理卫生许可证、5家场所安排未取得有效健康合格证明的人员直接为顾客服务的行为，处罚金7500元。

（区卫计监督所）

2020年2月，集美区结合新冠疫情防控开展全区性爱国卫生运动。图为工作人员对垃圾转运车辆进行消毒 （吴觅亮 摄）

爱国卫生

【除“四害”活动】 2月，集美区组织开展以疫情防控为主要内容的全区性爱国卫生运动。4月，开展以“防疫有我，爱卫同行”为主题的第32个爱国卫生月活动。6月，开展以除“四害”为重点的专项爱国卫生运动、全区农贸市场爱国卫生统一行动和环境卫生整治集中统一行动。8—9月，开展以农贸市场环境卫生专项整治为重点的爱国卫生运动。11月至春节，开展秋冬季爱国卫生运动。统一行动期间，组织中标的PCO公司同步开展辖区四轮公共外环境消杀工作。全年分发给居民灭蟑药15.6万包、灭鼠药8吨、粘鼠板3万张、灭蚊蝇液体2015瓶。

【卫生村镇创建】 2020年，集美区爱国卫生运动委员会办公室印发《关于进一步加强创建卫生城镇工作的通知》，推荐申报省级卫生村10个（后溪镇7个，灌口镇3个），省级卫生社区3个（杏林街道、集美街道和杏滨街道各1个）。各镇（街）爱卫部门按属地化原则，严格根据相关标准做好各项创建工作的落实。至年底逐级上报至省级待考核。

【公共场所控烟】 2020年，集美区做好全面禁烟的宣传督导，加强无烟学校、无烟单位创建与巩固，推动室内公共场所和工作场所全面禁烟。区妇联、园博社区居委会、厦门工学院等23家单位被确认为市级“无烟单位”。

（林秀明）

镇街卫生机构

【灌口镇中心卫生院】 2020年，灌口镇中心卫生院设妇产科、外科、内儿科等科室22个，下设标准化村卫生所12家，卫生服务站2个，开通医保14家，有编内职工108人。全年门诊16.46万人次（比上年下降12.94%），住院37人次，出院47人次，危重症抢救21人次。设置健康教育宣传栏21个，更新内容6期；举办健康教育专题讲座64场，受益6219人次；开展各种卫生日主题宣传和义诊咨询10场，受益1127人；发放健康教育宣传资料17种1.37万份。全年建立居民健康档案11.58万份，建档率80.48％。满月儿童新建卡2065人；0～6岁儿童体检2.11万人次；管理高危儿3032人次；开展艾滋病、梅毒、乙肝随访20人次，黄疸指数测试1164人次，骨密度测试497人次。适龄儿童预防接种新建卡6611人，建卡率100%，常规免疫接种一类苗3.41万针次、二类苗接种1.46万针次，接种率大于95%。全镇总活产数1373人，其中当地户籍717人，省内流动264人，省外流动392人。当地建卡率99.9%、早建卡率95.1%、产后访视率99.9%、42天健康体检率95%、产检5次率95.1%，产检筛查高危孕妇627人，临产高危并住院分娩627人，孕妇规范化管理率95.1%，育龄妇女死亡8人，孕产死亡0人。办理分娩补助0人。叶酸服用359人。“两癌”普查1385人。65岁以上老年人建档6706人、体检4167人，体检率58.31%。管理高血压患者5448人，规范管理3524人，规范管理率64.68%，随访4.86万人次；管理糖尿病患者1833人，规范管理1169人，规范管理率63.76%，随访2万人次。管理严重精神障碍患者639人，规范管理548人，规范管理率85.76%，完成精神疾病知识问卷调查100份。发现并报告传染病107例，报告率100%；艾滋病感染者和病人随访526人次；食源性疾病监测41人次；协助管理非住院结核病人32人次，同期完成治疗65人次。全年为65岁以上老年人提供中医药健康管理服务3713人次，覆盖率51.96%。为0～3岁儿童提供中医药健康管理服务5574人，覆盖率70.05%。全年开具死亡证明书230份；肿瘤患者随访425例。

（洪路灵）

【后溪镇卫生院】 2020年，后溪镇卫生院设全科、内科、外科、妇产科、儿科、骨伤科、中医科（中医综合服务区或中医馆）、口腔科、五官科、皮肤科、医技科、预防保健中心、供应室等科室，有永祥、英村、新村、三兴、黄地五家镇村卫生服务一体化卫生所。是第十四届、十五届、十六届市级文明单位。全年，医院门诊量17.8万人次，比上年下降0.9%，医疗收入3007万元，与上年持平；家庭医生签约服务15576人，签约率32.31%。建立村（居）民电子健康档案70214份，建档率70.16%，动态记录档案2.56万份，使用率36.41%；发放健康教育资料20种7.5万份，播放健康教育音像资料21种576次，播放音像资料时长1828小时，健康教育宣传栏内容更新6次；举办健康教育讲座13次，举办健康教育咨询9次。全年建立预防接种证2960人，建证率100％；乙肝疫苗应接种1826人，接种率100%；卡介苗实际接种969人，接种率100%；脊灰疫苗接种3210人，接种率100%；百白破疫苗接种2977人，接种率100%；接受1次及以上访视的新生儿1101人，访视率100%；接受1次及以上随访的0～6岁儿童8144人，儿童健康管理率95.8％；怀孕13周之前建册并进行第一次产前检查的孕产妇924人，早孕建册率82.48%；产妇出院后28天内接受过产后访视的产妇1046人，产后访视率95%。老年人健康管理2279人，健康管理率42.64%；高血压患者管理3764人，按照规范要求进行健康管理的2296人，规范管理率61%；最近一次随访血压达标2755人，管理人群血压控制率73.19%，按规范要求进行健康管理2755人；Ⅱ型糖尿病患者健康管理1274人，按照规范要求进行Ⅱ型糖尿病患者健康管理的804人，Ⅱ型糖尿病患者规范管理率63.11%，最近一次随访空腹血糖达标人数894人，管理人群血糖控制率70.17%；按规范要求管理严重精神障碍患者358人，管理率82.3%。管理肺结核患者31人，管理率100%；协助开展食源性疾病、饮用水安全、学校卫生、非法行医和非法采供血、计划生育实地巡查110次，发现卫生计生监督协管报告的事件或线索1条。年内，医院妇产科主治医师彭彩红获厦门市践行社会主义核心价值观基层十大“最美人物”中的“最美医护工作者”称号；外科副主任医师苏添水获省委宣传部、省卫生健康委员会、省总工会颁发的福建省“最美医师”称号；苏添水家庭、黄禾庚家庭、丁鹏家庭分获“福建省抗疫最美家庭”称号。是年，医院组织指导全镇及溪西、龙山、崎沟等村（居）大型核酸检测演练5场，免费发放中药汤剂42副，接受中药汤剂预防群众1300多人；助力职工康复服务2025人次；办理食品从业人员健康证3500本（张），完成入职员工体检1200人。助力复课复学，开办新冠肺炎疫情防控专场讲座20场，印发新冠肺炎疫情防控知识宣传折页2万份，疫情防控保障省初、高中学业等考试近30余场。（袁优成）

【集美街道社区卫生服务中心】 2020年，集美街道社区卫生服务中心全年门诊154036人次，总收入2023.89万元；预防接种2.17万人次，二类疫苗收入473.45万元。中医科、理疗科为中心特色科室，有主治中医师3名，能开展针灸、推拿、穴位贴敷、拔罐、艾灸、刮痧、小针刀、放血、药膳、三伏灸等疗法，全年中医门诊2.23万人次，理疗门诊5271人次，中药饮片处方占比11.99%，非药物处方占比3.72%。全年专家下社区249人次，专家接诊7830人次，双向转诊659人次。心电协同1681人次，DR352人次。推广慢病长处方4.11万张，比上年增长61.52%。与集美大学、华侨大学华文学院签订医疗共建合作协议，与厦门市医学院共建教学、培训基地和协作关系。为65岁以上老年人医养结合服务4673人，为辖区内养老机构快速检测血液标本50余份，开启双向转诊绿色通道20余人次。参与各项疫情防控任务1000余次。2020年，中心获市级文明单位、中心张冬龙家庭医生签约团队获评为厦门市工人先锋号。是年，集美街道社区卫生服务中心设置《健康教育》宣传栏3个，更新内容18期，举办健康讲座16次、宣传活动12次，发放常见病、多发病防治宣传材料12014份，接受健康教育咨询3133人。为辖区内常住居民建立并及时更新健康档案，至年底，累计完成54100人，建档率90.13%。全年孕妇建卡419人，产前体检441人次，叶酸发放745瓶，“两癌”筛查294人，产后随访459人次。线上孕妇学校课程学习11597人次。新生儿家庭访视875人次，健康管理（0～3岁）1812人次，学前管理（3～6岁）3188人次，儿童健康管理率92.6%，建卡率、建证率均为100%。一类疫苗接种10623人次，二类疫苗接种11066人次。严重精神障碍患者管理255人，在册数4.5%，规范管理232人，规范管理率90.98%，面访率90.2%，在册服药率89.41%，在册患者规律服药率83.53%，精神分裂症服药率90.17%，精神分裂症规律服药率76.85%。全区有传染病20例，其中乙类4例，无突发公共卫生事件，协助管理非住院结核病人7人，管理率、服药率均为100%。有儿童中医保健1528人，65岁以上老年人中医体质辨识3334人，中医药健康管理率67.16%。65岁以上老年人4964人，体检3495人，体检率70.4%；管理高血压患者3740人，规范管理率100%，体检3653人；管理糖尿病患者1443人，规范管理率100%，体检1387人。家庭签约9661人，签约率30.48%，完成率101.60%，其中65岁以上老年人签约2533人，签约率73.42%，完成率122.37%；高血压患者签约2966人，签约率82.78%，完成率82.78%；糖尿病患者签约1241人，签约率110.31%，完成率110.31%；i健康线上咨询量7930条，健康教育129036条、代预约946次；完成线上长处方1317次；家庭医生签约服务疾病筛查3225人次，80岁家庭医生签约人群入户928人，家庭医生签约医生上门服务1423人次（含老年人护理评估）。

（黄慧玲）

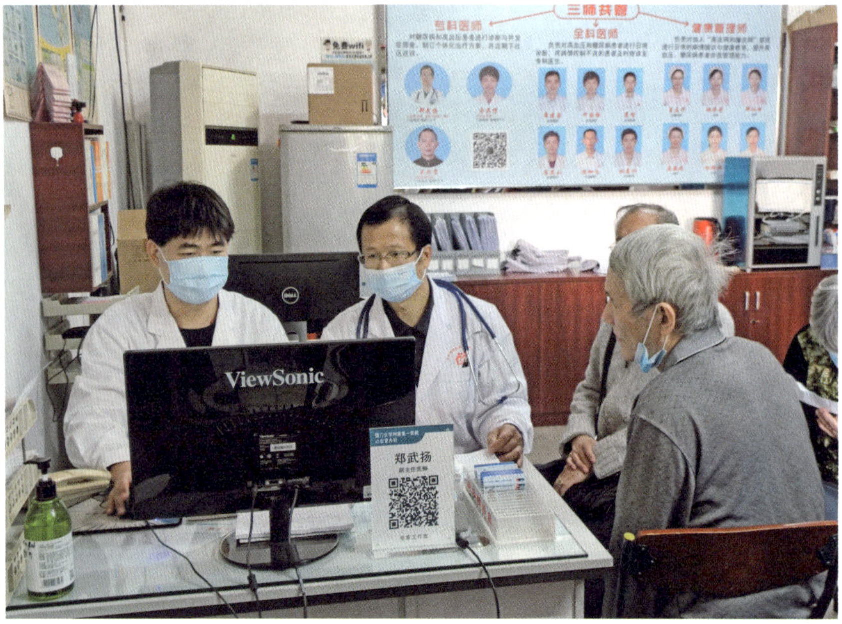

2020年12月3日，杏林社区卫生服务中心与厦门大学附属第一医院联合设立岛外首家房颤专科门诊。图为第一医院医生郑武杨（左二）为社区居民开展门诊　（许晓霞 摄）

【杏林街道社区卫生服务中心】 2020年，杏林街道社区卫生服务中心设全科、内科、外科、妇产科、中医科、口腔科、医技、预防保健等科室，下设杏林、内林、莲花、文康4个卫生所。卫技人员中，正高职称1人、副高6人、中级22人。全年门诊量18.22万人次，比上年下降13.02%。新增C13呼气试验检验项目。发放健康教育资料15种6659份；播放健康教育音像资料种类20种；健康教育宣传栏4个，更换内容18次；举办健康教育讲座40次，参加1597人次；举办健康教育咨询活动10次，参与活动916人次。有7岁以下儿童2.30万人，纳入管理2.09万人，管理率91.15%。全年新生儿活产数2688人，产后访视2648人，产后访视率98.4%。3岁以下儿童8680人，纳入管理8164人，管理率94.05%。有幼儿园53所，学生11574人，体格检查1.14万人，检查率98.63%。新生儿、新流入儿童预防接种新建卡6594人，建卡率100%。一类疫苗接种4.47万人次，二类苗接种3.28万人次。有产妇1637人，新生儿活产数1651人，接受产前检查1637人，产前检查率99.15%；孕早期建卡1576人，孕早期检查率95.46%；产后访视1630人，产后访视率98.73%；高危孕产妇1389人，管理率100%。孕产妇系统管理1570人，系统管理率95.09%。全年登记管理65岁及以上老年6874人，接受健康管理4502人，体检4502人，体检率 57.3%。全年家庭医生签约量 29562 人，签约率 30.97%，厦门 i 健康绑定率 35.63%。登记管理并提供随访高血压患者 6125 人，按照规范要求进行健康管理 3405 人，管理率 55.59%。管理糖尿病患者 2218 人，规范管理 1585 人，管理率 71.43%。全年传染病报告 25 例，结核病随访管理 67 人，协助疾控电话随访 3650 人，完成治疗 20 人，规范服药 66 人。登记在册的确诊严重精神障碍患者 509 人，按照规范要求进行管理 410 人，管理率 83.2%。全年中医中药处方 1.55 万张，占总处方数 4.50%，中医非药物治疗处方数 1680 张，占总处方数 0.49%。接受中医药健康管理服务 65 岁以上老年人 3989 人，管理率 49.61%。3 岁以下中医药健康管理 6414 人，管理率 75.87%。年内，中心与厦门大学附属第一医院房颤中心联合成立岛外首家房颤专病门诊，共同开展房颤门诊协同工作。（吴振霖）

【侨英街道社区卫生服务中心】 2020 年，侨英街道社区卫生服务中心下设集安、滨水、浒井、兑山 4 个社区卫生服务站。在岗职工 81 人，医疗专业技术人员 60 人。其中，高级卫生专业人员 11 人，中级 28 人，初级 24 人。中心设有全科、内科、外科、妇科、儿科、口腔科、中医科、康复理疗科、检验科、放射科、B 超室、健康体检中心、预防保健科、儿童保健科、妇女保健科等 15 个业务科室和综合科、医务科、公共卫生科、护理部、社区管理科等 5 个职能科室。医疗设备有数字化 X 光机 DR、原装进口的飞利浦多普勒彩超、全自动化大型生化分析仪、全自动化免疫分析仪等。是年，中心医疗门诊量 203.51 万人次，医疗业务收入 3478 万元，比上年增长 10.35%。中心组建家庭医生服务团队 20 个，签约居民 2.37 万人，覆盖率 40.51%，当地户籍重点人群续签率 95% 以上。建立居民健康电子档案 12.53 万份，建档率 76.0%；0 ~ 3 岁婴幼儿健康管理 1.71 万人次，学龄前儿童健康管理 4720 人次；建卡 2474 人，早建卡 2227 人；糖尿病精细化管理 200 人，糖化血红蛋白达标率 30% 以上。计划免疫预防接种 8.56 万人次，接种率 95% 以上；管理重性精神病患者 697 人，在管患者 568 人，管理率 81.5%。（官德平）

【杏滨街道社区卫生服务中心】 2020 年，杏滨街道社区卫生服务中心设有全科、内科、外科、儿科、中医科、防疫科、妇产科、儿保科、中医骨伤科、口腔科等科室，下设滨海、康城、锦鹤、前场、锦园 5 个社区卫生所。是年，总诊疗 33.21 万人次，其中基层门诊 19.17 万人次，向上级医院转诊 6399 人次，接受上级医院向下转诊 1753 人次，健康检查 1.49 万人次。依托分级诊疗，加强区域医联体、单病种医联体建设，与厦门大学附属第一医院建立分级诊疗与双向转诊协议，柔性引进福建省妇幼保健院新生儿救护中心专家；引进厦门市妇幼保健院妇科专家，厦门市第一医院高血压、糖尿病、口腔科、皮肤科、血液、肾内、产科专家，厦门市中山医院消化道专家，厦门市眼科中心眼科专家在中心开设固定门诊，提升中心医疗服务能力。新引进无创肝纤维化和脂肪变量化检测系统，对肝功异常和脂肪肝患者进行早期筛查。2020 年，家庭签约 2.84 万人，签约率 47.62%，完成签约率 158.75%，续签率 71.48%。其中，65 岁老年人签约 3537 人，签约率 86.29%；高血压签约 4433 人，签约率 67.01%；糖尿病签约 1812 人，签约率 83.08%，居民满意度 98.8%。成立家庭医生团队 22 个，提供咨询、预约、治疗、健康指导、应急处理等服务。提供健康体检、行动不便人群诊疗和 80 岁以上老人上门入户服务。推动家庭医生签约对象以“自我”为主体的健康管理模式，成立慢病自我管理小组，落实健康教育和健康促进。2020 年末，服务（常住）人口 16.64 万人、户籍人口 59684 人。全年预防接种 7.06 万人次，其中国家免疫规划疫苗接种（一类苗）4.01 万剂次，二类疫苗接种 3.02 万剂次。居民健康档案累计建档 15.10 万人，其中规范化电子建档 15.10 万人。举办健康教育讲座、咨询活动 36 场次，发放宣传材料 4.10 万份，更新宣传栏 12 次，公众健康咨询活动总受益 1500 人，健康知识讲座总受益 1822 人。0 ~ 6 岁儿童预防接种 64697 人次，0 ~ 6 岁儿童健康管理 18198 人，孕产妇早孕建册 1598 人。65 岁以上老人健康管理 5801 人，高血压患者管理 6579 人，糖尿病患者管理 2696 人，严重精神障碍管理 718 人，肺结核患者健康管理 64 人。全年，传染病和突发公共卫生事件报告 72 例，卫生监督协管巡查 10 次。中医药健康管理 12564 人，其中 0 ~ 3 岁儿童中医药健康管理 6763 人，65 岁以上老人中医药健康管理 5801 人。（姜静怡）

驻区医疗机构

【厦门医学院附属第二医院】 2020 年，厦门医学院附属第二医院学科设置齐全，拥有市级医学中心 1 个（厦门市呼吸疾病诊治中心）、市级规划重点专科 6 个、市级优势亚专科 2 个、市级名医工作室 1 个、MDT（多学科综合治疗）门诊 8 个，完成 MDT 病例 140 人次。全院申报各级各类科研项目 96 个，其中国家级项目 18 个、省部级项目 21 个、地市厅级项目 41 个、厦门医学院校级课题 16 个。全年发表论著 43 篇（部），收录于 CSCD 的论著 2 部，发表 SCI 论文 6 篇，累计影响因子 16.452 分。新建姜杰教授胸部肿瘤外科专家工作室，设立名医工作室 1 个、专家工作室 9 个。在广州艾力彼医院管理研究中心 8 月发布的 2019 届全国省单（省会市属 / 计划单列市）医院榜单中，医院位列第 92 名，比上年名次上升 8 名。全年医疗业务收入 8.92 亿元，比上年增加 0.62 亿元，增

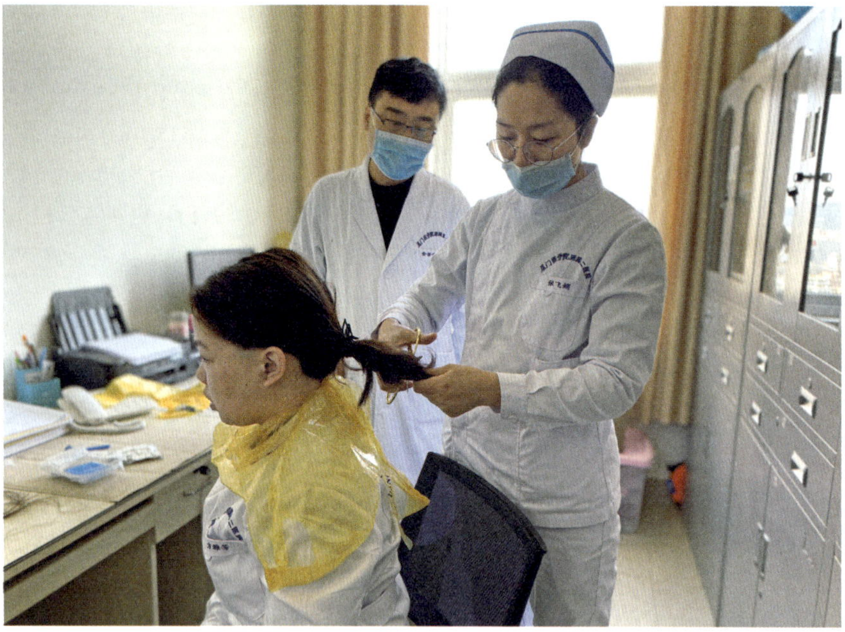

2020 年，厦门医学院附属第二医院选派参加疫情防控一线医务人员 33 名。图为援鄂护士方雅芳（左一）做出征前准备　　（李晓兰 摄）

长 7.47%。开放床位 1260 张，门急诊工作量 121.81 万人次，出院病人 4.64 万人次，住院手术量 1.46 万人次，各种内镜检查治疗 4.71 万人次，三四级手术占比 59.67%，危重病人抢救成功率 87.15%，平均住院日 8.03 天。受新冠肺炎疫情影响，出院人数比上年增长 1.12%，住院手术量增长 11.45%，平均住院日下降 0.09 天。是年，重症医学科蒋海彬获中共昌吉回族自治州委员会、昌吉回族自治州人民政府授予“优秀援疆干部人才”称号，心血管内科主治医师周美丽被甘肃省临夏州卫健委授予“优秀支医人员”称号。

智慧型医院建设　2020 年，厦门医学院附属第二医院完成新冠肺炎疫情上报追溯系统、新冠肺炎胸部 CT 智能评测系统、门禁卡管理系统等相关信息系统改造升级工作。医院通过国家卫健委脑防委“高级卒中中心建设单位”认证、国家“胸痛中心（基层版）”认证和国家医疗健康信息互联互通标准化成熟度四级甲等测评认定，为医院后续的智慧医院、互联网医院和云医疗等业务建设奠定较好的信息化基础。

新冠肺炎疫情防控　2020 年，厦门医学院附属第二医院选派参加疫情防控支援任务医护人员 33 人，其中援鄂 26 人，援厦门市定点医院 5 人，援香港核酸检测 2 人。先后承担“嘉庚体育馆”分流点、隔离酒店、海关口岸到厦人员的核酸采集与检测等医疗保障任务 78 次。完成辖区 100 余所学校（含医学院）的复学保障任务。

无红包医院创建　2020 年，厦门医学院附属第二医院组织各科室主要负责人签订行风建设承诺书，组织全体医务人员签署“九不准”和“九严禁”承诺书，在“入院须知”“经济合同”中写入不准收送红包回扣条款，社会工作部门坚持不定期明察暗访和院周会分析点评工作，在全院形成“拒收红包为荣、收取红包为耻”的浓厚氛围，全员投入“无红包医院”创建工作。

（李晓兰）

【厦门大学附属第一医院杏林分院】

2020 年，厦门大学附属第一医院杏林分院门急诊诊疗 25.71 万人次，出院 6679 人次，平均住院日 8.22 日，施行手术 2129 台次。科研立项 2 项，全年在省级及以上刊物发表论文 61 篇，其中 SCI 论文 14 篇。全院医护人员在各种业务刊物发表 SCI 论文 4 篇、国家级论文 9 篇、省级论文 99 篇。是年，杏林分院被市委、市政府确定为厦门市新冠肺炎定点救治医院。全体医护人员团结战斗，实现本土新冠肺炎确诊病例和疑似病例“双清零”、医务人员“零感染”，完成新冠肺炎防抗救治任务。是年，杏林分院临时党委获评“全国抗击新冠肺炎疫情先进集体”；杏林分院获评省委宣传部“‘战疫有我’学雷锋活动示范点”。厦门大学附属第一医院防控疫情杏林青年突击队获评“福建青年五四奖章集体（疫情防控一线优秀集体）”；分院肺科获评中国非结核分枝杆菌检测研究组（CNTMS）协作中心、全国三甲医院呼吸与危重学科（PCCM）优秀单位，分院医生郑超获评“福建省抗击新冠肺炎疫情先进个人”；姚向阳获评“厦门市新冠病毒肺炎救治先进个人”“福建省海峡医药卫生交流协会抗疫先进个人”；伍定辉获评“福建省抗击新冠肺炎疫情先进个人”“全省优秀共产党员”“福建省医师协会抗击新冠肺炎疫情先进个人”；姚向阳、王叙娘获评福建省总工会“职工最美家庭”；苏伟明、陈少娥获评第十二届“福建省五好家庭”；许怡芳、赖珊珊、蒋淑芳、许丽丽、章秀锦、陈琳燕、罗水花、熊兰芳、刘如萍、林丹 10 人获厦门市护理学会颁发的“厦门市抗疫勇士”称号；护士王阿妹、陈丽香、周雅玲、陈清花 4 人获厦门大学颁发的“抗击新冠肺炎疫情先进个人”称号；谢艺红护士获评“感动厦门十大人物”。

新冠肺炎疫情防抗救治　2020 年 2 月 2 日，厦门市委、市政府决定厦门大学附属第一医院杏林分院为厦门市新冠肺炎定点救治医院。杏林分院接到通知后，立即动员部署各科室、部门做好相关的准备工作。加强发热门诊对来自疫区发热患者的排查，开启

ICU病房，清理1号楼隔离病房等；成立杏林分院疫情防控领导小组、专家救治小组、医护应急协调组、行政后勤保障组、舆情管理宣传组，建立定点救治医院诊疗组织构架，集中收治全市新冠肺炎确诊和疑似患者。与此同时，厦门市相关部门迅速成立医疗救治组，整合全市优质医疗资源，从多家三级医院中调派骨干医护人员支援定点医院，组成救治队伍。杏林分院决定肺科作为厦门市突发呼吸道烈性传染病的专业救治团队，承担此次新冠肺炎诊疗工作主力军任务。内、外、妇、儿等专科科室作为医疗保障，处理合并症、并发症，保障医疗安全，确保抗疫工作高效有序、科学规范地推进。1月17日，杏林分院收治厦门市第一例新冠肺炎观察病例；1月23日收治第一例新冠肺炎确诊病例。2月4日，杏林分院启动厦门市新冠肺炎定点救治医院组建工作。医院根据国家颁布的新冠病毒性肺炎治疗指南，根据不同患者、不同病情，制订中西医结合的个体化治疗方案，兼顾抗病毒用药疗效、毒副反应、机体免疫、功能重建、中医药扶正、全身营养支持对症处理、心理康复指导、机体功能康复锻炼等，从患者发病早期即给予全方位救治。患者出院后，仍通过网络视频等现代通信手段进行后期功能锻炼、心理康复等方面指导。在保证医疗安全前提下，医院同时做好病房、医疗设施的改造工作。一周时间完成1号楼9楼10楼的负压病房改造，改造负压病房26间；20天完成2号楼五层楼的负压病房改造，改造负压病房50间。与此同时，紧急完成专用CT的采购及机房改造、PCR实验室改造、特殊发热门诊建设、医院通道和相关人员行走路线及救护车通道的改造。统筹协调隔离病房、留观病房、发热门诊、预检分诊、核酸检测等治疗单元。做好系统保障，配合搭建市级急危重症远程救治、指挥平台和省级会诊平台、视频监控系统建设，邀请省重症救治专家对收治的重症患者进行远程或床边会诊。与厦门市疾控中心、中山医院、厦门大学等单位组成信息联动组，第一时间报告需转运排查患者的动态，院内即时启动收治预案，特殊发热门诊等做好接收排查及院内消杀准备。落实院感防护工作，做好应对疫情常态化物资储备保障，按开放304张床位，预估一个月的用量储备药品、消毒制剂、防护物资。改进院内人流动线，重视患者医学人文关怀，及时疏导患者负面情绪。3月4日，厦门最后一例本土新冠肺炎患者治愈出院，实现本土新冠肺炎确诊病例(35例)和疑似病例“双清零”、医务人员“零感染”。

新冠肺炎疫情防控常态化 2020年10月初，青岛市发生由于医院控制感染不力所导致的院内聚集性疫情，厦门大学附属第一医院杏林分院吸取教训，立即开展自查自纠工作。根据国务院应对疫情联防联控机制医疗救治组《关于进一步加强新冠肺炎疫情防控有关工作的通知》文件精神及专家到厦指导意见，加强定点救治医院新冠肺炎防控管理。在疫情进入常态化阶段后，市委、市政府决定杏林分院暂停与新冠肺炎疫情防控无关的门急诊、普通发热门诊及住院等诊疗工作，仅保留特殊发热门诊和隔离病房。全市新冠肺炎核酸检测阳性患者（含无症状感染者）、抗体阳性待排患者、隔离酒店集中医学观察人员及新入境其他疾病患者（急危重症除外）全由杏林分院收治。医院1号、2号病房楼严格分区管理。1号病房楼收治新冠肺炎核酸检测阳性患者（含确诊患者和无症状感染者）及抗体阳性待排患者；2号病房楼收治隔离酒店集中医学观察人员及新入境其他一般疾病患者，由医务人员专人陪同、专用CT进行检查。分院原收治的其他传染性疾病患者，进行患者分流收治。原收治的活动性结核病患者转移至厦门医学院附属第二医院继续治疗，其余在院治疗患者（含艾滋病病人）由总院接管收治。结核病门诊于12月28日转移至厦门医学院附属第二医院，杏林分院不再接收结核病门诊患者。保障杏林分院新冠患者及其他患者的收治诊疗。由总院支持协调，补充定点医院相关临床科室医务人员，必要时将提请全市统筹协调。定点救治医院严格按照院感防控规范要求，严格落实“三区两通道”设置，做好病房楼分区管理，不同功能区的物理隔离；制订就诊路线及导向标识，加强人、物通道管控，避免不同通道交叉；不同类型患者严禁共用医疗区域和医疗设备，检验检测等医疗设备均应及时规范消杀。

厦门市杏林医院项目立项 2020年4月17日，厦门市政府专题会议决定由市卫健委牵头，依托厦门大学附属第一医院杏林分院并整合院区南侧医疗用地，设立独立建制的厦门市杏林医院。9月15日，厦门市发展改革委下达《2020年第三十三批市级基建项目前期工作计划的通知》，厦门市杏林医院项目立项。11月2日，福建省卫生健康委发出《关于同意设置厦门市杏林医院的函》，同意设置厦门市杏林医院。 （王雅雯）

人口家庭

【概况】 2020年计生统计年度（2019年10月至2020年9月），集美区总人口84.10万人。其中，户籍人口37.04万人，流入人口47.06万人。当年出生8678人，其中户籍人口出生4408人，出生率12.32‰，出生政策符合率92.79 %，出生性别比117.79；流入人口出生4270人，出生率9.07‰；出生政策符合率91.33%，出生性别比110.97。在总人口中，女性初婚1595对，晚婚1403对，晚婚率87.96%；育龄妇女103908人，占总人口数29.04%；已婚育龄妇女81203人，占总人口数22.70%。死亡人数1003人，死亡率2.80‰。

【健康宣传教育】 2020年，集美区开展健康知识讲座进企业、进学校、进社区“三进”活动。发挥健康讲座宣传作用，为辖区企业、学校、社区流动人口服务，做好政策宣传解读，普及健康知识，提升健康素养。为辖区企业、社区、学校完成健康教育讲座授课45场次，受益群众1400余人次。投入经费10万元，印制宣传折页40万份，用于流动人口健康宣传。

【婴幼儿照护服务与母婴设施建设】 2020年，集美区有3岁以下婴幼儿托育服务机构159家，婴幼儿托育2874人。9月，集美区确定托圃宜贝托育中心为市级普惠托育服务试点单位，并通过厦门市卫健委的验收。至10月底，全区建成母婴设施71处（含新建9家）。其中，机关企业38家、公共场所33家，分布在火车站、汽车站、旅游景点、医院、商场超市等。厦门华夏学院获福建省“我最喜爱的妈妈小屋”称号；集美区曾营小学、灌口中心幼儿园、区市政园林局日东公园、侨英街道社区卫生服务中心4家单位获厦门市“示范母婴室”称号。

【流动人口生育健康服务管理】 2020年，集美区做好流动人口婚育信息核查和通报，结合市卫健委“人口监测信息质量一级达标单位”创建工作，全面提升信息管理质量。年内，杏滨街道、侨英街道和灌口镇被市卫健委确定为“人口监测信息质量一级达标单位”。建立健全信息共享机制，以OA溯源系统、各类防疫数据包及“一标三实”基础信息采集工作为基准，对各类数据信息进行分析，核实比对人员信息，及时通报相关部门信息变更情况，形成网状化信息管理，健全流动人口信息，提升流动人口信息质量。通过公文交换和跨省婚育查验，对省内省外流动人口信息进行修正，与防控数据信息共享387696条，为“平安厦门”建设专项行动提供信息共享。同时，投入54万元，为3000名外来已婚育妇提供免费健康体检。

（陈俊峰）

老龄事业

【概况】 2020年，集美区有60岁以上老年人41826人，其中男性19540人，女性22286人，百岁及以上老年人22人，年龄最高者为后溪镇后垵村王全仔（男），106岁。是年，区卫健局制订集美区“爱心敬老”行动意见，发动各成员单位落实各项惠老福利政策，开展走访慰问、文体活动、健康讲座和各类培训教学活动，丰富老年人的业余文化生活，提升老年人的幸福感和获得感。10月，区卫健局围绕“弘扬养老孝老敬老传统，共建共享老年友好社会”主题，牵头在全区开展“敬老月”系列活动，营造敬老爱老助老的社会氛围。

【老年人疫情防控】 2020年，面对新冠肺炎疫情，集美区把老年人作为防控的重点人群，加大疫情防控知识宣传，督促老年人养成戴口罩、勤洗手、保持社交距离等良好生活习惯。指导老年人较为集中的养老机构做好疫情防控预案，定期组织养老机构工作人员进行核酸检测。

【医养结合模式推行】 2020年，集美区卫健局联合区民政局，组织区属6家社区卫生服务中心（卫生院）与4家养老机构、6家日间照料中心及102家社区居家养老服务站（农村幸福院）签订合作协议书，促进医疗卫生机构和养老机构合作，发挥互补优势，为全区老人提供便捷优质的服务。9月和12月，区卫健局先后对全区6家医养结合机构进行检查督导，督促各机构按照《医养结合机构服务指南（试行）》和《医养结合机构管理指南（试行）》，加强服务管理，建立健全各项规章制度，提高整体服务水平。

【老年护理需求评估】 2020年，集美区卫健局联合区民政局，在全区开展老年护理需求评估试点工作，邀请厦门医学院附属第二医院对6家基层医疗机构的评估人员进行两个批次的培训，对各村（居）前期摸排的评估对象进行入户评估，完成986人次，其中重度失能老人251人，极重度失能老人252人，为下步相关政策制订提供依据。

【老年人福利】 2020年，集美区办理老年人优待证1093本。按照80～89周岁每人每月100元、90～99周岁每人每月200元、100周岁及以上每人每月1100元的标准，共发放养老补助金778.99万元，累计发放66153人次。幸福安康险，2019—2020年度赔付279件，赔付金额193.86万元，赔付率127.99%；2020—2021年度赔付27件，赔付金额20.31万元，赔付率9.56%。

（张乐）

社会生活

居民生活

【城镇居民收入】 2020年，集美区城镇居民人均可支配收入54960元，比上年增长3.7%。工资增长是城镇居民增收的主要来源，城镇居民人均年工资性收入39445元，占总收入的71.8%，比上年增长4.6%。经营性收入受疫情影响较大。城镇居民人均年经营净收入5238元，比上年下降11.7%。财产净收入大幅增加。全年，厦门房屋租赁价格稳中有升，集美区居民家庭住房“由购转租”和“以租养贷”者趋多，城镇居民人均年财产净收入6818元，比上年增长20.8%。居民转移净收入略有减少。城镇居民人均年转移净收入3459元，比上年下降7%。

【城镇居民消费】 2020年，据城镇居民家庭抽样调查，集美区城镇居民人均消费支出32978元，比上年下降1.2%。受疫情影响八大类消费支出中除居住类消费和交通通信类比上年增长之外，其他六类消费支出均有不同程度的下降，其中：居住和交通通信类拉动明显，居住类支出8592元，比上年增长16.6%；交通通信支出4839元，比上年增长11.9%；两者合计13431元，占总消费支出40.7%，比上年增长14.9%，拉动人均消费支出比上年增长5.2个百分点。食品烟酒类支出相对稳定，受疫情影响较小，实现支出10402元，占总消费支出31.54%。衣着、教育文化娱乐等五类消费均呈下降趋势，其中：教育文化娱乐服务类比上年下降23.3%，衣着类比上年下降22.4%，其他商品及服务类比上年下降20.3%，医疗保健类比上年下降11.6%，生活用品及服务类比上年下降5.7%。

表27　**2020年集美区城镇常住居民人均可支配收入构成情况表**

项　目	人均收入（元）	比上年增长（%）	占总收入比重（%）
合计	54960	3.7	—
工资性收入	39445	4.6	71.77
经营性收入	5238	−11.7	9.53
财产净收入	6818	20.8	12.41
转移净收入	3459	−7.0	6.29

表28　**2020年集美区城镇常住居民消费支出构成情况表**

项　目	人均支出（元）	比上年增长（%）	占消费支出比重（%）
合计	32978	−1.2	—
食品烟酒	10402	−2.1	31.54
居住	8592	16.6	26.05
衣着	1752	−22.4	5.31
生活用品及服务	2071	−5.7	6.28
交通通信	4839	11.9	14.67
教育文化娱乐	2897	−23.4	8.78
医疗保健	1814	−11.6	5.50
其他用品及服务	611	−20.3	1.85

表 29

2020 年集美区农村常住居民人均可支配收入构成情况表

项　目	人均收入（元）	比上年增长（%）	占总收入比重（%）
合计	32056	7.0	—
工资性收入	22688	6.8	70.78
经营净收入	4832	1.3	15.07
财产净收入	2347	13.2	7.32
转移净收入	2198	18.3	6.86

表 30

2020 年集美区农村常住居民消费支出构成情况表

项　目	人均支出（元）	比上年增长（%）	占消费支出比重（%）
合计	27847	0.7	—
食品烟酒	9717	−1.3	34.89
居住	7071	8.9	25.39
衣着	1481	−8.9	5.32
生活用品及服务	1535	4.7	5.51
交通通信	4527	−5.3	16.26
教育文化娱乐	2002	−6.2	7.19
医疗保健	821	5.5	2.95
其他用品及服务	693	31.5	2.49

【农村居民收入】 2020 年，据农村居民家庭抽样调查，集美区农村居民人均可支配收入 32056 元，比上年增长 7.0%。收入构成中，工资性收入依然占主体地位，人均收入 22688 元，占人均可支配收入的 70.78%，比上年增长 6.8%。经营净收入次之，人均 4832 元，占 15.07%，比上年增长 1.3%。财产净收入人均 2347 元，占 7.32%，比上年增长 13.2%。转移净收入人均 2198 元，占 6.86 元，比上年增长 18.3%。

【农村居民消费】 2020 年，据农村住户抽样调查，集美区农村居民全年人均消费支出 27847 元，比上年增长 0.7%。其中，食品消费 9717 元，占总消费支出的 34.89%；居住类消费 7071 元，占 25.39%；交通和通信消费 4527 元，占 16.26%；教育文化娱乐服务消费 2002 元，占 7.19%；衣着消费 1481 元，占 5.32%；生活用品及服务消费 1535 元，占 5.51%；医疗保健消费 821 元，占 2.95%；其他商品及服务消费 693 元，占 2.49%。其中：其他用品及服务消费比上年增长 31.5%，增长较明显；其次是居住类消费，比上年增长 8.9%；医疗保健消费比上年增长 5.5%；生活用品及服务消费比上年增长 4.7%。衣着、教育文化娱乐等消费受疫情影响均有下降，其中：衣着类消费比上年下降 8.9%，教育文化娱乐服务消费比上年下降 6.2%，交通和通信消费比上年下降 5.3%。（王淑娜）

劳动就业

【概况】 2020 年，集美区实现失业人员再就业 15713 人，其中城镇就业困难对象再就业 1872 人，农村富余劳动力转移就业 980 人；安置公益性岗位就业 309 人；认定灵活就业人员 232 人，新增认定并正在从事自由职业者 660 人，零就业家庭动态清零。全年核发各类奖补资金 1.3 亿元。年内，出台《厦门市集美区支持企业渡过难关若干措施的实施意见》，兑现一次性稳就业奖补 329 万元、防控物资生产企业一次性特殊奖励 220.2 万元、企业引工稳岗费用补助 73.5 万元，招工补贴 522.55 万元。引导企业转变招聘方式，将线下活动转向线上，引导用人单位和劳动者通过“厦门市产业企业人力资源服务平台”“‘智汇厦门·梦想起航’厦门市企业面向院校毕业生线上大招聘”等平台有序招聘求职，举办线上专场招聘会 5 场，提供岗位 5000 余个次。向劳务协作基地推送集美疫情防控、企业复工复产、交通运输等方面的情况信息，率先组织包机和跨省“点对点、一站式”服务，帮助员工返集上岗，共落实包机 4 批 4 架次、包车 11 批次，接回员工 1413 人。

【重点人群就业】 2020年，集美区人社局加大援企稳岗力度，全年兑现用人单位招用厦门市农村富余劳动力社会保险补差3348.07万元，惠及企业10417家次；用人单位招用应届院校或职校毕业生社保补贴等各类补贴599.57万元，惠及企业1306家次；用人单位招用就业困难人员社会保险补贴863.38万元，惠及企业1238家次。开展招聘活动，组织各类招聘180余场次，提供岗位近3万个；发挥创业带动就业的倍增效应，提升创业担保贷款政策支持力度，加大资金扶持力度，全年受理创业担保贷款375万元，创业奖励4.52万元。引导就业人员适应新业态，支持灵活就业，对实现灵活就业和自由职业的人员提供社保补贴，全年认定灵活就业人员232人，新增认定并正在从事自由职业者660人，发放灵活就业社保补贴1330.75万元，惠及7061人次；发放自由职业社保补贴1581.67万元，惠及11057人次。

【困难人员兜底帮扶】 2020年，集美区人社局落实“实名制服务”精准帮扶，动态更新就业困难人员。加大政策扶持，对灵活就业社会保险补贴政策期满未通过其他渠道就业的就业困难人员、从事公益性岗位政策期满仍在公益性岗位继续就业的，政策享受期限延长1年。鼓励国有企业和财政资金支持的事业单位开发公益性岗位，托底安置就业特困人员，全年安置公益性岗位就业309人，发放公益性岗位工资性补贴17.88万元。

【东西部协作】 2020年，集美区人社局结合疫情情况，挑选精干人员，组成工作专班，带领辖区企业赴和政县，组织劳务协作对接和专场招聘活动，将专场招聘会直接开在乡镇一线，提高招聘会的知晓率和参与率。全年组织辖区39家企业赴和政组织招聘会6场次，提供岗位6183个，输转甘肃和政县劳务人员2039人次，其中建档立卡贫困人口1155人次。

【引才工程创新】 2020年，集美区人社局因时而异更新“引才政策”。年初更新“人才房租补贴”“金蓝领工程”等人才政策，提高政策的受益面，吸引更多的人才落户集美。至12月底，引进高校毕业生8269人，完成指标数的104.67%，兑现用人单位招用应届院校或职校毕业生社保补贴600万元、新引进人才生活补贴885万元、“985”“211”工程院校本科毕业生生活补贴58.5万元，惠及人才347人次，受理高校毕业生本科以上企业人才房租补贴申请3695人。创新“引才模式”，针对疫情期间线下招聘难，开展网上求职“云招聘”，首次尝试采用网络直播的方式，举办“‘集智汇美，梦想起航’厦门城市推介会暨线上专场招聘会（福州站）”活动，汇聚106家优质企业，提供职位381个，吸引1700人进场应聘，简历总投递量逾2000份。针对疫情防控和毕业季，开展“集美人才节”招才引才校园活动，组织福建师范大学和集美大学大型线下招聘会2场，吸引企业200家，提供岗位800个，有5000余人进场求职。创新“留才服务”方式，针对高校毕业生热衷网络和新媒体的特点，通过“聚贤集美”“集美先锋视界”抖音、微信两大平台，在线直播讲解人才政策，辖区人才企业、创客团队等共计1.2万人参加直播互动。 （区人社局）

劳动管理

【概况】 2020年，集美区劳动保障监察大队受理并调处各类劳动纠纷2766起，比上年增长32.6%；接处“110”报警247件，比上年上升15.17%。向司法机关移送涉嫌拒不支付劳动报酬罪案件1件；查处非法使用童工案件1件2人次。年内“双随机”抽取200家生产经营类用人单位、96个建筑项目、296个市场主体，开展随机监督检查。对辖区121家企业进行信用等级评定，评定劳动保障A级守信单位110家，B级一般失信单位7家，C级严重失信单位4家，评定结果推送区信用办实施联合惩戒。筹备2019年度保障农民工工资支付考核工作，连续第三年代表福建省厦门市接受国务院核查组实地核查，核查结果得到肯定，福建省获全国第五名。集美区在厦门市保障农民工工资支付工作考核中被评为A级。开展《保障农民工工资支付条例》宣传周系列活动。邀请市劳动保障监察支队专家集中解读《条例》，组织建安集团负责人现场传授示范项目的用工管理经验，组织宣讲小分队进行《条例》宣讲答疑。

【清理整顿人力资源市场秩序专项行动】 2020年，集美区劳动保障监察大队贯彻《中华人民共和国就业促进法》《就业服务与就业管理规定》相关劳动法律法规宣传及投诉举报法律咨询，保障求职者的合法权益，结合集美区劳动力市场、职业介绍机构、企业单位以及外来求职人员多的工作实际，在全区范围内联合开展清理整顿人力资源市场秩序专项执法行动。检查劳务派遣机构98户、职业中介机构4户、用人单位110户，形成常态化监控机制，净化人力资源市场环境。

【根治欠薪和非法用工专项行动】 2020年，集美区劳动保障监察大队创新行政约谈机制。在全市率先建立市、区两级纵横向行政约谈机制，由市支队、区大队联合对劳资纠纷较为集中的建筑企业提前进行约谈督导，全年行政约谈建筑企业18家。建立责任包干机制，要求所有在建项目都要指定监察员负责联系挂钩、责任包干工作，不间断对用工单位问题整改情况进行督导，对在上级考核中出现问题的用工单位所对应的监察员要倒查责任，确保责任落实到人。以迎接国务院保障农民工工资支付条例考核为契机，利用4个月的时间对辖区内所有在建工程项目进行5轮拉网式的排查，考核中，杏林湾排涝泵站和厦门软件园三期F17地块2个在建项目存在的问题为省市所有接受检查的项目中问题最少，得到上级的肯定。对区人社局审批的4家职业中介机构、98家劳务派遣机构、200家生产经营性用人单位和96个区管在建工程项目开展年度“双随机”督查检查，排除非法用工苗头7个，打击非法使用童工行为案件3件，立案查处非法使用童工1起2人次，处罚款1万元，移送涉嫌拒不支付劳动报酬罪案件1件。

【和谐劳动关系构建】 2020年，集美区委、区政府按照“党委领导、政府负责、社会协同、企业和职工参与”的工作格局强化领导体制，把党政、群团、企业、社会力量结合统一起来，共同推进构建和谐劳动关系。专门成立创建和谐劳动关系领导小组，制定创建工作方案，将构建和谐劳动关系纳入经济社会发展规划和政府目标责任考核体系。发挥三方机制共同研究解决劳动关系领域重大问题的独特作用，建立工作联系会议及制度，形成工作合力，并以“1118”示范工程建设为推手，由点及面逐步向镇街、社区、企业推进和谐劳动关系创建工作。年内，区三方办根据省三方四部门《关于做好2020年非公有制经济组织构建和谐劳动关系情况考评工作的通知》和市三方办《关于做好2020年非公有制经济组织构建和谐劳动关系情况考评工作的通知》要求，做好整改完善工作。（区人社局）

社会保险

【概况】 2020年，集美区助力企业纾困解难，聚焦新冠肺炎疫情影响，突出抓好阶段性减免企业社会保险费的落实工作，全年减免32931家企业社会保险费10.3亿元。在执行阶段性减免企业社会保险费政策的基础上，落实《厦门市人民政府关于继续实施阶段性降低社会保险费政策的通知》，对用人单位和个人缴纳社保费实行减负，其中养老、失业保险单位缴纳费率继续维持12%和0.5%，分别比规定的费率下降14.3%和66.7%，工伤保险以国家规定的现行费率为基数下调20%。扩大社保覆盖面，区社保中心重视全民参保登记动态管理，推动“全民社保工程”实施。2020年，全区城镇职工养老、失业、工伤保险人数分别为385920人、373461人、374214人，分别比上年增长7.94%、9.59%、8.88%。

【企业职工基本养老保险】 2020年，厦门市企业职工基本养老保险纳入省级统筹，集美区社保中心加强与上级相关部门对接，掌握省级统筹政策进展和市级相关政策调整情况，做好群众对省级统筹后的各种疑问解答，确保养老保险省级统筹衔接。全年全区新增办理企业职工退休2096人，比上年增长30.8%。根据省人社厅要求，2020年起厦门市不再单独制定厦门市退休人员基本养老金调整方案，直接按省人社厅、财政厅《关于2020年调整退休人员基本养老金的通知》方案执行。次调整继续采用“定额调整、挂钩调整与适当倾斜相结合”的方法，总体调整水平按2019年12月退休人员月人均基本养老金的5%确定。同时，厦门市原有的高于省待遇标准的企业退休人员高龄补贴继续保留，按原办法执行。2020年集美区退休人员基本养老金实现连续15年上调。

【机关事业单位养老保险】 2020年，集美区完成机关事业单位养老保险参保登记单位234个，参保登记在职人数7626人。机关事业单位基本养老保险基金收入18803.23万元，职业年金3259.63万元，合计22062.84万元。完成机关事业单位待遇发放单位167个、人员1857人，基金总支出17338.74万元。

【被征地人员基本养老保险】 2020年，集美区加大被征地人员基本养老保险政策宣传力度，多次组织入户宣传发动，动员符合参保条件的人员应保尽保。全年新增被征地人员基本养老保险参保4196人，办理退养手续1363人，落实被征地人员参保财政补助8606.51万元。至年底，全区55125人参加被征地人员基本养老保险，区级财政累计补助8.72亿元，30648人享受退养待遇。

【城乡居民基本养老保险】 2020年，集美区社保中心贯彻落实《集美区推行城乡居民基本养老保险工作实施方案》，全年全区城乡居民基本养老保险参保6738人，财政补助173.47万元，45周岁以上目标人群参加城乡居民基本养老保险参保率100%，新增城乡居民基本养老保险退休人员126人，城乡居民基础养老金月标准从290元上调至310元（户籍满5年人员）。推进贫困人员城乡居民基本养老保险应保尽保工作，发挥城乡居民养老保险的兜底保障作用。全年为符合条件的残疾人939人、贫困人员129人（低保对象和计生困难人员）办理缴费参保，累计财政补助42.72万元。

【失业保险】 2020年，集美区社保中心抓好上级扩大失业保险保障范围政策的落实，做好厦门市人员失业补助金、外来人员临时生活补助金等补助的申领发放工作，保证失业人员待遇应发尽发、应保尽保。全年发放失业补助金5276人次2379万元、临时生活补助金1348人次215.68万元、厦门市失业人员失业保险金3735人次3462.22万元、外来人员一次性生活补助金2238人次237.24万元，发挥失业保险基金保民生、稳就业、促发展的作用。

放宽稳岗补贴申请条件并提高稳岗返还标准，对符合条件的企业补贴标准由原来的返还企业及职工上年度缴纳失业保险费的50%提高至100%。全年发放稳定岗位补贴12677家3194.88万元和支持参保职工提升技能补贴5646人次808.6万元，起到促就业、防失业的作用。

【工伤保险】 2020年1月1日，集美区开始实行工伤保险省级统筹，逐步用“五统一，一调剂”的办法过渡到全省统一工伤保险待遇支付标准。做好工伤保险待遇核发工作，按时足额发放工伤保险待遇，提升工伤保险支付办事效率。全年全区审核支付工伤保险理赔1363人次5948.56万元。

表31

2020年集美区社会保险基本情况统计表

项目		2019年	2020年	2020年度区财政补助（万元）
区各险种参保总人数（人）		726417	707130	—
城镇职工参保情况（人）	基本养老保险	357522	385920	—
	失业保险	340779	373461	—
	工伤保险	343685	374214	—
机关事业单位养老保险（人）	参保人数	7664	7626	—
	退休人数	1852	1857	—
被征地人员基本养老保险（人）	参保人数	18311	4196	8606.51
	退养人数	1304	1363	—
城乡居民基本养老保险（人）	参保人数	11149	6738	173.47
	退养人数	119	126	
企业职工基本养老保险（人）	退休人数	1602	2096	—
本市户籍领取失业金	人　数（人）	2721	3735	—
	领取金额（万元）	1632.6	3462.22	
外来人员领取一次性生活补助	人　数（人）	1381	2238	—
	领取金额（万元）	166.69	237.24	
工伤保险待遇	人　数（人）	2680	1363	—
	支付金额（万元）	5993.97	5948.56	

（区人社局）

退休人员管理

【概况】 2020年，集美区进入社会化管理服务退休人员45027人，其中年内新增3355人，比上年增长8.05%，社会化管理率99.99%。

【慰问活动】 2020年，集美区开展退休人员慰问活动。春节期间，慰问退休老人42977人次，发放慰问品（金）价值686.06万元；。重阳节期间，慰问退休老人45313人次，发放慰问品（金）价值730.758万元。慰问生病退休老人和死亡退休老人家属8288人次，发放慰问金187.24万元。

（区人社局）

住房保障

【概况】 2020年，集美区在已建安置房项目的基础上，规划新建安置房，为破解征迁难题、推进福厦高铁及厦门地铁4号、6号线（集美段）项目等重点建设工程的顺利推进提供保障。全年新开工安置房3个，分别是灌口三社安置房、马銮湾新城集美蔡林安置房、西亭官任安置房A1地块。至年底，全区建成交付使用的安置房项目18个，总建筑面积283.49万平方米，总住宅面积229.90万平方米，总住宅套数20488套，总投资65.63亿元；10个在建项目总建筑面积145.37万平方米，总住宅面积95.83万平方米，总住宅套数9552套，总投资约104.3亿元；19个前期工作项目总用地面积约50.18万平方米，总建筑面积260.80万平方米，总住宅套数17973套。根据市政府关于深化城市更新投融资体制改革精神和工作部署，安置房型商品房可以实现项目融资功能，减轻财政压力，

2020年，集美区新增配售安置房4183套。图为灌口镇上塘花园安置房　（林志杰 摄）

减少资产沉淀，同时提升固投、GDP及税收收入。8月，将西客明珠等5个项目转型为安置型商品房，完成商品房销售面积入统48.91万平方米，缴交地价34.14亿元。

【安置房配售管理】 2020年，集美区新增配售安置房4183套、面积44.38万平方米，全区累计配售安置房31354套、面积328.57万平方米。全年新增交房安置房733套，累计交房安置房11890套。至年底，18个竣工交付使用的安置房项目办理项目权属初始登记14个，完成率78%。推进西亭安置房A1-1地块、A1-2地块、厦门火车（新）站5号地块安置房和兑山安置房工作。部分竣工交付项目西亭安置房采取分割办理项目权属初始登记。竣工交付使用的安置房项目累计办理入住手续的11890套，除尚未完成项目权属初始登记的兑山安置房、西亭安置房A1-1、西亭安置房A1-2、火车（新）站5号地块安置房共3535套房源暂无法办理个人产权证外，剩余8355套房源进入办理个人产权证环节，至年底，累计完成个人产权证办理2918套。

【保障性住房】 2020年，集美区建设行政主管部门加强住房保障职能，负责辖区户籍家庭首次申请保障性住房的审核和辖区内保障性住房小区的使用监管工作，受委托承担续租申请审核工作，逐步解决全区居民的住房困难，促进和谐社会建设。完成三个批次138户保障性租赁房、一批次21户人才房、一批次110户保障性商品房的首次申请审核工作，完成变更申请审核128户、续租申请审核706户，集美区户籍新增入住保障性住房281户、拨付房租补贴744.65万元。新开工建设保障性住房洪茂居住区一期工程，建成后可提供保障性住房5744套。

（郑章世 兰晓萍 陈益熙）

民政事务

【概况】 2020年，集美区实行“绿洲计划”，全年支出26831.73万元，惠及414120人次。贯彻“应保尽保、应救尽救”的帮扶理念，发放低保金1001.98万元、临时救助金223.14万元、残疾人两项补贴1711.57万元。区、镇（街）、村（居）三级公共养老服务体系硬件建设全覆盖，全区养老床位1928张，每千名户籍老人床位46张，超额完成养老服务“十三五”规划目标。强化村（居）干部和社区工作者招聘、管理、考核，全区社区工作者1440余名。开展首届优秀社工项目和“十大最美社工”评选活动，评出优秀社工项目10个、最美社工10名。加大社会工作服务力度，社工机构承接政府服务项目总金额逾3000万元。全区办理结婚登记2813对、离婚登记1424对。

【“绿洲计划”实施】 2020年，集美区实行“绿洲计划”，推出惠民政策69项，全年支出26831.73万元，惠及414120人次。其中，贫有所济11项，惠及4565人次，支出1206.2万元；学有所教6项，惠及3335人次，支出431.8万元；病有所医10项，惠及143560人次，支出899.27万元；老有所养10项，惠及122811人次，支出9949.7万元；住有所居3项，惠及5026人次，支出601.1万元；灾有所救1项，惠及9人次，支出3.08万元；难有所帮13项，惠及11717人次，支出3106.5万元；劳有所得8项，惠及117946人次，支出8611.8万元；残有所助7项，惠及5151人次，支出2022.2万元。

【救助救济】 2020年，集美区在全市率先建立“市、区、镇（街）”三级联合的社会救助疑难案例研判制度，推动解决基层社会救助难题。简化临时救助流程，社会救助审批时限压缩33%（30天压缩至14天），临时救助审批时限压缩60%（10天压缩至4天）。将4个儿童关爱示范点建设列入为民办实事项目，事实无人抚养儿童关爱救助率100%（全省第一）。区级入户走访率100%，推进低保扩面，同时将靠家庭供养的无法单独立户的178名重残、重病患者，参照单人户纳入低保对象，做到“应保尽保、应救尽救”，净增低保对象81户104人，比上年增长 13.28%。为全区 672 个低保户、887 人发放低保金 1001.98 万元；临时救助 1299 人次，发放临时救助金 223.14 万元；残疾人两项补贴政策惠及 40204 人次，发放补助金 1711.57 万元；救助特困供养对象 58 人，其中生活不能自理特困人员集中供养率 64.58%。

【养老工作】 2020 年，集美区新建成区级老年人养护中心、灌口镇居家社区养老服务照料中心，实现区、镇（街）、村（居）三级公共养老服务体系硬件建设全覆盖。新增备案“好名声”、顾恩两家民办养老机构。全区养老总床位数 1928 张，每千名户籍老人拥有床位 46 张，超额完成“十三五”规划任务（“十三五”任务为总床位 1500 张）。推进区级老年人养护中心和 4 个镇（街）级养老服务照料中心、部分村（居）级养老服务设施的第三方专业化运营招标，优化第三方运营绩效评估机制。全区 69 个村居中有 63 个村（居）养老服务设施引入第三方运营机构，投入社工 43 名、助老员 117 名，为老年人提供助医、助行、助餐等服务。完善全省水平领先的区级养老服务信息展示平台和监管平台，集信息展示、入住人员补贴申请审批、养老服务设施可视化监控等功能于一体，年内接入养老机构 5 家、农村幸福院的视频监控端口 16 家。对全区户籍六类特殊人员入住养老机构给予每月 500 ~ 1000 元的补助，将 80 岁以上台胞、重点优抚对象纳入补助对象范围，减轻特殊人员入住养老机构资金压力，优化运营环境，全年发放 1313 人次补助金 68.05 万元。

【社区建设】 2020 年，集美区完善社区工作者考核管理机制，开发村（居）主干考核系统，优化社区工作者管理系统，强化村（居）干部和社区工作

表 32

2020 年集美区新核准登记社会组织一览表

社会团体名称	法定代表人	业务主管部门	登记日期
厦门市集美区驰鹰救援队	黄怀远	厦门市集美区委精神文明建设办公室	2 月 7 日
厦门市集美区五一九救援队	陈其标	厦门市集美区委精神文明建设办公室	3 月 31 日
厦门市集美区华锐双语学校	毛恩	厦门市集美区教育局	4 月 26 日
厦门市集美区果蔬经济促进会	刘国全	厦门市集美区农业农村局	6 月 29 日
厦门市集美区万安商会	赵建兵	厦门市集美区工商业联合会	7 月 3 日
厦门市集美区杏东蔚蓝时代幼儿园	曹英连	厦门市集美区教育局	8 月 4 日
厦门市集美区董任幼儿园	康宁宁	厦门市集美区教育局	8 月 6 日
厦门市集美区安博幼儿园	林银泉	厦门市集美区教育局	8 月 7 日
厦门市集美区米谷洛幼儿园	殷小云	厦门市集美区教育局	8 月 14 日
厦门市集美区蚂蚁森林幼儿园	张恩武	厦门市集美区教育局	8 月 24 日
厦门市集美区金色摇篮幼儿园	薛有芬	厦门市集美区教育局	9 月 3 日
厦门市集美区侨之星幼儿园	杨红梅	厦门市集美区教育局	9 月 7 日
厦门市集美区瑜伽健身协会	张雪琴	厦门市集美区文化和旅游局	9 月 27 日
厦门市集美区汉服汉礼文化交流协会	杜伊沙	厦门市集美区社会科学界联合会	10 月 20 日
厦门市集美区青年企业家商会	赖鹭挺	厦门市集美区工商业联合会	11 月 10 日
厦门市集美区快乐社大科普文化传播中心	陈黎仙	厦门市集美区科学技术协会	11 月 12 日
厦门市集美区闽南文化研究会	黄坚定	厦门市集美区社会科学界联合会	12 月 7 日
厦门市集美区智达青少年体育俱乐部	陈燕铿	厦门市集美区文化和旅游局	12 月 21 日
厦门市集美区禾康社工服务中心	章湧	厦门市集美区民政局	12 月 29 日
厦门市集美区新的社会阶层人士联谊会	徐千远	厦门市集美区委统战部	12 月 31 日

2020年12月12日，区民政局为54对新人举办婚姻集体颁证仪式　　（范少娟 摄）

者招聘、管理、考核，新招聘社区工作者84名，全区有社区工作者1440余名，打通常态化晋升通道，首批13名社区工作站其他工作人员通过考试转为一般专职工作者。开展城乡结对共建工作，新增城乡结对共建对象12对，至年底，有社区结对共建对象28对、开展“三社联动”的村庄7个。完善“一核多元”社区治理体系，总结形成宁宝社区为民服务“四部曲”工作法、日东社区“127”工作法、银亭社区“梦起银亭——文化导向型356立体”工作法等优秀社区工作法。开展第一届优秀社工项目和“十大最美社工”评选活动，评出优秀社工项目10个、最美社工10名，形成示范带动效应。加大社会工作服务力度，社工机构承接政府服务项目总金额逾3000万元，涵盖居家养老、社区矫正、社区书院、志愿服务、重点青少年关爱帮扶等多个领域。

【社会组织登记管理】 2020年，集美区新登记注册各类社会组织20家。截至2020年底，集美区依法登记注册的各类社会组织868家，其中社会团体88家、民办非企业单位288家、备案社区社会组织492家。民政综合窗口全年共受理社会组织业务651件（行政许可207件、公共服务111件、其他行政权力49件、年检319件、换证换届44件）。共有319家社会组织接受年度检查，年检率90%。实施社会组织信用承诺制，自愿签署“社会组织诚信自律承诺书”的社会组织237家。

【区划地名管理】 2020年，集美区完成镇级行政区域界线第三轮、“集美—同安”区级行政区域界线第四轮联检。开展标准地址二维码工作，新增室牌2.18万块、补室牌3503块，新增门牌1923块、补门牌1788块。至年底，全区有标准地址80.68万个，已标注80.21万个，地址标注率99.42%；二维码门牌覆盖地址79.93万个，二维码门牌覆盖率99.07%。建设全区地名导向链，新增单杆式路名牌323座。加快城乡一体化建设，规范区划地名管理，命名新增道路、居民点14个。

【婚姻与殡仪服务】 2020年，集美区婚姻登记处办理结婚登记2812对、离婚登记1425对，并为54对新人举办婚姻集体颁证仪式。区殡仪服务站全年运尸964具，迁坟190座，减免丧葬费用147人，免除金额13.35万元。

（陈文艺）

慈善事业

【集美区慈善会】 2020年，集美区慈善会募集款物777.78万元，开展安老、扶孤、帮残、助学、济困、救灾等活动，发放救助款物842.39万元。利用“三下乡”、慈善日，宣传慈善理念，增强全社会的慈善意识，扩大慈善组织的影响力，推进全区慈善事业持续健康发展。获中共临夏州委、临夏州人民政府授予的“2020年度助推临夏州脱贫攻坚爱心集体”称号。2020年春节，市、区两级慈善会及相关部门慰问福利中心老人、孤儿、残疾人款物共计7.54万元；重阳节期间，区慈善会为福利中心老人和散居60岁以上供养老人送慰问品9222.5元，每季度为60周岁以上低保老人购买生活用品共计6300元。区慈善会协同市慈善总会开展“新春慈善快车”慰问活动，向580户次贫困家庭发放善款及物品计31.63万元。支持3个镇街爱心超市购置生活用品5.92万元。区慈善会、区民政局拨付社会帮扶款20万元，支援和政县综合福利困难群体及和政县买家集镇团结村建档立卡贫困户32户；募集爱心单位、企业捐赠社会帮扶款22.2万元，支援结对帮扶的和政县贫困村。全年接收社会各界抗击新冠疫情捐赠款物696.1万元。区慈善会协同市慈善总会、区委文明办、省市级文明单位、侨促会、爱心单位、爱心人士等，结对帮扶贫困生158人次，发放帮扶款38.65万元；协同区关工委为单亲家庭提供贫困生助学款8.1万元；协同区侨促会开展助学活动，慰问上杭县贫困生20名，发放助学金2万元；开展金秋助学活动，市慈善总会向考上本科、大专应届（往届）困难学生17人提供教育救助8.7万元。

表 33

2020 年集美区慈善会捐助活动情况表

时 间	捐助项目、活动或单位	捐 助 对 象	捐助金额或物品
1 月 3 日	省慈善总会、市慈善总会、区慈善会、区侨促会、区西竺寺慈善分会联合慰问	集中供养人员 32 人，孤儿 2 人	慰问金 5.04 万元
1 月 9 日	市慈善总会、区慈善会携手新春慰问困难户年夜饭、罐头	集美区困难家庭 350 户	慰问物折价 8.63 万元
1 月 9 日	市慈善总会、区慈善会新春慰问困难户	集美区困难家庭 210 户	慰问款 21 万元
1 月 17 日	区慈善会、区关工委举行 2019 年助学金发放仪式	单亲困难家庭贫困生 81 人	慰问款 8.1 万元
1 月 18 日	区慈善会、退管中心慰问退休困难户	集美区退休困难户 20 户	慰问金 2 万元
1 月 24 日	区慈善会新春慰问	散居供养人员 25 人	慰问款 1 万元
1 月	区“三下乡”开展慈善宣传活动		
1 月	区慈善会、区侨促会携手新春慰问活动	定人定向慰问残疾人、病困人员 7 人	慰问金 1.5 万元
3 月 10 日	区民政局、区慈善会东西部协作对口帮扶	和政县综合福利院特困老人、残疾人、儿童	社会帮扶款 10 万元
1—5 月	参与疫情防控阻击战	疫情防控一线人员	疫情防控款物折价 696.1 万元
6 月 3 日	区民政局、区慈善会东西部协作对口帮扶	和政县买家集镇团结村 32 名建档立卡户的脱贫工作	社会帮扶款 10 万元
6 月 5 日	区委文明办、区慈善会携手召开 2019“雨露育青苗”项目帮扶款项目	集美区 74 名孤困儿童	结对帮扶款 19.8 万元
6 月 19 日	厦门市慈善总会、福彩公益金、公益信托慈善基金、区慈善会开展 2020 年“雨露育青苗”结对帮扶项目	集美区 41 名孤困儿	结对帮扶款 10.25 万元
6 月	开展爱心单位、企业东西部协作社会帮扶临夏州和政县扶贫工作	和政县贫困村建设和助学	社会帮扶款 22.2 万元
7—8 月	市慈善总会助学圆梦	考上本科、大专的应届（往届）困难学生 17 人	助学金 8.7 万元
9 月 5 日	开展中华慈善日宣传活动		
9 月 21 日	区慈善会、区侨促会携手开展助学活动	慰问上杭县 20 名贫困生	助学金 2 万元
10 月 23 日	区慈善会重阳慰问	散居供养 60 岁以上特困老人和集中供养特困人员	慰问物资 9222.5 元
10 月 27 日	区侨促会、区慈善会携手召开“一对一”结对帮扶贫困生助学金发放	定人定向帮扶 43 名贫困学子	慰问金 8.6 万元
1—12 月	区慈善会开展杏林街道爱心助老超市扶老助老工作（四个季度）	杏林街道低保户 60 周岁以上	慰问物资 6300 元
1—12 月	区慈善会开展支持爱心超市工作	支持 3 个镇街爱心超市购置生活用品	慰问物资 5.92 万元

（高月清）

表 34

2020 年厦门建安慈善基金会捐助公益事业情况表

时 间	捐 助 对 象	金额和物品
2 月 11 日	厦门市红十字会	现金 1000 元
6 月 2 日	甘肃临夏扶贫	现金 10 万元
6 月 19 日	余某熠	现金 66200 元
7 月 20 日	厦门市集美区乐安小学	图书，计 16 万元
8 月 23 日	李某琼、杨某如、杨某婷、杨某卉、阮某辰、陈某耿、林某韵、胡某哩	学习生活用品，8540 元
9 月 10 日	扬州大学贫困生陈某豪	现金 6800 元
10 月 23 日	安溪第十七中学	现金 3 万元
10 月 31 日	长汀县庵杰中心学校	物资，计 9.27 万元
11 月 19 日	厦门市集美区乐安中学	物资，计 1.3 万元
12 月 15 日	长汀县教育局	物资，计 80 万元
12 月 15 日	厦门市集美区乐安中学	物资，计 28 元
12 月 15 日	厦门市集美区乐安小学	物资，计 8 万元
12 月 16 日	厦门市公安局交警支队车管所	物资，计 16 万元
12 月 21 日	厦门友朋四方物业管理有限公司	物资，计 1.6 万元
12 月 30 日	厦门市翔安区后田村 5 户贫困家庭	现金 1 万元
1—12 月	永春县贫困学生颜某妹、颜某镕生活费	现金 1.2 万元
1—12 月	安溪县玳堤村贫困学生李某琼三姐弟生活费	现金 1.2 万元
1—12 月	安溪第一中学贫困学生林某韵生活费	现金 6000 元
1—12 月	漳州市漳浦县贫困高中生陈某玲生活费	现金 2600 元
1—6 月	安溪第一中学贫困学生杨某如生活费	现金 2400 元
9—12 月	安溪第十七中学贫困生杨某婷生活费	现金 1600 元
9—12 月	安溪第十七中学贫困生杨某卉生活费	现金 1600 元
9—12 月	安溪铭选中学贫困生陈某耿生活费	现金 1600 元
9—12 月	安溪铭选中学贫困生阮陈某生活费	现金 1600 元

【厦门建安慈善基金会】 2020 年，厦门建安慈善基金会收到善款（物）1080.55 万元，其中接受社会捐赠现金 50.19 万元、捐赠物资折款 1030.36 万元。开展助学、济困、扶贫等公益活动 20 次，共发放款物 186.57 万元。其中开展助学活动 14 次，计捐款物 42.2 万元。先后走访和慰问厦门市翔安区后田村贫困家庭等 5 户、厦门市思明区贫困老人、安溪县龙涓乡玳堤村七旬老人、龙岩市长汀县童坊村贫困老人，以及工地农民工和外来务工人员等近千人，资助款物计 10.77 万元。开展捐助新冠疫情防疫物资活动 5 次，捐物 133.6 万元，受助单位有厦门市公安局交警支队车管所、厦门友朋四方物业管理有限公司、集美区乐安中学、集美区乐安小学、龙岩市长汀县教育局等单位。（陈君煌）

民族宗教事务

【概况】 2020 年，集美区有少数民族户籍人口6849人，流动人口46029人。人口数最多的少数民族为土家族、苗族、畲族。有佛教、道教、天主教、基督教宗教场所11处，区级以上民间信仰活动联系点20处，在省民宗厅备案10平方米以上民间信仰活动点296处，其中省、市级文物4处、涉台文物2处，供奉的神祇、物灵20多种。年内，辖区宗教活动场所、民间信仰活动场所落实各项疫情防控措施，发动信众募捐善款19.29万元，KN95口罩11510个，组织免费送餐等志愿服务活动。

【宗教界疫情防控】 2020年，集美区宗教界落实上级关于宗教领域疫情防控工作的指示精神，将疫情防控工作作为重要政治任务。1月25日起，全区11家宗教活动场所、296家民间信仰活动场所暂停对外开放、暂停举办宗教活动。2月，各场所响应民宗部门关于开展社会捐赠工作的倡议，大明寺、寿石岩等12家场所累计募捐善款19.29万元，西竺寺发动信众募集KN95口罩11510个，凤山祖庙为灌口镇140名志愿者免费提供中餐、晚餐、夜宵1个月。

【宗教领域爱国主义教育】 2020年，集美区宗教界组织学习习近平总书记关于民族宗教工作的重要论述，认识民族宗教工作在党和国家工作全局中的特殊重要性，加强对宗教界的政治引领。为辖区宗教活动场所赠送弘扬社会主义核心价值观、弘扬优秀中华传统文化以及《宗教事务条例》宣传海报88幅，引导宗教活动场所负责人在讲经布道中加入符合社会主义价值观的内容。8月，组织宗教界人士参观“人民总理周恩来”主题展览，引导宗教界人士坚定理想信念，爱国爱教、正信正行。9月，在后溪基督教堂召开“四进”工作现场推进会，要求各宗教活动场所主动发挥桥梁纽带作用，加强对信教群众的爱国主义教育和政治引领。组织民族宗教界代表人士、各镇街民族宗教工作分管领导和基层宗教工作干部参加统战理论培训班，学习习近平总书记关于统一战线工作的重要论述、《宗教事务条例》《统一战线工作条例》等法规，提高宗教工作法治化水平。

【宗教事务依法治理】 2020年5月，集美区依法对1处非法宗教活动下达行政处罚；10月，对2家为非法宗教活动提供条件的酒店下达行政处罚决定。妥善处置乡村治理涉宗教难点问题，治理未经备案的非宗教活动场所、非民间信仰活动场所，清理露天造像、涉宗教微信公众号，劝离未在区内登记备案的宗教教职人员。防范宗教领域风险隐患，向社会发布非法宗教活动举报电话的通告，鼓励群众举报违反《宗教事务条例》的行为。

【民族团结进步】 2020年，集美区开展民族团结进步“六进”活动，推进少数民族流动人口管理服务工作，对辖区少数民族流动人口居住、经营情况进行初步摸底，建立基础信息数据库。7月，在银亭社区开展民族团结进步主题宣传日活动。9月，与厦门理工学院联合举办第13个民族团结进步宣传月系列活动。通过举办民族团结进步知识问答、足球赛等方式，引导各民族学生树立中华民族共同体意识，树立正确的国家观、历史观、民族观、文化观、宗教观。同月，走访慰问集美中学内地新疆高中班，与内地新疆高中班师生代表座谈，并送上助学金1万元。

【民族地区挂钩帮扶】 2020年，集美区贯彻落实省发改委、省民宗厅关于挂钩帮扶民族乡的工作部署，将挂钩帮扶工作与乡村振兴战略相结合。10月，区委统战部主要领导带队调研漳浦湖西畲族乡，协调拨款250万元，支持后洞村至顶坛村道路建设、湖西中心学校基础设施配套建设项目。

【民族宗教服务】 2020年，集美区为少数民族群众提供便民服务，为3名群众办理民族成分变更。对19项行政审批事项简化审批流程，做到100%的事项做到“一趟不用跑”，100%的事项将办理时限压缩在法定时限20%以内，100%事项能够通过网上预审办理，为民族宗教界人士提高高效便民的审批服务。（钟静怡）

镇（街）概貌

灌口镇

【概况】 2020年，灌口镇下设行政村12个、社区居委会7个，镇域面积70.2平方千米。常住人口16.26万人，其中户籍人口6.25万人、流动人口10.01万人。全年实现工业总产值300.35亿元，比上年增长5.93%；限上批零完成销售额80.98亿元，比上年增长9.06%；固定资产投资80.4亿元，比上年增长35.32%；招商落地投资169.68亿元；财政总收入17.95亿元，比上年增长5.01%；镇级财政收入2.86亿元，比上年增长11.71%。年内，灌口镇汽车小镇入选国家发改委“第二轮全国特色小镇典型经验”名录，灌口镇蝉联福建省第十四届省级文明镇。

【农业】 2020年，灌口镇做好禽流感、重大动物疫病防疫工作，存栏家禽动态免疫100%，禽流感有效抗体合格率100%，全年使用禽流感疫苗5万毫升，接种家禽4.93万羽，牛、羊口蹄疫疫苗600毫升，接种牛、羊929头。抓好村（社区）科普站运行管理，坑内村被列入市级科普示范点。全面落实河湖长制，摸底排查辖区内小微水体281处和三大溪流以及87家企业用水情况。灌口镇《守护美丽灌口，争创示范河湖》短视频入选水利部优秀作品。加强林业防火工作，全年林业防火巡护1.8万人次，排查900余处，发现并整改隐患35处，整改野外违规用火31起，清理阻碍防火通道垃圾4起，无发生重大火情。

【工业】 2020年，灌口镇成立招商引资工作领导小组，全年召开推进会23次，完成招商落地项目120个，落地投资总额169.68亿元。安仁产业园、厦钨永磁电机产业园等招商空间加速建设。佳龙文旅、佳龙九华设备制造、杭萧钢构等项目注册落地。神州鲲泰、厦晖气门嘴项目投产运营，厦钨势拓智动产业园揭牌投产，厦工2.0项目加快建设。橙联跨境电商产业园开工，德邦智慧物流园项目成功落地，嘉晟供应链二期、普洛斯物流园基本建成，新兴海峡物流园、海翼物流一期和三期建成投用，海翼物流二期项目快速推进。建霖健康家居、国安达等2家企业成功上市。传统制造业智能化发展，金龙汽车入选2020年《财富》中国企业500强名单。思尔特、美科安防、艾美森、坤锦4家企业入选国家第二批专精特新“小巨人”企业名单，利德宝获“福建省企业技术中心”称号。

【基础设施建设】 2020年，灌口镇加大基础设施建设，完成入河入海排口整治21个，建成分散式污水治理系统工程40个、污水集中纳管项目24个，污水管网达272千米。完成镇级居家社区养老服务照料中心、镇级儿童关爱示范点改造提升，完成1个镇级和19个村（居）级退役军人服务站规范化建设。全镇19个村（居）全面推行垃圾分类管理，建立“户分类、村保洁、镇收集、区转运”的农村垃圾治理长效机制，农村生活垃圾网格化管理，设立垃圾分类收集点360个，配备督导员154名，组织垃圾分类督导员培训18次，开展垃圾分类宣传活动20场，入户宣传4万余次，发放《集美区垃圾分类倡议书》《集美区垃圾分类宣导手册》等宣传材料1万余份。开展爱国卫生运动，巩固国家卫生城市建设成果。保持高压态势管控“两违”，拆除田间管理房382户、乱占耕地建房199宗。

【征地拆迁】 2020年，灌口镇有省、市、区下达征拆任务45个，完成征地面积175.32公顷，拆迁面积54万平方米。市对区考核项目18个，完成征地面积122.67公顷，拆迁面积40.63万平方米。全年完成整村征收项目4个，三社村东蔡社、西蔡社签约率100%，浦林村潮瑶社、浦边社创造25天内产权房屋征收完成的“灌口速度”。完成历史遗留项目扫尾12个，推动解决软三高速路以北研发区四期市政道路、机械集中区二期工业招拍挂二号等重点历史项目。区级土地预收储有序推进，灌口大道南侧地块、双桥三期完成交地，排前村南侧地块、市民中心东侧地块和李林地块完成预收储。

【民生保障】 2020年，灌口镇落实救助政策，发放最低生活保障金、事实无人抚养儿童生活补助、高龄老人津贴、残疾人补助等924.93万元，惠及群众28412人次。建立退役军人三级服务管理体系，加大双拥优抚安置力度，发放各类抚恤补助安置经费410.44万元。引入专业社工机构运营农村幸福院和居家养老服务站18家，实现农村全覆盖。组织各村（居）对重点群体开展项目制职业技能培训，举办失业人员培训班13个，完成培训397人次。发放各类就业补助664.5万元，惠及群众4232人次。办理失地养老新增参保1365人。城乡居民养老保险参保

1731 人，参保率 99% 以上。全民医保符合个人缴费部分补助条件的参保人数 32589 人，下拨补助金额 325.89 万元。

【文化事业】 2020 年，灌口镇组织较大规模群众性文体活动及各类文艺演出 20 余场次，联合厦门市歌仔戏研习传承中心送戏下乡 10 场次，扶持各村（社区）开展文体活动 40 余场次。举办田头村第四届芋头民俗文化节暨农民运动会，举办“不忘教育使命，名校古镇增辉”新年文艺会演，举办“迎新年、庆元旦”暨首届“安仁杯”小学生篮球邀请赛，推动灌口镇群众性文化体育活动发展。摸排梳理不可移动文物点 64 处，对未定级的文物点进行分批立碑 57 个。

【教育卫生事业】 2020 年，灌口镇新增灌口中心幼儿园凤山分园和鱼孚幼儿园等 2 所公办幼儿园。完成辖区老年人健康体检 5752 人，其中 65 岁以上 3735 人，60 ~ 64 岁 2017 人。

【人口家庭】 2020 年，灌口镇育龄妇女 7833 人。户籍人口出生 588 人，出生政策符合率 92.52%，出生性别比 137.10。流入人口出生 620 人，出生政策符合率 96.61%，出生性别比 116.03。网上办理一、二孩生育服务登记 578 本，办理多孩生育服务审批 17 本，独生子女父母光荣证 42 本。参加优生检测 567 人。审核城乡养老保险计划生育情况 1642 人，审核失地农民养老保险计划生育情况 1067 人，审核计生“一票否决”336 人。兑现紧急救助、奖励扶助、特殊扶助、精神抚慰、升学奖励、困难女孩等 3399 人共 385.812 万元，开展金秋助学 2 户共 0.6 万元。开展计划生育家庭意外伤害保险投保户 6593 户，投保 18440 人，独生子女户 5150 户、二女结扎户 1432 户、无子女户 12 户，扶助资金 65.93 万元。40 周岁以上失独家庭住院护理险投保 13 户共 6000 元。获市级“人口检测信息质量一级达标单位”称号。

【安全生产】 2020 年，灌口镇制作安全生产宣传展板 10 块、宣传栏 19 块，悬挂安全生产宣传横幅 25 条，开展政企联合应急疏散与救援演练 1 场。安全生产月期间，接收安全生产知识现场咨询并发放各类宣传物品及资料 3800 份（套）。开展疫情期间企业复工复产安全生产工作，排查企业 990 家，督促整改安全隐患 1810 处，督促指导企业完成复工复产报备工作 1236 家。安全生产“两级五覆盖”网格化监管体系在全区推广运用，完成“三合一”场所消防安全综合整治，安全生产事故数、亡人数各比上年下降 25%。开展防范未成年人溺水工作，辖区内设置木质警示牌 500 个、水泥警示牌 200 个。

【社会综合治理】 2020 年，灌口镇深化扫黑除恶斗争，报送涉黑涉恶线索 6 条（已认定 3 条），查破“九类”案件 8 件，刑拘 6 人，批捕 4 人。开展“五有”工程建设，对新旧 324 沿线路口增设警示柱、减速带、标志标识等，交通亡人事故比上年下降 38%。实施“雪亮工程”，投入 2100 余万元，新增建设探头 510 个，完善辖区电子监控系统，打造安仁社区等“入室盗窃无发案小区”和“入室盗窃必破小区（村居）”治安示范点。推进“门前三包”工作，建成“门前三包”示范街 12 条，覆盖辖区 100% 的街道。

【乡村振兴】 2020 年，灌口镇推进农村人居环境整治和“一革命四行动”，完成平改坡 1108 栋，裸房整治 797 栋，农村区域无害化户厕普及 100%。支持“仙景芋”等优势农产品，实现土地流转面积 13.33 公顷，兑现仙景芋补助约 35 万元，培育载生源、品诚源花卉等现代农业企业 22 家，采摘园和苗木基地 106.67 公顷。建成乡村振兴农田水利工程 8 个。新 324 国道动线、溪林生态动线 2 条乡村振兴动线成型。

【依法行政】 2020 年，灌口镇健全完善镇便民服务中心及村（社区）便民服务代办点，整理梳理灌口镇便民服务中心和 19 个村（社区）便民代办点入驻事项 4756 项，取消或修改收取材料 2408 项，“一趟不用跑”事项占入驻事项 46.19%，标准均达到法定时限

2020 年 8 月 25 日，灌口镇在双岭村开展消防防灾演练。图为消防员传授居民使用灭火器（杨涛 摄）

的 30% 以下的要求，服务事项实现“一趟不用跑”和“最多跑一趟”，打通服务群众“最后一公里”。健全政府法律顾问制度，续聘 2 名律师担任法律顾问，通过购买服务聘请常驻法律顾问助理 2 名，全年处置行政诉讼案件 56 件。办理人大代表建议 13 件。

【精神文明建设】 2020 年，灌口镇做好服务群众、传承文化工作，开展“科技文化卫生”三下乡、戏曲进村居等文化活动，举办“我们的节日”系列活动 80 余场，举办传统节日美食制作、亲子互动游戏、非遗文化表演等多样的主题活动百余场，与厦门卫视合作制播《闽南童玩在灌口》系列节目，推广闽南童玩及灌口本土文化。全年刊播公益广告 12 万条次，宣传短信 60 万条，制作分发文明挪车卡、移风易俗购物袋等 5000 余件。举办爱心厦门系列活动 160 余场次，慰问困难群众 3000 余人次。加强与媒体合作，在台海网刊登灌口报道 14 篇，制作专题 1 组，收集转载新闻资讯 75 篇，全平台关注网友 210 万余人次，点赞数逾 20 万次；在各级主流媒体、学习强国福建频道等报道灌口镇理论学习、征地拆迁、齐心抗疫等 120 余篇次。镇长黄金喜被人民网评选为“最美河长”，铁山林惠娟家庭获评省“最美抗疫家庭”，白玉盛家庭获市侨界最美家庭称号，周育辉、林德时等被评为厦门市首届“新乡贤”。

【新冠肺炎疫情防控】 2020 年，灌口镇制订《新型冠状病毒感染的肺炎疫情防控工作提示》等防疫操作指南 10 份。建立 24 小时全天候沟通联系机制，设立体温监测点 127 个，预设核酸检测采样点 33 个，排查 1.96 万人次，保持零感染。推动辖区 1351 家企业、2.55 万名员工第一时间复工复产和返岗就业。卫计办主任刘以强获“福建省抗击新冠肺炎疫情先进个人”称号。

（苏智益）

后溪镇

【概况】 2020 年底，后溪镇总人口 7.61 万人，其中常住户籍人口 2.02 万户、6.31 万人。全年镇财政总收入 12.92 亿元，比上年增长 2.6%；镇本级财政收入 2.63 亿元，比上年下降 10.81%；实现规模以上工业总产值 144 亿元；完成固定资产投资 79.65 亿元。成立镇招商服务中心，落实、落细“领导走访企业”制度，发挥镇招商中心作用，用好软件园三期、电子城·国际创新中心、中移动及后溪工业组团等招商空间，密切与相关招商团队联系，筑牢“以商养商”成果，多方发力开展招商工作。引进一批补链强链的高能级企业，完善招商全流程服务链条和全周期服务机制，推进招商成果落地并尽快投产见效。

【农业】 2020 年，后溪镇主要农作物及蔬菜复种面积 731.7 公顷，总产量 12621.3 吨；水果种植面积 1206.7 公顷，总产量 11345 吨；花卉种植面积 20.9 公顷，绿化苗木 55.3 公顷，草皮 15.7 公顷。家禽存栏 24956 羽，出栏 43331 羽；水产养殖 36.33 公顷，产量 219.81 吨，产值 193.43 万元；蜜蜂养殖，养殖蜂王 2894 只，其中中蜂 2738 只、意蜂 156 只，养蜂业春夏两季产值 246.31 万元。推广“企业 + 合作社 + 农户”经营模式，推广应用无公害现代农业管理技术，培植特色农产品基地，提高规模化生产水平，扶持壮大“一村一品”特色农产品品牌，促进农业结构由粗耕粗放型向精细集约型转变。百乐居家庭农场为后溪镇农业“五新”示范基地，在农业生产过程中推广应用新品种、新技术、新肥料、新农药、新机具，完成农村富余劳动力转移就业 350 人。组织村级农技员、防检员、水技员、农业专业户、专业合作社和企业等参加省、市、区举办的各种农业实用技术培训 12 期、共 159 人次，提高农技推广网络人员的业务技术水平，龙眼、脐橙、设施蔬菜、设施花卉栽培等亩产稳定增长。组织专业大户和村民参加新型职业农民培训，超额完成区级下达的 200 名新型职业农民招生任务，实际招生 303 人，提高农民的农业生产和技术管理水平。配合集美区新型职业农民认定工作，培育一批“爱农业、懂技术、善经营”的新型职业农业队伍，组织 100 人报名参加培育。培植扶持全镇农业企业，厦门正信润农农产品有限公司专门从事复合氨基酸生物菌肥、复合基质、土壤修复的研发、生产，从事规范基础农业基地种植，生机农业植物工厂种植，畜牧环保生态养殖，资源化利用循环经济项目，并提供庭院式家庭微农场定制服务项目，延展到“一村一品”定制农业合作模式，打造优质农产品，双向服务于农村和城市生态优质农产品供给侧改革，促进精准扶贫，年产销售黄豆芽 108 吨、绿豆芽 180 吨、豌豆苗 36 吨、各类蔬菜 15 吨，销售额 252 万元。厦门市集美区菜硕士生态农业专业合作社为后溪镇芽苗菜工厂化生产企业之一，年生产芽苗菜 950 万千克。天水鹭花卉世界（天水鹭厦门农业开发有限公司）规模初显成效，年产销售鲜切花 1500 万枝，盆栽 20 万盆，多肉植物 120 万盆，蝴蝶兰、洋兰等 45 万株，实现产值 9700 余万元。厦门缤纷园艺有限公司成立于 1994 年，年产销售蝴蝶兰等鲜切花 40 万株，实现年产值 585 万元。白虎岩休闲项目位于后溪镇白虎岩山，项目范围包含第二农场在内共计 242 公顷。市级重点农业产业化龙头企业晟宝良品发展态势良好，以多品种经营特色和薄利多销的原则，进行产品创新和服务改进，全年实现产值 1 亿元。

【乡村振兴】 2020 年，后溪镇推进乡村振兴，埭溪桥社纳入市级重点示范村，推进农村集体产权制度改革，溪西村集体发展项目悦上溪城开工建设。开展村庄规划编制工作，累计投入 820 万元，基本完成辖区村居村庄建设规划编制工作。开展农房整治，实施村民既有住宅平改坡和裸房整治，年内推动新一轮铁路沿线整治，完成220余栋农房整治，完成率100%。完成后垵村窗内、岩内村等7个地块绿化整治。“平改坡”累计开工1014栋，完工908栋；裸房整治累计开工658栋，完工618栋，支出6300余万元。实现农村生活污水收集治理全覆盖，落实河（湖）长制度，累计投入整治资金3563.6万元，按照“一口一策”完成辖区36个入河排口整改销号工作；开展“两违”治理，实现违法建设零增长，实现垃圾分类收集、转运、处理全覆盖。

【征地拆迁】 2020年，后溪片区承接省、市、区重点项目63个，涉及征地拆迁市对区考核项目14个，累计完成拆迁25.25万平方米，征地面积161.65公顷，镇（街）综合排名第三名。完成福厦高铁、轨道4号线等一批省市重点项目，创造集美区重大基础设施项目线性工程住宅拆迁“新纪录”，为建设高素质高颜值跨岛发展最美新市区做出应有的贡献。完成福厦高铁、轨道交通、厦门理工二期、动漫小镇、软三后溪片区、苎溪高中等重点项目拆迁。

【社会事业】 2020年，后溪镇开展房屋安全隐患大排查大整治工作，累计排查农村房屋24499栋，录入完成率118.2%，35栋重大历史危险房屋清人封房。加强城内传统村落和文物保护工作，推进城内核心区历史建筑和城内城、基督教礼拜堂、珩山王氏宗祠等文物的修缮。第七次全国人口普查按序时推进。开展道路安全整治，对辖区内道路交通亡人事故多发的孙坂北路、海翔大道等道路进行整治，累计投入资金40.23万元；排查整治道路交通安全隐患点89个，累计投入经费614.28万元。在孙坂北路沿线村庄、小区等新增地面停车位450个、地下车位600余个、非机动车位约400个，遏制违停、乱停现象。“两违”管控持续保持高压态势，全年累计拆除违建266起，占地面积21.6万平方米，建筑面积约28万平方米，按时间节点完成田间管理房拆除任务297间，完成占用耕地建房整治工作166宗。夯实“门前三包”基础，完成全镇辖区主次干道上牌51条，建立标准街11条，上牌率、承诺书签订率100%。创新宣传方式，开发“123”平台小程序进行“一盔一带”安全宣传。加强人民调解、行政调解、司法调解、公证调解的有效衔接，累计排查调处化解社会矛盾纠纷605起，调解成功率100%。信访矛盾有效化解，收到上级转办信访件590余件，受理市长专线5800余件，来信来访300余件，大多数已办结，信访办结率和群众满意率持续提高。镇及各村居信访评理室试行信访评理活动20余场，有效回应群众诉求。完善矛盾纠纷多元化解机制，规范建立镇级调解委员会1个、村（社区）人民调解委员会14个，调处、化解行业性专业性纠纷1500多起，涉及金额近3000万元。推动后溪公证调解中心建设，成功调解各类纠纷346起。落实安全生产三年行动任务，检查企业585家次，发现一般隐患753处，其中“三合一”场所34处，所有隐患点均落实整改；推动“平安企业”“平安校园”创建工作，对辖区避灾点物资进行增补，着力提高应急处置能力。鼓励基础通信运营企业加大在后溪的网络建设和试点投入，加快布局新型基础设施，推动5G网络商用试点，开展智能交通控制、智慧公交、智慧安全风险管控、智慧园区管理等场景应用。健全联动政务服务机制，推动电子政务大厅向基层延伸，实现多数事务办理“一趟不用跑”“最多跑一趟”。加强智治支撑作用，探索大数据赋能的精细化智能网格管理，提高在网格系统平台流转处置社会治理事件频率，推动实现“微事不出网格、小事不出社区、大事不出街道”。

【民生保障】 2020年，后溪镇实现失业人员再就业1773人，农村富余劳动力转移就业289人。调解辖区内劳动争议案件10件。投入1200万元用于教育事业支出，加强学前教育软硬件及提升校车安全建设，辖区8所小学全部升格区直属小学，新城际幼儿园、碧溪普惠性幼儿园、万科幼儿园3所幼儿园开园，垵山小学、珩山幼儿园征拆加快推进，新村小学、后溪中学实现重建（厦门理工二期、厦门二中集美校区、苎溪高中等项目圆满完成）。推进市妇幼保健院集美院区建设，深化“互联网+家庭医生”签约服务。加大住房保障力度，火车（新）站5号地块安置房启动交房，园博公寓、珩崎公寓、天马华侨农场安置房竣工，加大西客明珠安置房建设力度。镇居家社区养老服务照料中心投入使用，开展“爱心敬老”工作，居家养老和行政村农村幸福院实现全覆盖，建成镇级居家社区养老服务照料中心1个、城市社区居家养老服务站5个和农村幸福院10家，照护床位增加到156张。依托和欣社工等3家养老机构，为辖区老人提供养身保健、社会交往等专业化服务。开展低保审核工作，落实城乡低保4535户次、7228人次，发放城乡低保金273.50万元。减轻残疾人家族负担，累计为辖区残疾人发放补助340万元。实现城乡居民医疗保险参保2.27万人，参保率100%。健全农村留守儿童和困境儿童关爱服务体系，在后溪村建立镇关爱困境儿童示范点。常态化落实“爱心厦门”建设五大行动、四项机制，组织“爱心厦门助力战疫”慈善捐款10万余元。深化对口帮扶甘肃省和政县新营乡、三明市清流县赖坊镇工作，被授予“2020年度助推临夏州脱贫攻坚爱心集体”称号。

【生态环境保护】 2020年，后溪镇开展三轮“守护蓝天百日攻坚”行动，重拳整治涉气“散乱污”企业，空气质量优良率99.4%。整治辖区水环境，投入整治资金3563.59万元，按照“一口一策”做好整改、逐一销号，水环境质量有效提升。深化农村污水治理工作，推动入河入海口排污整治，加快岩内小水库标准化建设。推进后溪流域截污纳管、生态水系、水体修复等多方位治理项目。开展小微水体整治，推进许溪、苎溪安全生态水系建设和许溪下庄鱼鳞闸净化湿地项目，开展水体生态修复工作。加强坂头—石兜水库周边水源保护，开展畜禽养殖回潮清退、水产养殖退养、取缔农家乐，确保水源不受污染。推进河长制工作，坚持河道专管员每日二巡，“双河长”每周一巡，坂头—石兜水库水质年均值达Ⅱ类标准。土壤方面，实现水稻、蔬菜、水果主产区的农膜和农药包装废弃物回收处置。中央生态环保督察信访件全部办结。开展“一革命四行动”，打造绿色生态、整洁宜居的农村新面貌，启动区级乡村振兴动线——溪林动线（后溪段）建设，开展农房整治，推进平改坡和裸房整治。累计投入626万元对辖区除规划拆迁村外未编制村进行村庄编制规划。白虎岩休闲农业项目建设加快。无害化户厕普及率100%。推进“蓝天工程”，强化重点行业污染治理改造，加强工业企业无组织排放管控，推动机动车污染减排，开展对道路扬尘、工地粉尘、露天矿山、露天焚烧、餐饮油烟等的整治，维持高水平空气质量。推进“净土工程”，加强重点行业企业用地调查，完善污染地块清单，实施受污染耕地安全利用方案，提升工业固体废物、医疗废物处置能力，加强地下水环境质量监测，提高土壤污染防治水平。遏制非法占地违法建设，推进农村乱占耕地建房问题专项整治工作。

【精神文明建设】 2020年，后溪镇深化思想宣传工作，进村居开展理论宣讲8场，开展扫黑除恶宣讲活动11场；规范10家新时代文明实践站工作，推动理论宣讲、社会宣传、乡风文明等七大平台建设，开展新思想宣讲、疫情防控、“嘉庚精神宣传月”、“爱心厦门”服务活动等900余场；理清文明创建工作权责，形成文明创建一把手亲自抓、分管领导具体抓、各相关部门共同抓的工作格局，完善文明创建常态化工作机制。推进全镇新时代文明实践所建设，累计开展各类主题活动120余场。推进农村移风易俗，取消民俗活动48场次，丧事简办、喜事缓办95场。前进村村民纪惠娇获评为全国十佳“最美家乡人”。完成国家文明城市、省文明城区迎检工作，提升全镇精神文明水平。2020年，后溪镇连续第三年蝉联“全国文明镇”，后溪村首次获评“全国文明村”。

2020年1月28日，后溪镇后溪村村居工作人员入户为居民发放新冠肺炎疫情防控告知书
（后溪镇 供图）

【交通路网建设】 2020年，后溪镇构筑以厦门北站为核心，汇聚高铁、高速、长途客运、地铁、BRT、公交等的城市立体交通格局，地铁1号线开通运营，福厦高铁客运专线、厦门北高铁站、地铁4号线加快建设，后溪长途汽车站建成使用，厦安高速、新324国道、田集连接线建成通车，明珠路、天水路、中洲路等主干道全面贯通，圣果路等完成整治提升，累计新增停车位450个，其中机动车位200个、非机动车位250个。加快轨道交通网络建设，推进厦门北高铁站、福厦客运专线建成运行，全面接入国家高速铁路干线网络，配合地铁4号线建设，完善周边综合配套。优化新北站片区路网布局，注重交通组织设计，修建轨道换乘通道，优化公交、BRT站点线路，完善便捷无缝换乘体系。适度增加路网密度，消除重要拥堵节点，畅通后溪工业组团等路网微循环。推动圣岩路东延伸段、安山路、环苎溪高中道路工程等道路建设，推进集美北大道等道路改造提升，畅通厦门北站往环东海域方向的交通动线。优化汇聚高铁、高速、长途汽车、轨道、公交等多种交通方式的交通路网体系，凸显后溪综合交通枢纽的优势。

【新冠肺炎疫情防控】 2020年，后溪镇落实属地责任，建立新冠肺炎疫情防控体系，第一时间实施集中统一领导，统筹疫情防控工作；构建“镇—村—小组—网格—楼栋—户”树状体系，织密防控网络。营造全民抗疫氛围，1300余名党员、退役军人、老年协会人员参与体温检测等志愿服务活动。提升群众防护本领，多渠道、多形式开展疫情防控宣传，开展爱国卫生运动，向辖区群众发送预防、提示等短信50万余条，印制分发“给村（居）民一封信”等6万余份。落实关心关爱防控一线人员措施，累计为村居“两委”、工作人员发放疫情防控补贴190.73万元，慰问各村（居）小组长、卫计小组长、志愿者标兵16.94万元，发放卡口补贴695.76万元。助力企业复工复产，为企业解决防疫物资短缺等问题，兑现惠企政策，累计减免租金103.43万元，贷款贴息30.69万元；兑现辖区2019年3亿元以下规模以上工业企业增产奖励金112.86万元。抓实对企服务，领导干部主动靠前，镇领导全员挂钩联系并常态化走访企业，协调解决问题40余个；优化提升营商环境，开展北站商务营运中心、后溪工业组团规划改造，推进后溪工业组团员工服务中心建设，提升园区管理服务水平，助力“以商引商”；强化属地服务保障，主动对接软三、电子城等产业园区运营单位，为引进企业提供服务支持，发现、培育有发展潜力的优质企业，开展精准服务助力企业做大做强。

（郭丽玲）

杏林街道

【概况】 2020年，杏林街道新成立莲亭社区，下辖宁宝、纺织、曾营、杏北、宁海、园博、高浦、杏林、西亭、内林、莲亭11个社区居委会，总面积24.7平方千米，总人口16.82万人，其中常住人口9.17万人，流动人口7.65万人。辖区29家规模以上企业完成工业产值95.97亿元，比上年增长10.26%。完成外资实际到资4.52亿元，比上年增长343.14%。完成限上批零销售额148.00亿元，比上年增长27.26%。完成固定资产投资144.77亿元，比上年增长34.46%。完成财政总收入32.80亿元，比上年增长5.00%。完成本级财政收入33997万元，比上年增长1.00%。

2020年，杏林街道完成西亭大社片区整村征收工作。图为搬迁前的西亭大社片区

（杏林街道 供图）

【征地拆迁】 2020年，杏林街道有省、市、区重点项目14个，其中省重点项目1个，市重点项目2个，其他项目11个，年度征地任务125.78公顷，拆迁面积45.12万平方米，主要为西亭大社片区整村征收工作，轨道6号线及轨道平衡用地项目等。全年完成征地面积134.72公顷，完成年度计划107.11%，比上年增长1412.05%；完成房屋征收面积56.27万平方米，完成年度计划124.70%，比上年增长246.48%。土地房屋征收工作综合排名列集美区各镇（街）第一名。

【基础设施建设】 2020年，杏林街道针对省级乡村振兴示范村高浦村提升、西亭大社拆迁、人居环境提升等方面共策划生成项目52个，安排资金6235.5万元，主要涉及环境整治提升、污水管网及排海口整治、文体设施改造、党群服务中心改造提升等。其中厦门地铁大厦混合废污水排污口整治工程、高浦村东侧截污一体化泵站扩容工程、高浦社区（杏滨路侧）纳管完善工程为环保督察项目。街道推动各项目建设，截至年底，完工项目25个。推动杏林社区轨道交通1号线杏林村站项目、西亭社区人才公寓集体发展项目建设，加快内林社区琦玨商业中心招租工作。

【平安建设】 2020年，杏林街道以落实市、区综治责任制为主线，以治乱创安为重点，以“五安”工程创建为抓手，加强基层综治建设，完善各项工作长效机制，增强主动创稳的紧迫感，打造和谐平安杏林。推进雪亮工程建设，安排6000余万元用于辖区内7个社区主要出入口、重点部位、重要场所的雪亮工程建设，打造智慧小区。人防技防水平逐步提升，刑事警情比上年下降28.44%。在杏林派出所成立“公证+”警调联动中心，开展警情纠纷调解，坚持“五化”牵引推动，形成以治安调解室、公证调解室、调解谈心室暨远程司法调解室“三室一体”衔接联动化解矛盾纠纷的“公证+”警调联动工作模式。全年受理调解纠纷877起，成功化解875起，化解率99.8%，全年无发生进京上访事件。

【信访工作】 2020年，杏林街道健全矛盾纠纷多元化解决机制，街、居两级综治维稳中心共调处矛盾纠纷122起，调解率100%。接待来访17件，处理省、市、区转办件190件，受理网上信访件4858件，件件有落实，街道信访稳控工作到位。

【人口家庭】 2020年，杏林街道常住人口出生1188人，流动人口出生869人；登记和办理一、二孩“生育服务证”1096本，独生子女证30本，审核“再生育服务证”手续23例。获得免费优生健康检查告知书736人，完成任务率86.58%。开展“生育关怀行动”，元旦春节慰问困难户5户，母亲节慰问贫困母亲10人，高考“金秋助学”2人，年审省级城镇奖扶对象1654人、全国农村奖扶对象377人、区级城镇奖扶对象1137人、特殊扶助对象52人、区级精神抚慰22人、农村二女扎奖励对象465人、贡献奖励对象78人，强化计划生育公共服务体系建设。

【市容环境整治】 2020年，杏林街道拆除违法建设70起，拆除面积1667.6平方米。查处、落实两违图斑总计86处；查处疑似新增“两违”11处。查处占道经营、跨店经营共3312起，暂扣物品358件，简易程序案件143件，罚款7150元，拆除广告招牌93个，面积626平方米。处理群众投诉4918宗，办结4780宗，办结率97.1%。

【生态文明建设】 2020年，杏林街道三级网格员落实环保巡查工作，重点巡查污染源管控企业、挥发性有机物（VOCs）整治企业、各主干道、所有在建工地及周边；各居民小区和村改居社区由四级网格员按各自的责任片区负责巡查。全年街道环保网格员出动巡查5135人次，通过网格化平台上报事件1299起，事件处理率100%。其中影响空气类584起、影响水环境类286起、固体污染105起、其他类324起。

【民生保障】 2020年，杏林街道发放灵活就业补贴671人次47万元、残疾人各项补助及慰问404.42万元，办理养老保险2076人次，安排公益性岗位就业3个；办理被征地人员养老保险510人，并为179人办理退休；办理全民医保26755人，补助金额267.55万元；扩大社会救助体系，面向困难群众开展社会救助行动及慰问2629户次2933人次194万元，投入224.78万元由社会机构进行专业化运营；投入630多万元改善学校的教学设备、办学条件和学校开展各项活动的补助经费等。诚毅幼儿园亭北分园和集美实验小学投入使用；亭北中学征地拆迁工作完成；下拨文体工作经费184万元，举办群众性文体活动80多场。

【基层党建】 2020年，杏林街道在城市基层党建方面，将园博社区打造成为可学、可看、可复制的全区唯一一个市级城市社区基层党建示范点，至年底园博社区接待来自山西、湖北等35个地区、91批次2617人次人员的参观交流。园博社区以“社区大党委为主体、各类共治共享平台为依托、社区廉政监督工作室为抓手”的治理模式在全区推广。在成功打造园博社区示范点的基础上，发挥示范点的示范引领作用，推动辖区党建工作形成多点开花、百花齐放的新局面，涌现出宁宝社区“民生我主唱”、宁海社区“悦动宁海，多彩生活”、莲亭社区红色创客基地、杏北社区“家门口服务站”等党建品牌。在非公企业党建方面，蓝斯通讯股份有限公司将“党员优先录用、党员优先提拔”等党建内容写入公司章程，并打造以“一个中心，两项优先，三大品牌”为机制的全省首个非公互联网企业党建示范点。同时在“三高”企业打造党群之家，筑牢党建阵地。在小区党建方面，成立45个小区党支部，实现小区党支部全覆盖，并在园博一号、金博水岸、宁宝世家等小区打造小区党群之家。探索成立“街坊党支部”，即针对独立楼栋、院落的小区成立党小组，再由同一条街或附近楼栋的党小组组成“联合式小区党支部”，集众人智慧，解居民之忧，形成“你有困难我帮忙”的邻里互助模式的街坊式小区党支部。发动小区党支部成员参选小区业委会，解决小区物业选举的乱象。

（樊文丽）

集美街道

【概况】 2020年，集美街道下辖岑东、岑西、浔江、盛光、银亭5个社区居委会，总面积4.6平方千米。至年底，街道常住人口2.90万人、流动人口1.67万人。全年财政总收入5.73亿元，其中街道本级收入7907万元，比上年增长1.05%。完成合同内资招商19.18亿元、合同外资招商1.28亿元；实现固定资产投资4.5亿元，比上年下降41.29%；实现限上批零销售额14.79亿元，比上年增长121.05%，增幅位居全区第一。年内，集美街道蝉联省级文明单位称号，被评为省级侨胞之家。银亭社区蝉联全国文明单位称号，岑东社区、岑西社区、浔江社区、盛光社区蝉联市级文明社区。

【影视文化产业】 2020年，集美街道推动影视文化产业发展，集美集影视文创园新引进注册企业131家，新增注册资本12.96亿元，新增产值15.7亿元，比上年增长64.1%。至2020年底，园区累计入驻企业648家，累计注册资本38.72亿元，累计产值35.07亿元。全年引进及受理到厦拍摄报备的剧组281个，实现带动落地消费9.7亿元，其中新增引进及受理到厦拍摄报备的剧组共58个，实现新增带动落地消费1.4亿元。全年园区完成纳税额5822万元。

【招商引资】 2020年，集美街道创新服务方式，在全区6个镇（街）中率先引入政府招商顾问机制，聘请24名企业人士组成招商顾问团，强化以商招商、产业招商；召开招商推介暨企业家座谈会大招商活动，完成厦门集美惠龙小额贷款有限公司增资项目，引进拾艺厦门文化传播项目等一批项目，推动街道经济发展。集美街道招商引资全年成绩位列6镇（街）第三，多项指标超额完成区下达的任务。其中落地项目59个，投资额完成49.16亿元；到资项目15个；13个高能级项目中有3个落地；区对街实际利用到资内资总额4.61亿元，区对街实际利用外资3378万元，比上年增长69.8%。

【重点项目建设】 2020年，集美街道紧抓文化和自然遗产保护与城乡环境品质提升契机，16天完成集岑路小商品街违章店面拆除任务，联合集美学校委员会收回鳌园店面73家，拆除违章搭盖的连廊，妥善解决历史遗留问题；超序时提前完成西水东调和高集海堤集美侧整治二期工程（考核部分）等征拆项目。推进市、区、街道建设项目67个，投资总预算28.60亿元，其中包含老旧小区改造项目27个；开展“两违”整治，至11月30日，巡查转办929起，整治新增“两违”图斑及动态巡查9块，拆除违法建设面积5576.53平方米，完成区年度拆除任务的112%。

【民生保障】 2020年，集美街道发放各类保障金、补助金、慰问金1198.13万元；实施积极就业政策，完成失业人员再就业565人，发放灵活就业、自由职业社保补贴333.18万元；开展线上线下关怀，关注群众身心健康，了解重点人群的近况及需求，纾解其困难，上门关爱探访老人7299人次，电话访问1.22万人次。推进老年人日间照料中心建设，新增养老床位59张，自8月18日运营至年底，服务近万人次。

【平安创建】 2020年，集美街道设立平安建设领导小组，探索机制创新，上半年刑事警情下降幅度、群众安全感率及扫黑除恶好评率均位列全市镇（街）第一名；调解辖区居民矛盾纠纷成功率100%；办理政民互动、市长专线、上级转办件和来访件1273件（批），办结率100%。坚持问题导向，会同公安、纪检等部门，找准扫黑除恶与基层反腐败工作的结合点，全面摸排街道辖区重点建设项目、招商引资项目、出租房、民宿以及娱乐场所等重点项目和场所，铲除黑恶势力滋生土壤。全年摸排走访200多个地址，摸查近600人，摸排有效黑恶线索4条。

【安全生产】 2020年，集美街道推进安全生产大排查大整治和安全生产专项整治三年行动，统筹抓好各项安全防范措施落实。开展重要时段、重点行业、重点领域安全生产大检查，检查经营单位174家次，发现隐患并督促完成整改50家；开展消防安全、燃气安全、烟花爆竹安全监管等各类安全宣传、培训活动35场，组织各类应急救援演练26场次，拉设禁放烟花爆竹宣传横幅30条，设置限放烟花爆竹通告4块、烟花爆竹燃放指引牌7块，并印制“烟花爆竹致辖区居民一封信”1.5万份，发送限放烟花爆竹宣传短信3万多条；开展消防安全综合整治，为辖区12处无物业小区安装电动自行车充电桩插座140个，为老旧小区更换手提式灭火器265具、配置灭火器箱100个、更换消防栓安全提示面板750块，联合执法部门开展违规飞线充电专项整治。

2020年，集美街道完成集岑路小商品街违章店面的拆除工作。图为拆除前的小商品街
（集美街道 供图）

【精神文明建设】 2020年，集美街道推进精神文明建设，开展“庚•读者”“弘扬嘉庚精神争当党员先锋”等系列活动59场次；新设立公益广告1673块，加入嘉庚建筑元素设计彩绘公益广告墙4面，利用石鼓路、印斗路沿路护栏的扇形公益广告框，因地制宜设置旅游、科普、诚信经营等公益广告；新增非机动车位2047个，临时停车场1个，可容纳车位400余个；依托党员双报到、社区书院、道德讲堂等平台，机关干部带头和辖区志愿者开展“全民动手 · 洁净家园”等志愿服务活动上百场次；弘扬“一精神三文化”，联合集美校委会打造“嘉风嘉训馆”作为一镇一孝廉参观点，建设“嘉庚书房”，打造涵盖学村文化展示、24小时阅读（朗读）空间、图书智能节约等多种文化功能的新型城市文化地标；打造集美“爱心屋”品牌，共同开展“爱心捐献”“爱心志愿服务”。

（李燕英）

侨英街道

【概况】 2020年，侨英街道下辖浒井、叶厝、凤林美、孙厝、东安、兑山、乐海、滨水、海凤、凤安、信毅11个社区居委会。常住人口28.32万人，其中户籍人口6.49万人，流动人口21.83万人。财政总收入32.78亿元，比上年增长11.64%；街道本级财政收入2.77亿元，增长29.7%。全年实现规上工业总产值345.51亿元，比上年增长10.15%。限上商贸业销售额174.57亿元，比上年增长0.94%。固定资产投资27.29亿元，比上年增长16.18%。国内招商63.1亿元，比上年增长37.47%。实际利用外资1.91亿元。其他营利性服务业企业完成营业收入3.22亿元，比上年增长3.78%。规上工业总产值、财政总收入和街级财政收入增幅全区镇（街）排名第一位。

【工业】 2020年，侨英街道实现规上工业总产值345.51亿元。125家规模企业中，45家企业产值过亿元，实现产值311.70亿元，占辖区规上企业总产值的90.21%。产值超过10亿元的企业7家，分别是宝宸（厦门）光学科技有限公司、世纪宝姿（厦门）实业有限公司、厦门宏发电声股份有限公司、厦门TDK有限公司、厦门奥佳华智能健康设备有限公司、厦门金鹭特种合金有限公司和中广互联（厦门）信息科技有限公司。宝宸（厦门）光学科技有限公司年产值42.81亿元，比上年增长10.6%，占街道规上工业总产值的12.39%，产值总量位居街道首位。

【招商引资】 2020年，侨英街道新增招商项目146个，新增落地项目125个，落地率83.56%；国内招商63.1亿元，比上年增长37.47%。在区招商竞赛任务中，内资到资完成9个，落地项目125个，其中高能级项目4个，落地项目投资总额完成158.33亿元；实际利用外资到资1.92亿元，先后吸引吉顺芯、宏发电声、立林科技等30余个优质企业增资近百亿，区级招商考核实绩排名位居各镇（街）首位。

【重点项目建设】 2020年，侨英街道实施重点项目91个，其中省、市、区、街道四级重点项目31个，完成投资25.05亿元；街道本级项目60个，完成投资0.68亿元。项目总体实施情况良好，处于前期手续办理项目25个，策划项目10个，在建项目24个，完工项目32个，其中海凤幼儿园、美山幼儿园、中烟社区服务中心等区级重点项目如期完成。

【征地拆迁】 2020年，侨英街道9个区级以上征地拆迁项目全部完成，分别是厦门轨道交通6号线（林埭西至华侨大学段）工程、华侨大学厦门校区南门项目、同集路与天凤路交叉口西南侧收储项目（叶厝集体发展用地）、孙厝钢结构清洁楼室外配套工程、杏林湾路和兑英中路东北侧地（J2019C008）政府储备用地、凤林三路（凤安路—浔江北路）道路工程、海凤南路（凤安路—浔江北路）道路工程、环东海域（集美侨英段）禁养专项整治项目、敬贤公园周边收储用地孙厝地块项目。征地任务量62.66公顷，完成63.59公顷，完成率101.5%；拆迁任务量24290.41平方米，完成25516.76平方米，完成率105.05%。其中华侨大学厦门校区南门项目作为“硬骨头”任务，2020年6月启动后两个月完成28户目标户签约，18天完成29栋1.72万平方米房屋拆除，为历时14年的华大厦门校区征拆项目画上句号。

【新冠肺炎疫情防控】 2020年，侨英街道成立新冠肺炎疫情防控工作指挥部，下设11个工作组，召开疫情防控指挥部会议45次。街道11个包居组、10个社区78个网格292名工作人员，分片深入居住小区和出租楼栋对重点人群和关键环节开展地毯式摸排核实。117个卡点2573名工作人员和志愿者投入到体温监测工作中。3月29日嘉庚体育馆分流点启动后，主要承担由厦门北站入厦的国内中高风险地区人员、湖北地区人员的分流工作。街道成立专门工作组，做好分流点用餐、饮用水、秩序维护等后勤保障工作，至7月4日完成保障任务。至7月24日，累计排查登记涉及湖北返回侨英辖区人员5649人，其中涉及武汉返回侨英辖区人员428人；返回厦门登记入表109273人。至12月31日，累计排查登记境外入侨英辖区人员825人。成立街道应对新型冠状病毒感染肺炎疫情加快推动建设项目开复工领导小组、加快推进工业企业有序复产领导小组、加快推进服务业企业有序复工领导小组，推动企业复工复产。4月初，辖管104家规上工业企业全部备案复工，返岗13144人，全部返岗，产能全部恢复。疫情期间，21家企业、8位爱心人士捐献口罩、护目镜、薄膜手套、洗手液、消毒液、消毒水以及矿泉水、方便面等物资，街道办事处机关党员干部职工102人共捐款1.44万元。

【人口家庭】 2020年，侨英街道户籍人口出生403人，政策符合率93.55%，性别比117.84；非户籍人口出生534人，政策符合率94.57%，性别比104.6。办理失地保险补助1334户，保险金额2646万元。发放各项计生奖励扶助资金330万元。全年家庭医生签约服务居民2.22万人，覆盖率38.1%；建立居民健康电子档案12.34万份，建档率74.8%。

【民生保障】 2020年，侨英街道发放低保、社会救助、优抚、老龄、残疾人等各类补助金、生活补贴和慰问金1777万元，办理被征地人员养老保险396人。运营居家养老服务站9个、农村幸福院2个、街级居家社区养老服务照料中心1个，居家养老服务全覆盖。基层平台受理工人劳动者劳动争议案件19件，“110”转办单60件，均办结。集美区劳动人事仲裁委员会侨英派出庭收案340件，结案295件。接收投诉案件54件，排查劳资隐患150家次。

【人居环境整治】 2020年，侨英街道开展“散乱污”企业“回头看”活动，196人次巡查企业114家次，未发现反弹和新增“散乱污”企业。整治扬尘问题，672人次巡查工地4000余次，实现重点区域、重点路段工地巡查全覆盖。整治挥发性有机物，186人次对辖区5家加油站的油气回收系统运行情况进行检查，均未发现异常情况，上报非道路移动机械冒黑烟52起。开展农村人居环境整治，完成第一批兑山南尾井2个池塘和东安后垵真武殿共3个受污染水体项目，第二批浒井、兑山下蔡、宅内、孙厝云龙岩、东安塘边共5个受污染水体正在施工。对叶厝、东安、兑山、浒井、凤林美、孙厝6个社区内的污水纳管进行完善。启动基本农田和“农地非农化”整治地块复垦工程，总面积8.89万平方米。组织开展河湖巡查监管，4200人次巡查发现问题157个，全部整改到位，街道河湖长制工作考核等次为优秀。街道空气质量综合指数2.435，比上年提升37%，排名全区第一名。

【教育事业】 2020年，侨英街道支持辖区中小学和幼儿园办学共拨付经费1100万元。推进各类资源终身服务教育事业，开展学习型组织创建工作。配合教育局做好无证园整治“回头看”和疫情期间校外培训机构开展线下培训活动专项督查。配合区教育局做好2019年安博、欣欣、米谷洛3所遗留无证幼儿园审批工作，全部完成审批。根据“板桥张宗安教育基金”捐赠协议及分配方案开展奖学、助学活动，表彰辖区2019—2020学年度中小学、幼儿园优秀教师及先进教育工作者130人。12月24日，福建教育学院附属集美区实验学校正式成立，为美山中学、美山小学和在建的曾厝小学与福建教育学院合作共建的九年一贯制学校。

【文化事业】 2020年，侨英街道综合文化站和凤林美社区综合文化服务中心建设通过验收。根据“四有四上”（宣传有阵地、举报有渠道、工作有记录、创新有成果，“扫黄打非”标牌上墙、人员情况上墙、工作职责上墙、工作制度上墙）标准完成“扫黄打非”基层站点规范化标准化建设11个。推动文物修缮和文化遗产保护工作，开展为期60天的文物安全隐患大排查大整治，排查文物建筑19处，其中张水群宅、张家两故居、集美实验乡村师范学校旧址、后垵红楼、集美农林学校旧址5处文物建筑纳入三年集中保护修缮计划。

【城市管理】 2020年，侨英街道开展清洁家园行动，出动土炮车5159辆次和2.06万人次，清理路段和社区脏乱。设置滨水临时菜市场、五月花临时菜市场、云城万科里摊规点、霞梧夜市、霞梧步行街5个摊规点339个摊位，整治流动摊贩占道经营。引导群众参与垃圾分类活动，对沿街店面、重点路段的商城、店家垃圾分类工作进行检查和督导。拆除违法建设15起，建筑面积13.48万平方米，腾出土地及海域面积62.56万平方米，超额完成年度拆除任务。

【社会治安综合治理】 2020年，侨英街道开展“六清”行动，建立健全长效机制，推动扫黑除恶专项斗争常态化制度化。辖区刑事案件报案371件，比上年下降35.59%。首创“警保共治”交通管理模式，在TDK等8家企业试点施行交警授权、16名志愿者执行的联动执法。开展道路交通安全专项整治，投入460多万元完善隔离栏、标志、标线、交通违停抓拍等交通设施建设，对20处排查或投诉隐患点进行改造，道路交通亡人事故2起，亡2人，比上年下降50%。

【信访工作】 2020年，侨英街道办理信访件3398件，开展评理案件16件，挽回经济损失38万余元；对7位重点信访对象登门走访36人32批次，回访信访人10人6批次，开门接访108人26批次，进门约访28人8批次。

【安全生产】 2020年，侨英街道重点开展10+N领域安全生产隐患大排查大整治工作，排查房屋9094栋，整治有效处置率100%；对辖区内2家危化品生产企业、3家液化气零售经营户、5家加油站、8家涉及有限空间作业、涉爆粉尘、涉氨制冷企业进行安全检查，排查出安全隐患115处，全部整改到位；排查规模以上企业和小微企业813家，

2020年5月15日，侨英街道开展环东海域水产禁养专项整治。图为市海洋综合执法支队执法人员拆除海域非法养殖设施 （吴觅亮 摄）

发现隐患1366处，企业均加强整改；排查沿街商铺、废品回收站点2323家，消除一批火灾隐患；检查特种设备场所176家，发现隐患156处，均已整改。年内，辖区发生消防火警警情12起，发生安全生产事故2起，亡2人。强化企业安全保障，投入40余万元用于宏发电声等14家企业充电桩建设安装。先后投入299万元在北部工业区建设智慧用电设备，帮助企业实现依托信息化手段提升辖区火灾防范能力。

【“爱心屋”揭牌】 2020年5月29日，侨英街道“爱心屋”揭牌投用。“爱心屋”由厦门市集美区城市发展有限公司投资运营管理，主要安置辖区内残疾人或残疾人家属就业，立足服务群众，配备自助销售系统，售卖日常用品、特色食品、集美旅游纪念品和嘉庚精神主题文创品。“爱心屋”还提供“爱心漂书”和“爱心捐书”服务，为居民参与爱心行动提供新渠道。“爱心屋”成为集美中学、集美小学、集美第二小学、集美幼儿园四校开展未成年人“爱心教育”的基地，引导学生参与“爱心助残”行动，传承爱心精神。全年安置残疾人或残疾人家属就业5名。

【居家社区养老服务照料中心建成运营】 2020年12月，侨英街道居家社区养老服务照料中心运营。照料中心位于兑山里114～115号一层店面，面积1111.2平方米，设有配餐室、餐厅、医疗保健室、心理疏导室、康复训练室、休息室、阅览室及多功能活动室等。照料中心旨在为周边老年人提供居家上门护理与日间照料服务，对于行动不便无法出门的老人提供上门助餐、助浴、助行等服务，为日间有需要的老年人提供就餐、休憩、医疗、娱乐等活动。照料中心还定期开展养生讲座，进行老年人健康管理，建立老年人健康档案，为周边老年人提供优质服务。

【信毅社区居委会成立】 2020年7月8日，信毅社区居委会成立。地界范围为东至滨水路、滨水东路、滨水东二路沿线，西至集美湖边环湖栈道，南至滨水五里边界与环湖栈道相连，北至滨水中三路，面积0.8平方千米，常住人口1.1万人。辖区内有滨水幼儿园分园、滨水学校、教师进修学校、青少年宫等单位，有水晶湖郡小区。

【滨水社区居委会管辖范围调整】 滨水社区居委会于2011年3月成立，2020年7月8日调整管辖范围，辖区总面积2.46平方千米，常住人口2.68万人，其中户籍人口7187人。地界范围：东至滨水东路至集美大道沿线、集美大道，西至杏林湾路，南至与杏林街道、集美街道水域交界、集美湖环湖栈道、滨水中三路、滨水路，滨水东路，北至白石路、兑山西珩路、白石东路、兑英路、兑英东路、杏林湾路、兑英中路、兑山西路，辖区内包含滨水小区，IOI棕榈城、世茂璀璨天城、万科云城、莲花尚院、侨英中学、地质研究所及稀土研究所等，区域总面积2.4平方千米；辖区由滨水路、滨水东二路、滨水东路形成的闭环，包含滨水二里，区域面积0.057平方千米。

（简琛华）

杏滨街道

【概况】 2020年，杏滨街道下辖马銮、西滨、前场、锦园、三秀、日东、锦鹤、康城8个社区，总人口26.3万人，其中流动人口19.7万人，占74.9%。有规模以上工业企业160家，实现工业产值260.28亿元，比上年增长4.4%。财政总收入完成12.32亿元，其中街道级财政收入1.17亿元，比上年增长1.86%。完成固定资产投资25.45亿元，比上年增长27.57%。

【招商引资】 2020年，杏滨街道推动新旧动能转换，强化以商引商、联合招商，重点促进马銮湾、包印影视基地招商。注册资本大于500万元及以上的国内招商项目259个，注册资金52.4亿元；实际利用外资7400万元，比上年增长13.03%。新设立企业注册资本金大于5000万元的有：中何商务服务有限公司、福建鑫锦润建材有限公司、厦门哈拜网络科技有限公司、泰利（厦门）科创投资有限公司、阀联（厦门）控股有限公司、厦门市海誓山盟文化发展有限公司；增资的企业有：厦门广懋国际有限公司、厦门创程资产管理有限公司、科博思特（厦门）电力科技有限公司、厦门金恩塑胶有限公司、厦门富正达工贸有限公司、厦门力卓药业有限公司、优合企服（厦门）有限公司；迁入企业注册资金的有福建华森圆木结构有限公司。

【基础设施建设】 2020年，杏滨街道投入1127万元，用于民生基础设施建设，重点实施锦园后英自然村50号等房屋前高陡边坡点整改工程、前场社区柿树涵洞口边角地排水改造工程、山后张水池周边截污纳管工程等项目18个，辖区重大危险房屋全部完成整治。

【征地拆迁】 2020年，杏滨街道完成征地面积53.27公顷，完成率103.02%；完成拆迁面积25.3万平方米，完成率116.46%。其中市对区考核项目完成征地面积16.12公顷，完成拆迁面积15.2万平方米，序时完成率排名全区第一名。

【宜居环境建设】 2020年，杏滨街道提升市容市貌，完成232栋铁路沿线农房平改坡整治及第二轮杏滨路（杏滨段）立面整治提升工程；查处“两违”违法案件8件，拆除违建面积11.66万平方米，完成农村占用耕地建房拆除整治32宗。做好环卫保洁工作，落实“门前三包”，创新管理模式，在杏西广场试点设置“摊规点”40个，缓解占道经营问题。乡村振兴战略有序实施，推进“一革命四行动”，推进农村人居环境整治，省级试点村山后张社、区级示范试点村马銮村的乡村振兴规划及项目建设有序推进。落实“河（湖）长制”，完成新阳大桥杏滨路交叉口排海口截污工程、西滨村截污纳管完善工程。开展垃圾分类工作，街道垃圾分类知晓率、覆盖率100%，投放准确率65%以上。

【民生保障】 2020年，杏滨街道加大民生投入，社会救助体系建设取得新进展，累计投入民生保障事业资金约2000万元。实现8个社区居家养老服务全覆盖，街道居家社区养老服务照料中心投入使用。以“爱心厦门”建设为载体，配合做好“爱心屋”运营工作，打造日东社区“爱心社区”示范点。做好困难群众排查核实工作，及时完成灵活就业人员认定及社保补贴建账工作。

【社会事业】 2020年，杏滨街道支持社区卫生服务中心建设，推进分级诊疗与家庭医生签约服务。教育资源均衡发展，新增康城小金星、康城大地、青山、欣儒苑聚镇、锦亭、艾佳、康城五心民办普惠幼儿园7所，新增学位1500个。民办高端园华锐普顿幼儿园和华锐双语学校、公办学校蔡林学校开办招生。加强乡村文物保护工作，完成不可移动文物点立碑宣传保护12处，推进不可移动文物修缮工程4处。发展农村戏曲建设工作，前场荷叶说唱《嘉庚精神永流传》在“福建省文艺界践行‘四力’讲好福建故事——百名曲艺家讲百个福建故事”主题创演活动中获二等奖。

【新冠肺炎疫情防控】 2020年，杏滨街道落实属地防控责任，成立由街道党政主要领导任总指挥长的防控工作指挥部，构建“街道工作组+社区两委+网格员+辅警+党员志愿者”五位一体管控架构，细排查、严管控，布设防疫检测卡口104个，精准核查人员信息，动态建立健康档案，落实居家管理，确保信息摸排、人员管控、异常处置全覆盖，实现“外防输入，内防扩散”硬目标。

【基层党建】 2020年，杏滨街道依托“中心组—党总支—支部”“三级联动”模式，发挥中心组“领头雁”作用，开展“深化大学习、提振精气神”等主题中心组学习16次、专题研讨2次。抓好党员学习，用好主题党日、党课等党内宣传主阵地，辖区177个党支部累计开展线上学习3666次、主题党日3639次。推进意识形态阵地建设，实现8个社区新时代文明实践站全覆盖；加强网络舆情信息监控和处置能力，及时掌握辖区社会舆情态势、热点问题。探索党建引领基层治理新模式，打造电厂生活小区、康城二里小区、锦城国际小区三个“近邻党建”阵地，成立邻里党建联盟、芳邻同盟队、睦邻商家联盟等邻里组织，建立“三阶自治管理模式”等小区特色工作机制，凝聚自治力量，筑起共治共享的亲邻家园。推进非公领域党建工作，坚持以园区为重点抓好非公企业党建，通过创新扩大有效覆盖面。

【平安杏滨建设】 2020年，杏滨街道强化矛盾纠纷排查与化解，入户主动创稳，“两会”及疫情防控期间无发生进京赴省等越级上访事件。推进智能门禁和“雪亮社区”建设，抓好日东、锦鹤、西滨等6个社区“雪亮工程”建设，在辖区主要道路口及部分村居主要进出口安装人脸识别系统，提升辖区技防水平。试点推进公证调解室入驻派出所，启动村居综治中心五室和警务室试点建设，打造和探索“1+5”的综治维稳中心架构和实体运行工作机制，辖区刑事警情持续下降，群众安全感满意率比上年上升。强化安全生产责任落实，推进安全生产隐患大排查大整治和安全生产专项整治三年行动，辖区企业生产总体平稳有序，未发生重特大安全生产事故。强化道路安全综合整治，交通亡人事故比上年下降40%。 （吴松云）

2020年2月15日，杏滨街道康城社区工作人员到小区检查卡口检查湖北返厦人员信息登记情况 （曾琪 摄）

人物·名录

新任区领导

何东宁 中共福建省厦门市集美区委书记。男，汉族，福建厦门人，1965年10月出生，1984年9月参加工作，1990年4月加入中国共产党，中央党校大学学历。1981年9月至1984年7月，鹭江职业大学计划统计专业大专学习。1984年9月至1988年10月，福建省同安县统计局农调队干部。1988年10月至1990年5月，福建省同安县监察局干部、科员。1990年5月至1993年12月，福建省同安县委办公室科员。1993年12月至1994年12月，福建省同安县委政策研究室副主任。1993年5月至1994年5月，挂职任福建省同安县大同镇田洋村党支部副书记。1994年12月至1995年8月，福建省同安县委政策研究室副主任兼县委办信息科科长。1995年8月至1997年11月，福建省同安县委办信息科科长（副科〔局〕级）。1997年11月至1998年9月，福建省厦门市同安区委办副主任。1995年8月至1997年12月，中央党校函授学院党政管理专业本科班学习。1998年9月至2001年6月，福建省厦门市同安区政府办副主任。2001年6月至2002年8月，福建省厦门市同安区祥平街道党委副书记、办事处主任。2002年8月至2003年12月，福建省厦门市同安区计统局局长。2003年12月至2005年8月，福建省厦门市同安区政府办主任。2005年8月至2007年8月，福建省厦门市同安区祥平街道党工委书记。2007年8月至2008年3月，福建省厦门市同安区政府副区长、祥平街道党工委书记。2008年3月至2008年11月，福建省厦门市同安区政府副区长。2008年11月至2011年7月，福建省厦门市思明区政府副区长。2011年7月至2016年1月，福建省厦门市思明区委常委、区政府副区长。2016年1月至2020年3月，福建省厦门市集美区委副书记、区政府区长。2020年3月至今，福建省厦门市集美区委书记。

胡旭彬 厦门市集美区委副书记，区政府党组书记、区长。1971年2月出生，男，汉族，江苏溧阳人。1994年8月参加工作，1992年11月加入中国共产党，在职博士研究生学历，经济学博士学位。1990年9月至1994年7月，厦门大学计统系经济信息专业学习。1994年8月至1994年12月，厦门海沧投资总公司投资经营部干部。1994年12月至1998年12月，厦门海沧杏林台商投资区党工委组织部、人事劳工局干部处科员。1998年12月至2002年4月，厦门海沧台商投资区党工委组织部、人事劳工局干部处副处长。2002年4月至2003年12月，厦门海沧台商投资区党工委组织部、人事劳工局干部处处长。1998年9月至2002年7月，厦门大学工商管理专业在职研究生学习，获工商管理硕士学位。2003年3月至2003年9月，借调厦门市委组织部干部二处工作。2003年12月至2004年9月，厦门市海沧区委组织部副部长、老干部局局长。2004年9月至2006年3月，厦门市海沧区委组织部副部长、老干部局局长、党校常务副校长（正处级）。2006年3月至2007年7月，厦门市海沧区委组织部副部长（正处级）。2007年7月至2010年7月，西藏米林县委副书记，厦门市海沧区委组织部副部长（正处级）。2005年9月至2009年12月，厦门大学公共事务学院人口、资源与环境经济学专业在职研究生学习，获经济学博士学位。2010年7月至2010年12月，厦门市海沧区委组织部副部长（正处级）。2010年12月至2011年7月，厦门市海沧区委副巡视员。2011年7月至2012年12月，厦门市集美区委常委、组织部部长。2012年12月至2016年7月，厦门市集美区委常委、组织部部长、党校校长、区老年大学校长。2016年7月至2016年12月，厦门市集美区委副书记。2016年12月至2019年3月，厦门市集美区委副书记、区计划生育协会会长。2019年3月至2020年4月，厦门市城市管理行政执法局党组书记、局长。2020年4月至2020年6月，厦门市集美区委副书记，区政府党组书记、副区长、代区长。2019年4月至2020年5月，挂职任集美新城片区指挥部常务副总指挥。2020年6月起，厦门市集美区委副书记，区政府党组书记、区长。

肖　峰 中共福建省厦门市集美区委常委，区政府党组副书记、副区长。男，汉族，湖北荆州人，1976年12月出生，1999年7月参加工作，2007年10月加入中国共产党，大学学历，经济学学士学位。1995年9月至1999年7月，中南财经大学投资经济系国际投资管理专业学习。1999年7月至2002年3月，福建省厦门信达股份有限公司职员。2002年3月至2003年11月，福建省厦门物资集团有限公司职员。2003年11月至2005年

10 月，福建省厦门市发展计划委干部、科员。2005 年 10 月至 2008 年 10 月，福建省厦门市发展和改革委（发展计划委员会）主任科员。2008 年 10 月至 2011 年 5 月，福建省厦门市发展和改革委综合规划处副处长。2011 年 5 月至 2012 年 3 月，福建省厦门市发展和改革委投资处副处长。2012 年 3 月至 2012 年 6 月，福建省厦门市发展和改革委经济体制改革处处长。2012 年 6 月至 2012 年 11 月，福建省厦门市发展和改革委综合配套改革处（经济体制改革处）处长。2012 年 11 月至 2016 年 7 月，福建省厦门市委组织部人才工作处处长。2016 年 7 月至 2016 年 12 月，福建省厦门市集美区委常委、区委组织部部长。2016 年 12 月至 2020 年 11 月，福建省厦门市集美区委常委、区委组织部部长、区委党校（区行政学校）校长、区老年大学校长。2020 年 11 月至 2021 年 1 月，福建省厦门市集美区委常委，区政府党组副书记、副区长，区委党校（区行政学校）校长、区老年大学校长。2021 年 1 月至今，福建省厦门市集美区委常委，区政府党组副书记、副区长。

周　昱　厦门市集美区委副书记。1975 年 4 月出生，男，汉族，广东普宁人，1997 年 7 月参加工作，1996 年 6 月加入中国共产党，大学学历，工学学士学位。1993 年 9 月至 1997 年 7 月，福州大学环境与资源系机械设计及制造专业学习。1997 年 7 月至 1998 年 7 月，福建省学生联合会执行主席。1998 年 7 月至 2001 年 11 月，共青团福建省委学校部干事。2001 年 11 月至 2002 年 5 月，共青团福建省委学校部副科级干事。2002 年 5 月至 2004 年 4 月，共青团福建省委组织部副科级干事。2001 年 1 月至 2002 年 12 月，抽调福建省委农村“三个代表”重要思想学习教育领导小组办公室工作。2004 年 4 月至 2006 年 5 月，共青团福建省委组织部正科级干事。2005 年 9 月至 2006 年 5 月，借调福建省委办公厅综合处工作。2006 年 5 月至 2009 年 7 月，福建省委办公厅综合处主任科员。2009 年 7 月至 2010 年 5 月，福建省委办公厅综合处副调研员。2010 年 5 月至 2015 年 9 月，省委办公厅秘书一处副处长。2015 年 9 月至 2019 年 5 月，省委政策研究室政文一处处长。2019 年 5 月至 2020 年 12 月，省委办公厅办公室主任。2020 年 12 月起，厦门市集美区委副书记。

陈志永　厦门市集美区委常委、区委政法委书记。1974 年 1 月出生，男，汉族，福建厦门人。1992 年 7 月参加工作，2001 年 10 月加入中国共产党，在职大学学历。1992 年 7 月至 1999 年 9 月，厦门市城市建设管理监察支队监察员、科员（1996 年 9 月转干）。1999 年 9 月至 2003 年 11 月，厦门市城市建设管理监察支队建筑废土站副站长。1999 年 7 月至 2000 年 12 月，厦门大学经济管理专业在职大专学习。2003 年 11 月至 2004 年 8 月，厦门市城市管理综合执法局五大队副大队长（正科级）。2002 年 9 月至 2004 年 7 月，武汉理工大学网络学院工商管理专业在职大专学习。2004 年 8 月至 2008 年 10 月，厦门市城市管理行政执法局二大队副大队长（正科级）。2006 年 4 月至 2008 年 7 月，福建师范大学网络教育学院计算机科学与技术专业在职大学学习。2008 年 10 月至 2012 年 9 月，厦门市城市管理行政执法局执法协调处副处长。2012 年 9 月至 2013 年 6 月，厦门市城市管理行政执法支队二大队副大队长。2013 年 6 月至 2015 年 4 月，厦门市城市管理行政执法支队二大队大队长。2015 年 4 月至 2018 年 1 月，厦门市城市管理行政执法局城市管理协调处处长。2018 年 1 月至 2020 年 11 月，厦门市城市管理行政执法局党组成员、副局长。2020 年 11 月起，厦门市集美区委常委、区委政法委书记。

徐香平　厦门市集美区委常委、区委组织部部长。1978 年 9 月出生，男，汉族，福建福清人。2004 年 7 月参加工作，1999 年 6 月加入中国共产党，硕士研究生学历，工学硕士学位。1997 年 9 月至 2001 年 7 月，福州大学机械电子工程专业学习。2001 年 9 月至 2004 年 3 月，福州大学机械制造及其自动化专业硕士研究生。2004 年 3 月至 2004 年 7 月，待分配。2004 年 7 月至 2006 年 3 月，福清市委组织部干部、科员（选调生）。2006 年 3 月至 2006 年 7 月，福清市委组织部干部科副科长。2006 年 7 月至 2007 年 12 月，福州市委组织部县区干部处科员。2007 年 12 月至 2008 年 7 月，福州市委组织部县区干部处副主任科员。2008 年 7 月至 2011 年 2 月，福州市委组织部县区干部处副处长。2011 年 2 月至 2011 年 6 月，福州市委组织部县区干部处副处长、主任科员。2011 年 6 月至 2013 年 4 月，福州市委组织部县区干部处副处长（正科级）。2010 年 12 月至 2012 年 10 月，借调省委组织部干部二处、市县乡换届工作办公室工作。2013 年 4 月至 2014 年 4 月，厦门市湖里区委组织部干部科科长。2013 年 8 月至 2014 年 3 月，挂职任厦门市委组织部干部监督室主任科员。2014 年 4 月至 2015 年 2 月，厦门市委组织部干部一处主任科员。2015 年 2 月至 2015 年 5 月，厦门市委组织部干部一处副调研员。2015 年 5 月至 2016 年 5 月，厦门市委组织部干部一处副调研员、信息管理中心副主任。2016 年 5 月至 2017 年 7 月，厦门市委组织部干部一处副处长。2015 年 12 月至 2016 年 7 月，借调省委组织部市县乡换届工作办公室工作。2017 年 7 月至 2018 年 9 月，厦门市委组织部研究室主任。2018 年 9 月至 2020 年 11 月，厦门市委组织部干部一处处长。2020 年 11 月起，厦门市集美区委常委、区委组织部部长。

张　达　厦门市集美区人民政府副区长。1978年5月出生，男，满族，辽宁盖州人。2000年7月参加工作，1999年6月加入中国共产党，大学学历，法学硕士学位。1996年9月至2000年7月，锦州师范学院中文系汉语言文学专业学习。2000年7月至2001年7月，辽宁省营口市开发区红海办事处行政见习。1999年9月至2001年7月，辽宁师范大学政法学院科学社会主义与国际共产主义运动专业在职学习，2015年1月获法学硕士学位。2001年7月至2002年12月，辽宁省营口市开发区红海办事处科员。2002年12月至2003年2月，辽宁省营口市开发区红海办事处副主任科员。2003年2月至2005年12月，辽宁省营口市人民政府办公室副主任科员。2005年12月至2006年5月，辽宁省营口市人民政府办公室综合科副科长。2006年5月至2006年9月，辽宁营口市人民政府办公室工业科科长。2006年9月至2006年11月，厦门市地税局外税分局管理四科科员。2006年11月至2008年10月，厦门市地税局管理四科主任科员。2008年10月至2011年9月，厦门市政府办公厅主任科员。2011年9月至2012年7月，厦门市政府办公厅秘书二处副调研员。2012年7月至2012年12月，厦门市政府办公厅经济社会六处副调研员。2012年12月至2014年3月，厦门市政府办公厅经济社会六处副处长。2014年3月至2015年9月，厦门市政府办公厅经济社会五处副处长。2015年9月至2020年3月，厦门市商务局办公室主任。2018年5月至2019年4月，挂职任厦门市供销社集团公司党委副书记。2020年3月至2020年6月，厦门市商务局办公室主任、一级调研员。2020年6月起，厦门市集美区人民政府副区长。

陈锡彬　厦门市集美区人民政府副区长。1977年3月出生，男，汉族，福建安溪人。2000年4月参加工作，1999年1月加入中国共产党，中央党校大学学历。1996年9月至1999年7月，鹭江职业大学经济系工商企业管理专业大专学习。1999年7月至2000年4月，待业。2000年4月至2002年12月，厦门市灌口镇党政办公室办事员、灌口镇井城村村民委员会主任助理。2002年12月至2004年10月，厦门市灌口镇党政办公室科员。2004年10月至2006年4月，厦门市集美区人民政府办公室科员。2002年8月至2004年12月，中央党校函授学院行政管理专业本科班学习。2006年4月至2009年10月，厦门市集美区人民政府办公室副主任科员。2006年2月至2009年1月，集美大学成人教育学院法学专业在职大学学习。2009年10月至2012年10月，厦门市集美区人民政府办公室督查科科长。2012年10月至2013年8月，厦门市集美区人民政府办公室法制科科长。2013年2月至2013年8月，挂职任厦门市集美区发展和改革局局长助理。2013年8月至2016年1月，厦门市集美区发展和改革局副局长。2016年1月至2017年12月，厦门市集美区发展和改革局局长、区统计局局长。2014年8月至2016年4月，挂职任集美新城开发建设指挥部建设管理处处长。2017年12月至2019年3月，厦门市集美区侨英街道党工委副书记、办事处主任、区发展和改革局局长、区统计局局长。2019年3月至2020年4月，厦门市集美区侨英街道党工委副书记、办事处主任。2020年4月至2020年6月，厦门市集美区侨英街道党工委书记。2020年6月至2020年7月，厦门市集美区人民政府副区长、侨英街道党工委书记。2020年7月起，厦门市集美区人民政府副区长。

刘辉煌　厦门市集美区人民法院党组书记、院长、三级高级法官。1969年1月出生，男，汉族，福建晋江人。1989年10月参加工作，1998年8月加入中国共产党，在职大学学历。1987年9月至1989年10月，厦门广播电视大学法律专业大专学习。1989年10月至1993年3月，厦门市同安区人民法院书记员。1993年3月至1999年10月，厦门市同安区人民法院助理审判员。1999年10月至2003年2月，厦门市同安区人民法院审判员。1999年9月至2001年12月，中央党校函授学院法律专业本科班学习。2003年2月至2003年10月，福建省厦门市同安区人民法院新民法庭副庭长、副科级审判员。2003年10月至2005年8月，厦门市同安区人民法院大同法庭副庭长、副科级审判员。2005年8月至2009年12月，厦门市同安区人民法院大同法庭庭长、正科级审判员。2004年3月至2007年1月，华东政法大学法学专业在职大学学习。2009年12月至2010年5月，厦门市同安区人民法院党组成员、大同法庭庭长、副处级审判员。2010年5月至2011年12月，厦门市同安区人民法院党组成员、审判委员会委员、大同法庭庭长、副处级审判员。2011年12月至2014年7月，厦门市同安区人民法院党组成员、副院长。2014年7月至2018年2月，厦门市同安区人民法院党组成员、副院长（正处级）、三级高级法官（2015年10月）。2018年2月至2019年3月，厦门市中级人民法院立案一庭庭长、审判员、三级高级法官。2019年3月至2019年12月，厦门市中级人民法院审判管理办公室主任、审判员、三级高级法官。2019年12月起，厦门市集美区人民法院党组书记、院长、三级高级法官。

（许佳琦）

先进人物

孙素环　全国优秀工会工作者。1981年1月生，女，大专学历，中共党员，裕兴螺丝（厦门）工业有限公司管理部行政专员，在平凡的工作岗位上，勤勤恳恳、一丝不苟，始终注重加强自身的思想品德修养和职业道德修养，以实际行动诠释当代一线工人的风采。曾先后多次获得公司先进工作者、优秀员工、集美区工会积极分子等称号。2016年，获厦门市总工会授予的“厦门市五一劳动奖章”；2020年8月，获福建省总工会授予的“福建省五一劳动奖章”；2020年12月被全国总工会授予“全国优秀工会工作者”称号，所在企业也先后被评为“福建省劳动关系和谐企业”“平安企业”“先进职工之家”“集美区热心支持单位”等。（区总工会）

周冬月　全国关心下一代工作先进个人。女，福建厦门人，1944年10月出生，1964年参加工作，厦门市集美区政协原主席。她从领导岗位下来后，立即投入到关心下一代工作，任集美区关工委主任。她推动全区所有街镇、村居、学校及6个部门（系统）、102个非公企业成立关工委组织，组建多元化志愿服务队伍88支，登记在册的“五老”志愿者达2686人。她组建一批理论水平较高、宣讲经验丰富关工委报告团，每年深入基层一线开展近百场的理论宣讲。她关爱弱势群体，长年结对帮扶3名困境儿童，其中1名孤儿顺利完成大学学业；发动“五老”志愿者捐款80多万元，动员侨促会爱心企业家常年结对帮扶贫困生33名。2020年11月，获中国关心下一代工作委员会、中央精神文明建设指导委员会办公室授予“全国关心下一代工作先进个人”称号。（区关工委）

陈清洲家庭　全国文明家庭。陈清洲从警20多年，始终忠诚于党、忠于人民，把公安工作当做毕生的事业，呕心沥血，勇于创新，无私奉献，始终将群众的利益摆在首位、装在心里，竭尽全力为群众办实事、解难事，在平凡的岗位上践行着一名共产党员和人民警察的铮铮誓言。2007年至2011年任职灌口交警中队指导员期间，为了努力改变辖区农村道路交通安全设施一穷二白问题，他积极奔走，争取党委、政府、人大、政协支持，辖区所有中小学校交通安全设施得到完善，国道324线辖区15千米路段全线亮起路灯，建成3座人行天桥、万米隔离护栏、18个交通广角镜，所有乡村水泥道路、山地旅游专线路全部增设交通标志、交通标线等，路灯建到双岭、东辉、田头等所有偏远山村，百姓家门口也亮起路灯，被群众亲切地称为“亮灯警察”。2011年，陈清洲开通个人新浪微博@交警陈清洲，宣传法律法规、安全防范、交通安全、为民服务等内容，共发布微博4.7万条，微博粉丝近80万，开办“清洲说警事”“清洲说防骗”“清洲帮寻人”话题；其中“清洲帮寻人”话题阅读量13.3亿人次，共帮助群众找回走失人员330余人。立个人一等功一次、二等功两次，获“福建省公安队伍正规化建设先进个人”“福建省公安机关爱民实践模范个人”“全国特级优秀人民警察”、福建省五一劳动奖章、“一级英雄模范”等称号。2016年12月26日，中宣部授予陈清洲“时代楷模”称号，社会人力资源保障部、公安部向陈清洲颁发“全国公安系统一级英雄模范”奖章和荣誉证书。2019年分别被省委、省政府授予“人民满意的公务员”称号，被中宣部授予“最美奋斗者”称号。

妻子张丽岩，是青海人，结婚后的十几年，陈清洲没有陪妻子回过一次青海老家。妻子常常宽慰陈清洲说：“你工作忙，我理解你。”妻子的支持与理解成为陈清洲坚实的后盾，更加全身心投入到为人民服务的事业中去，常常通宵达旦、夜以继日，力所能及为群众解决实际困难。尽管工作繁忙，但只要一有时间，陈清洲就会给家人做顿好吃的，2016年下半年，由于安保任务接踵而至，陈清洲回家的时间更少了，他愧疚的对同事说：“今年老婆过生日，连束花都没给她买。”陈清洲不幸罹患肝癌后，妻子不离不弃，一直守护在丈夫身边。

陈清洲对女儿的教育与要求也没有因为工作繁忙而放松。在父亲的言传身教下，女儿比同龄人要懂事，成绩也总是在班里名列前茅，每当说起常常因为工作忙回不了家的父亲时，女儿总是说：“谁让我爸是陈清洲呢，他要把更多的时间用来帮助那些需要他的人。”生活中的相互鼓励，成为这一对坚强的父女一路携手同行的力量。陈清洲罹患肝癌后，女儿帮着妈妈一起承担起照顾爸爸的重担。受父亲的影响，2020年高考，女儿毅然决然的选择报考中国人民公安大学，她说要追寻父亲的足迹，做一名真心为民的好警察。（区公安分局）

先进单位

厦门市新冠肺炎定点救治医院（厦门大学附属第一医院杏林分院）临时委员会

全国抗击新冠肺炎疫情先进集体。2020年1月中下旬，全国新冠肺炎疫情防控的警钟响起。为确保医院高效有序运转，提升救治能力，厦门市将厦门大学附属第一医院杏林分院参照新建医院模式，组建厦门市新冠肺炎定点救治医院，集中收治全市新冠肺炎确诊和疑似患者，同时成立厦门市新型冠状病毒肺炎定点救治医院（厦门大学附属第一医院杏林分院）临时委员会（下称“临时党委”），厦门大学附属第一医院党委书记李卫华任临时党委书记，主持厦门大学附属第一医院行政工作的王占祥副院长任副书记、院长。临时党委领导杏林分院党总支和3个临时党支部。

在临时党委的领导下，全体党员始终冲在第一线，坚决贯彻执行习近平总书记关于新型冠状病毒感染肺炎疫情防控工作的重要讲话重要指示批示精神，自觉在思想上政治上行动上同以习近平同志为核心的党中央保持高度一致，推动党中央决策部署和省委、市委、市卫健委的工作要求落地落实，始终把人民群众生命安全和身体健康放在第一位，把疫情防控工作作为当前最重要的工作来抓。发挥党支部的战斗堡垒作用和党员的先锋模范作用，站在新冠肺炎疫情防控的前沿阵地，出现在群众最需要的地方，支持定点救治医院开展救治相关工作，诠释党组织的凝聚力、号召力，彰显党的先进性、纯洁性。党员的先进本色深深地影响着身边的医护人员，使他们向往党组织，渴望向党组织靠拢。截至2020年底，临时党委收到入党申请书47份。

1月23日，厦门市新冠肺炎定点救治医院收治厦门市第一例输入性新冠肺炎确诊病例。至3月4日，厦门市累计报告新型冠状病毒肺炎确诊病例35例，其中危重症患者7例，经过定点救治医院医务人员的精心救治，全部治愈出院。实现100%治愈，无死亡病例。3月19日，厦门市新冠肺炎定点救治医院收治厦门市首次报告境外输入性新冠肺炎确诊病例2例。至4月29日，厦门市累计报告境外输入新型冠状病毒肺炎确诊病例17例全部治愈，厦门市实现境外输入新冠肺炎确诊病例和疑似病例“双清零”，患者“零死亡”、无严重并发症，医务人员“零感染”。据统计，从1月23日至6月21日，该院收治新冠肺炎确诊患者63例，其中本土患者35例，境外输入患者28例，治愈出院61例，在院患者2例。诊疗过程实现患者“零死亡”、医务人员“零感染”，获得国家、省、市卫生健康部门和社会各界的肯定。这些“零”时刻的背后，是跨越百余个日夜的生命保卫战，是战“疫”领头羊和白衣战士们无言的担当和科学的救治。大疫面前，临时党委全体人员事无巨细、事必躬亲，和全体党员冲锋在前，甘当无名英雄，时刻发挥着党员的先锋模范作用，涌现出一批先锋模范和典型事迹。他们挺身而出，义无反顾，夜以继日，冲在第一线，与时间赛跑，与病魔较量，为患者竭尽全力，不放过一丝生的希望。视病房如战场、视病人如亲人，有的一天睡不到5小时，有人为节约有限的防护服8小时不喝水，有的自除夕开始就没离开过医院，还有的充当“临时妈妈”为幼儿患者喂饭、洗澡、哄睡。在该次抗疫中，有775位医务人员参与救治工作，其中党员174人。他们是厦门人民的骄傲，是厦门防疫火线上的中流砥柱。“有疫必战，有战必胜；不获全胜，决不收兵”这是定点救治医院和临时党委成立之初，党员带领全体员工集体写下的誓词，而他们也用5个多月的实际行动，践行当初的庄严承诺。在新冠肺炎疫情防控转入常态化之后，临时党委继续贯彻落实习近平总书记重要讲话重要指示批示精神，按照国务院应对新冠肺炎疫情联防联控机制的决策和省委、省政府的部署，克服麻痹思想、厌战情绪、侥幸心理和松劲心态，慎终如始，抓好外防输入、内防反弹各项工作，让党旗高高飘扬在抗疫第一线。2020年，厦门市新冠肺炎定点救治医院（厦门大学附属第一医院杏林分院）临时委员会被中共中央、国务院、中央军委单位授予“全国抗击新冠肺炎疫情先进集体”称号。

（王雅雯）

名　录

表35

2020年集美区先进人物表

姓名	性别	荣誉称号	工作单位	授予单位	授予时间
王艺磊	女	福建省五一劳动奖章	集美大学	福建省总工会	2020.1
蒋海彬	男	优秀援疆干部人才	厦门医学院	中共昌吉回族自治州委员会、昌吉回族自治州人民政府	2020.1
陈新梅	女	抗疫先进个人	集美街道社区卫生服务中心	中国社区卫生协会	2020.1
叶长青	男	先进个人	厦门医学院	福建省首批援鄂医疗队、武汉市金银潭医院	2020.3
林　虹	女	福建省五一劳动奖章	厦门医学院	福建省总工会	2020.3
林　虹	女	福建省五一巾帼标兵	厦门医学院	福建省总工会	2020.3
郑巧君	女	厦门市招商引资 工作先进个人	集美新城片区指挥部（挂职）	厦门市委市政府	2020.4
叶志来	男	厦门市劳动模范	世纪宝姿（厦门）实业有限公司	厦门市委、市政府	2020.4

续表 35

姓名	性别	荣誉称号	工作单位	授予单位	授予时间
叶长青	男	新时代最美逆行者	厦门医学院	中共湖北省委湖北省人民政府	2020.4
姚海龙	男	新时代最美逆行者	厦门医学院	中共湖北省委湖北省人民政府	2020.4
吴振志	男	厦门市招商引资 工作先进个人	集美新城片区指挥部（挂职）	厦门市委市政府	2020.4
吴院生	男	厦门市劳动模范	厦门美科安防科技有限公司	厦门市委、市政府	2020.4
吴川英	女	2019 年度厦门市劳动模范	集美新城片区指挥部（挂职）	厦门市委市政府	2020.4
温松涛	男	厦门市劳动模范	厦门卓毅建筑工程有限公司	厦门市委、市政府	2020.4
王炳良	男	厦门市劳动模范	厦门市集美城发环卫有限公司	厦门市委、市政府	2020.4
王 笑	女	2020 年福建省普通高等院校优秀教务工作者	厦门医学院	福建省高等教育学会	2020.4
钱月洪	女	新时代最美逆行者	厦门医学院	中共湖北省委员会湖北省人民政府	2020.4
潘丽梅	女	厦门市劳动模范	朗美（厦门）健身器材有限公司	厦门市委、市政府	2020.4
林秀芳	女	新时代最美逆行者	厦门医学院	中共湖北省委湖北省人民政府	2020.4
李永增	男	新时代最美逆行者	厦门医学院	中共湖北省委湖北省人民政府	2020.4
李娜	女	厦门市劳动模范	厦门市集美区集美街道社区卫生服务中心	厦门市委、市政府	2020.4
李明漩	女	新时代最美逆行者	厦门医学院	中国共产党湖北省委员会 湖北省人民政府	2020.4
蒋海彬	男	新时代最美逆行者	厦门医学院	中共湖北省委湖北省人民政府	2020.4
郭国华	男	厦门市劳动模范	集美区后溪镇后垵村	厦门市委、市政府	2020.4
高军忠	男	第四次全国经济普查工作省级先进个人	侨英街道办事处	福建省第四次全国经济普查领导小组	2020.4
陈锡彬	男	厦门市招商引资工作先进个人	侨英街道办事处	中共厦门市委厦门市人民政府	2020.4
汪劲川	男	福建省抗疫最美家庭	厦门医学院	福建省妇女联合会福建省卫生健康委员会	2020.5
饶秋英	女	福建省抗疫最美家庭	厦门医学院	福建省妇女联合会福建省卫生健康委员会	2020.5
罗炳清	男	福建省抗疫最美家庭	厦门医学院	福建省妇女联合会福建省卫生健康委员会	2020.5
李阿美	女	福建省抗疫最美家庭	厦门医学院	福建省妇女联合会福建省卫生健康委员会	2020.5
陈智达	男	2020 年度福建省抗疫最美家庭	厦门市公安局集美分局杏滨派出所	福建省妇女联合会、福建省卫生健康委员会	2020.5
杨永贵	男	致公党福建省委抗击新冠肺炎疫情工作先进个人	厦门医学院	中国致公党福建省委员会	2020.6
陈智达	男	个人三等功	厦门市公安局杏滨派出所	福建省公安厅	2020.6
何鑫	男	全省打击整治枪爆违法犯罪专项行动成绩突出个人	厦门市公安局集美分局刑事侦查大队重案中队	福建省公安厅	2020.7
周冬月	女	全国关心下一代工作先进工作者	集美区关工委	中国关心下一代工作委员会、中央精神文明建设指导委员会办公室	2020.8
杨超	男	2019 年度厦门市杰出人才	厦门市集美职业技术学校	厦门市委、市政府	2020.8

续表 35

姓名	性别	荣誉称号	工作单位	授予单位	授予时间
杨超	男	福建省五一劳动奖章	厦门市集美职业技术学校	福建省总工会	2020.8
杨超	男	2019 年度厦门市杰出人才	厦门市集美职业技术学校	厦门市委、市政府	2020.8
孙素环	女	福建省五一劳动奖章	裕兴螺丝（厦门）工业有限公司	福建省总工会	2020.8
林 虹	女	福建省优秀教师	厦门医学院	福建省教育厅	2020.8
郑晓万	男	2020 年福建省优秀教师	厦门市集美区杏东小学	福建省人力资源和社会保障厅、福建省教育厅	2020.9
张鹏展	男	2020 年福建省优秀教师	厦门市集美区灌口中学	福建省人力资源和社会保障厅、福建省教育厅	2020.9
张骏辉	女	2020 年福建省优秀教师	厦门集美中学附属滨水学校	福建省人力资源和社会保障厅、福建省教育厅	2020.9
张超怀	男	2020 年福建省优秀教育工作者	厦门市集美区杏东小学	福建省人力资源和社会保障厅、福建省教育厅	2020.9
杨俊涛	男	第二次全国污染源普查表现突出个人	厦门市集美生态环境局	国务院第二次全国污染源普查领导小组办公室	2020.9
杨金水	男	2020 年福建省优秀教师	厦门市杏南中学	福建省人力资源和社会保障厅、福建省教育厅	2020.9
翁武银	男	2020 年福建省优秀教师	集美大学	福建省人力资源和社会保障厅、福建省教育厅	2020.9
苏小豫	女	2020 年福建省优秀教师	厦门市集美区灌口小学	福建省人力资源和社会保障厅、福建省教育厅	2020.9
施华源	男	第二次全国污染源普查表现突出个人	厦门市集美生态环境局	国务院第二次全国污染源普查领导小组办公室	2020.9
欧阳艺	女	福建省优秀教育工作者	集美大学	福建省人力资源和社会保障厅、福建省教育厅	2020.9
刘亚琳	女	2020 年福建省优秀教师	厦门市第十中学	福建省人力资源和社会保障厅、福建省教育厅	2020.9
林黎星	女	2020 年福建省优秀教师	厦门市集美职业技术学校	福建省人力资源和社会保障厅、福建省教育厅	2020.9
高 峰	男	2020 年福建省优秀教师	集美大学	福建省人力资源和社会保障厅、福建省教育厅	2020.9
陈敏	女	2020 年福建省优秀教师	厦门医学院	福建省人力资源和社会保障厅福建省教育厅	2020.9
刘琳	女	福建省高校教育信息化工作 先进工作者	厦门医学院	福建省高校教育信息化学会	2020.11
李淑珠	女	福建省抗击新冠肺炎疫情先进个人	厦门医学院	中共福建省委福建省人民政府	2020.11
蒋海彬	男	湖北抗疫一线优秀社员荣誉称号	厦门医学院	九三学社中央委员会	2020.11
陈清洲	男	第二届全国文明家庭	厦门市公安局集美分局办公室	全国精神文明建设领导小组	2020.11
孙素环	女	全国优秀工会工作者	裕兴螺丝（厦门）工业有限公司	中华全国总工会	2020.12
阮森森	男	2020 年福建省大中专学生志愿者暑期“三下乡”社会实践活动优秀个人	厦门医学院	省委宣传部、省文明办、省教育工委、团省委、省学联	2020.12

续表 35

姓名	性别	荣誉称号	工作单位	授予单位	授予时间
罗 钫	男	全省统战系统先进个人	集美大学	福建省委统战部、福建省人力资源与社会保障厅	2020.12
刘辉煌	男	司法宣传和通联工作先进单位	厦门市集美区人民法院	人民法院新闻传媒总社	2020.12
匡家喜	男	福建省优秀工会工作者	厦门客来斯光学工业有限公司	福建省总工会	2020.12
蒋海彬	男	九三学社福建省2020年度社会服务工作先进个人	厦门医学院	九三学社福建省委员会	2020.12
黄向亮	男	福建省优秀工会工作者	厦门谊瑞货架有限公司	福建省总工会	2020.12
黄嫦梅	女	福建省优秀工会工作者	厦门市集美建设发展有限公司	福建省总工会	2020.12
胡腾	男	个人二等功	厦门市公安局灌口派出所第一警务队	福建省公安厅	2020.12
高鑫	男	全国公安百家刑警（提名奖）	厦门市公安局集美分局刑事侦查大队	中华人民共和国公安部	2020.12
戴英秀	女	2020年福建省大中专学生志愿者暑期“三下乡”社会实践活动优秀工作者	厦门医学院	省委宣传部、省文明办、省教育工委、团省委、省学联	2020.12

表 36

2020 年集美区先进集体表

单位名称	荣誉称号	授予单位	授予时间
厦门市公安局集美分局法制队	新中国成立70周年庆祝活动厦门市信访保障工作成绩突出集体	厦门市委办公厅、厦门市人民政府办公厅	2020.1
厦门医学院	2019年度红十字会基层组织建设示范点	福建省红十字会	2020.1
福建省厦门集美中学附属滨水学校	2020年度助推临夏州脱贫攻坚爱心集体	中共临夏州委临夏州人民政府	2020.1
厦门市公安局杏林派出所	集体二等功	福建省公安厅	2020.3
厦门医学院临床医学系	福建省五一先锋号	福建省总工会	2020.3
华懋（厦门）新材料科技股份有限公司	厦门市劳动工作先进集体	厦门市委、市政府	2020.4
厦门市集美区侨英街道乐海社区居民委员会	厦门市劳动工作先进集体	厦门市委、市政府	2020.4
裕兴螺丝(厦门)工业有限公司	福建省“安康杯”竞赛先进单位	福建省总工会 福建省应急管理厅	2020.4
厦门市集美城发环卫有限公司	福建省“安康杯”竞赛先进单位	福建省总工会 福建省应急管理厅	2020.4
三达膜科技（厦门）有限公司	福建省“安康杯”竞赛先进单位	福建省总工会 福建省应急管理厅	2020.4
厦门市集美区文学艺术界联合会	第六届厦门文学艺术奖优秀组织奖	中共厦门市委、厦门市人民政府	2020.4
厦门市公安局集美分局政治处	全省公安民警英烈基金工作成绩突出集体	福建省公安厅	2020.6
厦门市集美区文化馆	福建省文化馆志愿者联盟优秀团队	福建省文化馆	2020.6
集美区	中国计生协2020年新市民健康行动项目点	中国计划生育协会办公室	2020.7
陈嘉庚纪念馆	中央文明委重点工作项目基层联系点	中央文明委	2020.7
厦门市公安局刑侦大队	全省打击整治枪爆违法犯罪专项行动成绩突出集体	福建省公安厅	2020.7

续表 36

单位名称	荣誉称号	授予单位	授予时间
厦门市杏南中学	2020 年全国人工智能活动特色单位	中国科协青少年科技中心	2020.7
集美区委党校	福建省党校（行政学院）系统先进集体	福建省人力资源和社会保障厅 中共福建省委党校福建行政学校	2020.8
厦门卓毅建筑工程有限公司	福建省五一劳动奖状	福建省总工会	2020.8
集美区新闻报道组	先进报道组	福建日报社	2020.8
厦门市集美职业技术学校	“新时代好少年”主题教育读书活动先进集体	教育部关心下一代工作委员会	2020.8
陈嘉庚纪念馆	全省民营经济人士理想信念教育基地	福建省工商联合会	2020.9
厦门市集美生态环境局	第二次全国污染源普查表现突出集体	国务院第二次全国污染源普查领导小组办公室	2020.9
厦门市集美区商务局	2019 年度厦门市人才工作先进集体	中共厦门市委厦门市人民政府	2020.9
厦门医学院	福建省红十字会系统先进集体	福建省红十字会	2020.9
厦门市集美区杏东小学	全国青少年校园排球特色学校	教育部办公厅	2020.9
厦门医学院信息中心	福建省高校教育信息化先进单位	福建省高校教育信息化学会	2020.11
厦门市集美区文化和旅游局	福建省抗击新冠肺炎疫情先进集体	中共福建省委、福建省人民政府	2020.11
陈嘉庚纪念馆	2016—2019 年度全省统战系统先进集体	中共福建省委统战部、福建省人力资源和社会保障厅	2020.12
集美区总工会	全国工会品牌职工书屋示范点	全国工会职工书屋建设领导小组办公室	2020.12
集美区总工会	全省“十佳”最有影响力工会新媒体及全省“十佳”工会工作宣传新媒体系列作品	福建省总工会宣教部	2020.12
厦门美科安防科技股份有限公司工会委员会	全国模范职工之家	中华全国总工会	2020.12
厦门市集美城发环卫有限公司工会委员会	福建省模范职工之家	福建省总工会	2020.12
厦门集顺石油液化气有限公司工会委员会	福建省模范职工之家	福建省总工会	2020.12
共青团集美大学委员会	福建省暑期“三下乡”社会实践先进单位	共青团福建省委员会	2020.12
厦门市公安局杏林派出所	枫桥式公安派出所	福建省公安厅	2020.12
厦门医学院	2018—2019 年度全国无偿献血促进奖单位奖	国家卫生计生委、中国红十字会总会与中央军委后勤保障部卫生局	2020.12
厦门医学院	2020 年福建省大中专学生志愿者暑期“三下乡”社会实践优秀组织单位	福建省教育厅	2020.12
厦门市集美区灌口中心小学少先大队	2020 年度“福建省优秀少先大队”	共青团福建省委福建省教育厅建省少工委	2020.12
厦门市集美区双塔小学	第三批全国国防教育特色学校	教育部	2020.12
集美职业技术学校	第三批全国国防教育特色学校	教育部	2020.12
厦门市集美区军民小学	第三批全国国防教育特色学校	教育部	2020.12

附 录

文献辑存

区委八届二十八次全会工作报告（节选）

区委八届二十二次全会以来的这一年极不寻常。面对大变局大事件大考验，区委常委会坚持以习近平新时代中国特色社会主义思想为指导，深入学习贯彻党的十九大和十九届二中、三中、四中、五中全会精神，全面贯彻落实习近平总书记对福建、厦门工作的重要指示精神，坚决落实党中央和省委、市委决策部署，坚持稳中求进工作总基调，应时应势调整疫情防控措施，积极融入“双循环”新发展格局，扎实做好“六稳”工作、落实“六保”任务，经济社会发展态势持续向稳向好。全区刑事警情降幅连续四年保持全市第一，推进两岸融合发展工作被确定为省级县域集成改革试点，成为全市首个国家“全域旅游示范区”，上榜“中国工业百强区”，蝉联省级文明城区“六连冠”。“十三五”规划目标任务即将完成，高水平全面建成小康社会胜利在望。

一、坚持把党的政治建设摆在首位，始终保持集美发展正确方向

一是推动理论武装入脑入心。把深入学习贯彻新思想作为区委常委会会议第一议题、区委理论学习中心组学习重中之重，及时跟进学习习总书记重要讲话重要指示批示精神。区委理论学习中心组组织14次集中学习，重点围绕党的十九届五中全会、《习近平在厦门》《习近平在福建》系列采访实录和《习近平谈治国理政》第三卷等鲜活教材开展交流研讨，从总书记在福建、厦门工作的点点滴滴中汲取政治营养、补足精神之钙，努力做到学思用贯通、知信行统一。深入开展“深化大学习、提振精气神”活动，班子成员带头为所在党支部党员讲党课，全区处级以上领导干部向基层讲党课215场，各级党组织开展集中研讨988场，召开专题组织生活会236场。紧跟党的理论创新步伐，把习近平新时代中国特色社会主义思想的学习作为区委党校开课的重要内容，开发打造习总书记与集美渊源及传承弘扬嘉庚精神等系列特色课程，全年举办培训班14期，参训学员超1300人次。下发《关于进一步加强和深化理论宣讲工作的通知》，发挥区委讲师团、百姓宣讲团和戏曲宣传队三支理论宣传宣讲队伍的特色和优势，深入基层开展分众化、互动式宣讲，推动新思想和党的十九大、十九届五中全会精神在全区广大干部群众中深入人心。

二是优化提升发展思路举措。认真落实省委“三四八”机制，聚焦学懂弄通做实习总书记关于福建全方位高质量发展超越的重要指示批示精神和厦门跨岛发展战略思想，对标对表总书记重要讲话重要指示精神和省委、市委全会部署，召开区委八届二十六次全会，提出“在率先实现全方位高质量发展超越中争当排头兵”的新定位，制定3个“五年规划”的阶段性目标，出台涵盖1份《决定》、1份《行动方案》、9份《行动计划》的“1+1+9”配套文件，着力彰显我区两岸融合发展县域集成改革省级试点的责任担当。主动融入“双循环”新发展格局，全力支持辖区企业复工复产复商复市、外贸企业开拓国内市场，千方百计保护和激发市场主体活力；借势全市“岛内大提升、岛外大发展”，主动对接集美新城、马銮湾新城、环东海域新城三大片区指挥部，一体推进新城建设和城市有机更新，区委专题研究集美东部新城提升规划工作，力促新城区连片成势，打造“一心两翼”城市发展新格局；深入开展“难、硬、重、新”工作行动和“招商引资与项目建设攻坚年”“百日冲刺”行动，不折不扣推动党中央和省委、市委决策部署在集美落地生根。认真贯彻习总书记关于“十四五”规划编制的重要指示精神，紧密对接中央大政方针和省市发展大局，紧扣全区中心任务，突出以人民为中心的发展思想，集思广益、高质量编制区委“十四五”规划和二〇三五年远景目标建议。

三是毫不动摇坚持和加强党的全面领导。深入学习贯彻《中国共产党中央委员会工作条例》精神，严格落实《中国共产党地方委员会工作条例》《区委常委会议事规则》、请示报告制度等党内法规、制度，带头以实际行动维护党中央权威、维护制度权威。充分发挥区委总揽全局协调各方作用，区委常委会会议专题听取区人大常委会、区政府、区政协党组和区纪委监委以及区法院、区检察院党组工作汇报，提出强化管党治党和依法尽职履责的具体要求。加强和改进区委对人大、政协工作的领导，区委书记出席区十二届人大五次会议、区政协常委会专题协商会议并讲话，充分发挥人大、政协作用助推高质量发展，区人大紧贴经济社会发展和民生事业，听取审议“一府两院”专项工作报告23项，作出决议、决定11项，任免国家机关工作人员43人次，组织人大代表开展执法检查、专题询问、专项视察系列活动；区政协针对“融入岛外大发展，提升城乡融合度”进行专题协商，提出对策建议12条，围绕产业发展组织对口协商、专题视察和民主监督，形成35条工作建议。巩固和发展最广泛的爱国统一战线，多次召开政党协商座谈会、党外人士座谈会、民营企业家恳谈会，为民主党派和党外人士发挥作用搭建平台、创造条件，进一步夯实统一战线团结奋斗的共同思想政治基础。召开区委工青妇工作座谈会，推动区总工会、团区委、区妇联等群团组织更好发挥桥梁纽带作用，统筹推进工商联、民族宗教、老干部、国防动员、军民融合等工作，汇聚全区上下同心同向、锐意进取的强大力量。

二、坚持人民至上生命至上，坚决扛起统筹疫情防控和经济社会发展的政治责任

一是全面筑牢疫情防控战斗堡垒。第一时间成立由区委书记、区长担任总指挥长的区疫情防控工作指挥部，下发《关于充分发挥全区各级党组织和党员作用为统筹推进疫情防控和经济社会发展提供坚强政治保证的通知》《关于在统筹推进疫情防控和经济社会发展中进一步提振干部队伍精气神的若干措施》等6份文件，把战斗堡垒建在疫情防控最前线，构建“镇（街）党（工）委－社区党组织－小区党支部－楼栋（单元）党小组长－小区党员”五级疫情防控架构，全区700多个基层党组织、1万多名党员参与疫情防控一线工作，累计成立临时党组织80个，组建党员突击队、先锋队、志愿服务队等超过500支，设立党员责任区274个；党员干部冲锋在一线，2500多名机关国有企事业在职党员到居住社区、小区“双报到”，带领群众做好疫情防控、复工复产、捐款捐物、宣传引导等工作，让党旗在防疫一线高高飘扬。

二是坚决守住疫情不反弹底线。切实扛起全市唯一定点救治医院、三个高速出口、厦门北站交通枢纽、嘉庚体育馆湖北入厦人员分流服务中心的重要任务，牢牢守住入厦、入集关口，有效遏制疫情扩散势头，辖区自2月8日起无新增本土病例。因时因势调整防控思路和防控重点，严格落实常态化疫情防控措施，推进“应检尽检”“愿检尽检”，累计开展各类人群核酸检测17.3万人次；加强境外入厦集中观察点酒店医务工作专班力量，严格境外和中高风险地区输入冷链食品检验检疫及冷冻经营场所外环境监测，从严从细从实打好秋冬季、冬春季疫情防控主动战，深化开展爱国卫生运动，广泛发动群众自觉参与，构筑起严防严控、联防联控、群防群控、智防智控的严密防线。

三是协同高效推动复工复产。及时成立由相关区委、区政府班子成员担任组长的加快推动建设项目、工业企业、服务业企业复工复产3个工作领导小组，出台支持企业共渡难关20条具体措施，创新“集美i企宝”线上平台、省外务工人员“返厦直通车”等举措，全力解决企业防疫物资、用工保障、资金需求等难题，截止11月底累计下达区级疫情防控资金0.98亿元，兑现企业扶持资金1.05亿元（其中减免房租0.38亿元）；周密组织辖区59所中小学校、15所高校科研院所开学复课，抓实抓细旅游景区、文体场所、农贸市场、企业车间、车站等重点部位的防控措施。二季度以来GDP大幅回升，经济发展稳中有进，进位赶超态势良好，全年地区生产总值预计增长5%左右；预计实现财政总收入137.95亿元、区级财政收入38.48亿元，在疫情冲击和减税降费的大背景下仍实现正增长。

三、坚持以新发展理念为引领，扎实推动全方位高质量发展超越

一是突出招商引资，产业基础更加坚实。延续去年以来大抓招商的良好态势，以空前的力度招大引强，精准发力补链延链强链。创新“云招商”“云签约”方式，建立健全招商引资比学赶超机制，修订完善《跨镇街招商税收分成暂行办法》，聘请首批12名区级招商顾问，区委、区政府主要领导带头外出招商13次，全年新增洽谈项目2021个、落地项目1496个，落地总投资额2593.31亿元，分别是上一年度的7.27倍、16.26倍、15.72倍；其中落地太保家园、中电建五局、德邦物流等117个高能级项目，占落地项目数的7.82%。坚定不移做强实体经济，6大重点产业链群不断壮大，以现代服务业为主体、先进制造业为支撑的现代产业体系日趋成熟。不失时机畅通“三个循环”，全力稳住工业基本盘，1–11月，全区513家规上工业企业（不含火炬）累计完成总产值986.82亿元，同比增长5.98%；科力电子、美科安防、扬森数控等4个投资亿元以上的工业项目落地，奥佳华、华懋新材料、厦晖气门嘴等5个亿元以上项目竣工；正新、宏发、路达、建霖等4家企业跻身2020年省制造业企业百强。紧盯疫后消费回补，促进消费潜力释放，做优城市消费商圈，推动莲花新城、莲花国际底层商业开业，云城万科里全面开街，中粮大悦城项目落地；大力培育消费热点、营造消费旺季，举办“集美欢乐购”等系列活动，发放线上消费券、油卡补贴等1600万元；1–11月，全区限上批零累计实现销售额490亿元，同比增长19%，限上零售业销售额102亿元，同比增长11.3%，增速全市第一。突出“亲子游”“研学游”等差异化旅游业态，联合携程等平台开展“住在集美”专项营销，推出嘉庚元素光影水舞秀，集美人文馆对外开放，推动市图书馆集美新馆、诚毅科技探索中心常态化夜间开放，

带动旅游市场回暖升温，全年接待游客1100万人次，实现旅游收入66亿元；获评国家“全域旅游示范区”。借力金鸡百花电影节深化“以节促产”，举办“看见集美”青春影展、首届电视制片大会暨第三届影视基地峰会、2020短视频大会等配套活动，厦门影视拍摄基地正式落成投用，凤凰卫视、奥飞娱乐等一批优质企业签约落户，中国（厦门）智能视听产业基地拓展区落户软件园三期，全年新增影视企业119家，诚毅国际商务中心入驻影视企业3家，集美集影视文创园产值12.77亿元。

二是突出项目带动，发展基础不断夯实。坚持把项目建设作为经济发展的着力点和有力抓手，对重大重点项目推进情况实施前期预警、中期排名、后期督办的晾晒制度，区委定期研究调度，区政府每周协调推动。全年下达省、市、区级重点项目165个，1—11月实际完成投资274.68亿元，完成年度计划的131.54%，带动全社会固定资产投资增长10.3%；3个月实现神州鲲泰厦门生产基地从选址到动工投产，加快推动四川大学华西医院、橙联跨境电商产业园等项目建设进度，力促厦钨永磁电机、奥佳华、华锐双语学校等一批重要产业项目投产投用，中央公园、轮机学院等一批地下停车位年底将投用。全年新增“五个一批”项目155个，总投资1270亿元，创历史新高；投产项目数、总投资均居全市第一，“五个一批”项目考评排名全市靠前。区四套班子领导带队调研各镇街落实“招商引资与项目建设攻坚年”工作，区委、区政府主要领导多次到三大片区征拆指挥部现场调研、一线指挥，攻克华大南门拆迁等历史遗留项目，打通福厦高铁、轨道交通、软件园三期市政道路等征拆关键节点，年底前完成蔡林、浦边、潮瑶等8个整村拆迁项目。1—11月，全区完成征地7707.84亩，完成房屋征收145.45万平方米，分别排名全市第三、第二位。

三是突出创新驱动，新旧动能加快转换。大力实施科技创新，加大科技投入力度，全年兑现科技创新政策扶持奖励资金9642.93万元，国家级高新技术企业达372家；发挥文教区优势，与集美大学、华侨大学、中科院城市环境研究所等高校院所共同成立集美区“高校产业技术联盟”，聘请9名高校教师担任“首席技术顾问”，首批已签约8项校企合作项目；持续推进创新创业，1—11月拨付各类创新创业奖励补助975万元，国家级众创空间今年新增7家，2020年海峡两岸女大学生创新创业大赛在我区举办。大力发展新兴产业，加速布局5G等新基建，全年建成开通5G基站706个；着力发展数字经济，1—11月全区65家限额以上软件信息业企业实现营收64.27亿元，同比增长12.82%；软件园三期累计入驻企业2442家（今年新增入驻514家）；推动新材料产业稳步发展，1—11月30家规模以上新材料工业企业完成产值53.72亿元；加快两化融合和智能制造，向191家次企业兑现华为云补贴1760.09万元；神州数码南方销售总部签约落地，并成立国内首个信创研究院；杏林湾基金聚集区已落户307家股权投资类企业，基金管理规模超600亿元；区产业引导基金今年新增批复参股子基金3支，新增设立子基金6支，累计批复规模达312.63亿元。全年103家“三高”企业实现倍增发展，累计入库488家，科力电子、华懋特种材料、康柏机械等10家企业上榜工信部第二批专精特新“小巨人”企业名单。创新设立“集美人才节”，全年累计引进高层次人才172人，连续六年年度新增市“双百计划”人才落户数全市第一。

四是突出提速增效，营商环境日益优化。全面贯彻《营商环境优化条例》。深化“放管服”改革，完成承接下放“强区放权”审批服务事项32项，清理规范区级中介服务事项15项；梳理省网入驻事项1066项，“一趟不用跑”“最多跑一趟”事项占比98.4%，审批服务事项承诺办理时限压缩至25.7%；创新并推广疫情期间“不见面审批”服务，新开“阿集在线”客服，“不见面审批”办件量占比从25%提升到68.2%；“全流程网办”事项占比从28%提高到41%，落实“秒批秒办”要求，推出首批67个高频事项实现“智能秒批”，政务服务和便民服务更加便捷高效。千方百计保护市场主体，深入实施“六必访”，27位区级领导挂钩联系105家重点民营企业，落实现场办公、包保责任，有力解决了一批企业生产经营中遇到的困难问题；召开区企业融资需求政银企专题对接会，促成34家企业贷款2.39亿元；召开区党政领导与企业家恳谈会，跟踪督办企业家意见建议37个；推动建霖、国安达、宸展光电3家企业在上交所、深交所主板上市，罗普特已过会待发行；全力抓好企业纾困减负，1—11月新增减税降费规模5.18亿元；“一站式”惠企窗口已进驻6家单位42个事项；率先全市完成企业开设“一窗通办”，为新开办企业免费刻章，今年商事主体新增19128家，现有98342家，数量居岛外各区第一。持续推动工程建设项目审批制度改革，全年“多规合一”窗口受理1418件；构建小型社会投资工业类项目审批机制，项目从取得用地到办理产权首次登记全流程审批时间压缩到15个工作日内。

五是突出系统集成，改革活力持续迸发。重点领域改革加快推进，镇街机构改革稳步实施，内设机构更加突出专业化；全面实施零基预算管理，“有保有压、能增能减”的预算编制管理体系逐步健全；审判机制改革不断深化，全国率先创新“诉前终结”结案方式，全省率先推行司法确认特邀调解员达成的调解协议，全市率先成立诉非联动中心；出台《关于工商资本租赁农地监管和风险防范的实施意见》，鼓励农村土地经营权流转并加强监管；顺利完成第七次人口普查入户登记工作。县域集成改革试点扎实开展，两岸产业融合成果显著，强化对台精准招商，全年新设台资企业56家，增资7家，台湾上市公司中兴电工机械公司签约落户；率先全市鼓励设立台资股权投资类企业、金融机构、新型金融组织，杏林湾基金集聚区成立首家台商基金；推动两岸新经济产业融合，与阿里巴巴合力打造大陆首个“海峡两岸（厦门）直播电商产业合作园”。落实同等待遇更加深入，区行政服务中心“台胞服务驿站”投入运营，全区31个城市社区工作站增设“台胞服务窗口”；“金蓝领人才培养工程”“房租补贴”“新引进人才生活补贴”等政策适用对象扩大到台胞，将台湾职工纳入工会职工医疗补助、平安返厦交通补助范围；完成11名台胞技术士等级证书认定及换证工作；建立全市首个涉台检察联络室。克服疫情不利影响，创新开展“苔芯上线 极美家园”线上服务活动，举办两岸青年“手创青村”、云上龙舟文化节等主题活动，凝聚共同抗疫信心合力；创新提升两岸研学活动，升级打造“1+1+N”泛营地研学模式，指导台青团队与灵玲马戏城合作建设“两岸亲子学院”，举办第十二届海峡论坛配套的“两岸一家亲从小心连心”系列研学活动。

四、坚持保障和改善民生，切实提升人民群众获得感幸福感安全感

一是统筹提升城乡建管水平。积极融入“岛外大发展”战略，加速推进两大新城建设。集美新城建设更具规模品质，接连啃下官任片区、西亭大社片区征拆“硬骨头”，集美新城核心区基本实现闭合；以“十年集聚成城”为新起点，整合优化空间资源，启动集美新城提升发展、公共交通优化、杏林老工业区提升等一系列专项规划编制；亭北小学和幼儿园、全市首批公共租赁房珩琦和园博公寓投用，闽南戏曲艺术中心、九天湖试验区水环境治理工程等项目加快推进，集美新城全年预计实现固投258亿元；纸贵科技、齐悟科技、美团城市智慧交通（东南）运营总部等一批项目签约落户。马銮湾新城集美片区建设全面提速，完成年度投资计划的183.11%，华锐双语学校一期启用；签约落户蓝地球主题岛大型文旅、派臣（希尔顿）海誓山盟婚礼文化综合体、马銮湾智慧产业组团（集美）、厦门大学终身教育园等项目，云知声智慧科创园、德邦厦门智慧物流园等产业项目有序推进。公共基础设施不断完善，加快鱼孚路、西英路等道路工程建设，打通了一批断头路；完成古龙明珠人行天桥和红树康桥人行天桥工程，加快月美池整治工程等群众反映强烈项目建设；年底前投用侨英中央公园地下停车场等4个公共停车场项目，新增停车位2900个；完成集美新城片区夜景策划，新增诚毅大街市民广场夜景提升工程等3个城市“亮化”项目；根据企业、群众需求及时新增2条、调整优化17条公交线路。以“绣花功夫”做好城市管理，制定出台《集美区落实<加快建设高颜值厦门行动方案（2020-2025年）>实施方案》；持续推进城乡环卫一体化管理，全年新增管养公园绿化、街头绿地、市政道路共约125万平方米；保持“两违”管控高压态势，全年拆除违建337处、129.04万平方米；拆除违建别墅31宗、2250平方米；稳步开展农房整治、铁路高速沿线环境整治、老旧小区改造提升等工作；辖区垃圾分类覆盖率达100%。加快实施乡村振兴战略，生成新324国道和许溪溪林两条村庄整治动线；扎实推进农村人居环境整治“一革命四行动”，累计新建改造19座农村公厕，拆除679间田间管理房，完成农村“平改坡”1944栋、裸房整治1359栋，积极推进农村房前屋后整治，村容村貌明显改善；田头村获评全国乡村治理示范单位。深入开展文明创建，创新“华为云”“i拍拍j美美”等科技手段，落实文明创建常态长效机制，辖区市容市貌、交通秩序等进一步提升，成功蝉联省级文明城区“六连冠”。

二是倾心倾力保障民生福祉。把生态环境作为最普惠的民生，狠抓突出环境问题整改，紧盯第二轮中央生态环保督察交办问题，推动民兴、理研等重点信访件办理，推进入海、入河排放口等重点问题整改，由我区主办的53件信访件全部通过验收销号。多措并举稳定扩大就业，实施援企稳岗“护航行动”，兑现稳就业、企业引工稳岗费用补助、新引进人才生活补贴、人才房租补贴等惠企惠民补助资金1.2亿元；全年组织线上、线下招聘184场次，提供岗位近30000个，开展重点群体项目制培训44期，培训学员1553人次，实现失业人员再就业14713人。着力办好人民满意教育，新改扩建集美实验小学、蔡林小学（蔡林学校）、集美新城白石小学3所，龙湖首开、集美新城亭北、园博公寓等幼儿园11所，新增建设小学、幼儿园学位10620个；打造高素质教师队伍，6个名师工作室被授予市首批名师工作室称号。医疗卫生事业持续进步，进一步深化爱国卫生运动，统筹推进分级诊疗、家庭医生签约、重点人群健康服务等重点任务；区域医疗资源不断优化，川大华西厦门医院进入主体结构施工，市妇幼保健院集美院区开建，康锦、软件园三期等一批基层社区卫生服务分中心项目有序推进。养老服务结构不断完善，新建成区级老年人养护中心、灌口镇居家社区养老服务照料中心，“太保家园”高端康养社区项目开建，全区养老总床位数达1860张，每千名户籍老人拥有床位46张。社会保障体系进一步完善，全区社会保险参保总数68.99万人，新增征地人员基本养老保险3191人，辖区45周岁以上目标人群城乡居民养老保险参保率达100%；率先全省全面实施“农村大病防贫救助”项目，辖区13.63万农村人口纳入保障。文体事业繁荣发展，有序推进7个村（社区）综合文化服务中心的场馆修缮改造，启动40处不可移动文物修缮工作；广泛组织全民健身活动。投资9585万元对已建成的15个安置房和公租房小区进行提升改造；新增建设岩内、马銮湾片区、西亭官任、杏林老工业区旧城改造等安置房项目32个，房源约2.65万套383万平方米。农民收入稳步增加，加快三李城商业中心等集体发展项目建设，成立区果蔬经济促进会，出台田头仙景芋产业发展扶持措施，签约落地都市现代农业项目12个总投资24.8亿元，全年农村居民人均可支配收入预计增长

10.1%。退役军人工作扎实推进，全区三级退役军人服务中心（站）100% 建立，成立全市首个退役军人事务局行政调解委员会和退役军人法律援助工作站，继续加强军地共建、双拥、国防动员、优抚安置、矛盾排查化解等工作，《中国军网》三次登载我区退役军人工作做法成效。出台《集美区“爱心厦门”建设工作方案》，实施五大“爱心行动”和四项“爱心机制”，236 个党支部、319 名党员领导干部挂钩 555 名困难群众，建设 6 家“爱心屋”、全市首推线上销售平台支持残疾人事业，爱心氛围进一步浓厚。脱贫攻坚工作取得明显成效，对口帮扶的清流县、和政县均按期实现脱贫摘帽，并圆满完成现行标准下贫困人口脱贫任务，市对区考核 8 项指标居全市第一。

三是纵深推进平安集美建设。坚持总体国家安全观，完成 6 名法轮功人员的教育转化工作，坚决依法取缔“杏光教会”非法宗教点，有力维护辖区政治安全。持续深化“七位一体”的主动创稳“集美模式”，全面摸排、迅速介入、及时处置可能影响社会稳定的各类风险点，妥善化解疫情期间封村堵路引发矛盾纠纷等问题，辖区重大节日、活动期间未发生重点人员、重点群体进京赴省滋事事件，大型活动和重大安保工作“零发案”“零差错”。紧紧围绕打造“最具安全感城区”目标，深入开展“打击整治枪爆违法犯罪”“打四黑除四害”等专项工作，全区刑事警情同比下降 31.94%，降幅连续四年居全市首位；电信网络诈骗警情同比下降 14%，持续保持降幅全市第一。坚决打好扫黑除恶收官战，严格按照“六清”行动部署，对涉黑涉恶线索全部清仓办结，全年打掉恶势力以上团伙 6 个 30 人，新增“打财”约 4 亿元；持续推进十大行业领域专项整治，着力消除监管真空地带，巩固扫黑除恶专项斗争成效；扫黑除恶微电影《未接来电》获评中国平安“三微”比赛十大微电影奖。强化安全生产责任落实，扎实推进安全生产隐患大排查大整治和全国安全生产专项整治三年行动，1-11 月辖区发生生产安全事故、亡人数分别同比下降 20% 和 31.8%，亡人数降幅居全市各区第一，未发生较大及以上生产安全事故，安全生产形势总体保持平稳；深入开展房屋安全领域隐患排查整治，382 栋存量危房全部清人封房，处置率 100%。落实落细食品安全“党政同责”，基层力量不断增强，检测能力稳步提升，执法力度持续加大，辖区食品安全状况良好。坚持发展新时代“枫桥经验”，依托公共安全信息化管理平台，有力推进“雪亮工程”“雪亮社区”建设，“家住厦门”智慧小区共治平台试点建设进一步完善；创新“一体三翼”诉非联动纠纷治理模式、“公证 +”警调联动多元调解衔接机制，深化“诉源治理”工作，形成矛盾纠纷化解的闭环，推动矛盾纠纷化解在基层，有力推进社会治理体系和治理能力现代化。全面开展“七五”普法总结验收工作；以学习贯彻《民法典》为契机，深化法治集美建设，强化普法宣传教育，努力在全区营造尊法学法守法用法的浓厚氛围。

五、坚持纵深推进全面从严治党，营造海晏河清的政治生态

一是积极巩固壮大主流思想舆论。认真贯彻《中国共产党宣传工作条例》，培育践行社会主义核心价值观，坚定不移弘扬主旋律、凝聚正能量。迅速成立区疫情防控指挥部新闻宣传组，第一时间发布疫情通报权威信息，及时回应群众关切，牢牢掌握舆论主动权。借助融媒体传播优势，将宣传报道的笔触放在基层、镜头对准一线，集中展现疫情面前党员干部恪尽职守、医务人员冲锋在前、公安干警不畏艰险、社区居民邻里守望、志愿者服务传递真情的生动画面，在区属媒体刊播相关报道 1.2 万余篇（条），在中央、省、市新闻媒体刊登稿件 2000 余篇，有效发挥了宣传工作强信心、稳民心、除疑心、暖人心、筑同心的作用。紧扣“岛外大发展”“招商引资与项目建设攻坚年”、集美新城建设十周年、率先实现全方位高质量发展超越等主题，加大在各级各类媒体特别是新媒体的宣传力度，讲好决战决胜“十三五”收官、奋力夺取“双胜利”的集美故事，不断做大做强正面宣传，为全区高质量发展提供强大的舆论支撑。

二是落细落实意识形态工作责任制。旗帜鲜明坚持党管意识形态，成立由区委书记任组长的区委宣传思想工作领导小组（意识形态工作领导小组），全面加强对全区宣传思想和意识形态工作的组织领导。区委常委会 6 次专题学习研究古田会议 90 周年大会主要精神、网络和信息安全工作等意识形态工作内容，印发《贯彻落实 < 条例 > 责任分工方案》，把各级党组织落实《条例》情况纳入意识形态工作责任制督查考核和专项巡察的重要内容。严格落实《集美区报告会、研讨会、讲座、论坛等意识形态阵地管理办法》，对辖区各级各类意识形态阵地进行管理，做好论坛讲座报告会等意识形态阵地的报备审批工作，确保阵地可管可控。健全突发网络舆情监控、研判和预警机制，实行常态化网络舆情巡查监测，对重大舆情和热点问题的性质、走势、分布、途径、可能出现的风险等进行深入研判，做好网络舆情的引导和处置，编发报送《网络舆情月报》12 期、《集美网络舆情信息专报》114 期。依法管理宗教事务，严格落实三级宗教工作网络和两级宗教工作责任制，深入开展宗教活动场所“四进”活动，推动宗教政策法规宣传教育进社区、进村居，与辖区高校联合开展宣导帮教工作，切实防范宗教组织向校园渗透。加强文化市场管理，深入开展“扫黄打非”工作，确保文化市场健康有序发展。

三是全面增强基层党组织组织力。贯彻落实新时代党的组织路线，区委常委会带头深入学习《中国共产党基层组织选举工作条例》，研究部署推进 2 个软弱涣散党组织整顿提升，启动全区首批 5 个“村改居”社区转型工作，着力巩固基层政权建设。持续推进支部标准化建设，“集美党群云图”被《全

国基层组织建设工作情况通报》刊载。在创建模范机关上下功夫，“集美先锋视界”先后开设“当先锋、作示范，争创‘六连冠’”“集美先锋时评”等专栏，集中展示辖区各级机关党组织在疫情防控和复工复产、全国文明城市创建等工作的风采，引领带动全区广大党员干部在各自行业领域走在前、做表率。扎实抓好农村基层组织建设，出台《关于村级重大事项决策执行流程和决策监督流程的实施办法（试行）》等村居制度文件4份，建立村居情工作台账67份；完成67名村级党组织书记述职报告、党员民主评议和个人奖惩等履职情况的区级备案，持续抓好村居干部任职资格联审工作，为明年村级组织换届选举工作打牢基础。推动城市党建共建共治共享，健全“1个区城市基层党建联席会议-4个街道大党工委-32个社区大党委-106个小区党支部”四级组织架构，将480家驻区（共建）单位纳入党建范围，选派32名社区民警和城管队员挂任社区党组织副书记，32名一线执法党员干部进入社区班子，不断增强社区治理能力。着力扩大非公党建组织“两个覆盖”，新组建“三高”企业党组织15个，推动用工50人以上企业党的组织全覆盖；持续优化创业大厦创·YI·集品牌，将企业服务周提升为驻点企业服务站，完成服务87人次，解决问题144个。

四是着力锻造高素质专业化干部队伍。把“一线导向”贯穿干部选育管用全过程，抽调5批270名干部直接参与辖区重要交通节点和各镇街、村居一线疫情防控及企业复产复工工作；成立3个疫情一线考察组，对疫情防控中表现突出的3名干部予以火线提拔、晋升职级，推荐、通报表彰省市区三级疫情防控先进个人21名；择优选派69名政治素质较高、专业能力较强的干部到镇街、征地拆迁指挥部、重点项目办公室等重大斗争一线挂职，提拔使用敢负责、勇担当、善作为的一线干部274人，占干部提拔数的89%；统筹职级职数，优先用于解决长期服务重点项目、重要工作优秀干部的职级待遇，占同期职级职数使用数的75.58%。加强年轻干部规划，开展年轻干部专题调研，跟踪了解后备力量现实表现。加强干部专业训练，组织各类专题培训班20期，参训学员3600多人次；紧扣产业发展、招商引资、项目建设等全区中心工作，安排10名区领导和相关职能部门领导开展专题授课。加大干部交流力度，统筹安排36名处级干部担任镇街班子成员、到区直一线部门参与班子分工，优化一线部门班子知识和年龄结构。

五是弛而不息抓好正风肃纪反腐。强化政治监督，围绕统筹疫情防控和经济社会发展、招商引资与项目建设攻坚年、脱贫攻坚等中心工作成立专项监督检查组，督促整改问题310个，推动防疫措施完善、营商环境优化、惠民政策落地等重点任务提速增效。持续推进基层减负，区委理论学习中心组专题研讨解决困扰基层的形式主义问题，进一步规范督查检查考核事项，全年区级层面会议、文件数量分别精简28%、6%；组织开展“表格抗疫”“指尖上的形式主义”等专项整治，推动基层减负真减实降。落细落实日常监督，坚持抓早抓小，运用“四种形态”处理683人次，其中第一二种形态占比94.7%，“惩治极少数、管住大多数”的效果初步显现；深化“1+X”监督机制，开展房屋安全隐患、农村人居环境等监督检查，发现并督促解决群众反映强烈的突出问题193个，问责追责1个党组织、40名党员干部。拓宽监督格局，出台《关于深入推进审计全覆盖的实施方案》《关于深化区纪委监委派驻机构改革意见》，全年开展审计项目26个，促进巡察监督、审计监督、派驻监督等有机贯通、相互协调。坚持严的主基调，对“两违”、征地拆迁等事关民生福祉、问题易发多发的重点领域开展集中治理，党纪政务处分54人，通报曝光典型案例13起，查处区城管局俞斌受贿、厦门联发（集团）物业服务有限公司赵长恒侵害群众利益等违纪违法问题109件112人，保持惩治腐败高压态势。精准修复政治生态，运用政治生态评价机制对党组织进行“政治体检”，推动党组织提高班子战斗力、改进干部作风，辖区政治生态更加清朗。深化政治巡察，开展2轮3批巡察，提前实现60个区级单位、67个村（居）巡察全覆盖，对巡察中发现的教育事业、国企管理运作、众创空间奖扶资金监管等10个方面突出问题，推动分管区领导牵头抓好整改，逐一深入调研、规范完善，做好巡察整改“后半篇文章”。

（本文选自中共集美区委书记何东宁2020年12月26日在区委八届二十八次全体会议上的工作报告）

2021年政府工作报告（节选）

一、2020年工作回顾和“十三五”发展成就

2020年是集美发展极不平凡的一年。面对突如其来的新冠肺炎疫情，我们坚持以习近平新时代中国特色社会主义思想为指导，全面贯彻党的十九大和十九届二中、三中、四中、五中全会精神，认真落实党中央国务院、省委省政府和市委市政府决策部署，在区委的坚强领导下，坚持稳中求进工作总基调，立足新发展阶段，贯彻新发展理念，积极服务并深度融入新发展格局，全方位推动高质量发展超越，以“招商引资与项目建设攻坚年”为重要抓手，统筹推进疫情防控和经济社会发展，扎实做好“六稳”工作，全面落实“六保”任务，经济社会保持平稳健康发展。

全年实现地区生产总值增长5.5%；固定资产投资增长16.7%；规上工业总产值1186亿元（含火炬企业），增长6.8%；财政总收入145亿元，增长8.5%，其中区级财政收入40.2亿元，增长6%；城乡居民人均可支配收入增幅高于经济增速。完成年度节能减排任务。上榜“中国工业百强区”，成为全市首个国家“全域旅游示范区”，全市唯一入选省级县域集成改革试点。

一年来的主要工作和成效：

（一）坚持抓防控、重统筹，经济发展迅速回暖

*疫情防控卓有成效。*始终秉持对人民负责、对生命负责的鲜明态度，全力落实属地责任，率先全市梳理制定新冠肺炎疫情工作处置流程。坚决守好厦门北站、三个高速路口、集美长途汽车站入厦防线，坚决扛起嘉庚体育馆人员分流和酒店境外入境人员健康管理责任，坚决做好市定点救治医院第一医院杏林分院服务保障。全力构建联防联控、群防群治机制，广大医务工作者、社区工作者奋战在一线，认真细致、尽职尽责，牢牢把守疫情防控“第一关口”；广大党员、干部下沉在一线，夜以继日、如履薄冰，积极为群众排忧解难，在最短时间内实现本地疫情“清零”。

*护航企业乘风破浪。*营商环境评估在全市六区排名第一。复工复产按下“快进键”，第一时间出台20条政策支持企业共渡难关，5天内即兑付第一笔扶持资金，累计兑付疫情期间企业扶持资金超亿元，其中为承租政府性资产经营用房的中小企业和个体工商户减免租金3800万元。全年减税降费超5亿元。深化“放管服”改革，承接“强区放权”审批服务事项32项，“一趟不用跑”“最多跑一趟”事项占比达98.4%，67个高频事项实现秒批秒办。率先全市开通省外务工人员“返厦直通车”。率先实现新设立企业“一窗通办”。推出“阿集在线”“集美i企宝”“在线座席+不见面审批”等创新举措，为企业提供线上政策兑现、供应链招商等服务，被人民网等中央媒体报道。全年新增商事主体19128家，累计数量达98342家，规模居岛外各区第一。

*招商引资和项目攻坚成果丰硕。*建立“1+N+1”闭环管理机制，创新“云招商”“云签约”，聘请12名商海精英、业界翘楚担任招商投资顾问。神州鲲泰厦门生产基地从选址到投产仅用时3个月，中粮·大悦城、海峡两岸（厦门）直播电商产业合作园、中建五局海西投资等99个高能级项目落地。全年新增洽谈项目2094个、落地项目1136个、落地投资总额2119亿元，分别是上一年度的4.7倍、12.4倍、12.8倍。实施“百日冲刺行动”，新增“五个一批”项目155个，总投资1270亿元，创历史新高。福厦客专、闽南戏曲艺术中心等165个重点项目投资超额完成全年计划。征收工作再掀新高潮，基本完成蔡林、潮瑶等8个整村征收任务，全年完成征地8800亩、房屋征收163.5万平方米，市对区重点项目和征收项目考核综合排名全市第二。

*主导产业质效双升。*制造业加快转型升级。规上工业企业产值同比增长6.8%，实现营业利润增长超过40%。康柏机械、扬森数控等10家企业入围工信部“专精特新”小巨人榜单。奥佳华、厦晖气门嘴等行业龙头项目竣工。软件信息业势头强劲。软件园三期新增交付研发楼52万平方米，注册企业增至3900余家，入驻企业超2500家，员工超3.8万人。电子城·国际创新中心一期交付使用。齐悟科技、云茂互联等项目签约落地。石头城、宇信科技等一批新兴龙头企业迅速成长。商贸物流业加快推进。闽南首家特斯拉中心开业，云城万科里全面开街。“云逛街”直播带货、“集美欢乐购”等活动撬动消费超7亿元。橙联跨境电商产业园、达达物流园等项目加快建设，德邦智慧物流产业园项目落地。文创旅游业稳步回升。成功举办首届电视制片大会，厦门影视拍摄基地建成投用，凤凰卫视等一批影视企业落地，累计注册影视企业近700家，集美已成为影视拍摄热门取景地和产业投资聚集区。杏林湾水舞光影秀、科探奇妙夜成为夜游网红打卡点。全年接待游客1100万人次，实现旅游收入66亿元，助力我市成为疫情背景下旅游人气恢复最快城市。

*发展要素加速集聚。*修订出台“三高”企业、软件信息企业发展奖励政策，兑现奖补资金超1.4亿元。新增“三高”企业103家，累计入库488家。成立“高校产业技术联盟”，组建“高校专家技术问诊团”，推动产学研深度融合。连续

五年新增市“双百”人才落户数、人才专项投入、市对区目标责任制考核全市第一。区产业引导基金参股子基金数量及规模继续保持全市第一，鼎晖、阳光融汇等一批国内知名基金总部落地，杏林湾基金聚集区基金管理规模突破600亿元，正成为东南最具影响力的金融高地。政府性融资担保各项考核指标稳居全市各区第一。新增境内上市公司4家（含过会待发行1家），占全市增量三成，年度上市企业数创历年之最。

（二）坚持抓协调、促融合，城市品质日益提升

城市颜值更加靓丽。集美新城实现“十年集聚成城”目标，核心区西亭片区完成整村征收，公共配套再上新台阶，人气商气全面集聚。马銮湾新城集美片区公共基础设施建设进一步完善，环湾大道核心路段主体建成，社会事业项目相继建成投用。稳步推进市政大提升工作。新增备案停车场46个，投用停车场4个，新增停车位8400个（含路面停车位）。第三轮绿化提升改造19.3万平方米，完成铁路高速沿线环境整治超10万平方米。城市更新提质增速，投资9500万元提升已建安置房和公租房，完成航海生活区等5个老旧小区改造。382栋存量危房全部清人封房。“大城管”格局基本形成。垃圾分类新时尚蔚然成风，示范小区户数占比提高至92%。全区“两违”管控持续保持高压态势，新增违建趋零。

生态环境持续向好。开展三轮“守护蓝天百日攻坚”行动，重拳整治涉气“散乱污”企业，全区空气质量优良率达99.4%。水环境质量明显提升，全区入河排水口、排水管网溯源排查工作基本完成，入海排放口完成整改。杏林湾及九天湖水质明显改善，国、省控断面水质保持稳定达标，坂头－石兜水库水质年均值达Ⅱ类标准。海域养殖清退工作顺利完成并通过验收。厦门大桥－集美大桥海岸带修复项目取得实质性进展，杏林大桥－新阳大桥岸线整治项目前期工作加快推进。开展危险废物专项排查整治，土壤污染防治更加有力。区、镇、村居、宗地四级“林长制”管理体系常态化运行。全力推进中央生态环保督察反馈问题整改，中央生态环保督察信访件全部办结。

乡村振兴亮点频出。基本建成新324国道和许溪溪林两条乡村振兴示范动线，全面串联沿线9个省级乡村振兴试点村和19个乡村特色景区。“一革命四行动”深入推进，新改建农村公厕19座，完成农房整治超3300栋，村容村貌发生较大转变。完成许庄、双岭等17个农田水利基础设施建设，培育壮大品诚源花卉等一批现代农业项目，塔斯曼中药材、仙景芋等特色农产品持续发展。三李城商业中心等村集体发展项目有序推进。实施引智下乡工程，吸引高校师生团队和台湾青年参与乡村建设。后溪镇蝉联三届、后溪村首次获评“全国文明村镇”。

（三）坚持补短板、强保障，民生福祉不断改善

社会事业蓬勃发展。陈嘉庚先生创办的集美大学航海学院、财经学院、集美工业学校和乐安小学纪念办学100周年，华侨大学迎来60周年校庆，嘉庚办学精神和侨校特色进一步彰显。建成集美区实验小学、鱼孚幼儿园等14所中小学、幼儿园，新增建设学位10620个。华锐莱普顿双语学校北校区建成投用，厦门二中集美校区、苎溪高中开工。新招聘教师717人，柔性引进高层次教育人才6人。161所民办园实现分级普惠性收费管理。52所中小学全部通过义务教育管理标准化验收。健康集美行动扎实推进。四川大学华西厦门医院进入主体结构施工，市妇幼保健院集美院区开工。“互联网＋家庭医生”签约服务平台、专科专病医联体建设进一步深化。开工建设太保家园国际颐养社区，建成集美区老年人养护中心，新增投用3家老人日间照料中心，实现公共养老服务体系硬件设施全覆盖。集美区人文馆、集美新城体验馆对外开放。承办全国健身锦标赛、中国乒协国青国少集训选拔等品牌赛事。

民生保障精准兜底。全面落实“爱心厦门”建设“五大行动”“四项机制”，全方位关怀保障弱势群体，建成6家助残“爱心屋”、4个儿童关爱示范点。稳住就业“基本盘”，新增城镇就业登记1.9万人次，失业人员再就业1.5万人。开展农村富余劳动力和失业人员等重点群体项目制培训44期，培训合格人员数居全市第一。积极推进低保扩面，率先全省实施“农村大病防贫救助”项目，全区特困人员全部由政府兜底供养。东西部扶贫协作和对口支援深入开展，清流县、和政县均按期实现脱贫摘帽，市对区考核8项指标居全市第一。与龙岩市新罗区建立“山海协作对口帮扶”对子，新增挂点大池镇北溪村（老区村）。

社会治理有序有力。全区刑事警情数同比下降31.8%，降幅连续四年居全市首位。扫黑除恶专项斗争持续纵深推进。完善社会矛盾纠纷多元调处、源头化解工作机制，创新驻所“公证＋”警调联动模式，调处成功率达99.5%，被公安部评为全国年度优秀行政执法制度。挂牌成立全市首家退役军人法律援助工作站和首家未成年人一站式办案中心。深化实施食品安全战略，食品安全责任体系进一步完善。深入开展安全隐患大排查大整治及安全生产专项整治三年行动，全区未发生较大及以上生产安全事故，安全生产形势总体保持平稳。道路交通亡人事故起数、亡人数降幅均居全市第一。12345热线答复满意度全市第一。顺利完成第七次人口普查入户登记工作。扎实开展文明城市创建，创出群众获得感、幸福感。

（四）坚持转作风、提效能，自身建设全面加强

巩固提升“不忘初心、牢记使命”主题教育成果，开展“深化大学习，提振精气神”专项活动，激励广大干部主动作为、干事创业，机关效能进一步强化。坚持依法行政，全面完成“七五”普法，法治政府建设、依法治区工作成效显著。加强政务公开，区政府官网在区县政府网站绩效评估中排名全市第一。自觉接受人大法律监督、工作监督和政协民主监

督，邀请“两代表一委员”对政府工作进行评议、打分，高质量办理区人大代表建议89件、政协委员提案115件，办复率100%。36项为民办实事项目全面完成。坚持全面从严治党，严格执行中央八项规定及其实施细则精神，大力推进基层减负，持续整治形式主义、官僚主义，文风会风继续改善。全面制止餐饮浪费，厉行勤俭节约。

同时，国防动员、双拥优抚安置、审计、外事、侨务、人防、气象、保密、老龄、精神文明、工会、妇女、儿童、青年、红十字、粮食等工作都取得了长足的进步。

各位代表！今年是“十三五”规划的收官之年。“十三五”期间，我们牢牢把握跨岛发展的重大战略机遇，成功抗御“莫兰蒂”超强台风，成功服务保障金砖厦门会晤，有效应对国际贸易摩擦，有力抗击新冠肺炎疫情，坚决打赢三大攻坚战，各方面工作取得新的成绩。一是经济综合实力跃上新台阶。获评全国综合实力百强区。经济总量保持岛外前列，地区生产总值年均增长7.1%，连攀500、600、700、800亿元四个台阶，财政总收入和区级财政收入年均分别增长5.9%、8.2%，三次产业结构从0.4 : 51.7 : 47.9调整为0.4 : 46.9 : 52.7，三产比重首次超过二产。规上工业年度总产值首次突破千亿大关。软件园三期、杏林湾营运中心等一批产业载体全面发挥作用。人口集聚规模领跑岛外各区。二是城市建设实现新提升。“一心四片”加速融合，集美新城十年累计完成投资近2000亿元，拼出跨岛发展集美速度；马銮湾新城、环东海域新城山海蝶变。厦门首条地铁1号线跨海通车，4、6号线全面开工。福厦客专启动建设。“两纵三横”对外联系主骨架路网基本成形。三是生态环境焕发新气象。获评国家生态区称号。空气质量领跑全市。水环境质量达近年最好水平，村庄生活污水处理项目获中国人居环境范例奖。实施覆盖城乡的立面改造和绿化景观提升，公园绿地服务半径覆盖率超90%，人均绿地面积全市最高。四是民生保障达到新水平。获评国家慢性病综合防控示范区、省级首批教育强县（区），新增中小学、幼儿园学位3.4万个、医疗床位562张。城镇新增就业6.5万人次。实现社区居家养老专业化服务、被征地人员基本养老保险全覆盖。五是人文特色呈现新亮点。获评省级历史文化街区、侨乡文化名镇名村，“一精神三文化”深入人心。创立“集美节”国际旅游品牌。厦门（集美）闽台研学旅行基地成为全国首个对台研学基地。成功举办嘉庚论坛、海峡两岸龙舟文化节、阿尔勒国际摄影季等品牌活动，对外影响力不断彰显。六是政府服务展现新作为。营商环境稳居全市前列。全面完成新一轮政府机构改革。1066项服务事项实现网上办理，审批承诺压缩至法定时限的25.7%。优化再造政务服务流程，全市首创“一站式”惠企窗口，创新“一号通办”新模式，被省效能办作为典型推广。

二、“十四五”主要发展思路和二〇三五年远景目标

根据区委八届二十八次全会部署，我区“十四五”发展的指导思想是：高举习近平新时代中国特色社会主义思想伟大旗帜，深入贯彻党的十九大和十九届二中、三中、四中、五中全会精神，全面贯彻党的基本理论、基本路线、基本方略，统筹推进“五位一体”总体布局，协调推进“四个全面”战略布局，坚持党的全面领导，坚持以人民为中心，坚持新发展理念，坚持融入新发展格局，坚持深化改革开放，坚持系统观念，坚持稳中求进工作总基调，以全方位推动高质量发展超越为主题，以深化供给侧结构性改革为主线，以改革创新为根本动力，以满足人民日益增长的美好生活需要为根本目的，统筹发展和安全，突出“人文集美”的特色和优势，着力抓招商促发展，构建高端制造业、现代服务业融合发展的全省经济高质量发展示范区，着力激发全社会创新创业创造活力，打造产城学人深度融合的科技新城、人文新城，着力推动城市规模品质双提升，在“岛外大发展”中率先成为产城融合、宜业宜居的城市副中心，着力加强普惠性、基础性、兜底性民生建设，建设人民福祉持续增进的品质之城、幸福之城，基本建成高素质高颜值跨岛发展最美新市区，在率先实现全方位高质量发展超越中争当排头兵，为全省全市发展大局作出更大贡献。

“十四五”期间经济社会发展的主要目标为：地区生产总值力争到2025年突破1330亿元，现代化经济体系建设取得重要进展，三次产业结构进一步优化；全社会研发投入占GDP比重达3.5%，形成以创新驱动为主引擎的发展动力机制；基本公共服务和民生保障水平不断提升，人均预期寿命达到82岁；生态文明治理体系更加完善，森林覆盖率提高到40.22%。

“十四五”期间，经济社会发展要努力实现以下战略任务：

*一是在壮大经济实力上实现新突破。*按照二三产联动发展的思路，优化提升机械装备等优势产业，培育壮大电子信息、文化旅游、商贸物流和新材料等新兴产业，稳步发展现代都市农业。发挥集美文教区智力资源优势，培育壮大以“三高”企业为主体的创新企业群，加快集聚高素质创新创业人才，向产城学人深度融合的区域创新中心进军。

*二是在提升城市建设品质上实现新突破。*全力打造“一心两翼四片”城市发展新格局。高标准推进集美新城、马銮湾新城集美片区建设，集美东部新城建设初具规模，完成杏林老工业区等城市更新。完善基础设施和市政设施体系，全力打通断头路，抓好水环境等生态治理，构筑连片成势、环湾布局的城市发展新空间，凸显城市副中心集聚能力和辐射带动作用。

*三是在增进民生福祉上实现新突破。*围绕人民最关心最直接最现实的利益问题，坚持尽力而为、量力而行，健全幼有善育、学有优教、病有良医、老有颐养、住有宜居等基本公共服务制度体系，实现更加充分更高质量就业，完善覆盖

全民、统筹城乡、公平统一、可持续的多层次社会保障体系。着力推进市域社会治理现代化，打造“最具安全感城区”。

四是在塑造“人文集美”形象上实现新突破。完善公共文化服务体系，挖掘和丰富“一精神三文化”的时代内涵。增强嘉庚精神影响力，努力把嘉庚论坛打造成促进海丝沿线国家和地区人民心灵契合、文明交流互鉴的精品工程。传承百年学村文脉，推进闽南文化生态保护区建设，在更高水平上建成“最美侨乡”。打造台胞登陆第一家园，在两岸融合中作出新的更大贡献。

五是在打造人民满意政府上实现新突破。纵深推进全面从严治党，将“不忘初心、牢记使命”主题教育成果转化为谋划工作、推动落实的强大动力。持续转变政府职能，深入推进“放管服”改革，建立健全“马上就办”常态化机制，全面建设数字政府，推动“互联网＋政务服务”升级，打造市场化法治化便利化国际化营商环境。

按照区委的部署，我区到二〇三五年的远景目标为：在我国基本实现社会主义现代化之时，我区将率先实现全方位高质量发展超越，基本建成社会主义现代化强国样板城区。发展质效持续优化，全区地区生产总值迈上新的大台阶（突破 2660 亿元），在 2025 年基础上实现翻番，基本实现新型工业化、信息化、城镇化、农业现代化；科技创新能力大幅提高，全面建成区域创新中心，产业结构全面优化，基本建成现代产业体系；基本实现治理体系和治理能力现代化，人民平等参与、平等发展权利得到充分保障，建成法治政府、法治社会；建成文化强区、教育强区、人才强区、体育强区、健康集美，国民素质和社会文明程度达到新高度，文化软实力显著增强；人与自然和谐共生，生产、生活、生态“三生共融”，新时代生态文明典范城区基本建成；在构建更高水平开放型经济新体制上走在全国前列；人民生活更加美好，居民收入达到高收入经济体水平，基本公共服务实现均等化，城乡区域发展差距和居民生活水平差距明显缩小，平安集美建设达到更高水平，人的全面发展、全体人民共同富裕取得更为明显的实质性进展。

（本文选自集美区人民政府区长胡旭彬在 2020 年 12 月 29 日在集美区第十二届人民代表大会第六次会议的报告）

厦门市集美区人民政府
关于公布第三批区级文物保单位名单和保护范围的通知

集府 [2020]64 号

经第 93 次区政府常务会议研究，原则同意陈文确、陈六使故居（文确楼）等 5 处第三批区级文物保护单位名单和保护范围，现予以公布。各级各部门要严格遵守文物保护有关法律法规，认真贯彻“保护为主、抢救第一、合理利用、加强管理”的文物保护方针，确实加强我区不可移动文物的保护、利用和管理工作，确保文物安全，进一步推动我区文化、经济建设发展。

表 37　**集美区第三批区级文物保护单位名单和保护范围**

编号	名称	地点	年代	简介	保护范围
1	陈文确、陈六使故居（文确楼）	厦门市集美区集美街道浔江社区浔江路 115 号	1937 年	此建筑为陈文确和陈六使故居，坐北朝南，为 2—3 层的西式砖混结构建筑，洋灰面外墙。建筑前部为二层半的主楼，后部为三层长条形附楼，主楼与附楼之间为天井，中有方亭连接，建筑总面阔 13 米，通进深 21 米，文确楼前后均有宽敞花园，院门设于东南侧。主楼一层面阔 3 间，进深 2 间，一层中为厅，两侧房间，前部有凹形门厅，二层布局同于一层，前部为横向宽廊，三层楼顶为四坡形屋面，四周阳台栏杆围护；后部的附楼面阔 3 间，进深 1 间。陈文确（1886—1966 年）、陈六使（1897—1972 年）两兄弟为集美大社人，新加坡华侨。原计划兴建二栋楼房，1937 年“文确楼”落成后，由于抗战爆发，另一栋停建。2016 年经修缮后，开办“陈文确、陈六使陈列馆”。	四周至文物本体院墙。

续表 37

编号	名称	地点	年代	简介	保护范围
2	宝珠塔	厦门市集美区杏林街道高浦社区东南3.5公里的厦门西港宝珠屿山顶	1963年	位于宝珠屿小山顶部，为陈嘉庚先生次子陈厥祥于1963年为纪念其母而建。宝珠塔从塔基、塔身到塔顶均以花岗岩构筑，坐北朝南，整体呈穹窿顶圆柱体，塔基周边有栏杆平台。宝珠塔底层直径6.3米，通高15米；南侧设拱形塔门，门宽1米，高2.5米，门上方镌刻“宝珠塔”三字。塔身外部装饰凸出的五条棱线，塔身内部分为四层，每层有石梯可环绕而上，每层各开5个不同向的圆形气窗。穹窿塔顶由五面梯形花岗岩石块向中间圆形石块围合，象征“五龙夺珠”，寓指宝珠屿尤如大海中的宝珠，被周边大陆上的五条山脊巨龙所环绕。	宝珠屿
3	集美国姓井	厦门市集美区集美街道浔江社区尚南路1号归来园南部20米尚忠路口旁	明代	“国姓井”为石构圆形井壁，水面距地表约1米，井水清澈。近年经重修后，井口上为方形水泥面井栏，边长1米，高0.54米；井栏四面有堆塑“国姓井”三字。水井四周的水泥面井台占地约20平方米。此井为清初南明政权时郑成功部将刘国轩建造集美寨时所凿，因郑成功被南明皇帝赐姓“朱”，因此当地百姓将郑军将士所开凿之井称为“国姓井”。二十世纪10至20年代陈嘉庚创办集美学村之后，此井成为校园学生和周边居民的重要生活水源，至上世纪50年代扩建集美学村时加以修复。集美寨附近另有一处“国姓井”，位于南薰楼前的观景台之下，数年前围封于小房内。	北面接归来堂保护范围线，南面至鳌园路，东南至尚南路，西面至归来堂保护范围延长线，与归来堂整体保护。
4	集美学村钟楼	厦门市集美区集美街道岑东社区集美小学操场西侧	二十世纪10或20年代（1918年）	1913年爱国华侨领袖陈嘉庚创办集美学村，此楼原为学村内提供师生学习和生活用水的水塔。后改为敲钟钟楼，作为原集美学村（中学、小学、幼稚园、航海学校、财经学校等）上下课和作息报时，上世纪后半叶停用。钟楼坐西朝东，为长方柱体，砖混结构。底层面宽4.5米，进深5.5米，通高25米。钟楼分为六层，由下向上渐收，第一、二均隔成小房间和前部小拱廊两部分，第三层隔出后半间为蓄水房，第四、五层通透，架设楼梯，第六层为八角形钟房，前、后开圆孔，钟已不存。楼顶搭建“廿周纪念”铁架，为1933年纪念集美学村建校20周年时所立。	南、北面至钟楼花坛，东南至集美小学围墙，西面至石鼓路道路红线。
5	鹤浦西安宫	厦门市集美区杏林街道高浦社区鹤浦路56号旁	清咸丰七年（1857年）	鳌江西安宫始建年代不详，清咸丰七年（1857年）重建，1982年重建，2018年修缮。坐北朝南，前、后两殿，中为天井及两侧廊庑，单进廊院式建筑，建筑部面宽10米，通进深22米，前有石埕。前殿面阔3间，加前廊柱进深4柱，抬梁减中柱，平开三门，中门悬“西安宫”木匾，门前为横向宽廊，立有石雕龙柱1对，三段式花脊；后殿面阔3间，加廊柱进深6柱12米，抬梁减中柱，山墙搁檩，硬山顶，燕尾脊，厅内神龛供奉保生大帝。建筑中保留大量建筑石构件，包括前殿的龙虎壁、石雕墙堵、楹联石柱、石柱础、石雕窗及石狮、龙柱等，石雕建筑构件并多有“咸丰七年”或“咸丰丁巳年”落款；前殿门前正中的石构御道和中央天井的方形祭坛具有特色。	南面由文物本体外延15米，其余三面各外延2米。

厦门市集美区人民政府

2020年4月30日

厦门市集美区人民政府办公室
关于印发集美区全面推进基层政务公开标准化规范化 工作实施方案的通知

集府办 [2020]66 号

为深入贯彻习近平新时代中国特色社会主义思想，全面贯彻党的十九大和十九届二中、三中、四中全会精神，按照《国务院办公厅关于全面推进基层政务公开标准化规范化工作的指导意见》（国办发〔2019〕54 号）《福建省人民政府办公厅关于全面推进基层政务公开标准化规范化工作的通知》（闽政办〔2020〕26 号）和《厦门市人民政府办公厅关于全面推进基层政务公开标准化规范化工作的通知》（厦府办〔2020〕67 号）要求，全面推进我区基层政务公开标准化规范化，更好地服务于统筹推进疫情防控和经济社会发展，制定本方案。

一、工作目标

2020 年 10 月底前，编制完成城乡规划、重大建设项目、公共资源交易、财政预决算、安全生产、税收管理、农村集体土地征收、国有土地上房屋征收与补偿、保障性住房、农村危房改造、生态环境、公共文化服务、公共法律服务、扶贫、救灾、食品药品监管、城市综合执法、就业、社会保险、社会救助、养老服务、户籍管理、涉农补贴、义务教育、卫生健康、市政服务等 26 个试点领域（以下统称 26 个试点领域）政务公开事项标准目录，2020 年 11 月 10 日前在区政府网站公开，并对照其他领域基层政务公开标准目录落实意见，于 2021 年底前完成本级政务公开事项标准目录调整完善工作，确保权力运行到哪里，公开和监督就延伸到哪里。

二、主要任务

（一）编制基层政务公开事项标准目录

1. 区政府相关职能部门要对照市政府部门制定出台的 26 个试点领域标准指引，结合本级政府权责清单和公共服务事项清单，对市政府部门编制的标准目录进行增补，明确区级、镇（街）两级公开职责，细化公开事项名称、内容、依据、时限、主体、方式、渠道、公开对象等要素，及时编制完成区级、镇（街）两级政务公开标准目录。

2. 编制其他领域标准目录。市政府部门编制的政务公开标准指引印发后，区政府有关部门和各镇（街）要及时跟进，编制区级、镇（街）政务公开事项标准目录。

3. 规范标准目录审核工作。政务公开标准目录要坚持逐级审核、先审后发，重点审查公开事项覆盖度、标准目录规范度。区政府有关部门编制的标准目录经本单位主要领导审核后在区政府门户网站公开发布，编制单位要依据法律法规、上级规定和本级政府权责变化情况，对标准目录实行动态管理，及时调整更新。

（二）推动政务公开工作制度化

4. 建立完善公开属性源头认定制度。严格对照新修订的《中华人民共和国政府信息公开条例》（国务院令第 711 号），应公开尽公开。落实政府信息公开属性源头认定机制，各单位在文件起草时明确公开属性，对不予公开的政府信息进行定期评估审查，因情势变化可以公开的要及时公开。

5. 建立完善政策解读制度。各单位要建立健全政策解读机制，按照“谁起草、谁解读”和“解读是常态、不解读是例外，发布与解读同步”原则，明确政策解读责任。出台区政府规章或以区政府、区政府办公室名义印发政策文件前，起草部门均应在报送代拟稿时一并报送解读方案，解读材料应于政策文件印发之日起 5 个工作日内提交区政府门户网站发布。以部门名义印发的政策性文件，报批时应当将解读方案或解读材料一并报部门负责人审签。各单位要主动通过部门领导撰稿解读、专家解读、政策问答、在线访谈、媒体专访、新闻发布会等多种渠道和图片、图表、图解、视频等多种形式进一步提高政策解读实效。

6. 建立完善依申请公开工作制度。进一步畅通依申请公开线上系统、电话咨询、邮箱信件、当面申请等受理渠道，通过宣传版面及台卡等形式，广泛宣传政府信息依申请公开方式。完善接收、登记、审核、办理、答复、送达、归档等办理流程，规范答复口径、推行标准文本，全面提升政府信息公开申请办理工作质量，依法保障公众合理信息需求。建立完善行政复议和行政应诉工作制度，自觉接受行政复议和行政诉讼对依申请公开工作的监督，依法履行答辩和举证等法定义务，积极配合行政复议机关和法院依法妥善处理政府信息公开案件。

7. 建立完善考核评议和责任追究制度。区政府办公室将建立健全政府信息公开工作考核制度，将主动公开、依申请公开、政府网站和政务新媒体管理、政策解读、公开电话（信箱）办理、回应关切等政务公开情况纳入政府绩效考核体系。同时，区政府办公室将建立健全社会评议和责任追究制度，适时通过第三方评估、民意调查等方式开展社会评议，定期对政务公开工作开展情况进行督查，对重要信息不发布、重大政策不解读、热点回应不及时、弄虚作假造成严重社会影响的，予以通报批评并追究相关单位和人员责任。

8. 完善基层行政决策公众参与机制。各单位要制定公众参与政府行政决策的工作制度，结合职责权限和我区实际，明确公众参与行政决策的事项范围和方式并向社会公开。要完善利益相关方、企业和群众代表、专家、媒体等列席政府有关会议制度，对涉及群众切身利益、需要社会广泛知晓的公共政策措施、公共建设项目，要采取适当方式听取利益相关方和社会公众意见，提高决策透明度。政策实施、项目推进中要对社会普遍关心的问题进行解释说明，及时回应公众关切。

（三）推动政务公开平台建设规范化

9. 规范建设政府信息公开平台。各单位要依托区政府门户网站开设子网站，并参照《国务院办公厅政府信息与政务公开办公室关于规范政府信息公开平台有关事项的通知》（国办公开办函〔2019〕61 号）要求，规范栏目设置，集中发布本行政机关应当主动公开的政府信息。区政府办公室开展政府信息公开统计、核查、考核时，原则上以政府信息公开平台信息为依据。

10. 全面提升政府网站管理水平。各单位要切实发挥政府网站作为基层政务公开第一平台的功能和作用，不断优化信息发布、解读回应、办事服务、互动交流功能。要健全完善网站内容保障、栏目维护、信息发布、安全防护机制，建立“7×24”小时值班制度，加强日常监测，发现违法有害信息要第一时间处理，发现重大舆情要按程序转送相关部门处理。

11. 有力推动政务新媒体健康发展。各单位要规范政务新媒体开设、变更、关停、注销等工作流程，严格落实分级备案制度，避免“一哄而上、只开设不运维”，坚决杜绝“僵尸”“睡眠”账号。要严格信息采集、审核、发布等程序，落实专人管理、运营和维护。要集中力量做优做强主账号，统一信息来源，统一发布口径，构建整体联动、集体发声的政务新媒体矩阵，实现信息同源、分发同时、资源同享、服务同根。区政府办公室、区政务信息中心要加强政务新媒体日常监管，定期组织检查，积极运用技术手段进行实时监控，及时通报、督促整改存在的突出问题。对发现的假冒政务新媒体，要求第三方平台立即关停并通报有关部门依法依规处置。

12. 积极拓宽基层政务公开渠道。各单位要积极借助集美区融媒体指挥中心的优势和渠道，扩大政府信息传播力和影响力。要依托区行政服务中心大厅、便民服务中心等服务事项集中的窗口单位和档案馆、图书馆等公共服务部门，设立政务公开专区，提供政府信息查询、信息公开申请、办事咨询答复等服务，让企业和群众办事更明白、更便捷。

13. 推动基层政务公开向农村和社区延伸。各单位要指导支持村（居）依法自治和公开属于自治范围内的事项，完善基层政务公开与村（居）务公开协同发展机制，使政务公开与村（居）务公开有效衔接、相同事项的公开内容对应一致。区民政局要加强对村（居）务公开工作的监督指导和日常管理；各镇（街）要督促村（居）每季度通过村（居）民微信群、公众号、信息公示栏等渠道，重点公开乡村振兴、村级财务、惠农政策、养老服务、社会救助等方面内容，其中村级财务应当每月公开。

三、保障措施

（一）强化组织领导。各单位要高度重视基层政务公开标准化规范化工作，按照各自职责任务，精心组织实施。涉及 26 个试点领域的区政府有关部门要结合我区权责分配实际，对市政府部门编制的标准目录进行认领、增补，明确公开事项要素，及时编制完成区级、镇（街）两级政务公开标准目录并对外公开发布。按照“谁行使权力，谁负责公开”原则，各单位要严格按照要求执行标准目录，推动基层政务公开标准化规范化工作落地落实生根见效。

（二）强化队伍建设。各单位要配齐配强政务公开工作人员，确保基层政务公开工作有机构承担、有专人负责，要组织开展业务培训和经验交流，把政务公开特别是政府信息公开条例纳入本单位教育培训内容，每年至少组织 1 次学习培训，不断提高政务公开工作人员的能力和水平。要建立完善政务公开工作机构与宣传、网信、政务服务、大数据管理、融媒体中心等单位的协调联动机制，形成推进政务公开标准化规范化的工作合力。

（三）强化督查考核。区政府办公室将建立健全政府信息公开工作考核制度，将主动公开、依申请公开、政府网站和政务新媒体管理、政策解读、公开电话（信箱）办理、回应关切等政务公开情况纳入区政府对各部门、镇（街）绩效考核体系，定期对政务公开工作开展情况进行督查通报。

要文目录

表 38

2020 年区委、区政府重要文件目录

文 件 名 称	发布文号	发布机关	发布日期
中共集美区委 集美区人民政府关于对在疫情防控阻击战中表现突出的先进个人（第一批）给予通报表扬的决定	厦集委〔2020〕7 号	区委 区政府	2020.02.10
中共集美区委 2019 年度工作报告	厦集委〔2020〕8 号	区委	2020.02.20
中共集美区委 集美区人民政府关于印发《厦门市集美区实施食品安全战略创建人民满意的食品安全城区工作方案(2020–2022 年)》的通知	厦集委〔2020〕9 号	区委 区政府	2020.02.20
中共集美区委 集美区人民政府关于开展 2020 年为民办实事工作的通知	厦集委〔2020〕13 号	区委 区政府	2020.03.13
中共集美区委 集美区人民政府关于给予蔡通圣等同志记三等功和李瑞宗等同志嘉奖的决定	厦集委〔2020〕14 号	区委 区政府	2020.03.20
中共集美区委关于充分发挥全区各级党组织和党员作用为统筹推进疫情防控和经济社会发展提供坚强政治保证的通知	厦集委〔2020〕19 号	区委	2020.04.20
中共集美区委 集美区人民政府关于印发《集美区乡村振兴战略规划（2018–2022 年）》的通知	厦集委〔2020〕20 号	区委	2020.04.30
中共集美区委印发《关于在全区开展"不忘初心、牢记使命"主题教育总结报告》的通知	厦集委〔2020〕22 号	区委 区政府	2020.05.13
中共集美区委 集美区人民政府关于印发 2020 年集美区东西部扶贫协作工作意见的通知	厦集委〔2020〕24 号	区委 区政府	2020.05.15
中共集美区委 集美区人民政府关于印发集美区统筹推进常态化疫情防控和经济社会发展及安全生产工作实施意见的通知	厦集委〔2020〕36 号	区委 区政府	2020.07.18
中共集美区委 集美区人民政府关于表彰 2019 年度集美区科技、教育、人才工作先进集体和先进个人的决定	厦集委〔2020〕64 号	区委 区政府	2020.12.24
中共集美区委办公室关于印发集美区企业人才房租补贴办法的通知	厦集委办〔2020〕2 号	区委办	2020.01.08
中共集美区委办公室关于印发集美区"金蓝领人才培养工程"实施意见的通知	厦集委办〔2020〕3 号	区委办	2020.01.08
中共集美区委办公室 集美区人民政府办公室印发关于贯彻落实省市应对新型冠状病毒感染肺炎疫情支持企业共渡难关若干措施的实施意见的通知	厦集委办〔2020〕9 号	区委办 区政府办	2020.02.14
中共集美区委办公室 集美区人民政府办公室印发关于厦门市集美区应对新型冠状病毒肺炎疫情推进服务业企业有序复工工作方案的通知	厦集委办〔2020〕10 号	区委办 区政府办	2020.02.14
中共集美区委办公室 集美区人民政府办公室印发《集美区关于扎实做好"六稳"工作落实"六保"任务的实施方案》的通知	厦集委办〔2020〕42 号	区委办 区政府办	2020.07.10
中共集美区委办公室 集美区人民政府办公室关于加强增收节支管理全力支持做好"六稳"、"六保"工作的通知	厦集委办〔2020〕43 号	区委办 区政府办	2020.07.21
中共集美区委办公室 集美区人民政府办公室关于印发集美区历史文化遗产集中保护修缮专项工作方案的通知	厦集委办〔2020〕44 号	区委办 区政府办	2020.07.21

续表 38

文 件 名 称	发布文号	发布机关	发布日期
中共集美区委办公室 集美区人民政府办公室关于印发集美区落实《加快建设高颜值厦门行动方案（2020–2025 年）》实施方案的通知	厦集委办〔2020〕52 号	区委办	2020.10.20
关于开展集美区第七次全国人口普查的通知	集府〔2020〕09 号	区政府	2020.01.15
关于印发 2020 年乡村振兴年度工作计划的通知	集府〔2020〕15 号	区政府	2020.02.18
关于陈丽娴等同志任免职的通知	集府〔2020〕23 号	区政府	2020.03.02
关于厦门建霖健康家居股份有限公司灌口三厂“2•25”一般触电事故调查报告的批复	集府〔2020〕27 号	区政府	2020.03.12
关于王志卫同志任免职的通知	集府〔2020〕29 号	区政府	2020.03.02
关于黄振义同志免职的通知	集府〔2020〕42 号	区政府	2020.03.18
关于印发房屋安全应急抢险预案的通知	集府〔2020〕61 号	区政府	2020.04.23
关于公布第三批区级文物保护单位名单和保护范围的通知	集府〔2020〕64 号	区政府	2020.04.30
关于王志卫同志任免职的通知	集府〔2020〕66 号	区政府	2020.04.16
关于林合溪等同志任免职的通知	集府〔2020〕67 号	区政府	2020.04.24
关于陈新镇等同志任职的通知	集府〔2020〕68 号	区政府	2020.04.24
关于李子才等同志挂职的通知	集府〔2020〕69 号	区政府	2020.04.24
关于杨国华同志任职的通知	集府〔2020〕70 号	区政府	2020.04.24
关于陈新镇等同志免职的通知	集府〔2020〕71 号	区政府	2020.04.24
关于集美区灌口中路 82 号厂房火灾事故调查报告的批复	集府〔2020〕75 号	区政府	2020.05.11
关于厦门夏纺纺织有限公司“2020.2.16”火灾事故调查报告的批复	集府〔2020〕76 号	区政府	2020.05.11
关于朱晶等同志任免职的通知	集府〔2020〕77 号	区政府	2020.04.24
关于对厦门鹭艺达服装有限公司实行重大火灾隐患挂牌督办的批复	集府〔2020〕89 号	区政府	2020.06.04
关于纪荣辉同志任职的通知	集府〔2020〕91 号	区政府	2020.05.28
关于王志端同志任免职的通知	集府〔2020〕92 号	区政府	2020.05.28
关于林斌同志任职的通知	集府〔2020〕118 号	区政府	2020.07.01

续表 38

文件名称	发布文号	发布机关	发布日期
关于孙韬等同志任免职的通知	集府〔2020〕119 号	区政府	2020.07.01
关于新增设信毅社区居民委员会及调整滨水社区区域的批复	集府〔2020〕124 号	区政府	2020.07.08
关于杨志伟同志免职的通知	集府〔2020〕145 号	区政府	2020.07.28
关于彭福生等同志任免职的通知	集府〔2020〕147 号	区政府	2020.08.07
关于集美区两条乡村振兴动线建设方案的报告	集府〔2020〕151 号	区政府	2020.08.15
关于安仁产业园（二期）工程“7·5”一般物体打击事故调查报告的批复	集府〔2020〕163 号	区政府	2020.08.27
关于厦门市水源连通工程（石兜水库至西山水厂段）第一标段“7·16”放炮事故调查报告的批复	集府〔2020〕164 号	区政府	2020.08.27
关于张长明等同志任免职的通知	集府〔2020〕187 号	区政府	2020.09.22
关于王奕进等同志任免职的通知	集府〔2020〕188 号	区政府	2020.09.22
关于李拓江同志任职的通知	集府〔2020〕189 号	区政府	2020.09.22
关于厦门市威艾斯健身休闲有限公司“8·9”一般淹溺事故调查报告的批复	集府〔2020〕191 号	区政府	2020.10.12
关于厦门市建航建筑工程有限公司“8·26”一般机械伤害事故调查报告的批复	集府〔2020〕192 号	区政府	2020.10.12
关于印发《行政复议专家库建设管理办法》的通知	集府〔2020〕193 号	区政府	2020.10.13
关于确认 2019 年度“纳税大户”企业的决定	集府〔2020〕194 号	区政府	2020.10.15
关于蓝保（厦门）水处理科技有限公司“7·9”一般灼烫事故调查报告的批复	集府〔2020〕196 号	区政府	2020.10.18
关于郭素珠等同志晋升职级的通知	集府〔2020〕197 号	区政府	2020.10.18
关于林合溪同志任免职的通知	集府〔2020〕208 号	区政府	2020.11.03
关于林连寿等同志免职的通知	集府〔2020〕209 号	区政府	2020.11.03
关于黄世凤等同志任职的通知	集府〔2020〕210 号	区政府	2020.11.03
关于李行等同志任免职的通知	集府〔2020〕228 号	区政府	2020.11.16
关于下达 2020 年度安全生产和消防工作目标责任的通知	集府〔2020〕236 号	区政府	2020.12.14
关于 2020 年度党政领导生态文明建设和环境保护目标责任落实情况的总结	集府〔2020〕237 号	区政府	2020.12.14

续表 38

文件名称	发布文号	发布机关	发布日期
关于申请启动政府驻地迁移工作的报告	集府〔2020〕238 号	区政府	2020.12.14
关于印发实施厦门市集美区农村生活污水处理系统运行维护管理办法的通知	集府〔2020〕245 号	区政府	2020.12.25
关于厦门骏合诚工贸有限公司 11.12 一般事故调查的批复	集府〔2020〕254 号	区政府	2020.12.30
关于公布集美区第一批一般湿地名录的通知	集府〔2020〕255 号	区政府	2020.12.31
关于区人民政府领导成员工作分工的通知	集府〔2020〕258 号	区政府	2020.12.31
关于规范政府购买服务有关问题的通知	集府办〔2020〕01 号	区政府办	2020.01.10
关于印发集美区突发公共卫生事件应急预案的通知	集府办〔2020〕03 号	区政府办	2020.01.13
关于印发 2020 年政府工作报告任务分解及责任分工的通知	集府办〔2020〕04 号	区政府办	2020.01.14
关于下达 2020 年第一批财政性建设项目投资计划的通知	集府办〔2020〕05 号	区政府办	2020.01.23
2019 年政府信息公开工作年度报告	集府办〔2020〕06 号	区政府办	2020.02.09
关于公布贯彻落实应对新冠肺炎疫情扶持企业发展实施意见办事指南的通知	集府办〔2020〕07 号	区政府办	2020.02.18
关于印发健康集美行动实施方案的通知	集府办〔2020〕11 号	区政府办	2020.03.11
关于印发集美区 2020 年地质灾害防治方案的通知	集府办〔2020〕13 号	区政府办	2020.03.31
关于印发集美区尘肺病防治攻坚行动实施方案的通知	集府办〔2020〕15 号	区政府办	2020.04.15
转发集美区财政局关于推进疫情防控和经济社会发展加强财政资金统筹若干措施的通知	集府办〔2020〕17 号	区政府办	2020.04.30
关于印发《集美辖区排水户内部雨污管网调查整改方案》的通知	集府办〔2020〕23 号	区政府办	2020.05.27
关于印发集美区重污染天气应急预案的通知	集府办〔2020〕24 号	区政府办	2020.05.28
关于印发 2020 年集美区涉众型经济金融风险专项排查整治工作方案的通知	集府办〔2020〕25 号	区政府办	2020.05.29
转发区工业和信息化局关于加快推动集美区政策扶持信息化工作若干措施的通知	集府办〔2020〕26 号	区政府办	2020.05.27
关于印发厦门市集美区防洪防台风应急预案的通知	集府办〔2020〕29 号	区政府办	2020.06.06
关于印发集美区燃气突发事故应急预案的通知	集府办〔2020〕33 号	区政府办	2020.06.10
关于印发集美区燃气安全监管工作实施意见的通知	集府办〔2020〕34 号	区政府办	2020.06.10

续表 38

文件名称	发布文号	发布机关	发布日期
关于印发集美区改革完善医疗卫生行业综合监管制度实施方案的通知	集府办〔2020〕35号	区政府办	2020.06.15
关于印发集美区申报国家历史文化名城工作方案的通知	集府办〔2020〕39号	区政府办	2020.06.19
关于印发厦门市集美区零基预算改革实施方案的通知	集府办〔2020〕43号	区政府办	2020.07.01
关于印发集美区安全生产专项整治三年行动实施方案的通知	集府办〔2020〕47号	区政府办	2020.07.15
关于印发区级行政事业单位国有资产使用管理办法的通知	集府办〔2020〕62号	区政府办	2020.08.18
关于印发集美区全面推进基层政务公开标准化规范化工作实施方案的通知	集府办〔2020〕66号	区政府办	2020.08.25
关于印发集美区城镇人口密集区危险化学品生产企业关闭退出验收条件及工作程序的通知	集府办〔2020〕74号	区政府办	2020.09.15
关于印发集美区住宅小区消防基础改造工作方案的通知	集府办〔2020〕87号	区政府办	2020.10.28
关于印发同安湾生态综合治理实施方案的通知	集府办〔2020〕88号	区政府办	2020.10.28
关于印发集美区跨镇街招商税收分成暂行办法的通知	集府办〔2020〕89号	区政府办	2020.11.03
关于印发森林防灭火提升工作三年行动方案的通知	集府办〔2020〕102号	区政府办	2020.12.03
关于印发集美区小微水体整治工作实施方案的通知	集府办〔2020〕103号	区政府办	2020.12.08
关于开展第一次全国自然灾害综合风险普查的通知	集府办〔2020〕104号	区政府办	2020.12.08
关于印发集美区建立海域长效监管机制实施方案的通知	集府办〔2020〕105号	区政府办	2020.12.08
关于开展2021年区政府官方网站“领导在线访谈”活动的通知	集府办〔2020〕109号	区政府办	2020.12.24
关于印发《集美区推进新型基础设施建设三年行动计划（2020—2022年）》的通知	集府办〔2020〕110号	区政府办	2020.12.29
关于下达2021年第一批财政性建设项目投资计划的通知	集府办〔2020〕111号	区政府办	2020.12.30
关于印发集美区房屋结构安全专项治理三年行动方案的通知	集府办〔2020〕112号	区政府办	2020.12.31

调研报告

后新冠时代集美区经济高质量发展面临的机遇、挑战及对策研究

党的十九届五中全会通过的《中共中央关于制定国民经济和社会发展第十四个五年规划和二〇三五年远景目标的建议》，明确提出了“十四五”时期经济社会发展指导方针，指出“十四五”时期经济社会发展要以推动高质量发展为主题，要以习近平新时代中国特色社会主义思想为指导，坚定不移贯彻新发展理念，以深化供给侧结构性改革为主线，坚持质量第一、效益优先，切实转变发展方式，推动质量变革、效率变革、动力变革，使发展成果更好惠及全体人民，不断实现人民对美好生活的向往。将推动高质量发展作为我国“十四五”时期经济社会发展主题，这是党的十九届五中全会根据我国发展阶段、发展环境、发展条件变化作出的科学判断。当前我国正处于百年未有之大变局的深度调整期、百年未遇之大疫情持续影响期和“两个一百年”奋斗目标的历史交汇期。2021 年仍是受新冠疫情持续性影响的一年，更是我国开启全面建设社会主义现代化国家新征程、向第二个百年奋斗目标进军的开局之年，这对于正处于践行高素质高颜值跨岛发展最美新市区战略的集美区提出了更高要求。即在新时代国民经济发展的新形势下，以党的十九大和十九届二中、三中、四中、五中全会精神，以及习近平总书记对福建省、厦门市重要指示精神为引领，立足于厦门市加快建设“高素质高颜值现代化国际化城市”的使命和“岛内大提升、岛外大发展”的跨岛发展战略，全面系统审视本区在“三期叠加”时期推进经济高质量发展所面临的挑战与机遇，依循“质量变革、效率变革、动力变革”理论体系，结合集美区“十四五”发展规划导向，提出集美区化危为机、危中寻机、乘势而上推动经济高质量发展的具体对策，这将是本课题研究的主要内容。

第一章 课题概述

一、课题研究意义

面对突如其来的全球新冠疫情冲击，世界经济严重衰退，产业链供应链循环受阻，国际贸易投资萎缩，国内消费、投资、出口面临严峻挑战。集美区努力在抢抓机遇中争创优势，相继出台了《关于贯彻落实省市应对新冠肺炎疫情支持企业共渡难关若干措施的实施意见》、《集美区应对新冠肺炎疫情扶持企业发展实施意见的办事指南》、《集美区关于鼓励台湾青少年来集研学旅行奖励办法》等政策，扎实推进“六稳”、“六保”工作，积极融入国内国际“双循环”和“岛外大发展”战略，纵深推进县域集成改革试点工作，在全方位高质量发展大局中彰显集美担当。处于受全球新冠疫情常态化影响的形势下，客观研判全球新冠疫情对集美区经济产业、尤其是高质量发展有何影响，孕育着哪些新的发展机遇，应该执行哪些具有前瞻性且行之有效的对策，来推动质量变革、效率变革意义的命题。

（一）有利于集美区深入学习贯彻党的十九届五中全会精神和习近平新时代中国特色社会主义经济思想

习近平总书记指出：“‘十四五’时期是我国全面建成小康社会、实现第一个百年奋斗目标之后，乘势而上开启全面建设社会主义现代化国家新征程、向第二个百年奋斗目标进军的第一个五年，我国将进入新发展阶段。”党的十九届五中全会重要的成果就是审议通过了《中共中央关于制定国民经济和社会发展第十四个五年规划和二〇三五年远景目标的建议》，对“十四五”时期我国发展作出系统谋划和战略部署，明确了“十四五”时期经济社会发展目标和 2035 年远景目标。实现“十四五”规划和 2035 年远景目标，必须深刻认识新发展阶段的内涵和特点，准确把握我国所处重要战略机遇期的机遇和挑战，贯彻新发展理念，构建新发展格局，实现高质量发展。对于承载着经济特区创新创造高质量发展使命的集美区来说，深刻认识本区发展阶段的内涵和特点，是深入学习贯彻十九届五中全会精神的前置性条件。人均 GDP 作为 2035 年愿景目标表述中唯一一个相对比较明确的数量化发展指标，是衡量经济高质量发展、人民共享经济成果的关键指标。2019 年，集美区人均 GDP 达到 109029 元，首度突破 10 万元大关，是本区域核心竞争力的重要体现，反映出对即将全面开启的“十四五”规划已具备了良好的基础性条件。但与此同时，2019 年集美区人均 GDP 仅高于福建省人均 GDP（2019 年福建省人均 GDP 为 107139 元）1.77%。为此，在此重大历史时期，集美区以推动高质量发展为主题，坚定不移贯彻新发展理念，以深化供给侧结构性改革为主线，坚持质量第一、效益优先，切实转变发展方式，推动质量变革、效率变革、动力变革，正视全球新冠疫情对本区经济所带来的持续性影响，系统审视经济发展结构与质量，逐步构建以国内大循环为主体、国内国际双循环相互促进的新发展格局，是时代赋予的历史使命，是深入学习、贯彻落实党的十九届五中全会精神和习近平新时代中国特色社会主义经济思想的集中体现。

（二）有利于集美区将风险意识融入至高素质高颜值跨

岛发展最美新市区的经济发展战略之中

习近平总书记指出："进入新发展阶段，国内外环境的深刻变化既带来一系列新机遇，也带来一系列新挑战，是危机并存、危中有机、危可转机。"自新冠肺炎被世卫组织定义为全球大流行以来，疫情扩散范围和持续性一再刷新各界的预期，也始终是影响全球经济走势最重要的变量，疫情对于全球经济的负面影响在2021年还将延续，复苏进程在供给端和服务业仍会明显滞后。这对属于外向型经济发展区域、县域集成改革试点的集美区来说，科学处理好常态化疫情防控与经济社会发展的关系，是全面开启"十四五"规划、实现高素质高颜值跨岛发展最美新市区经济发展蓝图核心任务。

自2020年2月份以来，集美区区级财政收入持续呈现负增长，当月税收收入增幅曾一度下滑至-38.3%，随后在各项宏观调控政策、企业复工复产的协同发力下，前三季度主要经济指标增速有力回升，在市对区考核的11项指标中，地区生产总值、规模以上工业增加值、批发零售贸易业销售额、实际使用外资等8项指标增速超过全省平均水平，其他营利性服务业营业收入、实际使用外资等5项指标增速排名全市前三。在后疫情时代，如何提升集美区经济发展韧性、提高抵抗风险的能力，将风险防控意识、危机管理思维融入常态化的经济发展战略之中，成为推动经济高质量发展的应有之义，这也是本课题研究价值所在。从稳增长与防风险长期均衡的目标看，高质量发展不仅是我们着力追求的新发展目标，也是一种化解各种风险挑战的机制。这要求集美区一方面，对经济发展环境的认识，要从"无疫状态"向"适应疫情长期存在"转变，即在"晴天"转为"雨天"的形势下，无论是制定地区宏观性经济发展规划、出台地方产业扶持与导向性政策，还是在调整产业发展业态、劳动力选择方式等方面，都必须将疫情防控作为一个重要因素加以考虑。另一方面，对发展方式的考量，要从"无疫发展"向"带疫发展"转变，必须适应疫情长期存在的新形势，将疫情防控措施融入经济社会发展进程中加以统筹推进，处理好应急举措和经济高质量持续发展的关系，结合厦门市高素质高颜值现代化国际化的产业布局，科学评估新冠疫情对本区经济产业格局的影响；处理好重振经济和完善宏观经济治理的关系，针对疫情带来的深刻冲击，汲取经验教训，将风险意识融入至常态化经济发展思路之中，积极探索后新冠时代的科学发展模式。

（三）有利于集美区全新审视区域经济发展质量以构建顺应新时代高质量发展的双循环新格局

后新冠时代我国城市发展面临双重叠加的转型，既要实现冲击后的经济恢复性转型发展，也要推动经济现代化转型发展。构建国内大循环为主体、国内国际双循环相互促进的新发展格局，是与时俱进提升我国经济发展水平的战略抉择，也是塑造我国国际经济合作和竞争新优势的战略抉择。2020年11月25日，中共中央政治局委员、国务院副总理刘鹤在《人民日报》发表署名文章，详解加快构建以国内大循环为主体、国内国际双循环相互促进的新发展格局的背景、内涵及其实施路径，指出新冠肺炎疫情影响广泛深远，逆全球化趋势更加明显，全球产业链、供应链面临重大冲击，风险加大，面对外部环境变化带来的新矛盾新挑战，必须顺势而为调整经济发展路径，在努力打通国际循环的同时，进一步畅通国内大循环，提升经济发展的自主性、可持续性，增强韧性，保持我国经济平稳健康发展，市场是全球最稀缺的资源，我们构建新发展格局和扩大内需，可以释放巨大而持久的动能，推动全球经济稳步复苏和增长。由此可见，新形势下，构建双循环新格局这一论述不是简单地针对当前产业链供应链因疫情而中断所采取的权宜之计，而是在中国经济迈向高质量发展关键阶段的强国方略；不是因个别国家企图与我脱钩、对我围堵而被动地内敛收缩，而是筹划以更深层次的改革、更高水平的开放加快形成内外良性循环的战略抉择。

城区是新时代高质量发展的核心载体，也是城市群、都市圈建设的核心力量，更是城市的"软实力"、"辐射极"和"主形象"的担当。抓住新一轮科技革命和产业变革机遇，以城区为核心培育产业竞争新优势，对于推动城市经济发展质量变革、效率变革与动力变革，实现高质量发展具有重要的意义。从厦门全市发展大局来看，集美区显现出强劲的竞争力和发展潜力，但居于全国性范畴，集美区对标城市区域高质量发展标准，仍有较大的进步空间。在由国家工信部下属的赛迪顾问城市经济研究中心，于2020年9月10日所发布的《2020年中国城区发展高质量发展白皮书》中，省（区）市分布情况前三名分布为广东省（21个城区）、江苏省（18个城区）、浙江省（13个城区），福建省共有4个城区入围前百名，其中厦门市思明区、湖里区分别位于24名与65名，集美区居于中国城区高质量发展百强区之外，具体如表1.1、表1.2所示。由此可见，作为"岛外大发展"排头兵的集美区在高质量发展上还大有可为。构建国内大循环为主体、国内国际双循环相互促进的新发展格局，是集美区破除全球新冠疫情负面影响、降低对外依存度、夯实经济高质量发展根基的改革路向。故此，着力探讨后新冠时代集美区经济高质量发展所面临的机遇与挑战，是探索构建双循环新格局的前置性"功课"，也为全面深化改革，尽快疏通影响区域经济国内大循环的堵点，明晰改革路向以确保经济高质量发展打好基础。

表 39

表 1.1 2020 年中国城区高质量发展水平前二十名排行榜

排名	城区	城市	省（区）	排名	城区	城市	省（区）
1	南山区	深圳市	广东省	11	武进区	常州市	江苏省
2	天河区	广州市	广东省	12	吴江区	苏州市	江苏省
3	福田区	深圳市	广东省	13	越秀区	广州市	广东省
4	龙岗区	深圳市	广东省	14	南海区	佛山市	广东省
5	黄岛区	青岛市	山东省	15	新吴区	无锡市	江苏省
6	顺德区	佛山市	广东省	16	雁塔区	西安市	陕西省
7	余杭区	杭州市	浙江省	17	江宁区	南京市	江苏省
8	宝安区	深圳市	广东省	18	鼓楼区	福州市	福建省
9	黄埔区	广州市	广东省	19	北仑区	宁波市	浙江省
10	鄞州区	宁波市	浙江省	20	雨花区	长沙市	湖南省

表 40

表 1.2 2020 年中国城区高质量发展水平福建省城区排行榜

排名	城区	城市	省（区）
18	鼓楼区	福州市	福建省
24	思明区	厦门市	福建省
65	湖里区	厦门市	福建省
67	新罗区	龙岩市	福建省

二、后新冠时代集美区经济高质量发展的内涵体系

（一）“后新冠时代”内涵与认知框架

2020 年 6 月 16 日，习近平主席同塔吉克斯坦总统拉赫蒙通电话时，提到“后疫情时代”一词。时隔 6 天，在以视频方式会见欧洲理事会主席米歇尔和欧盟委员会主席冯德莱恩时，习近平主席再次提出，“推动‘后疫情时代’中欧关系更加稳健成熟”。2020 年 11 月 24 日《人民日报》发表《为重塑后疫情时代的世界指明方向》文章，文章报道在世纪疫情和百年变局交织、全球经济陷入严重衰退、世界进入动荡变革期的大背景下，习近平主席于 2020 年 11 月 17 日至 22 日接连在金砖国家领导人第十二次会晤、亚太经合组织第二十七次领导人非正式会议等全球多边舞台上发出时代强音，提出中国方案，为全球摆脱当前危机提供了思路，为重塑后疫情时代的世界指明了方向。由此可见，“后疫情时代”这一概念，是基于我国新冠疫情防控阻击战取得重大战略成果，但仍需正视全球新冠疫情持续蔓延的客观态势，着力平衡常态化疫情防控与稳定恢复经济之间的关系，稳步向新一个“百年目标”迈进的这一重大历史节点的宏观政策性表述。

结合国家宏观政策方针、中国社会科学院经济研究所《中国经济报告 (2020)》总报告组对“后疫情时代”内涵界定，课题组将从时间节点性、地域范围性、疫情危机持续影响力度、正视疫情危机的理性思维这四个层面理解“后新冠时代”的内涵，如表 1.3 所示。

表 41

表 1.3 “后新冠（疫情）时代”内涵认知体系

界定维度	“后新冠时代”内涵
1. 时间节点性	（1）三期叠加时期：即百年未有之大变局的深度调整期、百年未遇之新冠大疫情持续影响期和“两个一百年”奋斗目标的历史交汇期； （2）具体至集美区也是打造高素质高颜值跨岛发展最美新市区的时期；是加快推进县域集成改革省级试点各项任务，努力打造两岸深度融合发展示范区的时期。
2. 地域范围性	受新冠肺炎持续性影响的全球区域。
3. 疫情危机持续影响力度	新冠疫情的冲击力度之大还无法估计，疫情将使全球经济更加脆弱，可能会导致地缘政治和地缘经济的大转变，增强和加速了后金融危机时期的全球与区域经济大变革。
4. 正视疫情公共危机的理性思维	（1）要把疫情影响作为政策制定及执行的主要影响因素。由于疫情本身并未彻底消失（或将与我们长期共存），疫情以后全球、国家及地域性许多经济活动与政策考量，仍需在相当长的时期内将疫情作为主要影响因素。（2）要区分疫情的短期影响和长期影响。即使疫情得到了一定的控制，疫情所带来的经济格局以及因抗疫所形成的政策格局，在未来一段时期将会持续存在，成为另外一种经济社会“新常态”，需以“新常态”思维认知处理区域经济与社会发展格局。

（二）“三期叠加时期”的集美区经济高质量发展内涵解读

习近平总书记在党的十九大报告中明确指出，“我国经济已由高速增长阶段转向高质量发展阶段，正处在转变发展方式、优化经济结构、转换增长动力的攻关期，建设现代化经济体系是跨越关口的迫切要求和我国发展的战略目标。”高质量发展是能够很好满足人民日益增长的美好生活需要的发展，是创新成为第一动力、协调成为内生特点、绿色成为普遍形态、开放成为必由之路、共享成为根本目的的发展。实现高质量发展，是保持经济社会持续健康发展的必然要求，是适应我国社会主要矛盾变化和全面建设社会主义现代化国家的必然要求。

随着从高速增长向高质量发展迈进，中国经济正在开启新的时代。什么是高质量发展，尤其是在“三期叠加时期”，如何立足于国际国内及本土经济新形势来系统推动高质量发展，成为考验各级地方政府全面开启“十四五”发展规划的核心主题。在党的十九届五中全会所审议通过的《中共中央关于制定国民经济和社会发展第十四个五年规划和二〇三五年远景目标的建议》中，明确了“十四五”时期经济社会的指导思想和必须遵循的原则，突出新发展理念的引领作用，就“十四五”时期经济社会发展和改革开放的重点任务作出工作部署，在指导思想上，强调要坚定不移贯彻创新、协调、绿色、开放、共享的新发展理念，坚持稳中求进工作总基调，以推动高质量发展为主题，以深化供给侧结构性改革为主线，以改革创新为根本动力，以满足人民日益增长的美好生活需要为根本目的，统筹发展和安全，加快建设现代化经济体系，加快构建以国内大循环为主体、国内国际双循环相互促进的新发展格局，推进国家治理体系和治理能力现代化，实现经济行稳致远、社会安定和谐，为全面建设社会主义现代化国家开好局、起好步。在必须遵循原则上，坚持新发展理念作为五大原则之一，强调要把新发展理念贯穿发展全过程和各领域，构建新发展格局，切实转变发展方式，推动质量变革、效率变革、动力变革，实现更高质量、更有效率、更加公平、更可持续、更为安全的发展。在高质量发展的重点工作上，明确了从科技创新、产业发展、国内市场、深化改革、乡村振兴、区域发展，到文化建设、绿色发展、对外开放、社会建设、安全发展、国防建设等重点领域的思路和重点工作。在开启新篇章的历史节点，集美区作为厦门市践行经济特区敢闯敢试、敢为人先、创新创造的特区精神的重要一翼，全面学习贯彻党的十九届五中全会精神，深刻认识经济高质量发展的丰富内涵和要求，识别后新冠时代经济高质量发展所面临的机遇与挑战，将有助于制定契合厦门市及本区经济高质量发展特质的宏观政策及具体性实施策略。

从上述习近平总书记及十九届五中全会会议等对经济高质量发展的一系列重要论述来看，课题组将从国家宏观政策与集美区城区经济发展特质两个层级，经济高质量发展的指导思想、核心要素、驱动要素三个维度来解析集美区后疫情时期经济高质量发展的内涵，具体见表 1.4。集美区让十九届五中全会会议精神生根落地、开花结果的过程，便是以高质量发展为主题，全面建设更富有生机、更有核心竞争力、更有温度的高素质高颜值跨岛发展最美新市区的过程，是满足市民对美好生活向往追求的过程。

表 42

表 1.4　"三期叠加期"集美区经济高质量发展内涵表

分析层次 分析维度	国家层面	集美区层面
指导思想	以推动高质量发展为主题，以深化供给侧结构性改革为主线，以改革创新为根本动力，以满足人民日益增长的美好生活需要为根本目的，统筹发展和安全，加快建设现代化经济体系，加快构建以国内大循环为主体、国内国际双循环相互促进的新发展格局，推进国家治理体系和治理能力现代化，实现经济行稳致远、社会安定和谐。	
核心要素	1. 供给侧结构改革 2. 构建以国内大循环为主体、国内国际双循环相互促进的新发展格局 3. 创新驱动发展 4. 加快发展现代产业体系	1. 发展实体经济、提升产品品质 2. 基于后疫情特点，调整本区经济产业业态尤其是以出口产业为主的机械装备业等产业布局，依托影视产业、夜经济、数字型产业拓展国内大循环 3. 推进本区产业技术与设备创新升级，充分挖掘高校、科研院所的文教区资源优势，推进产城研学深度融合 4. 依据疫情所带来的机遇，优化调整六大现代产业体系
驱动要素	1. 优化营商环境 2. 土地要素改革 3. 财税金融体制 4. 宏观经济治理能力	1. 行政体制机制改革、公平公正的市场竞争环境 2. 盘活土地要素市场，提升地均 GDP 3. 构建便捷高效具有激励效应的财税金融运行机制 4. 科学研判全球及区域经济发展的能力，尤其是宏观经济的调控能力、创新能力及风险防控能力

三、研究方法与内容

（一）研究方法

1. 文献分析法。课题组查阅分析关于国民经济和社会高质量发展、后疫情时代地方经济社会高质量发展、城市（区）高质量发展等相关文献及资料，并对厦门市、集美区等地关于高质量发展的相关数据及资料进行深度分析。

2. 深入访谈法：实地访谈集美区委组织部、区发改局、区工信局、区商务局、区文化旅游局、区建设与交通局、区农业农村局等与集美区经济高质量发展息息相关的党委与政府职能部门负责人，结合所提供的实时反映集美区高质量发展的资料，深入了解后新冠时代集美区经济高质量发展所面临问题、挑战及机遇；此外，实地访谈、走访了集美区高校产学研等相关负责人、辖区内知名企业的相关负责人等，了解其对后新冠时代集美区经济高质量发展所面临的机遇、挑战这一问题的实际感知及相关看法，以便课题组更为客观理性认知后新冠时代集美区高质量发展这一时代主题。

（二）研究内容

课题报告基于百年未有之大变局的深度调整期、百年未遇之新冠大疫情持续影响期和"两个一百年"奋斗目标的历史交汇期的宏观背景之下，围绕集美区经济高质量发展所面临的机遇、挑战及对策，共分为四个部分。第一章为课题概述；第二章依据赛迪顾问城市经济社会研究中心所提出的城区高质量发展潜力评价模型，即从经济实力、消费活力、内生动力与区域能级这四大维度分析后新冠时代集美区经济高质量发展所面临的挑战；第三章侧重于从现代经济产业链群的发展趋势、双循环新格局的构建、产城研学创新链条的运转、区域公共政策与治理能力的赋能这四个维度来识别集美区在这特殊时期所面临的发展机遇；第四章从构建"双循环"新格局、现代产业体系质量效率与动力改革、地方政府治理能力提升这三个层面，提出集美区在后新冠时代、尤其是实施"十四五"规划时实现经济高质量发展的对策。

第二章　后新冠时代集美区经济高质量发展所面临的挑战

2020 年所爆发的新冠疫情不光是人类发展史上最严重的公共卫生危机之一，而且也是范围最广和感染人数最多的全球性疫情。联合国从政治上把新冠疫情定性为二战后最为严重的国际危机，世卫组织称之为人类历史上最为严重的公共卫生危机之一，国际货币基金组织则从经济和金融方面将其定性为继 1929 年"大萧条"、2008 年"大衰退"之后的 2020 年"大隔离"经济金融危机。中华人民共和国驻中非共和国特命全权大使、丝路智谷研究院高级顾问孙海潮基于全球疫情防控及变化格局，提出了新冠疫情对世界经济和国际关系格局的影响或将延续数十年的论断。立足于全球化的新冠疫情危机，着眼于全面开启"十四五"规划的历史使命，课题组将从区域、国内与国际政治经济环境相融合、后新冠时代如何平衡疫情防控常态化与经济社会秩序正常化之间矛盾的视角，依据赛迪顾问城市经济社会研究中心所提出的城区高质量发展潜力评价模型，即从经济实力、消费活力、内生动力与区域能级这四大维度（如图 2.1 所示）分析后新冠时代集美区经济高质量发展所面临的挑战。

图 2.1 城区高质量发展潜力评估模型

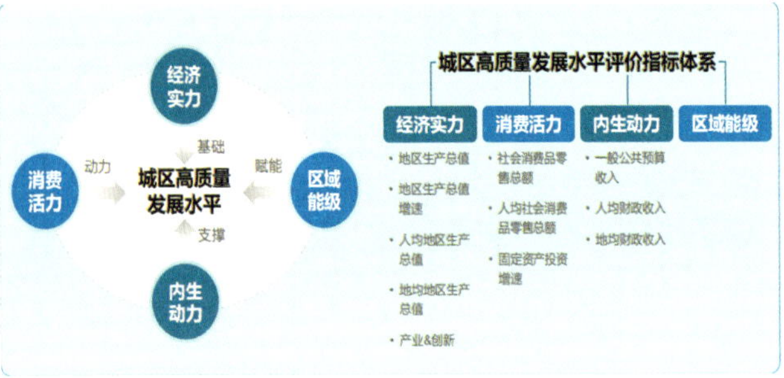

一、基于经济实力层面分析后新冠时代集美区经济高质量发展所面临的挑战

从城区与经济高质量发展的关系来看，城区作为我国城镇化率最高、创新资源最为集中、各类人才最为集聚、管理服务体系最为健全、基础服务设施最为完善的区域，是推动经济转型、产业结构调整的重要区域，是推动新旧动能转化、实现创新发展的重要载体、是推进经济高质量发展的核心单元和动能引擎。但从新冠疫情传播高危性与城市高密度空间功能属性来看，二者具有天然的矛盾。即从发展角度来看，城市的建设就是要追求各类要素合理流动和高效集聚，吸引资本和人才的大量流入，放大规模效应和聚集效应，给予资本更多的回报，给予人才更多、更好的就业机会，形成正向循环；从传染病防控角度来看，城市人口众多，健康状况异质多元，交流接触频繁，成为直接阻滞经济产业发展的不可回避的影响因子。受新冠疫情的持续性影响，集美区在综合经济实力的迅猛发展势头上受到了原有国际市场相对分离、国内市场萎缩以及供应链处于不稳定状态的挑战，具体将从经济实力的基础性统计数据、中小微企业生存业态、集美区六大产业链群高质量发展境遇这三个层面进行分析。

（一）基于基础性经济统计指标分析后新冠时代集美区经济实力高质量发展所面临的挑战

依据城区高质量发展潜力评价模型，经济实力这一维度包括了地区生产总值、地区生产总值增速、人均地区生产总值、地均地区生产总值这四项统计性指标，课题组将此四项指标与厦门市、集美区 2020 年前 3 季度基础性经济类指标进行比对，选择了地区生产总值、地区生产总值增速、第一二三产业值、第一二三产业值增速、规模以上工业增加值、规模以上工业增加值增速等指标作为分析数据，具体如表 2.1 所示。第一季度作为全国新冠疫情爆发的高峰时期，集美区生产总值同比增速为 −8.6%，第一二三产业均受疫情显著影响，尤其是第二产业同比增速为 −11.6%，规模工业增加值同比增速为 −7.3%，显著程度均高于厦门市同比增减速。经过第二季度国家、省、市、区宏观经济政策的积极扶持，集美区稳步推进复工复产，经济处于逐步复苏状态。但从 1−9 月的关键核心经济实力统计指标数据来看，集美区生产总值的同比增速、第一产业同比增速、第三产业同比增速均低于厦门市同比增速，其中集美区第一产业的复苏受市场影响最为明显，在厦门市全市同比增速为 2.1% 的情形下，集美区第一产同比增速为 −7.7%，这与在新冠疫情爆发时期农副产品持续性呈现出产销失衡、供应链系统处于断层状态、养殖原材料成本上升直接相关，中小微农村养殖业、渔业更是直接面临着能否得以存续的严峻挑战。此外，在 2020 年 1−9 月期间，作为集美区三大产业占比最高的第三产业，占地区生产总值的比重为 57.11%，是典型的第三产业为主导的产业结构，这一方面反映出社会分工更为精细、产业业态不断更新的趋势，另一方面意味着在后新冠时代，交通、住宿餐饮、旅游等接触性服务类产业面临着订单大幅减少、现金流断裂，危机抵抗能力较弱的风险。集美区第三产业涵盖了软件和信息服务业、文化创意与旅游业、现代物流业这三大新兴产业链群，其 1−9 月的同比增速低于市级的 1.7%，这说明这三大产业链群受疫情冲击尤为强烈，在后疫情时代和实现“十四五”规划的新时期，还将长期面临着国际市场处于并将常态化处于萎缩性的分立状态、国内消费意愿处于相对谨慎保守型状态的挑战。

表 43　2.1　集美区、厦门市 2020 年前三季度经济实力统计指标对比表

统计指标		1−3 月（本月止累积额）	1−3 月（同比增减 %）	1−6 月（本月止累积额）	1−6 月（同比增减 %）	1−9 月（本月止累积额）	1−9 月（同比增减 %）
1. 生产总值（万元）	集美区	1588030	−8.6	3638576	−1.4	6112334	2.5
	厦门市	13180200	−3.2	29481900	0.6	47413600	3.1
2. 第一产业（万元）	集美区	1416	−4.5	8687	−3.5	20101	−7.7
	厦门市	50800	1.7	106400	1.6	194000	2.1
3. 第二产业（万元）	集美区	687786	−11.6	1654256	−0.4	2595309	3.7
	厦门市	4764500	−7.0	12373800	−0.7	19103000	3.0

续表 43

统计指标		1-3 月（本月止累积额）	1-3 月（同比增减 %）	1-6 月（本月止累积额）	1-6 月（同比增减 %）	1-9 月（本月止累积额）	1-9 月（同比增减 %）
4. 第三产业（万元）	集美区	898828	-5.4	1975633	-2.5	3490924	1.4
	厦门市	8364800	-0.5	17001700	1.6	28116600	3.1
5. 规模工业增加值（万元）	集美区	560519	-7.3	1360633	1.2	2158362	3.8
	厦门市	3868100	-3.2	无	1.0	无	3.0

（二）后新冠时代集美区中小微企业发展面临着市场停摆、出口受阻与资金链断裂等挑战

中小微企业的健康发展是我国迈入“十四五”发展阶段，全面落实“六稳”、“六保”工作的基础所在，也是城区经济高质量发展活力的具体体现。在新冠疫情之前，由于信息不对称程度高、自身经营风险大、转型升级困难、经济增速下滑、中美贸易摩擦等原因，我国中小微企业已面临较为严峻的经营困境和融资难题。“新冠”疫情的爆发从收入与成本两端严重挤压了中小微企业盈利空间，并导致外部融资环境恶化，老难题加新冲击使中小微企业在疫情面前尤为脆弱。据 2019 年数据显示，我国有超过 100 万家企业倒闭，其中超过 90% 是中小型企业，而大多数企业的生命周期只有 3 年，能超过 5 年的只有 10% 左右，2020 年开年到 11 月，全国注销的企业数就超过 80 万。集美区于 2020 年 2 月 15 日，正式印发《关于贯彻落实省市应对新型冠状病毒感染肺炎疫情支持企业共渡难关若干措施的实施意见》，多措并举为加大对中小微企业的支持力度，保持信贷规模不下降，对受疫情影响严重的中小微企业，到期还款困难的予以展期或续贷，鼓励金融机构加大信贷投放，按新增经营性贷款金额、新增贷款户数对金融机构进行奖励，每家机构最高奖励 50 万元，这对辖区内尤其是餐饮、教育培训、文化创意与旅游、种养殖类中小微企业缓解新冠疫情的剧烈冲击起到了一定的积极效用。但从生存业态的持续性来看，集美区中小微企业依然面临市场停摆、出口受阻、资金链断裂等具体性挑战。在对集美区中小微企业的实地调研中，诸如文教类培训机构、维护类软件企业、餐饮类企业等由于受疫情影响，部分呈现出关停转行、缩减业务与规模的状态。截止到 2020 年 9 月，按照国家新设的企业行业门类标准，集美区受影响较严重的行业分别为教育、房地产业、批发和零售业、居民服务修理和其他服务业、租赁和商务服务业、制造业，同比下降分别为 129.17%、53.85%、32.37%、24.47%、13.97%、11.69%。从行业门类来看新设的个体工商户情形，集美受影响较严重的行业分别为卫生和社会工作、房地产业、制造业、居民服务修理和其他服务业、住宿和餐饮业，同比下降分别为 71.55%、46.15%、31.82%、27.97%、24.08%；新设外资企业受影响较大的行业分别为租赁和商务服务业、制造业、文化体育和娱乐业、批发和零售业、住宿和餐饮业，同比下降分别为 84.62%、72.73%、33.33%、27.78%、25%。中小微企业生存与发展状态是集美区全面推动经济高质量发展必须正视的民生性和基础性问题。

（三）后新冠时代集美区实体经济高质量发展面临着国际市场断裂、市场定位急剧调整与供应链断层等严峻挑战

党的十九届五中全会提出，坚持把发展经济着力点放在实体经济上，坚定不移建设制造强国、质量强国、网络强国、数字中国，推进产业基础高级化、产业链现代化，提高经济质量效益和核心竞争力。“坚持把发展经济着力点放在实体经济上”的重要表述是以习近平同志为核心的党中央基于两个大局的全局性重大战略判断作出的，进一步明确了“十四五”时期振兴实体经济对全面建设社会主义现代化国家的重大战略意义。集美区在 2019 年 12 月 29 日所作出的《政府工作报告》中，就明确提出“筑牢实体经济根基，巩固先进制造业的支撑作用，加快壮大软件信息业，持续培育文化旅游业，提升优化集美区物流产业园格局”是 2020 年度推动经济高质量发展的核心工作。但对于 2020 年突如其来的全球新冠疫情，集美区实体经济尤其是以出口型为主的工业企业，受到了中美贸易战与新冠疫情双重冲击，在后新冠时代面临着国际市场断裂、市场定位急剧调整、供应链断层、人力短缺与成本上升等多重挑战，这也是扎实开启“十四五”规划所必须正视的现实境况。机械装备制造业是集美区实体经济中的传统优势产业，是经济高质量发展的“中流砥柱”，包括了大中型客车、工程机械、输配电设备等传统优势行业，拥有厦门厦工工程机械有限公司、厦门金龙联合汽车工业有限公司、厦门宏发电声股份有限公司等重点企业。截止至 2020 年 9 月，513 家规模以上工业企业（不含火炬）累计完成产值 788.59 亿元，同比增长 4.29%，较 1-3 月回升 16.24 个百分点。全球新冠疫情持续性影响，使机械装备业的海外市场受到挤压，国内基建项目阶段性停摆导致坏账比率上升。以厦门厦工机械股份有限公司为例，如表 2.2、表 2.3 所示，厦工机械股份有限公司在 2020 年上半年度的营业收入较上年同期下降 15.3%，经营活动所产生的现金流量金额呈负数，

比上年同期下降 806.73%，尤其是在疫情发生期间的 1 年以内应收账款达到 45 亿多元，地均 GDP 产值受到显著影响，这在一定程度上削弱了机械装备类工业企业转型升级、拓展市场与产品研发的能力。

软件和信息服务业产业链作成为集美区的特色具有竞争力的优势产业，同样也受到了新冠疫情的波及，尤其是以国外需求所开展的订单式软件研发、国内文教开发及软件维护类等为主的企业最为突出；此外，对升级研发类软件有需求的企业为了节约运行成本，相应减少了对此类市场的需求。截至 2020 年 8 月，交付类软件企业受疫情影响，如云知芯营收同比下降 42.12%；广告收入类软件企业受疫情影响，如柚子家营收同比下降 33.16%；受业务板块流失影响，如网宿营收同比下降 15.8%。

习近平总书记在 2020 年 9 月 9 日所主持召开中央财经委员会第八次会议中重点研究畅通国民经济循环和现代流通体系建设问题，指出流通体系在国民经济中发挥着基础性作用，构建新发展格局，必须把建设现代流通体系作为一项重要战略任务来抓。在新冠疫情爆发高峰期，集美区物流业出现物流项目施工停滞、城市配送快速发展的对比格局，但在后疫情时期尤其是多地通报在进口冷链食品外包装或环境中检测出新冠病毒核酸呈阳性时，这一方面对冷链物流疫情防控标准提出了更为严格的要求，福建省于 2020 年 12 月 3 日出台《进口冷链食品新冠肺炎疫情防控导则》，根据《导则》，福建省将在远端防控方面督促进口企业境外采购时严格落实相关防控措施，严厉打击走私，并对检出阳性的境外食品生产企业实施暂停其进口申报 1 周至 4 周的紧急预防性措施。严防境外冷链新冠病毒的输入是经济社会有序、高质量运转的前提，但也在客观上造成了进口冷链食品甚至是省内外海产冷链市场的缩小，从而直接影响到冷链供应链中流通、仓储、运输、配送等上下游企业，以及物流园区市场平稳运行。集美区辖区内的旺墩冷储、普洛斯冷链物流园区也将受到新冠疫情的持续性影响。

表 44

表 2.2 厦门厦工机械股份有限公司 2020 年 1–6 月主要财务数据

单位：元 币种：人民币

	本报告期末	上年度末	本报告末比上年度末增减 %
总资产	3,527,573,675.75	3,813,811,456.43	−7.51
归属于上市公司股东的总资产	1,360,215,556.64	1,326,961,235.33	2.51
	本报告期（1–6 月）	上年同期	本报告期比上年同期增减 %
经营活动产生的现金流量金额	−165,343,449.62	23,395,483.98	−806.73
营业收入	879,892,849.31	1,038,802,213.20	−15.30

表 45

表 2.3 厦门厦工机械股份有限公司 2020 年 1–6 月应收账款（按账龄披露）

单位：元 币种：人民币

账龄	期末余额
1 年以内	454,511,821.22
1 至 2 年	42,731,815.71
2 至 3 年	29,468,785.62
3 至 4 年	32,373,550.30
4 至 5 年	40,226,005.26
5 年以上	52,747,277.02
小计	652,059,255.13
减坏账准备	115,787,482.19
合计	536,271,772.94

二、基于消费投资活力层面分析后新冠时代集美区经济高质量发展所面临的挑战

高质量内需供给体系，离不开投资优化、消费升级、收入提高，消费和投资是拉动城区经济高质量增长的两大动力。在后新冠时代尤其是"十四五"时期，六稳之一的"稳投资"在促进经济增长、优化资源配置、改善民生、扩大就业、保护生态环境等方面发挥了重要作用。从经济转型升级活力来看，促进消费提质升级有助于加速供需两端变革正向循环激励，是我国经济高质量发展的"助推器"。集美区作为厦门市的文教核心区、国家全域旅游示范区，消费市场受新冠疫情冲击最为明显，面临着消费体量下降、消费偏好转移、消费品质升级、消费趋于保守等挑战。投资领域也受制于全球宏观经济的制约，呈现出相对保守格局。课题组将从基础性经济统计数据、文旅与商贸产业发展业态这两个方面展开具体分析。

（一）基于消费与投资类经济指标分析后新冠时代集美区投资消费活力高质量发展所面临的挑战

依据城区高质量发展潜力评价模型，消费活力这一维度包括了社会消费品零售总额、人均社会消费品零售总额、固定资产投资增速这三项统计性指标，课题组将此三项指标与厦门市、集美区 2020 年前 3 季度基础性经济类指标进行比对，选取了社会消费品零售总额、农村居民人均可支配收入、城镇居民人均可支配收入、固定资产投资、实际利用外资这五项指标作为分析数据，具体如表 2.4 所示。在区域消费上，集美区前三季度城镇居民人均可支配收入、农村居民人均可支配收入都呈现出同比增长状态，尤其是农村居民人均可支配收入高于全市人均水平，但在社会消费品零售总额上，在 1-9 月期间同比仍然为 -2.6%，且在 1-6 月、1-9 月这两个期间，集美区同比负增长率高于厦门市，反映出本区居民收入在同比增加的情况下，消费却趋于缩减状态，折射出新冠疫情对于居民消费方式、消费项目等偏好的转变，居民消费变得更为谨慎，后疫情时代建设高质量的内需循环体系面临着更为严峻的挑战。在投资领域方面，集美区在 1-3 月、1-6 月这两个统计期间，全社会固定资产投资额均呈正向同比增长，并未显现出投资力度匮乏的现象，但在 1-9 月的统计数据中，全社会固定资产投资额同比增加率 -4%，反映出新冠疫情基于投资的负面影响逐渐在后疫情时期显现出来。

表 46　2.4 集美区、厦门市 2020 年前三季度消费实力统计指标对比表

统计指标		1–3 月（本月止累积额）	1–3 月（同比增减 %）	1–6 月（本月止累积额）	1–6 月（同比增减 %）	1–9 月（本月止累积额）	1–9 月（同比增减 %）
1. 社会消费品零售总额（万元）	集美区	442160	−8.5	901256	−6.1	1386249	−2.6
	厦门市	5283000	−8.9	11049500	−3.9	16702300	−1.3
2. 农村居民人均可支配收入（元）	集美区	8698	−3.5	19300	3.6	25910	5.8
	厦门市	7095	−3.8	15582	3.4	21789	5.8
3. 城镇居民人均可支配收入（元）	集美区	15939	3.2	29205	1.5	44582	2.7
	厦门市	17411	3.2	32139	1.5	47116	2.9
4. 全社会固定资产投资额（万元）	集美区	–	5.7	–	15	–	−4.0
	厦门市	–	−19.7	–	1.1	–	6.2
5. 实际利用外资（万元）	集美区	24545	317.3	36167	41.3	57571	20.1
	厦门市	596700	30.1	1039100	41.6	1296200	38

（二）后新冠时代集美区投资消费型经济受到了原有市场急剧缩减甚至停摆、消费出现拐点的挑战

新冠疫情爆发于有着超常市场需求的春节之前，对消费影响较大。受疫情影响，2020 年春节消费大幅度减少，其中，餐饮、酒店、旅游、娱乐、百货交通、教育等传统消费型经济产业遭受到的冲击最大。一方面是在疫情管制期间停业将会让商家损失房租、员工工资、仓储等沉淀成本，另一方面在后新冠时期，随着境外持续性输入病例与冷链物流的持续"爆点"，疫情防控对餐饮、酒店、会展、文旅等人员聚集型的消费业态提出了更为严格的要求，公众对公共场所消费也持有更为谨慎的态度，相应对线下服务业造成了巨大损失。消费需求的被动下降，降低了市场的需求，反过来影响企业的生产与供给。在后新冠时代集美区文化创意与旅游产业、商贸服务业等以消费为主型产业面临着新冠防疫政策规制、原有市场停摆、消费需求出现拐点、消费信心趋于谨慎、消费能力削减等多元挑战。基于消费能力，识别集美区在构建

以国内大循环为主体、国内国际双循环相互促进的新发展格局中所面临的具体问题，是深入贯彻学习十九届五中全会精神，科学有效执行“十四五”规划的前提所在。

集美区作为国家全域旅游示范区，文旅产业已成为集美区高质量发展体系的重要一翼。第一，因防控新冠疫情所需，文旅市场受防控政策的影响。国务院专门出台了《国务院应对新型冠状病毒感染肺炎疫情联防联控机制关于做好新冠肺炎疫情常态化防控工作的指导意见》，福建省也于 2020 年 5 月印发了《关于做好文化旅游场所新冠肺炎疫情常态化防控和安全有序开放工作的实施意见》，明确规定在旅游景区景点防控上，要求景区游客接待量按不超过核定最大承载量的 30% 把握；在剧院防控上，要求将观众人数控制在剧院总座位的 30% 以内。此外，国庆期间进行了修订，将剧院座位数升至 75%。文化演艺及亲子研学产业是集美区文旅产业的核心组成部分，根据区文旅局提供的数据显示，区文旅局负责的其他营利性服务业文旅企业 7 家，前三季度累计实现营收 3.776 亿元，同比增长 −6.20%。其中 6 家文旅企业受疫情影响较严重，万舜文投公司营收 1699 万元，同比增长 −22.04%；集美万达影院公司、中影南洋影院公司、保利剧院管理公司 2−7 月均处于停业状态，营收分别同比增长 −75.85%、−87.69%、−70.56%。据课题组调研获知，老院子景区在权衡客流量、演艺成本及疫情风险等要素前提下，华夏演艺还处于停摆状态。第二，受高校疫情防控政策规制，2020 年春季学期集美文教区各高校师生均实行居家办公学习，客观上造成了消费群体缩减将近 13 万人，也直接影响高教区周边中小微商贸、餐饮、娱乐、交通、教育培训等服务业的存续。第三，受疫情防控出行政策规定，市民购房房贷压力相应挤压日常消费力以及消费偏好逐步转向为必需品等多维影响，消费市场恢复不如预期。如文旅市场，1−9 月全区共接待游客 661.00 万人次，比增 −60.24%，其中主要景区接待 344.45 万人次，比增 −74.17%，包括研学旅行、省外团队游等业态的恢复还需时间。在酒店住宿方面，区现有限上住宿业企业 25 家，2020 年前三季度累计实现营收 2.9538 亿元，同比增长 −22.15%。8 月份开始住宿业市场有所复苏，但客房单价普遍下降 20% 左右，导致酒店营收没能达到应有水平；受疫情持续影响，尤其是今年新增的 7 家限上住宿业酒店，1−7 月仅实现营收 1458.3 万元，远低于去年同期的 3839.1 万元，比增 −62.01%，拉低了全区限上住宿业平均增长率。此外，疗休养、会议等业态因政策变化受到了一定限制，如以疗休养、康养为主要业态的全总劳模疗休养中心 1−9 月营收 3621.3 万元，同比增长 −58.20%，同比减少营收 5000 万元。

此外，新冠疫情的爆发也直接影响了市民消费的偏好，对集美区现有的文旅休闲类产品、商贸服务类品质提出了更高的诉求。从集美区现有文旅市场定位来看，如灵玲马戏团、老院子景区、园博苑、亲子研学中心等将其市场定位于跨省市的旅行团；从文旅产品类型来看，如灵玲马戏团演出、老院子《闽南传奇》等文化演艺类项目都属于一次性游客体验项目，且在演出品质上与国内同类型演出存在一定差距。将灵玲国际马戏与长隆大马戏对比，如表 2.5 所示，灵玲马戏城在演出厅规模上甚于长隆大马戏，在票价低于长隆大马戏的情况下，游客关注度以及当月售票额与长隆大马戏还是存在一定差距。因此，在新冠疫情处于常态化的趋势下，受制于省外旅行团规模，以及台湾亲子研学项目的停摆，集美区现有文旅类项目需根据新形势下的市场特质与需求进行相应转变与提质，以此应对新冠疫情的持续影响。另外，集美区商圈同样受到消费信心不足与行为转变的挑战。作为厦门市首家奥特莱斯，尚柏购物中心定位于闽南地区的奥特莱斯，但同样是受到旅行团规模削减、居民消费能力削弱等因素影响，其商圈影响力并未达到预期定位。

表 47

表 2.5　灵玲国际马戏与长隆大马戏对比表

（基于去哪儿网，时间截止 2020 年 12 月 12 日）

	演出厅 接待观众规模	去哪儿网当月售出票数 （截止 12 月 5 日）	票价 （以成人票晚 7 点半为例）	用户点评数
灵玲国际马戏	10000 人	408 张	140 元	46397 条
长隆大马戏	8000 人	2595 张	380 元	10462 条

三、基于内生动力层面分析后新冠时代集美区经济高质量发展所面临的挑战

内生动力是城区经济行稳致远，推动质量变革、效率变革、动力变革，实现更高质量、更有效率、更加公平、更可持续、更为安全的发展的有力支撑。地方一般公共预算收入、人均财政收入、地均财政收入是政府实现其职能并提升治理能力的物质基础和内生动力。城区较强的内生动力是稳固其所在城市乃至省（区）地位的支撑保障，对城区产业发展和科技创新具有重要支撑作用。课题组将从内生动力基础性经济统计数据、产业科技创新与土地生产要素供给这三个方面具体分析后新冠时代集美区经济高质量发展所面临的挑战。

（一）基于公共预算收入等内生经济指标分析后新冠时代集美区内生动力高质量发展所面临的挑战

一般公共预算是对以税收为主体的财政收入，安排用于保障和改善民生、推动经济社会发展、维护国家安全、维持国家机构正常运转等方面的收支预算；人均财政收入与地均财政收入分别是基于城区常住人口、城区单位面积来衡量城区经济高质量发展的内生动力。课题组基于 2020 年厦门市、集美区的 1-3 月、1-6 月、1-9 月主要经济指标快报，以及 2020 年厦门经济特区年鉴所提供的关于城区面积（2019 年末厦门市面积为 1700.61 平方千米，集美区面积为 275.79 平方千米）与常住人口（2019 年末厦门常住人口为 429 万人，集美区常住人口为 74.8 万人）数据，计算出各时期的人均财政收入与地均财政收入，如表 2.6 所示。截至 2020 年 9 月，集美区地方财政收入已经步入正轨，且同比增长 4%，相比之下，厦门市市级地方级财政收入仍未达到同比水平。但从人均财政收入与地均财政收入这两个指标数据来看，集美区前三季度指标数据均未达到市级平均数值，如 1-9 月集美区人均财政收入低于市级 10419.08 元 / 人，地均财政收入低于市级 2547.96 万元 / 平方千米。由此可见，在 2020 年 1-6 月期间，厦门市、集美区地方级财政收入受新冠疫情冲击较为明显。基于人均财政收入、地均财政收入这两大指标对市、区内生动力进行比较，在全市都受到新冠疫情的影响下，集美区自身经济内生动力均未达到全市平均水平。除受到新冠疫情的冲击之外，集美区财政收入结构失衡将制约财政收入持续增长。一方面房地产收入占比过高，2019 年区房地产收入占区级财政收入的 53.8%，达到 2016 年以来的最高值，即便在疫情期，2020 年各月的房地产收入占比仍高达 53% 左右。另一方面非税收入占比较大，2016 年以来非税收入占区级财政收入基本在 20% 以上，在疫情期下 2020 年各月非税收入占比平均也在 20% 以上。随着部分一次性政策的退出，原有非税收入形成的高基数将无法回补。这说明集美区还需在产业创新、产业格局优化、供给侧结构、优化财政收支结构上深下功夫，夯实经济高质量发展的内生动力，提升人均财政收入与地均财政收入，这是在后疫情时代、全面实施“十四五”规划应当正视的挑战。

表 48

表 2.6 集美区、厦门市 2020 年前三季度内生动力统计指标对比表

统计指标		1-3 月（本月止累积额）	1-3 月（同比增减 %）	1-6 月（本月止累积额）	1-6 月（同比增减 %）	1-9 月（本月止累积额）	1-9 月（同比增减 %）
1. 地方级财政收入（万元）	集美区	117317	-7.8	223487	-3.7	317144	4.0
	厦门市	2136500	-10.9	4499000	-3.1	6288700	-0.7
2. 人均财政收入（元 / 人）	集美区	1568.41		2987.79		4239.89	
	厦门市	4980.19		10487.18		14658.97	
3. 地均财政收入（万元 / 平方千米）	集美区	425.39		810.35		1149.95	
	厦门市	1256.31		2645.52		3697.91	

（二）后新冠时代集美区经济内生动力受到外贸依存度挑战

经济高度外向是把“双刃剑”，能享受全球一体化的分工红利，拉动本地经济快速增长，但也容易被全球危机迅速传导，首当其冲受到影响。从全市范围来看，厦门经济严重依赖国际市场，2019 年，厦门市经济外向度达到 107.0，在十五个副省级城市中仅次于深圳（110.6），全市半数以上规模以上工业企业有出口业务，规模以上工业有出口业务企业 1108 家，占全部规模以上企业数的 52.5%，1/3 以上规模以上工业销售产值用于出口，全市出口交货值率达 35.9%，一旦发生国际经济危机或国际卫生事件，厦门市将直面其影响。从集美区区域范围来看，截止 2018 年底，集美区共有规模以上工业企业 447 家（含火炬 8 家），其中涉及出口业务的企业 244 家，对应的产值总金额约为 654.36 亿元，占全区规上工业产值的 73.38%，这些企业的出口交货值合计约 357.09 亿元，约占全区所有出口企业出口交货值的 90.35%。由以上数据可以看出，集美区出口型工业企业对全区产值的贡献度较高，经济对外依存度高；同时，规上企业的出口交货值占比高，说明出口型工业企业的出口业务集中度较高。从行业分布来看，金属制品业、橡胶和塑料制品业的出口企业家数均超过 30 家，而金属制品业、电子设备制造业、纺织业的出口交货值为区里的前三强，具体数据情况如表 2.7 所示。截至 2020 年 9 月，工业负增长面广降幅。1-9 月，全区 513 家规模以上工业企业，有 284 家呈负增长，占比约 55.47%；降幅达 20% 以上的 144 家，占 28.07%。我区大部分出口型企业受国际政治形势变化和全球新冠疫情的影响，今年的外贸订单大部分为短单，且多为国外客户的库存囤积订单，2021 年外贸订单较不明朗。由此可见，以出口外资型企业为主的集美区产业格局易受到全球外部风险因素的波及，尤其是中美贸易战和全球新冠疫情的双重夹击，进而影响本区经济高质量发展态势。

表 49

表 2.7　集美区出口交货值前五的出口型企业

（截至 2018 年底）

序号	行业名称	企业家数	出口交货值（万元）
1	金属制品业	34	668415
2	计算机、通信和其他电子设备制造业	23	468038
3	纺织业	12	362543
4	橡胶和塑料制品业	32	348619
5	汽车制造业	14	323502

（三）后新冠时代集美区经济内生动力受到产业创新活力及工业用地效能尚未充分释放的挑战

企业竞争力的关键在于其自主创新能力，缺乏自主创新的知识产权，就推不出有强竞争力的产品，难以把握发展机遇，逆势成长，反之，则具有强大竞争力，并能危中见机，实现突破，如非典期间，阿里巴巴准确的抓住了互联网和移动支付的机遇，崛起成为中国互联网巨头企业，而新冠疫情期间，受益的是各种线上教育、线上生鲜、线上医疗平台。正如前所述，集美区中小企业受新冠疫情冲击较为明显，首先从企业研发水平有待均衡发展。根据 2020 年集美区政府工作报告显示，区研发投入水平达 4.31，位居全省非基本财力保障县第三名，全区专利申请量、授权量均排名全市第一。但从集美区工业企业创新的均衡水平来看，品牌创新活力有待进一步释放。新冠疫情成为了检验产业研发成长潜力、创新配套完善度以及人才成长环境的试金石。以集美区已形成产业规模效应的软件和信息服务业为例，截至 2020 年 8 月底，软件园三期累计入园审核企业 4032 家，注册企业 3521 家，入驻企业 2345 家，入驻企业员工人数超 3.43 万人。但从软件行业的品牌影响力来看，园区内业已签约进驻了咪咕 T.621、齐悟科技、云茂互联教育部“蓝火计划”（高校成果转化项目加速器）、中科腾云、云汇天下、贝尔恩罗德、电子城、云知芯等一批高水平企业，但从软件园入园审核的体量来看，具有行业品牌影响力的优质企业占比相对较少。此外，由于创新是一个长期投入的过程，对研发资金的需求较大，不少初创期企业虽然市场前景好，但缺少成熟的 VC/PE（风投 / 私募股权投资）创投基金介入，中小软件企业具有自主研发及成长空间较为有限，这也是后新冠时代实行“十四五”规划过程中对产业提质增效所应考虑的问题。再者，厦门市对人才的吸引力弱于一线城市及同类型二线城市，根据智联招聘《中国城市人才吸引力排名 2020》显示，2019 年厦门人才吸引力指数仅为 20.8，排名第 21 位，而前三位的城市分别是上海、深圳、北京，吸引力指数分别为 100.0、85.3 和 78.7，购房压力、子女教育等问题影响了厦门市对人才的吸引力。上海易居房地产研究院发布的《2019 全国 50 个城市住房价格收入比报告》显示，2019 年，这 50 个城市的平均住房价格收入比为 13.3，其中厦门为 22.8，排名第五，厦门大学经济系副教授丁长发指出，厦门目前吸引投资的最大挑战是房价收入比过高。受全球新冠疫情影响，集美区已纳入至人才引进计划中的境外、海外人才入职进度受阻，业已洽谈的人才研发类项目也受到一定牵制。

此外，集美区现有存量工业用地有限制约了后新冠时代招商引资，尤其是引入“三高”型具有产业引领效应的企业。从 2020 年 1—9 月厦门市、集美区地均 GDP 这一统计指标对比来看，集美区地均 GDP 为 22163 万元 / 平方千米，厦门市地均 GDP 为 27880.34 万元 / 平方千米，由此可见，从土地产值效能来看，集美区并未达到全市平均水平。提升地均地区生产总值为导向，推进集美区城市土地集约利用与配置机制的改革是全面深入开启“十四五”经济和社会发展规划的重要环节。

四、基于区域能级层面分析后新冠时代集美区经济高质量发展所面临的挑战

集美区位居于厦门市的几何中心和厦漳泉地带的中心位置，是厦门岛通往内陆的重要门户。自厦门市经济特区扩容政策以来，囿于岛内外交通硬件制约，如何有效推进岛内外协调发展、齐头并进成为制约厦门市高质量发展的一大核心问题。正如 2018 年 10 月，厦门市委向中央递交的《关于巡视整改进展情况的通报》中特别提出的，要“着力克服‘小岛’意识”。集美区作为践行跨岛发展战略的桥头堡，以建设高素质高颜值跨岛发展最美新市区为目标，全力推进集美区高质量发展，但与此同时，尤其是在后新冠时代，集美区区域能级依然受到区域腹地辐射能力有限的挑战。

（一）基于城区排行榜等评价体系分析后新冠时代集美区区域能级发展所面临的挑战

城区是新时代高质量发展的核心载体，也是城市群、都市圈建设的核心力量，更是“软实力”担当、“辐射级”担当和“主形象”担当。2019 年，集美区上榜由科技日报社中国科技网、全国科技振兴城市经济研究会联合发布的“2019 中国创新百强区”榜单，位居 67 名，且在思明区（排名第 77）、湖里区（排名第 84 名）之前；此外，上榜由中小城市发展战略研究院、国信中小城市指数研究院发布的“2019 年度全国综合实力百强区”，位居57名。而在2020年，由工信部下属的赛迪顾问城市经济研究中心发布“2020年中国百强区”榜单中，集美区未居其中，福建省共有福州市鼓楼区、厦门市思明区、厦门市湖里区、龙岩市新罗区入榜。在2020年12月6日，胡润研究院首次发布《2020胡润中国最具投资潜力区域百强榜》中，如表2.8所示，该榜单评选以国家“十三五规划”提出的19+2城市群为基础，对全国570个区域进行了区域投资潜力的综合评估，包括经济实力、人口数量、教育医疗、环境生态、特色文化和科技创新等方面，最终选出最具投资潜力的100强区域，上海浦东新区位居榜首，其次是深圳龙岗区、北京朝阳区、深圳宝安区和北京海淀区，而厦门市所辖的六个市区均未上榜，而福州市仓山区、鼓楼区、晋安区均位于榜单之中。这是厦门市在《中国营商环境报告2020》位居全国第六的佳绩情况下更应该审慎思考的问题，思考本市在投资潜力价值上是否受到产业链聚合效应、人才、产业创新研发、市场活跃程度等综合因素的影响。由此可见，“三期叠加”的新时代，集美区在夯实本区综合实力、培育城区投资潜力上还需真抓实干，苦练“基本功”。

表50

表2.8 2020胡润中国最具投资潜力区域百强榜（排名不分先后）

北京朝阳区	北京东城区	北京海淀区	北京西城区	常州溧阳市	成都锦江区	成都龙泉驿区
成都青羊区	成都武侯区	重庆江北区	重庆九龙坡区	重庆渝北区	长沙浏阳市	长沙宁乡市
长沙岳麓区	长沙长沙县	大连甘井子区	大连金州区	大连瓦房店市	佛山南海区	佛山顺德区
福州仓山区	福州鼓楼区	福州晋安区	广州白云区	广州番禺区	广州黄埔区	广州天河区
广州越秀区	哈尔滨南岗区	海口龙华区	海口美兰区	杭州滨江区	杭州富阳区	杭州西湖区
杭州萧山区	杭州余杭区	合肥包河区	合肥庐阳区	合肥蜀山区	济南槐荫区	济南历下区
金华义乌市	昆明官渡区	昆明五华区	南京鼓楼区	南京江宁区	南京溧水区	南京栖霞区
南京秦淮区	南通通州区	宁波北仑区	宁波慈溪市	宁波鄞州区	青岛城阳区	青岛黄岛区
青岛即墨区	青岛胶州市	青岛市南区	上海黄浦区	上海嘉定区	上海静安区	上海闵行区
上海浦东新区	上海徐汇区	绍兴柯桥区	绍兴上虞区	绍兴诸暨市	深圳宝安区	深圳福田区
深圳龙岗区	深圳龙华区	深圳南山区	苏州常熟市	苏州虎丘区	苏州昆山市	苏州太仓市
苏州吴江区	苏州张家港市	台州路桥区	台州温岭市	唐山丰润区	天津滨海新区	温州鹿城区
温州瓯海区	无锡惠山区	无锡江阴市	无锡新吴区	无锡宜兴市	武汉汉阳区	武汉洪山区
武汉江岸区	武汉江汉区	武汉武昌区	西安碑林区	西安未央区	西安雁塔区	烟台芝罘区
郑州二七区	郑州金水区					

（二）基于资源赋能的角度分析后新冠时代集美区区域能级发展所面临的挑战

当前，厦门市正在全力推动高质量发展，逐步缩小岛内与岛外、城市与农村的差距，达到整体资源配置效率最大化。厦门区域经济发展的目标，是岛内外一体化和城乡一体化，这就要求厦门市大力推进“岛内大提升、岛外大发展”的战略，加快推进岛内外一体化建设。从现有发展进程来看，岛外四区按照自身区域特色进行城区功能规划，高起点、高标准、高层级地推动产业园区布局、公共服务有效供给、公共资源有效配置。但从2020年中国城区高质量百名排行榜的上榜情况来看，厦门市岛内思明区、湖里区均位列其中，而岛外四区无一入榜，由此可知，厦门市岛内外发展格局正处于逐步缩小不均衡性，但依然处于不均衡的状态之中，具体体现在经济产业吸附力、人才吸引力、消费驱动力及公共资源赋能等方面。集美区在经济产业、人才引进、公共资源配置以及市民消费等资源赋能领域同样受到“用脚投票”的挑战。以成为“岛内大提升，岛外大发展”发展战略新引擎的厦门地铁为分析介质，厦门地铁1号、2号线的开通加速了岛内外互通互动，使新市民定居集美区意愿更为凸显，但从消费流向来看，集美区市民依托于乘坐地铁1号线的便利性，更为青睐于岛内商圈，从而出现了居住在集美、工作消费在岛内的现象，在一定程度上挤兑了集美区正在日益成长的商圈经济。

此外，从引进创新人才与创新研发类企业营收归口上来看，基于教育、医疗、研发水平、城区宜居程度等综合性区域资源因素的考虑，往往偏好于岛内企业与研发机构。在区域城市群定位上，集美区作为兼具集美学村城市底蕴及集美新城活力于一体的城区，有待更深入地挖掘城区资源，强化经济产业链的辐射效应，以产促城相得益彰。以与集美具有共同区域资源禀赋及产业布局的宁波市鄞州区来说，其即是集聚了四所高等院校的文教区，也是软件信息服务产业、机械装备、新材料产业等产业聚集的国家产融合作示范区，从发展实力来看，鄞州区 2019 年 GDP 突破 2000 亿元，为 2211.02 亿元，为集美区 3 倍，人均 GDP 为 156502 元（具体见附录 1），2019 年列全国科技创新百强区第一位、全国绿色发展百强区第三位、投资潜力百强区第四位，在 2020 年中国城区高质量发展百强区中，位列第十。以鄞州新城崛起的历程为鉴，对于集美区来说，不单单要跳脱小岛思维意识的束缚，更需要从更为开放、包容的全国性视角定位发展本区产业链及发展格局。

第三章　后新冠时代集美区经济高质量发展所面临的机遇

国家主席习近平于 2020 年 11 月 21 日至 22 日在北京以视频方式出席二十国集团领导人第十五次峰会并发表一系列重要讲话，为全球治理"把脉开方"，贡献中国智慧，强调新冠疫情是危也是机，关键是主动应变、化危为机，疫情激发了 5G、人工智能、智慧城市等新技术、新业态、新平台蓬勃兴起，网上购物、在线教育、远程医疗等"非接触经济"全面提速，为经济发展提供了新路径。对于集美区来说，正视新冠疫情对中小微企业、外向型出口工业企业、以文旅类为主的第三产业等所带来严峻挑战，更需要基于"两个一百年"的重大历史节点，审慎分析自身发展短板与优势，以此识别、把握新冠疫情所带来的前所未有的发展机遇。课题组将从现代经济产业链群的发展趋势、双循环新格局的构建、产城研学创新链条的运转、区域公共政策与治理能力的赋能这四个维度来识别集美区在这特殊时期所面临的发展机遇。

一、加速集美区现有经济产业链群向高质量转型升级的步伐

从党的十九大报告作出了我国经济已由高速增长阶段转向高质量发展阶段的重大判断开始，各地区纷纷启动了转变发展方式、优化经济结构、转换增长动力的高质量发展进程。在新冠疫情爆发之前，这是一个相对趋于平稳性的新陈代谢过程，而正是这样一场百年前所未有的全球性公共卫生危机将经济产业等急速推向至"风口"，加速现有产业链群向新生业态转型升级、产业链群之间共享融合的步伐。集美区优势型的软件和信息服务业、现代物流产业、创新驱动型的制造业迎来了新一轮风口的发展机遇。

（一）集美区软件和信息服务业产业链群成为对接新基建、人工智能、智慧城市、线上消费体验等新业态的核心端口

集美区软件和信息服务业产业链群成为对接新基建、人工智能、智慧城市、线上消费体验等新业态的核心端口，这是集美区基于全市甚至是全省范围内所具有的先天产业链布局优势。疫情致使人们相互隔离，"不见面"或"无接触"形式的网络医疗问诊、网络视频教学、在线娱乐、网络购物等生活性服务业，数字化协同办公、移动互联服务、网上远程视频会议、互联网金融理财服务等生产性服务业，以及诸如各类无人机应用场景、智能化的机器人工厂等经济，都得到了迅猛催化和加速发展。新冠疫情成为倒逼集美区软件和信息产业优胜劣汰的机制，更成为夯实产业链群韧性、迎接更为复杂化的全球性经济格局的驱动性因子。从现有获取的集美区软件和信息服务产业统计数据来看，印证了其为"数字集美"所带来的全新格局的发展机遇。2020 年新增的 25 家限额以上软件和信息服务企业，1–6 月累计实现营收 5.97 亿元，同比增长 93.82%。截止 7 月，软件信息业纳税记录企业共计 1825 家，比去年同期新增 603 家，以新入驻企业表现最为抢眼，如梦加网络新增税收收入 751.43 万元、巨龙信息新增税收收入 680.86 万元、图扑软件新增税收收入 449.97 万元；部分限额以上企业增速迅猛，如石头城信息税收收入增长 16205.58%、宇信鸿泰税收收入增长 201.78%、真有趣信息税收收入增长 1851.19%、中软国际税收收入增长 2775.74%。依据区工信局所提供的软件和信息产业运行分析数据，1–9 月全区软件业税收总收入 4.92 亿元，同比增长 75.3%，2020 年软件园三期园区预计全年完成营收 334 亿元，同比增长 38%。

（二）集美区现代物流产业链群在城际物流配送、"疫"物流、"e"物流、物流金融等新兴业态领域迎来新的发展机遇

在后疫情时代，集美区极佳的地理区位优势及现代物流产业布局红利得以凸显出来。集美区现代物流产业链群在城际物流配送、"疫"物流、"e"物流、物流金融等新兴业态领域迎来转变产业发展方式、优化产业结构的发展机遇。如前所述，在厦门市统计局于 2020 年 11 月 26 日所发布的《厦门经济抗风险能力实证分析》报告中，指出新冠对交通运输业的冲击远高于非典，2003 年上半年，全市空港旅客吞吐量、铁路旅客发送量分别下降 18.3% 和下降 9.3%，2020 年上半年，全市空港旅客吞吐量、铁路旅客发送量分别大幅下降 55.3% 和下降 57.6%，与年初相比没有明显好转。在传统交通运输业面临发展困境的情况下，新冠疫情的常态化将为集美区传统物流向城际物流配送、"疫"物流、"e"物流、物流金融等高端型物流业态升级提供得以成长和发展的机遇。非接触性的消费形式成为后新冠时代的重要生活方式，厦门唯捷城市配送有限公司、朴朴超市等城市中末端城际配送模式得到迅猛发展，2020 年 1–5 月交通运输及邮政业营收总额 10.88 亿元，增量总额 2.02 亿元，同比增长 22.78%，其中营收总额超过 5000 万元的企业有厦门全程德邦物流有限公司、厦门唯捷城市配送有限公司、橙联（中国）有限公司及厦门跨航物流有限公司 4 家，合计营收 7.47 亿元，同比增长 47.47%，占全区交通运输及邮政业营收总额的 68.64%。此外，伴随新冠疫苗研发接连取得重大突破，使冷链储存与运输获得前所未有的关注，同时对冷链储存和运输设备企业提出了更为严苛的要求和考验。目前在研的新冠疫苗中，灭活疫苗的运输储

存需要在 2℃至 8℃的环境下进行，其产业链完善、技术成熟；mRNA 疫苗（新冠疫苗的一种）需要零下 70℃的运输环境，其分发过程对冷链物流既是挑战，更是发展的新商机。而除了疫苗带来的新增需求外，另据华创证券研报分析，当前我国生鲜电商市场规模也在保持高速增长。2019 年生鲜电商规模预计 3200 亿元，2015-2019 年复合增速超过 50%，2020 年交易规模依然可能超过 50%，如图 3.1 所示。这对于早已进行冷链物流仓储配送布局的集美区来说，意味着新一轮的发展机遇。城际配送、冷链物流是后疫情时期极具发展潜力的物流产业，而这都有赖于智慧物流平台的完善，智慧物流后疫情时代物流产业得以高质量发展的根本所在。对于集美区来说，依托于软件和信息服务产业优势，打造智慧化物流园区、智慧型城际配送平台、智慧型冷链运输平台、智慧型商贸物流服务平台，依托本区机械装备业、汽配产业、商贸服务业等构建智慧型物流生态圈都将是后疫情时期的优势产业。

图 3.1 中国冷链物流市场分析图

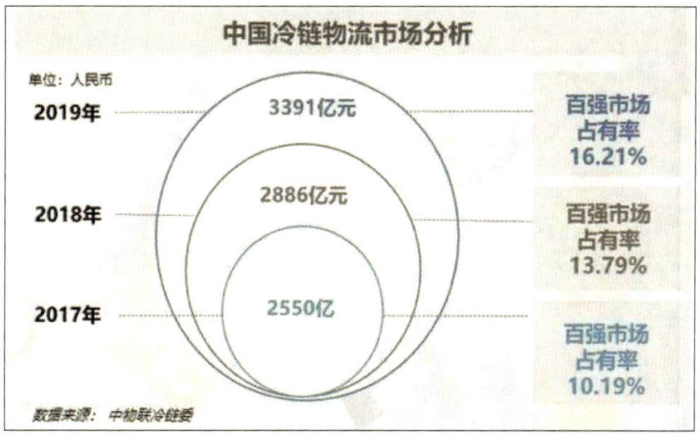

（三）集美区机械装备业、新材料产业等迎来了制造向智造转型升级的发展机遇

经济由高速增长向高质量增长的过程中，机械装备业所面临的转型之痛是最为明显的。新冠疫情的爆发，尤其是疫情的常态化发展趋势，更为坚定了传统型机械装备制造业向诸如无人驾驶、负压型救护车与医疗物资运输车、凸显厦门海洋经济特征的海洋装备产业、微型机械装备等新兴产业转型的发展路向。集美区机械装备业、新材料产业等迎来了制造向智造转型升级的发展机遇，也是以此类产业为主的杏林台商投资区凸显国家级投资区规模效益的发展机遇。在疫情期间，金龙客车以智慧赋能、蹚出抗疫新路，深切关注民生、打造出“六脉神剑”泛出行产品，为全民抗疫提供切实有效的解决方案。金龙 ANMO 智能工作站，是出入口防疫监控综合管理平台，已广泛应用到全国各地的学校、医院并出口至海外；金龙 GOVO 无人驾驶消毒清扫车，无需人工干预，可自动消杀扫地，是保障有序复工的消杀利器；金龙负压救护车，是抗击疫情所需的重要战略物资之一，能更好地救治及隔离病患，保障医患健康；金龙全健康客车，为战斗在一线的公交客运企业提供联防联控解决方案，保障大众安全健康出行；金龙防护口罩，助力缓解国家医卫用品紧缺局面，守护更多人的健康与安全；金龙阿波龙无人送餐车，无人接触取餐，为企业解决员工“安全吃饭”难。2020 年 10 月 20 日，厦门厦工机械股份有限公司与中融三桥消防科技（厦门）有限公司关于 10 台套厦工大跨度 CAFS 举高喷射消防车商务合作签约仪式在厦工股份公司圆满举行，此次签约，标志着双方战略联盟的“战靴”落地，为厦工应急救援专业设备的产业化奠定了基础，也向进军应急救援产业发起了新一轮的冲击。作为一直聚焦大健康产业的奥佳华，这次疫情更是加快了集团对于防疫产品的研发进度，集团将深化新风净化、消毒杀菌相关领域（包括医用和民用）的产品系列研发和产业化，满足市场需求，以加速产业高质量发展。

二、催生集美区着力加快对构建双循环新格局的融合

当今世界正经历百年未有之大变局，国际环境日趋复杂，不稳定性不确定性明显增加，新冠肺炎疫情全球大流行使这一大变局加速演变，国际经济、政治、科技、安全等格局出现深刻调整。“十四五”时期，在大变局中掌握战略主动，在大挑战中用好战略机遇，关键在于办好中国自己的事，加快构建以国内大循环为主体、国内国际双循环相互促进的新发展格局。从影响经济政策的生态性视角来看，新冠疫情加速了地方尤其是外贸依存度较高的区域正视“国际大循环”战略所引发的种种新问题，催生本区逆势而为、逐步调整经济发展思路，积极开展构建国内大循环为主体、国内国际双循环相互促进的新发展格局的融合。

（一）后新冠时代的经济生态产业链开放共享，为拓展国内大循环市场迎来了发展机遇

构建国内国际双循环相互促进的新发展格局，尤其是在后疫情时期，畅通国民经济循环是应对“国际大循环”出口导向型发展战略弊端的核心路径，扩大内需则是国内国际双循环新发展格局的战略基点，使生产、分配、流通、消费更多依托国内市场。后疫情时期的出口萎缩、“双循环”新发展格局战略催生集美区基于创新链条，盘活本区产业生态链与价值链，致力于通过区域产业一体化的发展导向推动“双循环”格局的建设，集美区新兴的卫浴品牌大白科技的发展之路，便是集美区抓住“双循环”发展机遇的最好诠释。

作为才成立两年的卫浴新晋品牌，diiib 大白卫浴将“双循环”新格局的思维渗透至品牌定位、产品研发设计、产品智造、产品销售、产品价值链等每一个核心环节。集美区作为中国卫浴硅谷的基地，为大白卫浴奠定了优质的成长与发展环境。2019 年大白卫浴完成了营业额突破“一个亿”的小目标。2020 年，在全球经济受到新冠疫情的剧烈冲击下，大白卫浴的“618狂欢”中更是捷报频传，销售额同比增长350%，订单同比增长200%。在品牌定位上，大白定位于创造一个更适合中国的，更能满足中国人需求的自有品牌，真正懂得年轻用户的审美与需求，在追求产品实用性的基础上，更注重产品的新潮化、时尚化、科技感、未来感，做出符合当下年轻人所追求的卫浴产品；在品牌价格定位上，致力于跳脱传统厨卫品牌层层代理制的经销模式，要让更多的国内用户甚至是51%的中国人都能消费得起的卫浴产品。在产品研发设计上，大白卫浴已经获得超过700件专利、超过90件国际设计大奖，在2020年度，大白U悦置物淋浴花洒、除氯增压美容花洒、激漩地漏等数十款产品就分别荣获了全球三大设计最高奖：德国红点、德国iF以及日本Gmark，成为设计奖大满贯得主。在产品价值链塑造上，寻求全球优质盟友，致力于深耕国内市场，实现了家居产品整个生态圈的融合。新冠疫情的爆发，使智能家居、非接触性家居迎来了新的发展机遇。2020年5月27日大白卫浴与国内知名人工智能企业云知声签署战略合作协议，共同发力“智能+厨卫”，为用户打造更舒适的厨卫生活；为了更为纵深推进“双循环”格局，在国内市场上，大白布局AIoT物联发展规划，与海尔卡奥斯定制设计创新平台强强联手打造智能卫浴智慧空间，实现整屋智能联动；此外，在企业融资上，大白卫浴已完成由小米集团和顺为资本共同投资的战略融资项目，成为小米生态链的重要一员。在产品制造上，大白卫浴将自身定位于卫浴产品的研发与设计，而将产品制造委托给全球一流的卫浴制造商，以保证大白卫浴的高品质，仅大白龙头主要的生产制造商，是落户于集美全球最大卫浴五金专业制造商路达集团；大白智能马桶主要制造商，是“久经沙场”的卫浴冲水系统行业领军企业，也是中小板上市公司瑞尔特。大白卫浴与路达集团等全球制造商的上下产业链群的融合，既是双方的优势互补，更为以出口外贸型的卫浴制造商调整经营策略、优化生产线路，转变成为国内大循环为主体的“双循环”格局提供了鲜活的发展模式，这一思路对处于后疫情时期、受到全球经济深度影响的出口外贸型企业冲破困局、实现华丽转型具有重要的启示意义。此外，在产品销售模式上，大白卫浴正视新冠疫情的黑天鹅事件所带来的线上营销机遇，积极拥抱互联网新生销售业态，五次入驻罗永浩直播间，依托小米有品众筹平台，实现产品设计、资本筹集与销售的完美融合。

（二）后新冠时代的新兴消费业态迅猛发展为国内产销市场的供给侧结构改革提供了机遇

菁财资本创始人葛贤通在接受《国际金融报》记者采访时谈到，新冠疫情使在线教育、远程办公、短视频、直播等为代表的新型“宅经济”迅速爆发，给大消费行业带来了三个改变，一是社会数字化进程明显加快，数字化红利效应凸显，二是经历疫情“洗礼”，很多行业进入重新洗牌阶段，三是疫情将重塑市场与消费者之间的关系。作为传统电视购物升级版的线上直播、VR场景带货应运而生，成为重塑市场与消费者之间关系的重要载体。2020年5月8日，集美区区长胡旭彬“直播带货”尚柏奥特莱斯，提振消费信心，也向市民表明集美区政府统筹疫情防控与复工复产、积极拥抱互联网新生业态的态度。这场直播活动通过新浪“一直播”、Zaker厦门平台在线全程直播，累计超1700万人次在线收看。2020年8月30日，大陆首个“海峡两岸直播电商产业合作园”签约落地集美，集美区政府对接互联网龙头企业多个平台围绕大陆台企直播电商转型升级和台湾青年直播电商就业创业，在产业合作园内建立“四基地一中心”，即“闲鱼奢品电商产业带（厦门）基地”、“考拉海购跨境电商内容生态（厦门）基地”、“淘宝直播官方授权产业带（集美）基地”、“天猫产业带（厦门）服务中心”以及“厦门两岸青年直播电商就业创业基地”，这也是集美区抓住后新冠时代大消费市场新发展机遇的积极回应。

此外，为贯彻中央促消费扩内需战略部署，在集美新城启动建设十周年之际，围绕创建“国家级夜间文旅消费集聚区”的目标，编制《集美新城夜间经济发展规划》，全面启动集美新城夜间经济发展，出台提振消费专项政策意见，明确提出大力培育发展夜间经济，支持建设夜经济数字街区，点亮夜经济地图，创新城市新消费场景，营造全天候消费氛围。通过市图书馆集美新馆、诚毅科技探索中心将实现夜间常态开放；实施诚毅大街市民广场、市民公园等夜景提升工程，建设杏林湾水舞灯光秀、诚毅科技探索中心科普体验升级改造、万科里“潮玩街区”等，打造“点亮夜经济”的启动项目，为后疫情时期市民消费提供全新的“白”+“黑”消费新模式，这也是集美区从内需市场下功夫，积极融入“双循环”格局的重要举措。此外，集美区软件和信息行业敏锐把握后疫情时代健康医疗产业、智能家政服务业、线上教育产业的蓬勃发展态势，依托好慷厦门、柚子家等重点项目，推动消费市场的供给侧结构改革与提升。

三、力促集美区深度挖掘推进高质量发展的驱动性因素

黄奇帆在其所发表的《如何以国内大循环为主体 构建双循环新格局》中指出，在新冠肺炎深度冲击全球经济的大背景下，唯有科技、唯有创新才是走出危机、赢得主动的治本之道。如前所述，新冠疫情影响了集美区引进海内外创新创业人才落地的进度，但也为集美区深耕挖掘自身特有的文教区与集美新城总部经济优势提供了机遇，从产城研学的深入融合发力，为集美区高质量发展续航提供驱动性因素。

（一）后新冠时代集美区所特有的产城学研资源迎来了内涵式的发展机遇

高质量发展集中体现为发展质量、结构、规模、速度、效益、安全的有机统一，这是多重约束条件下的最优解，好的质量、结构、效益是高质量发展的本质特征。而创新创业人才效应的发挥成为集质量、结构与效益于一体的经济高质量发展的引擎所在。新冠疫情的爆发，促使集美区重新审视产业发展格局，并以此迅速优化人才结构及项目，创新打造了“高校产业技术联盟”、“集美人才节”两大品牌，得到新华社、人民网、中央人民广播电视台、《福建新闻联播》、《福建日报》、《厦门日报》等主流媒体刊载转发，在厦门市委人才办牵头开展的“人才群英会——2020年度人才工作创新案例总结评选”的前三甲案例中占据两席。

在高端科研攻坚及创新创业人才上，集美区创新打造了“高校产业技术联盟”。新冠疫情的爆发，放缓了集美区引进人才的步伐，但恰恰给集美区将人才工作的方向从单一型外来引进向深度挖掘本土产学研资源的转变提供了契机，反思在引入外来创新创业人才存在一定难度时，是否充分整合释放了自身所独有的文教资源优势。文教区是集美发展的“资源富矿”，涌动着创新研发的巨大潜力。作为我市高校资源最密集的行政区，集美区聚集了15所高校、科研院所，33个“双一流”学科，约13万名在校师生。为此，集美区于2020年6月19日，建立了以开展产学研交流合作和人才项目引进孵化为主要职责的专门组织——“高校产业技术联盟”。联盟首批邀请集美大学、华侨大学、厦门理工学院、福州大学、中国科学院城市环境研究所、中国科学院海西研究院厦门稀土材料研究所等6所高校、科研院所与辖区“三高”企业共同设立，由高校、科研院所担任轮值主席，聚焦集美、厦门的主导产业，推动先进技术成果应用转化，助力企业转型升级，让一批“沉睡”在实验室里的专利、科研能力加快转化成经济动能。此外，联盟还充分利用高校、科研院所的学科智库优势，联合区委组织部等政府部门组建“政校联合课题组”，开展课题合作18项，形成调研文章31篇，有效地推动了高校学科优势向服务政府决策、服务经济社会发展的智力优势转化。另外，2020年7月，在集美区高校产业技术联盟集美大学机械制造专场校企对接会举办期间，由中国工程院院士赵振业领衔的首个“专家问诊团”正式揭牌成立。首个“专家问诊团”成立以来，面向路达、金龙、日上、立林、国安达、力巨等43家辖区机械制造企业开展“定向问诊”，帮助企业解决关键构件使用寿命等问题。目前赵振业团队已与辖区多家企业达成合作意向，助推辖区高端机械装备产业转型升级。再者，聚焦企业发展需求，高校产业技术联盟还推出“首席技术顾问”制度，尽“校”所长，引才引智，鼓励辖区高校、科研院所的人才（团队）到集美区企业担任首席技术顾问，并由政府“买单”、给予“首席技术顾问”每月最高1.5万元的津贴，降低企业引才用才成本，探索“企业出题、高校答题、政府补助、校企受益”的集美模式。

集美区依托“集美人才节”为本区经济社会高质量发展营造覆盖各种人才层次的交流互动平台。2020年“九八”期间，首届“集美人才节”正式亮相厦洽会“人才项目资本合作馆”，成为集美创新人才工作的又一特色名片。首届“集美人才节”干货满满，包含“集智汇美”招才引智计划、“两岸青创人才成长计划”，以及校企对接、人才交流、政策推介等10大类共43场活动，打造展示人才成果的窗口、发布人才政策的平台、宣传人才典型的载体、促进人才交流的盛会。围绕全市招才引智工作目标，集美区结合2020年厦洽会“集美人才节”系列活动，以高校毕业生为“引才”重点对象，以福州（对口招聘基地城市）地区高校和集美辖区内高校为“引才”重点地区，推出“集智汇美”系列招才引智活动，通过开展福厦高校巡回宣讲推介、大型线下招聘会、政策推介等系列活动，千方百计解决大学毕业生“就业难”和辖区企业“用工难”问题。此外，还通过“青创UP！集美区两岸青年创业人才成长计划”为两岸青年创业搭台。

（二）后新冠时代集美新城总部经济迎来了崛起的发展机遇

2020年10月23日，召开了由中共厦门市委、厦门市人民政府主办的厦门总部经济发展大会，会上强调厦门将发力打造总部经济集聚地，推动经济高质量发展，并发布了厦门市总部经济发展目标为：力争到2025年新增总部企业超过100家（其中营收超100亿元的20家、超50亿元的30家），总部经济营收和利润均超过全市企业的一半，税收收入达到全市税收收入30%，成为国际知名、海丝沿线和东南沿海领先的总部经济核心区。全球新冠疫情的爆发，使企业更为关注成本效益，换句话说，总部经济落地是对所在区域承载的总部经济营商环境、经济生态产业链、地理交通优势、办公场所成本效益等因素的综合权衡。随着高素质高颜值跨岛发展最美新市区的建设进程推进，集美区作为总部经济集聚地的优势愈发显现出来，比肩观音山——五缘湾商务营运中心的聚集效应。

在厦门总部经济发展大会上集美区所获得的项目规格及投资金额，将直观地反映出总部经济将是后新冠时代、更是“十四五”规划时期集美区经济实现高质量发展的重要契机。集美区有传化智联华南总部项目、中建五局海西投资总部项目、佳龙文化旅游产业总部项目等3个区域总部项目在厦门总部经济大会上集中签约，总投资350亿元，占全市现场签约项目总投资额的47.55%。这也是集美区政府把“招大引强”作为培育产业链的核心，加快打造吸引总部经济的“强磁场”，提升产业集聚能力、城市发展能级的直接回馈。在政策导向上，为加大引进和培育总部企业、“三高”企业，2019年9月，集美区出台《招商管理办法》《诚毅国际商务中心影视企业总部区》等政策，为入驻的总部企业提供办公装修补贴、场所租金补贴和物业管理费补贴等优惠。在运行组织与机制上，集美区专门成立了由区发改局牵头的央企、总部和金融招商工作组，围绕“六大产业链群”建链补链延链强链，瞄准龙头、央企抓招商，重点吸引优质企业来集美设立地区总部，进一步健全“项目生成、定期报送、项目协同、项目调度”运行机制。在营商环境优化提升上，集美区率先在全市设立一站式“惠企窗口”和企业开办“一窗通办”服务、自主研发招商引资线上平台“集美i企宝”……运用智能化、数据化手段，集美为企业提供全方位招商服务。

四、急剧培育提升集美区全面应对经济社会风险的韧性与治理能力

新冠肺炎疫情，既是一场对国家治理体系和治理能力的大战大考，也是对城市治理体系和治理能力的一次深度检验。具体至城市经济高质量发展，如何有效统筹兼顾疫情防控与经济复苏，如何维系外贸依存度较高的大型企业与中小微企业的可持续性发展，如何以科技创新为根本动力有效推动质量变革、效率变革与动力变革，如何处理好土地财政与地方公共财政之间的比重等问题，都将成为后新冠时代考验地方政府治理的常态化“考卷”。也正是基于这样一种内外部公共危机环境之下，集美区全面应对经济社会风险的韧性与治理能力得到了急剧培育与提升，通过公共政策的制定与执行积极应对疫情常态化所带来的冲击，且区域能级在后新冠时代得到了诸如金砖未来创新园、国家全域旅游示范区、县域集成改革试点、海峡两岸（厦门）直播电商产业合作园、厦门影视拍摄基地等政策及项目所赋予的发展机遇。

（一）后新冠时代集美区城市治理能力迎来了系统检验且急剧成长的发展机遇

后新冠时代集美区公共治理能力迎来了迅速成长的发展机遇。新冠疫情的常态化，打破了地方经济与社会一贯的发展模式，驱使城市不得不逐一面对防控物资紧急调度与匹配、城区高密度人流下的疫情防控、受外贸出口订单急剧削减甚至取消下的产业复苏、受疫情重度影响下的经济产业结构如何优化等一系列严峻问题。集美区城市治理能力迎来了系统检验且急剧成长的发展机遇，尤为体现在经济高质量发展的公共政策制定与执行层面。在新冠疫情爆发初期，集美区迅速响应党中央国务院、省市级疫情防控政策，于2020年2月就陆续出台了《关于贯彻落实省市应对新型冠状病毒感染肺炎疫情支持企业共渡难关若干措施的实施意见的通知》、《集美区应对新冠肺炎疫情扶持企业发展实施意见的办事指南》，主动作为、科学防控、扶持企业复工复产。集美区18家“双百”人才企业于2020年2月收到市级创业扶持资金1500万元，这笔扶持资金从申请到拨款仅用了不到72小时，成为处在抗击疫情、复工复产关键人才企业的“及时雨”。针对逐步复工形势，集美区创新实行区内“调剂用工”，在安全合规的前提下，统筹协调辖区酒店待岗人员到重点企业、人才企业“临时顶岗”，实现区域人力资源的高效匹配。此外，集美区还通过“点对点、一站式”包车返厦、人才企业“联络员”制度将抗击疫情复工复产政策真正落地。在后疫情时期，集美区于2020年7月又陆续出台了《集美区关于扎实做好“六稳”工作落实“六保”任务的实施方案》、《集美区统筹推进常态化疫情防控和经济社会发展及安全生产工作实施意见》等政策，如实施一二三产业“百千”增产增效行动、培育新产业新业态新模式等举措，全方位为经济高质量发展“保驾护航”。在营商环境上，疫情发生后，集美区立足人才企业发展需求，推出“一对一”在线政策辅导、开辟“政企银”金融服务通道等多项措施，助力人才企业复工复产。集美区委组织部还开通了全市首个高层次人才政策申报兑现平台，“一站式”在线申报、线上审核，兑现效率较原承诺时限提速了40%。通过新冠疫情防控全面大考，集美区在2020年第三季度呈现出稳中求好的状态，1-9月全区主要经济指标快报显示出地区生产总值同比增长2.5%，规模工业增加值同比增长3.8%，尤其是在实际利用外资上，同比增长20.1%，这为扎实开启“十四五”规划、逐步实现新一个百年宏伟蓝图奠定了良好的根基。

后新冠时代集美区通过强化新基建增强风险防控能力，以便为经济高质量发展打好技术基础。新冠疫情的常态化限制了人的流动性，但“不见面”或“无接触”形式的线上生活性服务业，数字化协同办公、移动互联服务、互联网金融理财服务等生产性服务业，以及诸如各类无人机应用场景、智能化的机器人工厂等经济，都得到了迅猛催化和加速发展。而这些产业均有赖于5G网络、人工智能、工业互联网、物联网、数据中心等新型数字基础设施建设。截至2020年8月底，全区共建成开通5G基站691个，其中联通完成34个，电信完成170个，移动完成487个，当前建站完成率74%；截至2020年上半年，全区共完成5G配套设施站址（基站电源、天面抱杆、传输、电力等）建设改造417个，在网塔类物理站址数1578个，室分微站站址数96个，塔均用户数为1.44。

（二）后新冠时代集美区区域能级得到了更为契合“十四五”发展规划的机遇

后新冠时代，集美区虽依然受到全球新冠疫情的持续性影响，但也正是集美在“十三五”规划实施期间的稳扎稳打，使集美区区域能级优势逐步显现出来，使集美区经济高质量发展得到了更为契合“十四五”发展规划的机遇。集美区区域能级优势突出体现在金砖未来创新园、国家全域旅游示范区、县域集成改革试点、海峡两岸（厦门）直播电商产业合作园、厦门影视拍摄基地等政策及项目上，这些都将成为集美区全力打造高素质高颜值跨岛发展最美新市区、全面开启“十四五”规划的新引擎。

金砖未来创新园的落地为集美区提升城区国际化影响力提供了重要契机。2020年12月8日由厦门市政府与工信部共同主办的金砖国家新工业革命伙伴关系论坛，以国家级利好金砖国家新工业革命伙伴关系创新基地建设为关键一环，将成为引领厦门城市国际化发展的战略主线，而金砖未来创新园，选在集美新城软件园三期，这将是集美历史性崛起的必然机遇。

国家全域旅游示范区和厦门影视拍摄基地的落地，为集美区特色优势的文化创意与旅游产业拓展发展边界、深耕内涵提供机遇。2020 年 11 月 18 日，文化和旅游部发布《关于公示第二批国家全域旅游示范区名单的公告》，共有 97 家创建单位入选，集美区成功入选，榜上有名。集美区委区政府以“全景、全时、全民、全业”全域旅游理念，着力打造集美六大产业链群、七大投资工程，把全区当作旅游大景区，打通文创旅游产业链，并用创新思维引领产业转型升级，为游客提供全过程、全时空的旅游产品，着力推动全区旅游品牌、旅游产业、服务品质等全方位的升级，全力打造“集天下之大美，美 Ji 在一起”的全域旅游“集美模式”。尤其是应运金鸡奖落户厦门的“东风”，使厦门影视拍摄基地落地集美，契合现代影视节目制作的市场发展趋势，充分整合集美区文教、人文地理、软件信息服务产业等资源，成为延伸集美全域旅游产业链的新生业态。

省级县域集成改革试点则为集美区经济高质量充分利用两岸资源提供了发展契机。2019 年底，福建省委办公厅、省政府办公厅联合下文批复，同意 4 个县（市、区）的集成改革试点总体方案，集美榜上有名。根据《集美区县域集成改革试点总体方案》要求，2020 年 1 月至 2021 年底，基本完成本方案提出的各项改革任务；到 2022 年，推进两岸融合发展的机制更加成熟、更加完善，把集美区建设成为两岸深度融合发展的示范区，为推进两岸融合发展提供更多可复制、可推广的成果经验。试点工作的推进是“三期叠加”时期，集美区充分整合两岸资源，以建成台胞台企登陆的“第一家园”为目标的重要发展机遇。

第四章　后新冠时代集美区经济高质量发展的对策

后新冠时代是基于我国防控新冠疫情取得重大战略性胜利、但全球疫情形势依然严峻下所界定的时间节点，但这一时期更是我国发展环境面临深刻复杂变化的时期，十九届五中全会给出了“当前和今后一个时期，我国发展仍然处于重要战略机遇期，但机遇和挑战都有新的发展变化”的科学判断。即“十四五”时期是我国全面建设社会主义现代化国家新征程的开局起步期，也是世界百年未有之大变局的加速演进期、全球百年未遇之大疫情的持续影响期，清醒认识和科学把握国内外环境的变化对编制和实施好“十四五”规划至关重要。为此，在分析这一特殊历史时期集美区经济高质量发展所面临的机遇与挑战的基础上，从构建双循环相互促进的新发展格局、推动集美现代化产业链群实现“三大变革”、提升与经济高质量发展相适应的治理能力等维度，提出推动集美区经济高质量发展的具体对策，以此真正贯彻落实十九届五中全会所强调的“以推动高质量发展为主题”的会议精神。

一、构建以国内大循环为主体、国内国际双循环相互促进的新发展格局

从经济高质量发展的落地路径来说，构建以国内大循环为主体、国内国际双循环相互促进的新发展格局，是“以推动高质量发展为主题，以深化供给侧结构性改革为主线，以改革创新为根本动力，以满足人民日益增长的美好生活需要为根本目的”等纲领转化实践的关键路向。是现阶段特殊历史时期，突破“国际大循环”固有发展模式束缚，寻求经济自主性发展的“良方”，课题组具体将从消费、进出口与投资这三大视角，分析后新冠时代集美区构建以国内大循环为主体、国内国际双循环相互促进的新发展格局的具体对策。

（一）致力于“大内需”市场振兴，构建“国内循环为主体”的双循环新格局

赛迪顾问城市经济研究中心主任王高翔在第八届中国商业创新大会 2020 新消费论坛上演讲指出，“当前消费支出增速与可支配收入增速之间存在“剪刀差”，消费升级潜力尚未完全释放”。正如集美区 2020 年 1−9 月主要经济快报所反映出的，在农村居民人均可支配收入、城镇居民人均可支配收入同比增长分别为 5.8%、2.7% 的情形下，而社会消费品零售总额仍然处于同比负增长 2.6% 的状态。为此，在国内大循环为主体、国内国际双循环相互促进的新发展格局下，集美区企业如何撬动战略发挥效能、通过供给侧结构改革紧抓消费升级趋势，从而满足消费偏好将成为推进经济高质量发展的关键。另外，从消费可支配性来看，提升集美区市民可支配收入占比、增强消费信心也是振兴“大内需”市场的必要举措。

在供给侧方面，通过结构改革满足消费偏好及升级方面。要将实施扩大内需战略同深化供给侧结构性改革有机结合起来，必须更加重视对接消费需求，通过不断发展新模式、新业态、新技术、新产品、优化供给结构，改善供给质量。一是要更加注重产业链的自主可控，双循环格局之下，可能会更加以满足内需的视角来思考问题，系统性地重视产业链的安全性、稳健性的问题，因此对产业链的自主可控提出了更高的要求，减低对出口外贸的依存度将成为主要趋势之一。二是要更加重视创新升级，持续的创新升级是保证产业竞争力的关键，也是内外双循环保持活力的关键，也是产业链自主可控的前提，人才体系的培养、研发设计投入的加大都是企业创新升级的重要砝码。在后疫情时代，大内需市场的拓展尤为要关注“宅经济”、“非接触类经济”、“健康与保险类经济”、“云消费”、“数字城市”等给消费生态带来的急剧变化。如前所述，集美新兴互联网大白卫浴便是基于消费偏好、创新提升品牌价值、共享拓展市场的最佳代言。大白卫浴关注于国内年轻人对于卫浴产品的需求偏好，设计并生产出诸如声控智能马桶、智能型化妆镜、除氯美容增压花洒等融合健康、智能、时尚、价格亲民等一体的新型卫浴产品，两年间实现了市场从 0 到亿元质的飞越，也生动说明“大

内需”是大有可为的市场，是经济高质量发展真正的主战场。集美区作为国家全域旅游的示范区，文旅产业更是激发大内需的着力点。如在夜经济打造上，可借鉴长沙“茶颜悦色”与“文和友”文创夜游IP、西安大唐不夜城、重庆洪崖洞等项目，根据市民消费偏好打造特色项目，培育夜间休闲旅游消费主体，积极宣传健康的夜游消费方式，让更多的居民参与夜间休闲消费；增加夜游产品的曝光率，通过多种渠道推介夜间休闲旅游，还可与直播电商平台合作，通过直播镜头展现集美文旅资源，吸引更多人到集美新城旅游、打卡文化旅游项目。在商圈消费上，立足集美新城优势，持续推进商圈发展，满足中高端消费需求，通过优质便捷的公共交通将分布为点状的万达商圈、尚柏奥特莱斯、万科广场、IOI及世贸综合体、中交西塔集美城市中心、新城际广场等整合成消费价值链，将文旅消费纳入商圈客户管理体系之中，各商圈之间在差异化经营策略下实现集美区整合型营销活动，以形成具有类似于“双十一”且具有集美地域文化的消费节。

在消费端方面，在满足市民消费需求偏好的前提下，市民有能力消费、有信心消费才是提振“大内需”市场的动力所在。对于厦门市市民来说，在消费能力上所面临的突出问题便是收入与房价的差距，换句话说，厦门市市民的消费受制于买房压力或者还贷压力，尤其在后疫情时期一部分市民还面临着失业或减薪的问题，因此厦门市市民并未有相对富余的收入用于消费；另外，受新冠疫情影响，市民防控危机风险意识更为强化，消费更趋于理性和谨慎。因此，要完善消费政策，加快完善“想消费”“敢消费”“能消费”的政策环境，如在坚持房子是用来住的而不是用来炒的政策下，理顺财税体系、改善收入分配，完善社会保障体系及养老体系，让居民有收入能消费、有保障敢消费、有产品可消费。

（二）注重“三高”产业链与优质公共服务的整合性投资，构建“国内循环为主体”的双循环新格局

在引导与优化市场投资上，集美区将2020年定位为“招商引资与项目建设攻坚年”，在“九八”厦洽会上，集美区达成合作项目总投资额883亿元，场内签约项目35个，总投资额584亿元，其中市级签约7个，总投资289亿元，区级签约28个，总投资295亿元。在新的发展阶段，集美区应依据本区现有成熟的产业链群，引入“三高”企业投资于诸如人工智能、智慧城市、云消费、全域旅游、智能制造、现代物流、智慧农业等具有广阔发展前景的领域。在引入“三高”企业落地集美之后，更应该做好后续的发展工作，要充分释放“三高”企业的辐射引领效应，使其真正发挥龙头聚合效应，以点带面辐射产业链纵横向同类型中小微企业的共同成长。

此外，政府公共投资也是拉动内需、保障就业，构建“双循环”格局的重要举措。对于集美区来说，投资配套完善相应的公共服务更是吸引投资企业、优质公共服务项目、厦门新市民与人才等落户集美的重要保障。集美新城是集美区高素质高颜值的最佳载体，已基本完成了城市框架、交通基础设施的搭建，依托杏林湾商务中心、软件园三期、厦门图书馆、诚毅科技中心、市民广场等基础设施，正迈向产城学人融合发展的新阶段。但与此同时，也应看到在公共医疗、公共交通、学前及中小学教育等领域与岛内的差距，因此，集美区政府应充分利用四川大学华西医院落户集美的契机，整合性地提供优质公共服务，逐步实现集美城区与乡村公共服务的均等化。另外，新基建项目应是集美区公共投资的主力点，在新时期完善5G基础设施的前提下，可重点围绕云知声人工智能超算平台、鲲鹏超算中心等项目建设，瞄准“技术创新、产业培育、应用安全”三大主线，大力推进应用基础研究、关键技术攻关、数据安全保障、应用创新融合、人才引进培育和产业生态营造，进一步推动人工智能与实体经济深度融合，赋能制造、金融、交通、医疗、物流、教育等领域，推动人工智能产业快速发展，促进全市产业转型升级。

（三）正确处理“内循环为主体”与“外循环是内循环必要补充”的有机关系，构建“国内循环为主体”的双循环新格局

国内大循环为主着眼于提高国内经济发展的效率与公平，国际大循环逐步进入全球化的新阶段，更好地分工协作，及应对人类共同难题。国内国际双循环互相促进的格局逐步形成，大国经济才能做到行稳致远。从集美区2020年1—6月的外贸进出口总额统计数据来看，同比均处于负增长，出口总额同比负增长3.9%，进口总额同比负增长5.9%，反映出集美区进出口贸易受新冠疫情影响是较为突出的。因此，对于集美区经济高质量发展来说，减低外贸依存度，强化进出口张力，将外循环作为内循环的必要补充，是构建以国内循环为主体的双循环新格局的根本要求。

以构建双循环新格局为主导，集美区应对现有六大产业链群的进出口发展动态进行实时监测，将单一外贸出口企业转化为整合国内与国外市场消费的企业，如路达集团承担了大白卫浴的生产。下一阶段相关产业的发展需要在现有技术积累基础上，以内需为支撑推动企业国际化发展所需关键核心技术领域的突破。坚持市场机制主导和产业政策引导相结合，协同制定产业政策，消除内部产业布局雷同与无序竞争，促进产业有序分工和合理布局形成。有序实现产业跨区域转移和各类生产要素自由流动，共同促进战略性新兴产业集群、装备制造产业集群、现代服务业集群等产业集群发展。同时，利用内需构建完整国内产业价值链，并逐步推动国内产业价值链向区域产业价值链乃至国际产业价值链拓展，推动优势企业“走出去”。2019年厦门发布了《2019—2020年度中央外经贸发展专项资金（对外投资合作项目）扶持办法》，通过直接补助和贷款贴息两种方式对企业进行补助，这在一定程度上有利于厦企“走出去”。集美区重点发展的“六大产业链群”，未来应加强与国内外知名企业的供应链协作，开

展在研发设计、生产贸易、标准制定等方面的全方位合作，增强国际竞争力，打造具有国际化“中国集美”系列品牌。

以国内循环带动国际循环，实现“双循环”经济新格局。集美区可依托“一带一路”，建立金砖国家新工业革命伙伴关系创新基地等政策机遇，提升自身区位优势，以更好地融入全球经济新形势。在“一带一路”倡议开放性、包容性格局基础上，以贸易畅通为核心，构建推动贸易增长的国际化平台。首先，可构建面向其他国家的跨境电商交易平台。依托于姚明织带、路达集团、厦门金龙客车等企业，充分发挥本区软件信息和服务业的优势，依靠国际国内先进支付平台技术构建金砖国家互联跨境电商平台，为与其他四个金砖国家之间的进出口贸易提供在线交易、在线支付、在线物流等服务。同时积极构建金砖国家之间的跨境电商监督平台以及跨境电商企业信用数据库，为跨境贸易发展扫清障碍，提高金砖各国进出口贸易便利化水平。其次，加强现代物流贸易大通道建设。从全球范围来看，现代物流贸易通道是进行国际贸易的纽带和桥梁，加强现代物流贸易通道建设能够打破地域限制，降低贸易成本。集美区可充分利用前场铁路中欧班列、厦门新北站交通枢纽优势，做好现代物流基础设施建设，信息化及标准化物流建设，推动第三方物流快速发展，同时对跨国物流进行补贴和扶持，推动自身现代物流做大做强。

二、加快发展现代产业体系，推动经济体系优化升级

党的十九届五中全会通过的《中共中央关于制定国民经济和社会发展第十四个五年规划和二〇三五年远景目标的建议》明确提出，实现经济高质量发展应加快发展现代产业体系，推动经济体系优化升级，坚持把发展经济着力点放在实体经济上，坚定不移建设制造强国、质量强国、网络强国、数字中国，推进产业基础高级化、产业链现代化，提高经济质量效益和核心竞争力。在“十四五”期间，集美区按照“加快发展现代产业体系，推动经济体系优化升级”的会议精神，优化提升机械装备等优势产业，壮大软件信息、文创旅游、现代物流和新材料等新兴产业，稳步发展现代都市农业，为构建现代产业体系、推动高质量发展创造坚实支撑。加强质量强区工作，推进质量提升行动，落实高质量发展。

（一）以智能制造为主攻方向推动机械重工与新材料产业优胜劣汰、壮大实体经济

机械装备和制造业作为集美区支柱产业，拥有诸如厦门厦工、金龙客车、厦门正新轮胎等一系列具有全国影响力的品牌企业，如前所述，现在正处于转型升级的阵痛期与变革期，产品与市场的优胜劣汰，实现机械装备业与新材料等由“制造”向“智造”的转变，是实体经济高质量发展的必由之路。扶持实体经济转型，从“制造”向“智造”转变，一方面通过深耕国内市场，以市场需求为导向，倒逼企业进行技术创新，提高产品质量鼓励企业扩大产能、提质增效，抢占产业发展先机，如厦门金龙联合汽车有限公司针对新冠疫情防控，实时开发并制造了作为医疗专用车领域的领航者，金龙客车本次携医疗体检车、新肺哨兵车、疫苗冷链车、正压采样车、奔驰救护车等五款高科技医疗专用车，充分展现了其作为医疗领域专用车制造商的担当；同时，在加强与发达经济体的产业分工同时，发挥“一带一路”海上丝绸之路、金砖国家新工业革命伙伴关系等政策优势，逐步实现与发展中国家的产业合作，如金龙客车率先发起了升级转型攻势并且召开品牌战略发布会，以可信赖文化全力冲刺，全力以赴满负荷推进生产，自 2 月 18 日复工截止 5 月底，金龙已向沙特、埃及、智利等 46 个国家和地区，发运 5000 多辆各型客车；作为全球继电器的龙头企业，宏发电声多项业务齐头并进，目前其拳头产品——高压直流继电器全球市场占有率约为 20%，国内市场占有率超过 40%，不仅对国内主要主机厂及电池企业、供应链批量供货，奔驰、大众、路虎等一线汽车品牌也都是它的客户。以特斯拉为代表的新能源汽车产业持续受到关注，为宏发电声迎来新的发展机遇。上半年虽然受到疫情影响，但宏发电声业绩仍然实现正增长，且 1 月 -8 月的产能已经接近去年同期水平。刚刚过去的 9 月份，其订单产值达到 10.8 亿元。为此，依托核心产品，拓展市场，夯实实体经济，是经济高质量发展的必然要求。

另一方面，鼓励支持企业进行研发创新，如建立人工智能与智能制造创新中心，聚焦于人工智能在制造业应用中共性技术的研发与推广。对于重工机械装备业来说，当前，全面推进数字化、网络化、智能化升级已成工程机械行业技术创新焦点，5G、AI、工业互联网等新技术深度应用是工程机械行业发展的主要方向。工程机械产业正由生产型制造向服务型制造转变，国际工程机械巨头的服务性收入在全部收入中的占比已超 50%。如前所述，厦门厦工机械股份有限公司受疫情影响较为明显，倒逼重工机械产业向智能制造转变，强化自主产权，将研发与厦门所特有的海洋资源相整合，开发适合海洋经济发展的海洋工程设备，实现工程机械装备的差异化战略。在人工智能与智能制造创新中心运行模式上，可采取“公私合作”，依托公共政策支持与公共资源平台，强化企业主动对接人工智能，将人工智能技术融入设计、生产与运行之中。如长沙山河智能装备股份有限公司董事长何清华接受媒体采访时说，“山河智能有 5G+ 航空装备、5G+ 智能挖掘机、5G+ 无人平台、5G+ 电控部件等‘5G+ 工业互联网’应用场景。5G 条件下，5G 基站建到哪里，我们的挖掘机就可开到哪里”。在治理机制方面，充分利用集美区文教资源，发挥“高校产业技术联盟”平台优势，由技术专家、政府官员、企业家代表和学者共同组成专业委员会作为最高决策机构，创新中心最高管理者采取公开招聘的方式，通过专业委员会和管理社会化减少政府的行政干预，保证创新中心的高效运营和专业管理。

（二）以新数字经济为新引擎推动软件信息服务产业内涵式发展

十九届五中全会强调“数字中国”的概念，基于数字经济提升对我国技术竞争力、经济高质量发展的关键作用。新冠肺炎疫情加快了以区块链、人工智能、大数据、5G等为代表技术集群的技术大爆炸的发生，“互联网+”带动移动互联、云计算、大数据、智慧城市等成为当前我国软件和信息服务业的行业热点，新兴热点产业将会彼此互联形成一个新的生态链，构成新时代的信息服务业主体。软件园三期已成为厦门市信息产业的新摇篮，已有包括好慷厦门、咪咕动漫、中国电信海峡通信枢纽中心、中国数码、中交信息、中控智慧、鲲鹏数码、云知声等软件信息服务业企业进驻经营，被誉为“海西硅谷”。后疫情即“十四五”规划时期，集美区应立足现有较为扎实的产业基础，抓住数字经济的新机遇，可侧重从产业政策、数字宅经济、智能家居、智慧城市与数字风险防控等方面持续深化软件和信息服务类产业的新应用，壮大经济高质量发展动能。

在软件和信息服务产业政策上，突破单一型产业扶持及物质奖励的定位，应将软件和信息服务产业渗透至其他产业链中，为打造智能化的产业链群提供技术支撑。如深圳大鹏新区科技创新和经济服务局于2019年出台了《深圳市大鹏新区科技创新和产业发展专项资金管理办法》，将其作为一个产业扶持总纲，以《深圳市大鹏新区科技项目管理办法》作为一个管理规范，制定了“1+1+N”全方位政策体系，N就代表行业，科技研发、现代服务业，新区的生物产业、医药生物产业、高成长性的产业，都可以纳入到这个体系当中，打造了一个措施有力、操作性强、拉动力强、良性发展的产业扶持的整体体系。基于产业体系的视角推动经济高质量的发展。

后新冠时代的“宅经济”信息产品研发与拓展。首先，在游戏与动漫产品开发商，宅经济对游戏产品需求提升，集美区软件和信息服务产业可在云游戏/VR/AR游戏等场景技术等方面加强研发，做好内容开发，向着精品化、品牌化发展，实现网络游戏的长线运营能力与高质量发展。其次，可依托集美区全国全域旅游示范区政策优势，推出契合集美学村、集美新城的“云旅游”项目产品，通过数字技术实现游前线上虚拟体验、游中现场沉浸体验、游后数字回味体验的全流程，将线上用户行为转化为目的地的实地游览、线下消费，并由此带动由虚拟体验形成的周边产品消费。目前许多旅游城市正探索智慧旅游建设，如成都、广州、杭州等，集美区线下旅游亦需运用新科技深化文旅融合，推出如成都“夜游锦江”航段具有本土文化特征的旅游产品；也可采用运用“一部手机全域游”的方式，加深游客体验。

在智慧城市发展上，新冠疫情防控对智慧城市建设提出了更高要求，集美区既有集美新城这一样板城区，又具有得天独厚的软件和信息产业，因此，可将二者对接，打造智慧城区的标杆。对于集美区践行高素质高颜值跨岛发展最美新市区发展战略来说，须以智慧城市建设为依托，包括围绕产业发展，建设数字转型、智能升级、融合创新等服务的基础设施体系；紧贴公众需求围绕民生领域建设城市公共服务精品项目，提高智慧城市建设的内在质量；加强与智慧城市龙头企业的合作，整合联动发挥出更大的能效。目前深圳智慧城市发展指数中国第一，其背后是以华为为代表的本土龙头科技企业的助力，集美区可利用区域内高科技企业的优势，形成智慧城市运营管理体系。

此外，新冠疫情的防控使信息共享更为便捷高效，加快了中国消费者和企业的数字技术使用率，但也催生了国家、企业及社会更为关注大数据安全性的问题，因此信息安全防控也将是集美区软件和信息服务行业高质量发展的又一发力点，强化对信息安全防控方面的投入与研发。

（三）以智慧物流中心为战略定位提升现代物流产业的聚集发展效能

习近平总书记在2020年9月9日所主持召开的中央财经委员会第八次会议上强调，流通体系在国民经济中发挥着基础性作用，构建新发展格局，必须把建设现代流通体系作为一项重要战略任务来抓。要贯彻新发展理念，推动高质量发展，深化供给侧结构性改革，充分发挥市场在资源配置中的决定性作用，更好发挥政府作用，统筹推进现代流通体系硬件和软件建设，发展流通新技术新业态新模式，完善流通领域制度规范和标准，培育壮大具有国际竞争力的现代物流企业，为构建以国内大循环为主体、国内国际双循环相互促进的新发展格局提供有力支撑。集美区基于区位优势，现代物流业发展快速，其成为对接厦门市现代物流千亿产业链的重要一环，形成以旺墩冷储、源香冷储为主的冷链物流集群和以航空港物流、建发物流为主的集汽车配送、销售、售后服务为一体的汽车物流链，聚集了全程德邦、联冠、国拓（厦门）冷链、橙联、嘉晟、唯捷城际配送等物流强企。在“十四五”规划的发展阶段，集美区现代物流产业更应做大做强，构建后疫情时代现代物流发展的新格局，发挥其在国民经济中的基础性作用。

一是推进制造业与智慧物流深度融合。智慧物流有效契合了互联网制造的全过程高效、精准服务需求，推进制造业与智慧物流深度联动融合发展，形成链接生产和消费的一体化智慧化解决方案，实现制造业布局、生产组织、产品服务的模式变革，对精准控制各个环节成本和实现企业增效起到了基础性作用。在政策环境上，集美区精准制定税收、土地、补贴等政策，引导制造业加快剥离“非核心”物流业务，创新物流服务模式，实现制造业与智慧物流资源共享与运行互动，如将智慧物流融入至如厦工园区与销售供应链上的仓储、运输、配送、物流园区建设等环节中；其次是制定制造业与智慧物流融合发展规划，加快专业化、规模化、社会化智慧物流服务发展，培育形成制造业智慧型生态。在构建制造链供应链协同发展层面，鼓励物流和供应链企业面向制造业提供物流大数据、云计算产品和服务，增强制造业的市场需求捕捉、需求响应和敏捷调整能力，为制造业提供产前、产中、产后物流综合解决方案，推动制造业向智能制造发展与升级；在平台层面借助大数据、云计算、物联网、人工智能等核心技术，夯实智慧物流服务的技术基础，推进智慧物流与制造业数据链接和信息互联互通，形成协同发展新模式，而这个正是集美区机械和装备制造业、软件和信息服务业与现代物流业深度融合的平台。

二是着眼于后疫情时期电商发展、医药物资设备配送等趋势，依托海峡两岸直播电商产业合作园、电子城·国际创新中心落户集美，充分发挥橙联物流、唯捷城际配送、嘉晟等企业优势，促进商贸业与智慧物流联动创新发展。首先，以一直致力于智慧物流园区打造的嘉晟供应链为典型，积极推动“信息平台＋商贸物流”的智慧园区模式建设，实现“现代物流服务中心”与“物流电子商务平台”无缝对接，营造物流与商贸业要素聚集规模运行的联动发展环境，打造智慧化“基地＋网络”的商贸物流协同布局发展商业新模式。其次，充分发挥海峡两岸直播电商产业合作园、电子城·国际创新中心落户集美的优势，整合以橙联为代表的供应链物流企业，推动商贸物流服务生态模式创新，即以“网上交易、业务管理、商务协同”为生态构建核心，面向商贸物流产业链，整合上下游服务资源，高效提供商贸物流全程服务。通过系统集成、平台整合，实现要素的集聚与整合互动，加快商贸物流生态环境的智能化、人性化、机械化、信息化。再者，基于“疫”物流发展及海西海产品交易需求，依托旺墩、源香等冷链物流企业，建立智能冷链仓储系统、智能冷链物流配送系统，搭建冷链物流供应链综合服务平台。加快冷链物流与消费、生产环节的产业链融合。加快冷链商贸与物流价值链重构，提升冷链商贸与物流协同和价值创造能力。另外，可依托唯捷城际配送等企业，发展完善城区最后一公里配送平台，打通线上与线下购买服务。

（四）以全域旅游为内核丰硕文化产业与旅游业态

后疫情时期，出于安全等因素考虑，国内旅游将在一段时期内替代长途出境游，同时“城市群”的人口红利逐渐释放，旅游经营的核心挑战不再是让游客来一次，而是如何让游客愿意来第二次、第三次，并且实现更多的旅游消费。集美区要抓住2020年荣获国家第二批全域旅游示范区的政策机遇，后疫情时期发展应重点以亲子研学游、文创展出与文化演艺、户外海岛游、城市夜游等为载体，基于线上与线下、白天与晚上、室内与户外、项目与主题、互动体验与学习、城区与乡村旅游相统一的视角，推动集美全域旅游高质量发展。

全域旅游是将一个区域整体作为功能完整的旅游目的地来建设、运作，实现景点景区内外一体化，做到人人是旅游形象，处处是旅游环境。实现全域旅游，必须加大旅游与农业、工业、商贸、文化等产业的融合力度，通过将集美的海洋风光、侨乡文化、学村文化、闽南文化、影视文化、智慧工业、现代都市农业等资源的重新整合，让游客时刻感受到步步“走在景中”、时时“如游画中”的全域旅游魅力。全域旅游模式离不开智慧旅游的支持。通过新技术的加持，采集景区内外各类旅游信息，为游客提供多样化的旅游信息服务；同时，通过多种渠道的整合，为游客提供在吃、住、行、游、购、娱等六大环节多样化服务。

突出研学和亲子游。研学亲子游是集美区特色旅游产业，但受新冠疫情影响，两岸研学游市场受到直接影响，因此，需将市场调整为基于厦门市的城市群研学之旅。故此，在研学课程、研学路线、研学基地建设上升级迭代，研发更具竞争力和吸引力的研学产品；研学导师培训充电；优化流程，梳理服务细节、提升安全保障管控标准，充分挖掘亲子游研学游市场潜力，塑造“亲子胜地”的城市品牌和旅游形象。

此外，以项目带动打造集美区文旅演艺精品。可将“一精神三文化”的文化资源融入旅游演艺项目。厦门灵玲国际马戏城是福建省、厦门市重点文化产业项目，位于集美新城杏锦路，是以马戏为主题，融合国际马戏演出、动物展示及互动、动物马戏亲子主题酒店为一体，集旅游观光、休闲娱乐、文化教育一站式的大型旅游度假区。现阶段马戏演出与本地文化融合较少，因此可将马戏城的演出主题与集美本地文化特色融合，融入嘉庚精神的时代特征、闽南传统文化、华侨文化的传承与变化等，把艺术性和商业性融合在一起，让游客全方面感受集美特色风情和历史文化。如2019年，国内首个音乐产业艺术综合体星巢·越中心对外运营，城市文化演艺也须注意围绕集美特有的人文景观进行主题设计。另外，依托蓝地球主题项目的落地，推动海洋旅游新产业的发展，运用新思维、新主题、新体验，开发具有海岛特色、有影响的旅游产品，并依托新媒体等社交平台扩大宣传力度，实现对于主题文化的改进发展，将海洋文化旅游打造成集美文旅的一张新名片。再者，以构建“双循环”经济新格局为导向，培育“夜游、夜娱、夜秀、夜购、夜宴”等夜间旅游品牌，开发集美新城－龙舟池夜光秀项目，引进更多类似荧光夜跑等夜间品牌节事活动，鼓励有条件的景区开展夜间游览服务。结合集美区影视拍摄基地等项目，重点推介夜游品牌。推动公共文化服务设施延长夜间开放时间、开展互动体验活动。

随着金鸡奖落户厦门，影视经济红利逐步释放。厦门影视拍摄基地落户厦门，因此影视文创产业将成为“十四五”时期集美区经济产业新的增长点。厦门影视拍摄基地的落成填补了厦门没有标准摄影棚的空白，这里将成为服务来厦影视剧组的“梦工厂”。厦门影视拍摄基地是厦门市、集美区大力实施“以节促产”“以节促城”和“全域金鸡”发展战略的具体项目，厦门市、集美区将按照“头部企业 + 优惠政策 + 投资基金 + 产业园区”的发展模式，大力推动影视产业高质量发展，努力把厦门建设成为新时代中国电影产业发展的新高地。随着厦门影视拍摄基地的落成和投用，集美区将立足本地特色，加强与国内外影视资源的联动协作，带动集美学村、园博苑、集美新城等周边游，逐步构建完善的电影和泛影视文化产业生态圈。

（五）以“农业产业集群化”为着力点升级都市现代农业产业业态

2019 年集美区制定了《第一产业招商引资工作实施细则》和《现代农业招商工作机构方案》，从营商环境、要素保障、金融支持、人才服务等各个方面给予农业经营主体以扶持，鼓励各类农业经营主体不断做大做强做优，全年累计完成 6 个项目签约，总投资 7.09 亿元。“十四五”时期应围绕主导产业与主要品牌，打造农业农村现代化和乡村振兴产业振兴样板区和先行区。

2020 年，农鑫农产品收储运销及初加工产业中心总部项目、鲸探海洋科技文化产业股份有限公司增资扩产项目两个现代农业项目落地集美，未来须继续立足辖区资源优势打造特色农业全产业链，抓好重点项目及规模较大现代农业企业，协调优化农业与二三产业的融合发展，结合集美“一村一品”如灌口仙景芋，以及集美侨乡文化等挖掘现代农业项目招商资源，规模化产业升级加工化、通过直播等方式产销一体化，开发创意农业产品、伴手礼，推进农业和旅游业融合，开展休闲娱乐、度假养生、乡村体验等休闲项目，打造农业传统文化主题的乡村文化古镇等。充分发挥新成立的集美区果蔬经济促进会的作用，发展壮大“互联网 +”创新创业、数字农业、智慧农业，推动产业化发展。

为了满足现代都市人对农产品的营养、健康、安全要求，可以将农产品基地与城区生鲜配送相对接，利用集美区区域优势打造城际生鲜配送项目；并且要积极搭建交易平台，搞好营销策略，讲好产品包装和核心优势，发布权威机构的有机产品认证书，扩大农副产品销售，鼓励企业采取私人订制、个人和集团定制等农产品营销方式，提升农产品市场占有份额。

新型农业经营主体是现代农业产业发展的重要推动者，在“十四五”阶段，要继续通过合作、入股、契约等方式将农户联合起来，以区级家庭农场示范场、区级农民专业合作社示范社为推手，积极培育家庭农场、农民专业合作社、种养大户等多种新型的农业经营主体。不断深化推动“三权分置”，促进农地规范顺畅流转，引导土地向农业经营主体的集中，促进基础资源的优化配置。继续加强制度支持，关注受疫情影响企业，结合乡村振兴战略，加强示范村产业建设。打造现代农业产业振兴示范基地，如后溪镇、灌口镇可在其示范村范围内腾出相应规模的农用地，以村集体名义进行流转，用于面向全省农业企事业单位公开遴选现代农业产业，以点带面，打造我区现代农业产业振兴示范基地，实现农民增产增收。

三、深化经济驱动性因素改革创新以推动经济高质量发展

落实高质量发展这一主题是涉及面很广的一项系统工程，需要坚持系统观念，建立有效管用的激励和约束机制，形成推动高质量发展的强大合力。具体将从人才管理与科研创新机制、营商环境优化土地、生产要素机制与政府治理能力等层面，分析深化经济驱动性因素改革创新以推动经济高质量发展。

（一）依托集美区文教产学研资源优势，打造创新驱动经济高质量发展的人才高地

通过课题组前期调研，集美区在人才引进与发展上受到产业群与产业创新平台聚集效应、厦门市房价与收入、教育与医疗资源等因素的影响。尤其是新冠疫情的冲击，境海外人才的引进工作受到一定牵制。因此，深度挖掘本区文教产学研资源优势，充分发挥已创设的“高校产业技术联盟”、“集美人才节”这两大平台影响力，增强人才储备与发展的自主性，将集美区打造成海西创新驱动经济高质量发展的人才高地，成为产业创新创业的摇篮。

在吸引人才后备军方面，认真落实厦门市《新引进本地高校全日制本科毕业生生活补贴办事指南》，学习上海、南京、长沙、武汉等城市做法，充分挖掘文教区资源优势，将专业培养方案、课程设置、实习方式等与集美区产业、社会发展需求相对接，定向定期培养输送复合型、应用型服务于集美区高质量发展的学生，让集美文教区真正发挥其人才储备库的价值，以此服务于地方经济高质量发展。此外，充分利用“集美人才节”这一优质品牌，扩大集美高校毕业生对集美区产业的认知，消除高校与企业之间的信息不对称，以此搭建沟通合作的桥梁与平台。

在产城学研科研合作方面，继续发挥“高校产业技术联盟”的品牌优势，结合后新冠时代的新兴业态，将集美区产业创新置于更为全球化的视野，推动科研成果的转化。在自然科学领域，产城学研已取得明显成效的前提下，在人文社科领域也可实现合作，可强化人文社科类领域智库的合作，形成服务于地方的智库，与集美区高校、中国环境科学院等进行智库对接，注重智慧城市、社区治理、政府治理、城市发展规划等方面专业科研人员的意见。在产学研国际化视野上，集美区应立足于我国区域全面经济伙伴关系协定 (RCEP) 正式签署、“一带一路”合作倡议及“金砖国家”新工业革命伙伴关系等政策，抓住金砖未来创新园区落地契机，深化与欧美发达国家、亚洲创新型国家和一带一路沿线国家的科技产业合作，大力吸引国家高端创新机构、跨国公司研发中心、国际科技组织入驻集美，支持集美区企业到海外建设海

外人才工作站、境外研发中心和创业孵化基地。

在人才引进政策上，可本着人为我用、以人才对企业对集美区的贡献率为导向，从“全职留人”转变到“灵活引智”，采用多元灵活的柔性引进人才和用人机制，通过人才绩效合同等方式约定集美区企业与人才的具体合作方式。对于青睐于定居厦门的高层次人才，可在了解其真实需求基础上，在人才政策激励范畴内有针对性的进行补贴，尤其是在住房保障和子女就学层面，灵活运用人才公寓房的使用机制，构建灵活性市场化的人才保障房制度；子女就学上应将人才团队成员子女就学问题考虑进来，真正解决定居落户厦门人才的安居问题，以此为他们乐业提供优质保障。

在科研成果转化方面，支持六大产业关键技术研发，从提升研发服务质量、打造高效率成果转化体系、强化知识产权运营服务、完善综合服务配套等入手，发挥政府引导和政策支持作用，形成集聚效应，营造“优势优先、新兴培育、提质增效”的区域产业发展格局。此外，需完善科技成果转移转化示范区推进机制。推动“科技成果交易中心”和“网上技术市场”建设，推进信息资源、服务资源、创新资源等信息交换共享，打造技术交易枢纽。加快提升技术转移中介服务机构能力，完善科技成果转移转化统计体系。再者，需

提高科技成果转化收入分配比例，开展试点允许研发机构、高校将其依法取得的职务科技成果的知识产权，以及其他未形成知识产权的职务科技成果的使用、转让、投资等权利，全部或者部分给予科技成果完成人。并细化科技成果完成人自主实施转化的权利，在促进科技成果转化法的基础上进一步提高科技成果转化收入分配比例。

（二）深化营造优质营商环境，为经济高质量发展提供制度保障

在营商环境优化中，集美区积极主动作为，创新“一号联办”、“简式易办”新模式，惠企窗口建设及“一号联办”做法被省、市效能《简报》作为典型推广。在后新冠时代，尤其是全面实施“十四五”规划的新时期，推进政府机构改革与职能优化，着力形成国际一流的市场化、法治化、便利化的营商环境，推动国内外各种高质量要素的聚集、流动和辐射，提升集美区面向厦门、全省、全国乃至全球的吸引力、影响力和竞争力，是集美区经济高质量发展的动力所在。

首先，深入贯彻落实国务院和省、市深化“放管服”改革转变政府职能电视电话会议精神，持续精简行政许可事项，基本实现行政许可事项“应放尽放”。启动变相审批和许可自查整改工作，坚决防止以备案、登记、行政确认、征求意见等为名行审批和许可之实，消除审批和许可的“灰色地带”。提升政策的连续性、稳定性和透明性，积极完善与营商环境密切相关的重点领域的政策，进一步健全以信用为核心的新型监管体系，强化反垄断和反不正当竞争的执法，引导新兴产业健康有序发展。

其次，针对营商环境的重点部分即工程建设项目审批及“三高”招商引资项目审批，应进一步通过机制改革创新，解决其痛点、难点和堵点。在工程建设项目审批上，建议推行企业投资项目备案快速审批，引入分类细化审批流程理念，取消施工图审查，缩短房屋建筑工程类及小型低风险社会投资项目的审批时长。构建投资项目全生命周期管理信息平台，实现投资项目在线审批平台、“多规合一”平台等数据互联互通，利用平台对全区投资项目实施远程动态监控与监测预警。在三高企业招商引资项目方面，放宽准入，破除隐性壁垒。在市政设施接入服务方面，建立政务数据和电子证照共享机制，减少客户水电气报装材料准备时间、准备数量，最终实现水电气接入服务刷脸“智慧无感报装”。

再者，加强中小微企业扶持。如前所述，新冠肺炎疫情对中小微企业的冲击尤为严重，普遍存在经营资金短缺、防疫物资不足、产业供应链断裂等困难。集美区可从融资服务、产业供应链保障、突发事件扶持等方面创新中小微企业扶持措施。如开发和推广惠及中小微企业的金融产品，开通中小微企业服务绿色通道，增加对中小微企业的信贷投放，并合理增加中长期贷款和信用贷款支持，降低中小微企业的融资成本。建立应急供应链智慧分级响应和联防联控机制，建设应急用工、物流与供应链协同调度平台，根据应急响应级别、国内国际市场动态和本行政区域产业结构优化升级需要，为市场主体提供人力资源、设施设备、供给需求、知识产权保护和政策信息等服务。

（三）基于地均 GDP/ 财政收入效益，推进集美区城市土地集约利用高质量发展

如前所述，在地均 GDP 及地均财政收入这两项集中反映经济高质量发展的指标上，集美区 2020 年 1–9 月的数据均低于厦门市平均数据，更低于与其具有同类产业布局及文教优势的鄞州区，而对于集美区招商引资来说，工业用地规模较小成为制约招商引资的主要因素之一。由此可见，提高土地集约利用效率、充分释放地均创新效益，是基于市场要素推进经济高质量发展的重要端口。

在推进新型产业用地上，可进一步借鉴杭州市的创新型产业用地管理机制，在创新型产业用地评估制度上，鼓励区、县（市）政府、新区管委会综合采取“亩均论英雄”评价成果应用等措施，促进“低、散、乱”企业转型升级。在对创新型产业用地给予优惠条件的同时，重点强调了企业所准入标准，侧重从容积率、固定资产投资强度、单位用地税收、研发经费支出与主营业务收入比、研发人员与从业人员比、单位能耗增加值、单位排放增加值等指标进行评估。其中，固定资产投资强度不低于 500 万元 / 亩，单位用地税收不低于 50 万元 / 亩，研发经费支出不低于主营业务收入的 5%，研发人员数量不低于从业人员总数的 30%，单位能耗增加值不低于 5 万元 / 吨标煤，单位排放增加值不低于 1000 万元 /

吨，在产业用地层面充分体现出对创新性产业发展的高端型要求。以创新型产业用地要求整合集美区老旧工业用地，这对集美在对老工业区厂房用地进行梳理盘活、空间功能性规划，以及对全区新型工业用地发展导向、招商引资层次等工作提出了更高的能力要求。

在工业用地宏观规划方面，可借鉴深圳市的经验，深圳市规划和自然资源局2020年发布《关于打造高品质产业发展空间促进实体经济高质量发展的实施方案》，对工业区进行分类引导、精准施策，将工业区划定为保留提升区、土地整备区和连片改造区，分类改造，提高土地利用效率，提升产业空间。保留提升区，将现状建设条件较好、建设时间较短、产出效益较高的工业区集中区域纳入保留提升区予以长期锁定并提升能级。鼓励保留提升区内工业区按照已有政策开展综合整治、产业用地提容，有序促进工业区升级。土地整备区和连片改造区，将规划主导功能为工业、现状产业发展滞后、合法用地比例较低、建筑质量较差、开发强度较低、用地规模较大的集中连片区域整体纳入整备与连片改造范围。

此外，需加强土地动态用途及效益监管，工业及科研用地必须严格按照土地出让合同约定开发建设，未经批准不得擅自改变其经营用途；加强集美区土地利用效益监管，工业及科研用地要严格执行合同约定的投资强度等指标，对进驻迟迟不落地运营的企业实行动态退出机制；实施发改、经信、科技、住建、规划、国土、商务等多部门联合监管，加强项目批前资质审核和批后使用及效益监管，确保项目按规定建设与转让。

（四）基于风险危机意识全面提升集美区政府治理能力，为经济高质量发展释放政府效能

当今世界正经历百年未有之大变局，是习近平总书记作出的一个重大战略判断。在国际形势上，新冠肺炎疫情全球大流行成为百年未有之大变局的催化剂，加剧了国际格局和国际关系的大裂变。而全面开启的“十四五”发展规划时期，将是我国发展的重要战略时期，因此，地方政府应立足于全球新冠疫情、新的世界经济发展形态、我国现有经济社会发展格局等，提升自身应对风险、防控风险、把握机遇的能力，以此真正保障经济高质量发展路向。

提升经济风险预测与防控的能力。受新冠疫情冲击，宏观经济和房地产市场结构都发生了重大变化，疫后宏观经济和房地产市场都可能出现结构性过热。尤其是厦门市房地产收入占比较高的情况下，政府必须负起稳定房地产市场的主体责任，降低宏观经济风险。

此外，提升抓住机遇的能力，尤其是利用新媒体等热点，实行城市区域整体宣传。2020年11月，藏族的小哥丁真爆红网络，四川甘孜州国企“理塘文旅”立即借该事件进行旅游宣传，丁真成了理塘县的旅游大使，拍摄宣传片将甘孜州理塘的美景推向了世人的眼前，随后理塘的搜索量猛增了620%，带来了旅游人流，全国各省市文旅部门纷纷借此时机进行宣传，邀请丁真做客。新媒体时代，有价值的流量是变现的法宝，在经济发展新阶段，政府要主动作为，把握新契机，为区域赢得发展机会。

提升资源的统筹与调配能力。在战略物资储备与供应方面，需要梳理哪些资源特别是医用资源纳入其中，通盘考虑产业布局，以及特殊情况下政府采购机制的设立与启动等问题，如厦门市在疫情爆发早期，医疗物资极为稀缺时，所采用的口罩摇号机制便是缓解危机的正面响应。在风险管理和危机应对中，政府、市场和社会力量之间的协同尤为重要，应加强对三方协同合作的思考与实践，积极推动形成“政府主导、学者引领、企业主体、公众参与、社会监督”的风险治理格局。

重视构建公众参与和风险沟通机制，提升风险决策过程的透明度。风险沟通包括对风险的界定、披露、传递、宣传、澄清、释疑以及相关科学知识的普及和教育等，其最终目的是要使各个利益相关主体能够对风险的程度与分布情况，达成相对一致的共识，降低风险应对中的交易和沟通成本。如集美区在制定城区发展规划、经济发展政策时可通过常规性沟通机制与企业、市民进行沟通，提升其归属感。风险决策的过程也必须更加公开透明，不论是科学群体，还是价值群体，都要把政府进行风险管理决策的依据向公众交代清楚，对基于风险评估的，影响涉及面很广的疫情应对政策的科学依据和理由，要向社会公众加以准确说明，对于社会公众所提出的其它替代性政策的可行性做出有效回应，从而为下一阶段的风险决策的有效执行奠定基础。

重要会议

表 51

2020 年集美区人民政府常务会议议题一览表

序号	召开日期	会次	议 题
1	1 月 21 日	第 88 次	传达学习安全生产工作精神，研究部署下一阶段工作（同时作为全区 2020 年安全生产工作暨第一季度防范和遏制重特大生产安全事故工作会议）
			研究《集美区 2020 年第一批财政性建设项目投资计划（送审稿）》
			研究《集美区 2020 年乡村振兴投资计划（送审稿）》
			研究实施集美区“农村大病防贫救助”保障项目有关事宜
			研究厦门公交集团集美公共交通有限公司公交票制一体化改革补贴有关事宜
2	2 月 13 日	第 89 次	研究《集美区贯彻落实省市应对新型冠状病毒感染肺炎疫情支持企业共渡难关若干措施的实施意见（送审稿）》
			研究部署近期全区安全生产工作
3	2 月 24 日	第 90 次	传达学习习近平总书记在统筹推进新冠肺炎疫情防控和经济社会发展工作部署会议上的重要讲话精神，研究集美区推进企业和项目复工复产工作
			研究《集美区区级城市维护专项资金管理规定（送审稿）》
			研究《集美区关于鼓励台湾青少年来集研学旅行奖励办法（送审稿）》
			研究海峡两岸青少年新媒体文创交流基地运营租金补助有关事宜
			研究集美区影视企业扶持政策资金兑现有关事宜
4	3 月 7 日	第 91 次	研究 2020 年区委区政府为民办实事项目
			研究推荐 2019 年度考核拟嘉奖及记三等功人员有关事宜
			研究推荐第四次全国经济普查省级先进集体与先进个人评选事宜
			研究科力电子租赁原益律饲料公司厂房有关事宜
5	3 月 11 日	第 92 次	研究全区安全生产有关工作
			听取全区房屋安全隐患排查整治工作情况汇报，研究部署近期工作
			研究《集美区“一户多残”困难残疾人及残疾儿童康复机构补助办法（送审稿）》
			研究稻兴电子科技（厦门）有限公司 J2014G05-G 地块项目申请延期竣工有关事宜
6	3 月 20 日	93 次	研究部署全区安全隐患大排查大整治工作暨统筹疫情防控和复工复产复学有关工作情况
			传达学习《市、区两级党委和政府领导干部食品安全责任清单》，研究审议《集美区有关单位食品安全责任清单（送审稿）》
			传达学习国务院农村人居环境整治大检查反馈问题和省、市农村人居环境整治视频会议精神，听取全区农村人居环境整治工作推进情况汇报，研究部署近期工作
			研究《集美区关于扶持灌口仙景芋产业发展若干意见（送审稿）》及其实施细则有关事宜
			研究集美区第三批文物保护单位候选名单有关事宜
7	3 月 30 日	第 94 次	研究 2019 年度平安建设（综治工作）考评有关事宜
			研究疫情期间支持台湾青年创业就业措施有关事宜
			研究与火炬高新区共同支持云茂互联项目有关事宜
			研究味友餐饮公司申请享受营运中心优惠政策有关事宜
8	4 月 2 日	第 95 次	研究集美区拆迁村庄名单修订有关事宜
			研究 J2010P04 地块及 J2010P04 地块开业延期有关事宜
			研究 2020 年信息化专项经费安排有关事宜
			研究 2020 年集美街道航海生活区老旧小区改造提升投资计划有关事宜
			研究嘉航实业落地支持政策有关事宜

续表 51

序号	日期	会次	议　题
9	4月15日	第96次	传达近期安全生产工作会议精神，听取全区安全生产工作情况汇报，研究部署下一阶段工作（同时作为全区2020年安全生产工作暨第二季度防范和遏制重特大生产安全事故工作会议）
			研究《集美区"招商引资与项目建设攻坚年"实施方案（送审稿）》
			研究《集美区2020年第二批财政性建设项目投资计划（送审稿）》
			研究推荐评选市级招商引资工作先进集体和先进个人有关事宜
10	4月27日	第97次	传达学习上级审计工作会议精神，研究部署区政府系统贯彻落实意见
			研究乡村振兴有关工作的汇报
			研究集美辖区公共绿地养护经费定额标准有关事宜
			研究新增设立信毅社区及调整滨水社区区域有关事宜
			研究岑西网络视听园项目有关事宜
			研究与火炬高新区共同支持车卫士项目有关事宜
			研究五一提升人气商气项目有关事宜
11	5月10日	第98次	听取集美区突出生态环境问题整改进展情况汇报，研究部署下一阶段工作（同时作为集美区落实中央生态环保督察反馈问题整改工作专题推进会）
			研究《2020年集美区东西部扶贫协作工作意见（送审稿）》
			研究乐海社区服务中心及东安社区综合服务中心项目有关事宜
			研究侨英街道老年人日间照料中心项目有关事宜
			研究灌口南路与南塘路交叉口北侧A、B、C、D地块出让事宜
			研究神州数码鲲泰生产基地项目落地安仁产业园2号楼有关事宜
			研究集美区人文展示中心项目建设有关事宜
			研究集美区鼓励银行支持地方经济发展奖励考评方案有关事宜
			研究世纪宝姿申请《厦门市促进外资增长若干措施》中部分条款内容明确审核要求有关事宜
12	5月22日	第99次	听取集美区第七次全国人口普查工作筹备情况汇报，研究部署下一阶段工作
			研究集美区"十四五"规划相关工作
			研究杏滨街道所属企业杏林建筑安装公司企业清理方式变更有关事宜
13	5月30日	第100次	研究集美区"爱心厦门"建设工作方案及其配套文件等有关事宜
			研究2019年度绩效考评结果及2020年度绩效管理工作方案等有关事宜
14	6月3日	第101次	学习新修订的《中华人民共和国土地管理法》（同时作为区政府法治讲座）（邀请市资源规划局副局长代敏讲解，区司法局、重点办补充汇报）
			听取扫黑除恶专项斗争有关情况汇报
			研究《集美区主要经济指标考核运用办法（送审稿）》
			研究集美区"十三五"规划主要指标完成情况及相关工作
			研究灌口医院选址有关事宜
			研究灌水线路面改造及交通设施完善工程概算调整有关事宜
15	6月13日	第102次	研究集美区实施零基预算改革有关事宜
			研究区政府法律顾问室换届有关事宜
			研究《集美区2020年第三批财政性建设项目投资计划（送审稿）》
			研究第二批部分退役士兵扶持再就业工作有关事宜
			研究J2010P04地块开业延期申请有关事宜

续表 51

序号	日期	会次	议 题
15	6月13日	第102次	研究优尼康举办“中法艺术与时尚产业投资贸易洽谈会”经费补助事宜
			研究集美区华锐双语学校义务教育收费标准有关事宜
			研究七个半裁缝（厦门）时尚服饰有限公司政策扶持有关事宜
			研究杏林湾水库水域日常管理工作有关事宜
			研究与火炬高新区共同支持信息集团追加申请软件园三期大数据基地相关项目补贴事宜
			研究灌口医院新进人员经费拨付有关事宜
16	6月28日	第103次	研究《集美区村（居）私人住宅危险房屋应急处置行动方案（送审稿）》
			研究2020年地方政府债务转贷收入及使用计划有关事宜
			研究《福建省厦门市中级人民法院征询函》复函有关事宜
17	7月5日	第104次	研究《集美区贯彻落实中央生态环境保护督察报告整改方案（送审稿）》
			研究2019年度集美区本级预算执行和其他财政收支审计发现问题整改有关事宜
			研究区属国有企业负责人2018年度经营业绩考核结果及薪酬有关事宜
			研究集美区前场一路与灌口南路交叉口东侧地块出让有关事宜
			研究集美区新324国道与洋亭路交叉口南侧地块出让有关事宜
			研究续签集美鳌园景区免费开放实施协议有关事宜
			研究集美区研学基地总部大楼相关建设运营费用有关事宜
			研究2019年集美区本级财政决算有关事宜
18	7月12日	第105次	通报蓝保（厦门）水处理科技有限公司“7·9”事故情况，听取全区安全生产工作情况汇报，研究部署集美区安全生产工作
			研究《集美区安全生产专项整治三年行动实施方案（送审稿）》及相关专题方案
			研究《集美区关于统筹推进常态化疫情防控和经济社会发展及安全生产工作的实施意见（送审稿）》
			研究集美区关于加强增收节支管理全力支持做好“六稳”“六保”有关事宜
			传达学习上级有关违章建筑整治工作文件精神和工作部署要求，听取全区违章建筑及卫片图斑整治工作进展情况汇报，研究部署下一阶段工作
19	7月18日	第106次	传达学习习近平总书记对防汛救灾工作的重要指示精神，听取全区防汛抗旱工作落实情况汇报，研究部署区政府系统贯彻落实意见（同时作为区政府党组理论学习中心组学习会议）
			研究《集美区2020年第四批财政性建设项目投资计划》
			研究《集美区关于限制燃放烟花爆竹的通告（修订）（送审稿）》
			研究鼓励软件和信息服务业发展奖励暂行办法修订有关事宜
			研究杏林街道老年人日间照料中心项目有关事宜
			研究中科院计算所厦门数据智能研究院考核指标有关事宜
20	7月25日	第107次	研究部署集美区进一步统筹做好常态化疫情防控有关工作
			研究《集美区区级行政事业单位国有资产使用管理办法（送审稿）》
			研究海峡两岸直播电商产业合作园项目有关事宜
21	8月7日	第108次	研究“集美新城·美好生活”集美欢乐购展销会有关事宜
			传达学习《2020年度区政府依法行政成效指标考评办法》，集体学习《行政诉讼法》被诉行政机关负责人出庭应诉规定，研究集美区贯彻落实意见（同时作为区政府法治专题讲座）
			通报全区“七五”普法依法治理工作检查验收结果（同时作为普法依法治理专题会议）
			研究2020年下半年持续举办促消费活动有关事宜
			研究集美区324国道碗瑶段北侧地块出让有关事宜

续表 51

序号	日期	会次	议　题
21	8月7日	第108次	研究与火炬高新区共同支持首印名都项目有关事宜
			研究2020年海峡两岸女大学生创新创业大赛承办及补贴有关事宜
			研究莲花国际底商项目招商开业扶持政策调整有关事宜
			研究“集美集”影视文创园土地使用租赁费收取有关事宜
22	8月16日	第109次	研究集美区“十四五”规划基本思路有关情况
			研究《集美区2020年第五批财政性建设项目投资计划（送审稿）》
			研究集美区杏林湾路与诚毅中路交叉口西侧A1-1地块、集美中心站地铁上盖配套用地出让有关事宜
			研究集美区人民法院（后溪人民法庭）业务综合楼项目选址有关事宜
			研究凤林美社区村集体发展项目有关事宜
			研究厦门中科苑餐饮管理有限公司申请入驻创业大厦有关事宜
23	8月28日	第110次	研究部署安全生产有关工作
			研究《2020厦门国际投资贸易洽谈会厦门市代表团集美分团工作方案（送审稿）》
			研究《厦门市集美区投资顾问聘请管理办法（送审稿）》及首批投资顾问聘请有关事宜
			听取2020年1—7月区委区政府为民办实事项目开展情况汇报，研究部署有关工作
			研究叶厝社区综合服务中心及孙厝社区综合服务中心项目有关事宜
			研究万科大都荟07子地块项目信访处置工作方案有关事宜
24	9月6日	第111次	研究集美区重大危房处置有关事宜
			研究确认2019年度纳税大户企业名单有关事宜
			研究《集美区飞地经济税收分成暂行办法（送审稿）》
			研究国贸系基金落地集美区有关事宜
			研究确定集美区市级惠普托育服务试点单位有关事宜
			研究推荐评选全省农业农村系统先进集体和先进工作者有关事宜
			研究溪西农房整治资金追加有关事宜
			研究举办集美·阿尔勒国际摄影季有关事宜
25	9月13日	第112次	研究部署2020年营商环境评价有关工作
			研究农村建房历史遗留问题处置有关事宜
			研究《集美区政府主导使用区属国有企业自有资产运营补助方案（送审稿）》
			研究马銮湾海堤水闸船闸移交管理有关事宜
			研究支持华侨大学60周年校庆项目综合运动场地改建提升补助有关事宜
			研究与火炬管委会共同支持首印名都项目协议完善有关事宜
			研究购置电子城有关事宜
26	9月20日	第113次	研究集美区1—8月经济运行情况
			研究政府规章及行政规范性文件清理工作有关事宜
			研究《集美区行政复议专家库建设管理办法（送审稿）》及专家库拟定名单（建议稿）
			研究《集美区落实〈加快建设高颜值厦门行动方案（2020—2025年）〉实施方案（送审稿）》
			研究《集美区2020年第六批财政性建设项目投资计划》
			研究与火炬高新区共同支持安妮股份项目有关事宜

续表 51

序号	日期	会次	议　题
27	9 月 30 日	第 114 次	研究部署“十一”国庆中秋假日期间安全生产等有关工作
			研究推荐参评农业农村部农村承包地确权登记领证工作先进个人有关事宜
			研究 2020 年第一批老旧小区提升改造项目投资计划有关事宜
28	10 月 17 日	第 115 次	研究部署贯彻落实深化“放管服”改革优化营商环境有关工作
			听取集美区第七次全国人口普查进展情况的汇报
			研究厦化搬迁改造有关事宜
			研究《集美区老旧小区消防基础改造工作方案（送审稿）》
			研究灌口南路与南塘路交叉口北侧 E 地块出让有关事宜
			研究灌口风景湖公园景观改造工程概算调整有关事宜
			研究集美新城商务中心概算调整有关事宜
			研究 2020 年第二批地方政府债务转贷收入及使用计划有关事宜
			研究推荐评选 2018—2020 年度人民调解先进集体和先进个人有关事宜
			研究集美区和火炬高新区共同支持金茂环寂项目有关事宜
			研究集美区和火炬高新区共同支持易点生活项目有关事宜
			研究永兴东润（中国）服饰有限公司信息化补贴有关事宜
			研究扩大杏林湾基金聚集区招商入驻对象有关事宜
29	11 月 8 日	第 116 次	集中学习习近平总书记关于统计工作的重要论述及《重要文件选编》有关精神，研究部署区政府系统贯彻落实意见（同时作为区政府党组理论学习中心组学习议题）
			集中学习习近平总书记关于粮食安全的重要论述，研究 2020 年粮食安全行政首长责任制有关工作（同时作为区政府党组理论学习中心组学习议题）
			听取秋冬季新冠肺炎疫情防控工作情况汇报，研究部署下一阶段工作
			研究《集美区“村改居”社区转型实施方案（送审稿）》
			研究《厦门市集美区 2020 年第七批财政性建设项目投资计划（送审稿）》
			研究推荐福建省乡村振兴重点特色镇、实绩突出村和先进个人有关事宜
			研究加快推进农业工作有关事宜
			研究《厦门市集美区残疾儿童康复救助办法》修订有关事宜
			研究 2019 年度集美区本级预算执行和其他财政收支情况审计发现问题整改情况有关事宜
			研究集美区和火炬高新区共同支持南兴研究院项目有关事宜
			研究集美区和火炬高新区共同支持网宇项目有关事宜
			研究 2020 年度集美区科技计划项目安排有关事宜
			研究 2020 年集美区大型文体活动项目安排有关事宜
30	11 月 14 日	第 117 次	传达学习十九届五中全会精神，研究部署区政府系统贯彻落实意见（同时作为区政府党组理论学习中心组学习议题，区政府党组书记胡旭彬传达并讲话）
			集中学习习近平总书记关于《民法典》的重要论述，研究区政府系统贯彻落实意见（同时作为区政府党组理论学习中心组学习议题）
			听取财政预算执行支出进度情况的汇报
			听取 2020 年前六批财政性建设项目投资计划进展情况的汇报
			研究《集美区校园食品安全守护行动实施方案（送审稿）》
			研究《集美区小微水体整治工作实施方案（送审稿）》

续表 51

序号	日期	会次	议 题
30	11 月 14 日	第 117 次	研究《集美区农业基础设施建设实施办法（送审稿）》
			研究建立海域长效监管机制有关事宜
			研究杏林湾排涝泵站和马銮湾水闸船闸运行管理有关事宜
			研究集美区河道及水利工程划界项目有关事宜
			研究中马冷链物流项目申请延期竣工有关事宜
			研究新增挂钩的龙岩市新罗区对口帮扶框架协作有关事宜
			研究华电（厦门）分布式能源有限公司补助有关事宜
			研究教育部“蓝火计划”落地合作协议有关事宜
31	11 月 19 日	第 118 次	研究 2020 年财政预算调整草案
			研究凤凰卫视项目有关事宜
			研究进一步加强进口冷链食品新冠肺炎疫情防控工作
32	11 月 29 日	第 119 次	集中学习王宁省长在 2020 年省政府第二次全体会议讲话精神，研究部署区政府系统贯彻落实意见
			传达学习《福建省生态环境保护督察工作实施办法》主要精神，研究部署区政府系统贯彻落实意见
			研究《集美区森林防灭火提升工作三年行动方案（送审稿）》
			研究《集美区农村生活污水处理系统运行维护管理办法（送审稿）》
			研究《集美区老年人入住养老机构补助实施办法》修订有关事宜
			研究一柏及其关联企业政策补助有关事宜
33	12 月 12 日	第 120 次	研究 2019 年度集美区科技、教育、人才工作先进集体和先进个人有关事宜
			听取区政协八届四次会议重点提案办理及承办部门工作评议有关情况通报
			研究后溪镇新村社区 2020 年度大中型水库移民后期扶持项目有关事宜
			研究修订完善镇（街）权责清单有关事宜
34	12 月 15 日	第 121 次	研究《政府工作报告（送审稿）》
			听取区属国有企业负责人 2016—2018 年任期经营业绩考核结果及薪酬情况的汇报
			研究支持厦门唯质电气科技新项目落地有关事宜
			研究 2020 年财政预算执行和 2021 年财政预算安排有关事宜
35	12 月 19 日	第 122 次	研究三李城商业中心项目补助资金有关事宜
			研究集美区大中型水库移民后期扶持“十四五”规划有关事宜
			研究成立集美区教育基金会有关事宜
			研究与福建教育学院合作办学有关事宜
			研究 2020 年集美区大型文体活动有关事宜
36	12 月 27 日	第 123 次	研究《集美区国民经济和社会发展第十四个五年规划和二〇三五年远景目标纲要（送审稿）》
			研究《集美区进一步加强生活垃圾分类工作若干措施（送审稿）》
			研究《集美区 2021 年第一批财政性建设项目投资计划（送审稿）》
			研究《2021 年集美区乡村振兴工作计划（送审稿）》
			研究鼓励在集员工春节期间留厦措施有关事宜
			研究《集美区成长型工业企业认定和扶持办法（送审稿）》
			研究《集美区工业转型升级奖励办法（送审稿）》
			研究集美区侨英路与天凤路交叉口东北侧地块出让有关事宜
36	12 月 27 日	第 123 次	研究重新修订《软件园三期 B20 和 B21 研发楼招商办法》有关事宜
			研究杏林湾营运中心商业空间及诚毅国际商务中心营运补助有关事宜
			研究按月度兑现影视企业扶持政策资金有关事宜
			研究污水设施、市政路灯等管养定额标准调整有关事宜
			研究神州数码南方总部项目有关事宜

工业上榜企业、产品

表 52

2020 年集美区上榜企业、产品名录表

上榜称号	企业名称（产品）
福建百强企业（1 家）	厦门正新橡胶工业有限公司（第 22 名）
福建制造业百强（4 家）	厦门宏发电声股份有限公司（第 54 名）、奥佳华智能健康科技集团股份有限公司（第 65 名）、路达（厦门）工业有限公司（第 79 名）、厦门建霖健康家居股份有限公司（第 87 名）
福建民企百强（1 家）	厦门宏发电声股份有限公司（第 35 名）
福建民营企业制造业 50 强（1 家）	厦门宏发电声股份有限公司（第 19 名）
厦门市百强企业（8 家）	厦门工程机械股份有限公司（第 14 名）、厦门正新橡胶工业有限公司（第 17 名）、厦门 TDK 有限公司（第 19 名）、路达（厦门）工业有限公司（第 26 名）、NEC 东金电子（厦门）有限公司（第 29 名）、信华科技（厦门）有限公司（第 86 名）、厦门宏发电声股份有限公司（第 93 名）、厦门新凯复材科技有限公司（率 94 名）
2020 年上市企业（4 家）	厦门建霖健康家居股份有限公司、国安达股份有限公司、宸展光电（厦门）股份有限公司、罗普特科技集团股份有限公司
厦门市市级工业设计中心（1 家）	厦门厦杏摩托有限公司
厦门市第 23 批市级企业技术中心（7 家）	厦门美科安防科技有限公司、厦门松元电子有限公司、厦门市科力电子有限公司、厦门航天思尔特机器人系统股份公司、厦门立林电气控制技术有限公司、厦门华天华电子有限公司、厦门宇诠复材科技有限公司
技改基金白名单（10 家）	厦门聚富塑胶制品有限公司、厦门华天华电子有限公司、厦门市科力电子有限公司、杏晖光学（厦门）有限公司、厦门优加模具有限公司、厦门求特新材料有限公司、厦门大卫科技有限公司、厦门精卫模具有限公司、厦门立林科技有限公司、厦门银华机械有限公司
厦门市科技小巨人企业（52 家）	厦门新乘货架有限公司、厦门市佳嘉达机械有限公司、卡贝乐（厦门）儿童用品有限公司、厦门欣思源新材料科技股份有限公司、厦门博维尔卫浴有限公司、厦门浩仁塑胶制品有限公司、厦门万久科技股份有限公司、厦门厦工中铁重型机械有限公司、厦门保视丽无尘科技有限公司、厦门农丰园大棚开发有限公司、厦门夏纺纺织有限公司、厦门金升泵电子科技有限公司、厦门迈拓宝电子有限公司、厦门爱家康科技有限公司、厦门佳斯特金属有限公司、厦门磊峰五金弹簧有限公司、厦门三行电子有限公司、厦门奕铨精密五金有限公司、厦门大卫科技有限公司、厦门杰田科技有限公司、厦门巨创科技有限公司、厦门致睿智控地信科技有限公司、厦门华源嘉航科技有限公司、厦门市福朗电子有限公司、厦门尚匠住工建筑科技有限公司、厦门瑞听听力科技有限公司、厦门大白科技有限公司、厦门智欣建工科技有限公司、厦门计讯物联科技有限公司、厦门宏发密封继电器有限公司、纵目科技（厦门）有限公司、厦门美亚亿安信息科技有限公司、厦门今日旅行网络科技有限公司、跳羚科技（厦门）有限公司、厦门旷世联盟网络科技有限公司、厦门滴水川江信息科技有限公司、厦门帝恩思科技股份有限公司、厦门泓庚航海科技有限公司、厦门市虹约产品设计有限公司、厦门图扑软件科技有限公司、福建省拾联信息科技有限公司、厦门慧鼎科技有限公司、厦门博众安健信息技术有限公司、厦门精数信息服务有限公司、厦门四信智慧电力科技有限公司、厦门创艺社科技有限公司、厦门市执象智能科技有限公司、世纪海航（厦门）科技有限公司、厦门市宜车时代信息技术有限公司、福建国科信息科技有限公司、厦门巴掌互动科技有限公司、蓝海（福建）信息科技有限公司

续表52

上榜称号	企业名称（产品）
厦门市科技小巨人领军企业（34家）	厦门坤锦电子科技有限公司、厦门大卫科技有限公司、厦门博众安健信息技术有限公司、福建七二八科技有限公司、厦门精数信息服务有限公司、厦门杰田科技有限公司、厦门巨创科技有限公司、厦门致睿智控地信科技有限公司、厦门华源嘉航科技有限公司、厦门蓝极档案技术有限公司、厦门四信智慧电力科技有限公司、威准（厦门）自动化科技有限公司、厦门尚匠住工建筑科技有限公司、厦门瑞听听力科技有限公司、厦门创艺社科技有限公司、厦门市执象智能科技有限公司、厦门维克机械设备有限公司、福建国科信息科技有限公司、世纪海航（厦门）科技有限公司、厦门市法度信息科技有限公司、厦门市宜车时代信息技术有限公司、厦门计讯物联科技有限公司、厦门大白科技有限公司、厦门康柏机械集团有限公司、厦门智欣建工科技有限公司、厦门友巨新能源科技有限公司、厦门巴掌互动科技有限公司、厦门宏远达电器有限公司、厦门美亚商鼎信息科技有限公司、厦门星罗网络科技有限公司、厦门宏发密封继电器有限公司、厦门雅基软件有限公司、蓝海（福建）信息科技有限公司、纵目科技（厦门）有限公司
工信部第二批专精特新“小巨人”企业（10家）	厦门聚富塑胶制品有限公司、厦门市科力电子有限公司、华懋（厦门）特种材料有限公司、厦门航天思尔特机器人系统股份公司、厦门科牧智能技术有限公司、三达膜科技（厦门）有限公司、厦门美科安防科技股份有限公司、厦门坤锦电子科技有限公司、厦门康柏机械集团有限公司、厦门扬森数控设备有限公司
国家级企业技术中心（6家）	厦门厦工机械股份有限公司技术中心、厦门金龙汽车集团股份有限公司技术中心、厦门宏发电声股份有限公司技术中心、路达（厦门）工业有限公司技术中心、厦门建霖健康家居股份有限公司技术中心、奥佳华智能健康科技集团股份有限公司技术中心
省级企业技术中心（5家）	厦门金龙联合汽车工业有限公司技术中心、厦门宏发开关设备有限公司技术中心、厦门正新橡胶工业有限公司技术中心、厦门金龙汽车座椅有限公司技术中心、来奇偏光科技（中国）股份有限公司技术中心
市级企业技术中心（21家）	厦门虹鹭钨钼工业有限公司技术中心、厦门金鹭特种合金有限公司技术中心、厦门新凯复材科技有限公司技术中心、来明工业（厦门）有限公司技术中心、厦门银华机械有限公司技术中心、厦门厦工重工有限公司技术中心、厦门宏发汽车电子有限公司技术中心、厦门聚富塑胶制品有限公司技术中心、厦门金龙汽车空调有限公司技术中心、华懋（厦门）特种材料有限公司技术中心、厦门金龙汽车车身有限公司技术中心、厦门金越电器有限公司技术中心、杏晖光学（厦门）有限公司技术中心、朗美（厦门）健身器材有限公司技术中心、厦门海莱照明有限公司技术中心、奥新（厦门）轴承有限公司技术中心、厦门厦杏摩托有限公司技术中心、厦门利德宝电子科技股份有限公司技术中心、华懋（厦门）新材料科技股份有限公司技术中心、厦门金汇峰新型包装材料股份有限公司技术中心、厦门立林科技有限公司技术中心
厦门市“专精特新”中小企业认定（52家）	厦门华天华电子有限公司、厦门海实科技有限公司、厦门金龙汽车新能源科技有限公司、厦门纬达科技有限公司、厦门富堡复合材料股份有限公司、厦门市佳嘉达机械有限公司、厦门博维尔卫浴有限公司、厦门航天思尔特机器人系统股份公司、厦门大显科技有限公司、国安达股份有限公司、厦门坤凌系统工程有限公司、南光高科（厦门）激光科技有限公司、蓝保（厦门）水处理科技有限公司、飞虎（厦门）新材料科技股份有限公司、厦门万新橡胶有限公司、松亿实业（厦门）有限公司、厦门欧势复材科技有限公司、厦门磊峰五金弹簧有限公司、厦门东昂光电科技股份有限公司、厦门彼格科技有限公司、厦门广泓工贸有限公司、厦门广开电子有限公司、厦门维优智能科技有限公司、厦门科索电器设备有限公司、纵目科技（厦门）有限公司、盛发环保科技（厦门）有限公司、厦门三塑电子科技有限公司、厦门托力托环保科技有限公司、厦门恩格节能科技有限公司、厦门智欣建工科技有限公司、厦门立圣丰机械有限公司、厦门迈斯磁电有限公司、厦门康柏机械集团有限公司、厦门前润科技有限公司、泰普斯（厦门）环保科技有限公司、厦门安麦信自动化科技有限公司、厦门滨得力医疗科技有限公司、厦门中馨毅自动化设备有限公司、厦门实启机械有限公司、厦门康谱卫浴科技有限公司、厦门图扑软件科技有限公司、福建大屏网络科技有限公司、厦门美亚商鼎信息科技有限公司、厦门蓝极档案技术有限公司、翼石电子股份有限公司、厦门市派美特科技有限公司、厦门云知芯智能科技有限公司、蓝海（福建）信息科技有限公司、厦门石头城信息服务有限公司、厦门信通慧安科技有限公司、厦门诺博视科技有限公司、厦门同创空间信息技术有限公司
福建省第四批制造业单项冠军企业（1家）	奥佳华智能健康科技集团股份有限公司（主营产品：保健按摩器具）
福建省第四批制造业单项冠军产品（1个）	厦门日上集团股份有限公司（主营产品：钢制汽车轮毂）

续表 52

上榜称号	企业名称（产品）
工信部第五批绿色制造企业（3 家）	第五批绿色工厂 1 家：厦门智欣建材集团有限公司；第五批绿色设计产品 2 家：厦门宏发汽车电子有限公司（产品名称：汽车继电器，产品型号 HFKA-T）、厦门宏发电声股份有限公司（产品名称：功率继电器，型号：HF115F-L)
集美区成长型工业企业（14 家）	厦门万新橡胶有限公司、厦门宜佳盈制衣有限公司、厦门美科安防科技有限公司、厦门托普拉材料科技有限公司、厦门市圣格包装制品有限公司、厦门浩瑞德干冰设备有限公司、厦门康柏机械集团有限公司、厦门华天华电子有限公司、厦门华晔精密模具有限公司、厦门市福朗电子有限公司、厦门莱思迪贸易发展有限公司、厦门优加模具有限公司、厦门市科力电子有限公司、厦门华翼轻纺有限公司
厦门市重点工业企业（37 家）	宝宸（厦门）光学科技有限公司、宸展光电（厦门）有限公司、厦门金龙联合汽车工业有限公司、厦门金龙汽车车身有限公司、厦门正新橡胶工业有限公司、厦门金鹭特种合金有限公司、厦门虹鹭钨钼工业有限公司、厦门宏发电声股份有限公司、厦门宏发开关设备有限公司、厦门宏发汽车电子有限公司、厦门金越电器有限公司、厦门宏远达电器有限公司、路达（厦门）工业有限公司、稻兴电子科技（厦门）有限公司、厦门厦工机械股份有限公司、厦门厦工中铁重型机械有限公司、世纪宝姿服装（厦门）有限公司、厦门ＴＤＫ有限公司、厦门英仕卫浴有限公司、厦门新长诚钢构浪板有限公司、厦门日上车轮集团股份有限公司、厦门奥佳华智能健康设备有限公司、华懋（厦门）新材料科技股份有限公司、华懋（厦门）特种材料有限公司、厦门厦杏摩托有限公司、春保森拉天时硬质合金（厦门）有限公司、春保森拉天时精密钨钢制品（厦门）有限公司、厦门新凯复材科技有限公司、际诺思（厦门）轻工制品有限公司、厦门建霖健康家居股份有限公司、厦门阿匹斯智能制造系统有限公司、客贝利（厦门）休闲用品有限公司、厦门立林科技有限公司、正信（厦门）电子有限公司、厦门智欣建材集团有限公司、林德气体（厦门）有限公司、厦门海莱照明有限公司
厦门市新材料企业（42 家）	先进无机非金属材料(4 家)：厦门三行电子有限公司、厦门万明电子有限公司、厦门松元电子有限公司、厦门佳品金刚石工业有限公司；高性能纤维及制品和复合材料（16 家）：厦门欧势复材科技有限公司、厦门博程塑胶材料有限公司、华懋（厦门）特种材料有限公司、厦门求特新材料有限公司、厦门市纳丝达无纺布有限公司、厦门保视丽无尘科技有限公司、厦门迈拓宝电子有限公司、厦门纬衡科技有限公司、厦门宇诠复材科技有限公司、厦门新凯复材科技有限公司、厦门碳帝复合材料科技有限公司、厦门富堡复合材料股份有限公司、厦门中纤复合材料有限公司、厦门利德宝电子科技股份有限公司、华懋（厦门）新材料科技股份有限公司、厦门欣思源新材料科技股份有限公司；先进高分子材料（13 家）：三达膜科技（厦门）有限公司、厦门聚富塑胶制品有限公司、厦门艾美森新材料科技股份有限公司、来奇偏光科技（中国）股份有限公司、飞虎（厦门）新材料科技股份有限公司、厦门奥泉橡胶有限公司、贝克兰（厦门）新材料有限公司、多玛得（厦门）精细化工有限公司、厦门托普拉材料科技有限公司、立胜（厦门）塑胶管材有限公司、厦门德菲尔特新材料有限公司、厦门新旺新材料科技有限公司、厦门万新橡胶有限公司；先进有色金属材料（4 家）：厦门金鹭特种合金有限公司、厦门虹鹭钨钼工业有限公司、厦门斯福泽瑞科技有限公司、厦门通耐合金材料有限公司；五是前沿新材料（3 家）：厦门高容纳米新材料科技有限公司、厦门六烯科技有限公司、中科贝思达（厦门）环保科技股份有限公司；六是先进钢铁材料（2 家）：厦门中构新材料科技股份有限公司、圆兴（厦门）精密工具有限公司
厦门市第 19 批地产工业品（89 个）	1. 安全、消防用金属制品制造（3 个）：全自动升降柱、路障机、破胎器（厦门杰田科技有限公司）；2. 非织造布制造（1 个）：熔喷无纺布（厦门市纳丝达无纺布有限公司）；3. 服饰制造：（7 个）：非医用一次性防护服、隔离衣（厦门市纳丝达无纺布有限公司），冬装棉马甲（女）、小学秋（冬）装长运动裤、小学秋（冬）装长袖上衣、小学夏装女短裙、小学夏装女短袖上衣（厦门欣思源新材料科技股份有限公司）；4. 计算机整机制造（2 个）：台式机、服务器（神州鲲泰（厦门）信息技术有限公司）；5. 卫生材料及医药用品制造（1 个）：非医用一次性平面口罩（厦门市纳丝达无纺布有限公司）；6. 建筑、安全用金属制品制造（1 个）：保全型楼寓（可视）对讲系统（厦门立林科技有限公司）；7. 建筑装饰及水暖管道零件制造（2 个）：感应龙头、感应大便器冲洗阀（厦门市欧立通电子科技开发有限公司）；8. 其他电子元件制造（1 个）：感应小便器（便器压力冲洗阀）（厦门市欧立通电子科技开发有限公司）；9. 金属制卫生器具制造（1 个）：自动感应给皂机（厦门市欧立通电子科技开发有限公司）；10. 木质家具制造（2 个）：宿舍家具－三人位电脑桌、床（厦门新景发工贸有限公司）；11. 金属家具制造（3 个）：金属家具－课椅、金属家具－课桌、铁床（厦门新景发工贸有限公司）；12. 其他产业用纺织制成品制造（1 个）：颗粒物专业防护口罩（中科贝思达（厦门）环保科技股份有限公司）；13. 其他电子设备制造（9 个）：一体化馆员工作站、图书馆安全门、印天－点检车（厦门印天电子科技有限公司）；RFID LOCK MK732、触摸按键密码锁 MK733、高频磁卡电子锁（厦门美科安防科技有限公司）；慧眼感知考勤门禁终端、多光谱人脸识别一体机、多媒体考勤终端（厦门中控智慧信息技术有限公司）；

续表 52

上榜称号	企业名称（产品）
厦门市第 19 批地产工业品（89 个）	14. 其他家具制造（2 个）：KR01 办公桌、沙发（超纤皮）（福建科荣家具有限公司）；15. 其他金属工具制造（1 个）：冰温热三用程控式饮水机（力吉环保科技（厦门）有限公司）；16. 家用厨房电器具制造（1 个）：热饮水机（商用储水式开水器）（力吉环保科技（厦门）有限公司）；17. 其他智能消费设备制造（1 个）：温热二用程控式饮水机（力吉环保科技（厦门）有限公司）；18. 锌锰电池制造（2 个）：锌—锰干电池、三圈霸道碱性电池（L R 03）（厦门三圈电池有限公司）；19. 锂离子电池制造（1 个）：锂聚合物电池（厦门三圈电池有限公司）；20. 其他日用化学产品制造（5 个）：0.4% 氯氟醚菊酯电热蚊香液（无味贝贝型）、0.36% 右旋胺菊酯 · 右旋苯醚氰菊酯杀虫气雾剂、10 毫克 / 片四氟甲醚菊酯 · 炔丙菊酯电热蚊香片（原野幽香型）、0.05% 氯氟醚菊酯蚊香（微烟艾草清香）（厦门三圈电池有限公司）；21. 其他体育用品制造（3 个）：凉棚、亚马逊帐篷、冰钓帐篷、打猎帐篷（厦门优力播休闲用品有限公司）；22. 其他未列明制造业（1 个）：商用洗碗机（良基（厦门）自动化设备有限公司）；23. 汽柴油车整车制造（1 个）：客车（厦门金龙联合汽车工业有限公司）；24. 汽车车身、挂车制造（1 个）：海狮白车身（厦门金龙汽车车身有限公司）；25. 汽车零部件及配件制造（3 个）：锂离子动力电池系统（KA130A）、电动汽车用驱动电机系统、KTZ54X-KLNEV01 电动客车用多合一集成控制器（厦门金龙汽车新能源科技有限公司）；26. 社会公共安全设备及器材制造（1 个）：全智能安全消杀舱（厦门谊瑞智能制造有限公司）;27. 输配电及控制设备制造（13 个）：户内金属铠装移开式开关设备、全绝缘全封闭充气式环网开关设备、低压成套开关设备、干式电力变压器、高压 / 低压预装式变电站、箱式开闭所、组合式变压器、户内高压交流真空断路器、RCS300F 通用型综合保护测控装置、低压动力配电柜（中骏智能电气科技股份有限公司），小型断路器（厦门士林电机有限公司），塑料外壳式断路器、万能式断路器（三菱电机低压电器（厦门）有限公司）；28. 塑料制品业（2 个）：全塑书包柜、ABS 课桌椅（厦门托普拉材料科技有限公司）；29. 橡胶制品业（1 个）：移动厕所墙板（厦门托普拉材料科技有限公司）；30. 医疗仪器设备及器械制造（3 个）：医用隔离眼罩、防护面罩（科朗兹光学科技（厦门）有限公司），病人转移床（厦门厦钨智能装备科技有限公司）；31. 照明器具制造（12 个）：户外全彩 LED 显示屏、LED 隧道灯、LED 路灯、LED 模块用交流电子控制装置、LED 护栏管、LED 投光灯、LED 洗墙灯、道路与街路照明灯具、窄光束 LED 投射灯、LED 点光源、LED 高杆灯、嵌入式灯具（厦门晶牌照明有限公司）；32. 电机制造（1 个）：变频一体式永磁同步电机（厦门厦钨智能装备科技有限公司）
厦门市最具成长性中小微企业（15 家）	厦门耐德电气有限公司、厦门东昂光电科技股份有限公司、厦门智欣建材集团有限公司、厦门华天华电子有限公司、厦门航天思尔特机器人系统股份公司、厦门四信通信科技有限公司、厦门市得尔美卫浴有限公司、厦门万银环境科技有限公司、厦门海菱科技股份有限公司、厦门姚明织带饰品有限公司、厦门美科安防科技有限公司、厦门万明电子有限公司、厦门力巨自动化科技有限公司、厦门豪盛塑料制品有限公司、来明工业（厦门）有限公司
重点上市后备企业（15 家）	厦门智欣建材集团有限公司、厦门美科安防科技股份有限公司、厦门航天思尔特机器人系统股份公司、厦门金汇峰新型包装材料股份有限公司、厦门汇力源进出口有限公司、中骏智能电气科技股份有限公司、永兴东润（中国）服饰有限公司、厦门东昂光电科技股份有限公司、厦门康柏机械集团有限公司、厦门市巨龙信息科技有限公司、盛发环保科技（厦门）有限公司、联冠物流（福建）股份有限公司、厦门路桥信息股份有限公司、新诺北斗航科信息技术（厦门）股份有限公司、厦门捷讯汽车零部件有限公司
上市企业及上市后备企业（88 家）	上市企业（10 家）：厦门金龙联合汽车工业有限公司、厦门厦工机械股份有限公司、厦门安妮股份有限公司、厦门日上集团股份有限公司、厦门宏发电声股份有限公司、华懋（厦门）新材料科技股份有限公司、厦门建霖健康家居股份有限公司、国安达股份有限公司、宸展光电（厦门）股份有限公司、罗普特科技集团股份有限公司；拟 IPO 企业（11 家）：厦门智欣建材集团有限公司、厦门美科安防科技有限公司、厦门航天思尔特机器人系统股份公司、厦门金汇峰新型包装材料股份有限公司、厦门渡远户外用品股份有限公司、中骏智能电气科技股份有限公司、永兴东润（中国）服饰有限公司、厦门东昂光电科技股份有限公司、厦门康柏机械集团有限公司、厦门市巨龙信息科技有限公司、厦门吉顺芯微电子有限公司。省级后备上市企业（1 家）：盛发环保科技（厦门）有限公司；省级、市级上市后备企业（3 家）：联冠物流（福建）股份有限公司、厦门路桥信息股份有限公司、新诺北斗航科信息技术（厦门）股份有限公司；市级上市后备企业（24 家）：大禾众邦（厦门）智能科技股份有限公司、厦门帝恩思科技股份有限公司、厦门蓝斯通信股份有限公司、厦门利德宝电子科技股份有限公司、厦门唐人科技股份有限公司、厦门万久科技股份有限公司、厦门欣思源新材料科技股份有限公司、厦门悠度休闲用品股份有限公司、厦门创匠信息科技股份有限公司、厦门中构新材料科技股份有限公司、厦门海荭兴仪器股份有限公司、厦门捷讯汽车零部件有限公司、厦门力巨自动化科技有限公司、厦门求特新材料有限公司、厦门印天电子科技有限公司、飞虎（厦门）新材料科技股份有限公司、福建长潮信息科技股份有限公司、

续表 52

上榜称号	企业名称（产品）
上市企业及上市后备企业（88 家）	厦门多科莫太阳能科技有限公司、厦门海石生态环境股份有限公司、厦门快商通科技股份有限公司、厦门梦加网络科技股份有限公司、厦门兴厦控电气有限公司、厦门富堡复合材料股份有限公司、厦门海菲生物技术股份有限公司。区级上市后备企业（39 家）：厦门瑞生祥钢结构股份有限公司、三达膜科技（厦门）有限公司、厦门市丞力医疗器械有限公司、波鹰（厦门）科技有限公司、华懋（厦门）特种材料有限公司、电商谷（厦门）发展有限公司、厦门昱盛机械股份有限公司、中科贝思达（厦门）环保科技股份有限公司、厦门悦讯信息科技股份有限公司、厦门翔亦科技股份有限公司、厦门天岂能源科技股份有限公司、厦门瑞春来纺织科技股份有限公司、楷泉（厦门）摄影器材股份有限公司、厦门北豪软件科技股份有限公司、华盛流体分离科技（厦门）股份有限公司、厦门瀚昇金属科技股份有限公司、厦门夏谷软件股份有限公司、厦门腾奇智能科技股份有限公司、利哲科技（厦门）股份有限公司、厦门三虎网络科技股份有限公司、厦门永邦智能科技有限公司、厦门轻游文化科技股份有限公司、厦门易电力信息科技股份有限公司、厦门五壹股份有限公司、厦门奇达电子有限公司、厦门吉宇翔服装股份有限公司、厦门美丽达线业股份有限公司、厦门鑫科安集团股份有限公司、厦门实启股份有限公司、厦门鑫汇晨曦物联科技股份有限公司、华际（厦门）信息技术股份有限公司、厦门麓山新材料科技股份有限公司、越策联合（厦门）检测科技有限公司、厦门鼎立祥复材科技有限公司、厦门安业科技股份有限公司、福建威亚文化传播股份有限公司、厦门谱识科仪股份有限公司、厦门中馨毅自动化设备股份有限公司、福建启超新能源科技股份有限公司
两化融合管理体系证书（56 家）	厦门锐腾电子科技有限公司、厦门欣思源新材料科技股份有限公司、宝宸（厦门）光学科技有限公司、雅特尔（厦门）实业有限公司、厦门厦杏摩托有限公司、厦门精卫模具有限公司、厦门安妮企业有限公司、厦门厚德尔工贸有限公司、厦门市嘉盛工程机械有限公司、厦门宇龙机械有限公司、厦门宝龙工业股份有限公司、厦门联进电热端针有限公司、厦门必诚包装有限公司、厦门天利富橡塑制品有限公司、长庚医疗科技（厦门）有限公司、厦门欧宝贝儿童用品有限公司、厦门航天思尔特机器人系统股份公司、厦门优力播休闲用品有限公司、厦门湛庐工贸有限公司、厦门特骑服饰有限公司、厦门维克机械设备有限公司、厦门百鑫鸿工贸有限公司、厦门兴杰度服装有限公司、厦门天正工贸有限公司、厦门市福朗电子有限公司、厦门捷讯传动轮机械有限公司、厦门永信隆塑胶包装有限公司、国勤（厦门）服饰有限公司、厦门协四方工贸有限公司、厦门广达辉光电科技有限公司、厦门智丞电子有限公司、厦门金欣荣电子科技有限公司、厦门南超机械有限公司、华懋（厦门）特种材料有限公司、厦门心建源体育用品有限公司、厦门市金盛鑫金属制品有限公司、高利宝（厦门）制衣有限公司、厦门鼎鑫泰工贸有限公司、厦门通利彩印有限公司、厦门通耐钨钢有限公司、厦门涌腾达电子有限公司、厦门富堡复合材料股份有限公司、厦门瑞京金属制品有限公司、厦门市育明工程机械有限公司、厦门毅泰机电有限公司、厦门立林电气控制技术有限公司、厦门立林科技有限公司、厦门民源裕电镀有限公司、厦门市鑫胜鑫工贸有限公司、厦门市金香穗米业有限公司、迈贝特（厦门）新能源有限公司、厦门恒亿丰实业有限公司、厦门宝龙新能源发展有限公司、科朗兹光学科技（厦门）有限公司、厦门瑞川复材科技有限公司、厦门鑫联旺电子有限公司
2020 年省“专精特新”中小企业名单（5 家）	厦门康柏机械集团有限公司、厦门金龙汽车新能源科技有限公司、厦门汉印电子技术有限公司、厦门万新橡胶有限公司、厦门力巨自动化科技有限公司

统计资料

集美区国民经济和社会发展概况

一、经济发展概况

2020年，集美区全面贯彻落实习近平新时代中国特色社会主义思想和党的十九大和十九届二中、三中、四中、五中全会精神，统筹推进疫情防控和经济社会发展，扎实做好“六稳”工作，全面落实“六保”任务，经济运行稳定恢复，就业民生保障有力。全年实现地区生产总值822.41亿元，比上年增长5.5%，三次产业结构比例调整为0.4 ∶ 48.6 ∶ 51.0。全年规模以上工业总产值增长6.9%；固定资产投资增长16.7%；财政总收入144.99亿元，增长8.5%，其中区级财政收入40.16亿元，增长6.0%。

经济发展稳中向好。经过全区上下的共同努力，疫情得到稳定控制，在最短时间内实现本地疫情“清零”，实现经济正增长。4月中旬规模以上企业基本开工。二季度主要经济指标降幅明显收窄，工业、贸易业等行业开始正向增长。三季度GDP增长2.5%，由负转正。四季度经济增长指标逐渐恢复至常态水平。全年经济增长增幅超过全国、全省平均水平。

营商环境优化升级。疫情期间第一时间出台20条政策支持企业共渡难关，累计兑付企业疫情期间扶持资金超亿元。深化“放管服”改革，承接“强区放权”审批服务事项32项，“一趟不用跑”“最多跑一趟”事项占比达98.4%，67个高频事项实现秒批秒办。率先在全市设置企业开办专窗，“一窗通办”窗口共新设企业1486家。率先全市开通省外务工人员“返厦直通车”。推出“阿集在线”“集美i企宝”“在线座席＋不见面审批”等创新举措，为企业提供线上政策兑现、供应链招商等服务，被人民网等中央媒体报道。全年新增商事主体19128家，累计数量达98342家，规模居岛外各区第一。

发展支撑质效双升。第二产业增加值400.10亿元，比上年增长9.2%。工业企业效益提升，1–12月规模以上工业企业实现营业利润63.79亿元，同比增长43.8%。康柏机械、扬森数控等10家企业入围工信部“专精特新”小巨人榜单，奥佳华、厦晖气门嘴等行业龙头项目竣工。建筑业全面提速，1–12月全区完成建筑业总产值456.40亿元，比去年同期增长32.0%。第三产业增加值419.2亿元，比上年增长1.5%。软件园三期新增交付研发楼52万平方米，注册企业增至3900余家，入驻企业超2500家，员工超3.8万人。齐悟科技、云茂互联等项目签约落地，石头城、宇信科技等一批新兴龙头企业迅速成长。“云逛街”直播带货、“集美欢乐购”等活动撬动消费超7亿元。成功举办首届电视制片大会，厦门影视拍摄基地建成投用，凤凰卫视等一批影视企业落地，累计注册影视企业近700家。

招商引资成果丰硕。新增洽谈项目2094个、落地项目1136个、落地投资总额2119亿元，分别是上一年度的4.7倍、12.4倍、12.8倍。2月、4月举行招商项目“云招商”“云签约”活动，签约26个项目，签约金额超90亿元。9月，以厦洽会和集美招商大会为活动契机，达成合作项目总投资额883亿元，场内签约项目35个（含市级签约项目7个）。基金招商再发力，杏林湾基金聚集区汇聚超200余家股权投资类企业，今年以来，通过基金招商新增落地项目超100个，总投资额超200亿元，到资金额突破60亿元。厦门市总部经济发展大会期间，集美区场内签约项目3个，签约金额350亿元，占全市场内签约金额近半数。海峡两岸（厦门）直播电商产业合作园、中建五局海西投资等99个高能级项目顺利落地。

项目攻坚卓有成效。实施“百日冲刺行动”，新增“五个一批”项目155个，总投资1270亿元，创历史新高。认真做好“6+7”工作，全年推进“6+7”项目共计210个，完成投资238.3亿元，完成年度计划的169.39%。闽南戏曲艺术中心等165个重点项目投资超额完成全年计划。征地拆迁任务全力推进，全年完成征地8800亩、房屋征收163.5万平方米，基本完成蔡林、西亭、潮瑶等整村搬迁任务，攻克历史遗留多年的华大游泳馆等拆迁项目，打通福厦高铁、软件园三期市政道路等征拆难点问题，市对区重点项目和征收项目考核综合排名全市第二。

二、社会事业发展概况

城市建设持续优化。积极开展“文明创建知识宣传”“洁净家园”等志愿服务活动，助力厦门喜获全国文明城市“六连冠”。集美新城实现“十年集聚成城”目标，核心区西亭片区完成整村征收，马銮湾新城集美片区公共基础设施建设进一步完善，环湾大道核心路段主体建成。稳步推进市政大提升工作，新增备案停车场46个，投用停车场4个，新增停车位8400个（含路面停车位）。第三轮绿化提升改造19.3万平方米，完成铁路高速沿线环境整治超10万平方米。垃圾分类新时尚蔚然成风，示范小区户数占比提高至92%。全区“两违”管控持续保持高压态势，新增违建趋零。

环境质量持续改善。开展三轮“守护蓝天百日攻坚”行动，重拳整治涉气“散乱污”企业，全区空气质量优良率达99.4%，六项污染物浓度均达到二级标准。水环境质量明显提升，全区入河排水口、排水管网溯源排查工作基本完成，入海排放口完成整改。坂头－石兜水库集中式饮用水源地水质达标率为100%，符合地表水Ⅲ类水质标准，3个国省控断面水质达标率100%。厦门大桥－集美大桥海岸带修复项目取得实质性进展，杏林大桥－新阳大桥岸线整治项目前期工作加快推进。

文体事业蓬勃发展。全年共举办全区性文化活动26场，全区基层文体活动65场。上半年受疫情影响，文化馆以线上为主，开展了线上公益艺术培训12期、线上战“疫”原创作品宣传43期、线上战“疫”书画展3次、线上周末音乐会等。下半年，文化馆陆续开展线下公益艺术培训，围绕国庆、农民丰收节、总分馆制等开展系列的综合文化活动，举办戏曲进社区、学校、爱欣公寓等。全年开展的文艺活动观看达2189000人次。体育事业方面，承办了福建省青少年乒乓球巡回赛暨中国乒协国青、国少集训队“德金杯”福建省选拔赛。先后成功举办2020第三届“嘉庚杯”高校系列羽毛球赛暨第一届高校校友羽毛球混合团体赛、首次落地集美区的国家A类赛事2020年全国健身锦标赛暨世界健身锦标赛选拔赛和CBBAPRO中国健美健身精英职业联赛（厦门站），近400名运动员参与角逐。

配套服务持续完善。新增建设学位10620个。华锐莱普顿双语学校北校区建成投用，厦门二中集美校区、苎溪高中开工。新招聘教师717人，柔性引进高层次教育人才6人。四川大学华西厦门医院进入主体结构施工，市妇幼保健院集美院区开工。“互联网＋家庭医生”签约服务平台、专科专病医联体建设进一步深化。开工建设太保家园国际颐养社区，建成集美区老年人养护中心，新增投用3家老人日间照料中心，实现公共养老服务体系硬件设施全覆盖。集美区人文馆、集美新城体验馆对外开放。

民生保障更加有力。全体居民人均可支配收入5.25万元，增长3.9%，其中城镇居民人均可支配收入5.50万元，增长3.7%，农村居民人均可支配收入3.21万元，增长7.0%。建成6家助残“爱心屋”、4个儿童关爱示范点。促进失业人员再就业15713人，促进就业困难对象再就业1872人；开展重点群体项目制培训1553人，其中农村富余劳动力转移培训776人次，本地失业人员培训777人次。新增办理养老保险29398人、失业保险32682人、工伤保险30529人。至年末，基本养老、工伤、失业保险参保人数分别为38.59万人、37.35万人、37.42万人，分别比上年末增长7.9%、9.6%、8.9%。开展农村富余劳动力和失业人员等重点群体项目制培训44期，培训合格人员数居全市第一。率先全省实施“农村大病防贫救助”项目，全区特困人员全部由政府兜底供养。

社会治理井然有序。全区刑事警情数同比下降31.8%，降幅连续四年居全市首位。扫黑除恶专项斗争持续纵深推进。完善社会矛盾纠纷多元调处、源头化解工作机制，创新驻所“公证＋”警调联动模式，调处成功率达99.5%，被公安部评为全国年度优秀行政执法制度。挂牌成立全市首家退役军人法律援助工作站和首家未成年人一站式办案中心。深入开展安全隐患大排查大整治及安全生产专项整治三年行动，安全生产形势总体保持平稳。12345热线答复满意度全市第一。顺利完成第七次人口普查入户登记工作。扎实开展文明城市创建，创出群众获得感、幸福感。

表53

2020集美区户籍人口变动情况

单位	户数	合计	性别		年龄					迁入		迁出	
			男	女	0–15岁	0–17岁	18–34岁	35–59岁	60岁及以上	省内迁入	省外迁入	迁往省内	迁往省外
集美区	122051	405512	196619	208893	120078	126641	96394	140638	41839	34968	9948	12113	1815
灌口镇	22826	67299	32917	34382	18066	19334	14543	24652	8770	3366	1036	1078	63
后溪镇	17273	70920	34199	36721	19738	20846	19316	23422	7336	9302	3086	2450	393
集美街道	9175	32502	16141	16361	7824	8287	7428	11874	4913	1703	552	1367	345
杏林街道	32599	104452	50229	54223	33518	35184	24033	35982	9253	9095	1800	3310	248
侨英街道	18524	64818	31372	33446	20202	21076	17046	21485	5211	6086	1967	1993	665
杏滨街道	21654	65521	31761	33760	20730	21914	14028	23223	6356	5416	1507	1915	101

表 54

2020 年集美区城市基础设施情况

指标	单位	数据	指标	单位	数据
道路：城市道路长度	公里	338.72	供电：全年用电总量	万千瓦小时	526045.27
城市道路总面积	万平方米	763.74	#工业用电	万千瓦小时	294418.10
规划：建城区面积	平方公里	82.74	居民生活用电	万千瓦小时	146548.60
园林：公园个数	个	50	平均日生活用电量	万千瓦小时	401.50
公园面积	公顷	218.09	水厂个数（供水企业）	个	3
建成区绿化覆盖率	%	44.24	综合生产能力	万吨／日	44
环保：城市污水排放量	万吨	7613.85	自来水管道长度	公里	639
城市污水处理量	万吨	7555.64	供水总量	万吨	8745.47
污水处理率	%	99.23	售水总量	万吨	7991.4
环卫：生活垃圾清运量	万吨	20.98	#生产用水量	万吨	1853.78
公厕数量	座	364	生活用水量	万吨	5094.36
环卫机械总数	台	639	家庭用量（居民）	万吨	3723.87
年末环卫职工人数	人	6422	平均日供水量	万吨	23.89

表 55

2020 年集美区主要经济指标

指标名称	计量单位	2020 年实绩	比上年增长（%）	指标名称	计量单位	2020 年实绩	比上年增长（%）
地区生产总值（GDP）	万元	8224071	5.5	招商引资			
第一产业	万元	30780	2.4	合同利用外资额	万元	315528	97.6
第二产业	万元	4000954	9.2	实际利用外资	万元	151902	15.4
第三产业	万元	4192338	1.5	来集旅游人数	万人次	1063	−53.8
规上工业增加值	万元	3031433	6.9	财政 金融			
固定资产投资额	万元	–	16.7	财政总收入	万元	1449933	8.5
社会消费品零售总额	万元	1928215	1.4	#区级财政收入	万元	401568	6.0
批发业销售额	万元	5240957	19.1	区级财政支出	万元	782300	15.1
零售业销售额	万元	1615314	6.3	在岗职工平均工资	万元	95800	6.7
住宿业营业额	万元	52039	−19.2	城镇居民人均可支配收入	元	54960	3.7
餐饮业营业额	万元	174664	−7.8	农村居民人均可支配收入	元	32056	7.0

表 56

2020 年集美区农村主要经济指标

指标名称	单位	2020 年	2019 年	对比增减数	增减（%）
农林牧渔业总产值（当年价）		68744	64263	4481	7.0
#农业产值	万元	42204	39816	2388	6.0
#林业产值	万元	196	221	-25	-11.1
#牧业产值	万元	8509	7479	1030	13.8
#渔业产值	万元	2835	3746	-911	-24.3
#农林牧渔服务业产值	万元	15000	13000	2000	-
粮食产量	吨	1205	1200	5	0.4
#稻谷产量	吨	846	812	34	4.2
油料产量	吨	252	182	70	38.5
#花生产量	吨	247	178	69	38.8
蔬菜产量	吨	48168	44852	3316	7.4
水果产量	吨	29844	29021	823	2.8
#柑桔类产量	吨	15087	14225	862	6.1
食用菌产量	吨	16	14	2	14.3
花卉播种面积	亩	7601	8021	-420	-5.2
肉类总产量	吨	1626	1477	149	10.1
生猪出栏数	头	0	0	0	0.0
家禽出栏数	只	1138929	1053726	85203	8.1
奶类产量	吨	130	54	76	140.7
禽蛋产量	吨	865	743	122	16.4
水产品产量	吨	1951	7146	-5195	-72.7
海水产量	吨	341	5628	-5287	-93.9
淡水产量	吨	1610	1518	92	6.1
#鱼类产量	吨	1581	1508	73	4.8
#淡水虾产量	吨	2	10	-8	-80.0

表 57

2020 年集美区农林牧渔业总产值

单位：万元

项目	2020 年 当年价产值	2019 年 当年价产值	项目	2020 年 当年价产值	2019 年 当年价产值
农林牧渔业总产值	68744.00	64263.73	三．牧业产值	8509.00	7479.27
一．农业产值	42204.00	39816.44	其中：肉禽	5130.00	5091.10
其中：谷物	288.00	278.08	禽蛋	1051.00	1099.98
农作物蔬菜	15731.00	12479.00	奶类	294.00	104.00
食用菌类	12.00	63.62	四．渔业产值	2835.00	3746.73
花卉园艺	3703.00	4198.16	（一）海水产品	1216.00	2085.33
水果	17150.00	15609.40	（二）淡水产品	1619.00	1661.40
二．林业产值	196.00	221.29	五．农林牧渔服务业产值	15000.00	13000.00

注：2011 年新增农林牧渔服务业产值该项指标

表 58

2020 年集美区规模以上工业企业主要经济指标（按登记注册类型分）

单位：万元

项目	企业单位数（个）	工业总产值（当年价）	资产总计	营业收入	平均用工人数（人）
总　计	539	10196068	11722168	9248763	125414
有限责任公司	25	1330756	1501925	1125231	9855
股份有限公司	8	710905	1839312	727341	5644
私营企业	334	2571717	2303677	2463658	38216
港、澳、台商投资企业	79	2538981	2823431	2217593	34446
外商投资企业	93	3043710	3253824	2714939	37253

表 59

2020 年集美区规模以上工业企业主要经济指标（按行业大类分）

单位：万元

项目	企业单位数（个）	工业总产值（当年价）	资产总计	营业收入	平均用工人数（人）
总　计	539	10196068	11722168	9248763	125414
农副食品加工业	7	80720	50116	63442	478
食品制造业	6	107526	57127	123113	328
酒、饮料和精制茶制造业	1	1536	3611	2191	39
纺织业	21	385361	563479	354271	5815
纺织服装、服饰业	35	529921	486603	394499	8881
皮革、毛皮、羽毛及其制品和制鞋业	6	20258	13086	20561	634
家具制造业	8	120224	63040	96411	1529
造纸和纸制品业	13	65540	71240	62440	1078
印刷和记录媒介复制业	9	45634	68115	45800	792
文教、工美、体育和娱乐用品制造业	20	314713	317463	305936	8926
化学原料和化学制品制造业	16	182011	172147	183334	2017
医药制造业	2	12392	37813	14598	217
化学纤维制造业	2	20323	15090	16385	315
橡胶和塑料制品业	61	999564	1299801	1035414	15989
非金属矿物制品业	11	332767	315696	300845	1552
黑色金属冶炼和压延加工业	5	54140	31230	52877	229
有色金属冶炼和压延加工业	11	681000	747039	560874	5881
金属制品业	62	1147989	1429245	1052474	13019
通用设备制造业	42	351938	388474	340381	4706
专用设备制造业	42	469428	714366	437083	6112
汽车制造业	27	1022100	1420519	951002	11026
铁路、船舶、航空航天和其他运输设备制造业	7	168394	236254	173771	1475
电气机械和器材制造业	59	1011408	799729	779394	12012
计算机、通信和其他电子设备制造业	45	1931055	2242877	1745786	20331
仪器仪表制造业	9	62937	78254	64115	756

续表 59

项目	企业单位数（个）	工业总产值（当年价）	资产总计	营业收入	平均用工人数（人）
其他制造业	8	33344	37100	30958	940
金属制品、机械和设备修理业	1	3620	1800	3676	99
电力、热力生产和供应业	3	40225	60855	37134	238

表 60

2020 年集美区重点企业“三废”排放、处理、综合利用情况

项目	单位	2020 年	项目	单位	2020 年
工业废水排放量	万吨	459.79	工业粉尘（粉）排放量	吨	149.32
工业废水排放达标量	万吨	459.79	# 排放达标量	吨	149.32
工业废水排放达标率	%	100.00	工业固体废物产生量	万吨	7.41
工业废气排放总量	亿标立米	596.97	工业固体废物贮存量	万吨	0.09
二氧化硫排放总量	万吨	0.001	工业固体废物处置量	万吨	0.35
二氧化硫排放达标率	%	100.00	工业固体废物综合利用量	万吨	6.97
工业烟尘（粉）去除量	万吨	0.178	工业固体废物综合利用率	%	94.06%

表 61

2020 年集美区总承包和专业承包建筑业企业生产情况

项目名称	单位	数量	项目名称	单位	数量
企业个数	个	110	房屋竣工面积	平方米	2661657.6
建筑业总产值	万元	4563984	从事建筑业活动的平均人数	人	95779
房屋建筑施工面积	平方米	13162551	# 工程技术人员	人	17867
# 本年新开工面积	平方米	5256401			

表 62

2020 年集美区公路里程数

指标	单位	里程	指标	单位	里程
一、公路通车里程	公里	275.23	省道	公里	24.1
# 等级公路（一级）	公里	84.9	县道	公里	58.98
# 高级（二级）	公里	30.56	乡道	公里	61.3
次高级（三级）	公里	29.36	村道（行政村道）	公里	83.92
中级（四级）	公里	118.98	三、晴雨通车里程	公里	275.23
低级	公里		四、可绿化公路里程	公里	275.23
# 等外公路	公里	11.43	# 绿化里程	公里	275.23
# 有路面公路	公里	263.8	五、公路桥梁	座	75
# 无路面公路	公里	11.43	公路桥梁长度	米	20265.68
二、道路等级	——		# 互通式立交桥	座	7
国道	公里	43.59	互通式立交桥长度	米	9233

表 63

2020 年集美区限额以上批发零售法人企业经营情况

单位：万元

指标名称	批发和零售业					
	法人企业数（个）	从业人员期末人数（人）	商品购进额	商品销售额	期末商品库存额	年末零售营业面积（平方米）
总　计	309	12186	5711098	6082290	382248	335522
批发业	222	5607	4812301	5004038	237736	1571
农、林、牧、渔产品批发	15	162	527911	526525	21667	
食品、饮料及烟草制品批发	12	495	154894	170454	16815	
纺织、服装及家庭用品批发	37	960	320641	353449	13376	1174
文化、体育用品及器材批发	5	121	22998	24461	58	
医药及医疗器材批发	9	476	55168	68982	6065	100
矿产品、建材及化工产品批发	86	1236	1635699	1678248	64647	125
机械设备、五金产品及电子产品批发	50	1770	1826628	1891791	107885	172
其他批发业	8	387	268362	290128	7223	
互联网批发	8	387	268362	290128	7223	
零售业	87	6579	898797	1078252	144513	333951
综合零售	7	899	45558	52960	3118	44982
纺织、服装及日用品专门零售	5	1726	129822	222984	40904	165623
医药及医疗器材专门零售	3	441	8613	10270	826	10756
汽车、摩托车、零配件和燃料及其他动力销售	31	1345	472422	491710	45110	108529
家用电器及电子产品专门零售	4	253	16188	16844	2189	1403
货摊、无店铺及其他零售业	37	1915	226194	283484	52367	2658

表 64

2020 年集美区限额以上住宿和餐饮法人单位经营情况

综合机关名称：集美区

指标名称	限额以上住宿和餐饮业						
	法人企业数（个）	从业人员期末人数（人）	营业额	客房数（间）	床位数（个）	餐位数（位）	年末餐饮营业面积（平方米）
总　计	50	4847	105621	5820	9198	55982	234780
住宿业	26	2240	53613	5820	9198	12704	149935
按住宿行业小类分							
旅游饭店	12	1781	45456	3714	5974	9639	126237
旅游饭店	12	1781	45456	3714	5974	9639	126237
一般旅馆	13	444	7923	1958	2960	3065	23698
经济型连锁酒店	8	284	5164	1232	1847	659	16774
其他一般旅馆	5	160	2759	726	1113	2406	6924
其他住宿业	1	15	233	148	264		
其他住宿业	1	15	233	148	264		
按登记注册类型分							
内资企业	25	2205	53495	5713	8988	12314	147435

续表 64

指标名称	限额以上住宿和餐饮业						
	法人企业数（个）	从业人员期末人数（人）	营业额	客房数（间）	床位数（个）	餐位数（位）	年末餐饮营业面积（平方米）
国有企业	1	350	6728	579	940	1298	81337
有限责任公司	3	353	8376	852	1331	2932	12043
其他有限责任公司	3	353	8376	852	1331	2932	12043
私营企业	21	1502	38391	4282	6717	8084	54055
私营有限责任公司	21	1502	38391	4282	6717	8084	54055
外商投资企业	1	35	118	107	210	390	2500
外资企业	1	35	118	107	210	390	2500
按控股情况分							
国有控股	4	703	15104	1431	2271	4230	93380
私人控股	21	1502	38391	4282	6717	8084	54055
外商控股	1	35	118	107	210	390	2500
按经营形式分							
独立门店	16	1667	41031	3980	6402	11438	122093
连锁直营店	1	72	1477	241	482	500	13189
连锁加盟店	6	151	3063	773	1164	134	3395
其他	3	350	8042	826	1150	632	11258
按单位规模分							
中型	5	1415	36815	2490	3969	8479	120271
小型	21	825	16797	3330	5229	4225	29664
按星级分							
五星	1	315	5777	395	616	3464	5242
四星	2	177	6207	546	869	670	3166
三星	2	100	1057	209	354	2300	785
其他	21	1648	40571	4670	7359	6270	140742
餐饮业	24	2607	52009			43278	84845
按餐饮业行业小类分							
正餐服务	19	1663	41210			37828	64203
正餐服务	19	1663	41210			37828	64203
快餐服务	3	838	9029			5430	19600
快餐服务	3	838	9029			5430	19600
饮料及冷饮服务	1	35	1014			20	442
其他饮料及冷饮服务	1	35	1014			20	442
餐饮配送及外卖送餐服务	1	71	756				600
餐饮配送服务	1	71	756				600
按登记注册类型分							
内资企业	22	1983	45450			38258	66403

续表 64

指标名称	限额以上住宿和餐饮业						
	法人企业数（个）	从业人员期末人数（人）	营业额	客房数（间）	床位数（个）	餐位数（位）	年末餐饮营业面积（平方米）
私营企业	22	1983	45450			38258	66403
私营有限责任公司	22	1983	45450			38258	66403
外商投资企业	2	624	6559			5020	18442
外资企业	2	624	6559			5020	18442
按控股情况分							
私人控股	22	1983	45450			38258	66403
外商控股	2	624	6559			5020	18442
按经营形式分							
独立门店	13	696	16755			9175	36862
连锁直营店	2	370	7280			920	1442
连锁加盟店	1	236	3100			170	1000
其他	8	1305	24875			33013	45541
按单位规模分							
中型	7	1921	38086			36273	53500
小型	17	686	13923			7005	31345

表 65

2020 年集美区房屋施工面积、竣工面积、销售、待售情况

单位：万元、平方米、套

指标名称	合计	住宅	办公楼	商业营业用房	其他房屋
房屋施工面积	6325191	2431253	1577298	581163	1735477
其中：新开工面积	1185086	291490	476565	120733	296298
房屋竣工面积	676555	296951	145030	21427	213147
其中：不可销售面积	317035	202411		18325	96299
商品住宅竣工套数	5716	5716			
竣工房屋价值	292581	165514	45576	8712	72779
商品房销售面积	1646281	1062896	318550	49609	215226
其中：现房销售面积	139223	99824	39319		80
其中：期房销售面积	1507058	963072	279231	49609	215146
商品房销售额	3427461	2850682	314165	107547	155067
其中：现房销售额	334891	285994	48881		16
其中：期房销售额	3092570	2564688	265284	107547	155051
商品住宅销售套数		10228			
其中：现房销售套数		1045			
其中：期房销售套数		9183			
待售面积	345474	123551	8216	56366	157341
待售 1-3 年（含 1 年）	118924	44298		24882	49744
待售 3 年以上（含 3 年）	93416	4262	8216	29638	51300

表 66

集美区历年中资金融机构人民币存贷规模及其发展指数

单位：万元

年份	各项存款余额	环比指数 (%)	城乡居民储蓄存款余额	环比指数 (%)	各项贷款余额	环比指数 (%)
2013	3505880	100	1507214	100	2659720	100
2014	4022264	114.7	1576893	104.6	3182473	119.7
2015	4267431	106.1	1701582	107.9	3679876	115.6
2016	5377083	126.0	2045881	120.2	4574195	124.3
2017	5346997	99.4	2268372	110.9	5777020	126.3
2018	5376066	100.5	2250856	99.2	6381180	110.5
2019	6754423	125.6	2924263	129.9	7024148	110.1
2020	8335613	123.4	3901840	133.4	7585685	108.0

表 67

2020 年集美区普通小学教育基本情况

单位：个、人

镇街	校数	班数	毕业生数	招生数	在校生数	镇街	校数	班数	毕业生数	招生数	在校生数
总计	45	1467	9716	12522	68876	区直	11	268	1740	2301	12651
集美街道	2	79	565	672	3748	区属民办	1	24	166	190	1129
区直	2	79	565	672	3748	杏滨街道	9	283	2045	2446	13530
侨英街道	6	216	1410	1782	10470	区直	7	233	1662	2060	11317
区直	6	216	1410	1782	10470	区属民办	2	50	383	386	2213
后溪镇	8	157	1041	1166	7030	杏林街道	8	440	2749	3965	20318
区直	8	141	1015	1086	6653	区直	7	297	1848	2674	14057
市属民办	0	16	26	80	377	区属民办	0	100	613	1047	4759
灌口镇	12	292	1906	2491	13780	市属民办	1	43	288	244	1502

表 68

2019 年集美区小学教职工及专任教师学历职称情况

单位：人

学校名称	教职工数					代课教师	专任教师按学历分				专任教师按专业技术职务分				
	合计	专任教师	行政人员	教辅人员	工勤人员		研究生毕业	本科毕业	专科毕业	高中阶段毕业	副高级	中级	助理级	员级	未定职级
总　计	3643	3391	68	52	132	12	86	2760	530	15	75	1105	1109	45	1057
集美街道	191	182	4	2	3	0	4	143	34	1	10	93	40	1	38
县级教育部门办	191	182	4	2	3	0	4	143	34	1	10	93	40	1	38
侨英街道	524	511	7	6	0	0	16	438	57	0	7	189	201	7	107
县级教育部门办	524	511	7	6	0	0	16	438	57	0	7	189	201	7	107
后溪镇	387	372	8	4	3	1	15	314	40	3	5	110	174	4	79
县级教育部门办	341	326	8	4	3	1	8	276	39	3	5	109	148	4	60
市属民办	46	46	0	0	0	0	7	38	1	0	0	1	26	0	19
灌口镇	708	674	17	13	4	0	16	598	59	1	14	206	236	20	198
县级教育部门办	649	618	14	13	4	0	16	574	27	1	14	206	236	20	142
民办	59	56	3	0	0	0	0	24	32	0	0	0	0	0	56

续表 68

学校名称	教职工数					代课教师	专任教师按学历分				专任教师按专业技术职务分				
	合计	专任教师	行政人员	教辅人员	工勤人员		研究生毕业	本科毕业	专科毕业	高中阶段毕业	副高级	中级	助理级	员级	未定职级
杏滨街道	698	661	14	8	15	7	9	509	136	7	12	218	201	2	228
县级教育部门办	578	559	7	8	4	7	5	484	64	6	12	215	198	1	133
民办	120	102	7	0	11	0	4	25	72	1	0	3	3	1	95
杏林街道	1135	991	18	19	107	4	26	758	204	3	27	289	257	11	407
县级教育部门办	720	692	14	11	3	4	24	587	78	3	21	248	226	4	193
民办	270	210	3	5	52	0	0	108	102	0	0	4	7	4	195
市属民办	145	89	1	3	52	0	2	63	24	0	6	37	24	3	19

说明：一贯制学校仅统计小学部的专任教师数和代课教师数，其他情况统计在中学部

表 69

2020 年集美区普通中学教育情况

单位：人

学校名称	校数	毕业生数			招生数			在校生数		
		小计	初中	高中	小计	初中	高中	小计	初中	高中
总计	20	9559	6665	2894	13043	9261	3782	35758	25441	10317
区属	15	7420	5551	1869	10167	7870	2297	27995	21664	6331
县级教育部门办	13	7342	5473	1869	10137	7840	2297	27965	21634	6331
厦门市杏南中学	1	1402	928	474	2237	1538	699	5281	3501	1780
厦门市集美区灌口中学	1	1531	967	564	1639	939	700	4710	2836	1874
厦门市第十中学	1	1448	973	475	1396	896	500	4374	2886	1488
厦门市集美区乐安中学	1	949	593	356	1090	692	398	3169	1980	1189
厦门市集美区上塘中学	1	648	648		747	747		2294	2294	
厦门市集美区后溪中学	1	451	451		447	447		1703	1703	
厦门市集美区杏东中学	1	327	327		442	442		1334	1334	
厦门市集美区美山中学	1	0	0		545	545		1403	1403	
厦门市集美区诚毅中学	1	0	0		477	477		1368	1368	
厦门市集美区蔡林学校	1	0	0		472	472		472	472	
福建省厦门集美中学附属滨水学校	1	328	328		357	357		1158	1158	
厦门市集美区园博学校	1	0	0		0	0		0	0	
厦门市集美区西亭学校	1	258	258		288	288		699	699	
县级民办	2	78	78		30	30		30	30	
厦门市集美区华锐双语学校	1	0	0		30	30		30	30	
厦门市集美区英贤学校	1	78	78		0	0		0	0	
市属	5	2139	1114	1025	2876	1391	1485	7763	3777	3986
地级教育部门办	2	1464	828	636	1649	945	704	4706	2595	2111
福建省厦门集美中学	1	1464	828	636	1649	945	704	4706	2595	2111
厦门市启明学校	1	0	0		0	0		0	0	

续表 69

学校名称	校数	毕业生数			招生数			在校生数		
		小计	初中	高中	小计	初中	高中	小计	初中	高中
地级民办	3	675	286	389	1227	446	781	3057	1182	1875
厦门英才学校中学部	1	469	242	227	836	380	456	2135	1021	1114
厦门市华锐莱普顿高级中学有限公司	1	0		0	66		66	66		66
厦门工学院附属学校	1	206	44	162	325	66	259	856	161	695

注：厦门市集美区园博学校和厦门市集美区英贤学校目前只有小学部，厦门市启明学校为工读学校，学生学籍在原学校，各项学生数据由原校统计。

表 70

2020 年集美区中等职业技术学校办学情况

学校名称	校舍建筑面积（平方米）					占地面积（平方米）			图书（册）	计算机数（台）	固定资产总值（万元）	
	小计	教学及辅助用房	行政办公用房	生活用房	其他用房	小计	其中				小计	其中：教学、实习仪器设备资产值
							绿化用地面积	运动场地面积				
总计	248111.7	112015.85	28180.02	96087.23	11828.6	306755.72	81245	54911	456264	7536	81785.8852	31720.24844
本区	73020	43316	2200	26896	608	67581	20300	22865	101259	1459	29054.4452	10733.44844
县级教育部门办	73020	43316	2200	26896	608	67581	20300	22865	101259	1459	29054.4452	10733.44844
厦门市集美职业技术学校	73020	43316	2200	26896	608	67581	20300	22865	101259	1459	29054.4452	10733.44844
市属	175091.7	68699.85	25980.02	69191.23	11220.6	239174.72	60945	32046	355005	6077	52731.44	20986.8
市级教育部门办	175091.7	68699.85	25980.02	69191.23	11220.6	239174.72	60945	32046	355005	6077	52731.44	20986.8
集美工业学校	166438.7	68699.85	25980.02	63772.23	7986.6	236048.72	60945	32046	191123	3100	35066.96	13800
厦门工商旅游学校	8653	0	0	5419	3234	3126	0	0	163882	2977	17664.48	7186.8

表 71

2020 年集美区中等职业技术学校教职工基本情况

单位：人

	教职工数	专任教师按学历分					专任教师按专业技术职务分				
	合计	博士研究生	硕士研究生	本科	专科	高中阶段及以下	正高级	副高级	中级	初级	未定职级
总　计	961	0	119	670	25	7	2	226	299	193	101
本区	274	0	21	172	16	6	0	37	48	49	81
县级教育部门办	274	0	21	172	16	6	0	37	48	49	81
厦门市集美职业技术学校	274	0	21	172	16	6	0	37	48	49	81
市属	687	0	98	498	9	1	2	189	251	144	20
市级教育部门办	687	0	98	498	9	1	2	189	251	144	20
集美工业学校	359	0	29	277	3	0	0	103	133	72	1
厦门工商旅游学校	328	0	69	221	6	1	2	86	118	72	19

表 72

2020 年集美区普通高等学校基本情况

单位：人

	毕业生数	招生数	在校生数	教职工数	专任教师					
					合计	教授	副教授	讲师	助教	无职称
合　计	28577	35235	125700	9328	6297	872	2053	2504	471	397
集美大学合计	6887	7683	30028	2368	1487	225	521	559	66	116
校部机关	0	0	0	494	11	7	1	0	2	1
航海学院	613	559	2307	127	88	10	34	35	6	3
轮机工程学院	590	621	2671	150	114	21	42	38	7	6
水产学院	253	302	1119	126	95	31	35	17	1	11
食品与生物工程学院	215	229	903	87	63	14	23	16	2	8
体育学院	361	332	1328	143	121	14	47	43	11	6
财经学院	647	633	2426	106	95	15	31	38	3	8
师范学院	378	435	1308	57	44	3	15	19	1	6
工商管理学院	401	570	1780	87	72	5	23	31	4	9
音乐学院	146	139	560	68	57	5	16	29	5	2
美术与设计学院	190	180	697	51	40	7	11	16	2	4
信息工程学院	460	566	2100	76	57	6	22	17	2	10
计算机工程学院	393	457	1708	105	78	9	27	34	5	3
机械与能源工程学院	456	454	1914	150	103	20	30	41	2	10
理学院	211	234	817	148	123	23	55	35	4	6
外国语学院	235	249	997	142	129	5	33	84	4	3
法学院	226	218	878	46	39	5	13	18	0	3
文学院	248	330	1050	63	54	10	22	10	2	10
港口与环境工程学院	232	292	1092	56	46	6	24	12	3	1
马克思主义学院	0	0	0	53	47	7	14	20	0	6
继续教育学院（船员培训中心）	170	71	2396	16	3	1	2	0	0	0
海外教育学院	11	38	154	17	8	1	1	6	0	0
研究生	451	774	1823							
集美大学诚毅学院	3414	3814	13589	968	734	68	275	347	40	4
厦门理工学院	4900	4978	19240	1592	1040	161	409	403	40	27
厦门工学院	2633	3210	11247	637	470	54	89	210	81	36
厦门软件职业技术学院	1932	3195	9014	474	361	7	77	132	40	105
厦门华厦学院	1318	2196	7664	456	342	33	106	132	50	21
厦门兴才职业技术学院	1757	2512	7003	471	316	22	54	118	88	34
福大厦门工艺美院	728	690	2883	221	146	18	49	60	11	8
厦门医学院	1192	2236	7414	516	309	37	100	122	50	0
华侨大学（厦门校区）合计	3816	4721	17618	1625	1092	247	373	421	5	46

续表 72

	毕业生数	招生数	在校生数	教职工数	专任教师					
					合计	教授	副教授	讲师	助教	无职称
信息科学与工程学院	614	637	2419	140	103	15	41	47	0	0
计算机科学与技术学院	330	485	1779	94	77	14	33	30	0	0
材料科学与工程学院	291	350	1226	102	77	30	31	15	0	1
化工学院	429	458	1724	121	101	26	45	26	0	4
机电及自动化学院	588	637	2348	131	104	27	40	37	0	0
土木工程学院	514	609	2281	122	96	34	36	23	0	3
建筑学院	233	280	1264	98	84	9	25	49	0	1
华文学院	280	438	1855	127	83	6	22	35	1	19
哲学与社会发展学院	93	127	401	40	35	17	10	5	0	3
音乐舞蹈学院	126	140	555	47	40	6	5	21	1	7
统计学院 / 数量经济研究院	47	57	202	24	19	6	5	8	0	0
国际关系学院 / 华侨华人研究院	48	100	314	46	34	12	9	11	0	2
新闻与传播学院	197	376	1173	46	33	3	13	15	0	2
马克思主义学院 / 通识教育学院	13	18	48	37	23	3	10	10	0	0
厦航学院 / 泛华学院	0	0	0	3	1	1	0	0	0	0
海上丝绸之路研究院 / 中国海外发展研究中心 / 华侨华人信息中心	6	0	6	10	8	1	1	6	0	0
制造工程研究院	0	0	0	20	14	8	1	5	0	0
校部机关	0	0	0	204	5	1	0	3	0	1
城市建设与经济发展研究院	0	0	0	4	1	1	0	0	0	0
华文教育研究院	7	9	23	17	15	2	4	9	0	0
数学科学学院				38	38	3	18	17	0	0
文学院				2	2	2	0	0	0	0
外国语学院				38	38	1	6	29	2	0
体育学院				23	21	2	6	11	1	1
工学院				5	3	3	0	0	0	0
国际学院				2	2	0	2	0	0	0
经济与金融学院				12	10	3	4	1	0	2
生物医学学院 / 分子药物研究院 / 医学院				22	19	7	4	8	0	0
工商管理学院				3	3	1	2	0	0	0
旅游学院				4	3	3	0	0	0	0
厦门校区直属单位				43	43					

备注：华侨大学的数学科学学院、文学院、外国语学院、体育学院、工学院、国际学院、经济与金融学院、生物医学学院 / 分子药物研究院 / 医学院、工商管理学院、旅游学院这 10 个学院或单位的学生在泉州校区或职能跨两校区，本表中这 10 个学院或单位的这部分教职工为人事关系在厦门校区的人员。

表 73

2020 年集美区文化馆和公共图书馆基本情况

	单 位	2020 年
文化馆		
机构数	个	1
举办展览个数	个	17
组织文艺活动次数	次	26
举办培训班	班次	128
结业人数	人次	4136
藏书	册	
公用房屋建筑面积	平方米	5000
公共图书馆		
机构数	个	1
藏书	册	361184
书架单层总长度	米	2790
发放借书证数	个	1699
图书流通情况		
人次	人次	83627
册次	册次	250174
为读者举办各类活动次	次	67
参加人次	人次	11772
公用房屋建筑面积	平方米	4200
其中：书库	平方米	2000
阅览室	平方米	900
阅览室座席数	个	365

表 74

2020 年集美区卫生防疫单位基本情况

	年末职工人数（人）	固定资产（万元）	全年门诊数（万人次）	病床（张）	业务用房面积（平方米）
合计	2976	150385	295	1768	202071
疾控中心	43	1557.00	0	0	5239
妇幼保健所	67	770.00	3.79	0	4000
厦门第一医院杏林院区	672	29010	70	428	48070
厦门第二医院	1694	108455.61	115.60	1260（实际开放）	116204
灌口医院	108	3344.94	16.5	50	8228
后溪卫生院	76	1847.21	17.22	30	7810
杏滨社区卫生服务中心	69	1429.70	31.70	0	3600
集美社区卫生服务中心	38	1206	15.4	0	2464
侨英社区卫生服务中心	81	1540	22.16	0	4483
杏林社区卫生服务中心	61	886	18.22	0	1650
卫生监督所	67	339	0	0	323

表 75

2020 年集美区卫生部门卫生机构基本情况

	机构数（个）	工作人员数（人）	卫生技术人员														
			合计	中医师	西医师	护师	中药师	西药师	检验师	其他技师	中医士	西医士	护士	助产士	西药剂士	检验士	其他
合 计																	
一、公立卫生部门																	
厦门第二医院	1	1694	1407	19	480	568	3	60	35	41	0	0	118	54	1	0	28
其中：高级职称		256	247	11	176	40	1	5	11	1	0	0	0	0	0	0	2
中级职称		418	403	8	186	133	1	39	13	12	0	0	0	0	0	0	11
厦门第一医院杏林分院	1	672	561	6	187	243	3	21	27	12	0	1	20	35	1	1	4
其中：高级职称		186	184	2	95	52	1	12	8	1	0	0	0	13	0	0	0
中级职称		235	229	2	62	123	0	6	11	7	0	0	0	18	0	0	0
疾病控制中心	1	43	25	0	0	1	0	0	6	0	0	0	0	0	0	0	18
其中：高级职称		5	5	0	0	0	0	0	2	0	0	0	0	0	0	0	3
中级职称		12	12	0	0	1	0	0	4	0	0	0	0	0	0	0	7
卫生监督	1	67	0	0	0	0	0	0	0	0	0	0	0	0	0	0	0
其中：高级职称		0	0	0	0	0	0	0	0	0	0	0	0	0	0	0	0
中级职称		0	0	0	0	0	0	0	0	0	0	0	0	0	0	0	0
妇幼保健院	1	67	55	0	31	14	0	1	7	2	0	0	0	0	0	0	0
其中：中级职称		27	27	0	12	9	0	1	4	1	0	0	0	0	0	0	0
高级职称		7	7	0	6	0	0	0	1	0	0	0	0	0	0	0	0
二、集体所有制单位																	
灌口镇中心卫生院	1	124	109	12	33	37	1	6	7	1	1	0	0	0	1	0	10
其中：高级职称		19	19	0	13	4	0	1	0	0	0	0	0	0	0	0	1
中级职称		46	45	8	14	15	0	1	3	1	0	0	0	0	0	0	3
集美街道社区卫生服务中心	1	38	33	3	13	7	3	2	2	2	0	0	1	0	0	0	0
其中：高级职称		3	3	0	1	0	2	0	0	0	0	0	0	0	0	0	0
中级职称		18	18	2	12	3	0	0	1	0	0	0	0	0	0	0	0
后溪镇卫生院	1	76	66	7	26	22	1	4	3	1	0	0	2	0	0	0	0
其中：中级职称		39	39	5	15	12	0	3	3	1	0	0	0	0	0	0	0
高级职称		7	7	1	6	0	0	0	0	0	0	0	0	0	0	0	0
杏滨街道社区卫生服务中心	1	69	59	6	21	13	1	2	3	1	0	4	5	0	2	1	0
其中：高级职称		5	5	1	3	1	0	0	0	0	0	0	0	0	0	0	0
中级职称		36	35	4	14	12	1	1	3	0	0	0	0	0	0	0	0
侨英街道社区卫生服务中心	1	81	65	3	19	23	2	4	4	2	0	1	1	0	0	0	6
其中：高级职称		8	8	1	4	3	0	0	0	0	0	0	0	0	0	0	0
中级职称		31	31	5	12	7	0	2	3	0	0	0	0	0	0	0	2
杏林街道社区卫生服务中心	1	61	57	5	22	19	2	2	4	2	0	0	0	0	0	0	1
其中：高级职称		8	8	1	3	3	0	0	1	0	0	0	0	0	0	0	0
中级职称		23	23	2	11	7	1	1	1	0	0	0	0	0	0	0	0

表 76

2019—2020 年集美区卫生保健情况

	单位	2019 年	2020 年
新生儿死亡人数	人	9	5
5 岁以下儿童死亡人数	人	29	18
孕产妇死亡人数	人	0	1
卡介苗接种率	%	100	100
脊灰疫苗接种率	%	99.33	98.81
百白破三联制剂接种率	%	99.5	99.12
麻疹疫苗接种率	%	含麻疹成分疫苗 94.19	99.45

表 77

2020 年集美区民政工作基本情况

	单位	2020 年
社会救济		
社会救济人数	人	887
有劳动能力	人	93
部分丧失劳动能力	人	66
完全丧失劳动能力	人	482
无业人员	人	246
集中供养特困人员	人	33
城镇居民最低生活保障家庭数	户次	4751
城镇低保资金全年计划支出	万元	644.0354
农村居民最低生活保障人数	人	318
散居特困人员	人	25
其他对象	人	3000
农村居民最低生活保障家庭数	户次	2694
农村传统救济人数（五老）	人	5
最低生活保障线以下人数	人	887
居民最低生活保障已保人数	人	569
救济精简退职老职工人数	人	5
民政资金情况		
民政事业费实际支出	万元	3000.9858
#救灾支出	万元	0
城镇最低生活保障支出	万元	644.0354
农村最低生活保障支出	万元	357.9444
农村定期救济资金实际支出	万元	357.9444
各种收养性社会福利单位的床位数	张	1928

索 引

说 明

1. 本索引分设条目索引、图片索引和表格索引。
2. 为方便图片和表格检索，对图片的说明文字和表格标题稍作提炼和改造，删除有关限制词。
3. 索引按主题词首字的汉语拼音字母排列，首字相同按第二个字的汉语拼音字母顺序排列，以此类推。主题词后面的数字为所在页码，页码后面的拉丁字母为该主题词在页码中的栏别（a、b、c，表示从左至右版面1、2、3栏）。
4. 年度关注、专记、大事记、附录等类目不做索引。

条目索引

A

B

C

D

E

F

G

H

I

J

K

L

M

N

P

Q

T

W

X

Y

Z

图片索引

A

B

C

D

F

G

H

J

L

M

N

P

Q

R

S

T

X

Y

Z

表格索引

Q

S

W

X

Y

Z

缩略语注释

说　明

缩略语分为数字类和文字类。其中，数字类以阿拉伯数字在先，汉字数字在后，均安数值大小为序；文字类按汉语拼音字母顺序排列。

“1+3+X”诉非联动平台体系：在法院院部设立诉非联动总中心，在三个法庭及其他X个平安综治责任单位设立分中心，形成纠纷化解的多元平台体系。

“1+5”综治维稳中心架构和实体运行工作机制：社区警务室＋矛盾纠纷调解室＋视频监控研判室＋心理咨询室＋信访评理室＋法律服务室。

“1+N+1”：1个领导小组+N个工作机制+1周1调度。

“1+X”监督机制：指在党委统一领导下，职能部门发挥专业优势，通过查“事”，及时发现行业管理方面的问题；纪检监察机关根据职能部门移送的问题核查责任，通过查“人”，形成震慑效应，做到各类监督分工协作、有机贯通，实现同频共振、同向发力，增强监督协同性、有效性。

1+2+3+4+N：即“1”个中心——集美区职工服务中心，“2”种策略——工会服务走出去＋社会资源引进来，“3”大板块——关爱职工、凝聚匠心、塑造匠情，“4”个群体——一线职工、工会专干、骨干职工及职工子女，“N”种服务。

1+7+2：1个《集美区推进两岸融合发展集成改革试点总体方案》、7个专项方案、2个保障方案。

1+X专项督查：“1”指区纪委对相关职能部门履行落实中央八项规定精神职责情况的再督查；“X”指相关职能部门根据职能和管理权限，在职责范围内对各级各部门落实中央八项规定精神情况进行督查。

1-3-5：根据部位重要程度，划分1.3.5分钟出警时间。

“3+5+N”智慧法制新体系：执法办案管理中心、接警中心、法制实战中心“3个中心”，执法办案区、涉案财物管理区、案件管理区、服务保障区、合成作战区“5个区域”，刑事速裁法庭、派驻执法办案管理中心检察室、未成年人取证室、远程视频提讯室等“N项功能区域”。

“3+X”教育矫正：三分教育＋特色主题教育。

“321”：“认罪越早、从宽越多”理念的具体化，将从宽的三个幅度对应认罪的三个阶段，让从宽尺度有标准化，从宽量刑有区别。

“369”：土地空间、空余厂房、空余办公空间“三张地图”，围绕重点发展的机械装备、电子信息、文化旅游、商贸物流、新材料、现代都市农业“六大产业链群”，形成部门、镇街、基金、平台、园区、总部、协会、龙头企业、产业链“九种招商力量”。

“4211111”多维度量化考核体系要求：每年至少开展4次活动，支部活动要有主题、有签到、有记录、有小结，每年至少推荐2名符合条件的入会积极分子，每年至少提交1篇提案或社情民意信息，每年至少在会内外公开新闻媒体上发表1篇文章或新闻资讯，每年开展1次社会服务活动或参加1次设区市委会、省直工委会组织的社会服务活动，要关心支部每位会员的工作和生活，保持与会员的联络，确保会员1个也不能少，要不断加强会的自身建设，注意思想政治引领，学习会章会史、遵纪守法、爱岗敬业，支部会员中如出现发表不良言论的或违法违纪的，支部当年不得参评优秀支部，1票否决。

“5·12”干部：1949年10月1日至1950年5月12日参加工作并享受供给制待遇的退休干部。

“5+1”的社区矛盾纠纷多元调处模式：矛盾纠纷调解室、视频监控研判室、心理咨询室、信访评理室、法律服务室＋社区警务室。

“5+X”：1次主题党日，认领1个需求项目，讲授1次党课，参加1次志愿服务，走访1户困难家庭，X项自选服务。

“6+7”：机械装备产业、软件和信息服务业、文化创意与旅游产业、现代物流业、新材料产业、都市现代农业等六大产业链群，产业投资、轨道及配套开发、集美新城（含软三）、马銮湾新城、乡村振兴、民生补短板、城市更新等七大投资工程。

“8+N”：货车司机、快递员、送餐员、商场信息员、护工护理员、家政服务员、保安员和房产中介员八大群体+环卫工人、公安辅警等更多需要特殊关爱的职业群体。

“8+N”一级项目设置体系：全区设置8个专项业务费一级项目+N个发展经费一级项目。

一案双查：生产安全事故案，查企业的主体责任，查相关监管部门和地方政府的监管责任。

一符四无：一符是账和物相符，四无是无虫、无鼠雀、无霉变、无事故。

一革命四行动：农村“厕所革命”，农村垃圾治理行动、农村污水治理行动、农房整治行动、村容村貌提升行动。

一核多元：一核：党组织，多元：多方社会组织。

一精神三文化：嘉庚精神，闽南文化、华侨文化、学村文化。

一企一策：针对各个企业自身重点、难点的问题，制定相对应的政策。

一书两证：选址意见书、用地规划许可证、建设工程规划许可证。

一体三翼：“一体”是指以“诉非联动中心”为枢纽的治理主体；“三翼”分别指以“非诉解纷挺前、司法协同保障”为治理制度，以“嘉庚精神”为治理文化，以“数助治理”为治理方式。

一湾一园五干道”：“一湾”即环杏林湾，“一园”即中央公园，“五干道”即杏林湾路、田集连接线、集美大道、诚毅东路、杏锦路）。

一心、两片、两园区：“一心”，即30.92平方公里的西亭中心区；“两片”，即8.45平方公里的厦门北站片区、21.1平方公里的杏林老工业片区；“两园区”，即8.13平方公里的软件园三期、9.1平方公里的机械工业集中区）。

一心两翼四片：一心（集美新城核心区）、两翼（马銮湾新城集美片区和集美东部新城）、四片（集美、杏林、灌口、后溪四个片区）。

“一标四实”信息采集录入：标准地址，实有人口、实有单位、实有房屋、实有物品。

“一十百千万”行动：建立一个扫黑除恶常态化的长效机制、开展十大重点行业领域突出问题专项整治行动，实行百起大案挂牌督办，开展千名涉黑涉恶逃犯缉拿追捕，确保万起案件依法审结。

双包双挂双联系：区级领导、属地镇（街）及属事区直单位主要领导包案挂钩联系。

双创：大众创业、万众创新。

双监控：绩效目标实现程度和预算执行进度“双监控。

双随机：在监管过程中随机抽取检查对象，随机选派执法检查人员。

双稳：稳住人心、稳在当地。

双循环：以国内大循环为主体、国内国际双循环相互促进。

双一流：世界一流大学和一流学科。

“双统筹”工作：统筹疫情防控，统筹经济社会发展。

两案九制：应对新型冠状病毒感染肺炎疫情防控工作方案、应对新型冠状病毒感染的肺炎疫情应急预案、学校传染病疫情及突发公共卫生事件报告制度、学校学生晨午检制度、学校因病缺勤登记及追踪制度制度、学校复课证明查验制度、学校学生健康管理制度、学校环境卫生检查通报制度、学校传染病防控健康教育制度、学校通风及消毒制度、学校疫情期间防控物资登记及领用制度、学校应急接种证查验制度。

两高两化：高素质、高颜值，现代化、国际化。

两高三部：最高人民法院、最高人民检察院、公安部、国家安全部、司法部。

两个“一次”、三个“一批”：一次全面摸底、一次风险排查、抽检一批工地食堂、整治一批重点隐患、约谈一批违规企业。

两个覆盖：党的组织覆盖和工作覆盖。

两个维护：坚决维护习近平总书记党中央的核心、全党的核心地位，坚决维护党中央权威和集中统一领导。

两个新提升：文化和自然遗产保护提升和城乡环境品质提升。

两环八射：“内环”为马青路－新阳大桥－杏滨路－集杏海堤－跨东海域通道－滨海东大道－第二东西通道，“外环”为海翔大道－翔安大道－翔安隧道－仙岳路－海沧大桥－马青路－灌新路；“八射”指从“两环”向外围辐射的八条重要交通干道，分别是：（西向）马青路、厦成高速、集灌路至长泰通道；（北向）厦沙高速、同集路、同翔大道；（东向）海翔大道东段、翔安南路。

两环六纵六横：两环：一是三南路、灌口中路、天水路、杏林湾路；二是杏滨路、西滨路、海翔大道、灌新路、新324国道、天水路、圣岩路、天马路、同集路。六纵：灌新路、集灌路、三南路、杏锦路、集美大道、天马路。六横：

旧324国道、灌口中路、集美北大道、海翔大道、杏林湾路、同集路。

两室一家：办公室、器材室、青年民兵之家。

两违：违法占地、违法建设。

两委：党员支部委员会、居民委员会。

两项补贴：重度残疾人护理费补贴和困难残疾人生活补贴。

“两癌”：乳腺癌、宫颈癌。

三保：指保工资、保运转、保基本民生。

三创工程：主动创稳、铸魂创安、强基创先。

三定：职能配置、内设机构和人员编制。

三个不发生：不发生大规模进京和到其他庆祝活动地区聚集、不发生涉访个人极端行为、不发生因信访问题引发的负面炒作。

三会：股东代表大会、理事会、监事会。

三减三健：减盐、减油、减糖、健康口腔、健康体重、健康骨骼。

三阶自治管理模式：楼栋党群小组、小区党支部、小区自治理事会。

三区两通道：三区即清洁区、污染区和半污染物，两通道是指医务人员通道和病人通道。

三社联动：社区、社会组织、社工三方联动进行服务。

三停：停产停业、停止施工、停止使用。

三下乡：文化、科技、卫生“三下乡”。

三项制度：全面推行行政执法公示制度、执法全过程记录制度、重大执法决定法制审核制度。

三责同追：行政处罚、纪律处分、刑事追责。

“三高”企业：高技术、高成长、高附加值。

“三公”经费：指财政拨款支出安排的因公出国（境）经费、公务车购置及运行费、公务接待费三项经费。

“三合一”场所：住宿与生产、仓储、经营混合设置的违章建筑。

“三会一课”制度：定期召开党员大会、支委会、党小组会，按时上好党课。

“三乱”：乱张贴、乱悬挂、乱堆放。

“三品一标”：无公害农产品、绿色食品、有机农产品和农产品地理标志。

“三无”船舶：无船名船号、无船舶证书、无船籍港。

四不放过：事故原因未查清不放过，事故责任者和领导责任未追究不放过，广大职工未得到教育不放过，防范措施未落实不放过。

四个全面：全面建设社会主义现代化国家、全面深化改革、全面依法治国、全面从严治党。

四个意识：政治意识、大局意识、核心意识、看齐意识。

四个自信：中国特色社会主义道路自信、理论自信、制度自信、文化自信。

四合一环卫：清洁楼、公厕、道班房、附属式再生资源回收点。

四就近：就近学习，就近活动，就近得到关心照顾，就近发挥作用。

四句话、十六字：对党忠诚，服务人民，执法公正，纪律严明。

四小行业：小浴室、小美容美发厅、小歌舞厅、小旅馆。

四种形态：《党内监督条例》第七条：党内监督必须把纪律挺在前面，运用监督执纪“四种形态”，经常开展批评和自我批评、约谈函询，让“红红脸、出出汗”成为常态；党纪轻处分、组织调整成为违纪处理的大多数；党纪重处分、重大职务调整的成为少数；严重违纪涉嫌违法立案审查的成为极少数。

“四害”：苍蝇、蚊子、老鼠、蟑螂。

“四进”工作现场：中华人民共和国国旗进宗教活动场所、宪法和法律法规进宗教活动场所、社会主义核心价值观进宗教活动场所、中华优秀传统文化进宗教活动场所。

“四个最严”要求专项行动：最严谨的标准、最严格的监管、最严厉的处罚、最严肃的问责。

五安工程：家安、路安、食安、业安、心安。

五必访：元旦春节，中秋老年节和重要纪念日，和重大庆典时节时必访，生病住院必访，有特殊困难必访，家庭发生重大变故必访，离休干部去世必访。

五大发展：创新、协调、绿色、开放、共享。

五个一批：谋划储备一批、洽谈签约一批、落地建设一批、投产见效一批、增资扩产一批）。

五好：领导班子建设好、“五老”作用发挥好、制度健全执行好、活动经常效果好、积极探索创新好。

五化：专业化力量、规范化流程、高效化服务、科技化支撑、置换化思路。

五老：老干部、老专家、老教师、老模范、老战士。

五位一体：经济建设、政治建设、文化建设、社会建设、生态文明建设。

五有：有热心红十字事业的带头人，有稳定的会员和志愿者队伍，有规范的管理制度，有稳固的服务平台，有红十字特色的活动。

五员：为治安协管员、土地排查员、护林防火员、综治网格员、安全监督员。

“五类十项”严重道路交通违法行为：五类：车辆违法类，无证、酒（毒）驾类，“三超一疲劳”类，影响通行安全类，涉牌涉证类；十项：酒驾毒驾，酒驾，劳动客车超员，摩托车超员，其他车辆超员，货车超载30%以上，现场超速，涉牌，涉证，其他。

“五有”工程建设：有减速坎、警示牌、路中隔离、监控和路灯照明。

“五小”创新大赛：小革新、小发明、小改造、小设计、小建议。

六保：保居民就业、保基本民生、保市场主体、保粮食能源安全、保产业链供应链稳定、保基层运转。

六带头六严禁：省纪委监委对全省纪检监察干部提出的具体行为规范，即带头对党忠诚，严禁阳奉阴违、表里不一、有令不行；带头担当尽责，严禁失职失责、推诿扯皮、好人主义；带头遵纪守法，严禁滥用职权、跑风漏气、交友过杂；带头清正廉洁，严禁以案谋私、政商不分、违规借贷；带头严实深细，严禁弄虚作假、马虎应付、口大气粗；带头树好家风，严禁庇护袒护、失德失信、失教失管。

六个清单：隐患、整改、销号、责任、约谈、通报。

六清：“线索清仓”、“逃犯清零”、“案件清结”、“伞网清除”、“黑财清底”、“行业清源”。

六稳：稳就业、稳金融、稳外贸、稳外资、稳投资、稳预期。

六有：有制度、有阵地、有经费、有组织、有活动、有联络员。

“六个一批”工作：文化和自然遗产保护“六个一批”项目，即公布一批、启动一批、展示一批、完成一批、预备一批、表彰一批。

“六进”活动：民族团结进步进机关、企业、社区、学校、镇街、宗教活动场所。

七进：进机关、进学校、进社区、进企业、进农村、进家庭、进网站。

七位一体：党委领导、镇（街）主责、部门主导、公安主战、社区共治、舆情导控、司法保障。

七支最小作战单位：武装封控、武装处突、院前急救、通讯保障、灭火救援、刑事侦查、交通疏导。

九小场所：小型医院、小型歌舞娱乐场所、小型网吧、小型学校幼儿园、小型旅馆宾馆、小型商场、小型餐饮场所、小型生产加工厂、小型美容洗浴场所。

“九类”案件：强迫交易案、敲诈勒索案、寻衅滋事案、聚众斗殴案、非法拘禁案、故意损坏财产案、组织卖淫案、强迫卖淫案、开设赌场案。

“十全十美暖心基础服务包”：动态档案管理、健康管理、心理咨询、个性化服务、兴趣培养文娱活动、传统节日关爱、居家安全评估、生日会、安全访视、爱心帮扶。

“打四黑除四害”专项工作：“四黑”指售假劣食品药品的黑作坊、制售假劣生产生活资料的黑工厂、收赃销赃的黑市场、涉黄涉赌涉毒的黑窝点；四害指“四黑”问题害百姓、害家庭、害社会、害国家。

“逢五”行动：每逢5、15、25日开展严管严查重点交通违法行为统一行动。

“专精特新”小巨人：专注于细分市场、创新能力强、市场占有率高、掌握关键核心技术、质量效益优的“排头兵”企业。

打伞破网：彻查黑恶犯罪背后的腐败问题，打掉各种“保护伞”“关系网”。

多规合一：利用信息化手段，建立统一的空间规划体系，实现城市统筹发展的方法和平台。建立以战略规划为统领，协调国民经济和社会发展规划、城市总体规划、土地利用总体规划、环境保护规划等涉及空间的规划。

黑财清底：彻底摧垮黑恶势力的经济基础，对不义之财、暗财进行彻底清查扫除。

进出港“三报备”：报务船舶信息、人员信息、进出港信息。

联合双打行动：打击侵犯知识产权和制售假冒伪劣商品。

扫黑除恶“六清行动”：中央政法委提出“线索清仓、逃犯清零、案件清结、伞网清除、黑财清底、行业清源”工作要求。

食品安全“一法一例”：《中华人民共和国食品安全法》《福建省食品安全条例》。

异步质证：针对当事人无法在同一时空参与质证的情况，依法以非同步的方式通过互联网参与证据交换，发表质证意见，提高诉讼便利度。

周三净走：送政策上门、送服务上门、送帮扶上门、送慰问上门、送关怀上门、送调解上门”“六送活动”，时间一般是周三下午。

最小作战单元2支：通信保障队、交通疏导队。

图书在版编目（CIP）数据

集美年鉴. 2021/ 中共厦门市集美区委党史和地方志研究室编.
——北京：方志出版社，2021.11
ISBN 978-7-5144-4980-8

Ⅰ. ①集… Ⅱ. ①中… Ⅲ. ①区（城市）- 厦门 -
2021- 年鉴 Ⅳ. ① Z525.74

中国版本图书馆 CIP 数据核字（2021）第 276645 号

集美年鉴（2021）

编　　者： 中共厦门市集美区委党史和地方志研究室
责任编辑： 冯　松
出 版 者： 方志出版社
地址　北京市朝阳区潘家园东里 9 号（国家方志馆 4 层）
邮编　100021
网址　http://www.zgfzcb.cn
发　　行： 方志出版社图书经销中心
电话（010）67110500
经　　销： 各地新华书店
印　　刷： 深圳中华商务安全印务股份有限公司
开　　本： 889×1194　　1/16
印　　张： 25.75
字　　数： 914 千　　36 彩插
印　　数： 001~1000 册
版　　次： 2021 年 11 月第 1 版　　2021 年 11 月第 1 次印刷
ISBN 978-7-5144-4980-8　　定价：180 元